推进

成渝经济区建设
打造国家重要经济增长极
——两地三方发展论坛论文集

主 编 周治滨 唐青阳 邵昱

副主编 李翔宇 刘康 潘斌

西南财经大学出版社
Southwestern University of Finance & Economics Press

图书在版编目(CIP)数据

推进成渝经济区建设 打造国家重要经济增长极——两地三方发展论坛论文集/周治滨,唐青阳,邵昱主编.—成都:西南财经大学出版社,2012.5

ISBN 978-7-5504-0631-5

Ⅰ.①推… Ⅱ.①周…②唐…③邵… Ⅲ.①区域经济发展—成都市—文集②区域经济发展—重庆市—文集 Ⅳ.①F127.7-53

中国版本图书馆 CIP 数据核字(2012)第 079774 号

推进成渝经济区建设 打造国家重要经济增长极——两地三方发展论坛论文集

主 编:周治滨 唐青阳 邵 昱
副主编:李翔宇 刘 康 潘 斌

责任编辑:向小英
封面设计:杨红鹰
责任印制:封俊川

出版发行	西南财经大学出版社(四川省成都市光华村街55号)
网 址	http://www.bookcj.com
电子邮件	bookcj@foxmail.com
邮政编码	610074
电 话	028-87353785 87352368
照 排	四川胜翔数码印务设计有限公司
印 刷	四川科彩印务有限责任公司
成品尺寸	185mm×260mm
印 张	28.5
字 数	600 千字
版 次	2012 年 5 月第 1 版
印 次	2012 年 5 月第 1 次印刷
书 号	ISBN 978-7-5504-0631-5
定 价	68.00 元

目 录

1

天府新区对成都及
成渝经济区发展的影响

邵昱　伍笛笛　曾燕

一、天府新区规划建设的背景和意义

（一）天府新区的提出

2010 年 9 月，四川省委、省政府在深入实施西部大开发战略工作会议上正式做出了规划建设天府新区的重大决策。随后，四川省在"十二五"规划纲要中明确了建设天府新区的具体要求。2011 年 5 月，天府新区正式纳入《成渝经济区区域规划》（以下简称《规划》），上升至国家层面。天府新区的规划建设是四川、成都积极推进成渝经济区合作与发展的重要任务，是深入实施西部大开发战略、建设西部经济发展高地的重大举措。

四川成都天府新区范围以成都高新技术开发区（南区）、成都经济技术开发区、双流经济开发区、彭山经济开发区、仁寿视高经济开发区及龙泉湖、三岔湖和龙泉山（简称"两湖一山"）为主体，主要包括成都市的高新区南区、龙泉驿区、双流县、新津县，资阳市的简阳市，眉山市的彭山县、仁寿县，共涉及 3 市 7 县（市、区）37 个乡镇和街办，总面积 1578 平方千米。

按照《成渝经济区区域规划》，天府新区重点发展总部经济和循环经济，加快发展新能源、新材料、节能环保、生物、下一代信息技术、高端装备制造等战略性新兴产业。按照省委、省政府的战略部署，天府新区的总体定位为以现代制造业为主、高端服务业集聚、宜业宜商宜居的国际化现代新城区，形成现代产业、现代生活、现代都市三位一体协调发展的示范区，再造一个"产业成都"。

（二）天府新区规划建设的意义

天府新区的规划建设将有利于拓展成都市发展空间，优化生产力布局，扩大内陆对外开放，推动成渝经济区建设，引领四川乃至西部地区跨越式发展，具有重要的战略意义。

（1）拓展城市发展空间，优化生产力布局。规划建设天府新区有利于引导成都的人口和产业向以浅丘和台地为主、拓展空间充足、生态承载能力较大的南面、东面聚集，不仅能缓解成都的用地矛盾，为成都和周边地区产业和城市的发展开拓新空间，并且还有利于优化全市生产力布局，促进国土空间高效利用和产业集约集群发展。

（2）强化成渝经济区"双核"之一成都的引擎作用。规划建设天府新区有利于整合周边地区的优势资源，提升成都市作为特大区域性中心城市的要素集聚、辐射带动和创新发展能力，增强成都作为成渝经济区"双核"之一的引擎作用，推动成渝经济区建设。

（3）支撑西部经济发展高地建设，引领西部地区发展。规划建设天府新区，再造一个"产业成都"，有利于尽快形成四川发展最强劲的经济增长点，带动相对落后地区发展，有力支撑西部经济发展高地建设，引领和带动西部地区跨越式发展。

（4）建设内陆开放高地，推动大开发大开放。规划建设天府新区，有利于充分利用开放平台，深化国内外交流合作，更全面地融入全球现代产业协作和市场体系，构建内陆开放型高地，为内陆地区发展外向型经济探索新路。

（5）推进统筹城乡综合配套改革试验向纵深拓展。规划建设天府新区，有利于破除影响统筹城乡发展的体制机制障碍，加快走出一条以城带乡、以工补农新途径，努力为全国深化改革、推进城乡统筹发展提供经验和示范。

二、天府新区对成都发展的影响

天府新区的规划建设，预计到2020年将基本形成国家级产业高地，再造一个"产业成都"。这将带动整个成都的产业增长速度提升，产业总体规模迅猛扩大，产业辐射和带动能力将明显增强。同时，天府新区的建设将凸现以产业为主导的"产城一体"，把产业发展和城市功能充分融合起来，成为建设城乡一体化、全面现代化、充分国际化的新城区典范。

（一）培育产业新增长点、加速产业集聚发展

一方面，天府新区的规划建设将受到国家、省、市政府在政策优惠、机制创新、要素配置、基础设施建设等方面的大力支持。受益于新区的集聚效应和政策叠加效应，成都将对国内外大型企业集团和重大产业化项目形成更强的吸引力，有利于培育和发展新能源、新材料、节能环保等战略性新兴产业，并可能催生一些新的产业呈现跨越式发展，成为成都市产业发展新的增长点。

另一方面，主业突出、核心竞争力强、带动作用大、产业链条长的龙头型大企业大集团的入驻，将增强整个区域的规模效应和品牌效应。电子信息、汽车研发制造、生物医药等高技术产业将进一步发展壮大，吸引关联性和互补性较大的上下游产业入驻，新区外的其他区域极有可能依托新区主导产业来发展配套关联产业和互补性产业，从而推动产业链不断向两端延伸和完善，形成新区内、外区域差异发展、协作分工的格局以及具有核心竞争力的若干产业集群，加快产业集

聚发展，从而提升成都市产业发展质量和效益。

（二）加快产业结构向高端化和高技术化转变

天府新区建设高技术产业和高端制造业基地、西部高端服务业中心和国家自主创新中心，其招商引资和项目引进必然围绕高端定位，重点吸引国际知名企业和跨国公司入驻，着重引进高端制造业和服务业项目，也将助推制造企业从目前的生产制造、组装加工为主向研发、设计、物流、销售等产业链高端环节延伸，并吸引更多的研发设计、物流等配套企业入驻，从而促进传统制造业向高附加值的先进制造业转变，推动传统低端服务业向现代高端服务业转变。另一方面，"国家自主创新中心"的功能定位明确了天府新区未来将以科技创新为动力，不仅有利于全市加快提高自主创新能力和科技成果转化能力，大力发展知识密集和技术密集型产业，同时也有利于企业加强技术引进和技术更新，运用高新技术改造传统产业，提升产业的科技含量。

同时，天府新区产城一体的发展模式还将集聚大量的企业和人口，制造业的生产服务需求和生活消费需求不断扩大，为成都市服务业快速发展提供了需求基础，服务业的行业领域将不断拓展，生产性服务业发展速度将明显加快，生活性服务业将提档升级，全市服务业将迎来高速发展期。因此，天府新区的建设将大力推动成都产业结构向着高端化、高技术化方向优化升级。

（三）增强城市增长极的辐射带动能力

按照区域经济学中的集聚—扩散理论，经济增长极既有吸纳各种生产要素的聚集效应，更有带动周边地区发展的扩散效应。为推进天府新区的规划建设，各级政府未来将制定大量优惠政策支持新区发展。在政府引导和市场选择双重作用下，新区必将在短时间内汇聚国际国内资金、技术、人才、项目等大量优质要素，新一轮的大规模产业集聚将加快天府新区建设成为具有强劲集聚和辐射作用的新增长极。因此，天府新区的建设不仅能带动成都自身产业的发展，还将进一步提升成都作为特大区域性中心城市的经济势能和对周边地区的辐射带动能力，带动成渝经济区整体产业的快速发展，从而增强成都在成渝经济区发展中的引擎作用，与重庆共同将成渝经济区建设成为国家新的增长极，辐射带动川渝和西部地区的发展。

（四）全面提升城市开放水平

天府新区是成都建设内陆世界级城市、推进对外开放的支撑平台，是西部地区与全球经济、技术、信息、文化交流与合作的通道和平台，其规划建设将有利于促进成都在国际范围下对产业转移的承接，提升招商引资的规模与质量，助推区域产业合作，从而加快构建内陆开放型经济战略高地。天府新区设立后，不仅享有新区开发开放政策，而且享有西部大开发、成渝经济区的政策叠加，这必将吸引国内外巨商快速云集跟进，使天府新区成为成都招商引资的一面大旗；有利于成都深化国内外经济技术交流与合作，推动成都全面融入全球现代产业协作和市场体系，参与国际市场和国际分工，提升全市产业开放水平和国际化程度。

三、对成渝经济区未来发展的展望

2011 年国务院正式批准实施《成渝经济区区域规划》，明确要求把成渝经济区建设成为西部地区重要的经济中心，在带动西部地区发展和促进全国区域协调发展中发挥更加重要的作用。规划也明确提出了成渝经济区"双核五带"的空间格局，提出要充分发挥成都、重庆双核引领区域发展的核心作用，其中重庆要"提升两江新区综合功能"，成都则要"规划建设天府新区"。由此可见，两江新区和天府新区是重庆、成都两个核心城市优化城市功能、强化城市辐射带动作用的重要载体和平台。

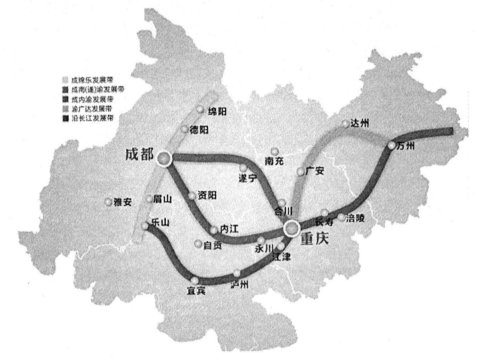

成渝经济区"双核五带"空间示意图

两江新区已于 2010 年作为国家级新区挂牌成立，各项工作尤其是招商引资工作取得了巨大的突破；天府新区目前也处于紧锣密鼓筹备阶段，离启动大规模建设也指日可待。随着两大新区的建设启动与全面推进，未来"以新区引领双核、以双核驱动全区"的发展必将对成渝经济区建设成为西部地区快速发展的动力引擎、中国经济新的增长极起到十分重要的作用。

（一）西部现代产业发展基地与创新中心

《规划》对两江新区与天府新区的产业发展分别作出了明确的定位，天府新区重点发展总部经济和循环经济，加快发展新能源、新材料、节能环保、生物、下一代信息技术、高端装备制造等战略性新兴产业；两江新区重点发展新能源汽车、高端装备制造、下一代信息技术、生物等战略性新兴产业。可见两个新区未来将依托以上主导产业的大规模、高水平集聚，进一步推动成渝经济区产业做强、结构做优，从而形成西部地区现代产业发展的重要基地。同时，随着先进制造业和高科技产业的发展，与之配套的创新要素也将大量聚集于此，成为成渝经济区乃至西部地区创新体系的顶端。

（二）内陆开放型经济高地和门户

成渝经济区上升为国家战略之后，一方面，成渝两地对内对外交通物流大通道建设将进一步提速，两江新区、天府新区区内分别拥有两路寸滩保税港区及成都高新综合保税区，大通关建设不断推进，为成渝两地及整个经济区融入全球现代产业体系、参与国际市场和国际分工创造了条件；另一方面大量东部及国际性产业转移聚焦新区，势必将加快开放型经济体系的构建，不断扩大成渝对外贸易和交流，从而引领成渝经济区建设成为内陆开放型经济高地和门户，摸索出一条内陆地区开发开放的新路子。

（三）统筹城乡综合配套改革试验先行区

成渝两市同为全国统筹城乡综合配套改革试验区，因此天府新区和两江新区的建设还肩负着充当改革试验先行区的重要任务。新区的发展之路是一条探索之路，需要坚持以科学发展为主题，需要在总结统筹城乡工作经验的基础上探索解决产业和人口聚集、产业发展与城市建设、公共服务与社会事业、机制体制创新等经济社会发展方方面面的问题，通过新区城市功能的提升，带动广大城乡地区实现整体推进的发展格局，并积累更加丰富的创新性经验，为推进整个成渝经济区城乡统筹的发展发挥先锋引领作用。

（邵昱，成都市委党校副校长，研究员；伍笛笛、曾燕，成都市经济发展研究院高级研究人员。）

成德绵乐同城化的基础与趋势

李翔宇

随着成渝经济区建设的正式启动，如何更好地打造经济增长极成为了学界和政府关注的热点问题，成德绵乐同城化战略由此提出。"要借助成渝经济区启动建设，以成绵乐城际铁路建设为纽带，全面实施同城化发展战略，加快培育西部地区最具竞争力的经济增长极"[①]；"按照国家规划，全面推动成渝经济区（四川部分）发展，加快'一极、一轴、一区块'建设。支持成都经济区率先发展，启动实施成德绵乐同城化战略，加快成都市'两枢纽、三中心'建设，规划建设'天府新区'，培育西部地区最具竞争力的增长极"[②]；"加快成都经济区建设，启动实施成德绵乐同城化发展战略，尤其要重点推进规划中的天府新区建设，更大程度发挥成都作为西部特大中心城市的竞争力和带动力，拓展成都和周边地区的产业发展空间，形成支撑四川乃至西部地区经济发展新的核心区"[③]。本文以成渝经济区建设为背景，对成德绵乐同城化的基础与趋势进行了分析。

一、成德绵乐同城化的现实基础

即使在我国经济最为发达的珠江三角洲，对于频繁在政策文件中出现的"同城化"，还是有不同的声音。例如珠海与澳门，尽管毗邻而立，近在咫尺，但体制不同，产业不同，能否实现同城化？再例如珠江三角洲内部的强强联合，"同城化"所形成的政策与资源的过度倾斜是否会导致富裕地区愈富、贫困地区愈贫的后果呢？[④] 同样的设问也可以放在今天我们所探讨的成德绵乐同城化战略上。我们之所以讨论成德绵乐同城化，是因为我们认为这一策略在未来十年甚至更长的时间将带动我省经济更快、更为均衡地增长。从这一理念出发，我们就必须要把握，为什么同城化可以做到这一点？如果这一问题我们可以做出令人满意的回答，那么我们又得反问自己：面对同城化，我们准备好了吗？对于前两个问题，

---

① 摘自 2010 年 9 月 1 日省委刘奇葆书记在全省深入实施西部大开发战略工作会议的讲话《抢抓新机遇 推进新跨越 努力在新一轮西部大开发中走在前列》。

② 摘自《四川省国民经济和社会发展"十二五"规划基本思路》。

③ 摘自 2010 年 9 月 1 日蒋巨峰省长在全省深入实施西部大开发战略工作会议的讲话《深入实施西部大开发战略 奋力推进四川发展新跨越》。

④ 贺越明. 澳珠"同城化"——澳门经济发展点评 [J]. 澳门月刊，2010（7）

我们暂时将其搁置一边，先来看看最后一个问题。

"同城化"并不是一个严格意义上的规范经济理论词汇。它是在我国南方深港经济合作过程引入的新发展理念，目前多见于地方发展战略。目前关于同城化的理论定义并不统一，这一词汇甚至还没有一个统一的英文译名，有人译作"cities' integration"，类似于一体化，还有人译作"cities' synchronization"或者"Urban Cohesion"，不能逐一而论。对其理解总结起来大致包括以下几点：①地域相邻、人文历史相似、产业结构互补、社会经济联系密切的城市具有同城化的可能。②产业、基础设施、市场、政府管理等是同城化的主要内容。③同城化是一种新的城市发展战略，其目的是提高区域经济整体竞争力。（李红等，2010）[①]④区域一体化的实质是区域经济一体化，而同城化是区域经济一体化的最高形式，其主要目标是加强相邻城市和区域之间的合作，建设一个全新的区域经济中心（姚宜，2010[②]）。一个需要区分的概念是"城市扩张"（Urban Sprawl or Sub-urbanization or Los Angelization），即在广大的土地面积上低密度的城市扩张，而不是城市向空中发展的高密度模式。这一模式在发达国家有较为突出的表现。其好处在于有较大的居民区、较低的土地价格、较少的噪音和污染、较低的犯罪率、高质量的学校等；其弊端在于过度的汽车使用、基础设施供给成本高、浪费的交通网络建设、同构化的房地产和商业、城市产出的高能源消费等。发达国家的城市，无论是亚特兰大还是澳大利亚的悉尼，并没有表现出我国城市发展的高密度、高集聚特征，而是众多中小城镇依托发达的交通网络连接起来的城市网络，即"城市扩张"。最为典型的是亚特兰大，是世界上人口密度最低的城市化区域，在1963平方英里（1平方英里＝2.589 988 11平方千米）的城市区域内只有350万人口，城市人口密度仅为1783人/平方英里，仅为纽约人口密度的1/3、洛杉矶的1/4。在这样的城市中，"城市扩张"的负面效应表现无遗。在应对"城市扩张"存在问题方面，洛杉矶的做法最为成功，被称之为"洛杉矶模式"

---

① 李红，董超. 对同城化发展的几点思考 [J]. 安徽农业科学，2010 (13)：7032 - 7033.
② 姚宜. 广佛同城化对珠三角一体化的示范作用 [J]. 特区经济，2010 (7)：29 - 30.

。① 可以看出，逆"城市扩张"的洛杉矶模式的关注点在于城市郊区的发展，在于在一个既定的区域内实现资源的更高效率使用，从而提高城市的人口密度。这与我们理解的以区域均衡发展为目标的同城化战略是有差异的。

可以看到：一方面，在多数地方，同城化与一体化是混用的，是同义词；另一方面，同城化与一体化又确有不同。这些不同可以表现为三个方面：其一，城市是龙头。从横向看，一体化注重区域经济整体，不分城乡，而同城化，显然更注重城市，其间所涉及的农村问题，也是在城市化发展战略下加以统筹思考。其二，城市是根本。从纵向看，一体化过程包括了一个经济体系内部竞合关系演进的全部，而同城化，仅仅是在经济体系发展到高级阶段，城市在地区经济中扮演角色发生根本性变化之后才出现的现象。其三，城市网络是重点。与同城化一样，一体化也讲城市化，但同城化所说的城市化，不是单一的城市产业发展与规模扩张，而是区域城市群作为一个城市网络的整体演进。而所谓的"融城效应"就是对城市网络整体演进的一种描述与度量，它不是指在地理上相邻的诸多城市变成一个城市，而是城市之间的相互协同，既加强联系，又充分重视城市特色的培育②。

由此，就可以形成本文所持的同城化内涵：所谓同城化，是区域内部城市结构的调整过程，是区域经济一体化趋势发展到一定阶段，当区域内城市之间竞争收益小于合作收益之后，以中心城市为核心，在区域内部城市群之间形成的主动调整相互适应过程，以期整合原来分散分布于各个城市的要素与产业，使区域城市群而非单一城市，成为区域经济增长极的核心。之所以如此定义，既有理论上的依据，也有现实的佐证。

理论方面，成德绵乐的同城化战略，既是"十二五"期间全省的发展战略，

---

① 按照 Wikipedia 的界定，所谓洛杉矶模式，是美国"城市扩张"中的一种逆现象，从结果上看，就是以一个较小的城市群覆盖面积容纳更多的人口，其重点在于城市郊区的发展。洛杉矶曾经是世界上城市人口密度最低的城市化地区之一（Los Angelization 也因此成为"城市扩张"的同义词），城市的运行更多地依赖于汽车与交通网络。由于人口的持续涌入所形成的住房高需求和小型居住区的建设，洛杉矶的城市人口密度在 2000 年已经提高到 2729/km²，成为美国人口密度最大的城市化地区。见（http: // en. wikipedia. org/wiki/Urban __ sprawl）从这一概念上看，洛杉矶模式的重点在于通过城市郊区的发展来提高城市土地使用效率，系统解决"城市扩张"中存在的问题。

在广佛同城化的探讨中，洛杉矶的发展被学者界定为"中度同城化"，并被认为是学习的榜样（彭澎，2009）。简言之，同城化的中度境界就是像一个城市一样运行。大洛杉矶实际上是许多市镇组成的都市圈或都市群，当地居民之间或有不同市镇的概念，但他们对外都自称是洛杉矶；居住当地的外来人口也自称住在洛杉矶。各市镇之间在城市规划、基础设施、产业发展、市民生活等各方面完全融为一体，没有明显界限。《广佛同城化发展规划（2009—2020）》中指出，广佛同城化就是要以广州市、佛山市为主体，以广佛都市圈为依托，辐射周边地区。这一概念与洛杉矶模式还是存在较大差异的。见彭澎．"广佛同城化"的再思考 警惕伪需求［N］. 南方都市报．2009－03－30.

② 澳门前行政长官何厚铧认为，同城化"不是珠海澳门没有差别，变成同一个城市。而是指两座城市之间的资源互用，如通关的便利、基建交通等更多的城市功能可以互补互用。"珠海是一个发展中的城市，而澳门又是一个特别小的地方，将来好多方面，我们是共同来搞———以不影响基本法、不影响一国两制、不影响两地政府自主性，方便市民优化生活为前提。见贺越明．澳珠"同城化"———澳门经济发展点评［J］. 澳门月刊，2010（7）．

又是打造成渝经济区的重要举措，目标在于培育西部经济增长极核，提高核心城市群与我省更为广大的区域经济增长之间的联系。从表面上看，这是一个城市化战略，但本质上，同城化是一个以城市经济空间拓展为手段、以带动城市周边地区发展为目的的区域经济增长战略。我们可以用增长极理论来对同城化作用下的经济空间拓展进行一个简要的描述：在市场规律的作用下，在一体化战略初期形成的经济增长极多属自然增长极，而一体化高级阶段同城化战略下形成的增长极，必然是"抗磁"的诱致增长极。

增长极或者发展极，最初是佩鲁（1950）提出的经济增长中的推进型产业。之后被发展成为一个包括产业、区域和城市在内的综合性概念。这一理论演变的背后，是经济增长过程在一个更为宽广领域被认识的渐变过程。在此所说的增长极的划分，是布罗代尔（Boudeville，1972）①、赫希曼（Hirschman，1958）② 界定的区域增长极。在城市发展的视角下，所谓自然增长极，是围绕经济增长传统优势区域进行产业和公共投资集中投入而形成的区域内重点经济增长区域，即赫希曼所说的公共投资的第二种方式，例如对区域内大城市的集中投资。这是一个顺应市场发展规律、通过发展政策的积极影响来形成更快的经济增长的发展阶段。当经济体系处于自然增长极阶段时，遵循市场自我演进的规律，强化自我极化区域的发展条件是增长极政策的作用重点。但另一方面，增长极理论和区域发展实践均表明：自然增长极缺陷明显。由于大城市外部经济明显，极化效应突出，由此引发的趋势是：一边是周边要素资源呈单向持续流入，另一边是城市内

① 布罗代尔认为地域结构关系是研究一定经济空间的重要内容，经济空间包括均质区域（每一组成部分或地域彼此都有尽可能相近的特性）、极化区域（内部的不同部分通过增长极相互关联、相互依存）和计划区域（政府计划、政策的实施所形成的实际存在的关联区域）。一般来说，计划区域与极化区域是大致协调的。但由于极化区域随时间的变化其范围不断变化，因此在时间上要保持计划区域与极化区域的协调有相当的难度。根据极化区域、计划区域的划分实际上也使增长极分为市场机制支配的自发的增长极和计划机制支配的诱导的增长极。在国内的研究中，李立辉（2005）以形成过程的不同为依据，将经济增长极分为"自发的"经济增长极、"诱致的"经济增长极和混合性经济增长极。所谓自发，是指市场机制的自发调节引导企业和行业在某些大城市或地区集聚发展，这是不可控的；所谓诱致，是指政府通过经济计划和重点投资来主动建立增长极，这是可控的。见约翰·伊特韦尔，默里·米尔盖特，彼得·纽曼. 新帕尔格雷夫经济学大辞典 [M]. 北京：经济科学出版社，1996：962. 李立辉：区域产业集群与工业化反梯度推移 [M]. 北京：经济科学出版社，2005：66 - 81.

② 对于公共投资在区域间的分配（经济决策影响一国不同地区成长速度的最显著的方法），赫希曼区分了分散、集中于增长区域，以及努力促进落后地区的发展三种。他指出，一个或若干个地区、中心城市的突发、蓬勃和近乎自发的增长使得包括交通、住房等发展条件在短时间内难以跟上发展的需要，由此公共投资从分散走向集中是高速发展国家的独特增长方式；但是这样一种投入模式会加大发达地区与欠发达地区的差距，以至于"到了一定阶段，当这一裂痕太长太深时，公共投资政策就要试图消除它"。赫希曼以巴西新首都巴西利亚的建设为例，进一步指出，对欠发达地区进行包括交通、电力供应等公共投资，尽管是"最明显而且风险最小"的不可或缺的途径，但"不可能指望增长在区域间的传递会顺利地进行"，促进欠发达地区"不断地积极致力于自身的农业、工业或服务业等经济活动"，"是政府促进经济发展采取的一个有效行动"。政府采取行动的内容，首先是"诱导的"，即"为了有效促进增长，政府必须通过前向冲击来发动增长，以为进一步的行动创造前进的诱因与压力"，其次是"被诱导的"，即"必须准备对这些压力做出反映，在各方面减缓这些压力"。[美] 艾伯特·赫希曼. 经济发展战略 [M]. 潘照东，等，译. 北京：经济科学出版社，1991：166 - 185.

部的"城市病",例如交通问题、管理问题、环境问题、发展差距问题日益突出。因此,自然增长极发展到一定阶段,其负面效应(在城市化理论中,这被称为集聚不经济)会大于正面效应(集聚经济)。如果不遵循这一规律,继续对自发的自然增长极进行倾斜性发展政策支持,赫希曼所说的"诱导的"政策边际效应递减将最终使得过去有效的政策趋于无效。

在城市发展的视角下,所谓诱致增长极,则是在自然增长极发展到一定阶段,调整区域经济活动的空间结构,通过基础设施、城市群规划、产业布局的调整来促进区域内城市群的构建,塑造以中心城市为核心的多中心城市网络,进而改变单核模式下资源的单向流动状态,促进更为均衡的经济增长。① 这是赫希曼所说的公共投资由第二种投入方式向第三种投入方式的转变过程。在这一阶段,市场的自我演化已经使得单一的极化区域过度膨胀,赫希曼所说的"被诱导的"相应的发展政策与管理政策在既定的空间内已经无法平衡增长所带来的私人成本与社会成本之间的差异,城市化的负外部性凸显,使得极化区域的扩大成为发展的必然选择。由此,相应的发展政策的作用点就是围绕原先的极化区域,通过政策倾斜,培育新的中等增长极。诱致增长极并非一个新的概念,在20世纪60年代,大城市的增长及其随之而来的相对边缘地区的衰退成为许多工业化国家所关心的问题,一方面城市已经过于庞大,另一方面人口还在不断涌入。为应对这一问题,法国提出了空间发展政策,选定了8个大城市地区,在增长方面给予优惠,使得这8个地区与自然发展极巴黎地区的增长相抗衡。这一政策实施的效果在很大程度上缓解了非均衡发展态势。② 单一的增长极政策,无论是自然增长极还是诱致增长极政策,在实践中效果并不好。一方面,实践证明,产业之间基于市场规律而形成的自发联系使得增长极政策所致力构建的城市之间的等级传导在

---

① 国内的相关理论如厉以宁的"城市联网辐射"理论,即某一省、地区范围内的中心城市、县级城市和小城镇的联合辐射。在落后地区要发展经济,不应全面铺开,而是培育经济中心,发展已有的中小城市,利用"宣纸效应"来推动经济的发展。在某一区域内,若按照经济发展程度的好坏将城市分为甲乙丙三个档次,应当首先发展的是经济发展程度较好的甲,即做强做大原有的经济中心;在此基础上,使甲和乙两个档次的城市联成网,通过城市联网辐射带动丙地区发展。用从今天的观点看,这就相当于城市网络。见厉以宁. 区域发展新思路:中国社会发展不平衡对现代化进程的影响与对策 [M]. 北京:经济日报出版社,2002:26-32.

② 经济活动的空间组织有两个基本特征:a. 城市的等级体系,根据每个城市所发挥的功能的数量和质量来排列;b. 相应的一组城市影响圈(城市领域)在体系中包围每一个城市。在这个网络中,发展诱导创新是以三条途径传送的:a. 从一个或一些主要的全国性大城市流向地区性的主要中心城市;b. 城市的风气由高层次的城市向低层次的城市,形成一种等级扩散的格局,其中,最大城市中的持续创新是整个城市经济体系的扩张的最关键因素;c. 通过辐射发散效应,从中心城市向其周围的穷乡僻壤发展。采取基础设施、税收、资本津贴等政策"诱使"另外的中型发展极的形成与发展,将人口的增长和经济活动转移到新的发展极,"诱导而成的发展极因此将成为经济有效的'抗磁',并与注定要成为过于庞大的自发发展极形成对照。……诱导而成的发展极将对其周围地区产生一种'扩散效应',因而在长期中,整个国家将以'平衡增长'为特征"。在这一过程中,发展极政策着眼于公共投资,通过有选择的公共投资促进发展的集中范围,降低边缘地区城市的等级,并将发展极与全国城市系统和较高等级的城市更紧密地联系起来。见约翰·伊特韦尔,默里·米尔盖特,彼得·纽曼. 新帕尔格雷夫经济学大辞典(Vol. 3 K—P) [M]. 北京:经济科学出版社,1996:962.

事实上无必要。另一方面，城市经济发展的必然规律影响。当一个地区整体处于工业化某一阶段时，大城市往往在资源配置上表现出更大的优势。按照世界银行的研究，人均收入在 5000 美元以下时，城市的发展都会以大型城市的发展为主线。即使这时在政策上致力于塑造多中心，竞争规律的作用会最终抵消因政策因素引致的资源流动，使得大城市的发展、城市之间的竞争而非合作，成为必然。而由此形成的大城市发展，充满着矛盾与问题。随着城市化进程的发展，着眼于城市经济增长带动力的增长极理论重新受到了重视。过去 30 年里，世界城市人口从 16 亿增加到 33 亿，其中，发展中国家的城市人口增加了 8%；在未来的 20 年中，90% 的城市化将发生在发展中国家，世界发展中国家的城市人口还将增加 20 亿，到 2030 年，世界城市人口的 80% 将在发展中国家。世界大城市的平均规模已由 100 年前的 10 万人增加到 600 万人。为减弱大城市发展所形成的"城市病"，容纳迅速增加的城市人口，各个国家都采取了很多措施，例如埃及，正在规划 65 座新城，以减缓城市人口和经济活动发展的压力。基于多中心的城市网络已经成为全球城市经济发展的新载体。① 所以，今天的区域经济增长政策，早已摆脱了传统的单一增长极政策阶段。增长极对区域经济空间结构的研究依然是有价值的，在我国目前大城市由过去的单一中心向多中心甚至泛中心转变的加速发展进程中，增长极理论及政策依然能为我们选择恰当的城市群空间发展战略提供理论基础和政策支持。

那么，在今天的成德绵乐地区，为什么通过培育诱致增长极来替代自然增长极又是可能的呢？首先，这是城市发展的要求，在"十二五"规划建议中，我国提出，按照统筹规划、合理布局、完善功能、以大带小的原则，遵循城市发展客观规律，以大城市为依托，以中小城市为重点，逐步形成辐射作用大的城市群，促进大中小城市和小城镇协调发展。科学规划城市群内各城市功能定位和产业布局，缓解特大城市中心城区压力，强化中小城市产业功能，增强小城镇公共服务和居住功能，推进大中小城市交通、通信、供电、供排水等基础设施一体化建设和网络化发展。其次，这是发展客观实际的需要。如果我们仔细观察一下成都这颗"西部之心"，就会发现这座缺乏矿产资源、港口优势的城市，在十年间，已经发生的悄然的变化。今天的成都，是全国四大交通枢纽之一，是中西部出口最大的城市，是一座正在以加快的速度发展的城市。成都的变化在客观上已经形成了对周边地区的带动作用。成都与东边的资阳、西边的雅安、南边的眉山和北边的德阳等地市建有 5 个产业功能合作区，加快融入成都已成必然趋势。同时，我们看到，在 2010 年 1 月 31 日公布的《成都市产业功能区规划》中，围绕建设"世界现代田园城市"的历史定位和长远发展目标，规划了 4 大总体功能区、13 个市管产业功能区和 19 个区（市）县管产业功能区，以"差异化发展"为特点的成都区域内部的专业化分工已日渐细化。此外，在区域合作方面，在成

---

① Urban Development & Local Government Program［R］. The World Bank. 2009.

都经济区范围内，规划了成德绵、成资遂、成眉乐、成雅和成阿五个区域产业合作区，并且为区域产业合作规划了明确的发展方向。成都作为区域经济的核心，依托其产业发展整体高水平形成的发展梯度优势，在市场规律的作用下，已表现出了强烈的欲望和势头，去整合周边的产业和经济资源。这就是成德绵乐同城化最大的现实基础。

政策背后所反映的是一种无法被任何人为的措施或手段所否定的经济在市场规律作用下的发展趋势。如果今天我们不讲同城化，类似的过程在市场中也会发生，在这种情况下的"同城化"就等于成都单一城市的扩张。但以竞争、淘汰为手段的经济增长与单一城市无限制扩张必然带来的是在较为长期的时间内周边地区的发展滞后。一方面是单一城市区的发展，另一方面是周边的落后，这并不符合我们的发展愿景，也不符合我省提出成德绵乐同城化战略的初衷。尽管不可逆，但这一过程却是可调的。如果我们以全面协调可持续发展的理念来对这一过程进行主动的塑造，我们就可以让这一城市的扩张过程更加符合我们发展的初衷。今天我们讲诱致增长极，就是要顺应当前成都城市发展的趋势，在一个更为广大的区域范围内，以成都作为核心，主动为一个多中心的城市网络在川西平原的出现创造制度条件，进而为在全省实现一个更为科学合理、更为科学、也更为公平的经济增长过程创造条件。

二、成德绵乐同城化的发展趋势

用"同城化"来描述一个区域空间发展合作的新构架，已经不是简单的概念诠释和抽象的理论演绎，作为新一轮西部大开发总体战略的重要支撑，也作为四川全面实现小康的重要保障，作为"十二五"期间四川经济建设再创辉煌、实现新跨越的重要战略切入点，"同城化"目前所对应的四个在空间上自北向南，风格各异的川西城市，绵阳、德阳、成都、乐山，因历史发展积淀的良好基础和趋势引领凸显的新型合作，已经现实地交织出应当努力为之的具体目标。在未来的五年内，密布其间的交通网络、对接的基础设施与公共服务、协调的城市群规划，将塑造一个要素自由流动的无缝发展空间，支撑一个因合作而实力倍增的经济体系，背靠川西高原之优势资源，前瞰巴蜀大地之广袤市场，成为带动全川乃至西部地区经济发展的核心增长极。

发展的目标固然令人向往，发展的政策固然值得期待，但在"同城化"战略启动之初的今天，找到发展的逻辑指向、聚集发展的动力所在是更值得关注和深思的话题。应该看到，尽管"同城化"是一个新鲜词汇，但这一词汇所包含的四地经济整合、成都平原经济一体化的思想却是由来已久；而回顾过去，四地经济发展的进程与我们主观的意愿并不相同。由此引起的问题是，今天我们讲"同城化"，逻辑的起点在哪里，与过去的不同之处在哪里？不搞清楚这一点，就不会有战略实施的内在激励。另一方面，"同城化"又是一个在今天媒体中出现次数很多的词汇，同城化战略在各地的区域经济发展规划中也频频出现。由此又让我们想到，我们的同城化，所依托的动力是什么？特色又是什么？不搞清楚这一点，就不会有正确的措施与发展的可持续性。

同城化是一个长期的过程。在珠江三角洲同城化战略的探讨中，人们认为，那里的同城化过程可能会长达25年，甚至50年。由此反观我们所说的成德绵乐同城化，可能需要的时间更长。从产业联系的增加到要素的自由跨区域配置，从交通基础设施建设的对接到地区公共服务的均等化，从区域之间收入差距的缩小到区域内居民生活水平的提高与生活的便利，这些会逐渐在同城化战略实施进程中出现的转变可能最终会让我们遗忘过去四地的明显区别、在一个更为广泛的认同感之上探讨发展的问题与解决方案。但今天，在我们实施成德绵乐同城化战略之初，我们所能关注的，并非这些在未来某一时间出现的关键性变化，而是四地之间合作局面的开创与具体合作领域的明晰。

因此，如果我们站在未来五年至十年发展预期的视角看，成德绵乐的同城化，重在产业的协同，重在基础设施的对接，重在基本公共服务的均等化，重在通过区域合作来缩小区域之间的收入差距。只要我们能够实实在在地推动这些具体目标的实现，我们的同城化就会在一条健康的轨道上运行，我们离最终的目标就会越来越近。反之，如果我们拿远期的愿景来替代今天的目标，那么愿景将永远停留在规划和良好意愿层面，难以进一步深入。

三、成德绵乐同城化的实证研判

从全省经济总量上看，2009年四川省地区生产总值达到了14 151.28亿元，人均地区生产总值达到17 339元，是历史最高水平。如果仅从这一数据来考量我省的经济发展的成就，只能反映我们过去发展战略的成功，却不能为我们未来的发展指明方向。在新一轮西部大开发战略中，在即将到来的"十二五"规划期中，四川需要什么样的发展战略？又需要以怎样的姿态、怎样的决心、怎样的干劲去落实新的发展战略？如果只看到发展的成就，满足于既往的发展路径，不可能得到正确的答案。

如果将我们对发展历程的回顾再往前延伸20年，回到1990年，拿当时的发展水平与现在比较，就可以找到问题的所在。这一问题可以被概括为"两降一升"。首先，拿1990年的四川的发展数据与全国进行比较（见图1），我们可以发现，1990年，四川地区生产总值占全国的比例为4.76%，2000年为4.01%，2009年为4.12%；同样，1990年四川人均地区生产总值为全国的69.1%，2000年为63.07%，2009年为67.8%。20年的时间，尽管绝对量在上升，但地区生产总值占比却下降了0.64%，人均地区生产总值占比下降了1.3%，这就是所谓的"两降"。由此可以得出的结论是，尽管我们在快速发展，但就发展速度而言，在一个20年的时间段内看，我们是慢于全国平均水平的，这是直接导致相对指标下降的重要原因。

　　我们也看到，在 2000 年，也就是西部大开发战略实施之后，我省经济两个相对指标逐年下降的势头被遏制，进入了一个上升期。可以合理推论，如果没有过去十年致力于工业化、城镇化的发展，我们距离全国平均水平的差距还将更大。而且，如果我们细致入微地考察今天四川的经济形态，十年的建设与发展，彻底改变了四川经济的面貌，夯实了下一步发展的基础。在这一发展基础上，新的十年，面对新的发展机遇，要保持上升势头，我们理应能够做得更好。

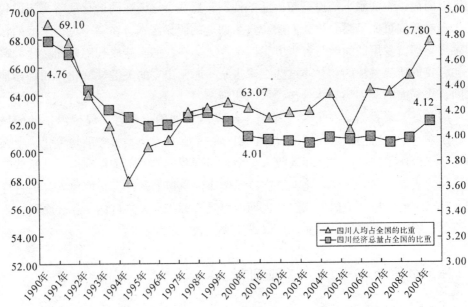

图1　历年四川人均地区生产总值、地区生产总值占全国对应数据的比例

　　那么，应当从哪里开始我们新的征程呢？要回答这一问题，还是要用过去发展的数据说话。1990 年，成都市地区生产总值 194.08 亿元，当年全省地区生产总值 890.95 亿元，占全省比例为 21.78%；2009 年，成都市地区生产总值达到 4502.6 亿元，占全省比例为 31.82%。20 年的时间，提高了十个百分点。如果做一个横向比较（见图 2），可以发现，成都在全省经济中处于绝对领先的地位，成都作为占比最大的地区与占比第二的绵阳相比，差距是 25.61%，与排名最后一位的甘孜相比，差距是 30.6%，绵阳、德阳和乐山的经济总量加总（15.45%），仍不及成都的一半，经济总量排序位列第 2 至第 6 位的绵阳、德阳、宜宾、南充、达州、凉山地区生产总值的和仍然小于成都。这就是所谓的"一升"。即成都在过去的发展中极大地增强了地区经济发展的实力，成为无人可以撼动其地位的川内"老大"。2009 年，尽管成都总人口只占四川总人口的 12.68%，但四川超过四分之一的城市人口在成都；成都创造了四川四分之一以上的工业增加值，创造了近一半的服务业增加值（见图 3）。

　　这是一种以自然增长极为核心的单极化的发展模式。成都经济的快速发展与

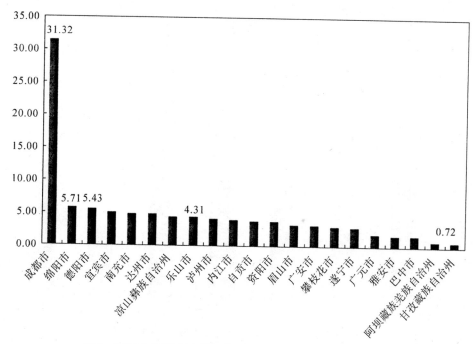

图2 2009年四川各市州经济总量占全省的比例（单位:%）

一枝独秀，既是我们在有限的经济资源条件下通过集中使用资料来提高资源使用效率、加快经济发展条件较好地区发展的正确、主动的战略选择，也是一个区域在工业化、城镇化进程中必然出现的规律。从效果上看，在过去十年，成都经济的快速增长的确带动了全省经济加快发展，"一升"有效地缓解了"两降"局面。应该说，这是我省在工业化初期阶段向中期阶段迈进过程中区域经济发展中的最大成功经验。

如今，这种"单核"增长极模式的效应正在跨越行政的边界，影响着更为广大的地区。毗邻成都的邻近县份，尽管分属不同的行政区域，但均以在产业上与成都接轨为发展的主要方向，均以本地与成都距离的远近以及通过交通发展缩小这种距离程度的大小来判断未来本地经济发展的前景。"融入成都"已经成为我省经济发展中最为亮丽的一道风景。今后十年，依托现有的经济基础和竞争优势，成都还将是川内经济发展的领跑者。这一点无人可以撼动。成都经济的实力还将以加快的步伐迅速提升，这一点也无人会质疑。但缓解"两降"仅仅是量变，扭转"两降"才是质变。真正的问题在于：今后十年，成都经济实力的"一升"，能否改变过去十年仅仅是"缓解'两降'"的局面，通过成功地推广其发展的经验与模式，将其对我省的多层次、全方位带动作用充分发挥出来，彻底扭转"两降"局面、提升四川在全国的区域经济竞争力。

如果我们延续自然增长极策略，继续将成都作为发展的单核，围绕成都设计我们的发展战略，将我们的经济资源继续更多地配置给成都，以成都这一核去不断兼并、整合周边更大的发展空间，或许我们可以继续维持"一升"。但只要我

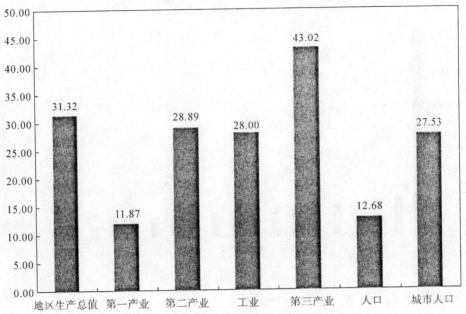

图3 2009 年成都经济、人口指标占全省的比例（单位:%）

们不改变认识、切实推动区域间更为均衡的经济增长，只要我们不采取根本性的策略转变、加快经济发展方式的转变，要素报酬边际递减规律告诉我们，随着成都城市扩张的边际社会成本的逐渐上升和边际社会收益的逐渐下降，成都经济增长的内生动力终有耗竭的一天。由此，以"一升"之策破"两降"困局的构想就不可能实现。

发展的浪潮要求我们为发展的策略注入新内容，构建新模式。所谓新内容，就是以区域合作为手段，推进区域间更为均衡的经济增长；所谓新模式，就是以成都为核心、以周边城市网络为主体的"多核"去替代过去以超大城市成都为中心的"单核"，通过政策干预，培育诱致增长极以替代自然增长极，为我省经济发展塑造更具活力、也更有现代气息的新引擎。

只要我们看看我省当前的经济地理，就可以发现，这样的多核区域实际上已隐约可见。无论是产业、生产要素、发展环境、自然禀赋，四地与全省其他地区比较，均有较大的优势。2009 年，绵阳、德阳、成都、乐山这四座自北向南依次排列的城市，经济总量合计已达全省的 46.76%，工业经济合计已达全省的 45.58%，服务业已达 55.9%。在这一区域内，集聚了四川四分之一的人口，集中了四川 42% 的城市人口（见图4）。如果我们能在这一经济区域内成功复制成都经验，能在这一区域内通过构建新模式以促进区域经济合作、通过发展城市群以加快城镇化步伐，那么在这一区域内最终实现以城市网络替代超大城市、以诱致增长极替代自然增长极的构想就能够实现，培育西部地区最具竞争力经济增长极的发展目标才有实现的可能。这就是成德绵乐同城化战略的含义所在。

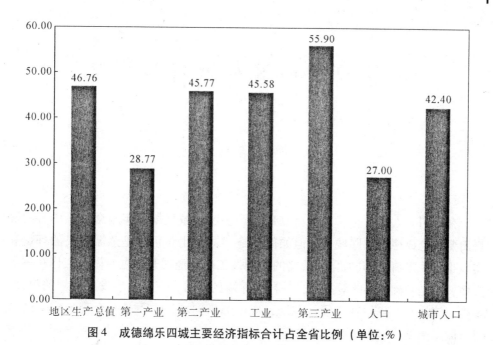

图4　成德绵乐四城主要经济指标合计占全省比例（单位:%）

（李翔宇，中共四川省委党校教授。）

成德绵乐同城化逻辑与战略

许彦

在四川省人民政府《关于贯彻成渝经济区区域规划的实施意见》中，明确提出要推进成德绵乐同城化，但如何实施"同城化"仍然是急需解决的理论和实践难题。当前，"同城化"战略的基础性工作已经展开，主要做的工作在三个方面。一是基础设施的对接，二是社会保障的对接，三是基本发展规划的设计。要推进该战略，我们就必须认识到，成德绵乐同城化并不是一个理论推演的结果，而是遵循科学发展新要求的客观过程，是区域合作新趋势的必然选择，是加快西部经济发展高地建设新步伐的现实需要。

一、成德绵乐同城化，是遵循科学发展新要求的必然选择

为什么要同城化，各地的认知和出发点并不一致。就成都而言，寻找更宽广的经济增长空间，通过同城化来提升城市竞争力是主要目的；就德阳来说，成德绵一体化就是要成为成都的副中心；绵阳则更为强调对等的产业对接与公共服务均等化。不同的出发点与认知必然会带来不同的激励和不同的路径选择。乐山作为成都经济区唯一的公、铁、水、空次级枢纽，要依靠其独有的交通优势，成为成都经济区的"南中心"。

要发挥同城化的积极作用，首先要统一对同城化的认识。具体到成德绵乐四地，就是必须要把握以下两条：其一，同城化不是否定除成都外其他三地的发展诉求。成都要发展，绵阳、德阳和乐山也要加快发展，关键是在产业结构和城市功能上不仅做到错位与互补，更要做到协同。其二，同城化不是否定成都的发展。必须通过发展规划、产业布局等多种政策措施，保证成都在四城同城化战略中的引领作用。

当前新一轮西部大开发的启动，对于成德绵乐同城化来讲，绝不仅仅是提供了可能性，更是显现了现实紧迫性，同时也赋予成德绵乐同城化前所未有的机遇。中央对西部科学发展提出了明确定位和政策支持，提出了此轮西部大开发在我国区域协调发展总体战略中具有优先地位，在促进和谐中具有基础地位，在实现可持续发展中具有特殊地位。在政策上，中央除保持原有政策的连续性和稳定性，同时加大了对西部地区特殊政策支持，政策的着力点不仅支持基础设施和生

态建设，还大力支持西部地区发展特色优势产业，强调建设"四个基地、一个屏障"。而成德绵乐以其产业基础、生产要素布局、发展环境建设、自然禀赋条件必然成为我省科学发展的示范区域。从产业发展的视角来看，成德绵乐在建设装备制造业基地和战略性新兴产业基地过程中具有较强的行业优势、人才优势和技术优势，依赖于成德绵乐同城化，实现区域内产业协作和整合，破除各种人为障碍，顺应市场发展的需要，形成以产业为载体的多中心的增长极，从而带动整个区域的均衡发展，这是遵循科学发展新要求的必然选择。

装备制造业是成德绵乐的传统优势产业，通过"一五"、"二五"、"三线建设"和改革开放30年的发展，成德绵乐已形成产业规模较大、技术设备先进、配套体系较完善的装备制造业工业体系，在国内重装行业中具有举足轻重的地位。这一重要产业的整合和发展无疑可以成为示范产业，成为四城产业同城化的切入点。成都地区拥有成都飞机工业（集团）有限责任公司、成都发动机（集团）有限公司、成都天马轴承四川三洲川化机核能设备制造有限公司、成都市东光锅炉有限责任公司、成都宁江机床集团股份有限公司等一批龙头企业，在大型挖掘、锅炉、路桥、塔机、石油、车辆、轴承、核电等领域的产品都具有较强的市场竞争力。如成都天马轴承被列入国家高速铁路采购项目，并开发出国内长期依赖进口的风电专用轴承。德阳拥有二重、东电、东汽、东锅等一批国家级的重大技术装备制造业企业，在清洁高效发电设备、冶金化工成套设备、石油钻采、航空航天等领域具有较强的竞争优势。绵阳的中国空气动力研究中心、九州电器等企业在航天航空、空管成套设备制造上有一定优势。乐山的岷江航道、改造斑竹湾大件码头形成了四川重大装备制造业产品的重要出川通道，是成德绵乐发展装备制造业的重要依托。

从目前成德绵乐的装备制造业的发展来看，仍然存在较突出的问题，如缺乏"航母型"装备企业集团，四地企业之间协同度较弱，产业集中度差；产业的自主创新能力和设计集成能力不足，产业链延伸度不够；基础配套能力还不强，关键零部件、原材料尚不能自主生产。这就要求装备制造产业的进一步整合，协调四地的技术、人才、制造和交通优势，形成大型清洁高效发电成套设备制造产业集群、航天航空与空管成套设备制造产业集群、大型冶金成套设备制造产业集群、大型石油天然气钻采成套设备制造产业集群和大型环保设备制造产业集群，在四地形成多个产业中心。

汽车产业在成德绵乐工业体系中占有重要地位。成都市《成都市工业重点产业发展规划2010年调整方案》中明确提出汽车产业是成都市10大重点产业，并且确定了三个产业功能区，即成都经济开发区布局为汽车产业核心发展区，青白江区为载货车生产基地，新都区和成都—资阳工业集中发展区为汽车产业配套辐射区。产业发展以整车为重点，以电动汽车为突破口，以关键零部件引进为手段，着力完善产业链，以实现传统汽车产业追赶型发展、新能源汽车产业跨越式发展为发展目标。绵阳在产业规划中，也拟建设汽车产业的"一园两基地"，即在绵阳高新区规划建设 5 平方千米的汽车工业园，在安县花荄镇规划建设 2 平方千米的华晨汽车及发动机零部件生产基地，在游仙区规划建设 10 平方千米的经济实验区汽配生产基地。乐山市中区也引入山东沂星公司，在乐山市中区打造西部最大纯电动客车产业基地，力求使该基地成为立足乐山、背靠四川、面向西部和东南亚的最大的配套完整、技术先进、模式领先的世界级电动客车产业基地。德阳依托于重装产业，汽车产业也有一定基础。从四地汽车产业发展来看，虽然速度较快，但都处于起步阶段，整体规模偏小，技术创新能力弱，产业园区较多，集中度不够。汽车产业的发展对规模、技术有要较高要求，同城化有利于四城集中资源，实现产业整合，优化要素配置，打造较大规模的汽车产业集群，增强汽车产业在国内的市场竞争力。同城化有利于四城做大做长产业链，做强传统汽车产业，提升电动汽车的规模和竞争力，实现传统汽车和新能源汽车相互促进、优势互补的发展格局。

新能源产业是重要的新兴战略产业。成都先后被国家科技部、国家发改委批准为国家新能源装备高新技术产业化基地、新能源产业国家高新技术产业基地，成都的太阳能产业拥有天威新能源、天威硅业等一批企业，现形成多晶硅材料到铸锭、切片、电池片、电池组件的晶体硅电池完整产品链；核能产业依托中国核动力研究设计院、三洲川化机、四川川锅、川开电气、成都碳素等一批企业在核岛设计和核蒸汽系统系统集成方面具有突出优势；风能、能源汽车方面、半导体照明等产业方面，已有天马轴承、东方日立、川汽集团、一汽大众成都分公司、东骏激光、新力光源等一批成长型企业，发展初具规模。乐山是中国多晶硅生产发源地，国内硅材料生产、研发城市中迄今唯一的国家级基地，是中国多晶硅研究开发与产业的发祥地，是我国第一家国家硅材料开发与副产特利用产业化基地。在新能源特别是硅材料及太阳能光伏领域具有独特优势，特别是硅产业，无论是技术、产业还是人才、配套等都在西部地区处于领先地位。近年来，乐山的新能源产业开始从新能源产业的原材料提供者向打造完整的硅产业链条的方向发展。目前，乐山硅产业已经从多晶硅等初级产品向抛光硅片、芯片和集成电路光缆、电子元器件、太阳能板等中下游产品延伸，正在重点打造电子级硅材料、太阳能光伏硅材料、硅化工循环利用三大产业链。同时乐山在水电、核电、风电、生物质能等领域也具有一定基础。德阳几大重装企业大举进军新能源产业，重点发展风力发电、太阳能、核电、潮汐发电、生物能、燃料电池 6 大可再生新能源装备制造业。绵阳新能源汽车产业开始起步，但总体来看，企业规模小、研究能力弱、未掌握核心技术、部分产业重合是四城新能源产业的主要问题。

新能源产业的发展，关键在技术。要掌握关键技术，就要有创新支持。既要有技术创新来完成知识的创造，更要有组织创新和管理创新来推动技术的产业化。四城的合作不仅可以形成产业优势，还可以在区域创新体系方面拓展空间，为技术创新提供平台，为改革与组织创新提供政策支持，为管理创新提供组织空间。

电子信息产业在成德绵乐工业体系中都是具有战略性、基础性和先导性的支柱产业。成都拥有众多科研院校，具有电子信息产业的研发基地和人才优势，是全国五大国家级软件产业基地之一，并以英特尔公司大型芯片封装测试工厂为核心，国内外一大批知名集成电路企业聚集成都，本地国腾、迈普产业集团、川大智胜和卫士通等企业发展迅速，现基本形成了 IC 设计、IC 封装测试、IC 制造、IC 配套产业、应用软件、信息安全、数字媒体、网络与通信设备制造、电子材料与元器件、信息服务等十大产业集群，集成电路、光伏、平板显示、数据传输与处理、应用电子产品、软件人才培养等六大产业链。绵阳依托于国家视听产品产业园，现已形成数字与视听产品及配套产业为特色的优势产业。德阳正在加大力度促进传统产业与信息产业的融合；乐山也将电子信息产业作为未来的支柱产业来培育和发展，通过做大做强电子元器件，向芯片、集成电路方向发展，并以发展物联网园区为载体，打造西部物联网产业研发和生产基地。成德绵乐的电子信息产业存在的问题主要表现在产业规模仍较小、产业布局不尽合理、龙头重点企业数量较少、产业配套协作能力较低、自主创新能力较弱、企业核心竞争力处于较低水平等方面。

当前的电子信息产业发展重在以产品创新为基础的市场拓展。一方面是信息技术本身的产业化程度加深，另一方面是信息技术对传统产业的影响与渗透。其共同的影响就是市场空间的不断扩大。四城在信息产业方面的合作，将在以下方面对电子信息产业的发展产生积极影响：第一，扩大市场空间，为信息产品的创新提供市场基础。第二，优化产业链，提高专业化分工水平。第三，做大产业规模，通过合作，促进区域间企业整合，鼓励企业做大做强。

二、成德绵乐同城化，是顺应区域合作新趋势的客观体现

加强区域合作，发挥区域整体优势，是我国东部沿海发达地区实现经济腾飞的重要经验，也是内地省份谋求跨越发展的重要举措。近两年，国家已陆续出台了 10 多个区域规划，如 2009 年国务院批复实施《珠江三角洲地区改革发展规划纲要（2008—2020 年）》，2010 年国务院正式批准实施《长三角区域规划》，这表明我国经济发展现已进入以区域为主要单位、以区域与区域之间的互动为主要格局的新阶段。区域一体化的进程正在加快，城市化加速向城市群、城市圈、城市带发展。在西部，西安和关中发展势头迅猛，继 2002 年提出"西咸一体化战略"后，2009 年关中—天水经济区上升为国家战略；2010 年 6 月，重庆的两江新区成为中国内陆唯一的国家级新区，从而西部区域经济发展的版图上，现已形成关中—天水经济区、成渝经济区、两江新区、北部湾（广西）经济区四大经济区。

从区域发展的趋势来看，合作对于城市发展的作用愈加显著。国内外的实践都表明，大城市的发展必须纳入到区域经济协调发展战略中，整合城市之间的资

源和市场，发挥城市在经济发展中带动作用，建立大都市经济圈，促进区域产业优势的形成。城市之间的竞争也逐渐体现出从单一城市竞争向区域竞争转变。我省在"十一五"期间和中长期区域发展战略中，明确了成都经济区、川南重化工业和能源经济区、攀西重化工业和资源开发区、川东北经济区、川西北民族和生态经济区五大经济区重点推进、协调发展的战略。从战略设想来看，每个区域都具有自身特色，通过明确区域分工，力图在区域内部诸城市之间、五个经济区域之间形成合作关系，形成整体优势，共谋发展。区域合作发展模式采用非均衡发展模式，梯度推进，区域联动。

从五年的发展实践来看，五个经济区都取得显著成就，但区域合作问题仍然比较突出，各经济区域之间以及经济区域内部的整体性和协调发展性仍然较差，自然增长极的弊端越来越突出，极化作用仍在扩大，扩散效应没有得到有效发挥。成都经济区与其他经济区的差距不断扩大，成都经济区内各城市之间的发展极不平衡。如成都市已成为成都经济区经济总量的最主要的集聚点，2009年成都的GDP占全省的31.8%，占成都经济区的63.3%，是同属成都经济区的雅安市的18.8倍。同时，我们也看到，成都经济区从经济总量来说，虽然领先于全省，在西部也可以排到前列。但从全国总体来看，成都经济区的整体发展水平相比沿海发达地区仍然较低，总体市场化水平，产业组织形式落后，合作方式仍然以双边合作为主，合作领域仍以基础设施的合作为主，以项目为核心所进行的产业合作和协调才刚刚开始。显然，成都经济区要提升竞争能力，加快发展速度，提高发展质量，就需要顺应当前这种区域合作的新趋势，成德绵乐同城化就是其客观体现。

成都经济区作为四川区位优势和经济基础条件最好的区域，其发展水平居全省乃至西部前列，而成德绵乐又是其中最核心的城市，经济发展水平较高，差距较小，产业互补性强。依托于成都经济区内部核心城市，改变成都市单一自然增长核的现状，推进成德绵乐同城化，实现四城的统筹规划，克服传统行政区划对经济活动形成的分割和封闭，整合资源、整合产业、整合市场，打造多增长核，打造新的"诱致"增长极，形成与四大经济区互动、与珠三角长三角对接的合作新模式，这样才能更好地在全国范围内发挥成都经济区的整体竞争优势，才能在我省建立西部经济发展高地中，成为引领西部经济发展的增长极。

三、成德绵乐同城化，是加快跨越发展新步伐的现实需要

发展核心区域是实现跨越发展的现实需要。以成德绵乐同城化为契机，完善交通枢纽、做大做强金融中心、商贸中心和物流中心，是打造西部增长极的关键之一。

从区位看，四川存在不沿边不靠海的先天不足，但也有独特条件和巨大潜力。四川省是承接华南华中、连接西南西北、沟通中亚东南亚的重要交汇点和交

通走廊，是西部特别是西南地区各种要素和商品的重要集散地，是云贵藏青甘等省（区）经济发展的重要依托。成都至周边省会城市贵阳、兰州、昆明、西安、武汉4小时交通圈，成都至京津冀、珠三角、长三角地区8小时交通圈、贯通大西北和大西南的兰州—成都—贵阳大通道以及从中国沿海经西南西北、进入中亚、走向欧洲的新欧亚大陆桥的建设，将极大地提升成都的交通枢纽地位。西部物流中心、西部商贸中心、西部金融中心三个中心的建设，必将形成低成本竞争优势、便捷性服务优势，发挥配套产业、支持生产、扩大消费的作用；必将加强与周边省（区、市）的市场连接和拓展，通过企业的引进来、走出去，扩大在西部和全国的市场辐射力和影响力，提高商贸现代化水平；必将促进我省金融服务水平。

立体化、多元化的交通网络使成德绵乐融为一体，打破了成德绵乐同城化的地理障碍。以金融、商贸和物流为中心的现代服务业的发展是影响和决定区域发展潜能、确立竞争优势的重要因素。成德绵乐同城化，在相对较广的区域内形成一定规模、一定水平的生产性服务业对于四地产业的大规模集聚、产业升级和提升产业竞争力，推进区域合作，促进区域及城市物质、资金、信息等要素的自由流动，发挥增长极的扩散效应，带动更大区域发展具有非常重大的意义。

（许彦，中共四川省委党校副教授、博士。）

成德绵乐同城化战略的动力机制研究

杨志远

作为我省建设成渝经济区的重要战略，成德绵乐同城化旨在形成以成德绵乐城市网络为核心的经济区域，实现区域内的社会利益均等化，打造国家重要的经济增长极，这一过程是需要激励的。本文以此为基础，分析研究了启动这一战略所需要的动力机制。

一、动力机制之一：产业升级、协同发展

无业不兴，产业是城市的根本。同城化作为区域经济一体化的高级阶段，其出现必然有产业升级为背景。在产业结构类同的情况下，一个在二三产业方面均有强烈发展冲动的城市是很难与其他城市合作的。这种情况下的城市群落生态，竞争大于合作。同城化不排斥竞争，但同城化更强调合作。产业的合作是首要的内容，要充分认识产业升级带来的产业转移、结构调整与市场调整，抓住机遇促进产业升级，提高协同发展水平。

要重视研究成德绵乐四地产业发展的阶段性特征，促进发展阶段较高的地方产业向发展阶段较低地方的转移。在这方面，要深刻认识、把握和发挥成都作为区域内唯一超大城市的发展优势。所谓深刻认识成都发展优势，就是须明确，绵阳、德阳和乐山的发展需要成都的引领。要看到在成德绵乐四城的整体产业升级进程中，尽管要强调各地的主观能动性，但成都必须在这一过程中起主导作用。原因在于，区域经济合作需要领跑者和首倡者，提出必要的发展原则，制定切实的发展规划。如果没有城市愿意并能够承担起这一责任，区域经济合作就是空谈。在成德绵乐的合作博弈过程中，成都应当而且也有能力担当起这样的角色。

所谓把握成都的发展优势，就是须明确，成都的发展，也需要绵阳、德阳和乐山的积极参与。当前成都产业的升级，单靠成都自身的力量、单靠成都经济辐射力的潜移默化，均不能有效地推进。换句话说成都应结合自身"退二进三"的发展战略，采取切实措施，引导本区域内的产业向绵阳、德阳的主动转移，积极促进乐山水运物流副中心的培育，通过这样的举措，既实现了成都的发展目标，也为其他三城的发展，为发挥其他三城的主观能动性留下必要的空间。

所谓发挥成都的发展优势，就是须明确，成都发展优势的发挥与否，不在于

24

成都经济总量又提高了多少，不在于成都的产业又扩展了多少，而在于四城以及以四城为核心的成都经济区，经济实力的提升与区域竞争优势的巩固。成都作为无人可以撼动其经济地位的川内唯一超大城市，作为省会城市，衡量其经济总量并无太大的政策价值。真正需要衡量的是，在成德绵乐同城化战略的实施中，成都作为四城产业协同升级的动力源，对四城区域经济一体化的贡献。

成德绵乐四城的产业升级与协同发展，不仅要讲产业的"错位"与"互补"，更要讲"协同"。所谓"错位"和"互补"，就是你有我无，互通有无；而所谓协同，就是我中有你，你中有我。要跳出传统的产业观念，不要在某一具体的产业布局上过分纠结。现在的产业发展，生产制造固然重要，但物流与市场更为重要，所谓产业链，是指两者的综合。在这一概念之上，产业本身是超过工业与服务业区分的概念，一条完整的产业链上，既有先进的技术环节、发达的制造环节，更有完善的物流、金融和市场服务环节。缺少任何一个环节的产业链都是不完善的和不可持续的。成德绵乐四城的产业升级与协同发展，技术、制造环节的发展固然重要，但物流与金融的发展则是更为关键的命题。前者依靠投资和市场或许可以解决，后者则只有依靠协作与开放才能得以完成。

由此，要发挥成都的引领作用，使成都成为成德绵乐同城化战略的领跑者，需要成都的主动作为，更多地看到产业协同升级的整体和长期效应，关注成都的可持续发展，不要过多地计较短期的利益得失。要发展成都的引领作用，还需要其他三城的积极响应，要正确认识成都的经济辐射力，正确对待在成都经济影响力下的生产要素的市场化流动，不畏惧，更不等待，通过发挥自身的发展特色来巩固竞争优势，进而在产业协同升级中获得本地的话语权。

二、动力机制之二：区域合作、拓展空间

"十二五"期间，区域合作是大势所趋。从全国来看，长三角、珠三角和环渤海经济圈内部的一体化将塑造中国经济未来的核心区域，就西部看，关中—天水经济区、成渝经济区、两江新区、北部湾（广西）经济区将成为西部经济的四大增长极。成都作为成渝经济区的一极，也需要增强实力，通过推进区域合作来拓展发展空间，这是成德绵乐同城化战略的第二个动力所在。

应该看到，未来的成渝经济区，成都和重庆作为增长极的双核，将成为经济区的重点经济区域。但当前的成都与重庆比较，经济总量上的差距还是明显的（见图1）。从经济质量上看，应该说成都经济发展的水平较高，人均地区生产总值达到了 35 225 元，而重庆只有 19 935 元。从经济总量上看，重庆的经济总量较大，地区生产总值比成都多 2000 亿元以上，工业多 1000 亿元以上。从发展潜力上看，重庆的发展空间更大。重庆的辖区面积是成都的 7 倍有余，重庆的人口是成都的近 3 倍，其中农村人口是成都的 4.5 倍以上，重庆的城镇化率为 51.6%，成都为 64.9%。

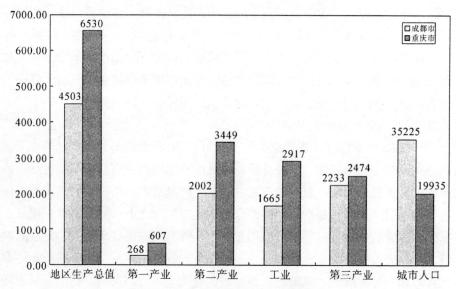

图1 2009年成都与重庆经济总量比较

因此，如果不采取措施拓展成都的发展空间，当前成都经济发展较高的质量就难以转变为实际的总量优势。同时，理论告诉我们，城市规模的大小取决于区域人口、人均收入、交通费用和城市周边农村地租水平（Monocentric - city Model，Alonso，1964；Mills，1967；Muth，1969[①]）。正相关的是区域人口与人均收入，负相关的是交通费用与农村地租水平。如果我们不采取切实措施来拓展区域发展的空间，那么我们在人均收入、交通路网、城乡统筹等多方面为提高经济发展质量所做的努力将难以在更大的空间中体现其价值所在。

就成都而言是如此，就其他三地而言，拓展发展空间也是面临的重大现实问题。从地势上看，除乐山外，绵阳、德阳和成都均处于龙门山断裂带和龙泉山脉之间的平原地区，东西两个方向的发展成本较高，而东北向的广元等地区，又属于经济发展较为落后的区域，要使其具备快速发展的基础，也需要较大的成本。因此，无论主观上愿意与否，成都、德阳、绵阳三地之间的区域合作，以及向眉山和乐山的空间拓展，是未来我省经济核心区域发展的现实取向。

这样的合作已初见端倪。成德绵三地是四川省委、省政府提出最早的区域合作区。而在三地一体化进程中，交通被排在了优先位置。目前，连接三地有一条铁路和一条高速公路。今天，设计时速200千米的成绵乐城际铁路已经开建，成绵高速公路复线也将于10月动工。这将加速成德绵乐四城的同城化进程。2009年12月11日，成、德、绵三市规划部门正式签署《成都德阳绵阳规划合作框架

---

① a. Alonso, W. Location and Land Use [M]. Harvard University Press. 1964. b. Mills, E. S. An Aggregative Model of Resource Allocation in a Metropolitan Area [J]. American Economic Review. 1967. Papers and Proceedings 57 (May)：197 - 210. c. Muth, R. F. Cities and Housing [M]. University of Chicago Press. 1969.

协议》，并举行了首次规划合作联席会。根据《成都德阳绵阳规划合作框架协议》，三方将以《成都平原城市群发展规划（2009—2020）》为基础，编制成德绵区域合作发展规划。

与其静观其变，不如动而谋之。过去，在成都平原经济合作实践中，良好意愿多，实际行动少；发展规划多，落实举措少；利益博弈多，合作共赢少。在外部发展压力日渐增大的今天，须从拓展空间的角度来更加积极地看待同城化，将区域合作作为发展的基本动力来看待，以区域合作来勾勒同城化的蓝图，以区域合作来加快同城化步伐，充分发挥同城化的协作效应，在合作中谋发展，在协同中求共赢。

三、动力机制之三：要素整合、优化配置

要素禀赋是发展能力的基础，要素培育是发展升级的前提。初级的生产要素需要通过市场机制来优化配置，高级的生产要素则需要在经济增长过程之中加以培育。同城化，是一个初级要素市场化配置机制的完善过程，更是一个高级要素培育机制成熟的过程。同城化战略的实施，就是要找到一个在市场机制下实现要素优化配置、升级的动力机制。这是成德绵乐同城化战略的第三个动力所在。

当前的发展格局下，要素整合是难点所在，也是动力所在。发展要求的土地资源、资金和劳动力均存在整合的现实障碍，也存在整合的内在要求。以土地为例，2009 年，成德绵乐四地年末实有耕地面积 95 万公顷，约占四川实有耕地面积的 24%。2009 年，成都耕地减少 0.75 万公顷，居全省第一位，德阳减少 0.44 万公顷，据全省第二位，绵阳减少 0.37 万公顷，据全省第三位，乐山减少 0.09 公顷。四地合计减少耕地占全省年内减少耕地的 52%（见图 2）。我们知道，成都、德阳和绵阳均是四川盆地农业耕作条件最好的地区。没有这些耕地，就没有天府之国称谓的由来。须看到，在工业化的逻辑下，尽管这些耕地的减少有足够充分的理由，但只要站在更为长期、可持续的发展立场上，站在为子孙后代的发展留下足够经济资源的视角上，站在提高农业作业效率、保证长期的粮食安全的原则上，保留这些耕地就有足够的理由。回顾历史，我们发现，百年后的今天，工业化的内涵已经与过去有了本质的不同，很多过去我们弃之若履的资源与要素，随着科学的昌明与理念的更新，今天已经成为我们发展必不可少的要件。因此，对待土地这一初级要素，必须要有长远的发展眼光和实际的发展规划。当新的工业革命要求土地回归其本来面貌时，应当有充足的土地来保证产业升级的完成。逻辑如此，再回过头来看现实。土地用途改变的压力与城市发展对土地产出的强劲需求，最终导致的是对土地的无休止掠夺。2008 年德阳每公顷土地化肥施用量（折纯量）为 930 千克，2009 年已经达到 1053 千克，区域内农业经济的发展已经面临着重大的瓶颈因素。一方面是不可阻挡的工业化浪潮，另一方面是土地作为生产要素的可持续发展约束。两个方面的压力，使得提高土地使用效率

成为当务之急。而要做到这一点，除了技术手段外，更大规模、跨越行政区划的土地要素整合是破题之举。

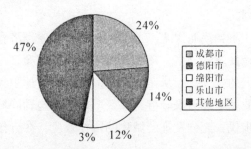

图2　2009年成德绵乐年内耕地面积减少占全省总量的比例示意

投资亦是如此。2009年，成德绵乐四地固定资产投资占全省的比例达到50%，其中成都4022亿元，是绵阳的近5倍，德阳的近6倍，乐山的11倍多（见图3）。四地之间投资失衡的状况非常明显，这与四地之间的经济发展差距是相符的。从投资上看，这样的一个与经济实力相匹配的投资结构反映的是四地之间区域经济协作的缺失。如果存在一个投资协调机制，使得区域投资结构能够在一定程度上反映经济实力较差地区的发展要求，扭转投资结构是区域经济非均衡增长的结果局面，使得投资结构成为区域经济均衡增长的动力与原因，是成德绵乐城市网络能够形成的关键性要素条件。要看到，同城化战略是一个区域经济在经济政策干预下的市场化发展进程，在投资问题上，如果只强调资源配置的市场化机制，不主动的运用政策去调整市场竞争的马太效应，不符合一个追求公平的经济增长过程的基本要求。

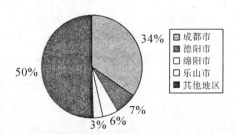

图3　2009年成德绵乐四地全社会固定资产投资占全省比例

在所有的初级要素中，劳动力是最需要关注的一个。一方面，没有劳动力的自由流动，就没有发展的基础要件，没有劳动力收入水平的提高，就无法体现发展的成就。在成德绵乐四地的发展中，我们看到的客观事实是，成都的发展需要各地的劳动力支持。2009年成都就业人员占全部人口的比例达到65.9%，比其他三地均高出10个百分点，这从一个侧面说明了成都有较强的劳动力集聚能力。同时，各地的劳动力差距大小也反映了经济差距的大小，这说明除成都外，其他三地的劳动力利用效率大体相似，有待于提高（见图4）。2010年1月6日，成都、德阳、绵阳三地签署劳动保障区域合作框架协议，从2011年开始，三地将逐步实现就业、社会保障工作的"互通"，打造劳动保障事业一体化，为劳动力的整合打下了基础。要充分认识当前区域内劳动力聚集结构，重视在成都这样具备相对较强吸引劳动力能力的地方发展以服务业为主体的劳动密集型产业，而在劳动力发展相对稳定的地区，这应通过产业技术升级与组织整合来提升经济发展的实力。这样的发展策略，既有助于提高劳动力的使用效率，也有助于提高经济增长质量。

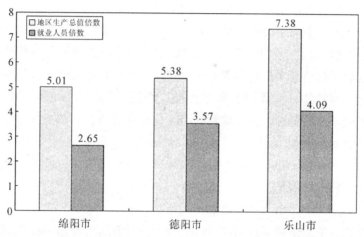

图4 成都与绵阳德阳乐山地区生产总值、就业人员比较的倍差示意

四、动力机制之四：深化改革、破除障碍

同城化战略，不仅要靠合理的规划、有效的产业和基础设施对接，还要依靠体制机制的突破与创新，没有体制的突破，就无法为同城化战略的顺利实施提供制度前提，没有机制的创新，就无法为同城化战略的实施提供动力保障。推动关键领域和核心环节的改革，是成德绵乐同城化战略的第四个动力所在。

改革的目的在于破除合作障碍。在成德绵乐同城化战略的实施过程中，第一要破除产业协同发展的障碍。以合理的产业发展规划与布局为先导，以区域技术创新体系构建为基础，以生产性服务业的大发展为保障，加快产业升级、协同发展的步伐。第二是破除企业重组整合的障碍。以国有企业改革为核心，以垄断行业、领域的开放为条件，鼓励跨区域的国有企业兼并重组，鼓励民营企业积极参与国有企业改革与垄断行业经营，以改革的深入推进合作的深入进行。第三在于破除要素市场化配置的体制障碍，通过理顺要素市场价格，发挥市场在资源配置中的基础性作用，提高资源的使用效率。第四在于破除阻碍合作的行政障碍。政府不以行政思维来看待区域合作，不以干预意识来对待产业协同，主要通过推进公平服务水平的均等化、通过协调的产业政策来规制区域经济的运行。

改革的目的在于培育合作基础。在成德绵乐同城化战略实施过程中，第一要培育合作的金融体制基础。通过深化金融体制改革来激发金融体系的活力，通过区域性银行机构的培育和发展来为区域内经济的发展提供资金支持。第二要培育合作的制度基础。通过同城化战略合作规划的制定来确立合作的框架，通过经济、社会性质管理机构的规范、稳定联系机制的确立来形成长期的协商机制，共同解决合作中出现的问题。第三要培育合作的市场化力量。区域经济合作不仅是政府的事，更是参与到这一过程中来的每一个个体的责任。须通过多元化的社会协商机制和规范的协商程序的设定，为社会成员参与区域合作决策创造条件；须重视和依靠市场的力量来推动区域合作的步伐而不是相反。

改革的目的在于构建合作新模式。成德绵乐同城化背后的区域合作模式，以"多核"的城市网络替代"单核"的超大城市、以产业的协同去替代产业的错位与互补、以要素的整合来提高要素的使用效率。这一合作模式，既反映了区域合作与城镇化的新趋势，又体现了当前我省核心经济区的发展新诉求，故而其落实，也需要以改革的精神，去推动新的跨越，相互尊重，同谋发展，以大改革促大发展，以大发展促大合作。

五、结语：前景展望

成都北扩、德阳南拓、绵阳"外融内聚"、乐山的大交通……区域合作的序幕已经在川西平原徐徐拉开。一个由"单核"向"多核"转变的同城化战略，必将推动区域经济均衡增长，一个由城市网络替代超大城市作为发展和性能区域的经济增长过程，也必然会是一个促进增长与公平内在统一的经济增长过程。

可以合理地预期，成德绵乐同城化战略的实施，可以有三种效应。其一，协同效应，通过要素整合、产业对接、市场对接，提高产业布局的合理性，优化产业结构、增强产业组织的竞争优势。其二，倍增效应。通过拓展发展空间，来提升成都的城市实力；通过承接产业转移，来加快德阳的经济增长；通过优化要素利用和扩大开放，来提高绵阳的发展能力；通过大交通、大产业和大城市三大联动，来构建乐山的交通枢纽。战略的转变与要素、产业结构的调整、城市发展的加快，诸种因素综合作用，其结果必然是区域经济整体实力的倍增。其三，扩散效应。一个强大的核心经济增长区域必将会成为支撑成都平原发展的重要区域，进而将会成为我国战略"第四极"的双核之一、西部主要的经济增长极核，辐射全川，带动西部。

在成德绵乐同城化战略实施的今天，必须认识到，只要我们增强合作意识，切实推进四地区域经济合作，同城化战略的协同效应就能实现；只要我们坚持改革，勇于创新，创造性地推动四地的发展与合作，同城化战略倍增效应的实现就不是无本之木；只要我们坚持开放，加快发展，将四地的同城化融入到西部经济大发展的进程中，同城化战略的扩散效应必将显现。

（杨志远，中共四川省委党校副教授、博士。）

对加强成渝经济区制造产业合作的思考

陈旭

内容提要：国务院正式批复的《成渝经济区区域规划》，受到各方面高度重视，也提供了加强川渝进一步合作的机会。成渝经济区内的制造产业合作是川渝合作的重要内容和有效切入点，能有效促进成渝经济区快速发展。本文通过研究成渝经济区制造产业发展的现状与合作中存在的问题，进而提出加强成渝经济区制造产业合作的对策建议。

关键词：成渝经济区 制造产业 合作 经济发展

在《成渝经济区区域规划》中，成渝经济区被定位为全国重要的现代产业基地。四川省实施"工业强省"战略，制造产业快速发展；而重庆是西南工业重镇，一直致力于建设"汽车城"、"军工城"和"长江上游现代制造业中心"。四川和重庆自古以来"一家亲"，川渝毗邻地区共涉及 30 个区市县，两地在社会、经济、产业、文化、历史、资源、交通等方面，有着十分紧密的相互依存和互补关系，奠定了坚实的合作基础。在成渝经济区合作与发展中，制造产业的合作是重中之重，不仅符合两省市重点抓工业发展的战略思想；而且也是推进成渝经济区建设，打造国家重要经济增长极的重要基础。本文拟从加强成渝经济区制造产业合作角度进行探索。

一、成渝经济区制造产业发展现状

（一）两地传统制造产业优势各异

四川以重大装备制造业为主，是国家发电设备的主要制造基地之一，也是全国重要的航空航天产业基地之一。重庆以仪器仪表制造业和交通运输设备制造业为主，重庆和四川共有汽车整车生产企业 34 家，有汽配企业 527 家，其中规模以上企业 261 家，主要生产发动机、变速器、传动系统、制动系统、车身系统、汽车空调、汽车电子等系列产品。四川食品饮料制造业有优势，重庆烟草制品业有优势。四川有种类丰富，数量巨大的黑色金属矿，以黑色金属冶炼加工业为主；重庆有色金属储量占优势，以有色金属冶炼加工业为主。川渝医药制造业具有互补优势，发展潜力巨大，从药材类型来看，四川中药材种类齐全，数量众多，种类达 4500 多种，约占全国的 75%；而重庆以生产合成药为主。从技术水平来看，四川医药科技创新能力较突出，2009 年医药产业新产品产值达 113.1 亿元，居全国第四。从销售市场来看，重庆医药制造业的市场占有优势比较突出。

（二）两地高新技术制造产业既有错位又有共性

2009 年四川省开发区拥有高新技术企业 1512 个，占全国比重仅为 2.82%，主要集中于成绵乐产业带；重庆开发区拥有高新技术企业仅有 520 个，占全国比重为 0.97%。从实现总产值看，2009 年四川高新技术企业总产值占全国比重的 4.4%；而重庆高新技术企业总产值仅占全国比重的 1%。川渝高新技术产业集中行业各异，四川主要集中于先进制造业，新材料业、信息技术业、生物医药及生物农业四大行业，而重庆集中于化学原料及化学制品制造业、医药制造业、电气机械器材及专用设备制造业、电子及通信设备制造业四大行业。四川形成了七大产业带，重庆形成了 4 个国家级开发区，43 个市级工业园区。但川渝两地产业园区分布均较为集中。成都、德阳、绵阳、眉山、资阳和遂宁六市产业园区数量占全省的比例在 40% 左右。重庆两翼园区产值占全市的比重也不超过 10%。

工信部统计数据显示，2010 年四川规模以上电子信息制造业的销售产值是 1440.12 亿元，增幅为 45.3%，全国排名第 9 位。目前，全球每两台电脑所用 CPU 中就有一台"成都造"；2011 年下半年，全球 2/3 的 iPad，都将是成都制造。重庆正在建设亚洲最大的笔记本基地和电子工业产品基地，2012 年全球 1/3 的笔记本电脑，可能出自重庆，3 年后将年产 1 亿台笔记本电脑和 1 亿余台其他各种类型的终端产品。随着英特尔上海、成都两地工厂整合全面完成，世界代工之王富士康布局成都和重庆，戴尔在成都的全球运营基地正式奠基，仁宝、纬创、联想等项目相继落地，成渝经济区将成为"中国电子谷"。

二、成渝经济区制造产业合作存在的问题分析

自重庆直辖以后，两地间在各个领域的竞争越发激烈，总的来看竞争多于合作，制造产业的合作程度明显不够。分析其背后的原因，主要有以下三点：

（一）成渝经济区内存在行政壁垒

自重庆直辖以来，重庆、四川因人为因素造成行政壁垒和地方保护主义盛行，成渝区域板块由原来的省内经济区变成省际经济区，内部关系外部化，阻碍了生产要素的合理流动，不利于资源的优化配置。四川虽然与重庆山水相连，地域相邻，人缘相亲，文化一脉相承，民风民俗相近，但由于行政区划的阻隔，分属不同的行政区管辖，在很多方面与重庆存在较大差异，规划发展不同步、政策区域差异较大、政府间的合作意识不强，缺少交流和沟通，这些行政壁垒阻碍了两地经济合作，更严重影响了成渝经济区制造产业间的合作。

（二）成渝经济区内制造产业合作机制不完善

成渝经济区内制造产业发展不平衡，分布不均匀。在推进合作的过程中，由

于各地之间的经济政策和相关措施没有尽可能公开，制造企业间缺乏良好的信息沟通机制。在某些条件相对较好的核心城市与不发达的落后山区的企业进行合作时利益分配上不平等，缺乏有效的合作利益协调机制，参与方在合作中没有获得与合作目标相适应的利益，从而影响了某些地区及企业合作的积极性。成渝经济区内区域间的合作也往往是自发的、低层次的，且竞争多于合作，各地各自为政的局面不可避免，缺乏合作的激励机制和有效的约束机制。虽然在逐渐的合作过程中有一些协议性的合作框架，但具体到操作层面还有一定的距离，这些机制的不完善，极大地影响了成渝经济区内制造产业间的充分合作。

（三）成渝经济区内基础设施不满足制造企业合作需要

尽管成渝经济区基础设施日益完善，但相对于经济发展和要素流动的需要而言，其基础设施建设尚处于落后阶段，特别是对于制造企业而言，物流条件差，物流成本高，制约了成渝经济区内制造企业的有效合作。虽然成渝经济区中重庆和成都均属于全国 45 个公路主枢纽节点城市，在全国公路网络布局中占据重要地位，但其每万人拥有公路里程和每万人拥有铁路里程均低于全国平均水平。一方面，成渝经济区对外交通不畅，制约了成渝经济区与外界的联系；另一方面，内部交通亦欠缺，收费站点太多，许多毗邻区域没有较好的免费直通道路，使得制造企业合作障碍多。

三、成渝经济区制造产业合作的主要领域

重庆市的优势制造产业是汽车、摩托车、高新技术装备制造、材料、仪器仪表、电子信息等。根据成渝经济区的功能定位和产业发展基础，成渝经济区内川渝制造产业可以考虑从以下几个方面开展合作：

（一）装备制造产业培育协作型产业链

四川以重大装备制造业为特色，而重庆以交通运输设备制造业、仪器仪表设备制造业为主，两地合作可建立互补的装备制造业格局，实现装备制造业的多元化发展，提升整体竞争力。四川是国家主要的水电开发基地和发电设备的主要制造基地。四川的德阳市是重型装备制造基地，除生产大型火电设备和水电设备外，还生产大型核电、风电、气电设备；四川又是西部新能源设备制造基地，有一些大型多晶硅生产企业和太阳能发电设备制造企业，有核电站设计和部分设备的制造能力。四川的电力输送所需输变电设备数量巨大，重庆有大型变压器生产企业，双方合作可以依托电力行业形成一个输变电设备制造体系。在航空航天制造产业，四川的整机生产优势明显，而重庆仪器仪表制造业的发展优势为航天航空工业零部件配套奠定了基础，两地在这一领域开展合作可提高川渝航空航天业的配套生产，促进航空航天产业发展。

（二）医药制造产业实现产销一体化

成渝两地的医药制造产业可以依托中科院生物研究所、国家卫生部生物制品

研究所、四川大学、成都中医药大学、三军医大、重庆医科大等科研院所和地奥集团、太极集团、华邦制药等医药企业，形成紧密的产学研协作关系，利用成渝经济区及其辐射区内丰富的生物资源，以基因工程药物、生物加工和生化工程药物、中成药、现代中草药等产品为重点，加大企业技术改造、科学研发、制药原料基地培育、药物资源综合开发利用、制药技术信息交流等方面的合作，优势互补。四川省医药科技创新能力比较突出，形成了以大学和科研院所为依托的科技创新平台，而重庆医药制造业的销售渠道更加广泛，两地合作可使川渝医药制造业实现产销一体化，可以打造出成渝经济区的技术一流、设备先进、规模强大的生物工程和现代医药产业集群。

（三）电子信息产业合理分工和专业合作

四川成都、绵阳、乐山是我国重要的电子信息产业基地，是国家军事电子研究机构的重要聚集地。英特尔、友尼森、摩托罗拉、中兴、富士康等国际知名企业进入后，带动了本土企业的快速发展。数字电视产品、手机、集成电路、软件、军工电子、网络及通信产品等，在全国具有比较优势。成都已初步形成了IC设计、制造、封装、测试较为完整的产业链。软件业和软件外包超常发展，成都的数字娱乐软件在全国的市场占有率达10%，整体排名居全国第三位。重庆电子信息产业发展也很快，具有发展芯片产业的良好条件，重庆的芯片产业已经形成封装、测试、设计等产业链。惠普、富士康两大IT业巨子落户重庆，形成了2000万台笔记本电脑产能和2000亿元的产业集群，成为重庆市第一支柱产业。川渝两地在电子信息产业方面不仅有很好的基础，而且有强大的科技力量和人力资源，具有相互合作，共同发展电子信息产业的良好条件。特别在航天等军事电子、航空电子、汽车电子、家用电子及各类软件和软件外包上可发挥自己的突出优势，推进电子信息产业共同发展。

（四）汽车摩托车制造业区内配套合作

重庆是全国重要的汽车、摩托车生产基地，重型汽车、轻型汽车整车制造比较发达。四川成都、绵阳、资阳三市都有汽车整车生产企业，四川和重庆各地还有许多汽车零部件生产企业，为区域内外汽车产业配套。虽然川渝两地这些企业数量众多，但规模不大，产品层次不高，科研和技术力量不强，竞争多而合作少。如今，为了川渝两地更好地协作发作，两地汽车制造产业在进行竞争的同时，更多的是优势互补，扬长避短，错位发展，以整车企业为主体，两地相互配套合作发展，使成渝经济区成为西部最大的汽车、摩托车工业制造基地。如泸州市的临港示范区，针对重庆发达的汽车摩托车产业，利用毗邻重庆的区位优势，依托神工锻造等现有机械加工产业基础，充分利用化工区所生产的化工下游产品，引入和发展汽摩零部件产业，为重庆汽车、摩托车生产提供配套产品和服务。

（五）钢铁制造业发挥资源优势进行合作

四川有丰富的钒钛资源，还有机车车辆制造能力和铁路建设队伍，而重庆则有钢轨制造能力，这样川渝两地就在此方面就具有广阔的合作空间。攀枝花钢铁公司是西部最大的钢铁公司，钒钛开发具有很大潜力。重庆钢铁公司历史悠久，但设备陈旧落后，生产规模很小。从川渝和西部来看，钢铁需求量，特别是汽车钢板、输气钢管、重型设备制造和国防工业用钢材的需求量很大。我国由于利用外矿，大型钢铁企业都建在沿海，唯有四川的攀钢有自己的矿山、煤炭和冶炼钢铁的各种辅料。为进一步壮大成渝地区的装备制造业和汽车工业，川渝应在钢铁制造业方面进行合作，扩大攀钢生产能力，建设大型、优质汽车板等生产工厂，以供应重庆及其他地区汽车生产的需要。

四、促进成渝经济区制造产业合作的对策与建议

成渝经济区制造产业合作是适应经济全球化与区域一体化发展趋势的必然选择，是以规模经济提升效率、推进创新、降低交易成本的必然要求。但制造产业的合作，要放在国家宏观背景下考虑，双方包括民间应该避免情绪化思维、狭隘的行政区划观念，积极主动展开更加深入和广泛的合作交流，实现资源共享、信息互动，深化合作，使成渝经济区制造产业合作提高到一个新的水平。

（一）共同打破行政壁垒

成渝经济区在制造产业合作中，不仅要清理和废除阻碍产业合作的文件和制度，增强政府合作意识，而且要从政府高层入手，争取建立两地长效互动工作机制，打破行政壁垒；加强民间交流与合作，真正实现"地域相邻、人缘相亲、经济相融、文化相通"的地缘优势，达到淡化行政区域概念，自觉打破行政藩篱和体制机制障碍，促进生产要素在经济区内更加畅通和融合，最终促进成渝经济区的发展。随着重庆市城市化进程提速、产业转型升级加快，一大批传统产业面临发展瓶颈，特别是用地受到极大限制，急需面临向其他地方转移。川渝毗邻地区的四川区县利用与重庆市地缘相近、人文相亲、交通相连、物流相通、产业相关，具备突出的基础优势，跳出行政区域的限制，加快与重庆对接，加强与重庆的发展规划、政策等对接，主动承接重庆或配套重庆的转移产业，主动接受重庆辐射，大力发展重庆"配角经济"，有效承接重庆核心区的制造产业转移。合作发展"飞地"经济，实施两地合作建园，税收分成，互利共赢。

（二）联合建立跨区域合作协调机制

在川渝地区建立跨行政范围界限的制造产业合作协调机制，在遵循平等性、开放性、整体性、特殊性的基础上，构建成渝经济区促进制造产业发展的联席会议制度；充分发挥行业商会和协会在交流合作中的桥梁和指导作用，通过合作联系，创建统一区域制造产业的行业职能管理机制、政策、决策管理监督协调机制，保障成渝经济区制造产业形成统一的市场体系，消除市场壁垒，降低交易成本。建立区域合作的利益分享、互助和扶持激励机制；同时，完善制造产业区域合作的监督与约束机制，减少或消除信息不对称问题和"搭便车"问题。在通

过利益协调机制达成合作的同时，四川省与重庆市应共同争取国家更多的政策支持，共同争取国家将发展条件较好的区域定位于重点开发区；共同促进成渝经济区制造产业分工协作和结构优化升级，在电子信息、重大装备制造等方面深化合作；共同争取国家对成渝经济区实行更大的税收优惠政策，降低制造业税赋水平，增强企业的自我发展能力，降低交易费用和行政成本，扩大共建收益，加速成渝经济区制造产业的合作进程。

（三）共同建设成渝经济区多层次的交通物流体系

加强成渝经济区内的高速公路和铁路建设，加快省市间特别是毗邻地区快速通道建设，促进制造企业合作和配套企业间的协作；依托重庆水、公、铁、空、管综合枢纽地位与成都交通枢纽地位及区域内长江干支流港口和各支线机场，在建立以重庆和成都为中心的一级交通物流中心和以宜宾、泸州、万州、涪陵、永川、合川、内江、南充、遂宁为中心的二级物流中心的同时，建设若干服务于一、二级物流中心的三级物流中心与物流站，建设与制造产业基础与发展规划相适应的综合性、储存型或加工型物流园区。加强各物流中心间的分工协作，明确功能定位，建设一体化信息平台，构建信息共享和联网核查机制，减少收费站点，降低物流成本，加强物流枢纽间的联系，为制造产业的合作提供优质、高效、低价的物流服务。

参考文献：

[1] 彭颖，陆玉麒．成渝经济区县域经济差异的空间分析［J］．人文地理，2010（5）．

[2] 刘世庆．成渝经济区建设研究——川渝毗邻地区的发展差距与合作策略［J］．经济体制改革，2008（1）．

[3] 王再文，李刚．区域合作的协调机制：多层治理理论与欧盟经验［J］．当代经济管理，2009（9）．

[4] 韩斌，刘朝明，汪涛．川渝地区产业关联与产业合作政策研究［J］．经济学家，2008（6）．

[5] 苏东水．产业经济学［M］．北京：高等教育出版社，2000．

[6] 林凌，廖元和，刘世庆，等．共建繁荣：成渝经济区发展思路研究报告——面向未来的七点策略和行动计划［M］．北京：经济科学出版社，2005．

（陈旭，中共四川省委党校。）

抢占汽车后市场制高点
加快建设成都国际汽车城

——国内外汽车后市场发展经验对建设"汽车龙泉"的启示

中共成都市龙泉驿区委党校课题组

摘要：汽车后市场作为汽车产业链上的"黄金产业"，近年来引起了国内汽车行业的高度重视和积极探索。本文对汽车后市场的基本概念及重大意义、国内外汽车后市场发展的主要模式、发展趋势及先进经验进行了综合分析，指出了成都以及龙泉汽车后市场发展中存在的问题，并针对性地提出了改进完善措施，对于促进四川现代先进制造业科学发展和成都建设国际汽车城具有理论价值和实践指导意义。

关键词：汽车产业　汽车后市场　先进经验　发展模式

近年来，按照省市产业布局规划，成都市龙泉驿区加快汽车产业综合功能区建设，促进了汽车产业强势崛起，现已形成了"十车七机"集群发展格局。汽车后市场作为汽车产业链上的"黄金产业"，近年来引起了国内汽车行业的高度重视和积极探索。龙泉驿区在加快推进汽车产业追赶跨越发展的同时，必须把汽车后市场摆在和汽车前市场同等重要的位置，抓住当前汽车行业整体转型调整的重要时机，借鉴国内外汽车后市场发展的先进经验，抢占汽车后市场发展制高点，大力发展龙泉汽车后市场产业，为建设"西部第一、全国一流、世界知名"的成都国际汽车城奠定坚实基础。

一、汽车后市场的基本概念及重大意义

（一）汽车后市场的概念

"汽车后市场"这个概念最早是由美国提出来的。根据美国汽车售后业协会的定义，所谓"汽车后市场"是指"汽车在售出之后维修和保养服务及其所需汽车零配件、汽车用品和材料的交易市场"，它所涵盖的行业和企业包括：汽车的维护、保养和修理服务企业，汽车零配件、汽车用品和材料的经销商和制造商以及相应的金融、保险等服务行业。目前在国内汽车界，比较普遍的认识是：所

谓汽车后市场，也称汽车售后服务市场，是指汽车销售后围绕消费者在使用过程中所需的各种服务构成的市场，包括配件供应、维修保养、汽车用品、汽车改装、二手车经营、金融保险、汽车检测认证、汽车信息咨询、汽车技术培训、汽车俱乐部等。

目前国内外汽车界对汽车后市场的定义主要集中在汽车售后服务上，而对汽车后市场强大的产业再造功能，如汽车创意消费、汽车文化娱乐等涉及较少。通过分析各种研究资料，结合汽车后市场最新发展趋势，我们认为：汽车后市场是指汽车生产制造以外，围绕消费者（包括潜在消费者）认识汽车、购买汽车、使用汽车、享受汽车、处置汽车等所产生的一切交易和服务行为的总称。具体来讲，汽车后市场包括七类行业、十九大业务。七类行业包括汽保行业；汽车金融行业；汽车 IT 行业；汽车精品、用品、美容、快修及改装行业，又称汽车养护行业；汽车维修及配件行业；汽车文化及汽车运动行业；二手车及汽车租赁行业。可能随着发展，汽车救援行业也随着诞生。十九大业务主要包括汽车美容、汽车装饰、汽车养护、汽车电子、汽车娱乐影音系统、汽车改装、汽车轮胎服务、汽车专业维修、汽车办公用品、汽车租赁、车主俱乐部、二手车业务、汽车救援、汽车文化、汽车融资、汽车广告、汽车资讯、汽车培训、汽车电子商务。

（二）汽车后市场是汽车产业链上的"黄金产业"

由于汽车后市场消费具有必须性、连续性、关联性、长期性等特点，汽车后市场产业发展前景广阔。在欧美、日本等发达国家，汽车后市场是汽车产业链中最主要、最稳定的利润来源，可占总利润的 60% ~ 70%，被誉为"黄金产业"。当前，我国已成为世界第一大汽车消费国，汽车后市场随着汽车保有量的上升快速崛起，加之人们对汽车消费的认识已进入个性化、人性化的阶段，汽车后市场将呈几何级井喷增长状态，2009 年中国汽车后市场产值已达到 2400 亿元，专家预测 2012 年将达到 4900 亿元，2015 年将接近 1 万亿元。

（三）汽车后市场发展决定汽车产业的未来

一个成熟的汽车市场，整个行业的竞争主要集中在后市场领域。根据国际汽车产业发展规律，汽车市场发展到一定程度，将由前市场销售量决定发展的阶段，转变为由后市场取而代之，后市场规模、水平、收益将决定汽车行业的发展。2011 年，受国家汽车消费政策调整、油价上涨、部分地区治堵限行等因素的影响，我国汽车产业进入了一个平稳发展时期。随着汽车制造业逐步进入微利时代，更多的获利机会将在汽车后市场中展开，汽车后市场的发展将成为中国汽车市场持续成功的重要推动力。中国汽车后市场的巨大诱惑令几乎所有的外资汽车售后巨头向中国汽车后市场上发起了全面进攻，全球第一大零部件供应商德国博世（Bosch）2010 年建在中国的汽车维修店已达到 1000 家；日本最大的汽车用品经销商黄帽子（Yellow Hat）计划在 2015 年前将中国直营店与加盟店数量增加到 500 家；壳牌（Shell）海外控股有限公司、壳牌（中国）有限公司与上汽集团联手推出了安吉—杰菲汽车快修连锁店计划。中国本土汽车后市场企业也积极探索应对之策。中国汽车后市场面临全行业重新洗牌的重要时期，谁能够抢占汽车后市场发展制高点，谁就能赢得先机，赢得未来。

二、国内外汽车后市场发展现状分析

（一）国外汽车后市场发展的主要模式及经验

1. 国外汽车后市场发展的主要模式

欧洲、美国、日本等汽车发达地区，汽车后市场服务经过上百年的发展已形成了较为成熟的运营模式，代表着国际汽车后市场服务发展的方向。整车销售（Sale）、零配件（Sparepart）、售后服务（Service）、信息反馈（Survey）"四位一体"的4S店销售服务模式，最早在德国创立，20世纪七八十年代在欧洲曾一统江湖，但4S店销售服务模式过分依赖前市场厂家，不能为多个汽车品牌提供服务，90年代初欧洲汽车后市场服务商开始以非常快的速度转型为"多品牌特约销售"和"多品牌特约维修"。美国的4S体系也从90年代初开始走下坡路，目前只能占整个售后市场约20%的份额，专业化连锁企业成为售后市场主角。日本是4S体系维持最好的国家，但近年来汽车服务超市模式得到了大力发展。目前，4S店模式、连锁经营模式和汽车服务超市模式在国际汽车售后服务市场上居主流地位，汽车后市场服务商脱离前市场生产商独立开展服务是国际汽车后市场发展的显著现象。由于4S店模式在国内已很常见，下面重点介绍汽车连锁经营和汽车服务超市这两种典型的经营模式。

（1）汽车连锁经营模式。这种经营模式以美国为代表。根据美国汽车售后业协会的统计，美国市场超过500家以上连锁店的零配件公司有近20家，如NAPA、AUTOZONE、PEPBOYS等就是汽配连锁业的代表。他们的配件销量占美国汽配市场的70%，他们旗下的汽车养护中心已超过1.3万家。这种模式整合了各品牌汽车零配件的资源，打破了纵向的垄断，在价格服务透明化的基础上，提供汽车保养、维修、快修、美容和零配件供应一条龙服务，车主可以一站式解决问题。美国规模最大的8家连锁维修公司旗下的5938家维修站的收入就占据了整个行业的一半，因其具有完善的企业文化、管理规模，被誉为美国汽修业的"麦当劳"、"肯德基"。

（2）汽车服务超市模式。这种经营模式以日本为代表。以日本企业澳特巴克斯、黄帽子为代表的汽车和车主用品大卖场模式，在日本汽车后市场已经成为主流的模式，它可以满足汽车本身以及车主全方位的需求。1974年诞生的澳德巴克斯（AUTOBACS）是日本最大的汽车用品超市，拥有500多家连锁店，分布在高速公路两侧、居民社区周围以及大型购物中心附近，使车主就近就能享受到服务。在澳德巴克斯的连锁店里，从汽车的日常维护、维修、快修、美容，到各种品牌零配件的销售，甚至对车辆进行改造等服务一应俱全，能够一次性满足车主的全部要求。更重要的一点是，由于打破了纵向的垄断，连锁店里有各种品牌、各种价位的汽车零配件可供车主选择，满足了不同层次消费者的需求。

2. 国外汽车后市场发展的经验

（1）注重行业管理。国外汽车发达国家高度重视汽车行业监管，从新车出厂到报废解体的全过程，都有相应的法律法规作要求。在汽车后市场领域，从产品准入、技术规范、企业资质、人员素质、服务标准、质量保证等方面形成了一套完善的管理体系。在汽车普及的美国，有被称为"柠檬法"的《汽车保用法》，确保消费者买到质量放心的产品。加拿大在全国范围内成立了国有的非赢利性机构——"驾车者安全担保计划"（MAPC），加强驾车者和汽车服务商之间的联系，确保了汽车后市场各行为主体规范有序行使权利和履行义务。

（2）注重品牌经营。美、德、日等汽车发达国家，汽车后市场服务大都采取一体化、品牌化经营战略，形成了一批国际知名的巨型企业和强势品牌。美国以 NAPA、AUTOZONE 和 PEPBOYS 为代表的三家汽配连锁经营品牌企业，其配件销量占据美国汽配市场 70% 的份额。澳德巴克斯和黄帽子作为日本最大的两家汽车用品超市连锁企业，在国内都拥有 500 家以上的连锁服务店，并在全球 30 多个国家设立了上千家分店。一体化、品牌化经营，降低了成本、扩大了规模，服务水平、价格、品质保持同一标准，让消费者买得放心，修得安心。

（3）注重人员素质。国外汽车后市场服务业有着严格的人员认证体系，从业人员一般都是从专业的汽车培训学校或相关专业毕业，并经过正规的培训、考核认证。如日本将具备诊断汽车故障能力、能够独立进行维修的人称为"汽车整备士"，"整备士"分一级、二级、三级以及特殊级。国家每年进行一次考试，一级为最高级别，参加一级考试的人员必须具有三年以上实际工作经验。同时，应聘特约店或连锁店维修人员时，还要通过该店的考试才能正式上岗。参加工作后，这些人员也会不断接受一些新技术、新车型等方面的专业培训，提高自己的业务水平，以保证服务质量。

（4）注重服务质量。以顾客满意为目的，国外对汽车后市场服务制定了严格的行业规定和服务标准。如加拿大"驾车者安全担保计划"规定了严格的《服务标准》和《检查和信息统一标准》，明确提出了经维修的车辆保证达到至少正常行驶 90 天或 6500 千米的要求。汽车维修厂家的技工必须根据这两个标准，向顾客明确指出车辆哪些地方必须进行修理、哪些地方建议进行修缮，并出具详细的汽车维修建议书，但车辆最后进行怎样的维修由顾客本人决定。顾客有权对服务质量进行评价，如有异议，服务企业与顾客按照行业规定进行协商解决，也可以请相关行业组织进行第三方解决，直到顾客满意为止。

（二）国内汽车后市场发展的现状及存在的问题

目前我国汽车后市场服务体系主要通过以下五大渠道进行：一是近年发展起来的汽车 4S 店；二是传统大中型维修厂；三是汽车专项服务店；四是品牌快修美容装饰连锁店；五是汽车维修路边店。这五大渠道在面积大小、设备投资、人员素质、地点便利性、服务质量、服务时间和收费标准等方面各有千秋，短期可以共存，但随着汽车后市场竞争加剧，生存发展的压力将越来越大。总体来讲，我国汽车后市场还处于起步阶段，和世界先进水平还有相当大的差距。具体表现在以下几个方面：

1. 行业基础薄弱

长期的计划经济体制以及汽车工业自身发展滞后等因素致使我国汽车后市场底子薄，市场细分尚不充分，服务项目类别不多，发展缓慢，完全适应买方市场条件下及开放市场条件下的汽车后市场服务体系未普遍建立。

2. 服务理念落后

"以人为本、顾客至上"和全面实施"用户满意工程"等先进服务理念，在我国汽车后市场还未普遍建立，或者只是停留在口头上，没有深入员工心中，更没有体现在实际服务中。

3. 综合素质不高

服务企业的技术素质不高，既缺乏素质高、能力强的领导者，也缺乏现代的、科学的、高效的管理知识和方法。汽车后市场的从业人员特别是汽车维修操作人员，很多都是师傅带徒弟方式传授技艺的，未经过专门的技术培训和接受正规教育，总体技术水平不高，造成维修能力难以适应汽车工业迅速发展的需要。缺乏高素质的专业人员，如高级维修技术人员，具有资质的汽车估价师等等。

4. 市场秩序混乱

市场运作混乱，正常竞争秩序缺乏，低价恶性竞争问题突出，假冒伪劣配件充斥市场。价格体系执行混乱，流通领域随意加价销售、汽车维修领域乱维修、乱换件、乱收费和服务欺诈、质量保修环节理赔的随意性等现象普遍存在。

5. 服务能力不足

服务主体缺乏资本运作的能力，汽车服务企业不能更新设备，不能进行技术改造，汽车消费信贷的规模小、效益低、风险大的格局长期得不到改善。我国汽车后市场发展呈现的服务项目少、服务规模小、层次水平低、自由分散的状况，长期得不到有关部门的足够重视，管理部门采取条块割据、自行封闭的管理模式，缺乏综合管理的经验和措施，严重制约了我国汽车后市场产业科学发展。

（三）新形势下汽车后市场发展的趋势及特点

1. 认识不断深化，汽车后市场在产业发展中的战略地位日益突出

重汽车前市场轻汽车后市场、重汽车消费使用轻汽车文化建设等现象被打破，汽车后市场被确立为汽车产业可持续发展的战略支撑，汽车运动、汽车竞技、汽车休闲、汽车娱乐、汽车展会等汽车后市场产业功能被深度拓展。各地政府高度重视汽车后市场发展，纷纷出台产业规划和扶持政策，建设了一大批汽车产业园区，如中国盐城国际汽车后市场产业园、河北石家庄汽车后市场产业园、长春汽车产业园、北京汽车产业园等都在加快建设，几年后将形成全国汽车后市场园区竞争发展的态势。

2. 品牌化、一体化、规模化成为主要发展方向

汽车后市场是一个业务涵盖范围广、消费需求多种多样、发展空间潜力巨大的消费服务类市场，分散经营、单一经营、无序经营都难以形成规模效应、品牌效应并产生综合效益，难以满足消费者的多样化需求。以品牌化建立诚信可靠的消费环境，以商家集群式模式打造一站式的汽车后市场服务平台，以规模化发展积聚人气和形成竞争优势，有利于满足消费者多样化需求，有利于加强宏观管理和规范行业管理，有利于促进汽车后市场健康、有序、可持续发展。

3. 行业素质全面提升，人性化、个性化服务更加体现

面对国内外汽车后市场行业的激烈竞争和汽车消费需求的多样化、个性化，行业主体会更加注重技术改进提高服务本领，更加注重人力资源管理提高从业人员素质，促使服务企业的技术素质、专业技术人员素质、服务人员素质、经营管理者素质等都得到全面提升，这样才能在激烈的市场竞争中真正赢得消费者，赢得市场。

4. 新的业态不断涌现，新型汽车后市场体系结构得以建立

汽车后市场产业链细分并得到充分发展，汽车改装、汽车置换（包括二手车交易）、汽车租赁、汽车物流、汽车信贷、保险、汽车微修（专门处理车辆微小故障或剐伤的专业公司）、汽车俱乐部等汽车后市场新兴业务快速发展。在汽车后市场出现专业细分行业的同时，也出现了新的汽车后市场服务方式，如以移动通信、互联网为依托，整合汽车后市场资源出现的汽车远程服务、汽车网络服务、汽车软件和信息服务等；如集汽车消费、展示、体验、休闲于一体的汽车综合生活城。汽车文化娱乐功能被充分挖掘拓展，汽车展会、汽车旅游、汽车娱乐、汽车竞技等快速发展，不仅为消费者提供方便的服务，而且加入快乐消费、安全消费和文化消费等内容，给予消费者一种可以无限延伸的生活，一种能彰显个性特色的平台，体现了新时代汽车生活的新内涵。在先进发展服务理念引领下，我国的汽车后市场将形成以人为本为核心、完善的法律法规为保障、各类服务主体独立经营并开放合作的新型汽车后市场体系结构。

三、加快龙泉汽车后市场发展的思考及建议

（一）龙泉汽车后市场发展现状概述

成都汽车后市场兴起于80年代，经过近30年的发展，汽车后市场逐渐成熟，形成了4S店、大中型维修厂、品牌美容服务企业（尚未包括路边汽修店）竞争发展格局，但4S店占据相当优势。龙泉驿区作为四川省千亿产业工业基地和成都市汽车产业综合功能区，近年来汽车产业强势崛起，一汽大众、一汽丰田、吉利、沃尔沃、大运、川汽、一汽专汽、一汽客车、一汽商用车、瑞华特纯电动汽车等十余家整车（机）厂成功入驻，形成了年产120万台的产能。2010年，共生产整车（机）10.17万台，实现产值429.86亿元，汽车产量占省、市

总产量的40%、68%。在汽车前市场蓬勃发展的同时，龙泉汽车后市场也得到了相应发展。据初步调查，目前，龙泉驿区共有整车销售企业6家，2010年销售整车2万余台，销售额40多亿元；汽车维修企业270余家（其中一类资质企业8家，二类资质企业62家，三类资质企业200余家），2010年共维修汽车20余万台，上缴税收300余万元；二手车交易市场一处和二手车贸易企业一家，2010年共销售商用车、乘用车、二手车12 000台，实现销售额7.2亿元；汽车专业教育培训学校2所，可容纳万名学生学习和生活。随着九峰国际汽车博览城及零部件采购中心、中国兵装汽车营销综合体、吉利汽车超市、银城美车城等汽贸项目的加快聚集，成都汽车产业研究院、国家质检院、银河总部经济港等总部研发和服务业项目的加快崛起，聚商生产生活服务中心、第九空间、四季酒店、沃尔玛购物中心等一批生产生活配套项目的加快建设，以及中国·成都国际汽车精英赛和成都国际汽车节的成功举办，龙泉汽车后市场产业将得到快速发展。但是，与汽车前市场高速发展相比，龙泉汽车后市场发展明显滞后，与成都市汽车产业综合功能区的地位极不相称。主要表现在以下三个方面：

1. 总体规模偏小，未能对汽车前市场形成产业支撑

龙泉汽车后市场主要集中在销售、维修、保养领域，企业无论从数量、产值、效益、人气等方面都很不足，在汽车会展博览、文化娱乐、金融、IT、现代物流等高端领域发展更是相当落后，汽车前后市场发展失衡将制约龙泉汽车产业做大做强。

2. 企业分布偏散，未能形成集中集约集群发展态势

龙泉现有汽车后市场企业分布零乱，小型店、路边店更是星罗棋布，不仅不利于市场规模壮大，形成产业核心竞争力，也在一定程度上造成了资源浪费，更给消费者带来了不便。

3. 服务水平偏低，未能形成有影响的知名品牌企业

龙泉汽车后市场服务企业仅能为汽车消费者提供小修小补，本地没有成长起具有影响力的品牌企业，也没有引进区外有影响力的品牌企业入驻，品牌连锁、汽车超市、专业快修、综合服务等现代汽车后市场服务业态在龙泉难觅踪影。

（二）龙泉汽车后市场发展面临难得的历史性机遇

1. 中国以及成都汽车产业高速发展产生了巨大的市场空间

2010年，中国汽车产销完成了1826.47万辆和1806.19万辆，已连续三年稳居世界第一汽车产销大国。2011年上半年，中国汽车消费市场理性回归，但汽车行业也创造了产销915.60万辆和932.52万辆的业绩。国家工信部最新数据显示，2010年，中国千人汽车保有量为60辆，远低于世界千人保有量120辆的平均水平，中国汽车产业发展空间广阔。综合汽车行业各种分析，"十二五"时期仍是中国汽车产业高速成长时期，中国汽车产业至少还有10年的黄金发展。专家预测，2015年中国汽车产量和保有量将达到2500万辆和1.5亿辆，2020年中国汽车产量和保有量将达到4000万辆和2亿辆。2010年，四川省汽车保有量达

到 357.9 万辆，居全国第七位；成都汽车保有量达到了 164 万辆，在全国副省级城市中位列第一，成都已成为中国第三大汽车消费市场和车展第四城。按照省市产业发展规划，2015 年四川省汽车产量将达到 150 万辆，2017 年成都汽车产量将达到 91.4 万辆。高速发展的汽车产业和巨大的汽车保有量，给汽车后市场发展带来了巨大的商机。专家分析指出，每台汽车售后服务额约为车价的 2 倍，一般 10 年报废；并且私家车主的整体汽车售后保养服务意识更强，对汽车后市场服务需求更大，中国汽车后市场正处在一个历史性的大发展时期。

2. 成都雄厚的经济基础和科学的城市定位孕育了广阔的成长沃土

成都素有"天府之国"的美誉，是国务院确定的西南地区科技、商贸、金融中心和交通、通信枢纽，商贸、物流、生产要素配置十分便利，市场辐射整个西南、西北地区及南亚国家。八年来，成都深入实施城乡统筹综合配套改革，形成了城乡同发展共繁荣的可喜局面，全市经济实力显著增强，产业结构不断提升，开放性经济格局正在形成。2010 年成都实现地区生产总值 5551.3 亿元（占四川全省地区生产总值的 32%），人均地区生产总值 48 325 元，跨过了 7000 美元大关；地方财政一般预算收入 526.9 亿元，城市居民人均可支配收入 20 835 元，农村居民人均纯收入 8205 元，城乡居民储蓄存款余额达 5071 亿元。共有世界五百强企业 200 余家落户成都。成都三次产业比例关系为 5.1：44.7：50.2，由此不难看出成都服务业的繁荣。2009 年底，成都确立了建设世界现代田园城市的历史定位和长远目标。今后五年，通过全市上下的努力，成都将建成中国中西部创业环境最优、人居环境最佳、综合竞争力最强的现代特大中心城市。再经过二十年的奋斗，成都力争进入全球三级城市行列。雄厚的经济实力以及独特的先天和后天优势，将为成都汽车后市场带来蓬勃生机和发展活力。

3. 成都以及龙泉强大的汽车产业形成了重要的产业支撑

按省市产业布局规划，龙泉被确定为四川省现代先进制造业基地和成都市汽车产业综合功能区。随着一汽大众、一汽丰田、吉利、沃尔沃等国内知名汽车企业的入驻，龙泉汽车产业发展翻开了新的篇章。目前，龙泉已经引进了 10 个整车项目（一汽大众、一汽丰田、吉利、沃尔沃、大运、川汽、专汽、一汽客车、一汽商用车、瑞华特纯电动汽车），7 个重大工程机械整机项目（神钢集团、卡特彼勒、普什重机、成都南车、海瑞克、泰安岳首、神钢大吨位起重机）以及 117 家汽车相关配套企业。百万辆整车生产平台初步搭建，并逐步聚集了九峰、金宇国际、帅车二手车、吉利汽车超市、聚商汽贸、银河汽贸、四川国际机械贸易博览城等汽车贸易博览项目，汽车贸易快速发展。龙泉驿区集整车制造、零部件配套、汽车销售、汽车娱乐为一体的汽车产业发展已初具规模，汽车全产业链集群发展格局开始形成。

4. 龙泉优越的区位优势和地域文化构建了独特的发展环境

龙泉位于成都东大门，正居成渝经济区桥头堡，是西南出海大通道第一站，也是未来天府新区的主体骨干区域，突出的战略地位和区位优势，为汽车产业发展提供了广阔之路。按照成都市文化创意产业发展布局规划，龙泉的大面、十陵、成洛路沿线将成为文化创意产业的重点发展区，这正好与龙泉汽车产业发展规划布局（南造、北贸、中服）相契合。龙泉全区面积550平方千米，55.7%为平原，1.96%为丘陵，38.55%为山区。根据成都经济区发展规划，龙泉可以通过与简阳、眉山等地展开区域合作，实现向东向南扩展。龙泉享有"中国水蜜桃之乡"的美誉，引人入胜的桃园风光和浓厚的客家文化，为发展汽车文化创意产业提供了人文底蕴。依托成洛路文化创意产业带以及龙泉山绮丽的自然风光和丰富的山地资源，大力发展汽车会展博览、汽车创意消费、文化娱乐、汽车竞技运动等产业高端，将是龙泉汽车后市场崛起的天赐良机。

5. 省市区各级政府的全力支持提供了坚强的政策保障

国家高度重视汽车产业发展，相继出台了汽车产业调整和振兴规划。四川省将龙泉汽车产业作为千亿产业集群和万亿产业基地重点建设，成都市将龙泉确定为汽车产业综合功能区重点打造，促进了龙泉汽车产业从无到有、从小到大，从单一到多样、从低端到高端的跨越式发展。2011年7月23日，全省"两化互动"现场会在龙泉召开，龙泉汽车产业的快速崛起引起各方的高度关注和赞誉。深入推进"两化互动"，再造一个产业成都，已成为全省上下的共识，也必将为龙泉加快建设成都国际汽车城赢得更多的关注和支持。

（三）加快龙泉汽车后市场发展的建议

1. 完善提升规划，优化产业空间布局

要深化对汽车后市场的认识，把汽车后市场摆在与汽车前市场同等重要的位置，进一步提升汽车后市场在汽车产业综合功能区总体规划中的地位，制定龙泉汽车后市场产业发展专项规划，形成汽车后市场同汽车前市场同步规划、统筹发展、相互支撑、共创未来的良好局面。结合龙泉实际，按照"西部第一、中国一流"产业发展目标，龙泉汽车后市场可定位为"中国现代汽车后市场高端产业发展先行区"，要重点发展汽车会展博览、汽车竞技运动、汽车贸易物流、汽车创意研发、汽车电子商务等高端产业。为此，要对规划进一步完善，按照"南造、北贸、中服"产业发展布局，建立汽车后市场发展专业园区，为汽车后市场产业集聚发展预留空间；要积极推动规划落实，加大招商引资力度，加快项目建设进度，大力推动西河国际汽车博览新城建设，尽快确立龙泉汽车后市场产业地位；要对龙泉现有汽车后市场进行调查梳理，根据企业发展意愿和全区产业总体规划有计划地引导企业进园区，尽量形成集中集约集群发展态势，努力提高龙泉汽车后市场产业的市场竞争力。

2. 加强业态培育，抢占产业发展高端

面对日趋激烈的市场竞争，龙泉汽车后市场发展要根据本地历史、文化、人才、市场的具体情况，寻求发展的突破领域，避免盲目跟风、同构同质发展。针对龙泉汽车后市场产业链上的薄弱环节，可通过引进国内外成熟的汽车后市场服务模式和服务品牌，组建汽车用品大卖场和连锁服务超市；同时大力发展汽车改装、汽车微修、二手车交易、汽车金融等行业，加快汽车后市场传统产业改造升级步伐。要直奔汽车后市场产业高端，加强汽车会展博览、汽车竞技运动、汽车贸易物流、汽车创意研发、汽车电子商务等高端产业的商业开发，形成新的产业形态和经济增长点。如可借鉴长春、北京等地的做法，建立龙泉汽车后市场产业园，打造出一个诸如义乌小商品城、常熟服装批发市场等在全国都叫得响的汽车后市场产业基地。充分挖掘龙泉深厚的文化底蕴和运用广阔的山地资源，高水平策划国际性的山地赛事活动，组织成立车迷俱乐部，开发建设汽车娱乐城，广泛开展汽车露营、汽车旅游、汽车餐饮、汽车竞技等汽车文化娱乐活动，营造特有的汽车文化。

3. 加强人才培养，解决产业发展瓶颈

要把汽车产业人才开发纳入全区人才开发总体规划中统筹安排，作为人才强区战略的重要组成部分。要加强汽车后市场产业人才培养工作。全区职业技术教育要全面适应汽车产业发展需要，将汽车产业技能作为培训重点。要通过各大高校、汽车学院、汽车专修学校等教育平台加大人才专门培养、对口培养，为汽车后市场产业实现可持续发展提供源源不断的人才保障。要采取财政补贴、认证上岗等办法加大对现有汽车后市场产业从业人员的培训力度，促使他们学习新技术掌握新本领，通过素质提升、技术升级全面提高龙泉汽车后市场服务水平。要继续实施开放的人才引进政策，通过区"人才引进百千万工程"等渠道加强汽车后市场产业高层次人才引进工作，切实解决人才引进中的制约因素，为引进人才创造更宽松的环境，利于人才落户、扎根龙泉。

4. 加强行业监管，营造产业发展环境

尽快组建龙泉汽车后市场行业协会，并赋予相应的管理职能。由政府相关部门牵头，积极运用现有法律法规，创造性开展汽车后市场行业管理工作，有效规范行业秩序。对区内汽车后市场企业进行资质评估，对从业人员一律实行持证上岗，严格执行产品准入制度，制定龙泉汽车后市场服务行业程序和服务标准，对服务产品和服务标准一律要公示并明码标价，督促企业建立完善的信息管理系统、内部管理制度及各项工作的工作流程等。商务、发改、工商、质检、交通、公安、税务等部门联合协调行动，不定期开展行业专项整治，针对性加强对汽车行业降价销售、打包促销、赠品附带、加价提车等"明规则"、"潜规则"的监督管理，加大对销售零配件的质量抽检，有效遏制严重损害消费者合法权益的行为，及时、主动处理消费者的申诉和举报。

5. 加强要素保障，促进产业发展壮大

要完善公共技术服务体系。依托汽车产业研究院，进一步加强公共研发平台建设和管理，加大对汽车后市场产业关键技术攻关的支持力度，加深对行业关键环节、共性技术的研究，积极搭建与产业高端化发展相适应的公共技术服务体系。要完善产业发展保障体系。加大资金投入，探索建立龙泉汽车后市场产业发展专项资金，用于对汽车后市场重点企业发展、技术创新升级、人才开发等方面的扶持，并综合运用技改贴息、经费补助和奖励等多种方式支持汽车后市场企业发展。加强政策倾斜，对龙泉汽车后市场产业化项目，特别是产业高端项目，在资金投入、发展规划、建设用地、税费减免、服务设施、环境保护等方面给予政策优惠，为龙泉汽车后市场产业快速崛起提供有利条件。

（课题组组长：马雄，龙泉驿区委组织部副部长、龙泉驿区委党校常务副校长；课题组成员：熊跃进、涂功德、郭锡兵、臧运吉、陈晓敏，龙泉驿区委党校教师。）

推进成渝经济区建设
打造国家重要经济增长极

冯龙庆

【内容提要】加快成渝经济区建设发展，是我国现阶段解决经济社会区域协调发展、促进我国经济社会持续更好更快发展的重要举措。立足自身实际和发展需要，充分认识加快推进成渝经济区的重要意义，清晰该区域经济功能定位，研究和落实科学举措。成渝两地要通过加强合作交流，打造国家重要经济增长极，形成发展合力，实现新的整体形象塑造和竞争力提升，在超越自我的基础上实现新的跨越。

【关键词】成渝经济区　功能定位　区域协调发展　国家重要经济增长极

近年来，区域协调、均衡发展已成为影响我国经济社会持续健康发展的关键性问题之一。因此，着力解决地区之间、城乡之间发展不平衡问题，致力形成多极发展的新格局，是我国现阶段推进国民经济保持更好更快发展的重要保证。由于特定的历史、地理和人文联系，经过多年开发建设，成渝地区逐渐成为西部最有活力、联系最紧密的区域。为进一步加快该地区经济发展、推进区域内经济协调共济、增强区域内经济发展内生动力，让其引领我国西部地区经济社会发展，国家根据我国经济社会发展总体部署，经历"十五"、"十一五"期间的论证和调研，终于在"十二五"开局之年全面吹响了加快成渝经济区建设的号角。2011年3月，国务院常务会议审定通过了《成渝经济区区域规划》，成渝经济区的建设发展正式上升为国家战略。川渝两地要通过加强合作交流，形成发展合力，实现新的整体形象塑造和竞争力提升，在超越自我的基础上实现新的跨越。

一、充分认识加快建设成渝经济区的重要意义

国家重视并加快成渝经济区规划建设，是当前川渝两地面临的最大发展机遇。川渝人民要充分认识加快成渝经济区建设是大势所趋，具有重要的现实意义和深远的历史意义，必须抢抓发展机遇，奋力实现跨越。

（一）为国家战略调整开创新局面

在新的发展阶段，针对国内外经济形势的变化，我国做出了从主要依靠外需

拉动转向内需和外需共同拉动的重大战略调整，更加注重区域协调发展，更加注重城乡统筹发展，更加注重可持续发展。加快成渝经济区建设，将为转变经济发展方式，实现经济又好又快发展开创新局面。

（二）为西部大开发注入新活力

根据国家主体功能区规划，依托资源优势、技术实力和产业基础，成渝经济区大力发展生态环保的绿色产业、引领未来发展的高新技术产业和处于价值链高端的现代服务业，不但能为西部大开发提供强大的产业支撑，而且将为我国下一轮经济高速发展培育新的增长点。

（三）为西部大开放开辟新途径

以大开放带动大开发，是深入推进西部大开发的必然选择。按照充分开放的要求，成渝经济区在继续扩大东向、北向和西向开放的同时，加强与东盟、南亚合作，突出南向开放，努力开辟便捷的出海通道，将为西部大开放开辟新途径，根本改变西南地区乃至我国的对外开放格局。

（四）为长江上游生态安全构筑新屏障

成渝经济区地处长江上游，对整个长江流域的生态安全有重要影响。在加快经济发展的同时，加强生态文明建设，与川西北水源涵养地和三峡库区水环境保护地相配合，为长江上游生态安全构筑新的有效屏障。

（五）为国家安全和社会稳定增添新柱石

成渝经济区是国家战略要地，拥有丰富的水、钒钛和天然气等战略资源，具有较强的重大装备制造能力和科研力量。加强成渝经济区建设，有利于发挥重大装备制造业、科研和国防军工等产业优势，带动民族地区和欠发达地区发展，为确保国家安全、经济安全和社会稳定增添新的可靠柱石。

（六）为小康建设惠及民生创造新空间

通过社会经济的发展，人和自然的和谐相处，提高川渝地区各族群众物质和文化生活水平，在教育、卫生、文化等方面提供丰富的公共服务，让群众真正得到实惠，切实体现以人为本的执政理念，为惠及民生实现新的促进，对加快成渝经济区建设具有重要作用。

二、科学把握成渝经济区总体功能定位

按照科学发展观的要求和国家发展总体战略，立足自身实际和发展需要，成渝经济区总体功能定位为"一极四区"，即国家新的重要增长极；引领西部大开发大开放的核心区，现代产业集聚区，国家统筹城乡改革发展的试验区，长江上游生态文明建设的示范区。

（一）成为引领西部大开发大开放的核心区

成渝经济区是西部地区经济较发达的区域，已在整体上进入工业化中期，经济总量超过西部地区的四分之一，具备又好又快发展的良好条件和较强的辐射带

动能力。依托相对丰富的自然资源、较强的经济技术实力和产业基础，通过全面的区域合作，更加突出面向东南亚和南亚等新兴经济体的开放，变体制阻碍为体制推动，变资源优势为经济优势，变开放滞后为充分开放，变技术跟踪为自主创新。成渝经济区完全有条件成为引领西部大开发大开放的核心区。

（二）成为现代产业集聚区

经过21世纪头十年的建设和发展，四川的发展基础进一步增强，奠定了又好又快发展的坚实基础。应充分发挥比较优势，依托自然资源、经济技术实力和产业基础，大力发展清洁能源、先进装备制造、高新技术产业、现代服务业等特色产业，强化城镇产业支撑，培育和形成名牌产品、明星企业和优势产业链，努力建设现代产业的集聚区，增强区域核心竞争力。

（三）成为国家统筹城乡改革发展的试验区

抓住作为全国统筹城乡综合配套改革试验区的机遇，通过深化改革努力破除体制障碍，推进新型工业化、新型城镇化、农业现代化和城乡基本公共服务均等化，努力提高居民收入和缩小城乡差距，从扩大有效需求和增加要素供给两个方面释放巨大的增长潜力，发挥统筹城乡改革发展典型示范作用，以人口的合理迁徙带动生产要素的跨区域流动，实现经济高效、社会和谐和生态良好的多重目标。

（四）成为长江上游生态文明建设的示范区

成渝经济区既是国家重点发展区域，同时也承担着维护长江上游生态安全的重要责任。要按照人与自然和谐相处的现代生态文明理念，转变经济发展方式，使成渝经济区成为资源节约、环境友好、经济发达、宜业宜居的生态文明建设示范区，既是实现成渝经济区可持续发展的必然选择，也有利于加强长江上游生态屏障建设，为生态环境相对脆弱的西部地区提供科学发展的成功模式。

三、努力推进成渝经济区建设发展

成渝经济区区域规划已获得国家审定通过，但如何实现良好开局，十分关键。

（一）抓好规划的丰富完善和细化落实工作

要加强向国家相关部委的汇报衔接，强化经济区规划与"十二五"规划的有机结合，进一步丰富和完善经济区规划内容，并从管理体制、运行机制到微观规制，形成一套科学、有序的规章制度，使成渝经济区规划的实施建立在科学规范的制度框架下。进一步细化落实，让规划细化的过程成为体现科学发展理论和实践相结合的过程。

（二）为加快成渝经济区建设创造良好的环境

要从硬环境和软环境两个方面下工夫。在交通、通信、能源、水利等硬环境上，要充分保障商流、物流、人才流、资源流、信息流等各种要素充分流动。更加注重软环境打造，政府要建立高效、便捷的联席协调机制，也要加强民间合作，实现川渝两地新的整体形象塑造和竞争力提升。

（三）科学有序推进成渝经济区的建设

川渝人民要认识到成渝经济区当前发展面临的大好机遇，进一步坚定发展信念，深入研究成渝经济区重点优势产业发展、城乡统筹发展及城镇功能布局、区域协调和对外开放、基础设施建设、政策及保障措施。通过资源在产业、城镇、区域之间的合理配置，不断夯实发展基础，优化产业结构和城镇布局，提高综合竞争力和可持续发展能力，努力实现发展新跨越，为建成西部经济发展高地和建成全面小康社会打下具有决定性意义的基础。

一是要妥善处理好几个关系。要正确处理好加快发展和结构调整，新型工业化、新型城镇化和农业现代化，区域协调发展和增长极建设，基础设施建设和产业、区域、城镇布局，经济发展和惠及民生等几个重大关系，努力转变经济发展方式，优化产业布局，联动推进新型工业化、新型城镇化和农业现代化，促进区域协调发展，实现社会事业进步和民生改善。

二是要扎实抓好几个重点。要强化以交通为重点的基础设施建设，促进要素的成分流动。要发挥好产业的支撑作用，促进优势产业发展，增强高端产业辐射带动能力，实现三次产业的协调互动，提升整体竞争力。要按照主体功能布局，明确特色分工，促进各类区域协调发展。要统筹推进新型城镇化和新农村建设进程，深化统筹城乡综合配套改革，通过重点城市群和区域中心城市建设带动新农村建设，激发新的增长活力和潜力。要通过经济的发展推动社会事业进步和民生改善，让改革开放成果全民共享，促进和谐社会建设。

三是要努力实现几个创新。要进行体制创新，在制度设计上实现实质性突破，形成有利于发展的合理和长效机制。要进行开放创新，以开放的眼光推动发展，打破封闭式的自我循环，在更大的空间范围配置资源、拓展市场、探求合作新领域。要进行技术创新，要抓住新一轮产业转移的机遇，把引进吸收再创造和自主创新相结合，集中力量技术攻坚，力争站在技术的高端谋求发展。要进行观念创新，结合客观需要，加强主观努力，在超越自我的基础上实现新的跨越。

成渝经济区的过去、现在充分表明，未来也必将证明，加快成渝经济区建设发展，符合国家总体战略要求，顺应合作发展的时代潮流，体现人民的发展意愿。川渝两地要顺应发展潮流，把握时代趋势，加大合作发展步伐。要打破行政区域限制，通过有机整合资源，努力实现在更广更深领域推进科学发展、和谐包容发展，实现合作竞争、形成发展合力，做到 $1+1>2$，引领西部地区新一轮大开发、大开放和大发展，为促进全国区域协调发展做出更大贡献。

参考文献：

[1] 国家发改委《成渝经济区区域规划》2011 年 5 月。

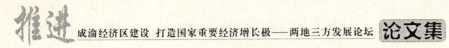

［2］《国民经济和社会发展第十二个五年规划纲要》。

［3］高洪深．区域经济学［M］.3版.北京：中国人民大学出版社，2010。

［4］陈占彪．行政组织与空间结构的耦合——中国行政区经济的区域政治经济学分［M］.南京：东南大学出版社，2009.

［5］白永秀，任保平．关于区域经济学几个基本理论问题的思考［J］.山西财经大学学报，2004（05）.

［6］江世银．我国区域经济发展宏观调控存在的问题及解决构想［J］.天津行政学院学报，2003（03）.

（冯庆龙，中共崇州市委党校讲师、中共崇州市委政研室科研人员，北京师范大学2010级管理学博士研究生。）

《成渝经济区区域规划》
对成都发展的影响分析

关丽丽

内容提要： 2009 年以来，我国相继出台了多个区域规划，内容涉及 10 多个省份，覆盖东部、中部、西部大部分地区，区域规划不仅成为国家推进区域经济协调发展的新举措，也成为地区转变经济发展方式、调整产业结构的重要依据。为此，本文在《成渝经济区区域规划》正式批复之际，将其内容和特点从四个方面进行解读和比较分析后，提出成都实现"两加快两推进"的新机遇，并总结出对成都未来发展的新要求。

关键词： 成渝经济区　区域规划　影响

2011 年 3 月 1 日，国务院总理温家宝主持召开国务院常务会议，讨论并原则通过《成渝经济区区域规划》。5 月 30 日，《成渝经济区区域规划》（以下简称《规划》）正式发布。《规划》不仅是贯彻落实国家推进区域经济协调发展的新举措，也是推进新一轮西部大开发、促进成渝经济区经济发展方式转变、产业结构调整的重要依据，对于明确成渝经济区的战略定位和发展方向、推进产业结构升级和空间布局优化，均具有重要意义。

一、《规划》解读

《规划》中确定：规划范围包括重庆市 31 个区（县），以及四川省 15 个市，区域面积 20.6 万平方千米，规划期从 2011 年到 2015 年，展望到 2020 年，规划内容共分十个章节，约 2.5 万余字，涉及发展背景、总体要求、总体布局、重点任务等方面。其主要思想体现在以下四个方面：

（一）面对新一轮西部大开发的总体要求，《规划》明确了成渝经济区的战略定位和发展目标，凸显了先试先行的区域特色

在新一轮西部大开发开始实施之际，《规划》着眼于成渝经济区在中西部地区、长江上游地区以及全国的区域定位，提出了"一中心、一基地、三个区"的战略定位，即"西部地区重要的经济中心"、"全国重要的现代产业基地"、

"深化内陆开放的试验区"、"统筹城乡发展的示范区"、"长江上游生态安全的保障区";并参照《关于深入实施西部大开发战略的若干意见》"到2015年,西部地区的经济总量比2008年翻一番"的目标,《规划》提出"到2015年,成渝经济区的人均地区生产总值将达到39 000元",其经济总量增速将高于西部地区两个百分点。

相较于其他国家级经济区,成渝经济区凸显了先试先行的区域特色。特别是在推动新一轮西部大开发中,为使内陆地区更好的实现区域协调发展,成渝经济区具备了在城乡统筹、对外开放等相关重要领域和关键环节,实行改革创新的政策支持和保障,较其他经济区具有有利于城乡统筹发展的试验环境和示范作用。

(二)结合区域一体化的发展要求,《规划》明确了"双核五带"的空间格局,构筑了双核驱动下的内陆空间发展模式

为突破区域行政区划的制约、满足市场资源要素合理配置的要求,推进区域经济一体化格局的形成,《规划》提出构建"以重庆、成都为核心,打造沿长江发展带、成绵乐发展带、成内渝发展带、成南(遂)渝发展带、渝广达发展带"的空间布局,重点推动"四个重点城市群"的发展,即重庆城市群、成都城市群、南部城市群、东北部城市群,以及建设潼南和广安两个"川渝合作示范区"。

相较于其他国家级经济区规划,"双核驱动"的内陆空间发展模式,不仅表明了成渝经济区长久的政治历史渊源,也体现了区域一体化发展的要求(见表)。在双核城市的区域空间布局下,成渝经济区将围绕成都和重庆两个核心城市功能的提升,突破行政区划的约束,从经济联系角度出发,建立区域合作关系,带动周边区域性中心城市的发展,形成多个区域性城市群,形成区域一体化的发展方式。

(三)按照统筹城乡发展的任务要求,《规划》提出了六大重点任务,并将统筹城乡放在首位

按照"构建城乡经济社会一体化发展格局"的要求,《规划》提出"统筹城乡发展、构建现代产业体系、加强重大基础设施建设、加快社会事业发展、加强生态环境保护和资源利用、深化改革开放"六大重大战略任务,并专门就城乡统筹问题作为一章,提出"到2015年初步实现城乡协调发展格局"的发展目标。

相较于其他国家级经济区规划,成渝经济区更加强调了城乡统筹战略任务的重要性,从城乡统筹规划、统筹建设、统筹管理、统筹发展等方面进行了深化,并且进一步明确了2个核心城市和20个区域性中心城市的功能定位,以及推进农村地区发展,构建城乡经济社会一体化发展的实施措施。

表   《成渝经济区区域规划》与其他国家级经济区规划比较

	战略定位	空间布局	城镇体系	重点发展的产业	重点任务
成渝经济区	西部地区重要的经济中心、全国重要的现代产业基地、深化内陆开放的试验区、统筹城乡发展的示范区、长江上游生态安全的保障区	双核五带	2个核心城市，20个区域性中心城市，4个重点城市群	农业：种植业、畜牧业、水产业、林果花卉业；工业：装备制造业、汽车摩托车制造业、电子信息产业、民用航空航天产业、冶金和材料产业、化学工业、轻纺工业、医药产业；服务业：物流业、金融业、科技服务业、商贸会展业、旅游业、休闲娱乐业	统筹城乡发展、构建现代产业体系、加强重大基础设施建设、加快社会事业发展、加强生态环境保护和资源利用、深化改革开放
关中—天水经济区	全国内陆型经济开发开放战略高地；统筹科技资源改革示范基地；全国先进制造业重要基地；彰显华夏文明的历史文化基地	一核一轴三辐射	1个核心城市，6个次核心城市，14个三级城市及重点镇和一般镇	航空航天、装备制造、资源加工、文化产业、旅游产业、现代服务业	构建创新型区域、产业发展、新农村建设、基础设施建设、生态环境、公共服务业、改革开放
海峡西岸经济区	两岸人民交流合作先行先试区域、服务周边地区发展新的对外开发综合通道、东部沿海先进制造业的重要基地、我国重要的自然和文化旅游中心	一带五轴九区	东部沿海临港产业发展区；中部集中发展区；生态保护和生态产业发展区	现代农业：畜牧业、园艺业、林竹产业、水产业；制造业：电子信息、装备制造、石油化工；服务业：物流业、信息服务业、服务外包业、会展业、旅游业等	构筑两岸交流合作平台；加快现代化基础设施建设；推进产业机构升级；统筹区域内协调发展；深化改革开放；加快社会事业发展；加快生态文明建设
北部湾经济区	中国—东盟开发合作的物流基地、商贸基地、加工制造基地和信息交流中心；重要国际区域经济合作区	城市地区、农村地区、生态地区	五大功能组团（南宁组团、钦防组团、铁山港组团、东兴组团）	工业：石油化工、造纸、冶金、轻工食品、高技术、海洋；农业：种植业、畜牧业、海洋渔业；服务业：物流业、金融业、信息服务业、会展业、旅游业等	产业发展、基础设施、社会建设、生态环境、开发合作

注：以2009年以来获国务院批复的国家级经济区规划作为比较对象。

二、成都发展的新机遇

（一）有利于提升城市地位，加快实现"新三最"目标

伴随成渝经济区建设正式上升为国家战略，成都作为"全国重要的经济增长极"的地位将更加突出，城市对外影响力将明显增强。一方面，成都将吸引国内外更多优质资金、先进技术、专业人才的集聚，提高集聚经济效益，提升城市综合竞争力；另一方面，随着综合交通运输体系的完善，经济区内各城市之间合作将更加紧密，成都与腹地城市在产业发展方面的分工与协作进一步深化，经济联系进一步增强，成都的综合服务功能也将随之扩大。特别是伴随成渝经济区的加快发展，成都的腹地城市将得到更好的发展，不仅有助于巩固成都作为西部经济中心的地位，而且有助于成都早日实现"新三最"的奋斗目标。

（二）有利于构建和谐生态社会，推进世界现代田园城市建设

《规划》将加快社会事业发展和加强生态环境保护作为重点任务，提出"到2015年，基本公共服务能力显著增强，森林覆盖率明显提高；到2020年，基本

公共服务初步实现均等化，生态文明建设取得显著成效"，不仅为成都构建和谐社会提供了保障，也为成都建设绿色生态的"世界现代田园城市"打下了坚实的基础。未来成都将围绕社会事业领域，积极建设覆盖城乡的公共卫生服务体系和社会保障体系，以及加强构建成都的绿色生态网络，维护长江上游经济区的生态安全，为打造人和自然和谐的田园城市提供基础保障。

（三）有利于推进城乡一体化进程，加快统筹城乡综合配套改革

按照《规划》中城乡一体化的发展任务，结合成都已有的统筹城乡综合配套改革试验经验，从统筹城乡规划、建设和管理等方面入手，不仅有利于成都把握改革方向、拓展改革领域、推进市场化改革，而且将有力地推进成都土地管理、金融创新、就业和社会保障等方面的专业突破，对于成都"构建城乡一体化格局，深化统筹城乡的综合配套改革"，具有明显的促进作用和指导意义。

（四）有利于加快构建现代产业体系，推进"两化互动"发展

《规划》以"建成特色鲜明、优势突出、具有竞争力的现代产业基地"为目标，提出构建现代产业体系的战略任务，为成都新型工业化和新型城镇化的互动发展提供了良好的机遇。一方面，围绕现代服务业、高技术产业、先进制造业及特色农业等行业形成明显的区域竞争优势，有利于成都准确把握自身的产业分工和定位，加快新型工业化进程，以增强工业化对城镇化的带动作用；另一方面，伴随城市综合服务功能和产业竞争力的提升，成都城镇化水平将迅速提升，为新型工业化发展提供有力支撑。

三、对成都发展的新要求

（一）准确把握与重庆的竞合关系，努力实现合作共赢

《规划》中多次提出"以成都和重庆为核心带动周边区域协调发展"的要求，而成都作为双核之一，要确立区域合作共赢的整体意识，加强与重庆之间的资源整合，围绕现代产业体系的构建，开展重点行业领域的区域合作，优化升级成都的综合服务功能，实现与重庆的良性、有序、错位发展。

在建立就业和社会保障制度、构建长江上游生态环境保障等涉及社会和民生、生态环境领域，成都应积极与重庆合作，探索建立惠及两地社会和民生的制度体系，积极构建长江上游的生态安全保障措施，为经济共同发展打造良好的社会和生态环境；在经济发展领域，成都与重庆的竞争和合作关系是同存的，其中，在现代制造业等工业领域，应与重庆实现分工协作，重点围绕电子工业、轻工业、飞机工业等产业，延长特色产业链条，形成比较优势的差异化，联合打造西部现代制造业高地；而在现代服务业发展方面，成都应充分发挥服务业发展基础厚实、发展条件优良的优势，率先发展现代服务业，尤其在旅游、商贸、会展、金融等优势突出行业与重庆展开良性竞争，共同带动成渝经济区创造更加优越的市场环境，实现双城共赢。

（二）加快提高城乡基础设施建设水平，增强城乡统筹的支撑力

为加强成渝经济区发展的基础支撑、保障居民生产生活的基本需求，除以航空、铁路、公路为主的综合交通运输体系建设外，《规划》对成渝经济区内的水利、能源、电网、信息网络等基础设施建设也提出了要求，而成都作为西部地区的综合交通枢纽，为实现城乡基础设施共建共享，将面临更多挑战。

在城市、农村水源安全问题上，成都应加快对城市应急水源地安全保护设施、农村饮用水源地安全保护措施、多种能源资源的开发建设应用设施、国家数据灾备中心建设等方面的基础设施建设；在农村基础设施建设和减灾防灾能力建设方面，成都可通过农村客运网络化和线路公交化、农村基础性信息网络设施建设等手段，加快城乡基础设施互通互联，推进城乡建设统筹发展。

（三）积极协调生态环境保护和经济发展的关系，构建和谐社会

在"长江上游生态安全保障区"的战略定位下，成渝经济区在建设全国重要的经济增长极的过程中，必然面临长江上游生态资源和环境的约束。而成都作为"盆周生态圈"的主要区域，为实现经济的可持续发展，也将面临生态保护、污染防治、资源节约和综合利用等方面的重要任务。

为此，成都应当按照"减量化、再利用、资源化"的原则，以土地和水资源集约节约利用为着力点，大力发展循环经济，构建一个循环经济产业体系，为建设世界现代田园城市提供一个可持续发展的循环经济系统；正确处理经济发展与资源开发、环境保护的关系，建立经济社会发展与生态环境保护综合决策机制，对于重大生态环境建设项目开展环境影响评价，为建设世界现代田园城市提供一个生态环境保障；坚持污染防治与生态环境保护并重，加大对长江上游流域环境的污染防治与生态环境保护力度，统一规划，同步实施，把城乡污染防治与生态环境保护有机结合起来，率先实现城乡环境保护一体化。

（四）加强区域合作机制体制的创新力度，保障区域联动发展

为推进统筹城乡综合配套改革、促进成渝经济区协调发展，必须进行体制机制创新，建立起一系列促进区域联动发展的体制机制，而成都在区域一体化的行政管理体制、组织运行机制等方面还存在较多的改革创新任务。

为此，成都应以天府新区建设为契机，深化户籍制度、要素流动、社会管理创新和投融资等方面的改革力度，为成都破解城乡二元结构提供保障；同时，成都应围绕要素市场全覆盖、金融机构互设互通、基础设施共建共享、公共服务业联网对接等方面，加快构建区域一体化的管理体制和运行机制，为成都与周边区域的联动发展提供保障。

参考文献：

[1] 肖金成. 区域规划：促进区域经济科学发展 [J]. 中国发展观察，2010（3）：33-35.

[2] 于楠. 我国区域经济规划现状及成渝经济区发展远景 [J]. 西南金融,2010 (6): 47 - 50.

[3] 徐巨洲. 城市规划与城市经济发展 [J]. 城市规划, 2001 (8), 7 - 12.

[4] 陈秀山. 区域规划密集推出重构区域经济格局 [J]. 领导之友, 2010 (2): 5 - 9.

（关丽丽，成都市经济发展研究院城乡产业研究员。）

借鉴长三角合作协调机制经验
推进成渝经济区一体化发展

林德萍

　　2011 年 6 月 2 日，国家发展和改革委员会在其官方网站全文发布《成渝经济区区域规划》（以下简称《规划》），该规划为成渝经济区当前和今后一个时期发展指明了方向。《规划》对进一步加快成渝经济区发展，深入推进西部大开发，促进全国区域协调发展有着重要意义。本文着重拟以长三角一体化合作协调机制经验为借鉴，探讨推进成渝经济区一体化发展的思路。

一、长三角地区合作协调机制的基本框架及运行

　　长江三角洲地区是我国城镇最为密集、城市化水平最高的地区之一。区域内部城镇体系完整，包括 1 个直辖市、3 个副省级城市、12 个地级市、67 个县级市、1479 个建制镇，其地级以上城市、县及县级市、建制镇的数量比例为 1：4.5：98.6，组成结构呈现"金字塔形"，形成了我国最密集的城市群。

　　目前长三角地区一体化合作协调机制主要由五个层面组成：第一个层面为决策层，即长三角地区的 2 省 1 市主要领导会晤制度。2004 年开始，沪苏浙 3 省市 6 位党政主要领导人定期会晤三省市合作与交流重大事项，达成的共识为合作指明方向和重点，为决策（规划）提供依据。第二层次为协调层，即副省（市）长级别出席的"沪苏浙经济合作与发展座谈会"制度。沪苏浙经济合作与发展座谈会从 2001 年开始，每年举行 1 次，有 3 省市常务副省（市）长率队参加。座谈会的主要任务是，在"优势互补、密切合作、互惠互利、共同发展"的原则下，加大区域合作力度，加强沟通与交流，商定明确下一年的合作重点和任务，并形成纪要，推动各专题组工作。第三层次是执行层，即"沪苏浙重点合作专题"与"长江三角洲城市经济协调会"，"沪苏浙重点合作专题"是沪苏浙三省市经济合作与交流的核心内容和主要抓手，"长江三角洲城市经济协调会"是长三角 15（+1）城市之间市长级别自发组织自愿参与的城市之间交流与和作平台。这一合作层次实际上是对前两个层次确定的合作议题进行细化，并适时加以推进和研究，是最具实质性的一个工作会议，两年举行 1 次，及时贯彻落实座谈

会精神。第四个层面为长三角各城市政府部门之间的协调会。该层面包括交通、科技、旅游、金融等三十多个专业部门建立对口联系协调机制。第五个层次是行业协会与企业为主体的交流和论坛。行业协会与企业论坛通常被称为政府合作平台之外的"第二合作平台"。以行业协会与企业为主体，以市场为媒介，以各类招商引资、技术交流、商品营销为重点的展销、推荐、论坛、交流等形式的合作机制是长三角一体化的基层推动力。

目前长三角合作协调机制的框架已基本形成，即基本建立了由上到下，由高层到低层的体系，五个层面的结构基本适应了长三角这个跨省级行政区合作的发展需要。其在不改变现有的行政区划的条件下，有力地促进了长三角区域经济一体化的发展。目前，长三角地区合作协调机制呈现出以下主要的特点：

1. 沪苏浙省际高层座谈会制度的确立为长三角地区一体化发展以及长三角城市间政府协调指明方向

在长三角这样一个跨省的行政关系复杂的地区进行区域合作，就必须要建立一个区域内高层的协调组织以负责对区域内的重大发展事项尤其是跨省级的发展计划作出部署，同时为下级各个层次的协调工作制定方针政策。具体来说沪苏浙经济合作与发展座谈会已经总结出了一些宝贵经验：

一是城市群内高层领导十分重视一体化发展，历次座谈会在三省市高层领导的高度重视下形成了良好的合作氛围和较为稳固的组织保障；

二是座谈会协商的宗旨坚持"突出重点、先易后难"，将各方共同关心、具有共同利益和一定合作基础的事项放在首要位置，利用优势互补实现合作双赢；

三是各方一致承认市场在配置资源方面应起基础性作用，同时积极发挥政府主导功能制定规划、方针与政策，从而推动企业在区域协调发展中的主体作用；

四是紧跟城市化发展的前进步伐适时调整协调重点，不断的扩展长三角城市群的合作领域，深入发展已有的合作领域，推进长三角区域一体化发展。

2. 长三角地区区域内的成员城市均达成了"接轨上海"共赢的思想共识

目前长三角地区区域内的各个城市纷纷表示认同"接轨上海就是接轨世界"，这种城市战略定位的重大转变从根本上讲，是上海自身经济发展、辐射力增强的结果，但这种各个成员城市均达成的大一统共赢意识仍然离不开长三角城市经济协调会长期不懈的宣传工作。现在每年一次的协调会会议加强了城市间的相互了解，强化了"融入长三角，加速发展经济一体化"的思路，促进了长三角地区专业合作研讨活动的蓬勃开展，使接轨上海、加强交往、互动发展成为长三角各城市谋求发展的一项重大战略，这种思想上的统一为长三角的一体化发展奠定了思想基础，正确的城市战略定位为长三角城市利益协调提供了重要保证。

3. 设立专题合作制度有利于协调具体事务、切实推进合作顺利开展

沪苏浙经济合作与发展座谈会从第一届开始，就设立了专题合作制度，由各省市根据当届会议议定的合作重点，相应地成立专题小组开展工作，各小组之间也保持畅通的联系和交流。从第一次会议到目前，三省市通过沪苏浙经济合作与

发展座谈会共确立了区域合作的七项专题：区域大交通体系、区域生态环境治理、区域信息资源共享、区域旅游合作、区域人力资源合作、区域规划合作与区域信用体系建设。这种建立专题的工作方式，把区域合作落到实处，避免了协调工作浮夸化，使协调组织实实在在地为长三角一体化进程服务。同时，将区内的具体事物设置成专题予以解决，也有利于明确一定时期内协调工作的重点。

二、成渝经济区区域一体化的发展现状及存在的问题

（一）成渝经济区一体化发展现状

成渝经济区位于我国西南地区的四川省、重庆市境内，包括四川成都、德阳、绵阳、眉山、资阳、遂宁、乐山、雅安、自贡、泸州、内江、南充、宜宾、达州、广安 15 个市以及重庆市的 31 个区县（自治县），区域面积 20.6 万平方千米，总人口约 10 163 万。成渝经济区是我国重要的人口、城镇、产业聚集区，是引领西部地区加快发展、提升内陆开放水平、增强国家综合实力的重要支撑，在我国经济社会发展中具有重要的战略地位。国家对成渝经济区的战略定位是"一中心、一基地、三区"，即西部地区重要的经济中心，全国重要的现代产业基地，深化内陆开放的试验区、统筹城乡发展的示范区和长江上游生态安全的保障区。《规划》明确了发展的近期目标和远期目标，即到 2015 年，建成西部地区重要的经济中心；地区生产总值占全国的比重达到 7%，人均地区生产总值达到 39 000 元，城镇化率达到 52%，城乡居民收入差距由目前的 3.3∶1 缩小到 2.8∶1；到 2020 年，成为我国综合实力最强的区域之一。成渝经济区将依托中心城市和长江黄金水道、主要陆路交通干线，形成以重庆、成都为核心，沿江、沿线为发展带的"双核五带"空间格局。

在 2003 年年底，"成渝经济区"被列入国家发改委"十一五"跨省市经济区规划的前期研究项目后，成渝经济区更成为国家、地方两级政府关注的热点，四川和重庆两省市政府间的区域合作意识极大增强。

2004 年 2 月，川渝两地党政代表团进行了会谈，签署了"1+6"川渝合作协议，自此成渝经济区的发展和规划开始从学术界研究、国家发改委的倡导，深入到两省市党委和政府的实际行动中，为成渝经济区的形成创造了良好开端。

2007 年 3 月 1 日国务院西部办发布的《西部大开发十一五规划》中明确指出成渝经济区是西部三大重点经济区发展方向之一，依托重庆和成都两个特大城市，重点发展重大装备制造、高技术、水电、特色农副产品生产加工、天然气化工、特色旅游产业，加快建设长江上游生态屏障。按照两省、市政府部署，积极加强经济区合作发展，成渝两地经济交流日益频繁，重庆在蓉投资长期稳居省外投资前三位。

2007 年 4 月，重庆市政府和四川省政府签署《关于推进川渝合作共建成渝经济区的协议》后，成渝两地在基础设施建设、一体化市场体系和产业协作等方

面进一步加强。

2007年6月，重庆、成都两市被国务院批准为全国统筹城乡综合配套改革试验区，特别是重庆对口援建四川省的崇州市后，成渝两地交流合作更加密切，成效显著：

一是相互借鉴统筹城乡发展经验。成渝两地试验区建设方案获批后，两市主要领导和各级各相关部门以实地考察、专题会议等形式，相互学习借鉴统筹城乡发展的主要经验，对将成渝经济区建设成为统筹城乡发展示范区起到了积极促进作用。

二是加强跨区域基础设施规划建设。依托综合交通枢纽和交通干线建设，加快推进成渝经济区重大基础设施共建共享，成渝和谐号动车组实现通车，成渝客专等城际铁路、成安渝高速公路等跨区域高速公路规划建设进展顺利。

三是积极构建统一规范的市场体系。重庆市和成都市人民政府联合主办的成都-重庆双城之旅，使成渝两地旅游市场相互整合。两地运输企业成立川渝道路运输企业联盟，探索形成了交通运输应急、协调和对话机制。

四是探索建立对口援建长效机制。截至2010年底，重庆市对口援建崇州市，援建项目111个，全部完工，完成投资17亿。此外，双方在医疗、教育、环保、规划、农业、旅游、金融、工业园区建设等方面达成了长期合作共识。目前，重庆银行崇州支行筹建、在崇州工业集中发展区建立重庆产业园、重庆职教院与崇州技师分院合作办学等合作项目正有序推进。

五是签署协议共谋文化城乡统筹。巴蜀文化一脉相承，在贯彻响应实施《成渝经济区区域规划》之际，2011年8月13日下午，《重庆市成都市统筹城乡文化发展区域合作框架协议》签字仪式在成都举行，这也是成渝两地首次实现文化领域合作的"零障碍"，标志着成渝两地文化领域的交流与合作开启新局面。

应该说，成渝两地在政府引导、市场推动下，无论是政府还是企业、个人，来往越来越频繁，经济联系越来越紧密，经济关联度越来越大。但就目前四川和重庆自身快速发展来看，虽然几年前就达成合作共识，但合作的速度、深度和广度还是不尽如人意，自发性的合作多于自觉性的合作，对川渝双方合作共赢发展的效应没有充分发挥出来。所以，要推进成渝经济区经济一体化，仍然存在不可违背的区域性难题。

（二）推进成渝经济区一体化亟待研究和解决的主要问题

1. 跨区域协调问题

成渝经济区规划范围是跨越省级行政区划的，而且是"双核"，整个区域内的治理机制尚待建立和完善。没有强大而灵活的协调机制，成渝经济区规划无从深入地贯彻落实，会出现"你压倒我，我压倒你，争当龙头老大和大家都想得到联合的好处，但都不想在联合中付出更多"的观望不前的局面。跨区域协调有两个问题：一是兄弟地区之间怎么在资源分配上公平一些。现在的局面往往是"大哥"占据优势，占用"小弟"的资源。二是怎么处理好处于势均力敌的"双核"

城市之间的关系？在协调过程中，如何建立有效的协调机制？

2. 利益分配问题

在现行体制下，成渝经济区区域内的各市，都有着独立利益的个体，在各种场合强力地表达自己的利益诉求，城市间相互牵制、相互制约。成都和重庆之间是这样，成都、重庆与其他城市合作，也都存在这个问题，都担心资源会向中心城市集聚，甚至有一天会被这两个大城市"吞并"。目前，由于考核官员政绩的主要指标依然是本地区的各项经济指标，容易出现"会上谈得很热乎，会下各打小算盘"的现象，碰到关键问题就难以合作。而且近两三年来，成渝两地之间在招商引资、主导产业、机场港、交通枢纽、金融中心等方面的竞争很厉害。因此，在制度上有必要修正对官员的考核体系，使之与区域发展一体化相联系。成都和重庆不是单纯的卫星城与中心城市之间的关系，也不是追求与被追求的情侣关系，如何定位这两者的战略协同关系，协调利益冲突，需要加以考虑。

3. 适度竞争问题

成渝经济区内的城市，特别是成都与重庆之间，都有兄弟情谊，但毕竟是已经分了家的独立家庭，有合作也有竞争，尤其是在资源分配和城市管理是上，需要适度竞争与合作。由于我国城市之间的关系长期被固定在一种上下隶属的行政等级秩序当中，"上位"城市依赖行政权力集聚经济资源，并领导"下位"城市，容易扭曲资源配置，强化地区之间的行政壁垒，越来越与市场经济的发展格格不入。而城市竞争的积极意义，就是将不平等的秩序"碾平"，大家依据统一指标竞争，形成新的主体关系，而非领导与被领导的关系。在合作中竞争，要克服各自追求综合化和高端化的倾向，突破在空间布局上的制约，向功能互补化转变。成渝经济区在整体上看，产业的过度竞争与竞争不足同时存在，成都与重庆这两个特大中心城市产业的同质化程度较高，因此，需要通过规划和市场监管加以改变与调整。如何遵循产业集群发展规律，提高经济的关联度和一体化程度，同时又要避免过度竞争和竞争不足，难以把握。

4. 两手"关系"问题

区域经济合作有两只手在起作用。一只是"看不见的手"——市场，另一只是"看得见的手"——政府。如何处理市场这只"看不见的手"和政府这只"看得见的手"之间的关系，是一个核心问题。经济一体化的基础是市场一体化，核心是配置一体化，前提是体制一体化，目标是发展一体化。经济一体化旨在通过培育统一的要素市场，科学规划区域内的基础设施与产业布局，最大限度地提高本地区的资源配置效率，进一步提升整体竞争力；同时，通过制度安排实现本地区百姓的公共服务均等化与分配的公平。在成渝经济一体化中，最大的障碍来自于成渝两地的行政壁垒，政府通过行政手段分割成渝经济区市场，阻碍要素和资源按照市场规律和区域经济规律自由流动，带来各自为政、市场分割、产业同构、低水平重复建设、基础设施效能低下、无序竞争、恶性竞争等情况。

5. 内部整合问题

在成渝经济区一体化要求下，成渝经济区内的各地如何先"练好内功"，同时避免同质化竞争造成资源浪费是个基本问题。成渝两地虽然在 2007 年 6 月 7 日同时获批国家城乡综合配套改革试验区，在城乡统筹政策方面这两地一样，但成渝经济区内还有大量的非试验区，在改革的政策上还是未取得先行先试的特权。重庆是直辖市，享有的增值税先征后返以及其他直辖市拥有的特殊政策，而非成都这个副省级的省会城市和其他地级市能比拟的。就是在重庆、成都同一个城市、同一个地区，由于体制方面的原因，内部仍未实现"一家亲"。同城未同策，同城难相通，成都正在向城乡生产要素按市场原则自由流动，交通、通信、教育、医疗、社保一体迈进。

归根结底，最大的阻力还是源于旧观念、旧体制的束缚，源于思想并未真正的解放。"利益是无形的指挥棒"，成渝经济区内各城市的合作要特别处理好政府与市场、分工与合作、垄断与竞争等重要关系。如何在区域分工、城市功能的划分、产业定位、基础设施建设、重大项目布局等方面进行统筹协调，建立利益共享机制，是推进区域一体化建设的难点和关键。

三、借鉴长三角区域协调发展经验，推进成渝经济区一体化发展的对策建议

1. 树立合作共赢意识

成渝经济区由于其独特的区位优势、雄厚的经济实力、日臻成熟的市场体系、已具规模的对外开放态势，而具备了作为西部发展增长极所应有的集聚力、扩散力、传递力和牵引力功能。但要使成渝经济区建设为全国继长三角、珠三角、环渤海三大经济区之后经济发展第四极，必须强化两地区域合作，取长补短，充分整合优势资源，实现整体效益的乘数效应。纳什博弈均衡理论说明：合作是做好的选择，大家好才是真的好。"漏木桶"理论也告诉我们：木桶能装多少水，不仅取决于所有木板的长度，还取决于它们的紧密度，否则，再多的水都要漏出来。所以，成渝经济区内城市合作，特别是成都与重庆合作，要打破狭隘地域观念等传统思维模式，确立区域发展新思维，树立合作共赢意识，强化全局的观念。目前，世界城市都面临着提升功能和增强竞争力的挑战，都在寻求城市地区整体协调发展，通过整合区域的整体力量来增强其在国际分工中的有利地位和控制能力。因此，一个区域内的城市，不可能通过单打独斗就获得成功，也不可能都去做龙头老大。在成渝经济区中，成都和重庆是双核，总体发展中势均力敌，同时也各有千秋，要发挥好辐射带动作用。而其他中小城市要发挥比较优势，主动对接，与核心城市错位发展，同心协力做大成渝经济区。

2. 共建合作协调机制

成渝经济区多类行政管理体制并存，增加了区域协调的难度。行政分割直接

导致各城市在产业布局、基础设施和交通网络建设中都自然以行政区为单位，而很少考虑城市之间的协调。"龙头之争"表面上看是实力之争，实际上是利益之争。成渝经济区要实现区域经济一体化，必须要促进市场公平竞争和要素自由流动，培育一体化区域市场体系和协调机制。首先，各地方政府应该全面梳理一下当前制约区域经济合作的体制、机制、政策、法规，实行统一的非歧视性原则、市场准入原则、透明度原则、公平贸易原则，清理各类法规文件，逐步取消一切妨碍经济一体化的制度与政策规定，取消一切妨碍商品、要素自由流动的区域壁垒，构建一个统一协调的市场竞争规则。其次借鉴长三角洲模式，建立跨行政区的组织协调机构。长江三角洲就建立了一个协调会议，由上海、江苏、浙江的三个省市领导定期举行会议，协调长江三角洲的发展。川渝两地书记、省长或市长应定期召开会议，或者更进一步召集成渝经济区 16 个城市的政府首脑，举行联席会议，协调有关问题，甚至让每个市的市长轮流坐庄，来牵头协调整个经济区的发展问题。再是基于对共同利益追求的原则，成渝经济区内合作应通过政务服务中心、电子政务、电子商务、信息化建设等有效形式搭建政府间务实的工作平台，建立经济政策、科技创新、人力资源、公共基础设施、政府行政支持系统。最后建立科学的保障机制，包括建立科学的政府官员绩效评价体系，建立区域经济合作的行为约束机制，建立区域经济合作的利益补偿机制。总之，合作协调机制建设要推进"五个转变"，即由"包办婚姻"转变为"自由恋爱"，由"行政推动"转变为"利益驱动"，由"学术讨论"转变为"企业对话"，由"舆论造势"转变为"规划落实"，由"同质竞争"转变为"错位发展"，核心是建立科学合理的利益联结机制。

3. 优化区域经济规划

规划是具有约束和规范社会行为的仅次于法律的"第二准则"，说到底是为了调整人与自然、地区与地区、产业与产业、人与人之间的利益关系。规划是政府通过行政权力配置资源的主要手段。长期以来，由于各级政府的利益硬约束，跨地区的规划更多成为对各地利益诉求的认可或追认，很少能够发挥整体协调的功能。要实现经济一体化，构建现代产业核心区，经济区各地必须以经济区总体规划作为空间约束与指导，对经济区的总体发展作出战略性部署，协调城市个体与群体，眼前利益与长远利益。区域整体规划在区域协调发展中具有极为关键作用，"纲举"才能目张。在推进成渝经济区一体化发展中，一是以区域经济发展一体化为目标，以《国民经济和社会发展"十二五"规划纲要》和《成渝经济区区域规划》为指导，统筹协调合作区域内的各种规划。二是加快完善各城市总体规划和城镇体系规划，科学制定交通、产业、旅游、人才、信息、科技、文化、环保、金融等专项规划，注重规划的配套与衔接。三是加快编制区域重要功能区规划，明确功能区定位、区域范围和产业发展方向，强化区划调整和资源整合，同步实施功能区基础设施、公共服务、产业发展和生态建设。为保证区域规划协调有效，区域总体规划权有必要适当集中，对成渝经济区这种跨省合作的，规划权最好集中于国家发改委，由国家发改委从高层出发研究整个区域的产业布局和基础设施建设，避免同质化和重复建设。

4. 推动产业错位发展

产业互补、错位发展是推动区域产业一体化的基础。长三角洲之所以能够迅速崛起，区域产业整合是关键因素。长三角洲各方已基本形成自觉分工：不冒烟的工厂在上海，冒烟的工厂在苏州。在外来投资方面：制造业去江浙，商业服务业去上海，中小企业去江浙，大型企业去上海。国内外一些成功经验表明，在产业集聚基础上形成的区域发展模式是最具竞争力的，在产业集聚与技术积累基础上形成的区域创新体系与专业化生产，将为一地产业升级提供技术保障与实现途径。所以，在推进成渝经济区一体化中，一是要加快出台成渝经济区产业发展规划，进一步明确区域产业发展战略目标以及区内各城市的产业发展重点和方向，引导国内外产业资源按发展定位向相关区域聚集。二是加快推进优势产业聚集，结合区内各城市产业基础和比较优势，促进产业的相对集中集约发展，比如，成都市可以聚集更多的总部经济、科技研发、金融等现代服务。三是加快推进产业分工协作，围绕区内重大产业化项目建设，将上下游产业资源放大至成都经济区范围配套，以专业分工和产业协作完善产业链，促进区域产业联动和协调发展。

（林德萍，中共成都市委党校。）

成都经济区的产业分工与布局研究

刘华富　林德萍　邓凡

[内容提要] 成都经济区应该以区域合作为契机，发挥各地的比较优势，在产业合理分工，优化布局的基础上形成具有特色的产业集群，提升区域核心竞争力。其内容是：以成、德、绵，成、眉、乐和成、资、内，成、雅、遂为骨架，构建"十字形"经济发展带；根据区内各地市的资源状况和产业优势，重点发展电子信息、机械、重装（包括汽车）、化工、冶金建材、食品医药、新能源、新材料、文化旅游9大产业集群。为此，要坚持市场化原则、合理化原则、专业化原则和可持续发展原则，做好产业链、增量调整、存量调整、产业分工与合作以及转变政府职能五篇文章。

[关键词] 区域分工　区域合作　产业集群　"十字形"经济发展带

按照《成都经济区区域合作框架协议》，成都经济区包括成都、德阳、绵阳、雅安、眉山、资阳市大部分地区、遂宁部分地区、乐山部分地区，即人们通常所说的"1+7"。成都经济区是成渝经济区的重要一极。成都经济区应该以区域合作为契机，发挥各地的比较优势，在产业合理分工，优化布局的基础上形成具有特色的产业集群，提升区域核心竞争力，才能把成都经济区打造成中西部地区综合实力最强、优势产业集聚最多、城镇化水平最高、创业环境最优、城乡差距最小、辐射带动力最明显的大都市圈，成为引领西部发展的核心增长极。

一、成都经济区合作的基础

区域经济合作是建立在一定的基础和条件之上的。成都经济区区域合作的基础与条件是：

1. 资源差异性大，互补性强

成都经济区的经济、金融与科技资源主要分布在成、德、绵地区，尤以成都为最；农业资源、劳动力资源主要分布在平原和丘陵地区，劳动力资源尤以丘陵地区为最；林业资源（包括植物资源和动物资源）、水力资源和矿产资源（金属与非金属矿产资源）主要分布在龙门山脉、邛崃山脉和大相岭（泥巴山）。成都经济区资源分布的显著特点是非均衡性，这种非均衡性为区域内各地市的产业分

67

工、合作及合理布局提供了广泛和坚实的基础：①成、德、绵的经济、金融、科技资源与龙门山脉、邛崃山脉、大相岭等山区的林业资源、水力资源、矿产资源相结合，将形成具有浓厚地域特色、极具市场竞争力特色产业；②成、德、绵的经济、金融、科技资源与遂宁、资阳、眉山等丘陵地区的土地、劳动力资源相结合，不仅能拓宽城市发展的空间，加快城市化进程，分流成都市的土地资源、水资源和大气环境的压力，而且还有利于成都市实现产业升级，并形成成本低廉、竞争力强的现代产业发展带，拉动这些地区的经济发展，推动这些地区的城市化进程；③成、德、绵自身，并与乐山、雅安、眉山加强合作，共同开成都平原及盆地周围山区的山水、历史及文化资源，将形成具有全国、甚至世界级竞争力的独特文化旅游产业。总之，成都经济区的资源特点，赋予成都经济区区域合作的必然性，同时，也为做大做强产业，形成浓郁的区域特色，在激烈的区域竞争中独树一帜奠定了基础。

2. 产业同质化程度低、互补性强、关联度高

成都经济区内的产业存在一定的同质化，这是市场竞争的必要条件。仔细分析，我们会发现，成都经济区的同质化与差异化相比较，差异化明显大于同质化。成都经济区内各地市的产业特色明显，且各具优势：绵阳以电子信息产业和国防科研基地为主；德阳以重装工业和磷化工为主；眉山以精细化工和特色机械为主；乐山以旅游、电子材料和盐卤化工为主；遂宁以纺织服装、油气盐化工为主；资阳以汽车及零部件为主；雅安以水电、矿产为主。成都经济区内各市各具特色产业态势表明，该区域内一市一主业的产业分工格局已经形成。不仅如此，区内各产业间还形成了较强的产业链。如资阳的汽车，其发动机来自成都的云内动力，减震器来自成都的川南减震器厂，变速箱来自成都的川齿和眉山的丹齿。再如德阳的纳米级磷酸铁锂新动力电池的研发成功及投产，无疑将加快成都经济开发区电动汽车的推广与普及。成都经济区内的产业态势，为区内提高合作领域的广度与深度，创造了现实基础和充要条件。

3. 布局不合理，没有形成产业集群

以汽车产业为例，成都、资阳、绵阳、德阳、雅安、遂宁都在发展汽车产业，规模小、布局分散，没有形成产业集群；再如制鞋和纺织服装业，没有发挥遂宁、南充的优势，而是分散布局在成都的武侯、崇州、金堂、彭州和遂宁。迈克尔·波特在《国家竞争力》一书中曾指出：国家竞争优势取决于该国有无一些独特的产业或产业集群。国家竞争力如此，区域经济竞争力也是如此。一个经济区核心竞争力的关键在于形成具有特色的产业集群。缺乏统一规划，各自为政，产业布局分散，形不成产业集群，是目前成都经济区的最大缺陷，它也从另一个方面说明了加快成都经济区区域合作的必要性。

二、构建"十字形"经济发展带

为了分析问题的方便，我们先就成都经济区的产业布局提出我们的观点。我

们不同意西南财经大学"一核、两轴、三圈、四带"的观点（见《四川日报》2011 年 2 月 4 日）。我们认为，成都经济区内的产业布局应该以成、德、绵，成、眉、乐和成、资、内，成、雅、遂为骨架，构建"十字形"经济发展带。其具体内容是：

1. 优化一核

成都是该区域的龙头城市，其经济社会发展已经进入工业化、城市化的中期向后期转变阶段。下一步发展方向应该是：①从量的扩张向质的提升转变。为此，一要构建起与城市定位相适应的现代产业体系，二要大力发展高端产业，三要改造提升传统产业，直奔产业高端。②从规模经济向范围经济转变，积极推进成都经济区建设，在更大范围内寻求发展空间。为此，需要适度控制中心城区人口总量，控制企业准入条件，控制高污染、高耗能产业，大力发展先进制造业、高新技术产业和现代服务业。技术含量低、劳动密集型产业应该逐步向区内其他地区转移。

2. 强化两轴

强化绵阳—德阳—成都和成都—眉山—乐山两条轴线，形成新兴的城镇发展轴和产业发展带。成德应该加快同城化步伐；成、眉、资应抓住天府新区建设的契机，快速推进同城化步伐；绵阳、乐山则应尽快形成"极点经济圈"，辐射带动周边经济的发展。

3. 发展两大走廊

发展两大走廊主要是指：①构建成雅藏羌经济走廊。随着西部大开发的深入，成雅之间形成一条经济发展走廊是必然趋势。成雅经济发展带应以资源开发和民族特色产业为主，着重发展矿山、建材、水电器材、精细化工、农副产品加工、生物医药（藏药）和民族用品。应该指出，雅安是"成都之肺"，污染严重的产业绝对不能布局在成雅经济发展带上。②成、资、内经济走廊。建议以区域合作为契机，对区内产业布局进行调整，将成都、德阳、绵阳、雅安、遂宁、资阳分散布局的汽车产业集中布局在成、资、内一带，形成成、资、内的汽车产业集群和现代装备制造业集群。

4. 成、遂、南辅助发展带

成、遂、南辅助发展带主要是指以金堂为起点，沿成南高速，重点发展环保节能产业，轻工纺织产业，油气、盐卤化工和物流产业。成都市范围内的纺织、制鞋、家具等传统产业应该逐步向成、遂、南经济发展带集中。

5. 构建 9 大产业集群

从操作层面看，跨区域构建产业集群是区域分工的具体表现。根据区内各地市的资源状况和产业优势，成都经济区应该重点发展 9 大产业集群：

（1）成、绵、乐电子信息产业集群。成都以软件为主，绵阳以电子产品制造为主，乐山重点发展电子信息产业材料，形成乐山的材料、绵阳的产品、成都的"芯"。

（2）机械、重装产业集群（包括汽车）。以德阳为基地，沿德阳、龙泉、简阳、资阳、内江一线，重点发展机械、重装和汽车产业，形成机械、重装和汽车产业集群。

（3）油气盐卤和磷化工产业集群。以彭州为龙头，包括青白江、什邡、绵竹、遂宁、眉山、乐山，形成油气化工、大化工、磷化工、盐卤化工、硅化工产业集群。

（4）冶金、建材产业集群。以攀成钢为龙头，构建冶金产业集群；以拉法基、亚东水泥为龙头，形成水泥产业集群；宝兴、芦山重点发展石材产业；成都应该发挥科技优势，在石棉作为建筑保温隔热材料方面取得技术突破，开发雅安的石棉矿和彭州的蛇纹矿资源。

（5）以绵阳、成都为基地，包括乐山金口河地区，形成航空航天和核工业产业集群。

（6）轻工、纺织产业集群，包括制鞋，应重点放在成、遂、南一线。

（7）食品、医药产业集群。以邛崃为基地，形成包括剑南春、水井坊、沱牌舍得、绵阳丰谷为品牌的川酒产业群；以蓝剑集团为龙头，形成啤酒和桶装水产业集群；以成都高新区为龙头，形成生物医药、中医药产业集群，藏药开发应重点放在成雅经济发展带。

（8）以天府新区建设为契机，以成都西航港、成都青白江工业集中发展区、新津川浙工业园为龙头，包括绵阳、德阳、乐山，构建新能源、新材料产业集群。

（9）文化旅游产业集群。①成、乐、雅应加强合作，大力发展山水旅游；②成、雅、甘（孜）、西（昌）联合，开发红色旅游；③成、德、绵、广（元）合作，形成三国文化旅游带；④成、德、绵合作，形成"5·12地震"遗址旅游带。

三、坚持四项原则，做好五篇文章

实现成都经济区范围内的产业分工与合理布局要坚持市场化、合理化、专业化和可持续发展四项原则，做好产业链、增量调整、存量调整、产业分工与合作以及转变政府职能五篇文章。

1. 积极发挥市场作用，促进区域产业链有效发展

支持区域产业资源有机、关联、有序、合理的流动，强化区域经济主体产业链关系，推动区域经济联动发展。为此，建议建立"1+7"联合产权交易市场，以引导、鼓励、支持企业进行产业链间的合作、重组、并购、引导建立行业之间、产业链上下游之间的利益纽带。

2. 积极推进增量错位发展，提高区域内产业的整体优势

建议设立重大项目区域内通报、协商、置换机制，支持区域产业增量发展以突出错位竞争为主线，进一步形成各个城市的产业特色和产业优势。

3. 鼓励存量合作，推动区域市场要素自由流动

支持经济区撤除产业合作与企业流动壁垒，鼓励企业跨区域兼并、联合、重组及组建企业集团。鼓励龙头企业通过股份制形式，实施区内不同级别、不同所有制同类企业的大规模兼并重组，形成专业化、一体化企业集团。

4. 强化产业分工与合作

成都经济区应该尽快制订区域发展整体规划，使各地市有明确的产业发展定位，产业发展方向上要各有侧重，各有分工，避免形成大而全、小而全的诸侯经济。

5. 积极转变政府职能，促进区域经济协调发展

强化区域宏观政策引导、市场监管和社会公共服务职能，建立集中备案、审批机制，减少和规范行政审批，建议用专家审定的方式替代政府审批方式，以解决产业布局的非市场化倾向。

参考文献：

[1] 陈秀山，张可云. 区域经济理论 [M]. 北京：商务印书馆，2003.

[2] 陈秀山. 中国区域经济问题研究 [M]. 北京：商务印书馆，2005.

[3] 彼得. 尼茨坎普. 区域和城市经济学手册 [M]. 北京：经济科学出版社，2001.

（刘华富、林德萍、邓凡，中共成都市委党校。）

共建科技创新体系，深化区域经济合作

——成渝经济区合作模式的一个视角

路小昆

内容提要： 成渝经济区产业基础较好，工业门类齐全，科技资源聚集，可以依托区域中心城市的独特优势，建立以成都和重庆为双核的区域创新体系，形成高效率整合创新要素、配置创新资源的运作机制，提升区域自主创新能力和市场竞争力，以科技创新驱动经济发展，增强综合经济实力。

关键词： 科技创新　成渝经济区　合作模式

成渝经济区的一个显著特点，是它拥有两个相对强势的发展极，即成都和重庆这两个超大城市。成渝两市处于西部人口和城镇密集度最高的区域，强大的资源集聚、产业基础、发展能力和辐射引领功能使它们成为经济区的"双核"，而这两个"核心"的合作与协同，也就成为成渝经济区建设和发展的关键。

事实上，成渝"双城记"已上演多年，双方也在寻求合作，但更多是在竞争中谋划各自的发展。按照国务院批复的《成渝经济区区域规划》，成渝经济区要建设西部经济中心，打造现代产业基地，深化统筹城乡综合配套改革，形成长江上游生态安全保障区。在"成渝经济区"新的大背景下，四川、重庆和成都有必要在新的层面上共同思考和探索协同发展的路径，创新合作发展的模式。为此，成渝共建区域科技创新体系具有重要的现实意义。

"区域创新体系"是国家创新体系的有机组成部分，以技术创新和制度创新为主要功能和基本任务，能够在区域创新目标的引导下，积极而且能动地介入到区域内各种要素的制度性、结构性调整之中，实现创新资源的整合及制度、技术的互动，从而推进地区内知识扩散、企业成长、产业升级以及市场发育。区域创新体系作为国家创新体系的延伸、拓展和补充，具有与国家创新体系相同的基本内涵，即它反映的是在一定的范围内，一系列机构、组织对于技术创新所表现出的相互作用，也包含创新的执行机构、基础设施、资源、环境和区域互动等方面的内容。但区域创新体系也有自身的特点。首先，其目标定位仅限于培育与激发本地区的创新欲望和创新机制，建立良好的区域创新环境，壮大区域创新能力。其次，产业化是区域创新体系的核心问题，它更加注重科技成果的应用和转化，而不是像国家创新体系那样，把对知识创新的源头和宏观环境等问题，如科技基础领域的研究、知识产权保护体系、科技体制改革的宏观政策等放在首位。再次，区域创新体系着力于作为创新主体的企业的自主创新能力的提高，重在培育微观创新主体。最后，地方政府在区域创新体系中发挥重要作用，在其初创阶段，起主导作用的是地方政府。

在当代经济发展中，区域创新能力正日益成为获得区域竞争优势的决定性因素和重要标志。创新能力是知识与组织能力、资本能力和人力资本的集成体现，区域创新能力主要由知识创造能力、知识流动能力、企业的技术创新能力、创新的环境、创新的产出能力等要素构成。提升一个地区的技术创新能力的关键是创新的系统化和集成化，形成具有竞争优势的特色产业群，进而构建出较为完整的区域创新体系。

区域创新体系的建立需要具备一定的条件，对于区域自身来讲，最基础的是区域内知识、技术和产业的集聚程度。只有在这种集聚达到一定的程度的地区，创新系统的建立才有意义。因此，区域中心城市作为区域内经济、政治、文教、科技的中心，为区域创新体系的建立提供了知识、产业、人才、资金以及社会管理等重要的基础性资源。成渝经济区不仅自然禀赋优良，而且产业基础较好，工业门类齐全，配套能力强，拥有以装备制造、汽车摩托车、电子信息、生物医药、能源化工、冶金建材、轻纺食品、航空航天等为主导的工业体系。科技资源聚集，专业技术人员超过 210 万人。拥有各类高等院校 135 所，职业技术学校 789 所，在校学生 280 万人以上。科研机构众多，科技活动人员约 30 万人。在区域科技创新能力的排名中，成都重庆都名列西部前茅。由中国社科院城市竞争力课题组完成的《2009 年中国城市竞争力蓝皮书》，对 51 个重点城市的科学技术竞争力及其分项竞争力进行比较，在科学技术竞争力、科技实力、科技创新能力、科技转化能力等多项指标中，成都和重庆均排在西部前列。牛文元主编的《中国新型城市化报告 2010》以城市的创新能力指数、信息化指数、全球化指数等为指标，列出全国 50 个城市的城市竞争能力排序，成都和重庆分别以 0.288 和 0.207 的得分，不仅位列西部之首，还高于大部分中部城市。我们认为，"区域创新体系"应当成为成渝经济区的重要组成部分和有力的基础性支撑。依托成都重庆作为区域性中心城市的独特优势，建立以成都和重庆为双核的区域创新体系，形成高效率的整合创新要素、配置创新资源的运作机制，以提升区域自主创新能力和市场竞争力，以科技创新驱动经济发展，促进成渝经济区产业结构优化升级，形成若干规模和水平居全国前列的先进制造和高技术产业集群，增强发展能力，把经济区建成我国综合实力最强的区域之一。

按照《成渝经济区区域规划》确定的战略定位和发展目标，建设成渝经济区的区域创新体系，要着力于以下几个方面：

一、制定发展规划，明确区域创新体系的目标和路径

成都和重庆较早就确立了建设国家创新型城市的发展目标。成都实施了近十年的"高科技成都行动计划"，2011年8月成都市委、市政府印发《关于加快科技创新促进经济发展方式转变的意见》，提出到2015年，自主创新能力显著增强，科技引领转型能力显著提升，科技进步贡献率达62%，全社会研究与发展（简称R&D，下同）经费投入占地区生产总值3%以上，高新技术产业增加值占规模以上工业增加值比重达55%以上，科技竞争力中西部第一，建成国际化的创新型城市。重庆市探索研究开发、资源共享、成果转化三大科技平台建设的"重庆模式"，2009年颁布实施《科技创新促进条例》，为能更好地调动全社会创新创业的主动性和积极性，对财政、税收、金融的政策进行了拓展，在地方性科技立法中，实施扶持高新技术产业发展、固化新产品扶持政策、鼓励从事科技成果转化、鼓励设立科技创新融资担保机构、加大企业技术创新奖励力度等政策。持续多年的努力，使成渝两市的科技实力和创新能力得以显著提升，能够在区域创新中发挥引领和带动作用。建设成渝经济区的区域创新体系，四川省和成渝两市需要携起手来，立足于成渝经济区整体推进和长远发展的全局，确立构建区域创新体系的目标和总体框架，共同研究制定区域性的科技发展思路和科技产业化政策，形成整体化、系统化、协同化的区域创新优势。

作为拥有两个经济科技中心和多个中心城市的大型经济区域，建设区域创新体系，实现创新的集成化和系统化，关键是形成区域内的科技研发和产业化合作模式。这个模式的顶层设计，应由四川省、重庆、成都及区内中心城市召开高层联席会议，凝聚共识，统筹协调，提出区域创新体系的发展规划和指导意见，制定经济区全域对科技创新的支持政策。区域内各高等院校、科研院所、生产企业、服务机构以及地方政府以发展规划为指导，在研发主体之间形成密切合作的良性互动关系和协调运作机制，开展项目的科研协作、产品的共同开发和市场的共同分享，共同支持科研成果的市场化和产业化。

除成渝两市外，成渝经济区一些大中城市也具有良好的科研创新条件，尤其是绵阳、德阳等市，工业基础雄厚，科技资源丰富，从事研发活动的队伍壮大，R&D经费投入增长幅度高于全省和全国水平，工业领头科技发展与创新，取得了大量科技成果，促进了企业新产品开发，聚集了创新的区域优势。这些大中城市进入区域创新体系，成为其中的重要节点，有利于经济区的资源整合、力量配置和市场拓展，在更广的范围和更高的层面上推进项目研发和产品转化，促进高新技术的产业化和区域产业结构的高级化，提升科技创新对经济增长的贡献率，增强要素集聚功能和辐射带动作用，把成渝经济区建成开放型的经济高地。

二、深化体制改革，促进创新资源的资本化

科技创新的要素主要是人才、资金、技术成果、信息等。其中最重要的是人才和资金这两个要素。但是，拥有创新要素，并不一定就能实现科技创新，而只是具备了创新的资源。在现代市场经济条件下，各种经济技术资源都是通过市场机制实现合理配置的，市场在资源配置中发挥着基础性作用。从其实质上看，科技创新是诸多创新要素不断被激活、重组和整合的过程；只有建立健全市场经济体制，通过市场机制对要素进行持续有效的激励和组织，才能使创新要素经由市场转变成创新资本，从而创造出最大经济效益和最佳社会效益。

成渝经济区是我国内陆资源和产业的密集区，分布了一批基础好实力强的现代企业，集中了相当数量的大专院校、科研院所和科技人才，拥有十分丰富的科技创新资源，具备实施科技创新的较好条件。要把成渝经济区的科技资源优势转变为科技创新能力，必须着力于推进体制改革，建立完善的市场机制和宽松的创业环境，使创新资源进入市场、成为资本，激发劳动、知识、技术、资金、管理的活力，形成科技创新和财富创造的强大能力。

营造有利于科技创新的商业环境，搭建科技成果产业化的市场平台，最重要的是实现经济区的市场一体化，也就是破除地方保护和地区封锁，突破行政区限制和体制障碍，建立健全区域一体化的市场体系，充分发挥市场配置科技创新资源的基础性作用。设计区域共同市场总体架构，推进市场整合，加快形成统一开放的区域共同市场，促进技术、资金、人才、信息的无障碍自由流动。以重庆、成都产权交易机构为基础组建覆盖经济区的联合交易中心，建立联网对接、互联互通的技术交易和服务市场。推进经济区科技创新一体化，建设区域大型科研协作网络，开展课题项目协作、仪器设备共用、信息资源共享。围绕区域重点产业，依托具有技术研发实力的企业、科研机构、高等院校，构建科技创新的公用平台，包括技术创新平台、基础研究平台、科技企业孵化平台、知识产权中介服务平台。

金融作为经济发展的"血液"，通过调动资源、提供中介、便利交易，成为科技创新和产业化的重要支撑。经济区金融一体化程度的提高有助于稳定资本的跨区域流动，减少资本流动的波动性和易变性，有利于支持科技创新和科技成果的产业化。推进金融服务一体化，要深化金融体制改革，制定更加灵活的政策，加强地区间金融机构的联系与沟通，鼓励地方金融机构在经济区互设分支机构，扩展和创新业务，积极推动科技与金融的股权合作，提升金融服务水平，以资本的融通与流动来整合科技资源，激活创新要素。

成都和重庆是西部地区的金融中心，金融机构集中，存款余额持续增长，社会资本充裕，有比较完整的融资服务网络。但从总体上看，西部地区的民间投资不但从总量上落后于东部，而且从投资的产业方向看，也较多地投向了商品贸

易、餐饮娱乐等传统服务业，而向高新技术企业特别是民营中小科技企业进行投资则遇到了较多困难，致使民间资金在科技创新方面的自主性投资需求不足。这需要在宏观上加快发展直接融资市场的广度和深度，改善金融机制引导投资实现其资源优化配置的功能；同时要废除不利于民间投资的限制性和歧视性规定，为民间投资创造公平竞争的发展环境，为符合条件的民间投资项目提供平等融资机会，特别是要鼓励金融信托机构大胆探索创新，争取在民间风险投资、创业种子基金、担保基金、由银行提供担保的企业债券等方面有所突破，推出更多创新金融产品。

三、壮大民营科技企业，强化区域创新主体

说到推进科技创新、发展高新技术，我们往往首先想到大集团大公司大企业，认为它们才是高端，才能创新，总是热衷于对成熟知名的大企业的宣传和褒扬，忽视对科技创新项目的孕育孵化和对初创企业的帮助扶持，对于处在创业和成长阶段的广大中小民营科技企业，缺少关心爱护，缺乏有力的支持和有效的帮助。

构建区域创新体系，其重要的微观经济载体就是一大批有市场竞争力的优势企业。就产业发展角度而言，区域创新体系的实质是以中小企业为主体、网络结构为基础、特色产业为优势的区域性的柔性生产系统和产业群。尤其应该看到，区域内的中小企业在开展竞争的同时，互相协作、共同学习，实现信息、资源的共享，并通过正式和非正式的信息和贸易来往，不仅降低了区域内部的交易费用和边际成本，更为重要的是为创新提供了必要的条件和动力；作为整体，产业群的生产方式相对灵活和多样化，这种集体的灵活性保证了对调试多样化的消费需求和投入供应的及时反馈，对新技术和市场信息的快速吸收与创新的扩散，以及对劳动力资源的有效使用，成为提高区域竞争力的必要条件。近年来各地的实践都表明，民营科技企业把创新作为发展的灵魂，坚持以市场为导向，在发展战略、新产品开发、市场营销、管理等各个环节，始终贯彻科技创新这条主线，塑造企业核心竞争力，表现出很强的主体创新意识和创新活力。对于区域创新体系来说，只有以中小企业作为创新主体，让更多的民营高科技企业活起来，才能形成创新与发展互动互促的良性循环。

在成渝经济区的创新体系中，培育和壮大中小科技企业，当前最迫切的是要建立有效的风险投资机制，包括资金筹措机制、项目选择和风险防范机制、投资增值和产权交易机制，这对中小科技企业的发展十分重要。没有风险投资，就没有科技创业，就没有高新技术产业化。我国西部地区的资本市场还非常薄弱，风险投资机制远未形成。成渝地区是西部的金融中心，金融秩序稳定，资金融通实力较强，近年来，风险资本也有了一定发展，但对于广大中小企业的创新需求来说仍然不足。成渝经济区要充分利用内部和外部的有利条件，推动风险投资的发

展。要建立风险投资的市场化运作机制，培育适宜中小科技企业成长的风险投资制度环境，从政策设计上认真解决企业创业资金问题。要立足于调动民间资本的积极性，建立多元化风险投资体系，构筑"政府引导、市场运作、多元投资、以民为主"的新模式，启动民间个人投资，引导个人资金流向，同时大力培育机构投资者，引进外资。可考虑修改完善银行贷款管理办法，允许银行根据企业信用评估或订单放贷，建立无形资产和软件的抵押担保制度。借鉴发达国家的经验，政府应设立专门的民营科技企业担保基金，为民营科技企业提供贷款贴息和融资担保。拓宽风险资本退出渠道，推动有条件的科技企业发行企业股票、债券及上市筹集资金，或进入国际市场融资。作为政策性专项基金，科技企业技术创新基金要充分体现政府对企业技术创新的支持和引导，有效地吸引地方政府、金融机构、风险投资机构和企业对科技型中小企业的投资，逐步建立起符合市场经济客观规律的新型投资机制，进一步整合科技投资资源，营造有利于科技型企业创新和发展的良好环境。

参考文献：

[1] 牛文元．中国新型城市化报告 2010 ［M］．北京：科学出版社，2010.

[2] 中国社科院城市竞争力课题组．2009 年中国城市竞争力蓝皮书 ［M］．北京：社会科学文献出版社，2009.

[3] 中国科技发展战略研究小组．中国区域创新能力报告 2009 ［M］．北京：科学出版社，2009.

[4] 路小昆．科技资源的资本化与区域创新能力 ［J］．科技创业，2007（5）．

[5] 王晓光．提高区域科技创新能力的体制障碍及对策 ［J］．当代经济，2009（12）．

（路小昆，成都市委党校发展战略研究所所长，研究员。）

《成渝经济区区域规划》的
行政法治解析与思考

孟大川

内容提要：充分认识《成渝经济区区域规划》法制的法律属性，才能尊重其统一性、权威性和确定性。落实《成渝经济区区域规划》，需要解决经济区面临的行政法治问题。实现成渝经济区区域经济一体化，需要法治一体化做保障。

关键词：成渝经济区 行政法制 行政法治体制

《成渝经济区区域规划》的出台，是国家推动科学发展、加快转变经济发展方式的重要战略部署，对于深入推进西部大开发，发展内陆开放型经济，构建长江上游生态安全屏障，促进成渝两地协调发展，优势互补，承东启西，均衡发展具有重要意义。充分认识《成渝经济区区域规划》的法律属性，解决落实《成渝经济区区域规划》的行政法治的关键问题，努力建构成渝经济区区域法治一体化的行政法治体制，对于促进成渝经济区区域经济健康发展、社会管理和谐协调，改善并保障成渝经济区政府履行经济调节、市场监管、社会管理和公共服务职责同样具有重要意义。

一、充分认识《成渝经济区区域规划》的行政法制属性

国务院《关于成渝经济区区域规划的批复》（以下简称《批复》），在性质上是国务院依据相关法律、法规，实施行政管理，形成的具有指示性和法定效力的规范体式文书；是国务院为执行法律和实施政策，在法定权限内制定的除行政法规以外的行政规范。这种指示性批复的普遍效力主要在行政机关内部，即所属的地方政府及其职能部门，只要通过一定的方式告知本系统即可产生内部的普遍约束力。因此，该《批复》应当是成渝经济区区域政府依法行政的重要依据。国家发展改革委作为国务院职能部门和城乡规划法授权的负责全国的城乡规划管理工作的行政主管部门，印发的《成渝经济区区域规划》，是落实国务院批复的具有规章性质的法律文件。从行政法学的角度看，成渝经济区区域规划具有以下特征：

1. 《成渝经济区区域规划》行政法制的统一性

法制统一原则是现代法治国家所提倡和遵守的一个重要原则，其含义是：①避免法律中的矛盾；②法律普遍得到遵守。首先是合宪性原则，即一切法律、法规、规范性文件以及非规范性法律文件的制定，必须符合或者不违背宪法的规定。从国务院《关于成渝经济区区域规划的批复》和发改委通知看，不与我国的《宪法》及《城乡规划法》相抵触。其次是下位法的制定必须以上位法作为依据，否则该下位法不具有法律效力。因此，成渝各级政府在制定落实成渝经济区区域规划实施方案的地方性法规、规章以及包括规划在内的规范性文件时，必须严格遵守《成渝经济区区域规划》的规定，不得与国务院批复的《成渝经济区区域规划》相抵触。再次，同一类法律文件、各法律部门之间的规范性法律文件不得相互冲突、抵触或重复，应该相互协调和补充。在就要求成渝地方立法机关和地方各级政府在制定涉及成渝经济区问题的地方性法规、规章、规范性文件和非规范性文件时，应当以《成渝经济区区域规划》为依据，应该相互协调，不得相互冲突、抵触或重复。

2. 《成渝经济区区域规划》行政法制的权威性

没有法制权威就没有秩序。切实维护成渝经济区规划法制的权威，需要成渝各级行政机关严格依规划法制而行政。由于传统的依政策行政的历史惯性，我们可能把批复与规划看成是政策性文件，或者看做是规划的技术性文件，因而忽视规划法制的权威性。而政策具有易变性，法制才具有稳定性。政策可以随着形势的发展变化而随时调整，法律制度则一般不轻易立改废。我国《城乡规划法》第七条就明确规定："经依法批准的城乡规划，是城乡建设和规划管理的依据，未经法定程序不得修改"。从法制角度上，《成渝经济区区域规划》不仅仅是一个技术文件，有学者对行政规划持"法规命令说"观点。这种观点认为，行政规划产生的法律效果，具有针对不特定多数人的抽象效果，与法规命令所具有的效果相同[①]，因此必须维护法规命令的权威性和执行力。

3. 《成渝经济区区域规划》行政法制的确定性

行政行为的确定力，是指有效成立的行政行为，具有不可变更力，即非依法定理由和程序，不得随意变更或撤销和不可争辩力。《成渝经济区区域规划》作为指示性和抽象性的行政规划行为，对于国务院和发改委本身而言，非依法定理由和程序，不得随意改变行政规划行为内容，或就同一事项重新作出行为，即使根据需要对规划进行完善修编，也得由发改委牵头，并及时将实施情况向国务院报告。对于行政相对方的成渝经济区各级政府而言，是法规命令，不得否认行政规划行为的内容或随意改变行为内容，非依法定理由和程序，也不得请求改变该行政规划行为。成渝经济区各级政府必须严格遵守、服从和执行，完整地履行行

---

① 高思大．行政计划与行政诉讼［A］．司法研究年报．第十三辑（下）［C］．台北：台湾"司法院"印行，1992.1271—1274.；王蒲坚．论行政计划［J］．法学丛刊，2002（4）。

政规划行为的内容或设定的义务,不得违反或拒绝;否则,就要承担相应的法律后果。

因此,只有充分认识成渝经济区区域规划法制的法律属性,才能尊重其统一性、权威性和确定性,从而自觉维护成渝经济区规划法制的权威,保障成渝经济区的健康发展;才能保障打破各自为政、独立区域经济的行政藩篱,才能改变区域城市同质、产业同构、重复建设、恶性竞争等区域与市场分割现象,才能促进市场机制、区域经济一体化和城乡统筹、综合配套改革。

二、落实《成渝经济区区域规划》需要解决的法治问题

区域经济一体化,需要法治一体化来保障。《成渝经济区区域规划》关于经济发展版图的圈定,系经济发展规划。并不意味着川渝各地方政府管理辖区及其职权的行政版图的超越,也并未改变川渝各地方政府以地方政府财政为利益核心,以属地管辖、事务管辖、级别管辖为手段等特征的经济活动的行为主体、利益主体和竞争主体的多重身份。要彻底改变政府行为的超强自利性,模式复制性、产业同构性的重复建设和"口水战"现象,尚需要解决以下行政法治问题:

第一,需要中央政府统一的法制权威。

尽管川渝两省市有着难以分割的地理相近、历史相通、人文相亲、经济相融的地缘因素,但两地毕竟属于不同省(市),地区经济总量和增长速度毕竟仍然是地方政府工作业绩重要的考核标准,地方政府作为经济活动的独立主体,事实上的竞争态势也已经形成。两地在经济、社会、法治、文化等各方面的省情有所不同,其发展程度和城乡统筹改革模式也有差异。要引导和保障川渝各地方政府之间从封闭的"地方行政"走向开放的"区域行政",从无序的对抗式竞争走向合作性竞争,从自利的行政管理走向互惠的公共行政,迫切需要国家制定成渝经济区相关的法律制度来调整和规范,在区域政府关注、群众关心的难点、热点、重点立法项目等相关度高的领域实现法制的一体化,才能打破区域地方政府各自设置的招商优惠政策、各种准入门槛、地方保护性政策等行政藩篱,依法保障区域经济一体化进程中的良性运行。

第二,需要建立区域立法的机制和机构。

根据《中华人民共和国立法法》(以下简称《立法法》)规定,在川渝之间,有权制定地方行政规章的仅有四川省、重庆市和成都市政府。但地方行政规章只能在其管辖区域内适用,在其他行政区域内则不具有法律效力,无法适应经济区域一体化的要求。这就需要在国家立法和地方立法之间有一个经济区域层次的立法,即经济区区域协作立法。《立法法》尚未明确授权两个以上地方政府可以联合制定地方性行政规章,在区域协作立法中哪些事项、权限由区域立法机关共同设定、通过什么样的立法程序、由那些立法机关审查通过、以什么样的名义公布实施等尚无法律规定。这就需要建立一套区域行政立法的机制和机构,使区域行

政立法既符合国家立法精神，又能克服地方立法弊端，满足特定区域发展需要的法制平台。

第三，需要清理和调整成渝地方政府原有的区域经济规划文件。

《成渝经济区区域规划》要求："重庆、四川两省市人民政府要切实加强对规划实施的组织领导，制订具体的实施方案，明确分工，落实责任，完善机制，推动规划的实施"。川渝两省市政府在制订具体的实施方案时，应当依据《国务院关于加强市县政府依法行政的决定》和《加强法治政府建设的意见》的要求：建立规范性文件定期清理制度。"市县政府及其部门每隔两年要进行一次规范性文件清理工作，对不符合法律、法规、规章规定，或者相互抵触、依据缺失以及不适应经济社会发展要求的规范性文件，特别是对含有地方保护、行业保护内容的规范性文件，要予以修改或者废止。"因此，川渝两省市及其所属各下级政府原有的涉及规划的各类规范性文件，也需要来一次清理和调整，才能保障《成渝经济区区域规划》的统一性、权威性和确定性，在此基础上制定的具体实施方案，才具有合法性。

第四，需要将城乡统筹改革的制度创新成果法制化。

城乡统筹发展是《成渝经济区区域规划》的重要内容，也是引领和推进成渝经济区发展的动力和源泉。成渝两地的城乡统筹、综合配套改革，经过几年来的制度创新，有了一系列的政策与制度成果。如成都的城乡规划制度创新、产业布局制度创新、农村产权制度创新、城乡基本公共服务均等化制度创新、城乡户籍制度创新、基层治理制度创新等；重庆的城市资源下乡、乡村规划改革、现代农业产业化、农村集体土地股权化改造等方面，可供成渝经济区甚至全国复制。但成渝两地试验区的改革并未享受当年深圳特区改革的依法授权的法制先行之权，而是从强化政策法制化即由政策肯定到法制建设的逐步法律化的过程。因此，上述改革成果，往往多是以党委、政府联合发文或基层政府或职能部门制定规范性文件予以实施，而很少以市级人大或政府制定地方性法规或规章，因而效力层级较低。应当将成熟经验、政策和制度上升为地方性法规和规章，以避免依靠内部文件搞改革的尴尬，以避免产权交易、土地市场、金融市场等合法性不足的问题，以避免产权纠纷司法裁判因依据不足而不理不审的问题，从而使成渝两地试验区改革获得先行先试法律依据的"尚方宝剑"，使改革者理直气壮地依法全面推进城乡统筹的改革，为国家立法机关提供成熟的具有普遍意义的立、改、废的制度性依据，也为成渝经济区相互借鉴和复制提供更具法制权威的范本。

三、努力建构成渝经济区区域行政法治体制

行政机关的依法行政是依法治国的核心和关键，建设法治政府是落实科学发展观的重要举措，也是推动成渝经济区区域经济建设的重要保障。

1. 建立成渝经济区行政立法机制

成渝经济区行政立法机制是指中央立法机关或有立法权的中央政府职能部门或成渝立法机关起草颁布或共同研讨起草并联合颁布制定法律、行政法规、规章和规范性文件的行为机制。这可分为三个层面：一是全国人大及其常委会或国务院根据成渝经济区的立法需要，制定关于成渝经济区的法律或行政法规；二是由国务院相关部委根据成渝经济区的实际或应成渝地方政府或职能厅局的请示而制定部门行政规章；三是川渝成一省两市的人大或政府作为地方立法机关，经过充分协商就共同涉及成渝经济区的有关事项共同研讨起草并联合颁布的地方性法规或地方性规章。为解决地方利益冲突，运用立法手段，创设法律环境，应当是探索区域经济发展，建立政府协调与合作制度的创新路径。

纵观国内外区域经济的实践，有许多可供借鉴的立法经验。从国外看，如德国非常强调区域政策的立法化，曾先后颁布了联邦区域规划法、区域经济政策基本原则、改善区域经济结构的共同任务法、联邦区域规划纲要等一系列关于区域经济协调的法律法规。英国早在1934年就制定了《特别地区法》。欧盟能形成15国经济和货币一体化，其关键在于所有活动都经过法制程序，即首先建立起立法、司法、行政、议会等超国家性质的机构[1]。因此，建议由全国人大制定"中华人民共和国成渝区域经济开发法"或"中华人民共和国成渝区域经济发展合作法"。明确规定立法目的、成渝区域经济发展目标和开发法（合作法）的基本原则；成渝区域协调机构的组建方式、方法和条件等；成渝区域内部各级政府在区域经济协调中的责、权、义务及企业、公民的利益保护等；成渝地方政府与区域协调机构的关系，包括地方政府在组织协调机构过程中的职、权及管理制度等；法律责任，包括协调机构、政府、企业、公民及相关机构和人员的法律责任等。从国内看，2006年7月，东北三省就签署了《东北三省政府立法协作框架协议》，这个举动开创了中国区域性立法协作框架的先河，是我国尝试建立的首个区域立法协作框架，有利于预防并解决各行政区域间的立法冲突[2]。成渝经济区可以借鉴，并签署"川渝（成）政府立法协作框架协议"，明确合作各方的权利、义务条款、行政协议的责任条款和争端解决机制条款等，建立健全政府立法协作的缔约主体、缔约程序、缔约效力和履约机制的公平合理的制度性平台，以便共商立法计划，共享立法资源。建立由川渝（成）两地一市政府分管首长及其法制办组成的川渝（成）行政立法委员会，负责区域共同规章的制定。由行政立法委员会负责制定区域共同规章；负责对规章的分歧做出立法性解释；负责定期清理与区域地方规章相抵触的地方规章和规范性文件；负责对尚无共同规章可循的地方规章冲突进行居中裁决。必须明确，区域共同规章的位阶与效力应当高于省市地方规章，当其地方规章与区域共同规章发生冲突时应当以区域共同规

---

① 宣文俊. 关于长江三角洲地区经济发展中的法律问题思考［J］. 社会科学，2005（1）.

② 何勇. 东三省将开展交通联合执法 行政处罚裁量权统一［N］. 人民日报，2009 - 12 - 03.

章为准。地域相邻和经济相融的下级地方政府之间也可制定共同的规范性文件，对相关事宜作出规定，规范其地方政府行为，但不得与区域共同规章相抵触。①

2. 建立成渝经济区行政决策机制

国务院《国务院关于加强市县政府依法行政的决定》和《关于加强法治政府建设的意见》，是各级政府依法行政的基本依据，也为建立成渝经济区行政决策机制的法治化提供了路径。在涉及成渝经济区重大问题和共同利益的行政决策中，"把公众参与、专家论证、风险评估、合法性审查和集体讨论决定作为重大决策的必经程序"。"凡是有关经济社会发展和人民群众切身利益的重大政策、重大项目等决策事项，都要进行合法性、合理性、可行性和可控性评估，重点是进行社会稳定、环境、经济等方面的风险评估"是法治政府建设的基本要求，也是成渝经济区重大决策的科学性、民主性的基本保障。因此，应当建立区域行政决策的以下机制：

一是区域行政决策的信息发布与交流机制。区域各地方政府在做出重大行政决策时，应当依照《中华人民共和国政府信息公开条例》规定，在依法应当公开的范围内和程序下公开行政决策信息，及时将行政决策信息知照区域内或同发展带的相邻政府，以便及时让区域内或同发展带的公众参与决策、听证和监督。其知照的内容包括：①区域各方政府决策制定和实施情况；②区域各方的决策动态和立法情况，以及对国家法律的实施情况；③区域发展中行政法制建设中面临的问题；④已确定进行重大决策项目的进展、运行情况和效果的评估结果等。

二是区域行政决策的协调与运作作机制。区域行政决策的动议应当由川渝（成）行政立法委员会提出，并组织公众参与、专家论证、风险评估、合法性审查等事项的工作，并提请川渝（成）政府首长召开联席会议集体讨论决定，并由行政立法委员会对决策运行进行成本效益分析、社会风险评估、实施情况后评估工作。经济相容的同发展带的市县政府的区域行政决策，依照上述做法分级进行。

三是区域行政决策的监督与调处机制。区域内或同发展带的下级地方政府作出的重大行政决策而形成的规范性文件，除依法报送上级政府备案外，还应当报送无管辖权的区域内上一级政府法制机构备案，区域内无管辖权的上一级政府法制机构发现该规范性文件与上位法相抵触或不符合成渝经济区区域规划或相关协议时，应当提请作出行政决策的上级政府责令其纠正。对公民、法人和其他组织提出的合法性审查建议，经审查，对违法的规章和规范性文件，要及时报请有权机关依法予以撤销并向社会公布。可以在行政协议中约定仲裁机制，或者通过行政首长联席会议，行使决策纠纷或协议纠纷的仲裁职能，对违法决策或违约决策依法进行处理。

---

① 王春业. 论经济区域内行政立法一体化及其路径选择［N］. 中南民族大学学报，2009（6）.

3. 建立成渝经济区行政执法机制

广义的行政执法，就是行政机关贯彻执行法律、法规的行为。从这个角度出发，建立成渝经济区行政执法机制，应当包括经济区域内的市场准入、市场标准、市场管理、市场服务的行政许可、行政检查、行政处罚、行政强制、行政确认、行政调解与行政仲裁等一系列具体行政行为。在有了经济区统一的执法依据、执法程序、执法标准后，对行政执法实行统一的非歧视原则、透明原则和公平原则，并由川渝（成）政府执法部门依系统签署执法协作协议，建立执法联系，广泛开展执法协作，从而消除各种政策壁垒，摒弃地方行政保护，营造开放式的执法环境，建立统一的市场规则和公平的执法准则。

（盂大川，中共成都市委党校。）

以县域经济发展助推成渝经济区建设

裴雪梅

内容提要：对于成渝经济区内的任何一个县域来讲，成渝经济区建设都是发展契机，有非常重要的意义。县域经济发展中，如何增强成渝经济区的责任感、使命感，以科学发展为主题，突出工作重点，认真研究规划，奋发有力地推进经济区建设该文作了详细论述。

关键词：成渝经济区　发展战略　规划

成渝经济区建设是新一轮西部大开发的重大发展机遇，对于成渝经济区内的任何一个县域来讲都是发展契机，有非常重要的意义。因此增强对成渝经济区的责任感、使命感，以科学发展为主题，突出工作重点，认真研究规划，奋发有力地推进经济区建设已是县域经济发展中的当务之急。作为成都后花园的郫县如何立足当前，审视过去、总结经验、规划未来，抓住新的历史机遇，加大区域合作力度，大规模开展招商引资和产业承接，大力提升开放和合作水平，加快体制机制建设，促进城乡统筹发展，有效推动"十二五"发展，还需要进行理论和实践的深入研究。

一、当前郫县经济社会发展面临的机遇和优势

（一）宏观经济发展环境，为县域经济发展提供良好的平台

无论是灾后重建，还是"保增长、保民生、保稳定"扩大内需，中央和省市都出台了一系列积极的宽松政策，加大了投入力度，一定程度上将缓解长期以来困扰和制约郫县发展的投入问题；同时，国际经济形势和国家产业政策的调整，长三角、珠三角地区的产业转移仍然在向内地梯度扩张，郫县完全有条件承接沿海的产业转移，承接部分科技含量高、投入强度大、产出效益好的产业项目，这些有利条件对加快县域经济的发展具有积极作用。随着城乡统筹改革试验区建设的推进，允许我们在体制机制创新上先行先试，我们可以在一些重点环节有所突破，可以在项目、资金、政策等方面用好用活用足政策，利用比其他地方更为良好的政策环境和政策支撑，加快县域经济社会发展。

（二）自身的资源条件和区位优势，为县域经济发展打下良好基础

郫县优良的自然生态环境和富集的科教文化资源，造就了郫县得天独厚的发

展优势。县域内拥有优美的自然生态田园风光、众多的川西林盘景观，上风上水，八河并流，丰富的水资源等良好的自然生态环境，成为国家级生态示范区。望丛祠、扬雄故里、古城遗址等人文历史积淀深厚，辖区高校科教资源非常丰富，全县有 21 所高校 22 万师生，拥有 170 多个科研机构、10 多个国家重点学科。这些不仅为休闲旅游、文化创意等产业发展提供必要条件，而且为生态、智力要求较高的现代电子电器、生物工程等新兴产业提供了发展空间，为经济社会发展提供了素质较高的智力型劳动力，有利于县域经济社会的可持续发展。郫县离成都市主城区仅十多千米，有羊西线、成灌公路、沙西线、IT 大道等多条公路与中心城区和周边地区相连；随着成灌快铁、地铁 2 号线、城市干道改造、郫县－彭州快速铁路等一批交通基础设施的陆续建成，郫县的区位优势将更加凸显。尤其是成灌快速铁路开通，为郫县带来极大的发展利好：不仅拉近了郫县与中心城区的空间距离，使郫县与中心城区全面对接，而且还让中心城区的一些功能有可能转移出来，使更多的人可以享受到快铁生活方式；不仅可以加快中心城区的人流、物流、资金流、信息流向郫县聚集，而且还将加快成都西部健康休闲商务新城的快速扩张，加快人口的聚集，促进县域经济发展。

(三) 郫县在大成都中的发展定位和投资发展软环境，为县域经济发展增强竞争力赢得先机

首先，郫县成为大成都城市综合体的重要功能板块，承担着更重大的职能。在成都市的城市建设发展规划中，郫县板块被确定为成都西部健康休闲新城，成为成都重要的城市功能区，在产业布局、城市建设等方面都有了明确的定位。随着撤县建区步伐加快，郫县融入中心城市的进程也明显加快；而省委、省政府西迁方案的实施，对郫县的城市组团发展、区位环境的改善和城市形象提升都有极大的促进作用。这些不仅为郫县赢得了更大的发展空间，而且能够在更大范围、更高层面优化配置资源，城市经济特别是现代服务业将迎来难得的发展机遇和广阔的发展空间，这些都是摆在郫县面前的良好机遇和有利条件，抓住这些机遇，利用好这些有利条件，就可以办好过去很多想办却办不好、办不成的大事、要事、实事，就能在新一轮发展中赢得先机。其次，从投资发展软环境看，郫县具有较强的竞争力。县委、县政府高度重视投资软环境建设，结合规范化服务型政府（机关）建设，从多方面优化投资发展环境，取得了较为明显的成效。特别是对涉及项目立项报建环节，开通了绿色通道，采取了"并联审批"方式，通过几年努力，已经形成了一套较为完善的体系，形成了操作性强的机制。同时，机关作风建设进一步加强，办理相关手续和事项十分方便，极大地提高了工作效率，缩短了报建办理时间，降低了企业入驻成本，赢得了投资者的认同，在全市投资发展软环境测评中，郫县连续位居前列。全社会形成了"人人都是投资环境，事事关系郫县发展"的共识，进一步增强了投资发展的竞争力。

二、郫县未来发展战略的探析

郫县未来如何发展？要充分考虑前进中的困难、发展中的差距，发现和把握有利的条件、潜在的机遇，才能树立高目标，追求好质量，谋求更大的发展。

县委政府审时度势，明确提出了当前和今后一个时期郫县发展的总体思路是：以科学发展观为指导，坚定不移地实施总体战略，抓住成渝经济区建设、扩大内需、灾后重建和快铁建设的机遇，立足"全域成都"的科学规划，不断深化完善"六个一体化"，统筹推进"三个集中"、促进"三化"联动发展，以"调结构、上水平，抓改革、增活力，重民生、促和谐"为主线，着力打造"一城（成都西部新城）、两带（沙西线、IT 大道城乡统筹综合示范带）、三基地（新型工业基地、文化休闲基地、川菜产业基地）"，加快城乡全面现代化建设进程，加快构建新型城乡形态，努力建设城乡形态优美、产业支撑有力、功能配套完善、体制机制顺畅，充满活力的城乡统筹综合示范区。

（一）发展战略的确定是贯彻落实科学发展观的根本要求

在深入学习实践科学发展观过程中，郫县县委、县政府结合市委总体战略部署和城乡统筹的新形势以及市委、市政府对郫县发展的期望和要求，通过调查研究，解放思想大讨论，组织干部考察调研，邀请专家学者"把脉会诊"，开展万人建言献策活动等，进一步深化了对科学发展观和市委总体战略的认识，形成了必须把推进城乡统筹作为贯彻落实科学发展观的全局工作和主要实践，构建城乡统筹综合示范区等共识。

（二）发展战略的确定是新形势下推进城乡统筹的客观需要

当前新的发展环境和形势，对郫县发展提出了新的更高要求，要在新的形势下深入推进城乡统筹，就必须审时度势、把握机遇、与时俱进，及时地对县域发展战略进行适度调整。县委提出的"一城两带三基地"的新型城乡形态实际上是将文化、社会、生态等发展要素纳入了统筹城乡实践，从而使郫县推进城乡一体化进入了新阶段。郫县重新发现了自身的优势资源，包括厚重的人文、优美的生态和众多的科研院所等，这些得天独厚、不可复制的资源不仅有利于经济增长，有利于拉长郫县服务业这一短腿，还有利于促进"三化联动"，使城市发展更加个性化，使城乡形态更加优美。

（三）发展战略的确定是郫县经济社会发展的内在要求

近年来，县委、县政府按照市委总体战略部署，团结带领全县干部群众，统筹实施"三个集中"，联动推进"三化"，城乡经济社会出现了全面进步，为新一轮发展打下了良好基础。现阶段郫县的县情呈现四个特点：一是经济总量增长较快，但结构性矛盾突出，稳定的财政支撑体系还未真正建立，结构调整、提质增效的任务更为艰巨。这要求郫县在未来的发展中必须"调结构、上水平"，着力转变发展方式。二是城乡一体的规划体系基本完善，但城乡空间形态、产业布局和功能配套亟待优化，城市容量不大、功能缺失，一般场镇改造的步伐不快，城乡统筹综合示范亮点不多、发展不平衡，构建新型城乡形态的任务更为紧迫。发展思路中提出的着力打造"一城、两带、三基地"的做法，正是着眼于解决上述问题采取的应对措施。三是综合配套改革纵深推进，但农村市场化改革明显滞后，民主化改革还需进一步深化，村级公共服务和社会管理改革刚刚起步，规范化服务型政府建设还有待进一步深入，城乡一体的管理体制机制还未真正形成，体制机制创新的任务更为繁重。因此，在未来的发展中必须突出"抓改革、增活力"这个关键，不断增强发展的动力和活力。四是城乡居民收入水平稳步提高，但公共服务配套还不完善，保障民生的水平还不高，维护社会和谐稳定的压力还很大，确保城乡居民共创共享改革发展成果的责任更为重大。这就要求我们必须"重民生、促和谐"，着力保障和改善民生。同时，周边区县加快发展、创新发展的竞争态势日益激烈，面对这样一种发展环境，郫县只有打破常规、敢于突破、创新实践才能在你追我赶的激烈竞争中脱颖而出。这样的县情特点和发展环境使县委对在新的起点上推进郫县科学发展的定位、思路、目标和重点有了更加清醒的认识。

三、以县域经济发展助推成渝经济区建设

郫县必须按照成渝经济区建设规划和"建设世界现代田园城市"的历史定位和长远目标，集成运用城乡统筹的思路和办法，通过统筹推进"三个集中"、"六个一体化"和农村工作"四大基础工程"，加快推进以沙西线、IT大道和安唐路沿线为重点的统筹城乡发展综合示范带建设，致力打造城乡形态优美、产业支撑有力、功能配套完善、体制机制顺畅，充满活力的世界现代田园城市示范样板。

（一）深化完善城乡一体规划，为发展建设提供科学依据

一是优化完善县域总体发展规划。立足"全域成都"规划，委托中国城市规划设计研究院，深度挖掘郫县资源特质和比较优势，制定了《郫县发展战略规划》，从高端规划上解决郫县"干什么、怎么干"的问题。坚持"九化"导则和"四性"原则，立足"优化型发展区"的功能定位，修订完善了县域总体规划、县域城镇体系规划、土地利用总体规划、产业发展规划和"一城两带三基地"分区规划，构建起城乡一体、配套衔接的规划体系。

二是深化提升城乡规划设计水平。坚持把生态田园理念融入并贯穿城乡规划设计和建设的全过程，按照"点、线、面"一体发展的原则，以城镇、村庄、林盘为"点"，路网、绿带、水系为"线"，现代农业基地和生态涵养区为"面"，对全域郫县进行了分层次优化设计，力求体现新型城乡形态。突出彰显资源特质和田园特色，编制了《郫县建设世界现代田园城市规划管理技术规定》、《郫县新农村规划建设管理导则》和《郫县农村住宅建设参考图集》等技

术规范，力求体现资源集约化和功能复合化。

三是优化完善综合示范带建设规划。按照"率先建设世界现代田园城市示范线"的要求，委托阿特金斯和蓝地规划设计院编制了《郫县沙西线和IT大道现代都市农业综合示范带总体规划》和《郫县沙西线和IT大道世界现代田园城市示范建设实施规划》。依托示范带的生态效应和示范项目，编制了示范带绿道建设总体规划和首期实施的"水道绿廊"实施方案。

（二）构建现代农业产业体系，为发展建设提供产业支撑

一是加快川菜产业功能区建设。围绕构建"蔬菜（食用菌）种植基地—川菜原辅料、调味品和特色食品加工—川菜文化传播及美食展示体验"有机衔接的产业链条，加快川菜产业化功能区规划建设。安德川菜产业化园区已形成2.5平方千米承载能力，引进聚集产业项目80个，48家企业建成投产，2011年1~10月园区规模企业实现销售收入26亿元，入库税收4500万元，解决4600余名城乡居民就业，初步形成推进川菜产业集中集约集群发展与保障农民稳定就业增收相统筹的可持续发展机制。依托园区企业带动安德镇及唐昌、新民场、唐元等周边农业镇建成了4.8万亩的标准化种植基地，促进了工业与农业的互动发展。

二是推动传统农业改造升级。突出优质粮油、无公害蔬菜（食用菌）、花卉苗木主导产业，与省农科院签订了战略合作协议，运用农业科技系统集成，促进传统农业提档升级。积极引导土地向产业化龙头企业、农民专合组织和种植能手集中，发展多种形式的适度规模经营，全县土地流转面积达到13.6万亩，占全县耕地面积的45.5%；引进农业产业化项目48个，培育形成市级以上产业龙头企业20家，建成市级以上农民专合组织示范合作社9个。加快唐元韭黄基地、唐昌时令蔬菜基地、新民场鲜盆花基地、古城粮经基地等规模化示范基地建设，培育优势突出、特色鲜明的产业集群，被列为"全省农业科技（试点）园区"。目前，唐元韭黄基地已形成8600亩的标准化示范基地，建成"国家级无公害韭黄标准化示范区"和"四川省精品农业标准化示范区"；唐昌镇采取"大园区+小业主"的模式，已形成1.1万亩的时令蔬菜种植基地；新民场镇围绕打造万亩西部花乡品牌，已引进龙头企业、种植大户68家，建成5000亩的鲜盆花核心基地。

三是促进一三产业联动发展。依托示范线良好的水系资源和田园风光，突出观光休闲农业、创意体验农业、美食健康养生等特色乡村旅游业态，推动一三产业互动融合发展。实施农科村国家4A级景区创建和乡村旅游提档升级工程，成功举办"2010中国（郫县）休闲农业与乡村旅游节暨首届中国农家乐大会"，被农业部、国家旅游局授予"全国休闲农业与乡村旅游示范县"称号。按照"西部第一、全国一流"的目标，深化与涉农高校和科研院所的深度合作，引进建设一批高科技农业、创意农业等产业高端项目和创新成果中试转化、涉农企业总部基地等高端产业项目，尽快形成"一三互动"的综合示范效应。示范线已引进"一三互动"的产业项目47个，在建项目32个，累计完成投资18.5亿元，红光

田园时代、汀沙生态农业等以现代农业为基础、乡村旅游为载体、一三产业互动的综合示范项目建设取得明显成效。

（三）集成打造综合示范典型，为发展建设提供现实样板

一是加快推进综合示范项目建设。突出以特色产业和集体经济发展、基础设施和公共服务配套、市场化和民主化改革为重点，统筹集成推进市、县确定的12个综合示范项目建设，增强了深化统筹城乡发展的示范和带动作用。安德镇、唐昌镇战旗村、新民场镇云凌村等6个深化完善类综合示范项目已达到市上规定的综合示范项目建设标准，并通过了市统筹委组织的检查验收；红光田园时代、三道堰汀沙生态农业、唐元韭黄基地等6个加快推进类综合示范项目在统筹推进农村"四大基础工程"建设、特色产业和集体经济发展、农民持续增收等方面取得明显成效。

二是加快推进新农村示范片建设。按照"五新一好"的目标，集中成片发展特色产业、完善基础设施、健全公共服务、美化人居环境、建设新型村落民居，加快推进沙西省级新农村示范片建设。突出科学规划，完成了沙西新农村示范片总体规划及产业发展、基础设施和公共服务建设、村落民居建设等专项规划的编制及报批。突出产业发展，实施了4000亩的"千斤粮万元钱"示范基地建设，已建成3000亩的有机蔬菜示范基地、2000亩的战旗现代农业示范园、1500亩的青春大棚蔬菜基地、500亩的唐元韭黄出口生产基地、400亩的云凌花卉苗木创意园等特色产业基地。突出设施配套，启动了示范片18.8千米的道路改造建设，年内形成示范片通畅易达的路网体系，完成了25个公共服务平台的标准化配置建设。

三是加快推进一般场镇改造建设。全面启动三道堰、唐昌、花园等7个一般场镇改造建设，着力打造一批各具特色的田园城镇。加快场镇基础设施建设，已建成6个镇级污水处理厂及配套管网，完成场镇道路改造建设26.7千米，新建成安德、花园2个自来水厂。实施场镇综合整治改造，三道堰镇已完成街景营造、房屋立面改造和水景商业特色街区打造，唐昌、团结等4个场镇已完成重点节点、主要街道环境营造建设，场镇环境面貌得到明显改善。采取市场化方式盘活场镇土地资源，引进广东广晟集团投资50亿元整体改造花园场镇及配套产业发展，拆迁安置房、水景广场等首期场镇改造项目已启动实施；引进四川新西源置业投资5亿元整体改造唐昌新胜片区场镇及配套产业发展，已完成首期80余亩的医疗健康产业项目建设。

（四）健全工作推进机制，为发展建设提供有力保障

一是强化组织领导。把世界现代田园城市示范线建设作为县委、县政府的重大工作任务，成立了由县委书记牵头抓总的示范线建设领导小组，建立了示范线建设联席会议制度，将示范线和示范项目建设的各项目标任务分解下达到县级领导、县级部门和各镇，明确镇党委、政府的主体责任和县级部门的职责任务，做到目标任务、领导责任、时间进度"三落实"，统筹集成、重点倾斜、系统推进

示范线和示范项目建设。

二是搭建投融资平台。加强与成都传媒集团的深度合作，共同出资 2000 万元注册资本金组建了"成都市沙西城乡建设投资有限责任公司"；"沙西建设"平台公司已完成沙西线"五园实景"策划方案，首期 26 千米骑游绿道已建成并投入运营，沙西国际骑士俱乐部等首批示范项目已启动实施。加快推进安德川菜产业化功能区建设，组建了注册资本金 8000 万元的"成都蜀都川菜产业投资发展有限责任公司"，已融资到位 1.2 亿元投入功能区土地综合整治示范项目建设。

三是探索市场化推进示范项目建设。鼓励和支持社会资金参与农村土地综合整治示范建设，安德镇引进"三杰"公司投资 3.9 亿元实施泉水村、红专村和安宁村土地综合整治项目建设，12 月底完成泉水村 1 号示范点 6000 平方米的农民集中居住区统规自建部分建设并达到入住条件。鼓励和支持社会资金投向新农村示范建设，引进四川徐堰农业、四川冠鑫生态农业等 18 家企业投资 60 亿元发展现代都市农业、实施土地综合整治，已启动红光田园时代、三道堰汀沙生态农业等项目区土地综合整治示范点建设，年底完成 4.7 万平方米的农民集中居住区建设。运用农村产权制度改革成果，已组建唐元钓鱼村等 6 个村集体资产管理公司，利用农户的集体建设用地使用权证作抵押，由政策性担保公司担保向银行融资 5.1 亿元投入土地综合整治示范项目建设。

四是强化政策支持。制定了《加快推进沙西线和 IT 大道现代都市农业综合示范带项目建设的意见》、《加快沙西新农村示范片建设的意见》和《促进现代农业追赶型跨越式发展和"两带"建设支持政策》等配套文件，并将政府性投资项目优先安排在示范线和示范项目区域。今年县财政和政府性投资安排在示范区域的资金达 3.8 亿元，统筹实施场镇、村（社区）、农民集中居住区基础设施和公共服务设施、土地综合整治示范项目、城乡环境综合整治等项目建设，增强示范建设的承载基础。

（裴雪梅，中共郫县县委党校教研室主任。）

郫县融入成渝经济区发展的几点思考

罗德云 阮培康 李杰

【内容摘要】国务院正式批准实施的《成渝经济区区域规划》是国家推动科学发展、加快转变经济发展方式的重要战略部署，也是深入实施西部大开发战略、促进全国区域协调发展的又一重大举措。郫县是成都重要的城市功能区，在成渝经济区发展中具有重要的地位。郫县要在新一轮发展中赢得先机，只有积极主动置身成渝经济区，找准发展的战略定位，发挥自身优势，抢抓新机遇，在发展上实现创新和突破，才能实现又好又快发展。

[关键词] 郫县发展 机遇和优势 思考

国务院正式批准实施《成渝经济区区域规划》，明确要求把成渝经济区建设成为西部地区重要的经济中心。这是在实施"十二五"规划的开局之年和推进新一轮西部大开发的重要时刻，国家推动科学发展、加快转变经济发展方式的重要战略部署，也是深入实施西部大开发战略、促进全国区域协调发展的又一重大举措，必将对成渝经济区实现更好更快发展起到重要作用。

郫县地处天府之国腹心，是一座历史文化和自然生态交相辉映的城市，处处流淌着独具特色的人文脉息，是成都西部健康休闲新城，成都生态优活区，誉为八河并流的水上城市，有古蜀之源、川菜之魂、蜀绣之乡、生态之城的美称。郫县位于九黄黄金旅游线上，经高新西区产业走廊与成都市无缝连接，距成都市核心城区10千米，优越的地理位置使郫县集成都资金流、信息流、物流、客流于一体，是成都市城市板块的重要组成部分。2007年，成都市获批统筹城乡综合配套试验改革试验区，按照全域成都发展理念，成都市委、市政府对成都市城市规划和功能进行了新的定位，以郫县为中心，包括温江部分区域，共同打造成都西部健康休闲新城。郫县成为成都重要的城市功能区，在产业布局、城市建设等方面都有了明确的定位。由此可见，郫县在成渝经济区发展中的重要地位。郫县要想在新一轮发展中赢得先机，就必须积极主动置身成渝经济区，找准发展的战略定位，抢抓新机遇，发挥自身优势，在发展上实现创新和突破，实现又好又快发展。

一、郫县在成渝经济区发展中面临的优势和机遇

近年来，郫县深入实施城乡统筹、"四位一体"科学发展观，通过统筹实施"三个集中"，联动推进"三化"，城乡经济社会全面发展，为推进郫县新一轮发展打下了良好基础。当前郫县正处于由郊区县向都市功能区转变的关键时期，处在一个可以大有作为的重要战略机遇期，加快发展方式转变，实现跨越式发展，既面临难得机遇，也面临重大挑战。

成都市发展定位的战略性提升有利于郫县实现跨越式发展。按照建设"世界现代田园城市"的历史定位和长远目标，成都要在建成国内"一线"城市基础上，成为世界城市。从世界城市发展规律来看，都市边缘区在促使城市经济成功转型、提升城市影响力和辐射力上起到关键作用。全市战略定位的提升必将为郫县直奔高端产业和产业高端，实现跨越式发展提供更加有益的环境和条件。

城市服务功能的进一步外溢有利于郫县加快转型发展。成都市正向工业化、城市化中后期迈进，单中心聚集发展格局逐步打破，资源、功能在都市边缘区开始寻觅新的集聚增长点，中心城区的部分服务功能如教育、商贸、物流、医疗健康等开始逐步向二圈层转移，服务功能外溢成为了启动二圈层发展的重要引擎，为郫县由城郊县域经济向城市经济转型创造了有利条件。

重大项目的逐步实施将有利于郫县加快城镇化进程。随着富士康配套产业园及生活配套区建设、"成都力宝村"大型城市综合体、北部新城开发以及望丛文化园等重大项目的逐步实施，在带来大量新增人口入驻的同时，城市空间范围将得到极大的拓展，城市功能将在新城建设和开发中实现优化和提升，这将成为郫县在近郊区（县）、尤其是在西部近郊区（县）发展中特有的竞争优势和后发优势，空间城镇化、人口城镇化进程都将出现跨越式提升。

生态价值的日益凸显有利于郫县充分发挥后发优势。随着人类对生态价值的日益重视，具有生态优势的大都市外围区成为了承担高端城市服务功能的重要区域，在发展中更加具有其他区域无法复制的竞争优势。郫县在生态方面具有得天独厚的优势，在成都市由单中心聚集发展格局向多层次空间体系的大都市区转变的背景下，将更加有条件发挥后发优势，在城市功能外溢中抢占高端环节。

城市轨道交通体系的逐步完善有利于郫县加快融入发展。郫县在"十五"及"十一五"时期受交通条件制约，在成都市西部近郊区（县）发展中不具有明显优势，但随着成灌快铁及地铁2号线的开通，郫县将成为西部近郊区（县）中率先接通轨道交通的区域，这使得郫县在吸引高素质外来人口入驻方面具有了独特的竞争优势，为郫县加快融入中心城区创造了有利条件。

统筹城乡综合配套改革的深入推进有利于郫县加快和谐发展。历经七年的统筹城乡发展实践中，郫县坚持城乡综合配套改革，经济保持了平稳较快增长，产业结构持续优化，产业实力不断增强，城乡一体化水平全面提升，城乡发展进一

步协调，体制机制不断完善。"十二五"时期随着统筹城乡综合配套改革的进一步深入，郫县城镇化步伐将进一步加快，消费结构加快升级，为郫县实现经济社会的跨越式发展打下坚实的基础。

从投资发展的软环境看，郫县具有较强的竞争力。郫县县委、县政府高度重视投资软环境建设，结合规范化服务型政府（机关）建设，从多方面优化投资发展环境，形成了一套较为完善的体系，形成了操作性强的机制，取得了较为明显的成效。特别是对涉及项目立项报建环节，开通了绿色通道，采取了"并联审批"方式，缩短了报建办理时间，降低了企业入驻成本，赢得了投资者的认同。在全市投资发展软环境测评中，郫县连续位居前列。

二、郫县在成渝经济区发展中面临的问题与挑战

区域间竞争压力明显增大。随着成都市经济的发展，各区县在产业发展、项目引进、吸引人才、基础设施建设等各方面的竞争愈演愈烈。"十一五"期间郫县在成都类似区域中发展有所滞后，起点上的落后使郫县在"十二五"时期将面临严峻挑战。从全市规划导向来看，"向东向南"的城市发展方向导致的重大基础设施项目和产业化项目的布局倾向，使郫县面临较大压力。

城镇化水平有待进一步提升。2010 年，郫县非农人口占比为 46.76%，远低于成都全市 55.23% 的平均水平，也低于二圈层 49.64% 的平均水平，比同处于西部的温江区低 31.4 个百分点。此外，郫县道路、园林绿化等市政建设水平不高，缺乏写字楼等高级办公场所及大型商场、超市等现代商贸业形态，城市形态与现代化城市尚存在明显差距。

重点产业支撑作用尚不明显。工业转型步伐较慢，受毗邻高新区和主业定位不够明晰的制约，尚未形成具有核心竞争力的优势行业，精密铸造、电子电气设备、食品等重点产业仍主要集中在价值链较为低端的制造环节；服务业发展水平不高，2010 年服务业占 GDP 比重仅 32.5%，比 2005 年下降了 4.1 个百分点，旅游业等传统优势产业未取得突破性发展，金融、商务等现代服务业尚处于发展初期。

公共服务和社会管理压力增大。作为加快向都市功能区转型的近郊区，"十二五"期间郫县在公共服务和社会管理方面面临较大的压力。一方面要不断满足由城市人口增加所带来的新增公共服务和社会管理需求；另一方面，还要按照都市功能区的标准不断提升公共服务和社会管理水平，考虑到富士康项目等引起人口总量和结构发生重大变化的因素，公共服务和社会管理的增量提质压力将更加巨大。

财政金融政策逐步趋紧，投融资机制亟待创新。今年的 6 次提高存款准备金率，中央发出了收紧信贷供给信号，并且加强了信贷投放控制，加大了对地方融资平台的监管，并不断提高信贷准入门槛，规定了更为繁琐的信贷手续，并对信

贷资金流向实施严格监管，使郫县国有投融资平台公司和中小企业融资难度加大。

三、郫县融入成渝经济区发展的几点思考

郫县在成渝经济区内的发展定位应是依托成都、融入成都、服务成都，抓住成都构建大都市圈、推进都市区同城化的重大机遇，深入实施市委城乡统筹、"四位一体"科学发展总体战略，以推进新型城市化、转变发展方式为主线，以改革开放和科技创新为动力，以保障和改善民生为目的，加快推进"一城两带三基地"建设，优化经济结构，加强生态环境保护和资源集约节约利用，全面提升城乡一体化和现代化水平，奋力推进追赶型跨越式发展，加快建设城乡形态优美、产业支撑有力、功能配套完善、体制机制顺畅、充满创新活力的宜居宜业现代田园城市。

（一）着力深化城乡统筹发展，加快构建新型城乡形态

1. 优化城乡空间格局

依托郫县良好生态本底，突破城是城，乡是乡的传统组织模式，构建一轴一环五片多核的城乡空间发展格局，创造更加生态化、更有吸引力、更有承载力的空间体系。

2. 塑造生态田园形态

着力推进田园城市示范建设，坚持以人为本、生态优先、资源集约、完善功能、突出特色的原则，加强基本农田、生态环境和历史文化保护，以城在田中、城田相融、园在城中三种城田组织方式重构城乡空间形态，形成绿水绕林盘、城镇嵌田园的整体风貌。保护现有田园形态，形成以城市片区为核心，以重点镇、一般场镇、农村新型社区为节点，以城乡一体的交通、通信、公共服务和生态绿道等体系为依托的组团式、网络化空间结构和多层次、多功能生态体系，加快构建现代城市与现代农村和谐相融、古蜀文化与现代文明交相辉映的生态田园形态。

3. 全力推进"两带"建设

按照为构建田园城市新型城乡形态提供样本和示范的要求，全力推进沙西线国际乡村旅游度假示范带和 IT 大道生态农业休闲旅游带"两带"建设。把"两带"建成充分展现现代新型城乡形态和田园城市的样板。以成都"世界现代田园城市"11 条示范线路之一的沙西线示范线建设为契机，以水乡风情、田园风光特色以及天府农耕文化遗产为核心，以点带片、连片成线、以线促面、带状发展，形成既代表"天府之国"原生态乡村的水乡田园风貌和本土乡村文化，又具有现代社会主义新农村风貌的形态特征。在切实保护好基本农田和水资源及其生态环境的基础上，融入浓郁的民俗风情，形成观赏性、休憩性结合的生态田园风貌。

（二）着力提升产业竞争力，推动现代产业突破发展

一是加快培育服务业发展新优势。创新政策机制，加强载体建设，进一步优化提升服务业发展体系。着力引进一批城市商业综合体、星级酒店、高档写字楼和品牌商业旗舰店，打造一批餐饮文化休闲商贸特色街区。围绕配套高新西区、工业港和富士康项目，着力推动总部经济、电子商务、创意设计等生产性服务业和会计审计、法律事务等中介服务集聚发展。大力推动农村商贸流通体系建设，实施农贸市场标准化改造，有效促进农产品流通。加快建设以古蜀文化、蜀绣文化、亲水休闲、特色美食等为主要内容的文化休闲基地，推动特色服务业提升发展。

二是加快推动工业提质增效。按照"一区一主业"发展定位，优化完善产业布局，全力打造总部经济，大力推进 LED 产业集群发展，培育壮大电子电气、食品饮料等支柱产业和一批优势龙头企业，加快建设省级电子电气产业园区。大力实施高端发展战略，依托富士康等重大项目，推动产业向研发、设计、物流、营销等高端延伸。

三是大力发展现代都市农业。紧紧抓住国家级现代农业综合示范区建设的有利时机，推动产业发展与新农村建设的良性互动，深入推进农业结构战略性调整，在有机（生态）农业、设施农业、创意（观光）农业和农业科技总部等高端农业和农业高端发展上实现新突破，加快建设"西部第一、全国一流"的现代都市农业示范区。

（三）着力推动城市化进程，提高城乡现代化水平

一是全面推动城镇体系建设。强化以城市化驱动跨越式发展，整体推进城市片区"五大组团"和"四大板块"建设，突出抓好城市功能、城市形态、城市业态的优化提升，加快形成宜居宜业的现代田园城市雏形。推动望丛文化产业园建设，加快安德、友爱、花园、古城等重点镇、新市镇和一般场镇建设改造步伐，促进农民向城镇集中和非农产业转移，推动镇域经济加快发展。

二是着力提升城乡基础承载能力。围绕构建"城乡一体、高度畅达"的现代交通体系，配合推进第二绕城高速、成彭支线、地铁二号线建设，完成 317 线管线下地和绿化景观建设，强化能源保障，加强农田水利、安全饮水、市政配套等基础设施建设。加强城乡一体的通信基础设施建设，加快实施通信无盲点工程，推进"三网融合"，以"数字化"助推郫县现代化建设。

三是着力提升环境质量和城市品质。围绕做响做亮"生态优活区"城市品牌，充分挖掘和提炼郫县的内涵特质，强化城市品牌推广和营销策略，着力打造"近城不进城"的现代田园生活乐土。扎实开展城乡环境综合治理和"五十百千"示范创建，深化城市家具、景观铺装设计监管前端介入管理，强化建筑形态控制与城乡风貌塑造，推进"数字化城管"向镇村延伸。深入开展大气和水环境整治，强化农村面源污染、扬尘治理、企业排放、建筑工地、运渣车辆网格化管理，提升环境质量和城市品质。

（四）着力创新体制机制，不断深化统筹城乡综合配套改革

一是深入实施农村"四大基础工程"。深化农村产权制度改革，完成村级债权债务清理以及集体经营性资产的股份量化。按照"用途管制、规划管控、农民自主、市场运作"的原则，积极推动生产要素在城乡之间自由流动整县试点。继续深化村级公共服务和社会管理改革，加强村级公共服务平台标准化建设，提高公共服务和公共管理村级专项资金标准，完善农村新型基层治理机制，全面提升基层治理水平。

二是深化社会管理体制改革。积极探索政府与社会机制互联、功能互补、力量互动的社会管理新模式，突出抓好"一号工程"生活配套区社会管理和城乡统一户籍改革，扩大政府购买社会组织服务范围。深化社区居民自治改革，健全社区综合服务体系，完善社区事务听证、选举等居民自治制度，共建和谐平安社区。

三是深化财政管理体制和投融资改革。围绕构建公共财政体制框架，全面实行镇级财政新体制，切实增强镇域自主发展活力。着力提升政府投融资平台功能，强化项目投审及融资监管，切实加强风险防范。进一步创优金融生态环境，健全完善县级金融体系，支持企业开展股权融资、发行债券及上市等直接融资。大力引进浦发银行等金融机构到县内设立分支机构，加快发展村镇银行、小额贷款公司和农村资金互助社等新型农村金融机构，拓宽融资渠道。完善农业发展担保体系和农村产权流转担保体系，加快建立农业保险体系和农业灾害风险转移分摊机制。

（罗德云、阮培康、李杰，中共郫县县委党校。）

成都市承接产业转移
优化产业结构对策研究

伍笛笛　蓝泽兵

内容提要：全球金融危机之后，世界产业格局进入新一轮调整期，国际国内产业转移速度加快，西部地区面临着外资西进和内资西移的历史新机遇。成都市作为西部重要的区域性中心城市，科学引导并承接产业转移，是产业结构优化升级的主导方式，也是推动经济结构战略性调整、实现经济跨越式发展的重要途径。本文试图从分析新一轮产业转移的新特点和新趋势着手，基于对成都市产业结构现状的研究，探讨承接产业转移、优化产业结构的现实对策。

关键词：产业转移　科学承接　调整优化

产业转移是由于资源供给或产品需求条件发生变化后，某些产业从一个国家或地区转移到另一个国家或地区的经济行为或过程[①]。全球金融危机后，世界经济形势和产业格局都发生了重大变化，发达国家受到巨大冲击，其产业呈现出加速向中国大陆转移的趋势，这次大规模产业转移被学界和媒体称为全球第四次产业转移浪潮[②]。同时我国东南沿海地区为了产业结构调整和寻求新的增长空间也纷纷进行产业转移。因此，目前我国正经历着一次前所未有的国际产业向中国大陆与沿海产业向中西部地区的耦合型双转移态势[③]。在此新形势下，成都作为西部重要的区域性中心城市，正迎来外资西进、内资西移的新局面，处于重大发展战略机遇期。但产业转移机遇具有一定的时效性，新一轮国际产业转移的黄金周期只有3至5年[④]，因此成都有效承接产业转移任务艰巨，承接什么产业，如何承接，直接关系到整个承接过程能否成功，产业结构升级和经济发展的目标能否实现。

---

① 陈建军. 产业区域转移与东扩西进战略 ［M］. 北京：中华书局，2002.
② 杨上广. 论第四次全球产业转移的宏观背景与发展态势 ［N］. 合肥学院学报（社会科学版），2011.3.
③ 刘友金，胡黎明. 产品内分工、价值链重组与产业转移——兼论产业转移过程中的大国战略［J］. 中国软科学，2011 年（3）.
④ 刘奇葆. 承接产业转移，推进经济跨越发展——在四川省承接产业转移工作会议上的讲话，2008.04。

一、当前新一轮产业转移的特征和趋势

（一）国际产业转移新特征和新趋势

进入 21 世纪尤其是全球性金融危机爆发以来，国际产业结构逐步向高级化演变，信息和通信技术创新推动了新的技术和经济范式的发展，全球产业布局进入新一轮的调整期，国际产业转移步伐进一步提速。在此背景下，当前国际产业转移呈现出一些新特征与新机遇。

1. 转移规模持续扩大

为赢得全球竞争优势，发达国家把产业结构的调整拓展到全球。发展中国家基于后发优势，利用机遇，努力赶超，加速产业结构升级。金融危机爆发之后，为寻求更低的成本和更广阔的市场，国际产业转移规模在不断扩大之中。

2. 转移结构逐步高度化

知识经济的发展，不仅加速了发达国家产业结构的知识化、高度化发展，而且也使国际产业转移呈现出高度化趋势。服务业、高新技术业成为了产业转移的新热点，高信息化、高科技化、高服务化成为新的产业结构调整的主导。

3. 转移更加注重满足东道国的本土市场消费需求

金融危机之后，发达国家消费力量减弱，纷纷采取刺激消费政策，市场成为重要的战略资源。在市场因素变化影响下，未来一段时期，国际产业转移以满足东道国消费市场需求为主的特点将突出显现。

4. 新兴产业成为国际产业转移的新热点

世界各国把推动战略性新兴产业发展作为培育新的经济增长点和掌握未来发展主动权的必然选择。虽然目前很多新兴产业还处于科技突破和推广应用的重要阶段，但世界围绕新兴产业的国际布局和争夺已日益激烈。

（二）成都市承接产业转移的趋势及特点

1. 从总体态势上看，承接产业转移进入了高速增长阶段

中西部地区的投资软硬环境不断优化，对国际国内产业转移的吸引力不断增强，西部大开发十年来，成都市经济社会蓬勃发展，逐渐显示出承接产业转移的后发优势和广阔空间，正在迎来承接国内外产业转移的黄金时期。

2. 从转移方式上看，承接产业转移方式趋向多样化

东部地区外商到西部再投资成为西部地区承接产业转移的主要方式，与之同时，东部地区的国内企业也聚焦西部的市场热土和成本优势，形成了外资西进、内资西移的双转移局面。

3. 从产业类型上看，承接产业转移呈现出服务化

承接产业转移正由加工制造业向综合服务业延伸，随着科研力量不断强化、人力资本日渐丰富、基础设施逐步完善，成都具备的综合优势正吸引跨国公司将产品的研发设计等产业链向高端环节转移，产业链的整体转移和地区产业集群现

象正成为成都承接产业转移的新亮点。

二、成都市产业结构的现状及问题分析

（一）产业结构趋于合理，但仍有待升级优化

2010 年全市三次产业结构为 5.1：44.7：50.2，第二、三产业发展成为经济主导产业，但产业结构仍有待升级优化（见图 1）。2007—2009 年第三产业下降到 50% 以内，虽然下滑趋势已得到遏止，但相比于第二产业快速增长的态势，依旧反映出其发展不足。从对经济增长的贡献来看，近年来第三产业贡献作用继续走低，2010 年第三产业对经济增长的贡献仅为 40.6%，与第二产业的差距拉大到 16 个百分点。因此，成都市的产业结构与理想的产业结构还有较大差距，还需在继续推进农业现代化发展、壮大第二产业的基础上，通过承接外部产业转移，加大力度发展第三产业，加速产业结构优化进程。

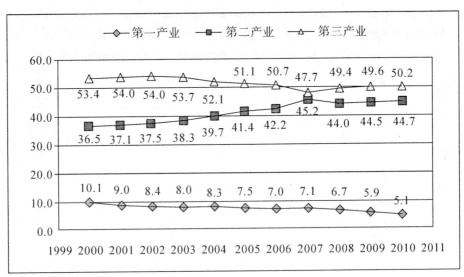

图 1　2000—2010 年成都市三次产业结构变化趋势

（二）工业发展态势良好，但工业内部结构发展不够合理

近年来，成都市依托重点项目和重点企业，通过承接产业转移与自主培育，形成以六大行业为主导的工业发展态势（见图 2）。目前除电子信息和机械工业之外，其他行业均低于全市工业总体增长水平，而传统产业如鞋业、家具、纺织及服装等增速反而较快，表现出与全市确定的产业高端化发展目标不一致的特征。同时，从近几年成都市投产企业行业分布情况看，非金属矿物制品业、通用设备制造业、家具制造业新投产企业占全市的 30% 以上，也呈现出传统产业企业居多、高新技术企业偏少的局面，长期来看，不利于全市工业产业结构的优化。

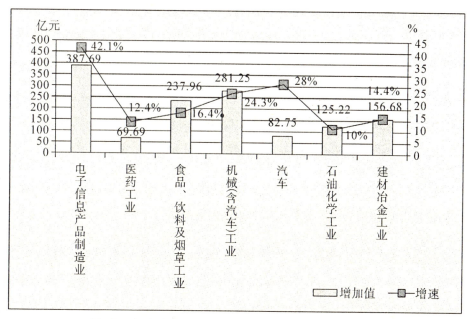

图2 2010年成都市工业六大支柱产业增加值及增速情况

（三）第三产业成为主导产业，但内部结构亟须调整

成都市服务业发展优势明显，2010年在副省级城市中居第五位。但其内部结构呈现出以传统服务业为主的基本格局，交通运输仓储和邮政业、批发零售业、住宿餐饮业三大传统服务业占据了整个第三产业的35.3%。现代服务业发展相对不足，2005年之前，现代服务业占比一直在40%以下，对经济的支撑作用有限，之后现代服务的发展速度有所提升，2009年达到46.8%，但是以传统服务业为主的服务业内部结构没有改变（见图3）。从行业高端化发展而言，成都市第三产业内部结构亟须优化升级。

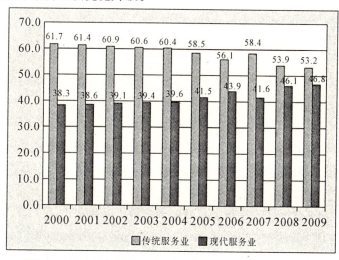

图3 成都市传统服务业与现代服务业占服务业比重情况

（四）产业发展与城市定位的要求还存在差距

2010 年，成都市确立了建设世界现代田园城市的长远目标和历史定位，未来 30～50 年将致力于这一目标的实现，但目前产业结构与城市目标定位之间还存在很大的差距。如香港、东京、首尔、纽约等国际大城市，其第三产业的国民生产总值比重和就业比重均在 70% 左右，已经形成了以服务经济为主导的城市产业结构。国内的北京、上海、广州等城市已经或者即将形成以服务经济为主的经济结构。因此，在城市发展定位下，成都还需加快产业结构调整的步伐，引入更多的高端产业和产业高端项目，推动产业结构升级。

三、成都市承接产业转移的重点和方向

成都在未来 3～5 年应紧紧抓住国际国内产业转移的重大机遇，增强主动意识，积极承接产业转移，重点构建以现代服务业为核心、以高新技术产业为先导、以现代制造业和现代农业为基础的现代产业体系，推动实现产业结构向高级化和合理化发展，为加快建设世界现代田园城市奠定坚实的产业基础。

（一）大力承接现代服务业，打造中西部现代服务业高地

1. 利用成都市作为全国首批服务外包试点城市的优势，承接发展服务外包产业

根据联合国贸发会议估计，未来 5～10 年全球服务外包市场将以 30%～40% 的速度递增；来自工信部最新数据也显示，2010 年我国服务外包产业规模超 2700 亿元，同比增长 35%，按过去 5 年年均 30%～50% 的增速发展，到 2015 年末，我国服务外包产业规模将突破万亿元大关。可以预见，未来 5～10 年将是成都市服务外包发展的黄金时期。因此成都应抓住战略机遇，继续利用区位优势，将欧洲、中东等地区作为发展离岸外包地重要目标市场，开发美国和日本市场，大力承接服务外包产业的转移。

2. 利用四川强力推进西部金融中心建设的集聚和放大效应，承接发展金融业

近年来，得益于经济发展的良好形势，金融业在成都市经济发展中的地位显著提升，影响力不断扩大。目前成都是西部地区金融机构种类最齐全、数量最多的城市，拥有 11 家外资银行，位居中西部榜首，同时银行业专业人力资源丰富。加之"十二五"期间，四川将强力推进西部金融中心建设，其产生的集聚和放大效应，将极大地吸引金融机构和企业的转移。因此成都未来应该积极引进银行业、证券期货业、保险业、信托业、产业投资基金及相关配套产业，在注重对国内金融业引进和承接的同时，扩大对欧美地区金融机构的招商工作。

3. 利用成都市作为西部地区重要中心城市的区位优势，承接发展总部经济

发展总部经济，能够实现企业价值链与不同区域资源的优化配置，推动产业优化升级和创新能力提升。2010 年，成都总部经济发展能力位居全国第八，中

西部第一，具有良好的发展基础和优势①。随着仁恒置地、青羊绿舟总部基地等重大项目相继投用，成都市打造总部经济的承载能力将极大提升。因此结合成都市所处的核心区位优势，未来应着重以工业设计研发为主要发展方向，以机械装备、电子通讯设备设计研发为重点发展领域，大力承接大型企业集团的管理总部以及研发中心、采购中心、投资中心、结算中心、物流中心等，推动建设中国西部总部经济发展新标杆。

4. 利用成都市丰富的传统文化和旅游资源，承接发展文博旅游产业

成都市具有悠久而独特的历史渊源，拥有道教文化、三国文化、诗歌文化等具有极其鲜明的个性特点和无法复制的区域特色文化；旅游资源丰富，共有25个国家、省、市级风景名胜区、自然保护区、森林公园和地质公园，是首批中国最佳旅游城市。因此未来应围绕传媒、都市旅游、创意设计、演艺娱乐、文学与艺术品原创、出版发行等，大力引进跨国公司和行业龙头企业。

（二）大力承接汽车和装备制造产业，打造现代制造业基地

1. 依托成都经济开发区建设，承接发展汽车产业

2011年，成都经济开发区被列入国家新型工业化产业示范基地，功能区的国内外影响力不断提升。在未来承接汽车产业转移的过程中，成都一方面应针对汽车产业链缺失环节，加大皮卡车、商务车、专用车等整车招商力度，引入新的增长点；另一方面加大发动机、变速箱、车桥、底盘等关键总成的招商力度，实现关键环节的产业配套；同时应注重引进节能与新能源汽车、汽车电子等新型产业，抢占新一轮汽车产业发展制高点。

2. 依托重大装备制造基地建设，承接发展装备制造业

成都装备制造业经过多年的发展，已经具备一定的优势，应依托重大装备制造基地建设，抓住地铁、轻轨、新机场、灾后重建等重大基础设施对装备制造产品需求的机遇，围绕数控机床、大型工程施工、轻工机械、精密机电、电子机械、精密机械成套设备及关键零部件装备制造业等行业，瞄准美国、日本、德国等制造业强国及东北、上海等国内制造业重要基地，着力承接装备制造业方面的国内外知名企业，壮大装备制造业规模。

（三）大力承接电子信息和生物医药产业，打造高新技术基地

1. 发挥科教人才优势，承接发展电子信息产业

成都是国家软件产业基地（成都）、国家集成电路设计成都产业化基地和国家信息安全成果产业化（四川）基地所在地，拥有电子类相关专业的高校数十所，形成了集研发、人才、创新的优势集群。随着全球以及沿海地区电子信息产业纷纷西进，成都应立足电子信息前端研发、后端生产、末端市场三大产业链主体，大力承接通讯设备、计算机、电脑资讯产品等电子制造业龙头企业和相关配套产业转移，构建完整电子信息产业链。

---

① 赵弘. 2010—2011中国总部经济发展报告［M］. 北京：社会科学文献出版社，2010.

2. 发挥产业基础优势，承接发展生物医药产业

生物医药产业已成为成都工业的优势产业之一，从整体情况来看，全市在发展生物医药产业方面所具备的产业基础突出，规模以上企业数量仅次于上海和北京，成为国内重要的生物医药生产和流通基地之一。同时背靠 64 所高校和科研机构等组成的生物医药创新体系，具备较强的科研创新实力，在承接生物医药产业转移过程中，成都应瞄准医药产业高端，以现有重点制药企业为依托，吸引更多生物制药企业和医药总部、医药高科研发、医药物流营销企业聚集发展。

（四）大力承接农产品精深加工项目，打造现代农业基地

成都自古以来被誉为天府之国，特色农产品资源十分丰富，具有发展现代农业的优势基础。2010 年成都市被批准为国家现代农业示范区，是全国唯一副省级城市整体推进的创建单位。因此在本轮产业转移中，成都应围绕特色优势产业，以规模种植、养殖业、农副产品精深加工、生态有机农业为重点，大力承接发展现代农业，力争在农业科研关键技术、重大产业化项目等方面实现新突破，优化农业生产结构。

四、成都承接产业转移、优化产业结构的六大工程

（一）产业承接规划工程

承接产业转移，是一项具有开创性和战略性的实际工作，涉及面广，难度较大。要使这项实际工作有力、有序、有效开展，必须在成都现有产业发展规划的基础上，抓紧制订指导性、操作性强的产业承接方案，以及具体的落实措施和承接鼓励类产业转移的指导意见，因地制宜承接产业，发展特色区域经济，实现协调发展。

（二）产业承接载体工程

"十二五"期间，成都要着重把握天府新区规划建设的战略机遇，充分利用新区的产业平台和发展基础，定位于国际化、世界级高端产业，大力承接现代制造业和现代服务业，推动承接产业集中集约集群发展。同时继续推进产业功能区建设，明确定位，着力打造承接产业转移的主要载体。

（三）产业承接创新工程

产业承接的方式趋于多样化。成都在实际产业承接过程中，应根据实际就承接方式进行大胆探索，如兴办独资或合资企业、建立分厂、直接投资、合作办厂、跨国公司、工业园区开发、人才流动、兼并重组、技术转移、OEM（贴牌制造）、BOT（建设—运营—移交）等。

（四）产业承接平台工程

良好的承接平台，是又好又快承接产业转移的前提。为弥补缺乏具有影响力的大企业大集团的短板，成都应充分利用各类投资贸易活动，尤其是要用好、用活西博会这一平台，突出招大引强，与国际国内 500 强建立起一对一、点到点的

联系机制。

（五）产业承接环境优化工程

产业承接环境直接决定着承接产业转移的效率。成都必须重点优化产业承接环境，在交通物流、金融创新、人才引进与培养、政策保障等方面努力营造比较优势，大力提升产业承接竞争力。

（六）产业承接管理工程

承接产业转移，既是重大机遇，更是严峻挑战，必须切实加强产业承接管理。各地各部门要把承接产业转移作为推进充分开放合作的重中之重，摆在更加突出的位置，建立务实高效的统筹协调机制，形成承接产业转移的整体合力，确保承接产业转移工作有力、有序、有效推进。

（伍笛笛、蓝译兵，成都市经济发展研究院改革与发展研究所研究员。）

注重产业转移 促进"产业成都"再造

余梦秋

　　2011年5月，国务院正式批复实施《成渝经济区区域规划》，成渝经济区及天府新区建设，已上升为国家战略。整个天府新区的规划面积为1578平方千米，其中建设用地占地规模为650平方千米，在规划布局上以成都为中心，向东向南延伸。其中，成都市有1293平方千米的区域纳入新区，成都以外的资阳和眉山两市分别有191平方千米和94平方千米的区域纳入新区。规划建设的天府新区，将成为四川建设西部经济发展高地打造的产业支撑和成渝经济区发展的极中极，从而强化成都的引擎作用，加快成渝经济区的发展。

　　按照四川省委、省政府的定位和规划，天府新区是以现代制造业为主、高端服务业集聚、宜业宜居的国际化现代新城区。按照这样的发展定位，产业的驱动是应有之义。因此，加快推动产业发展，将成为天府新区建设发展的主导，也是成都建设成为世界生态田园城市的强大动力支持。国际国内经验告诉我们：以产业转移为契机，发达国家获取了本国产业升级的动力，发展中国家则在较短时间内争取到建立现代产业体系的外部支持。同时在一国内部，通过产业在不同区域间的转移，发达区域获得了产业结构升级的空间和动力，落后地区则能以较低成本引进相对先进的产业和技术，以"后发优势"提高产业层次和水平，实现区域经济的跨越式发展。因此，天府新区要在成都产业发展的现有基础上，大力发展电子信息、汽车等高端制造业以及新能源、新材料等新兴产业；在提升传统服务业的同时，更多地发展像服务外包等现代服务业；结合成都统筹城乡综合配套改革推动适合都市发展的现代农业，合理承接发达国家或我国发达地区的产业转移，是加快成都经济结构转变，实现城乡一体化、全面现代化、充分国际化的重要举措。

　　产业转移是指在市场经济条件下，发达区域的部分产业顺应比较优势的变化，以跨区域直接投资的方式将部分产业的生产转移到相对不发达的区域进行。[①] 当前，以服务外包、服务贸易以及高端制造业和技术研发环节转移为主要特征的新一轮世界产业结构调整方兴未艾。我国东部发达地区向外围地区转移的电子信息、机械、汽车、石油、化工、纺织、医药等产业也越来越多。成都作为

---

① 黄建康. 后发优势理论与中国产业发展［M］. 南京：东南大学出版社，2008：140.

天府新区的主要区域，如何通过发挥自身优势和创造比较优势，选择性地承接国内外转移的产业，是我们必须重视的问题。

一、承接产业转移的优势

1. 交通运输优势

成都位于四川盆地西部的岷江中游地段，是西南地区最大的铁路枢纽之一；是全国45个公路主枢纽城市之一，率先在西部地区实现了市域范围内公路"三通"①；拥有的双流国际机场是我国规划建设的全国区域性枢纽机场之一，是我国西部最大的机场。另外，成都也正在按照"一网两平台"（物流网络、信息平台、交通运输平台）、"三园区四中心"（3个物流园区、4个物流中心）和物流服务节点的现代物流发展框架，全力推进物流基础设施和货运站场建设。四通八达的交通运输不仅提供了畅通的货运和信息通道，还为进入西部地区市场提供了较好的硬件基础。

2. 产业基础优势

改革开放后，成都工业逐步进入持续快速发展阶段，高新产业的发展和利用高新技术改造传统产业的步伐加快。2010年，工业实现增加值2062.8亿元，比上年增长20.5%。规模以上工业企业实现增加值1640.1亿元，增长23.6%；完成新产品产值1179.3亿元，增长22.3%；工业企业产品产销率97.1%。目前，成都工业集中度已经达到74.7%。电子信息产业已形成了集成电路、光电显示、消费类电子终端产品和软件服务的完整产业链，成为全球规模最大的平板和笔记本电脑生产基地之一；汽车产业也集聚了沃尔沃、大众等4个世界知名品牌，形成了轿车、客车、载货车、专用车等车型的完整产品系列；新能源和生物医药产业规模位居西部第一，航空航天产业规模居全国第四。位于天府新区内的高新区、龙泉驿区、双流县和新津县近年都在产业发展上下足工夫，在高新技术产业、汽车产业、临空服务业、新材料产业、物流产业和文化旅游业等方面已经具备了一定的承载基础和聚集能力。事实上，产业转移往往是技术构成相似性和价值构成相异性所导致的，因此，现有的这种产业基础优势可为国内外产业转移提供良好的发展空间，使其有肥沃的土壤生根发芽。

3. 政策和服务优势

成都于2007年6月被国家批准为全国统筹城乡综合配套改革试验区后，在城乡生产要素和产业资源合理配置方面已经有了很多新突破。而现在规划建设的天府新区，不仅享有国家对其他新区的优惠政策，还享有西部大开发政策，再加上省委、省政府的大力支持，势必会吸引国内外投资者的广泛关注。同时，成都

---

① "三通"是指"县县通高速公路"，"村村通水泥（沥青）路"，"城市多通道路网贯通连接中心城与周边组团"。

市政府近年来一直不断建设规范化服务型政府，通过转变政府职能，为企业的发展提供更好的发展环境。这无疑会增强对项目和资金的吸引力，为企业的发展营造更加良好的发展条件。

4. 人才优势

成都是中国重要的教育、科研中心和西部重要的人才集散地。每年不仅培养出大批的高层次科研人员，而且还吸引了大量的海外留学人员和市外大学毕业生来蓉工作，并保持了较高的人才稳定性。2010 年成都人才总量达到 226.97 万人，比上年增长了 24.83 万人，增幅达 12.28%。其中，本科以上学历的人数在总量和比例上增幅较大，其中研究生学历的人数增加 0.29 万人，本科学历增加 7.86 万人。党政人才、专业技术人才、经营管理人才中 35 岁以下的有 80.47 万人，占党政人才、专业技术人才、经营管理人才总量的 77.44%，与上年度相比，增加 8.93 万人，增幅 12.48%。可见，较高学历化和年轻化的人才结构，为成都承接技术、知识密集型产业打下了良好的人才基础。

二、承接产业转移的原则

1. 注重生态文明，保证承接产业转移的可持续性

发达国家或我国东部发达地区产业向其他地区转移中，肯定会有一部分当地环境立法限制发展的产业迁出。因此，在承接产业转移过程中，要有选择、谨慎地引资，更要严格控制引进高污染、高耗能、低效益的产业；要兼顾经济效益、社会效益和生态效益的统一，重视资源环境保护，利用循环经济的理念发展产业集群和产业体系，让成都始终保持优良的人居环境。这也符合把成都建设成为世界生态田园城市的远景规划。

2. 注重产业关联，促进联动效应的充分发挥

产业关联是指产业之间存在的广泛、复杂而密切的联系。当移入的产业对生产要素产生新的投入要求，从而刺激后向、前向和旁侧产业得以发展，那么这个产业的引入不仅仅是移入了这个产业所有的能量，而且还能由点及面地将各种资源充分调动起来带动相关产业的发展，最终产生巨大能量推动整个经济的发展。因此，天府新区在承接产业转移时，一定要立足现有的产业基础，引入能最大限度促进其发展的相关产业，从而使联动效应得到充分发挥。

三、承接产业转移的对策及建议

1. 更新发展观念，夯实承接产业转移的思想基础

要用发展的观念去认识天府新区承接产业转移给成都乃至成渝经济区经济跨越式发展带来的重要机遇。要敢为人先、开拓创新，只要是成都市、成渝经济区经济社会发展需要的，都可以对外开放，以大开放促进整个经济区的发展。

2. 创新招商方式，形成承接产业转移的高效对接

通过不断创新招商的方式方法，如利用会展招商、产业招商、专业队招商、以商招商、务工招商、网上招商等多种招商形式，精心组织实施好承接产业转移的招商引资活动，提高招商成效。各相关单位部门要主动与产业转移地区加强沟通和联系，建立"一对一"、"点到点"的联系机制，全方位实现对接。加强跟踪服务，提高项目的履约率。对已签约项目建立跟踪服务档案，及时协调项目推进过程中出现的问题，确保项目按期开工。最重要的是，要注重引进产业项目的质量，主动引进高附加值、高利税、高成长性项目。

3. 优化发展环境，营造承接产业转移的良好氛围

首先，充分利用试验区"先行先试"的优势，对不合理的制度和机制进行改革，为各类生产要素的自由畅通流动创造更优条件。例如农地承包经营权可以在城乡居民间流转，从而增强承接产业转移的竞争力和吸引力。其次，进一步推进规范化服务型政府的建设，推行行政综合审批，优化办事流程，提高现有政务中心的工作效率和水平。再次，对已出台的政策要进行全面梳理、整合，同时加强监督，确保已出台的各项政策逐一落实到位。最后，加大对天府新区建设的政策支持力度，出台针对性和操作性强的新政策，强化政策支持。

4. 加强组织领导，提供承接产业转移的组织保障

政府可以组织人员成立承接产业转移的工作领导小组，站在促进成渝经济区发展的战略高度上，对产业承接工作进行统筹安排、引导、实施和负责，避免重复、低水平引进，消除各地区恶性竞争。建立部门联席会议制度，定期研究制定承接产业转移的政策措施，及时协商解决承接产业转移工作中的重点和难点问题，形成推进承接产业转移的强大动力。另外，还要重视宣传，通过集中宣传、系列宣传、专题宣传等形式，通过电视台、互联网等途径，多渠道、多形式加大对天府新区的宣传力度。

（余梦秋，成都市社科院经济研究所。）

推进成渝经济区建设应处理好八个关系

赵汝周

建设成渝经济区，是党中央、国务院站在全国发展大局和推动东中西部良性互动、协调发展的战略高度作出的一项重大决策，必将对川渝两地推进新一轮西部大开发和"十二五"发展提供重大历史机遇。要扎实、稳定、有序和高效推进成渝经济区建设，必须妥善处理好以下八个关系。

一、深化学习研究与组织实施的关系

要把《成渝经济区区域规划》（以下简称《规划》）落实到行动上，并尽快初见成效，当下首要的任务就是认真组织学习研究，深刻领会精神实质。只有在深入学习和深刻领会了成渝经济区建设的重大意义、总体要求、总体布局和发展重点的基础上，才能制定具体实施规划，才能稳步、有序、规范和高效推进。目前，学习的内容主要包括以下四个方面：一是学习《国务院关于成渝经济区区域规划的批复》。2011 年 4 月 24 日，国务院在批复中对重庆和四川实施《成渝经济区区域规划》的"指导思想、发展重点、组织领导、实施情况的跟踪分析和督促检查"等提出了具体要求，川渝两地的各级领导干部要认真学习研究，认真领会国务院的批复精神，把《规划》实施作为深入推进西部大开发，促进全国区域协调发展的重要举措，努力把成渝经济区建设成为西部地区重要的经济中心、全国重要的现代产业基地、深化内陆开放的试验区、统筹城乡发展的示范区和长江上游生态安全的保障区，在带动西部地区发展和促进全国区域协调发展中发挥更重要的作用。二是学习《国家发展改革委关于印发成渝经济区区域规划的通知》。2011 年 5 月 30 日，国家发展改革委在通知中对实施《成都渝经济区规划》提出了四点要求，对于推进成渝经济区建设具有重要指导作用。三是学习《成渝经济区区域规划》原文。《规划》包括前言和正文共 10 部分，全文约 2.5 万余字。《规划》在深入分析成渝经济区发展条件、面临机遇和挑战的基础上，明确了成渝经济区发展的总体要求、总体布局，提出了"统筹城乡发展"、"构建现代产业体系"、"加强重大基础设施建设"、"加快社会事业发展"、"加强生态环境保护和资源利用"、"深化改革开放"六个方面的重点任务和保障规划实施的具体措施。《规划》按照推进新一轮西部大开发的要求，明确了成渝经济区在全国总体发展中的定位和目标。着眼于国家发展大局和成渝经济区未来的发展方向，在综合分析现实情况、发展条件和内在潜力的基础上，提出成渝经济区要建设成为"西部地区重要的经济中心"、"全国重要的现代产业基地"、"深化内陆开放的试验区"、"统筹城乡发展的示范区"和"长江上游生态安全的保障区"五个方面的定位。《成渝经济区区域规划》是推进成渝经济区建设的方针政策和主要依据，因此，必须反复学习，认真学习，并进行深入研究，掌握精神实质。对于四川来说，还必须认真学习"四川省贯彻实施《成渝经济区区域规划》暨规划建设天府新区工作动员大会精神"和《四川日报》的 8 篇评论员文章。2011 年 8 月 10 日，四川省贯彻实施《成渝经济区区域规划》暨规划建设天府新区工作动员大会在成都召开。省委书记、省人大常委会主任刘奇葆出席会议并作重要讲话，强调要把握历史机遇，突出着力重点，把《成渝经济区区域规划》贯彻和实施好，奋发有为地推进成渝经济区建设，并提出具体要求：一要围绕形成"双核五带"总体布局，认真做好规划衔接和规划细化工作；二要积极对接《规划》支持的重点和方向，尽快启动一批基础设施和产业发展等重大项目；三要抓紧启动天府新区建设，强化成都作为"双核"之一的引擎作用；四要抓住成渝经济区启动建设的有利时机；五要以统筹城乡为重点深化改革，加快构建有利于城乡和区域一体化发展的体制机制。会后《四川日报》连续发表了 8 篇评论员文章。这些都是需要认真学习研究的，是推进成渝经济区建设的思想保障。

二、密切合作与良性竞争的关系

《成渝经济区区域规划》是一个跨省市、"双核"带动的规划，这是区别其他区域规划的一个显著特点。在推进成渝经济区建设过程中，密切合作和竞争是客观存在的。如何好这一关系，事关成渝经济区建设的效率和质量。我们认为，密切合作是推进成渝经济区建设的基础和前提。川渝两地是发展的共同体，只有加强川渝合作，形成相互融入、互动共赢的局面，才能完成国家赋予我们的建设成渝经济区的重大任务；只有以积极主动的态度、开放合作的胸襟、发展共赢的意识，务实推动川渝两地加强合作，才能共谋发展，携手把宏伟蓝图变成美好现实。但在密切合作的基础上，发挥各自优势，开展良性竞争，也是有必要的，可以提高成渝经济区建设的效率。川渝密切合作的内容包括：一是要强化"一家亲"的历史观，在相互认同中夯实合作基础。川渝地域相邻、历史同脉、文化同源，血浓于水的情谊让两地有着千丝万缕的联系。落实《成渝经济区区域规划》，应天时、秉地利、聚人和，具备了有利的条件和良好的基础。要加强两地经济交流和人员往来，在相互体谅中增进共识。两地共识成分愈多，结合程度愈大，密切程度愈紧，川渝合作就更加牢不可破。重庆直辖以来，经济社会发展取得了巨大成就，在许多方面探索和创造了新的经验。要积极开展两地交流，多到重庆"走亲戚"，走深感情，走出合作，走向共赢。二是要强化"一体化"的发展观，在相互融入中创造区域优势。川渝合作本来就有历史和现实基础，《规划》的出台把两地更加紧密地联系在一起，相互融入成了一个共同体。要淡化行政区域界限，大力强化经济融合共生，共同构建大平台、营造大环境、培育大市场、谋求大发展。要按照一体化推进的要求，积极推动产业发展优势互补、基础设施互联互通、共同服务衔接对接、生态环境共建共治，让生产要素在区域内合理流动、资源在区域内优化配置，使地理上的"山水相连"变为发展上的"浑然一体"，增强成渝经济区的整体竞争力。三是要强化"一盘棋"的大局观，在相互支持中实现共同利益。川渝两地合作应当是互惠互利的合作，竞争应当是良性互动的竞争。各地各部门必须自觉强化"一盘棋"的观念，在《规划》总体框架下"摆棋布子"，始终做到服从服务大局，放胆放手与重庆加强合作，在密切合作中奠定共同的胜局。特别是毗邻重庆的周边地区要主动对接重庆、配套重庆，充分利用好重庆的直辖优势、区位优势和产业优势，实现优势互补和政策叠加，借势借力发展。四是要强化"一条船"的奋进观，在相互协作中肩负历史使命。成渝经济区有如一条满载希望的航船，川渝两地是发展共同体。要明确共同的目标，同舟共进，借助《规划》实施，把川渝两地带到更高的发展平台。我们要认清自身优势，善于做大做强，敢于勇立船头，奋力扬帆；对暂时不具备优势的行业和领域，要找准位置，甘当助手，只要我们风雨同舟，相互给力，取长补短，就一定能乘风破浪，奏响跨越发展的"西部强音"。

三、科学规划与加快项目建设的关系

科学规划是一个区域科学发展的前提和基础。要深刻认识规划工作在引领成渝经济区经济社会发展全局中的重要地位和作用，进一步强化规划意识，提高规划水平，坚持规划先行，充分发挥规划的先导作用、主导作用和统筹作用。我们只有在《成渝经济区区域规划》的基础上制定好科学的实施规划，才能有效组织实施和加快推进成渝经济区建设。《成渝经济区区域规划》明确了成渝经济区发展的总体要求、总体布局和发展重点，为成渝经济区的发展绘制了一幅美好蓝图。要把蓝图变为现实，必须根据成渝经济区的总体定位和发展目标，高起点、高标准、高质量编制各项专业规划，必须做好各区域、各类型规划间的衔接和统筹工作。编制实施规划时，必须突出科学发展的主题和加快转变经济发展方式的主线，紧密结合川渝"十二五"发展和新一轮西部大开发，围绕形成"双核五带"总体布局，认真做好规划衔接和规划细化工作。要根据《规划》的新精神、新部署，以及以成都、重庆为核心，沿长江、成内渝、成南（遂）渝、渝广达、成绵乐为发展带的"双核五带"空间格局，对川渝原有规划进行细化和充实完善。四川省应重点编制好成都平原城市群、川南城市群、川东北城市群和几条产业带的规划，抓紧编制各类建设方案及经济区内有关县市的落实方案，把国家的"规划图"变成我们的"施工图"。编制实施规划要具有前瞻性，要借鉴国外和国

内的先进经验，要注意充分体现主体功能区划分的要求，将城市建设、产业发展与人口分布、生态建设、环境保护、资源利用统筹起来考虑，科学建设成渝经济区。规划"施工图"正式形成后，一定要按照规划进行建设。要通过建设成渝经济区，带动攀西地区、民族地区、革命老区和贫困山区加快发展。

尽快实施《规划》，推动成渝经济区建设取得突破，需要项目带动和支撑。因此，必须抓好项目建设。在《规划》中，已经安排了一大批支持成渝经济区发展的重点项目，当前最紧迫的任务是要加大项目工作力度，加快项目落地，把《规划》内容转化为一个个具有重要意义和支撑作用的项目和工程，以项目为抓手推动成渝经济区建设。要认真梳理《规划》包含的政策和项目，积极主动争取《规划》已明确的项目，主动加强与国家部委的工作联系和跟踪衔接，抓紧启动，尽快开工建设一批重大产业发展和基础设施建设项目，迅速形成推进区域发展的声势。要从《规划》支持的重点和方向中充分挖掘项目，及早开展项目论证和项目储备。要牢固树立项目意识，在全社会形成为项目服务的氛围。

四、加快建设速度与提升建设质量的关系

国家专门出台《成渝经济区区域规划》，是着眼全国发展大局和西部地区发展需要作出的一项重大决策。我们要深入领会国家重大战略意图，肩负重大使命，牢牢把握历史机遇，加快推进成渝经济区建设，尽快初见成效。牢牢把握历史机遇，加快建设，促进发展的主要内容包括：一是要充分把握《规划》出台的时代背景，从国家战略层面充分认识建设成渝经济区的重大意义。西部大开发以来，西部地区发展滞后的局面正在得到改变，经济增速已逐渐超越东中部地区。国际金融危机之后，西部地区的资源、劳动力和市场优势更加凸显，在全国经济版图中的地位更加重要。在新一轮西部大开发中，成渝经济区最有条件和能力承担起引领西部地区发展、提升内陆开发开放水平、增强国家综合实力的重任。正是在这样的背景下，国家从战略全局和长远发展的高度出发编制出台了《成渝经济区区域规划》，将有力推动川渝和整个西部地区加快发展，有利于形成东中西部良性互动和协调发展的格局。二是要准确把握《规划》确定的战略定位，深入领会国家对成渝经济区的更高发展要求。《规划》提出，把成渝经济区建设成为西部地区重要的经济中心、全国重要的现代产业基地、深化内陆开放的试验区、统筹城乡发展的示范区和长江上游生态安全的保障区；到2015年，成渝经济区经济实力显著增强，建成西部地区重要的经济中心，到2020年，经济社会发展水平进一步提高，成为我国综合实力最强的区域之一。我们必须义不容辞地担当起这一重大历史使命，切实增强大局意识和责任意识，以实施《规划》为契机，把成渝经济区建设成为全国重要的增长极，在带动西部地区加快发展和促进全国区域协调发展中发挥更重要的作用。三是要把握《规划》蕴含的重大机遇，把中央的重大部署和巨大支持转化为加快发展的强大动力。国家启动

建设成渝经济区，为我省推动新一轮西部大开发和"十二五"发展提供了又一重大机遇。四川省建设西部经济发展高地的主要部署与《规划》的基本取向和要求是一致的，建设"一枢纽、三中心、四基地"、推进"两化"互动和"三化"联动发展、建设内陆开放高地等重大工作与《规划》的主要任务高度吻合，实施《规划》是把地方发展战略上升为国家战略并大力推进的难得机遇。我们要抓住机遇，结合我省发展实际，突出着力重点，务实推进《成渝经济区区域规划》贯彻落实。

推进成渝经济建设要加快进行，但又要力求质量，决不能以加快发展为由，放松质量监督，更不能以牺牲质量来换取一时的发展。处理好速度与效益的关系，就是要切实处理好加快发展与量力而行的关系，决不能贪大求洋，搞不切实际的宽马路、大广场、阔办公楼；决不能脱离群众，搞不顾现实的"形象工程"和"政绩工程"。维护好规划的严肃性。各项建设行为必须严格按《成渝经济区区域规划》的总体要求和川渝编制的各项专业规划办事，不能因人规划，因事规划，本末倒置，让规划跟着项目走，切实做到依法依规，有序进行，各个建设项目要实现科学管理、统筹实施，努力实现成渝经济区建设速度、质量和效益的统一。

五、加快重点项目建设与全面推进的关系

推进成渝经济区建设是一个长期的过程，必须首先抓好一批重点项目建设，在重点项目的基础上，全面推进。成都和重庆在成渝经济区建设中肩负着重大使命，必须尽快启动重大项目建设。就四川省来说，抓紧启动成都天府新区建设，是《成渝经济区区域规划》赋予的重要任务，是深入实施西部大开发战略、建设西部经济发展高地的重大举措，对于增强成都作为成渝经济区"双核"之一的引擎作用具有重大而深远的意义。加快成都天府新区建设应抓好以下重点：一是加强学习，深化认识。规划建设天府新区，支持成都加快发展，是大局的需要，是从四川实际出发、推动科学发展的需要，主要目的是为了更大程度发挥成都作为西部特大中心城市的竞争力和带动力，促进成都和周边地区优势资源的优化配置和有效利用，拓展成都和周边地区的产业发展空间，进一步凸显四川在西部地区的优势地位。因此，我们要深刻认识规划建设天府新区的重大意义，准确把握发展定位、发展目标和发展重点，以国际化、世界级定位发展高端产业，以山水田园特色谋划新区城市形态，迅速启动天府新区建设。二是把握科学内涵，明确发展目标。抓紧启动天府新区建设，要遵循集约发展、内涵发展、绿色发展的城市可持续发展理念，坚持集中、集聚、集约发展，通过高起点规划、高品质设计、高水平建设，把天府新区建设成为以现代制造业为主、高端服务业集聚，宜业、宜商、宜居的国际化现代新城区，形成现代产业、现代生活、现代都市三位一体协调发展的示范区，再造一个"产业成都"，为建设西部经济发展高地、

打造西部地区重要经济中心提供有力支撑。三是科学规划，稳步实施。抓紧启动天府新区建设，要按照天府新区概念性规划和总体规划，进一步搞好分区规划、详细规划和城市设计，尽快启动"起步区"建设，隆重拉开天府新区建设的大幕。要抓紧对总体规划进行修改完善，研究制定天府新区发展的促进政策。要以天府新区规划建设为载体和着力点，拓展成都发展空间，优化城市功能分区，把成都建设成城乡一体化、全面现代化、充分国际化的世界生态田园城市。四是团结协作，共同发展。天府新区是成渝经济区成都发展核心增长极的腹心地区，在引领西部发展尤其是四川跨越发展中具有独特战略地位。要抓住启动天府新区建设的机遇，大力推进成德绵乐同城化发展，依托城际铁路、高速公路等快速通道，加快成都经济圈发展，打造中西部地区最具竞争力的城市群和经济增长极。同时，要加快规划和建设川南城市群，积极培育川东北城市群，推动攀西城市群发展，充分发挥城市群对区域经济社会发展的整体带动作用。各地都要从实际出发，像推动天府新区建设那样，科学规划和建设自己的城市新区，推动新型工业化新型城镇化互动发展，努力把城市做大、产业做强。要通过天府新区建设，充分利用成都作为国家批准的全国城乡综合配套改革试验区的有利条件，纵深推进统筹城乡综合配套改革试点，为全省推进城乡统筹发展提供经验和示范。

六、政府推动与市场引导的关系

按动力机制划分，推进成渝经济区建设有政府推动型、市场引导型、混合型（政府推动与市场引导相结合）三种类型。实践证明，要推进成渝经济区建设应选择政府推动和市场引导相结合的混合型发展模式。具体而言，在推进成渝经济区建设进程中，要正确处理好政府宏观推动和市场机制引导的关系，充分发挥政府和市场的协作优势。一是充分发挥政府推动作用。首先，从川渝政府层面推动。要实施"经济发展，基础先行"发展模式，举全力推进成渝经济区基础设施建设大会战，重点加强交通、水利设施和电力设施等能源建设；其次，争取国家层面推动。推进成渝经济区开放开发，加快经济区城镇化进程，光靠川渝自身努力是远远不够的，还需要国家的大力支持。建议国家重点支持经济区城市公路、铁路、机场等基础设施建设，构筑国际大通道；建议国家安排专项资金，用于重点项目建设；建议国家通过财政、税收等专项转移支付方式返还经费，以支持成渝经济区的基础设施建设。二是充分发挥市场引导作用。成渝经济区的可持续发展，取决于市场机制的发挥程度。完善市场价格、竞争等机制，充分发挥市场机制在城市资源配置、基础设施建设中的作用，在城市基础设施、公共设施项目建设中逐步引进市场机制，吸纳社会资金，合理配置城市资源，努力实现存量、增量资源效益的最大化，提升川渝城市的综合竞争力，实现城市经济的可持续发展。三是加大招商引资力度。成渝经济区建设上升为国家战略，为我们在更大层面更广领域聚集发展要素、大力提升开放合作水平、全面增强可持续发展能力，提供了更加广阔的空间。因此，要紧紧抓住成渝经济区启动建设的有利时机，掀起新一轮大规模招商引资和承接产业转移的热潮；要打好成渝经济区这张牌，借势招商引资求突破。成渝经济区建设必将吸引更多的国内外资金、产业、技术、人才的跟进和国家重大项目的布局。我们一定要抓住有利时机，紧紧围绕《成渝经济区区域规划》的支持重点和方向，制订专门的招商引资和承接产业转移方案，强劲招商造势，借势促销宣传，认真谋划和系列开展成渝经济区主题招商推介，争取在承接国内外重大产业转移上取得新的突破，在西部产业格局中创造和形成更大的领先优势和竞争优势。要创新招商引资方式，有针对性地开展招大引强，吸引更多国内外资本参与成渝经济区建设。同时，要突出重点项目，实行招商选资，使有限的土地、能源、劳动力和环境容量更好地用于保障重大项目的引进，加快特色优势产业的发展和大型产业集群的崛起。要把招商引资与重点产业发展紧密结合起来，发挥大企业大项目的带动作用，做大做强产业，加快形成产业链。要总结近年来我省招商引资取得重大突破的经验，重视《规划》支持的专业产业基地建设，突出产业链招商和产业集群招商，善于抓住基地建设和产业链条中的关键、龙头，吸引一批配套企业，带活一批当地企业，形成高度专业化生产和配套协作，完善产业链条，培育壮大特色产业集群。

七、加快城镇化建设与生态环境保护的关系

推进成渝经济区经济建设，必然加快城镇化发展进程，因此要妥善处理好加快城镇化建设与生态环境保护的关系，不能走先污染后治理的老路，积极实施生态经济带动战略，走可持续发展之路。以建设绿色经济区为目标，科学确定产业布局和功能区布局，用生态经济理念指导经济区各类规划的编制，明确建设生态经济区的建设步骤和途径。要运用自然生态系统的动态平衡原理和物质转化、高效利用原理来改造区域的传统农业、传统工业和第三产业，进行产业结构调整，使生态系统与经济系统有机结合，达到生态、经济和社会效益的最佳结合，实现生态、经济和社会的均衡协调发展，使区域走上可持续发展的道路。把成都和重庆建设成为经济发达高效、生态良性循环、环境清洁优美、人与自然和谐，适于居住、旅游与创业的具有现代化、国际化城市特色的绿色经济区。

八、推进成渝经济发展与加强文化建设的关系

当今世界经济发展越来越依赖于文化的竞争，文化已成为当代社会生产力发展的重要标志和经济增长的重要推动力量。因为，文化是综合国力的重要指标，是一个民族的灵魂，是推动经济发展的重要支撑，同时也代表着一个国家和民族的文明程度、发展水平与高度。在当今世界，文化与经济、政治相互交融，在综合国力竞争中的地位和作用越来越突出。文化建设将为经济发展提供强大的精神

动力和智力支持，对发展经济具有积极的促进作用。所以，文化建设与经济建设之间要形成良性的互动关系，以经济发展促文化建设，以文化建设促经济发展。因此，我们在推进成渝经济区建设，发展经济的同时，一定要高度重视文化建设。一是加强文化基础设施建设。要突出城市文化特色，建设标志性文化设施，提升城市文化品位。结合旧城改造和企业迁建，在重庆、成都和文化底蕴深厚的区域性中心城市建设特色文化街区、文化广场、博物馆。加强区县公益性文化设施建设，建设一批满足群众文化需要的文化馆、档案馆、图书馆、影剧院。加大乡村文化设施投入，推进乡镇（街道）文化站、村（社区）文化活动室标准化建设。加强文物、非物质文化遗产、自然遗产和国家重大历史文化名城（镇、村）保护。实施群众体育健身工程，加大县级体育场、游泳池、体育馆建设力度。二是繁荣群众文化生活。要大力弘扬巴蜀文化，打造铜梁龙舞、川江号子、自贡灯会等群众性节庆活动品牌，支持川剧、四川清音、綦江版画、土家摆手舞等传统文化发展。充分发挥小平故里、红岩村等爱国主义教育基地的作用，加强爱国主义和革命传统教育。鼓励创作一批文化精品，推动文化创意产业发展，丰富居民文化生活。开展文化下乡活动，实施农村电影公益放映工程和农家书屋工程，每年组织多种优秀剧目下乡巡演，满足农民文化消费需要。

（赵汝周，中共成都市委党校。）

生态田园城市全面现代化发展应把握的三个理论命题

钟怀宇

2011 年 8 月 10 日，省委书记、省人大常委会主任刘奇葆在四川省贯彻实施《成渝经济区区域规划》暨规划建设天府新区工作动员大会上指出，要以天府新区规划建设为载体和着力点，拓展成都发展空间，优化城市功能分区，把成都建成城乡一体化、全面现代化、充分国际化的世界生态田园城市。这既是对成都建设世界现代田园城市定位和目标的充分肯定，更把其内涵表述得更为全面、更为深入、要求也更高。其中，全面现代化是世界生态田园城市的重要组成部分和核心，是带动和决定城乡一体化、国际化和生态化发展的核心因素。因此，在建设世界生态田园城市的过程中，实现城市的全面现代化发展是必须始终高度重视的重要核心问题。

现代化是一个动态的过程性概念，现代化以及城市现代化的内涵因而具有强烈的时代特征。就城市现代化发展的一般规律来讲，我国城市现代化发展呈现出城市增长方式从单纯的规模扩张向规模和质量并举转变，城市空间形态从城市单体发展向城市群体发展转变，城市发展目标从单一经济目标向"以人为本"的全面发展和综合功能转变，城市发展模式从只注重技术和生产力发展向注重城市特色和品牌转变，城市的对外关系从单纯竞争向竞争与合作结合转变等趋势。由此可以看出，城市现代化发展的实质是反映城市现代化全面、综合发展要求，其内容涉及政治建设、经济建设、社会建设、文化建设和生态环境建设等诸多方面。在总体要求上，建设现代化城市需要实现政治、经济、社会、文化和生态环境建设等的同步推进，但在不同的阶段，重点发展领域和改革发展取向会有所侧重和不同，这是关系到推进城市现代化跨越式发展战略顺利实施策略是否真正有效的关键问题。因此，在建设城市现代化发展策略的制定中，必须综合把握城市现代化发展各方面的重点和优先侧重问题。为此，应该着重把握好以下三大宏观理论命题：

一、生态田园城市现代化发展的主动力如何实现由传统工业化为主导向信息化为主导的转换

经济及城市发展的一般规律表明：在工业化社会和后工业化社会时代，推动城市发展的主要动力来自第二产业，这时第二产业在国内生产总值中的比重占有绝对的优势。随着科技进步，特别是在信息技术的推动下，城市经济结构发生了较大的改变，主要以信息化、知识化为发展动力的现代服务业在城市国民经济中的比重逐步上升，逐渐占据主导地位，成为推动城市现代化发展的主要动力。以第二产业产值占国民经济的比重为代表的工业化水平在城市现代化发展的过程中，要经历一个上升过程，到达最大值后开始一个下降的过程，呈倒"U"曲线特征。倒"U"曲线表明：城市现代化发展的主动力将由第二产业逐步让位于第三产业，而作为城市现代化发展的新的主动力的第三产业也不是传统意义的服务业，而是以信息化、知识化为主导的现代服务业。就城市的经济结构来讲，第三产业产值在国民经济中的比重将逐步上升，并超过第二产业；第三产业就业人数超过了第二产业就业人数；科技进步的贡献率足以抵消或克服资本投资的边际效益递减率，科学技术真正成为经济发展的动力源泉；经济发展实现由依靠自然资源和资本为主导转向依靠信息和知识为主导的转换；城市财富集聚由依靠物力资源向依靠人力资源转换，人力资源能力建设成为城市新一轮财富积累的核心。由此可以看出，城市现代化建设能否成功，首要的关键是在推进城市现代化发展的过程中能否顺利实现发展动力的平滑转换，即能否在产业结构调整优化过程中逐步凸显以信息化、知识化为主要特征的现代服务业的竞争优势和主导地位。截至2010年底，成都的三次产业结构为 5.1：44.7：50.2，第三产业在国民经济中的比重已经超出其他产业比重，成都已经开始呈现出向城市现代化发展动力转换的某些迹象。但城市现代化发展动力的转换不仅来自第三产业比重的增加，更重要的是现代服务业要实现真正的崛起，以信息化、知识化为特征的现代服务业必须在第三产业以及国民经济中真正占主导地位。从这个意义上讲，成都要建立起城市现代化发展的新的强大动力，除了大力发展第三产业，更为重要的是要加强第三产业的升级改造，要建立起具有强大区域核心竞争力的现代服务业体系。这就需要积极追踪世界现代服务业发展趋势，大力实施服务业的信息化与知识化改造，努力集聚和培养现代人力资源，引进世界先进的现代服务企业集团，壮大本土现代服务企业，鼓励丰富、创新服务业态，真正实现现代服务业的大集聚、大发展，从而为信息化社会的城市现代化发展提供源源不断的动力。

二、生态田园城市现代化发展主旨如何实现发展与公平的合理平衡

追求社会公平、公正是人类社会的永恒主题，实现社会公平和公正也是城市现代化发展，以及成都生态田园城市现代化建设所追求的重要目标。但在经济和城市发展过程中，在较为低级的阶段，对发展的追求会强于对公平的追求，而在经济发展过程中，随着资本积累和财富集聚的不断增加，人均财富差异却会不断扩大。在这个阶段，发展和公平似乎总是处在一种顾此失彼的两难境地之中，但发展与公平也并非完全不可调和，在经济发展和城市现代化水平达到较高阶段时，人均财富的差异会逐渐缩小，解决社会发展的公平问题的条件会逐步具备，基于发展基础上的公平要求会逐渐得以满足，发展和公平会在一个合理的平衡点上达到较为稳定的状态。这种发展与公平之间的转换关系就是诺贝尔经济奖获得者西蒙·库兹涅兹所提出的发展与公平的倒"U"曲线理论。因此，发展与公平之间的背离并不是一种常态，在财富积累到一定程度，发展与公平会相互靠拢，实现合理的平衡。正因为如此，发展与公平是否达到合理的平衡也成为衡量城市现代化发展水平的一个重要标志。对成都而言，建设生态田园的现代化城市，首要的任务仍然是发展，但发展过程中不能完全无视公平正义的社会建设。实际上，库兹涅兹曲线揭示的并不是一个普遍的能自动发生作用的经济规律，而只是一种发展与公平可以实现平衡的现象。如果在资本积累过程中，没有政府对财富分配的干预和对劳动者权益的保障，财富分配的差距不会自动缩小，社会公平的诉求也不会自动得以满足。之所以会出现人均财富差距的拐点，是因为当整个社会的财富积累到一定程度后，为解决人均财富差距扩大问题提供了条件。因此，在现代化城市建设中，公平是一个必须始终加以高度重视和解决的问题，而如何处理发展与公平的关系，则需要对城市发展的阶段性有着正确的认识，在城市发展的不同阶段，在发展与公平的关系处理方面会有不同的侧重，处理的方法和手段也会有所区别。公平正义的社会建设必然是一个渐进的过程，发展与公平的最终平衡也将是一个动态的调整过程。成都在统筹城乡、推进城乡一体化发展的过程中，对如何建设公平正义的社会已经进行了富有成效的改革探索，在统筹城乡，促进社会公平发展的一些成功的做法和经验将在以后的城市现代化建设中发挥作用，并在实践中进一步丰富和深化。

三、生态田园城市现代化建设的内生条件如何实现社会经济系统与自然生态系统的良性循环

人类生产力发展过程是人与自然的交换过程。人类的生存和发展是以消耗自然资源为基础的，人类的生活水平取决于人类对自然资源的开发利用能力和效

率，生产力及其发展方式是城市现代化发展的内生条件。而在工业化及后工业化社会时代，传统的无节制的、不对称的对自然资源的掠夺性开发利用所支撑的城市化发展模式，使自然资源被人类透支到了无法承载的地步，自然资源日益匮乏使城市现代化发展难以持续，生态环境的日益恶化甚至对人类自身的生存也产生威胁。因此，在当今的城市现代化发展中，如何使用较少的资源去创造更多的财富，如何更加高效地、更加智慧地利用自然资源，既有利于不断满足人类对物质生活水平日益提高的要求，又有利于保持对自然资源的永续利用能力，就成为城市现代化发展中一个非常重要的命题。实现新型的城市现代化，要求城市化发展必须是可持续的，其中关键在于要把发展方式的转变提高到战略层面来加以重视。要切实改变对自然资源的无节制、不对称的掠夺性开发利用方式，大力促进"循环经济"发展，加大环境保护力度，在对自然索取的同时努力提高对自然的馈赠力度，建立对自然索取和对自然馈赠动态平衡机制，实现城市运行模式的生态化发展。

　　成都建设生态田园的现代化城市，实现城市现代化的可持续发展，加快转变经济发展方式是主线。第一，要大力推进经济结构调整优化力度，切实将经济发展重心转变到消耗资源低、环境污染低的高科技产业和现代服务业方面；第二，要加大科技创新力度，大力实施传统工业节能降耗和减轻环境污染技术改造，提高自然利用效率和环境保护效率；第三，要大力提倡低碳生活，改变居民生活方式，在提高居民生活水平的同时降低资源消耗水平。总之，要在经济社会发展过程中，把推进生产发展、实现生活富裕、保持生态良好有机统一起来，努力实现社会经济系统和自然生态系统的良性循环。

　　（钟怀宇，成都社科院经济研究所。）

抓住建设"成渝经济区"机遇
打造内陆开放的试验区

周灵

当前，成渝经济区建设已上升为国家战略，在西部大开发的新十年，成都也迎来了加快发展的重大历史机遇。国务院在对成渝经济区区域规划批复中明确要求把成渝经济区建设成为西部地区重要的经济中心、全国重要的现代产业基地、深化内陆开放的试验区、统筹城乡发展的示范区和长江上游生态安全的保障区。作为成渝经济区"双核"之一，成都将在带动西部地区发展和促进全国区域协调发展中发挥更重要的作用。改革开放 30 年来，成都作为四川省省会城市、西部地区重要的特大型区域中心城市，不断地拓展对外开放广度和深度，提高开放质量，在利用内外资、扩大对外贸易、积极开展国际国内合作均都大幅提高。在建设"成渝经济区"的机遇下，成都有必要把对外开放作为全市加快发展的根本性、全局性和战略性举措，进一步扩大开放，引进国内外先进要素，参与更大范围、更广领域和更高层次上的国际分工与合作，建设深化内陆开放的试验区。

一、内陆开放试验区的内涵

内陆开放试验区，应该是与沿海中心城市一样，在全国具有引领、辐射、集散功能的大城市和国际化的大都市。对于成都这个我国西部特大型区域中心城市，应该在新一轮西部大开发中比一般城市具有更强的示范作用、辐射作用和集散作用，应该成为西部大开发的尖兵和主力军，成为中国西部走向世界的主通道，成为世界了解中国西部的最大窗口，成为联系中国西部与外部世界的最强纽带。

内陆开放试验区应具有较高的外向型经济的比例，利用外资的水平和规模比其他内陆城市高，外资经济总量比其他内陆城市大，进出口总额较高，实际利用外商直接投资较多。内陆开放试验区的核心是开放，对国内开放，对国外开放，对全世界开放。

内陆开放试验区应该有稳定的、良性的经济运作机制。国内外的企业，无论是中小型企业还是世界 500 强企业，都能生根、发展、壮大，外籍人士在这个内

122

陆开放高地能安居乐业，能创业图强。

内陆开放试验区应该有特殊的金融、外汇、工商、税收政策和出入境、海关政策；有一流的信息服务、物流、研发、设计、外包、营销、租赁、旅游、零售和贸易等中介服务，会计、审计、法律和咨询等各类专业服务；同时，注重跨文化环境的建设，注重发展外籍人士的社区包括生活、学校、医院、教堂等各种社会服务。

二、内陆城市对外开放的基础和条件

内陆城市因为缺乏港口优势，在现代经济竞争中往往处于劣势，这种现象在发展中国家尤其突出。但是这一通常现象，并不妨碍个别内陆城市，尤其是个别区域性中心城市能够获得巨大的发展。这主要是内陆区域性中心城市具有如下优势：

1. 内陆区域性中心城市具有广大的腹地

沿海城市具有海运低成本优势，但是沿海城市之间的极化效应更加明显，个别最具优势的超大型港口城市能获得巨大发展，其他多数中小型港口城市反而受到抑制，难以发挥要素集聚功能。相反，内陆区域性中心城市，在周边地区有广阔的腹地，人口众多、市场巨大、中小城市体系比较完整，区域中心城市承担着为这些区域服务的功能，因此自身也能获得比较大的发展。尤其是区域中心城市中的首位城市，是周边地区人口、要素集聚洼地，只要这些城市采取有效措施降低城市化成本、改善创新环境，往往能比多数沿海城市具有更大优势，能获得超常规发展。

2. 现代信息技术的发展增强了内陆城市的发展潜力

内陆城市的劣势主要在于陆地运输成本高于海上运输，但是随着现代信息技术的发展，现代经济主要转向以信息技术的应用为主要特征的经济。现代信息技术很大程度克服了内陆地区在运输方式上的不便，沿海地区和内陆地区可以处于同一竞争平台。

3. 整体经济向内需转型对内陆城市更为有利

发展中国家在发展的初期，往往采取出口导向战略，内陆城市的劣势极其明显。但是随着经济的发展，内需逐步成为拉动经济的主导力量，国内资本也相对充裕，区域之间发展更倾向均衡，这时沿海城市相对内陆城市的优势进一步缩小。

三、内陆城市对外开放的战略选择

内陆城市要实现对外开放，一方面需要满足关于后发展地区对外开放的一般条件，另一方面需要牢牢立足内陆城市的特点，走与沿海城市不同的差异化发展道路。

1. 积极推进城乡一体化

城乡统筹是内陆城市提升城市竞争力的重要手段。内陆城市的生命力在于辐射周边地区，为周边市场服务，成为周边地区人口、资本的聚集洼地。内陆城市只有更好地承担起这一功能，才能取得相对沿海城市的优势，自身才能获得更大的发展。而城乡统筹恰恰是增强区域中心城市服务功能的最主要的手段。通过城乡统筹的方法，加快城乡一体化步伐，城市和乡村之间的要素流动更加自由，农村人口快速向城市集聚，城市的技术、资本和高端人才辐射整个区域。

2. 扩展城乡统筹至区域合作

通过城乡统筹，有利于区域中心城市获得更多要素和发展空间，快速做大做强。然而，为了更大程度获得发展优势，内陆城市不仅要大力推进城乡一体化建设，还应当把统筹的范围扩大到更广的范围，即全域统筹。这种统筹可能会超出行政区划的边界，在方法措施上主要是采取区域合作的模式，以市场力量为主，政府间通过加强合作进行协调和指引。这有利于更大范围扩充区域中心城市辐射的范围，增强区域中心城市的支撑半径。

3. 大力发展内陆开放型产业

理论研究表明，地理位置和运输方式是决定区域产业类型的重要因素。但是运输对内陆地区生产企业竞争力的影响主要取决于货物的性质。内陆城市可以在生产大宗货物（比如煤）或高附加值的货物（比如计算机芯片）与沿海城市竞争，因为大宗货物可以通过铁路运输出去，没有太高的时间要求；高附加值的货物可以采用空运的方式。而对于中等价值或数量的货物，用铁路运输达不到要求，用航空运输成本太高，这对内陆城市来说影响最大。因此，内陆城市通过产业结构的调整，发展符合内陆城市地理特征的产业，在一定程度上可以克服地理位置劣势。特别是随着技术发展，尤其是信息技术的发展，通讯成本大大降低，对于一些依靠网络传送的产品，如电子信息、软件外包等，内陆城市也具有和沿海城市类似的竞争力。因此，内陆城市在交通条件的劣势，可以通过经济和产业结构的调整来克服。

4. 培育区域层次的出口导向产业

内陆城市应当把培育出口导向的产业提高到重要的位置，就区域层面而言，满足的是区域外的需求。出口导向产业，是针对国际市场还是区域外本国市场，需根据产业的特点进行细分。如果缺乏在区域外具有竞争力的产业，生产仅限于满足本地需求，很显然后发展的内陆城市无法获得快速的发展。因此，有竞争力的区域层面的出口导向产业是内陆城市跨越发展必不可少的。

四、关于成都建设内陆开放试验区的思考

目前，全国面临着工业化、城市化、国际化、信息化、市场化的艰巨任务。

成都作为二元结构突出的内陆地区的区域中心城市，在这个阶段建设内陆开放试验区，必须要从以下几个方面进行探索：

1. 优化对外贸易结构

一是大力促进高端服务业和现代制造业的发展和出口，鼓励企业通过差异化战略为国内外市场提供具有竞争力的产品，支持出口企业加强技改与研发设计，注重自主品牌的培育推广，不断提高成都产品的科技含量和品牌溢价。二是大力扶持战略性新兴产业的发展和出口，如生物医药、新材料、传感网、物联网、信息网络，以及航空航天技术等。三是适度鼓励劳动密集型低污染产业的发展和出口，对劳动密集型产业在税收、土地等方面出台相关鼓励措施，通过共建产业转移承接园的方式，吸引从东部地区转移的、适合成都发展的加工贸易制造业，夯实成都的外向型经济基础。

2. 提高外资利用水平

一是转变利用外资目的，利用外资主要着眼于引进国外先进的技术、人才和管理经验，实现对现有产业结构的优化升级。二是调整利用外资政策，从主要依靠政策优惠招商，转向凭借完整的产业链和优良的城市综合服务功能招商，逐步实现内外资统一待遇。三是创新招商引资方式，实现从推销式招商向营销招商和品牌经营转变。

3. 鼓励实施"走出去"战略

一是以"走出去"战略促进外贸升级，鼓励和支持成都出口大户积极到海外投资建厂，充分利用全球布局的优势，接近国外市场、降低生产成本、减少供应链风险和规避国际贸易壁垒。二是以"走出去"战略主动整合国际资源，鼓励和支持规模较大、竞争实力较强的本土企业到海外投资建厂、设立分支机构、兼并收购国外企业，以及利用股权投资方式投资海外企业，主动整合国际市场的资金、人才、技术等资源。三是以"走出去"战略促进企业自主创新，在战略性新兴产业中选择一批具有核心技术和自主品牌的企业，出台有针对性的扶持政策，提升国内产品的设计、研发水平，鼓励企业和产品"走出去"参与国际竞争。

4. 引入国际高端人才

一是以人才引入提升城市创新能力，政府提供资金、政策、硬件载体等吸引高层次创新型人才。二是以人才集聚带动新兴产业集群，抢占产业竞争制高点，对电子信息、生物医药、新材料、航空航天、软件和服务外包等重点发展的新兴产业，培育具有国际竞争力的企业集团和企业家团队，建设一批特色产业基地。三是以管理型人才推动体制创新，在引进高端管理型人才方面先行迈出一步，从而在全国取得体制创新的先动优势。

（周灵，成都市社科院经济研究所。）

渝达万捆绑：达州"融入重庆"的突破口

毕英涛

[内容提要] 达州在实施"融入重庆"的发展战略上可以考虑走捆绑式发展道路。所谓捆绑式发展，实际上就是追求达州与重庆经济的一体化。为了实现达渝间的捆绑式发展，可以考虑促进区域内构建以重庆为核心的渝达万经济三角区的形式，使达州借万州之便，迂回万州并通过万州实现达州方与重庆的间接捆绑，进而以这种间接捆绑实现达渝间的直接捆绑。这是达州"融入重庆"的突破口。

[关键词] 融入重庆 捆绑式发展 渝达万经济三角区 突破口

随着国家"十二五"规划的正式实施和国家发改委《成渝经济区区域规划》的正式下达，达州在实施"融入重庆"的发展战略上便有了上下贯通、左右逢源的实质意义。这个实质意义的核心，在于达州在实施"融入重庆"的发展战略上需要切实可行的战术原则来挺举，否则再优异的发展战略也会被空洞化、抽象化。为此，可以考虑走捆绑式发展道路。

一、两个基本概念的讨论

渝广达发展带，其原文表述为："渝广达发展带。包括重庆主城区、广安、垫江、梁平、达州、开县、万州。"笔者认为，这个概念有值得想象的空间。其一，就行政层级上，四川的广安、达州是地级市，重庆的垫江、梁平、开县、万州是中央直辖市直管区（县），层次较四川的地级市还要高一点。同时，达州、万州作为原四川省的两大地级市，不论从哪个方面都是广安、垫江、梁平、开县不可以攀比的，因此可以理解这里的表述是出自于地理学意义。其二，概念上是"渝广达"，但实际上表达的是达州与重庆的关系。因为重庆的垫江、梁平、开县与达州的万源、宣汉、开江、大竹山水相连、一衣带水，自古以来两地人民联系密切。其三，达州、万州作为原四川省的两大地级市，其在川东北的区域性中心城市地位和作用由来已久，而当前的垫江、梁平、开县则处于达万之间，这使得提出构建以重庆为核心的渝达万经济三角区，获得了思维上的暗示。其四，国家发改委在《成渝经济区区域规划》中正式出现的"渝广达发展带"概念，为系统提出构建以重庆为核心的渝达万经济三角区，实现捆绑式发展，寻到了重要依据。

捆绑式发展，实际上就是追求达州与重庆经济的一体化，实现达州与重庆特大中心城市在经济活动中一荣俱荣，同生共存的目的。为了实现达渝间的捆绑式发展，运用区域经济学的相关形式，可以考虑促进区域内构建以重庆为核心的渝达万经济三角区的形式，使达州借万州之便，迂回万州并通过万州实现达州方与重庆的间接捆绑，进而以这种间接捆绑实现达渝间的直接捆绑。

二、渝达万经济三角区的涵义

构建渝达万经济三角区设想的具体内容是：

（1）以重庆市主城区、达州市、万州区三地为基点。以襄渝铁路渝达段、达渝高速公路、国道120线；达万铁路，国道318线，开（江）梁（平）公路，万（源）城（口）公路；渝万间的长江黄金水道、渝万高速公路为主动脉。将三紧密地联系起来，构成三角地带，形成渝达万三角区的核心部分。

（2）核心部分以外的涪陵、广安、巴中、南充、黔江等地成为外围地带或次核心地带。

（3）次核心地带之外的四川及邻近的陕西安康市、汉中市，湖北的宜昌市、十堰市、恩施市，湖南的怀化市，贵州的遵义市等地成为再次外围地带，形成一个横贯中西，沟通南北的以重庆为中心的具有强大动力和辐射力的发射极（见下图）。

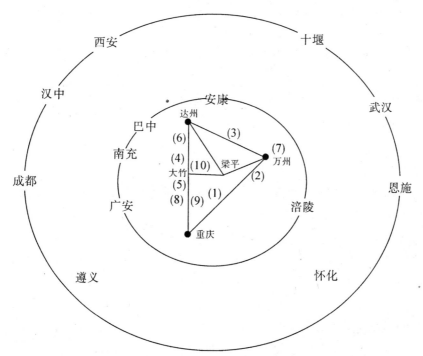

注，图中：（1）长江水道；（2）渝万高速公路；（3）达万铁路；（4）襄渝铁路渝达段；（5）达渝高速公路；（6）达州河市机场；（7）万州龙宝机场；（8）重庆江北国际机场；（9）国道210线；（10）国道318线。

三、构建渝达万经济三角区的可行性分析

渝达万经济三角区能否最终成为现实，除了时间因素不易判断之外，关键的因素在于对三角区内的重庆市、达州市、万州区的受益程度和对自身发展的潜力发挥作出科学分析。

对重庆而言：

（1）重庆直辖，是党中央、国务院科学决策的结果。作为中国西部唯一的直辖市和国家中心城市，地处长江上游，位于中西部的连接点，工业、交通、人才、资金、物流、信息等各方面在中国的西部、西南都有不可比的优势。这种极强的优势必然成为极强的造血机制，所产业的巨大能量必然向外扩散和辐射，这是不以人的意志为转移的。

（2）国家赋予了重庆市特殊的职责。在国家发改委的《成渝经济区区域规划》中，要求重庆"充分发挥直辖市体制优势和辐射聚集作用，"并提出将重庆在5～10年内建成"国际大都市"，进一步提升其辐射聚集作用。

（3）重庆的辐射，按现代市场经济的法则，不可能是均衡地向四周扩散，而只能是按照"人往高处走，水往低处流"的方式进行。这里的"低"，便是市场法则和市场效应。

第一种可能是向东北方向，直接指向是万州区。渝万之间有长江黄金水道和渝万高速公路，万州与达州间的电气化铁路已与湖北宜昌贯通运行（目前每天通行8对客运列车），万州的龙宝机场投入使用，水陆空条件齐备；而且三峡经济区的轮廓日渐清晰，渝万间的联系更为密切；国家已规划并立项的郑（州）渝（重庆）铁路即将开工建设，该铁路将穿越万州境内。同时，纵观大重庆之内，万州也是仅次于重庆主城区之外工业基础、商贸物流和人气聚集最优的地区，所以重庆将万州作为仅次于主城区的第一个优先发展的卫星城也就不难理解了。

第二种可能是向东。其指向是涪陵与黔江两地。这里目前虽有长江、乌江水道、渝涪高速公路、渝怀铁路，但交通优势不及万州，加之黔江与邻近的湖南、湖北西部地区均是少数民族地区，经济基础相对薄弱，发展迟缓，纵深感有限，接受重庆的辐射力偏弱。

第三种可能是向南。重庆的南边就是贵州的遵义一带，此处山高林密，交通不便，呈喀斯特地貌，属古夜郎国之地，加之贵州的整体经济发展水平在西南地区相对滞后，因而对重庆的吸引力有限。唯一吸引住重庆的是经贵州南下直抵广西北海的出海通道。

第四种可能是向西。重庆的西面是四川的泸州、宜宾及内江一带。尽管这一线由于泸州、宜宾、自贡、内江等地与成都的高速公路网已建成通车，车程均在两小时之内，已纳入成都经济辐射圈，加之省会成都与川南各市的行政隶属关系，重庆向西发展的吸纳力仍与成都难分伯仲。事实上，自川渝分治以来，在成

都、重庆间形成的"哑铃效应"已很能说明问题。

第五种可能是向西北。广安在重庆的西北方向。广安市主城区与襄渝铁路相距在40千米左右，渝广间的高速公路已建成，并伴有渠江水道和省级公路与之相连。但广安是新建市，工业基础薄弱，市场容量不足，对重庆的吸引力有限，特别是广安市主城区与襄渝铁路在广（安）前（锋）高速公路通车后仍相距40千米，在襄渝铁路建成通车40多年、改革开放30多年后，尚未真正形成经济带。即将通车的兰（州）渝（重庆）铁路也未穿广安区而过（仅在武胜过境），令广安心绪复杂。

第六种可能是向正北。重庆的正北方是达州市，与之发生紧密联系的有利条件十分充足。

交通：渝达间有电气化的襄渝电气化铁路及其复线（目前达州火车站每天通行的客运列车接近100列，可直达全国所有省会城市）、达渝高速公路、国道210线；水路有渠江航道可直抵重庆；达州有河市二级机（并即将动工迁建新机场）场、达州—万州间连接三峡库区的达万高速公路、国道318线及其电气化铁路，其延展线已建成通车至湖北宜昌。达州扮演重庆北上东进主通道的角色水到渠成。

工业：达州的工业基础是重庆周边较为雄厚的地区。目前达州以天然气开采和加工为龙头，已形成的六大支柱产业（冶金、医药、机电、食品、建材、纺织）对重庆有很强的产业互补性。其中，达州钢铁集团的产品在重庆占有相当的市场份额。

市场：达州有近700万人口，居重庆周边地区之最。事实上，许多重庆的产品和传统优势产业占有达州市场相当份额，也并未因川渝分治而受到影响。长久以来，民间一直有"成都盖章，重庆取钱"、"小车跑成都、大车跑重庆"的说法，因此，达州的市场对重庆有较大的吸引力。目前，重庆品牌火锅整体已登陆达州，并成为达州餐饮市场中的支柱产业。

劳动力：达州是劳动力对外输出大市。最近十年来，全市年均劳务输出超出百万人次，劳务收入达数十亿元以上。庞大的劳动力资源使渝达间共同发展劳动密集型产业具备了更有利的条件。

自然资源：一是农业资源丰富；二是苎麻的种植为全国之最；三是宣汉的天然气资源居全国第三位，它的开发使用，可向南输入重庆，向东渝入万州，为渝达万经济三角区的发展提供能源支撑，并带动三角区内相关产业的发展和升级；四是中药材资源储备雄厚；五是煤电和水电资源相对丰富，可成为重庆的能源补充。

人文渊源：一是渝达万自古就是一家。秦治巴国，就是以重庆为中心整个四川盆地东部的广大丘陵地区。在语言、风俗、习惯等方面，达州与重庆有非常深厚的渊源。二是"文化大革命"中有数十万重庆知青在达州下乡落户，除部分返渝外，仍有相当数量的当年知青以达州为第二故乡，其中一些人已担任了各级重要领导职务。这种"知青情结"也是资源。凡此种种，重庆与达州渊源千丝万缕，难以割断。

万州区虽行政上属重庆市直辖，也被重庆市规划为仅次于主城区之外的第二个重要发展极，但万州上距重庆主城区330千米，下距宜昌市321千米，处于重庆主城区经济辐射半径的临界点上。而万州西临达州，万州主城区与达州主城区仅相距160千米左右，有达万电气化铁路、达万高速公路、国道318线与此相连，交通十分便捷，且传统上达万两地往来频繁，经济联系密切。达州目前的经济发展基础、区位、交通等对万州有较大的吸引力，万州也需要接受达州经济发展的辐射。

当然，也应看到，由于达州与重庆分治为两省、市，在现有体制下开展经贸活动仍有一些不便，不过，市场经济的手段和法则是可以突破这种限定的。上海市与江苏、浙江两省共同构建的长江经济三角区就是明证。

对达州而言：

（1）主动接受重庆的辐射，是达州实现自身发展战略的突破口，达州地处四省市结合部，远离中心城市的直接辐射，自身的造血功能有限，周围200千米之内的区域，都是欠发这地区，因此，主动接受特大型中心城市的全方位辐射，是达州加快发展，实现自身战略目标的突破口和捷径。

（2）地理条件决定了达州只能向重庆靠拢。按行政体制，达州属四川治辖，本当自然进入成都经济圈。但是，自古川东川西有分别，天府之国的美誉仅属成都平原及周边地带，川东丘陵和盆周山区很难称为天府之国。从当前最为现代化的空间距离界定，达州距成都最近线路为达成铁路，但直线距离在300千米以上，从成都中心极放散出来的辐射波，首先被同一线上的同级市遂宁吸收过滤，再传递到南充，再吸收再过滤，最后抵达州，损耗极大。成都与省内的地级市绵阳、德阳、雅安、乐山、资阳、内江、泸州、自贡、宜宾、眉山、遂宁、南充12个市均实现高速公路联网，两小时内通达，而在这个圈外的广安、达州抵达成都均需更长时间（达州与成都的动车运行时间也在两个半小时以上）。达州距重庆，直线距离在200千米左右，完全符合区域经济学中中心城市辐射半径250千米为临界点的原理。因此，达州向重庆靠成为达州选择中心城市辐射源的唯一目标。

（3）达州与重庆密切"联姻"的目标不仅局限在重庆主体城市部分，而是着眼于大重庆的目标之上。这个涵义是，不仅达州要向南，更要向东拓展。向东就是假达万电气化铁路、达万高速公路、国道318线之便，使达州与万州更加紧密地联系起来，还要利用万州港口，借长江这黄金水道，积极融入到三峡经济带之中去，使渝达万经济三角区更具有实际意义。

（4）达州向大重庆"联姻"，更能实现自己的"私利"。如前面图示，建成渝达万经济三角区，对达州的发展和经济起飞有百利。仅就图所示，达州市所辖七个县、市、区可以被整体纳入圈内。渠县有劳动力的优势，大竹在川东的县级行政区划单位中工业基础首屈一指；开江素称川东小平原，有农业基础优势；通川区与达县有区位优势，在渝达万经济三角区中，既可与重庆实现发展互动互补，也可实现自身经济腾飞。达州所辖的万源市、宣汉市，由于有其独特的自然地理条件，面对渝达万经济三角区，面对以重庆为核心的长江上游经济带，建设"生态屏障"和能源后备基地的目标能够更加凸现其战略地位和社会价值。

（5）渝达万之间密切的人文因素，是优化和整合三地间经济要素的重要力量，同时也使渝达万彼此之间的经济联系具有了天然的亲和力。

（6）达州要建成区域性中心城市并成为结合部的"放大极"，必须与大重庆进行互动互补，实现自身的跨越式发展，才可能形成良性而有竞争力的造血制，成为真正意义上的"放大极"产生二次辐射的功能，推动达州辖区内各县、市、区的发展。

对万州而言：

（1）万州的交通优势在于水运，有长江三峡的支撑，但目前铁路仅有达州经过万州到达宜昌的一条线，高速公路仅有沪渝、沪蓉线出境，交通的其他方面明显不及达州。

（2）万州距离重庆主城区超过300千米，较达渝间距离更长。因此万州在接受重庆辐射的同时，其自身的"造血功能"异常特别和重要。

（3）建设区域性中心城市也是万州的历史重任。没有万州的跨越式发展，其大巴山南麓的城口、巫溪、巫山、开县等也会拖其后腿。但是这种发展不可能是闭门造车，也需要左右互动，也离不开向达州的西进。

（4）原万州下辖的城口、梁平、开县等与达州的万源、开江、宣汉山水相连，一直关系密切，民间往来从未因川渝分治而中断联系；两地各级政府也走动频繁，联系密切。将这种民间和政府的往来、联系机制化，必然是双赢的结局。

总之，渝达万经济三角区的建立，密切三地经济关系，是以合作为前提，以互惠互利为目的的。因此，构建渝达万经济三角区的设想，既符合现代市场经济法则，有利于三地互利双赢、共存共荣，也是达州建设区域性中心城市的实际行动，是达州实现"融入重庆"发展战略的重要突破口和具体而形象真实的体现。可以肯定地说，实现这一愿景已是指日可待，其结果必定是个"满堂彩"。

（毕英涛，四川省达州市委党校副校长、教授。）

广安川渝合作示范区战略定位、
建设布局、政策创新与组织保障刍议

蔡良志　邓万琼

内容提要："在川渝毗邻的……广安建设川渝合作示范区"，是国务院批准实施的《成渝经济区区域规划》提出的一项重要任务。落实完成好这一重要任务，离不开科学的、切合广安实际的广安川渝合作示范区战略定位、建设布局、政策创新与组织保障等基础支撑。据此，文章提出了"一个重要组成部分和四个示范区"的战略定位，"一核一圈两翼、一核两轴扇形经济带和优化重庆核心城市功能、做强区域中心城市、形成壮大城镇集群"的建设布局，以及做好政策创新和组织保障的具体建议。

关键词：广安川渝合作示范区　战略定位　建设布局　政策创新与组织保障刍议

"在川渝毗邻的……广安建设川渝合作示范区"，是国务院批准实施的《成渝经济区区域规划》提出的一项重要任务。落实完成好这一重要任务，离不开科学的、切合广安实际的广安川渝合作示范区战略定位、建设布局、政策创新与组织保障等基础支撑。

一、广安川渝合作示范区的战略定位

广安川渝合作示范区的战略定位，是广安经济社会发展的战略基础，也是广安经济社会发展需要首先解决的问题。根据《成渝经济区区域规划》对成渝经济区建设的总体要求和总体布局，特别是关于把广安纳入以重庆主城区为龙头的"渝广达发展带"、"着力打造以重庆主城区为中心的重庆城市群"的范围和"做强区域中心城市"的对象之一等规划和要求，我们认为，广安川渝合作示范区战略定位应以"立足四川、融入重庆、发挥优势、集成政策、合作共建、形成机制、实现示范区加快发展"为总体思路，突出实验、试点、示范，明确主要目标任务，着力打造"现代产业的合作示范区、城市互动的合作示范区、生态环保的合作示范区、机制体制创新的示范区、川渝宜居的示范区"。具体应体现为：

重庆城市群的重要组成部分。从区位地理环境上看，广安五县市区毗邻重庆，距离重庆主城区均不超过一小时车程，在理论上和区域规划上已成为重庆城市群成员；从重庆中长期交通规划来看，广安五县市区均处在重庆二环、三环高速公路通达区域，已深入重庆主城腹地；从资源支撑角度来看，重庆的能源、农副产品等都在一定程度上依赖广安；从经济发展角度来看，两地经济交往密切，互补程度较高，广安在人口和市场等方面在重庆城市群中占据较大比重，打破行政区划，把广安五县市区从理论规划上的重庆城市群变为实际的重庆一小时经济圈主要成员已成为现实需要。因此，广安川渝合作示范区的首要功能定位，就是按照《成渝经济区区域规划》要求，加强与重庆主城区的基础设施与产业对接，加快以轨道交通为主的高效便捷交通网络建设，在产业布局上实现错位发展，形成优势互补，协调互动的发展格局，与时俱进地将其置身于重庆大都市圈发展，成为名副其实的重庆城市群的重要组成部分。

产业互融互补发展的示范区。作为渝广达发展带四川省区域的始发点区域，在其成为重庆城市群的实践历程中，加快与重庆等地实现移动性要素和资源无障碍流动，共同构建川渝地区互融互补一体化发展现代工业、现代农业、现代服务业等生产要素互动共享平台，并按照《成渝经济区区域规划》渝广达发展带"重点发展天然气及盐化工、机械制造、冶金建材、轻纺食品，大力发展商贸物流和特色农业，加强跨区域分工协作，建成东北部重要的经济增长带"的要求，以及广安区域性中心城市重点发展"精细化工、新能源、新材料、有色金属加工、汽车及汽摩零部件制造、特色农产品加工和供应、红色旅游基地，重要的交通物流节点和港口城市"的定位，推动区域资源禀赋重新积聚，产业实现关联发展，产生外部经济和规模经济；享用重庆的非移动性要素，进入重庆等地产业"垂直整合"体系，在产业链条上形成互补，成为与重庆城市群等现代产业互融互补发展的示范区，即是广安川渝合作示范区在产业发展方面的定位。

内陆欠发达地区加快扩大开放的示范区。内陆欠发达地区发展需要扩大开放对外合作，既是自身发展的需要，也是沿海和国外企业发展的需要。沿海和国外产业升级需要内陆地区特别是拥有一定优势的内陆欠发达地区来承接产业转移，企业拓展市场寻求发展需要内陆欠发达地区市场，原料资源更需要内陆地区提供。同样，内陆欠发达地区发展需要外面的资金、技术、设备等资源，需要成熟的管理模式与人才，需要外部的最终产品市场。因此，在内陆欠发达地区设立示范区已经超过一般意义上的城市经济社会建设，是内陆欠发达地区开放型经济社会建设的重要载体。通过建设示范区，转变发展方式，发展内陆欠发达地区开放型经济，探索内陆欠发达地区扩大开放对外合作的成功模式，意义重大，影响深远。广安川渝合作示范区作为内陆欠发达地区特定的政治、区位、资源等优势，决定其要成为构建对外开放重要通道和平台、积极引进国内外投资、改善内陆开放的政策环境以及加强与主要经济区合作、与港澳台地区合作、与国际经济合作等内陆欠发达地区扩大开放的示范区。

创新区域合作机制体制的示范区。坚持经济区"一家亲"的历史观、"一体化"的发展观、"一盘棋"的大局观、"一条船"的奋进观，遵循市场经济社会运行规律和法则，勇于和善于破解行政区划、行政级别等体制机制模式障碍和地方保护、地区封锁，加快建立区内人口合理流动机制和统一的商品市场，推动形成统一的要素市场，推进区域内交通、水利等基础设施共建共享，推进资源优化配置，加快一体化发展进程，实现区域协调发展，统筹发展；发挥政府、市场、企业和社会各界的作用和积极性，在发展规划、城市建设、产业布局、公共事务管理与服务、人才、金融、市场一体化等方面实现联动，在要素、资源、政策、收益等方面实现共享，推进教育、医疗保险等公共服务对接，实现区域合作机制体制模式上的创新，形成对成渝经济区、西部大开发乃至全国具有推广价值的区域合作机制体制和模式等，即是广安川渝合作示范区在体制机制创新方面的定位。

经济社会一体化发展的示范区。以成都、重庆的全国统筹城乡综合配套改革试验为导向，探索建立欠发达地区以城带乡、以工促农的长效机制，形成城乡统筹发展的制度体系和城乡经济社会发展一体化新格局，推动基本公共服务均等化、资源配置市场化、城乡发展一体化，全面加快城市化建设步伐，提升广安川渝合作示范区经济社会发展水平；与重庆联手统筹生态建设、环境保护、资源综合利用、生态网络建设，加大嘉陵江、渠江、御临河、大洪湖等重点流域和区内环境综合整治力度，大力发展循环经济，提高资源节约集约利用水平，推动绿色发展，构建华蓥山、铜锣山、明月山等生态屏障，建设保障长江上游生态安全的示范区；按照"安居才能乐业"的理念，依据国家的有关政策和法律，充分发挥政府的主导作用，制定和执行有效的公共住房保障体系和制度，解决好城乡中低收入居民住房问题，努力满足城乡就业人员、流动人口或不愿购房者的租房需求，建设川渝宜居宜业的示范区等，即是广安川渝合作示范区在经济社会一体化发展方面的定位。

二、广安川渝合作示范区的建设布局

建设广安川渝合作示范区，对广安来讲既是千载难逢的好机遇，也是巨大的挑战：在成渝经济区规划期内，广安应以大气魄规划空间布局、大手笔构建产业支撑、大马力建设基础设施、大胆识打造要素支撑平台，把广安川渝合作示范区建设成为经济繁荣、基础设施完善、产业发展特色鲜明、城乡统筹发展、社会和谐进步、山川更加秀美、接近或达到重庆城市群同等水平的川渝合作示范区，推进其战略定位的实现。具体到"十二五"期间，广安川渝合作示范区要坚持完善实施好以下三个方面的建设布局：

（一）"一核一圈两翼"的广安川渝合作示范区总体建设布局

"一核"。"一核"即广安发展核心，包括广安主城区、国家级经济技术开发区、广安港区等，重点完善交通、金融、商贸、物流、旅游、科教、文化等城市综合服务功能，着力打造广安经济技术开发区，形成广安发展核心，切实增强城市的凝聚力、辐射力和带动力，成为引领广安川渝合作示范区超常规跨越发展的核心力。

"一圈"。"一圈"即构建涵盖"华蓥城区—罗渡（高兴、伏龙）片区—岳池城区—前锋（代市）片区"的经济圈，建成全市新型工业和服务业优先布局发展的产业聚集区，形成组团式大城市雏形，成为引领广安川渝合作示范区新型工业和服务业超常规跨越发展的龙头。

"两翼"。"两翼"即沿嘉陵江武胜发展翼、沿华蓥山邻水发展翼。沿兰海高速、兰渝铁路、国道212线以及嘉陵江等境内段走向，建设以武胜县城为中心的中等城市，重点发展新能源、农产品加工、现代物流等产业，形成沿嘉陵江武胜发展翼；沿华蓥山、包茂高速公路渝邻段、沪渝高速公路邻垫段走向，建设以邻水县城为中心的中等城市，重点发展装备制造、现代农业、生态旅游等产业，形成沿华蓥山邻水发展翼，成为引领广安川渝合作示范区发展内扩外接产业的强势区域。

（二）"一核、两轴、扇形经济带"的渝广合作建设，广安川渝合作示范区经济建设布局

"一核"。"一核"即重庆市主城的渝北区、北碚区、九龙坡区、沙坪坝区、江北区、渝中区、南岸、大渡口区、巴南区主城9区，充分发挥直辖市体制优势和辐射集聚作用，强化交通枢纽、金融、商贸、物流等城市综合服务功能；提升研发和创新能力，重点发展电子信息产业、先进制造业、高新技术产业、现代服务业、国防科技工业，大力发展总部经济，积极为广安川渝合作示范区提供或推荐带动其发展的龙头企业。

"两轴"。一是重庆主城—渝北—邻水—华蓥市—广安—岳池一线，以南广高速、渝邻高速、襄渝铁路为发展主轴，串联重庆主城、邻水、华蓥市、广安和岳池等中心城镇全区域人口密度、经济密度高的区域，形成沿线区域具有较强的集聚、辐射效应、驱动渝广合作区域发展主要的功能轴；二是重庆主城—北碚—合川—武胜一线，以渝武高速为发展轴，串联重庆主城、北碚、合川、武胜等中心城镇，形成驱动渝广合作发展的功能轴。

"扇形经济带"。"扇形经济带"即以两大功能轴为骨架的扇形区域面。这一经济区域要坚持港、城、园区联动，工、贸、储、运兼容，强化子中—大湾工业园、街子—沙鱼工业园、银钢产业园、石油天然气化工产业园、溪口—庆华产业园等五大工业板块和邻水、华蓥、岳池、武胜等县市与重庆接壤的20多个乡镇及人气积聚性特色性突出村的超常规跨越发展建设，使其成为渝广经济区辐射的重点区域的重要传导点和转换点。

实施"以线串点、以点带面"的空间开发策略，促进"一核、两轴、扇形经济带"空间开发格局逐步形成。"兴点"，即以渝广合作区重要的工业园区、物流园区、中心城镇为战略性节点，实现工业园区与中心城区的联动发展，培育和形成若干人口、产业、功能富集的区域经济增长极和城市副中心。"织网"，

即借势西部大开发新十年纵深发展和成渝经济区快速发展的战略机遇，以高速公路、铁路以及长江、嘉陵江和渠江形成的"黄金水道"为开发轴线，加快推进沿线资源开发和产业集聚，实现园区和城区相互贯穿，形成纵横交错的区域网络体系。"带面"，即以园区、中心城镇、特色乡（镇）村物流节点为增长极，以高速公路、铁路和"黄金水道"为发展轴，以重大项目建设为载体，引进和培育大型企业或企业集团，增强产业的集聚和辐射带动能力，带动交通干线周边地区和广大农村的经济社会发展。实现新型工业化、新型城镇化、农业现代化的联动发展，促进城乡一体化。

（三）渝广合作的广安川渝合作示范区城镇群建设布局

推进统筹城乡综合配套改革试验，加快新型城镇化进程，以城带乡，促进大中小城市和小城镇协调发展，充分发挥重庆国家中心城市、广安区域性中心城市、县市区驻地城镇和中心城镇等对区域经济的辐射带动作用，构建无缝衔接的综合交通网络，建成分工合理、联系密切、良性互动的重庆城市群；按照土地集约、产业集聚、资源集合、人口集中的原则，夯实基础设施，改善投资环境，优化工、农业布局，提升产业层次，形成较大规模的产业集聚和较高水平的工、农业园区；扩大城市空间，提升城市服务功能，有序承接人口转移等，是广安川渝合作示范区城镇群整体融入重庆城市群建设布局的基本要求。

优化重庆核心城市功能。提升核心城市服务功能，完善市政基础设施，改善人居环境，提升城市品质，积极建设中央商务区，集聚金融、商务、研发、创意等产业。强化两江新区的城市综合功能，加快培育一批新兴产业集群，建设功能现代、产业高端、总部集聚、生态宜居的城市新区。强化城市辐射带动作用，优化空间布局，重点发展电子信息、装备制造、商贸物流等产业，积极拓展主城区空间，强力推进广安川渝合作示范区等区域城镇群成为重庆城市群的重要组成部分和接受重庆核心城市功能的重要成员。

做强区域性中心城市。重庆区域中心城市群不仅包括重庆的合川、长寿、北碚、渝北等，而且包括广安市的武胜、邻水、华蓥、岳池、广安区等。区域中心城市群是渝广合作区全面发展的重要结点，因此，加快人口聚集、产业聚集，增强承上启下的联结纽带作用；加强区域性中心城市的综合服务和集聚辐射功能，以此带动本地区工业化、城镇化进程；引导工业向园区集中发展，加大城市基础设施和配套公共服务设施建设力度，优化城市环境，扩大城市规模，提高城市承载能力，带动周边加快发展；等等，应是渝广合作做强区域中心的具体体现，即通过5~10年的努力，把广安川渝合作示范区建成国家大型商品粮基地，重要的精细化工、能源、建材、红色旅游、农产品加工基地和交通枢纽等，是广安川渝合作示范区重大而紧迫的战略任务。

形成壮大城镇集群。加快区市县政府所在城镇和中心城镇发展，即要在加快推进邻水、武胜中等城市建设和强力发展广安区的花桥、恒升、悦来、观阁、肖溪，华蓥市的高兴、庆华、天池、永兴、溪口，岳池县的罗渡、伏龙、石垭、顾县、坪滩，武胜县的万善、街子、中心、飞龙、烈面，邻水县的子中、丰禾、九龙、御临、柑子等重点小城镇的同时，坚持重点城镇带动一般建制镇，特别是应高度重视邻水、华蓥、岳池、武胜等县市与重庆接壤的 20 多个乡镇和人气集聚性特色性突出的村的发展建设，全力将其打造成广安川渝合作示范区桥头堡区域的富有当地特色的经济、社会、居住、就业小区，提升其服务当地经济社会特别是服务重庆、配套重庆发展的能力和水平，为县域经济社会发展提供有力支撑，为农村富余劳动力向非农产业转移提供更广更多的就业空间。

三、广安川渝合作示范区的政策创新与组织保障

随着我国经济社会发展市场化、工业化、城镇化、国际化等进程的不断加快，政策、组织支撑等在调控经济社会发展中的作用越来越明显和不可或缺，而不同行政区划的不同政策、组织等制约同一经济区成员、单位经济社会发展的矛盾越来越突出。如何结合广安川渝合作示范区建设的实际状况和实际需要，按照科学发展观的要求，根据经济社会体制改革进程和不同经济发展环境特点，对广安川渝合作示范区建设实际存在的同一经济区域不同行政区划特别是与同属于重庆城市群的两江新区相关政策上的差异做出科学合理调整，使其既能得到四川的政策组织扶持优惠、项目布局、资金倾斜等，又能得到重庆特别是两江新区方面的政策组织扶持优惠、产业牵引、项目推荐，对于广安川渝合作示范区建设的快速推进已成为当务之急。借鉴特区建设经验，打造政策、组织支持"特区"和西部政策、组织支持洼地，努力构建中省市政策、组织保障支撑体系，对于确保广安川渝合作示范区经济社会跨越发展、率先实现小康，成为国家在新一轮西部大开发中的亮点和示范至关重要。

（一）做好广安川渝合作示范区政策创新工作

1. 做好争取政策环境的工作

这方面的工作要从以下两方面入手：

（1）广安川渝合作示范区要积极主动做好争取三个层次的政策环境工作：

一要争取国家、省市给予最优的政策。广安建设川渝合作示范区是在基础比较薄弱条件下实施的，需要国家、四川省和重庆市政府的大力支持。除了资金和项目，最重要的就是政策。有了政策，资金和项目也就随之而来。争取国家赋予广安川渝合作示范区在经济社会全领域享有先行先试权利，有较大的自主权，给予特殊优惠政策，是推动广安川渝合作示范区跨越发展的重要保证。先行先试，不仅仅是借鉴已有的经验，还要进行政策创新，同时，还要努力向四川省和重庆市政府争取，共享经济区内已有的政策。

二要争取成套完整的政策体系。最优政策不是某一个方面的，而是经济社会全领域的，即要从财政、税收、金融、信贷、外资、外贸、价格、社会事务、产业发展、项目布局等方面全盘思考，争取中省各部委全力支持，使体制改革与政

策全面配套，并落实到具体政策实践中，形成整套的各类政策优化组合体，努力构建成套完整政策体系，为广安川渝合作示范区经济社会全面协调发展提供强力的支撑和保障。

三要争取实践性强可操作的政策。广安川渝合作示范区建设争取到的各项政策，不能仅仅是停留在理论层面的务虚政策，在实践中不能操作或者是操作难度很大，没有实际意义的政策，即要从各政策制定部门实践出发，进行总结和提升后再向上争取，使落地到广安川渝合作示范区的各项政策都具有实践上的针对性和可操作性；等等。

（2）四川省和重庆市要共同争取国家及有关方面对广安川渝合作示范区的政策支持，并将其具体体现到：争取国家在有关规划、产业发展项目布局及项目审批、核准等方面，给予广安川渝合作示范区支持，鼓励东部地区带动广安川渝合作示范区发展；支持重庆等银行跨区域发展，探索设立产业投资基金和创业投资企业，扩大企业债券发行规模，支持符合条件的企业发行企业债券；加强交通运输、能源开发、跨省旅游、生态环保等重点合作领域规划编制，加快实施合作项目；在土地政策、税收政策、产业政策等政策优惠的获取上采取协调一致的步骤，降低对内对外沟通成本；实现广安川渝合作示范区的企业一体化管理模式，推动联合执法检查，降低行政管理成本；等等。

2. 做好创新具体政策的工作

这方面的工作要从以下两方面入手：

（1）国家要鼓励广安川渝合作示范区先行先试推进区域合作，享受国家给予重庆、成都统筹城乡综合配套改革和重庆两江新区、四川天府新区的相关政策，并将其具体体现到：

在行政管理政策方面，赋予广安五区市县重庆区县同级别同职能的行政管理权；允许广安川渝合作示范区在经济社会发展等相关领域先行先试，采取更为灵活的政策措施，消除体制机制障碍；根据经济社会发展需要，合理调整示范区内县级行政区划；等等。

在财税政策方面，"十二五"期间，中央财政对广安川渝合作示范区建设每年要给予定额的专项补助，集中用于基础设施、生态环境、公共服务等领域，省级财政也要对广安川渝合作示范区的基础设施建设给予专项补助；设立邓小平故里发展基金，采取中央、省级财政每年定额安排专项资金给予支持、东部沿海发达地区和社会各界赞助等方式筹集资金；将公益性项目的国债转贷资金转为拨款，确定为广安川渝合作示范区内鼓励类产业，企业所得税按15%的税率征收，当年高新技术产品产值加技术性收入或出口产品产值达到年总产值60%以上的，按10%的税率征收企业所得税；等等。

在投融资政策方面，加大中央、省级投资力度，提高对广安川渝合作示范区基础设施、社会事业、民生工程、生态环境等建设项目投资补助标准；中央、省级加大对广安经济技术开发区、国家西部承接产业转移示范园区和川渝产业合作示范园区基础设施建设项目补助和贷款贴息支持力度；中央安排的公益性项目，取消市县两级地方配套资金；支持广安川渝合作示范区作为民间金融试点地区，积极稳妥发展民间融资；优先支持广安川渝合作示范区内符合条件的企业发行企业债券、中期票据、短期融资券、中小企业集合债券；在信贷条件、信贷审批、利率等金融政策方面给予支持；支持广安川渝合作示范区建立川渝合作创业投资、产业投资和风险投资基金，开展股权投资试点，发展创业投资；等等。

在产业政策方面，编制广安川渝合作示范区产业发展指导目录，对区内重大产业项目，国家在规划编制、产业布局、核准备案及投资安排、资金补助、贷款贴息等方面给予支持；国家布局在成渝经济区的重大产业项目，优先在广安川渝合作示范区布局；国家国资委要与广安川渝合作示范区建立对口帮扶关系，选择部分央企在广安川渝合作示范区布局一批重大产业项目；支持广安川渝合作示范区与深圳、珠三角、长三角、环渤海等经济区建立对口帮扶关系，共建产业转移示范园区，引导产业集群式转移到广安川渝合作示范区；广安川渝合作示范区内环境容量指标单列并独立审批；探索建立流域、区域统筹的生态补偿机制，探索环境容量有偿使用、水权交易、初始排污权有偿使用和排污权交易机制；将广安区、邻水县增列为资源枯竭型城市转型试点；加大广安川渝合作示范区天然气勘探开发力度，支持广安川渝合作示范区所产天然气就地转化，确保其用气需求，按川渝气田井口价直供，管输费给予优惠；广安川渝合作示范区内大用户执行直供电价；等等。

在土地政策方面，支持四川省编制广安川渝合作示范区土地利用总体规划和实施规划，按照"前期适当集中，后期相应调减"的原则，试行前5年增加土地利用年度指标、后几年相应减少年度指标的管理方式，实行土地利用总体规划动态管理；支持广安川渝合作示范区内国家级开发区扩区，工业园区、城市建设空间拓展等纳入土地利用总体规划，确保用地需求；国家在编制土地利用年度计划时向广安川渝合作示范区倾斜，并将重大项目实行指标单列；推进城镇建设用地增加与农村建设用地减少挂钩试点，允许城乡建设用地增减挂钩指标在广安川渝合作示范区内调剂使用，土地增减挂钩周转后指标向示范区倾斜；将广安川渝合作示范区列为国土整治与增减挂钩示范区，新开垦土地指标留其使用；等等。

在人才政策方面，建立川渝人才合作机制，联合制定和实施各类人才培训、培养计划；支持干部交流，互派干部到对方挂职；创建川渝合作人才培养基金，专项用于示范区川渝合作项目专业人员的技术培训；建立统一的川渝区域性人才市场，实行人才资质区内互认；推进养老、医疗和失业保险等社会保障互认和异地接续，促进两地人才自由流动；国家每年从中央国家机关、沿海发达地区抽调一定数量干部到广安川渝合作示范区挂职帮扶，广安川渝合作示范区每年抽派一定数量干部到中央国家机关、沿海发达地区挂职学习；等等。

（2）四川省和重庆市要加大对广安川渝合作示范区的政策支持力度，并将其具体体现到：持续提高两省市财政转移支付水平，保证对广安川渝合作示范区的一般性财政转移支付每年保持一定比例增长；调整财政支出结构，各级财政应将社会公共服务体系建设作为重点，逐年提高社会事业支出比重；设立广安川渝合作示范区发展专项资金，主要用于支持广安川渝合作示范区特色优势产业和社会事业发展；增加两省市农村劳动力转移开发培训投入，切实增强广安川渝合作示范区劳动力开发培训能力。

(二) 做好广安川渝合作示范区的组织保障工作

一是国务院有关部门要对广安川渝合作示范区建设和发展给予指导和协调，特别是在政策实施、项目建设、资金投入、体制创新等方面给予大力支持。国家发改委要将广安川渝合作示范区作为联系点指导川渝合作。成立由四川省人民政府、重庆市人民政府和广安市人民政府三方组成的广安川渝合作示范区建设领导小组及其办公室，作为跨行政区的组织协调机构，协调解决广安川渝合作示范区建设的重大问题。建立渝广合作区域党政领导联席会议，负责统筹研究、协商处理重点领域、薄弱环节和关系全局的重大的问题，协调区域内需要共同推进的重大合作事项；建立渝广合作区域专门委员会，负责组织推进本区域合作，提出阶段性目标、重点任务和具体实施方案，及时解决合作专项规划实施中存在的重大问题；建立渝广合作区域秘书处，联络、筹备和组织党政领导联席会议，负责日常具体工作。

二是强化区域规划在合作区经济社会发展规划、土地利用规划、城乡建设规划、环境保护规划等各类规划中的引导地位，加强相关规划之间的衔接和协调，形成一道经济社会健康发展的规划合力。突出区域规划作为资源要素高效配置综合方案的特点，强调其解决发展实际问题的导向作用。

三是编制出台协作区发展规划，加强区域内各地经济社会发展规划与协作区规划的衔接，将协作区规划确定的各项目标任务分解到各地经济社会发展年度计划中加以落实。建立健全规划实施监督和评估机制，监督评估规划的实施和落实情况，协调推进并保障协作区规划的贯彻落实。在规划实施过程中，适时组织开展对规划实施情况的评估，并根据评估结果决定是否对规划进行修编。完善社会参与和监督机制，拓宽公众参与渠道，通过法定程序使公众参与和监督规划实施。

广安川渝合作示范区人杰地灵，是一方举世瞩目的圣土；区位优越，是一方资源富集的沃土；发展迅猛，是一方激情涌动的热土；前景美好，是一方投资兴业的乐土。而要使这方圣土、沃土、热土、乐土在推进广安川渝合作示范区建设中充分发挥出它的作用，其战略定位、建设布局、政策创新与组织保障等的科学性与切合广安的实际性，无疑是其重要的基础支撑，因此，在推进广安川渝合作示范区建设的实践中一定要与时俱进地加以完善。

(蔡良志，中共广安市委党校校务委员、广安市行政学院副院长，高级讲师；邓万琼，中共邻水县委党校讲师。)

成渝经济区区域合作协调机制研究

陈和平　　陈林　　刘志慧　　许察金

内容提要：区域合作协调机制是保障区域合作经济效应发挥的重要部分。借鉴国内外构建区域合作协调机制的研究和实践，对成渝经济区区域合作协调机制的构建有着特殊的现实意义。文章认为构建成渝经济区区域合作协调机制应该从组建协调机构、构建协调机制、健全法律法规三方面着手。

关键词：成渝经济区　区域合作协调机制　研究

2011 年 5 月 6 日，国务院正式批复《成渝经济区区域规划》，自此成渝经济区正式上升为国家战略，在国家层面明确了成渝经济区的功能定位、总体布局和发展目标，并提出促进成渝经济区一体化发展的政策措施，将推动我国区域合作向更深层次、更广领域发展。成渝经济区作为国家西部核心、长江上游经济中心，是西部大开发的新引擎，是在更大范围优化配置资源的经济区域。区域管理体制的创新是实现制度变迁的关键，直接关系决定改革试验区的成败。探索成渝经济区区域合作协调机制的新模式，使其依靠内生制度变迁成长为增长极，将极大地带动区域经济发展。

一、区域合作协调机制基本理论及实践探索

经济区是以市场机制为主导的，由政府机制推动的地域空间经济组织。为保证经济区经济效应的发挥，必须构建相应的区域合作协调机制。区域合作协调机制从区域合作和公共管理的角度来说，是一种整体性治理的概念，可以借用整体性治理的相关理论来解释区域合作协调机制的产生和发展。所谓整体性治理，是20 世纪 90 年代中后期开始的第二轮政府改革运动的新举措，其产生背景是作为与部门主义、视野狭隘和各自为政等相反措施提出来的，用于解决跨部门问题的一种政府改革理论。整体性治理不同于传统意义上的行政区管理，它以问题的解决为政府一切活动的逻辑起点，并在此基础上组建一个跨组织的、以功能主义为核心的、将整个社会治理机构联合起来的治理结构，以伞状的结构代替功能分化的组织，打破了组织壁垒。所以，区域合作协调机制是突破行政区划限制，在更大范围内解决区域发展问题的一种有效的组织形式。

1. 区域合作协调机制的动力机制

经济区经济是以市场机制为主导、政府机制辅助推动的一种地域空间经济组织，而行政区经济则正好相反。所以，区域合作协调机制产生的最根本动力就是市场，市场机制推动区域合作协调机构从无到有、从无序到有序，最终形成一个自组织的系统。一方面，在市场机制的作用下，区域合作协调机制产生需求和推动力；另一方面，区域合作协调机制的构建，能够通过制度变革和政府政策的作用降低区域合作的制度成本，促进区域合作的发展。

虽然市场是区域合作协调机制的根本动力，但这并不排斥政府在其中发挥作用。区域合作协调机制是对政府、市场及其相互关系进行的制度性安排，市场在其中起主导性的、根本性的作用，政府在其中起辅助性的、推动性的作用。这是由市场失灵和政府失效共同决定的，市场机制和政府机制是相互联系、互相补充的。通过区域合作协调机制的构建，促进地区协作和矛盾的调节，让经济区内不同利益主体为促进区域共同发展而通力合作；同时通过市场机制的引导作用，引导资源在经济区内合理配置，达到帕累托最优配置。

2. 区域合作协调机制中政府之间的关系

行政区经济中，区域合作是一种自上而下的行政命令式的政府管理模式。这种模式必然导致地方政府之间为了争夺资源、争夺中央对地方扶持的恶性竞争。由此决定地方政府之间实现合作的交易成本过高，合作难以实现，而区域合作协调机制通过高效完善的制度安排来降低区域合作的制度成本。在这种协调机制中，政府之间是一种平行的平等关系，不存在行政隶属关系，在区域合作中产生的问题必须通过各地方政府谈判、协商，取得一致性后才能得到解决。通过这种形式的制度安排，各地政府能够极大地降低相互之间交流和沟通的信息成本，信息对称也保证决策成本的降低，在整体上降低交易成本，为地方政府合作提供合作动力。

另一方面，区域合作的产生最主要的原因是为解决区域性的共同问题。随着经济社会发展，各区域之间在经济发展、环境治理、基础设施建设上的联系日益加强，而单个地方政府已经无力应对，必然要求各政府之间加强联系与合作。区域合作协调机制的构建，使得各地政府能够在平等地位的基础上更加有效地治理区域问题。

3. 国内外构建区域合作协调机制的实践

借鉴郭燠霖在《关于区域协调机制的思考》中的研究，目前国内外的区域合作协调机制主要有三种形式：

联席会议制度。这是我国目前采用的主要模式。以长三角为例，目前沪苏浙两省一市已经在政府层面形成了四个城市的区域合作协调机制，这包括两省一市主要领导座谈机制、常务副省（市）长联席会议制度、政府相关职能部门参加的专题合作机制，长三角16城市市长参加的长三角城市经济协商机制。此外，珠三角也形成了行政首长联席会议制度和政府秘书长协调制度。虽然已经形成了定期的协商制度，但是这种合作更多地停留在形式上，所建立的机构和通过的政策措施缺乏约束力，对个体城市损害区域整体利益行为缺乏惩罚机制，缺乏实施区域公共产品生产的统一经费来源和运作机制，尚未形成稳定的制度结构。

行政区划调整模式。从我国目前的情况来看，行政区划调整是解决区域协调的强有力手段，这在一定程度上能够整合资源、消除行政壁垒。珠三角、长三角地区近年来都开展了多次大规模的行政区划调整，主要采取了两种模式，一是兼并，也就是撤县设区，二是相邻两个或几个县市合并。但是行政区划调整由于采取的是强制性的行政手段，受到政府"经济人理性"的限制，会在更大范围内产生社会共同问题，原有的单一的行政主体已经不能够满足区域公共治理的需求，而且行政区划调整的制度变迁成本较高，也会在一定程度上影响协调效果。

政府联盟形式。政府联盟形式比较具有代表性的是大伦敦市政府模式和城市联盟形式。其中大伦敦市政府协调机制在西方发达国家较有代表性，由市长和地方议会组成，市长负责制定战略和各部门预算草案，地方议会有权监督、质询市长，市长与地方议会之间是合作协调关系。1972 年，圣地亚哥政府成立了由 18 个城市成立的超越地方政府的政府联盟，主要职能是综合统筹地区的城市交通、住房供给、公共安全、环境安全和边界事务等。这种组织模式可以将"个体经济理性人"提升为"集体经济人理性"。

二、构建成渝经济区区域合作协调机制的必要性分析

成渝经济区区域合作历史悠久。2001 年，成渝两市政府已开始正式合作，提出强化基础设施建设、旅游资源、市场建设等七个方面的内容。2004 年 2 月，重庆市与四川省共同签署了《关于加强川渝经济社会领域合作共建长江上游经济区发展的框架协议》，2007 年 4 月，重庆市与四川省政府又签署了《关于推进川渝合作共建成渝经济区的协议》，两省市分别成立成渝经济区区域合作领导小组，每年进行一次高层互访，共同召开合作论坛和区市县长联席会议。此外，还成立了相应的各种产业、行业合作机构。从成渝经济区区域合作的情况来看，目前成渝经济区的合作协调机制还不成熟、不健全，存在诸多问题，因此，对构建成渝经济区区域合作协调机制提出了新的更高的要求。

1. "行政区经济"对"经济区经济"的制约

目前四川省和重庆市区域合作进展较慢的本质原因是"行政区经济"对"经济区经济"的制约。"行政区经济"是指以行政区划为基础，以地区市场分割为特征的一种经济形式，是由行政区划对区域经济发展的制度刚性约束而产生的一种特殊区域经济类型。在"行政区经济"中，地方政府是独立的利益主体，在发展中必然遵循经济学"理性经济人"的假设，以发展本地经济、追求地方利益最大化为其目标。而区域合作的本质就是利益在不同主体之间重新分配，出于对自身利益最大化的考虑，各地必然会采取一系列措施使得区域合作能够朝着最有利于自身的方向发展。"行政区经济"在行政分权和指标考核要求下导致地

方政府构筑各种行政壁垒，人为阻断市场联系，加强地区封锁，造成市场分割，影响了区域经济发展的整体利益。"经济区经济"是指以经济集聚为核心机理，以自组织为主、以被组织为辅，具有特定空间结构的动态演化路径的区域。"经济区经济"产生的根本原因和内在要求是市场经济发展的要求，是政府、企业和市场及其相互关系等制度基础和体制环境变化的结果。经济区的产生能够在更大的范围内更有效地配置资源，从而产生比单一的行政区所能够产生的更大的经济效益。经济区依托于一定的空间结构，跨越行政区的限制，通过经济的集聚效应和辐射效应的发挥，产生 1 + 1 > 2 的效果。从成渝经济区的实际来看，如果仍然延续"行政区经济"的思维，必然选择附加值高、见效快、利润大的产业来快速提升当地的发展，此外以各地自身利益最大化为主的发展模式必然导致经济社会发展条件相当、资源禀赋相似、地理区位相近的各地形成产业同构、基础设施过度重复建设的局面，会导致经济要素资源配置效率低下。

2. 区域合作仍然停留在联谊形式

成渝经济区的合作具有极深的历史渊源。按照姚齐源在《成渝经济区：历史、现状与选择》中的研究，从整个近代历史严格看，由于受到诸多原因的影响，重庆市与四川省之间，既有源远流长的历史同源性，同时也有其不同的经济社会发展历程。1997 年重庆市直辖之前，重庆市为四川省重要的经济组成部分，1997 年重庆市直辖后，重庆市获得了快速发展的历史机遇。由于四川省与重庆市的历史渊源，二者在开展区域合作中存在一定的竞争，在一定意义上限制了成渝经济区区域合作协调机制的构建。从合作现状来看，重庆市与四川省的区域合作还停留在"面"上，仅仅是开展一些政府间的交流和合作，尚未将合作机制的构建上升为体制机制层面。合作机制的不健全使得成渝经济区内各政府间的合作缺乏约束力，各政府并未真正认识到构建区域合作协调机制的重要性。据调查，目前关于四川省与重庆市的合作，仍然存在类似"谁吃亏谁不吃亏"和争夺"龙头老大"的思想。认为成渝经济区的合作将导致各地之间经济效益和利益的争夺，会损害当地的利益，甚至存在让成都成为重庆的后花园或者重庆成为成都的后花园等思想，坚决抵制成渝经济区的合作。所以，必须提高区域合作意识，构建区域合作协调机制，从法律上保证成渝经济区建立相关协调机构，保证区域合作的权威性。

3. 创新区域合作协调机制模式

从我国现有的长三角、珠三角、环渤海等一批经济区来看，通过其经济效应，现在已经成为我国区域发展的主力军和发动机，但是随着进一步的发展，由于受到"行政区经济"的制约，越来越制约和阻碍了经济区的进一步发展。而成渝经济区与其他经济区相比，具有其独特的优势。成渝经济区是国家统筹城乡综合配套改革试验区，国家允许成渝经济区在机制、体制上开展先行先试，这赋予了成渝经济区一定的特权。从成渝经济区的历史形成过程来看，成渝经济区在历史上本是一体，在经济社会结构、产业选择、资源禀赋上存在一定的相似性，这种特点决定了成渝经济区在开展区域合作、构建区域合作协调机制上必然有其独特的特点，在发展模式的选择上必然要有所创新。从成渝经济区的地位来看，根据相关学者和专家的研究，成渝经济区将成长为我国第四增长极，同时成渝经济区也是西部最富发展潜力的经济区，在国家继续实施区域协调发展总体战略、继续深入推进西部大开发的战略中，成渝经济区对于缩小我国区域差距具有重要意义。所以区域合作协调机制的构建，能够在体制机制上保证成渝经济区的顺利推进，同时对于其他地区下一步开展区域合作具有极大的借鉴和参考意义。

三、构建成渝经济区区域合作协调机制的对策建议

成渝经济区是跨省级的经济区，区域合作协调机制的构建对于成渝经济区具有重要意义。从上文对现有区域合作协调机制的分析来看，目前协调机构的构建中存在的问题主要表现为区域组织机构的权威性不够、缺乏法律法规的保障以及在对不同地方政府的利益协调机制探讨方面研究不够深入。成渝经济区区域合作协调机制的构建应该充分吸收现有协调机制构建中的成功经验，弥补其中存在的问题，构建一个完整的区域协调机制体系。

我们认为，一个完整的区域协调机制，应该包括区域协调机构、区域利益协调机制、区域协调机制的法律保障三部分。

1. 组建成渝经济区区域合作的区域协调机构

（1）建立权威的、具有法律效应的成渝经济区区域协调机构。从上文分析可以看出，目前存在的协调机构大多数流于形式，没有法律效力，对各地方政府缺乏约束力和监督力。《成渝经济区区域规划》中指出成渝经济区要建立两省市人民政府主要负责同志参加的联席会议制度，协调解决规划实施过程中的重大问题。根据实际情况，建议在国家的领导下组建成渝经济区区域协调管理委员会，定期召开会议，在法律上保证机构的权威性，赋予机构明确的调控权限，这包括制定区域经济社会发展战略和规划，协调不同地区利益主体间的关系，组织协调跨行政区的重大基础设施建设、资源开发、生态环境建设与保护等重大区域问题等。

（2）建立成渝经济区跨区域的非政府协调组织。这是借助民间力量自下而上地推动区域合作的一种重要组织形式，其主要职责是负责研究区域发展战略，配合政府推进地区协作。具体可以包括以各类专家为主体的研究和咨询机构，如成渝经济区经济协调联合会、成渝经济区一体化促进会、成渝经济区发展论坛等；区域性的行业协会和行业联盟，如成渝经济区汽车制造业产业协会、成渝经济区电子信息产业协会等，探索区域合作中市场资源的整合；此外还可组建区域性的集团公司，通过将龙头企业和集团公司强强联合，增强成渝经济区的整体竞争力。

2. 建立成渝经济区区域合作的利益协调机制

正如上文分析的一样，目前区域合作最大的一个问题就是行政区经济的制约，各地政府追求自身利益最大化导致区域合作受到极大制约。所以，在构建区

域合作协调机制中，必须重视利益协调机制的构建，这包括了利益分享和补偿机制。

（1）建立成渝经济区利益分享机制。地方政府符合经济学的"理性经济人"假设，以利益最大化为其追求目标，所以在区域合作中，地方政府是否愿意合作，关键在于他们能否从区域合作中获得比不合作更多的利益。区域合作协调机制是市场主导的机制，能够为市场主体提供平等的竞争环境、同等的发展机会和分享经济利益的权利，不同地方政府之间是平等的关系。

（2）建立成渝经济区利益补偿机制。利益补偿机制是对部分地区在区域合作中产生的机会损失给予补偿，从而增强地方政府区域合作的动力。如成渝经济区地处长江上游沿江地带，应该建立长江上游沿江生态补偿机制，这是有效处理上下游之间利益关系的一种有效手段。除了国家给成渝经济区处于长江沿线的城市提供生态补偿外，位于成渝经济区下游的区域应该给上游区域给予补偿，应该建立生态补偿专项资金，用于长江上游涵养水源保护和建设水利设施等。

3. 健全成渝经济区区域合作的法律法规体系

区域合作协调机制的构建需要相应的法律法规体系的支撑，为协调机制的发展提供制度性的安排。如欧盟在区域经济合作的每一阶段都制定相关法律加强内外部的交流和合作，通过立法不断强化合作的经济效益。成渝经济区应该重视为区域合作协调机制提供法律保障，增强区域协调组织的合法性和强制力，对区域合作中规划的实施、目标任务等进一步制定相关的法律法规，明确各地政府的责任和义务。

《成渝经济区区域规划》出台后，成渝经济区内各地区应该以积极主动的态度、开放合作的胸襟、发展共赢的意识，逐步减弱甚至消除"行政区经济"的制约，通过区域合作协调机制的构建，务实的推动川渝两地加强合作、共谋发展，增强成渝经济区的整体竞争力。

注 释：

[1] 陈金祥. 中国经济区空间演化机理及持续发展路径研究 [M]. 北京：科学出版社，2010.

[3] 高建华. 论整体性治理的合作协调机制构建 [J]. 人民论坛，2010（26）.

[4] 郭媛霖. 关于区域协调机制的思考 [N]. 光明日报，2009-05-03.

（陈和平，中共宜宾市委党校常务副校长、教授；陈林，中共宜宾市委党校教育长、副教授；刘志慧，中共宜宾市委党校硕士；许察金，中共宜宾市委党校经济社会发展研究所主任、副教授。）

成渝经济区扩大开放对策研究

陈钊

内容提要：根据国务院规划，成渝经济区将建成为深化内陆开放的试验区，因此成渝经济区提升开放能力将成为区域重要任务之一，这也是成渝经济区发展的必由之路。本文通过比较分析认为成渝经济区进出口发展速度较快，但与沿海仍然存在巨大差距。成渝经济区发展外向型经济面临深处内陆、投资环境欠佳等障碍；但成渝经济区又面临国家深入实施西部大开发战略、交通枢纽建设逐步完善、国内外产业转移加剧等机遇和有利条件。为此作者提出，要通过增强出口来提升成渝经济区开放能力，要发展运输节约产业、改善出口产品结构、增强企业出口能力、加快物流建设、大力招商引资等。

关键词：成渝经济区　内陆　开放对策

一、引言

成渝经济区规划已经获得国务院批准，国家给予了成渝经济区明确的战略定位，提出努力把成渝经济区建设成为西部地区重要的经济中心、全国重要的现代产业基地、深化内陆开放的试验区、统筹城乡发展的示范区和长江上游生态安全的保障区，在带动西部地区发展和促进全国区域协调发展中发挥更重要的作用。其中提出了成渝经济区一项重要的功能为深化内陆开发的试验区，因此，未来成渝经济区将力争大幅度提高其开放程度，而提高成渝经济区进出口贸易是提高成渝经济区开放程度的主要内容。本文主要就扩大成渝经济区进出口贸易进行研究，以提高成渝经济区开放程度，实现国务院将成渝经济区建成为深化内陆开发试验区的目标要求。

提高成渝经济区开发程度有重要的意义。首先，成渝经济区深处内陆，缺乏港口，而这样的区位与除广西之外西部其余 11 个省、自治区、直辖市有相似性。而这种区位带来的问题就是不便与外国进行经济交流，导致西部地区参与国际经济交流水平不高，因而难以从国际经济合作中获得更多收益，这也是西部地区经济落后于沿海地区的重要原因。成渝经济区是西部经济规模最大、经济实力最强的经济区，又位于西部中部，通过促使成渝经济区开放水平的提高，对提高西部扩大开放程度将起到示范作用。其次，一个地区的发展特别是核心区的发展，其发展水平的提高与开放程度是高度相关的。即越发达的区域，其外贸进出口规模越大、进出口占 GDP 比重越高。当今世界，没有一个发达国家是在封闭条件下、或是在外贸进出口规模很小的情况下实现发达的。我国经济发展水平最高的长三角、珠三角、京津冀也是我国外贸进出口最大的三个区域。而成渝经济区当前外贸规模小，以当前的进出口规模难以支撑该经济区发展成为西部重要的经济中心，更难以带动西部发展。因此，处于内陆的成渝经济必须通过扩大开放提高发展水平，否则，其发展将是一句空话。

二、成渝经济区外向型经济发展现状与问题

1. 成渝经济区外贸发展较快

为了更好分析成渝经济区外贸发展，本文采用 2000 年和 2010 年外贸数据比较，并且与全国外贸发达的广东、江苏、上海、浙江进行比较，如表 1 所示。由于四川和重庆的外贸 90% 以上是由成渝经济区内地区实现，因此本文用四川和重庆外贸之和代表成渝经济区外贸。近年来，成渝经济区外贸发展较快，2010 年四川进出口是 2000 年的 11.88 倍，其中出口和进口分别为 13.52 倍和 12.10 倍；重庆市 2010 年进出口为 2000 年的 6.96 倍，其中出口和进口分别为 9.48 和 4.96 倍；而成渝经济区进出口、出口和进口 2010 年分别为 2000 年的 10.44 倍、12.06 倍和 8.79 倍。除重庆进口增长低于全国平均水平外，四川和重庆其余各值均高于全国平均增长水平，尤其以四川省增长更快。成渝地区的外贸进出口和出口增长速度也高于广东、江苏、上海和浙江等外贸大省的同期增长速度。

表1　　　　　　　　成渝经济区外贸发展与沿海主要省市比较

地区	2000 年（亿美元）			2010 年（亿美元）			2010 年为 2000 年的倍数		
	进出口	出口	进口	进出口	出口	进口	进出口	出口	进口
四川	25.45	13.94	11.51	327.8	188.5	139.3	12.88	13.52	12.10
重庆	17.85	7.90	9.95	124.26	74.89	49.38	6.96	9.48	4.96
川渝	43.31	21.85	21.46	452.06	263.39	188.68	10.44	12.06	8.79
广州	1700.98	919.18	781.81	7846.63	4531.99	3314.64	4.61	4.93	4.24
江苏	456.36	257.67	198.70	4657.9	2705.5	1952.4	10.21	10.50	9.83
上海	547.08	253.52	293.56	3688.69	1807.84	1880.85	6.74	7.13	6.41
浙江	278.33	194.43	83.90	2535.00	1805.00	730.00	9.11	9.28	8.70
全国	4742.90	2492.00	2250.00	29 728.00	15 779.0	13 948.0	6.27	6.33	6.20

到 2010 年，四川和重庆外贸总值分别为 327.8 亿美元和 124.26 亿美元，出口分别为 188.5 亿美元和 74.89 亿美元，进口分别为 139.3 亿美元和 49.38 亿美

元；四川和重庆进出口总值分别居全国第 11 位和 21 位，其中四川进出口在中西部地区居第一位；而 2000 年，四川和重庆进出口分别居全国第 16 位和 23 位，可见两省市在全国外贸地位上升明显。而成渝经济区进出口、出口和进口分别为452.06 亿美元、263.39 亿美元和 188.69 亿美元，高于我国中西部所有省、自治区和直辖市。

2. 成渝经济区外贸与沿海差距仍然很大

虽然成渝经济区进出口贸易发展较快，但与沿海相比，仍然存在巨大的差距。2010 年，成渝经济区进出口、出口、进口均不到广东省的 1/17，江苏省的1/10，分别为上海市的 1/8、1/6 和 1/10，分别不到浙江省的 1/5、1/6 和 1/3，差距非常明显。

外贸依存度为一个国家或区域经济融入国际的主要测度指标，可以分为进出口依存度、出口依存度和进口依存度。其值越大表示该国、该地区融入国际经济程度更高。表 2 为成渝经济区与沿海主要省市和全国外贸依存度比较。从表中看出，2010 年，成渝经济区进出口依存度、出口依存度和进口依存度分别为12.03%、7.01% 和 5.02%，而广东、江苏、上海和浙江的进出口依存度均超过60%，其中上海和广东超过 100%，而出口依存度，四省市均超过 40%，进口依存度除浙江略低外，广东、江苏和上海均超过 30%。同样成渝经济区外贸依存度与全国也存在极大差距，全国进出口依存度接近 50%，出口和进口依存度均超过 20%。进出口依存度较低，说明成渝经济区开放程度不高，从开放中获得的收益不高，这也是成渝经济区在全国相对不发达的重要原因。

表2　　　　　2010 年成渝经济区与沿海和我国外贸依存度比较（%）

地区	进出口	出口	进口
四川	12.80	7.36	5.44
重庆	10.39	6.26	4.13
成渝	12.03	7.01	5.02
广州	113.89	65.78	48.11
江苏	75.16	43.65	31.50
上海	144.29	70.72	73.57
浙江	61.45	43.75	17.70
全国	49.30	26.17	23.13

三、成渝经济区开放型经济发展障碍分析

1. 深处内陆

成渝经济区对外贸易的最大障碍就是深处内陆，缺乏海港，而且远离海港。

成渝经济距最近的广西北部湾的海港也在 1000 千米以上，距离上海港在 2000 千米左右。由于当前海运是世界最廉价的货物运输方式，而且沿海还便于与外国直接进行经济交流，使得沿海地区能够便于利用世界发展成果实现自身的发展。而成渝经济区深处内陆且远离海港的区位使其利用廉价的海运发展开放型经济存在诸多障碍：一是利用海运发展外向经济需要借用其他省市的港口，提高了发展成本；二是货物从成渝经济区要通过铁路、公路或内河航道运到沿海港口，也大大增加了运输成本和运输时间。因此，成渝经济区与沿海竞争发展外向型经济极为不利，这也是成渝经济外向型经济发展滞后的最重要原因。由于深处内陆，也难以引进境外加工贸易企业，制约了外向型加工贸易产业的发展。

2. 开放意识薄弱

成渝经济区由于深处内陆，长期以来形成了较为封闭的意识，开放意识薄弱。在这种意识下，引进外来资金、技术、产品缺乏主动意识，而本地企业开拓境外市场也缺乏积极意识。

3. 开放政策不利

改革开放以来，国家重点推进沿海的开放，同时，国家的各类开放政策也有利于沿海开放。如我国的经济特区、出口加工区、保税区、国家级高新技术产业开发区、国家级经济技术开发区等开放型经济区主要集中于沿海。而我国当前经济处于中等发展水平，货物成为主要的对外贸易产品，特别是初级、初加工、低技术、劳动密集型产品是我国主要出口产品的情况下，廉价的海运便为货物主要运输方式，沿海地区发展进出口条件就更为有利，而处于内陆的成渝经济区发展进出口则极为不利。同时，成渝经济区所在的四川和重庆市及各地方政府目前仍缺乏一些正确的出口指导政策，也是成渝地区进出口能力偏弱的重要原因。

4. 投资环境有待完善

投资环境内容十方广泛，包括基础设施、政策环境、产业配套、中介服务、社会服务等，目前成渝经济区各方面与沿海均存在一定的差距。成渝经济区交通建设还不完善，产业配套与沿海有巨大差距，中介服务更为薄弱。投资环境的不足，制约了承接产业转移的顺利推进，在一定程度上也制约了成渝经济区外向型经济区的发展。

四、成渝经济区开放型经济发展的有利条件

虽然成渝经济区发展开放型经济存在诸多障碍，但当前仍然有一些有利条件有利于成渝经济区发展开放型经济。

1. 国家深入西部大开发战略的实施

深入西部大开发战略已经实施，国家不仅制定了优惠政策，而且提高了中央财政对西部的支持力度，制定了许多规划，加大了西部公共服务均等化建设。所有这些，将使西部地区市场规模扩大、投资环境更加完善、企业建设和运营成本

降低、开放环境更优，对吸引外来投资将起到积极作用。作为西部经济实力最强、经济规模最大的核心区，深入实施西部大开发的政策将极大地推进成渝经济区的开放。

2. 成渝经济区交通日趋完善

目前成渝经济区规划已经通过国务院审批。根据规划，成渝经济区综合交通建设前景广阔，成渝经济区内高速公路、铁路、内河航道建设将更加完善，对外通道更多，对外联系更加便捷，向北京、上海、广州方向交通更加畅通、运输能力更强。而向新疆和中亚、向云南和东南亚、南亚的铁路通道也将打通，线路质量将得到提高。由成都通向拉萨的第二条天路也列入规划。而航空将加强成都、重庆枢纽机场建设，成都、重庆已完成二跑道建设，成都将开辟第二机场建设。成渝经济区支线机场也将增加数量，一些机场的等级也将提高。交通的完善将为成渝经济发展外向型经济、降低物流成本提供良好的前景预期。

3. 世界与我国产业转移加剧

当前世界产业转移加速，发达国家不断向发展中国家转移。而在我国，由于沿海通过 30 多年的发展，基本实现工业化，当前沿海地区面临劳动力不足、土地资源紧张、供电不足、环境污染、劳动力成本上升、人民币升值等压力，沿海加工贸易型企业发展面临诸多困难，加快向劳动力、土地、电力等要素供给充足地区转移成为当务之急。而西部内陆地区这些资源供给相对较为充分，有条件承接国内外产业转移。

4. 现代产业的发展迅速

当前，世界现代产业发展迅速，战略性新兴产业和现代服务业成为产业发展方向。工业发展知识化、技术化，工业产品轻型化、小型化、品牌化，工业产品附加价值日益提高，这使工业产品对交通运输成本等敏感度降低。特别是许多高技术产品不再依赖传统的海运甚至铁路和公路运输，而主要依赖便捷的航空运输，而成渝经济区与沿海在航空运输方面并没有差距，成渝经济区与沿海有条件处于同一起跑线。同时，服务外包、软件、金融、物流、商贸、设计、管理、文化等现代服务业的发展迅速，服务贸易也成为外向型经济发展的重点领域，而这些产业对运输的敏感度较低，为成渝经济区发展外向型经济提供了更好的机遇。

五、成渝经济区扩大开放策略

扩大开放最主要就是要提高区域的进出口能力，关键就是要提高区域出口能力，只有出口提高了，才有资金进口原材料和产品，下面主要分析提高成渝经济区出口能力的策略。

1. 加快运输节约型产业发展，推进出口产品结构升级

成渝经济区发展外向型经济最大的制约是由于处于内陆导致的进出口物流成本过高，传统的出口产品主要依赖廉价的海运，这方面成渝经济区没有优势，劣

势明显。而一些运输节约型产品，主要是高科技产品、服务产品等，具有附加价值高的特点，运输成本占产品成本比重低，对运输并不敏感，主要依赖航空运输，成渝经济区利用本地优势发展这些产品出口，与沿海物流差距并不大，更有发展前景。因此应加快现代产业的发展，由传统出口产品转向重点发展运输节约型出口产品，推进出口产品的结构升级。

第一，大力发展高科技产业。近年来，成渝经济区高科技产品出口强劲，带动了成渝经济区出口的快速发展。前几年，成都出口规模最大的企业是英特尔，而今年富士康超过了英特尔，成为了成都和四川出口规模最大企业。重庆今年出口的快速增长也主要是由笔记本电脑出口拉动的结果。这些说明了成渝经济区发展高科技产品出口更有前景，更能带动区域开放。2010 年以来，富士康、戴尔、纬创、仁宝、惠普、德州仪器等在成都和重庆投资，发展加工贸易，实现产品出口，这也说明成渝经济区对高科技加工贸易产业的吸引力很强。因此，成渝经济要大力引进一些依靠航空运输的高科技产品，要大力发展，加快承接产业转移，迅速扩大出口。

第二，大力发展服务外包。服务外包是第三产业的加工贸易。由于服务外包产品主要是知识、服务产品等，并不是实物，其出口更不依赖运输，因此发展服务外包，成渝经济区与沿海没有物流差距。具体的可以大力发展软件服务、云计算、金融、管理设计等服务外包，提高成渝经济区服务出口水平。同时，努力将成渝经济区发展成为我国服务外包出口基地，甚至将成渝经济区建设成为我国服务外包示范区及以服务外包为主的开放性经济区，努力争取国家相关政策的支持。

2. 加快品牌建设，培育出口名企

大力加强品牌建设。成渝经济区有大量的本地企业，一些企业已树立了良好的品牌，如五粮液、长虹、长安汽车等。这些企业已基本形成了以品牌生产为中心的国内价值链，其发展和出口对成渝经济区的带动力巨大。并且品牌具有较高的知识含量，对物流运输敏感度也较低，可以大力发展。一方面，要鼓励成渝经济区品牌产品努力开拓国际市场，提高国际知名度，扩大出口；另一方面，要鼓励品牌企业走出去，在外国设立企业，建成跨国公司，带动成渝经济区的零部件和知识出口。大力发展本地原产地产品出口，如农产品、传统轻工产品等，这些原产地产品具有独特性、垄断性，可以大力出口，对扩大本地出口也有一定的带动作用。

大型企业对一个国家和区域的出口有巨大的带动力，如美国波音和苹果、日本的丰田等企业每年出口数百亿美元，对各自国家的出口带动巨大，成渝经济区也应该培育出口的龙头企业，带动本地的出口。

3. 加快综合交通建设，降低物流成本

成渝经济区与沿海的差距主要就是物流成本过高，而交通的完善对降低物流有极大的作用。成渝经济综合交通规划虽然已经通过审批，但实施还需要很大的努力,当前要力争各项交通建设项目尽快实施,尽快改变成渝经济区交通对经济发展的制约。

物流在商品出口中具有重要作用,特别对处于内陆的成渝经济区显得更为重要。因此,大力发展本土物流企业,逐步与国际接轨,降低物流成本是成渝经济区发展的重中之重。

4. 争取更多国家政策支持,建立出口基地

成都和重庆核心区是成渝经济区的主要出口基地。2010 年,成都和重庆进出口分别为 243 亿美元和 124 亿美元,分别占成渝经济区的 53.8% 和 27.4%;其中出口分别为 137 亿美元和 75 亿美元,分别占成渝经济区的 52.0% 和 28.5%,在区域内的带动力明显。成都甚至是中西部进出口规模最大的城市。但除了成都和重庆外,成渝经济区其余地区出口能力偏弱。在继续扩大成都和重庆出口的同时,可以增加建设新的出口基地。目前成渝经济区只有成都、重庆和绵阳有出口加工区,只有成都和重庆拥有综合保税区。因此应在成渝之间条件成熟的城市,如南充、内江、遂宁、自贡等城市,增设出口加工区和综合保税区。同时增加成渝经济区国家级高新技术产业开发区和国家级经济技术开发区的数量。

5. 开辟新的出口通道,扩大出口能力

要开辟多元化的出口通道。除了加强传统的通过沿海港口转运出口外,要大力开辟航空运输通道发展出口。四川通过航空运输到欧洲、中东、南亚、非洲等地距离甚至比我国沿海还近,因此这方面的物流成本比沿海还低,有利于成渝经济区的出口,要大力发展到上述地区的定期货运航班。打通铁路出口欧洲、中亚、中东等地区西向通道,打通铁路出口东南亚、南亚的南向通道。成渝地区距这些地区的陆地距离大大少于沿海地区,比沿海地区通过海运运达这些地区要节约一半左右的时间。因此需要开辟火车货运定时专列,增加这些通道的出口货运能力。

6. 大力发展招商引资,增强加工贸易出口

外资企业一般具有极为广阔的国际市场,外资企业在我国投资,在开拓我国国内市场的同时,一般会出口部分产品、甚至大部分产品。因此,大力发展招商引资,重点引进跨国公司和世界 500 强企业,将有利于发展出口;大力引进高科技企业、加工贸易型企业、服务外包企业等,不断扩大成渝经济区的出口能力。

(陈钊,中共四川省委党校。)

成渝经济区内交界城市旅游合作研究

丁德光

摘要：旅游合作是区域经济合作最容易进行的部分，也是区域经济合作的内在驱动力。《成渝经济区区域规划》虽然有涉及旅游业的内容，但规划过于宏观，对具体类型旅游业的发展，以及城市间旅游定位不够明确，所以，笔者认为必须先从地域、经济、文化上联系紧密的交界地区入手，从创新合作机制、加快人才培养、推动现代旅游产业体系建设等方面着手推动这一区域的旅游合作，推动旅游增长极建设。

关键词：成渝经济区　交界城市　旅游合作

成渝经济区作为国家重点开发区，《成渝经济区区域规划》提出："充分发挥自然、人文旅游资源丰富的优势，实施旅游精品发展战略，强化资源整合和深度开发，建设国际知名，全国重要的旅游目的地。突出要以重庆、成都为核心，打造区域性旅游集散中心"。《成渝经济区区域规划》虽然有涉及旅游业的内容，但规划过于宏观，对具体类型旅游业的发展，以及城市间旅游定位不够明确。成渝经济区内四川所辖的15个市制定了《成都全面统筹城乡综合配套改革试验区旅游产业发展规划》，这一规划成为具体指导这些地区旅游发展的纲领性文件，对打造成渝经济区旅游增长极起到了推动作用，但与重庆合作的内容涉及不多。所以，笔者认为加强资源整合，必须先从地域上联系紧密的交界地区入手，在规划的基础上推动这一区域的旅游合作，打造西部旅游增长极。

一、研究的理论基础与区域基本情况简介

（一）理论基础

旅游合作是区域经济合作最容易进行的部分，也是区域经济合作的内在驱动力。因为旅游业具有外向性、联动性、国际性的特征，单个旅游目的地很难形成规模，虽然有利益冲突，但通过合作互补，满足旅游业发展的需要已成为各方的共识。时至今日，旅游合作的优势与绩效已充分显现，但同时也暴露出两大问题：一是如何真正跨越行政区划的体制性障碍；二是如何更好地鼓励区域内所有成员参与合作的问题。多年实践证明，只有努力构筑区域旅游合作制度，包括特

定的运作体制，保障各方利益，规范合作各方行为，才能保证旅游合作的持续性。区域旅游业的快速发展，给学科研究带来了新的挑战，单一的学科已无法全面解释复杂的旅游现象，因此，在研究区域旅游发展战略时应综合经济学、地理学、社会科学的理论（见表1），从不同侧面为区域旅游发展提供理论基础。

表1 区域旅游发展的理论基础

理论基础	在区域旅游发展的应用
空间的相互作用理论	区域旅游发展是区域之间的旅游商品、游客、劳动力、技术、信息等要素传递的过程，区域旅游合作的基础是区域间旅游资源的互补性、交通的可达性、政府和民众的互信和友好。
区域合作理论	区域的分工是区域旅游业发展的基本动力，区域旅游合作主要包括产品、技术、服务的互补，扩大产业规模，形成竞争合力。
旅游地空间竞争理论	多个旅游地在同一地区出现时，就会引发竞争，主要有同类旅游产品在规模、质量、空间的竞争，不同类旅游产品的质量与规模的竞争。
制度变迁理论	区域旅游业的发展应当把制度创新放在首位，区域旅游业的竞争是制度的竞争，制度创新有助于规范旅游竞争与合作行为、正确处理利益分配、有效规划产业布局。

（二）研究区域简介

成渝经济区内交界17个地级城市的旅游业整体处于上升阶段，与西部其他地区相比竞争优势不明显，因此，必须加强区域内城市间的旅游合作，特别是要加强城市交界地之间的旅游合作来实现此目标。川渝交界的行政区域包括四川省的达州市、广安市、遂宁市、资阳市、内江市、泸州市和重庆的开县、梁平县、垫江县、长寿区、合川市、渝北区、潼南县、大足县、荣昌县、永川市、江津市17个地市级行政单位（以下简称"交界区"）。交界区城市辖区总面积共计86 128.9平方千米，占成渝经济区总面积的42%，截止到2010年上半年区内有AA级以上的旅游区55个（见表2），涵盖了红色旅游、自然观光、休闲旅游、修学旅游、生态旅游等旅游类型。重视这些城市旅游业的发展，对推动成渝经济区内区域旅游业发展的一体化进程以及打造成渝经济区经济增长极有重要的意义。

表2 交界区景区目录

景区级别	景区名称
AAAAA级	大足石刻旅游区
AAAA级	聂荣臻元帅陈列馆、四面山国家级风景名胜区、重庆野生动物世界、统景温泉风景区、广安邓小平纪念园、遂宁市中国死海旅游度假区、广安华蓥山旅游区、遂宁市中国观音故里旅游区、资阳市陈毅故里景区、达州市真佛山景区

表2（续）

景区级别	景区名称
AAA 级	永川卫星湖、永川桃花源景区、永川香海温泉、张关水溶洞旅游风景区、碧津公园、重庆巴渝民俗文化村、重庆市鳄鱼中心、重庆市龙光古镇、俞㴲滩古镇、双桂堂、安岳石刻旅游区、佛宝森林公园、玉蟾山风景区、方山旅游区、尧坝古镇景区、遂宁中国宋瓷博物馆、百里峡风景区、五峰山国家级森林公园、渠县龙潭景区、八台山—龙潭河旅游景区
AA 级	江津骆騋山风景区、鹿山农业观光园、牡丹生态旅游区、东湖观音洞、三岔湖景区、报国寺、泸州张坝桂圆村、泸州九狮景区、凤凰湖旅游区、笔架山旅游区、泸州市博物馆、春秋祠、天仙洞、普照山风景区、肖溪古镇、宝箴塞民俗文化村、天赐园、银鼎山、蓬溪高峰山、大英县蓬莱公园、观音山森林公园

二、跨界旅游合作的相关分析

（一）合作背景

1. 共同的文化基础

川渝地缘临近，人缘相亲，文化同源，有着不可分割的历史渊源。四川盆地造就了"巴文化"和"蜀文化"，蜀文化的中心是成都，巴文化的中心是重庆，两种风格不同的文化，形成了巴蜀文化圈。《华阳国志》亦有"巴将蜀相"之说。处在川渝交界城市阐释着巴文化的魅力和风采，这里人的性格豪爽刚毅，辣火朝天；这些共同的文化基因，造就了古遗址文化、酒文化、红军文化、竹文化、休闲文化（茶文化、摆龙门阵、足疗健身文化）等。这些文化在这一交界区域并存、撞击、融合，形成了丰富多彩、不可分割、特色鲜明的旅游文化，是川渝交界旅游合作的文化基础。

2. 地理环境趋同

在行政区划上，从古代到近代一直到新中国成立后，这一区域一直处于统一的行政地域区管理；北接秦岭山脉，南部连接云贵高原，区域河流深切，河谷陡峭，是长江上游的生态屏障，森林矿产资源丰富。地形上丘陵、平坝连片，是古代的鱼米之乡。气候温和，四季分明，有中亚热带、北亚热带、南温带和北温带气候之分，兼有山区立体气候的特点，形成了春荣、夏艳、秋实、冬秀的江南特色。旅游资源优势互补，空间上连续，便于旅游开发中旅游廊道的形成。区域内深厚的民间往来的基础，具备了实施旅游跨界合作的地缘基础。

（二）合作驱动力

跨界城市旅游合作是一个过程，其产生并不是偶然现象，也不是一触即发，而是需要长期协调才能有序进行。

1. 旅游业自身的需求

经济全球化与一体化催生了国与国、地区与地区之间各方面的合作，旅游业的发展也不能例外。现代旅游业竞争十分激烈，存在着景点竞争、线路竞争、城市竞争等一系列的竞争关系。面对高强度的竞争，一个景点或一个城市很难能在竞争中获利，甚至有可能在竞争中衰败。这时在有条件的地区开展跨界旅游合作，既可以节约旅游基础设施建设、产品开发、市场营销的成本，也可以实现规模效应，共同规避市场竞争带来的各种风险，更大限度地实现旅游业的规模效应。

2. 交通便捷

川渝交界交通十分便捷，铁路、陆路、水陆交通通畅，在成渝经济区规划中又将建设万州到达州往西安、成都到重庆等地的高速公路，以及建设长江干线和建设嘉陵江、渠江等支流的高级航道，加之，近期局部高速铁路的通车，区域的交通网已然形成。地域上的临近与交通上的便捷，可促使川渝交界彼此互为目的地和客源输出地，通过整合共享旅游资源，加强城市间的互动。

（三）旅游合作的制约因素

1. 理念不清晰

川渝交界旅游跨界合作理念不清晰，区域内各城市都是各自展开合作，没有从全局出发，进行统一的组织协调。区域内的合作仍受行政区划、地方保护主义、条块分割的管理体制的限制。有的城市之间签订了旅游合作框架，但大多是意向性的协议，这种非制度化的合作协调机制功能脆弱，缺乏约束性的手段。没有统一的合作目标和运作方式，区域内的旅游主管部门合作的信任度低。

2. 合作各方的利益难协调

以往的研究表明跨界旅游区发展往往陷入开发—冲突—低效—意欲合作却无实质进展的恶性循环中，实践层面的跨界旅游区规划也鲜有涉足。川渝交界区域旅游也面临同样的状况，由于行政区划和利益方面的分歧，在实际操作中并没有建立一个协调的机构，没有在旅游区域规划的主体、规划制定、经费筹集、保障实施方面达成共识，使一些在地域或景区特质相同或相似的景区被人为地分成多个区域，这样既浪费了管理成本，也很难形成大旅游的规模优势。如重庆四面山景区与四川泸州佛宝景区的典型景观都包括瀑布、丹霞、古镇、桫椤，在景观上的大同小异，需要各景区加强合作，统一规划，避免宣传营销上的重复。

3. 合作主体间的关系难协调

本研究的城市近年来进行了一些旅游合作，但总体来看合作的主体不够明确。现在的旅游合作模式是政府搭台、企业具体实施，这种模式存在很多弊端。一是政府需求与企业需求难匹配。政府在旅游形象塑造上追求的是差异性，而公司则考虑规模效益，采用统一的旅游形象；政府希望旅游的开发与提升公共服务水平相结合，而企业则专注于企业利益。二是政府很难把握指导企业限度。在合作中政府的行为大致分为以宏观指导为主和以微观管理为主。前一种类型政府对旅游合作只提供大致的方向，并不对企业实施过多的干预，后面一种类型政府既制定规划又监督规划的具体实施，并对企业的行为进行严格监管，企业没有发展自主权。三是政府对企业间的行为影响力弱。现实中，政府和企业掌握的信息是不对称的，处于管理的角度，一些有关旅游发展的信息政府不愿向企业提供，信息的不完全性和信息成本会影响到市场机制运行的结果和资源配置效率，也会减弱政府对企业间竞争行为的影响。

三、川渝交界旅游合作与开发的策略

（一）创新合作体机制

区域旅游合作首先要实现体制创新，体制创新是旅游合作的核心，是提升区域旅游竞争力的重要方面。交界区要建立旅游高端对话制度、旅游相关的部门定期座谈会制度，建立立体式、多层次、多侧面的旅游网络管理体系，推进旅游管理体制改革，调节旅游收入分配；推进旅游决策科学化、民主化，完善重大旅游决策的规则和程序，营造法制化旅游发展环境；要以旅游企业为自助创新的龙头，创新企业经营业态，打造特色品牌，构建以旅游企业为主体、市场为导向、产学研结合的开放型旅游创新体系，切实增强旅游企业竞争能力；完善旅游业自主创新的体制机制和政策环境，加强自主创新环境建设。交界区要加强城市间的合作，完善区域创新布局，加强创新能力建设，构建区域旅游创新体系，建立统一的旅游市场，实现区域景区门票一票制，打造区域无障碍旅游区，建立共同的市场平台，有效配置区域旅游资源，加强政府的宏观调控，实现区域旅游企业联动和整合发展，逐步消除区域旅游发展障碍，全面提升区域旅游业综合竞争力。坚持自主创新与技术引进同步发展，充分发挥国内外先进技术的引导作用。鼓励银行业等金融机构加大支持旅游业力度，依托市场鼓励跨区旅游投资，积极引导社会资金投入，逐步形成投融资主体多元化的旅游经济体制。

（二）加强基础设施建设，推动区域城乡旅游合作

基础设施建设的科学规划、合理布局是区域旅游合作的重要前提。交界区要加快旅游基础设施建设，推进成渝交界区旅游基础设施一体化发展，以此完善现代旅游设施。以规划的成遂渝发展带内的兰渝、遂渝铁路，成遂渝、成南、南渝高速公路，嘉陵江航道和渝广达发展带的襄渝、达万铁路和渝达、渝宜高速公路为基础，优化城市带内部快速交通，建设网络完善、布局合理、运行高效、与泛长三角地区紧密相连的现代开放旅游综合交通运输体系。建立统一的旅游信息管理部门，实行统一的旅游信息发布，利用网站、报纸、电视等媒介，积极展开区域旅游信息协作，建设便捷高效的旅游信息网络体系，加大旅游信息基础设施建设力度，建设政府旅游信息资源共享平台，构建旅游信息安全保障体系实现区域旅游信息无障碍。

在城乡旅游规划、旅游产业布局、旅游公共服务一体化的理念下，大力推进交界区乡村旅游发展。将旅游业发展与新农综合体建设紧密结合，统筹乡村社会、经济、生态建设，以农村综合体建设为契机，进行合理的乡村旅游规划，推

动以展现乡村民俗特色为基础的民俗民风游、美食游、生态农业观光游，形成"一地一特色，一区一精品"的发展思路，培育国家级社会主义新农村旅游示范村（乡、县）。注重将非物质文化遗产保护与旅游开发结合起来，建立保护基金，形成旅游业发展与非物质文化遗产保护的良性互动。加快完善和提升城市旅游功能，实现由"旅游城市"向"城市旅游"的转变；打造大型的现代游乐园，发展新兴题材的主题公园；提高社区居民整体素质和参与能力，促进居民参与旅游开发建设，建立社区居民利益协调机制，使居民参与到旅游开发决策中来，营造城市旅游休闲氛围。加强城市旅游与商贸的结合，推进国家级城市特色街区建设；提高城乡旅游规划和旅游项目建设管理水平，合理划定城乡旅游功能分区，优化城乡旅游建设空间布局，促进城乡旅游服务均等化，提高城乡旅游管理一体化水平，形成城乡旅游一体化发展新格局。

（三）加快现代旅游人才培养

交界区强大的市场潜力需要大批旅游资源规划、设计、开发、管理、营销的复合型拔尖人才和应用型人才。这些人才需要熟知本地旅游的地方性、特色性、差异性特点，并具有民族学、文化人类学、民俗学、地理学、景观学等多学科知识。所以，要通过发展高等教育，为旅游业输送高素质的从业人员，建立"产学研"合作基地，培养高层次的商务会展、休闲保健、动漫产业等新兴旅游产业所需的人才。

通过永川西部职教城和重庆、江津、泸州、达州职业教育基地和公共实训基地，结合旅游产业的发展开设旅游管理、酒店管理等专业，培养一批实用的旅游管理人才、酒店服务人员、导游人员、解说员、会展服务人员、旅游产品营销人员。加强师资的引进和基础能力的提升，强化区内各学校的资源整合、改善办学条件、提高办学水平，以统筹城乡为指导思想，吸引农村青年参加各种培训。打造国家级旅游教育基地，创新旅游人才培养模式，形成品牌优势。

（四）建设现代旅游产业体系

建立现代旅游产业体系是实施旅游精品发展战略的重要抓手。交界区首先要培育遂宁、泸州、大足等城市成为新一批全国具有重要影响力的现代旅游目的地体系，以提高区域旅游的竞争力。在四面山国家级风景名胜区、统景温泉风景区、遂宁市中国死海旅游度假区的基础上建成2个以上国家级休闲旅游基地。推动次级旅游城市建设，与其他城市形成多层次点线面产品共同组成的现代旅游产品体系，不断丰富旅游新业态。要优先发展观光旅游、乡村旅游、红色旅游、温泉旅游等优势旅游产品，大力发展休闲度假、体验旅游、体育健身旅游、文化创意等新兴旅游产品，加快发展会展旅游、高尔夫旅游、游艇邮轮等高端旅游产品；推出包括户外旅游、自驾车旅游、自行车旅游等在内的若干条具有国际影响力和竞争力的国家旅游线路。创新产业布局，促进旅游产业集群发展，设立具有示范性的国家级旅游产业园区；要培育大型旅游企业集团，形成各层次企业共同组成的现代旅游企业体系。加快建成和完善旅游目的地营销系统，改造提升旅游·

159

传统产业，加快发展旅游延伸产业，推进旅游与体育健身、动漫、创意、网络等文化产业的融合发展，形成产业结构高级化、产业布局集聚化、产业发展国际化、产业竞争力高端化的现代旅游产业体系。

（五）保障措施

1. 资源节约和环境保护

资源和环境是旅游业可持续发展的基础，在旅游业发展过程中，要加强生态环境保护、集约利用土地。以生态资源为基础，发展生态农业、生态林业以及相关的生态旅游产业，从而促进旅游业的发展，使旅游景区向旅游经济园区转变。

优化水资源配置，强化水资源保护，加强长江上游生态屏障的保护和治理，建立重点江（河）湖水体资源的环境监测与综合治理机制，加强森林植被资源的环境保护，建立地区生态补偿机制。建设高标准的旅游区环保设施，加强旅游地环保法律及规章制度的确立，进行严格的环境管理与监控。

2. 政策支持

合作的各方政府要充分认识推进成渝经济区旅游业发展的重大意义，切实加强对规划实施的组织领导，完善规划实施机制，保障规划顺利实施。政府部门要切实加强对规划实施的组织领导，建立跨越行政边界的"合作体制"，制订实施方案，明确工作分工，完善工作机制，落实工作责任。依据区域旅游发展的需要，制定支持交界区旅游发展的具体政策措施，在有关规划编制、政策实施、项目安排、体制创新等方面给予积极支持，并做好组织协调工作。加强部门之间的沟通和协调，指导和帮助地方解决规划实施过程中遇到的问题。完善社会监督机制，鼓励公众积极参与规划的实施和监督。

四、研究启示

在打造成渝经济区，建设重要的经济增长极的背景下，区域内必须利用旅游业优化发展的软环境。区域内的旅游业必须实现与旅游相关的要素合理配置，在看清自己比较优势的同时，加大对有潜力的大型旅游企业扶持，实现同类企业的强强联合，提高区域旅游的竞争力。在制度、体系建设的基础上还要加快旅游项目建设，通过开发、建设、管理等方面体制机制的创新，全面提升旅游项目运营质量和效益。

在进行内部旅游设施、制度完善的同时，还要加强西部其他重要旅游节点的合作，推动西部旅游业的整体发展。提高外资利用水平，加快实施"走出去"战略，努力构建规范化、国际化的旅游经济环境，积极防范国际经济风险，推进旅游国际化发展。加强紧邻长江中下游城市的旅游联动，利用好长江黄金水道，大力发展邮轮旅游，打造适应其市场要求的旅游产品。形成大旅游、大网络、大产业的发展格局。

参考文献：

［1］涂人猛. 区域旅游理论研究［J］. 社会科学家, 1994 (5): 83 - 88.

［2］郭寻, 吴忠君. 区域旅游发展中政府合作的制度障碍及对策思考[J]. 人文地理, 2006, 21 (1): 106 - 109.

［3］汪宇明. 旅游合作与区域创新［M］. 北京: 科学出版社, 2009.

［4］张殿发, 杨晓平, 童亿勤. 长江三角洲旅游一体化浅析［J］. 地理科学进展, 2006 (3): 70 - 76.

［5］任鸣. 健全"跨界治理"机制共筑旅游合作基石［J］. 旅游学刊, 2007, 22 (12): 28 - 31.

［6］黄细嘉. 创新区域中心城市旅游联动发展模式——以武汉、长沙、南昌三市为例［J］. 地域研究与开发, 2007, 26 (6): 79 - 83.

［7］张志辰. 区域旅游合作中的制度分析［J］. 旅游学刊, 2008, 23 (1): 67 - 70.

［8］李娟文, 倪外, 隋文平. 中部崛起的六省旅游联动发展［J］. 经济地理, 2007, 27 (2): 323 - 326.

（丁德光, 中共达州市委党校。）

成渝经济区户籍制度一体化改革模式研究

杜丽红

摘要：成渝经济区劳动力资源丰富，但目前的户籍制度制约了人口有序流动和人口合理分布，使区域核心资源的人力资源开发和利用严重受阻。随着《成渝经济区区域规划》的出台，成渝应率先推行户籍制度的一体化改革。本文详细分析了目前成渝两地户籍制度模式并对其做了比较分析，在此基础上结合相关理论提出成渝经济区户籍制度一体化模式，这不仅仅对成渝经济区的合作发展和推进城乡一体化进程意义重大，而且在全国范围内都具有示范和推广意义。

关键词：成渝经济区　户籍制度　一体化

2011 年 5 月，国务院正式批复《成渝经济区区域规划》。这是在实施"十二五"规划的开局之年和推进新一轮西部大开发的重要时刻，国家推动科学发展、加快转变经济发展方式的重要战略部署，也是深入实施西部大开发、促进区域协调发展的又一重大举措。成渝经济区区域范围包括重庆市 31 区县和四川省 15 市区，区域面积 20.6 万平方千米，占四川省和重庆市总面积的 35.75%，常住人口约 9960 万，城市密度高，GDP（国内生产总值）总量约 1.58 万亿元，是我国重要的人口、城镇、产业集聚区。成渝经济区区域内劳动力资源丰富，但目前的户籍制度制约了人口有序流动和人口合理分布，使区域核心资源的人力资源的开发和利用严重受阻。作为全国统筹城乡综合配套改革试验区，随着《成渝经济区区域规划》的出台，成渝经济区应率先推行户籍管理制度的一体化改革。这不仅仅是推进成渝经济区经济合作发展和推进城乡一体化进程的重大举措，而且在全国范围内都具有示范和推广意义。

一、成渝经济区户籍制度一体化的重大意义

（一）户籍制度一体化有利于区域人力资源效应的充分发挥

人力资源是区域经济可持续发展的关键要素。成渝经济区人口规模庞大，劳动力资源丰富，人口流动频繁。现行户籍制度对人口自由流动的限制，导致劳动者就业缺乏竞争，劳动力无法按市场经济条件下的社会分工、资源合理配置进行流动；同时导致流动人口合法权益受损，造成社会的不公平和经济效益的损失。

如果成渝经济区实行一体化户籍管理，建立区域人才开发新机制，逐步形成统一的人才大市场和人事人才服务体系，最终实现区域内人才的自由流动，将促进成渝经济区的可持续发展。

（二）户籍制度一体化是推进城乡一体化的关键

成渝经济区农业比重较大，所以城乡统筹是成渝经济区的重点工作。著名经济学家厉以宁称，城乡一体化是中国步入小康的重要途径，中国城乡一体化的推进，将改变中国经济版图。城乡一体化是我国现代化和城市化发展的一个新阶段，城乡一体化就是要把工业与农业、城市与乡村、城镇居民与农村居民作为一个整体，统筹谋划、综合考虑，通过体制改革和政策调整，促进城乡在产业发展、规划建设、市场信息、社会事业发展等一体化，改变长期形成的城乡二元经济结构，实现城乡在政策上的平等、产业发展上的互补、国民待遇上的一致，让农民享受到与城镇居民同样的文明和实惠，使整个城乡经济社会全面、协调、可持续发展。要实现城乡一体化，根本上应该废除原有的城乡二元体制，改革户籍制度，使城乡居民平等享有权益。

（三）户籍制度一体化是推进成渝经济区一体化的重要举措

成渝地区是我国西部地区人口与城镇数量最密集区域，经过改革开放特别是西部大开发以来的发展建设，成渝经济区已成为西部地区综合实力最强的区域之一，具有在新起点上加快发展的良好条件。成渝经济区发展两步走的战略，第一步到 2015 年，经济实力显著增强，建成西部地区重要的经济中心，城镇化率达到 52%。第二步就是到 2020 年人均地区生产总值达到 4.7 万元，到 2020 年成渝经济区区域一体化格局基本形成，成为我国综合实力最强的区域之一，城市化率达到 60%。为实现这一目标，必须充分利用区域人力资源，打破长久以来附着在户籍上的城乡身份差别，实现城乡发展成果的共创共享，开启社会管理模式创新探索。

（四）户籍制度一体化在全国具有示范和推广意义

第六次全国人口普查数据显示，大陆 31 个省、自治区、直辖市的人口中，居住地与户口登记地所在的乡镇街道不一致且离开户口登记地半年以上的人口为 261 386 075 人，我国流动人口规模庞大。流动人口给社会经济发展带来巨大活力的同时，也对政府管理提出了新的更高的要求。人口管理必须进行创新，消除制度障碍，其根本就是改革户籍制度，剥离户籍制度背后附着的不公平待遇。虽然很长时间以来很多地方都在尝试进行户籍制度改革，但仍然没有取得比较成功的具有推广意义的模式。通过成渝两地户籍制度改革探索，将为全国铺开户籍制度改革，实现城乡统筹提供借鉴。

二、成渝经济区现行户籍制度改革的比较分析

为了打破长久以来附着在户籍上的城乡身份差别，实现城乡发展成果"共创

共享"，成都市和重庆市从稳步推进户籍管理制度改革入手，开启了社会管理模式创新探索的破冰之旅。

（一）重庆户籍制度改革

2010年8月1日，《重庆市统筹城乡户籍制度改革农村居民转户实施办法（试行）》（以下简称《办法》）正式实施。《办法》放宽了本市级农村居民转为城镇居民的门槛，分主城区、远郊区县城、其他乡镇三级城镇设置了更加宽松的准入条件。2010年8月15日，重庆市统筹城乡户籍制度改革在全市范围内正式施行。重庆推出的两年300万、十年1000万的农民进城计划。2010年12月9日，迎来了重庆户籍改革启动以来第100万个"农转城"居民，用了不到4个月时间，实现了百万农民转为居民，这在中国城镇化历程中是极为罕见的速度。

1. 重庆市户籍人口现状

直辖以来，重庆市常住人口城镇化率从31%提高到51.6%，而户籍人口城镇化率仅从19.5%提高到29%，二者差距从11.5个百分点扩大到22.6个百分点。这种状况，充分反映出重庆市"大城市、大农村、大库区、大山区"的特点，表明城乡二元构架并未实现本质转变。现行户籍制度已成为推进城市化建设、构建和谐社会的瓶颈，是社会矛盾的焦点之一，改革和破解二元化户籍制度迫在眉睫。如今，重庆市人口二元化结构仍然突出，离城乡一体化要求仍有较大差距，所以有必要开展进一步的户籍制度改革。

2. 关于《办法》与原转户政策的主要区别

重庆市户籍制度改革的最大亮点是简化了"农转非"的条件，务工经商3年以上，可以转户口；在城里买了房子，可以转户口；投资兴办实业，年纳税额达到一定数额，也可以转户口；对于乡镇户籍准入条件则全面放开，在自愿的基础上，鼓励农村居民到乡镇聚居区居住。按照《重庆市统筹城乡户籍制度改革意见》，农民转户进城后，允许转户农民最多3年继续保留宅基地、承包的使用权及收益权。

3. 相关问题及其解决办法

（1）千万农民10年转城市户口。重庆市市长黄奇帆介绍，今明两年内会把过去10年积累的农民工进行转户，成为城市居民，给予城市居民一样的社会保障。重庆是将已经到城里工作3年、5年，生计、生活已在城里，需要在城里和城市居民享有同等待遇，子女也要像城市居民一样能够同等在校读书，费用各方面都能够和城市居民一样的人转入城市户口。

（2）转户成本企业承担四成。至于农民进城带来的成本问题，农民进城要解决养老、医疗、住房、教育、就业培训等问题。重庆测算，一个人大体上要6万~7万元，300多万农民工转户进城，共需2000多亿元。2000多亿不是一两年支付，是在农民工有效工作时间，比如15年内平均每年支付。黄奇帆介绍，企业招聘农民工，如果转成城市户口，要增加医疗保险、养老保险，可能增加800亿元。这样，2000多亿中，40%由企业支付。政府会增加300亿元的支出。剩下的，农民工自己支出一部分，另外还有市场、社会上的支出。

（二）成都市户籍制度改革

2010 年 11 月，成都市正式出台《关于全域成都城乡统一户籍实现居民自由迁徙的意见》（以下简称《意见》）。新华社称其为"统一城乡户籍是最彻底改革方案"。其目标是 2012 年，成都将实现全域成都统一户籍，城乡居民可以自由迁徙，并实现统一户籍背景下的享有平等的基本公共服务和社会福利。

1. 主要改革措施：保障城乡居民享有平等待遇

《意见》包括 12 条具体措施：

（1）建立户口登记地与实际居住地统一的户籍管理制度。《意见》确定，随人口自由流动，户籍也跟着自由迁徙，实现了户口登记地与实际居住地的一致。城乡居民凭合法固定住所证明进行户口登记，户口随居住地变动而变动。

（2）统一就业失业登记，完善就业援助制度。要建立城乡统一的就业失业登记管理制度，统一失业保险待遇标准。

（3）进一步完善城乡统一的社会保险制度。建立完善城乡统一的社会保险制度，这就从根本上实现了城乡社保的公平。

（4）建立分区域统一的城乡住房保障体系。建立分区域统一的城乡住房保障体系，第一次将住房保障由单一的城镇延伸到了"城乡"。各区（市）县对城乡居民符合住房保障条件的家庭，要统一纳入城乡住房保障体系，以廉租住房、公共租赁房、经济适用房以及租房、建房补贴等方式解决其住房困难。

（5）分区域统一城乡"三无"人员供养标准和低保标准。

（6）建立城乡统一的计划生育政策。

（7）实现义务教育公平化。

（8）统一中职学生资助政策。

（9）城乡居民在户籍所在地享有平等的政治权利和民主管理权利。

（10）实行统一的退役士兵安置补偿和城乡义务兵家庭优待政策。

（11）市外人员入户享受与本地居民同等的待遇。

（12）加强全域成都统一户籍改革的领导。

2. 改革亮点：三大创新成国内第一

（1）破除了长期以来束缚城乡居民自由迁徙的制度障碍，全面建立了户籍、居住一元化管理的体制机制。

（2）农民进城不以牺牲承包地、宅基地等财产权为代价，充分保障了农民的基本权益。成都市推行的全域成都统一户籍改革，充分保障农民的各项权益不因居住地的迁徙、职业的改变而受到侵害；在鼓励农民进城的基础上，城乡居民可以自由流动，农民进城不以牺牲自己的财产为代价，即农民可以带产权进城，就业、参加社保不以丧失承包地为前提，并完全尊重群众的意愿，不进城同样享受政府提供的基本公共服务、社会保障和社会福利等；同时，破除城镇居民到农村居住、生活、就业的障碍，努力实现城乡生产要素的自由流动。

（3）破除了长期附着在户籍上的城乡权利不平等，实现统一户籍背景下享有平等的教育、住房、社保等基本公共服务和社会福利。

（三）成渝两地户籍制度改革的异同点

（1）从重庆和成都户籍制度改革来看，重庆改革模式在户籍准入条件上实现了重大创新突破：允许租房落户、乡镇落户全面放开、放宽了购房入户条件和投资兴办实业入户条件。它实现了转户人口在主城、区县城和小城镇三级城镇体系内的合理布局。

（2）对待土地问题有差别。在关键的土地问题不涉及时限，成都户籍制度改革在政策设计上更为宽松。重庆在户籍制度改革中农村居民转户后承包地、宅基地实施了"三年过渡"的方式。重庆允许转户农民最长三年内继续保留宅基地、承包地的使用权及收益权，并避免农民转户急转身。然而，"三年过渡"的保留期，也造成了不少农民的困惑，担心政策发生变化，并最终丧失土地。与重庆市采取户籍"准入制"不同，成都经过7年的逐步改革，在2010年11月施行全域成都城乡统一户籍实现居民自由迁徙，到2012年年底前，建立户口登记地与实际居住地统一的户籍管理制度，城乡居民凭合法固定住所证明进行户口登记，户口可随居住地变动而变动。成都在户籍制度改革上更为彻底，政策设计上突破性更大一些。

（3）对象范围不同。相对于重庆户籍制度改革只针对本市籍农民相比，成都户籍制度改革明确提出了市外人员入户，将享受与本地居民同等的待遇。

（4）流向上的差异。重庆户籍制度改革中未涉及的城市居民转入村镇问题，成都市也考虑到此种情况并进行了明确规定。《意见》中提出，进城务工农民的户口登记地将以其实际居住地统一，而城市居民也可在农村定居，并将户口随所在地迁入村镇。

（5）尽管制度有所不同，但成都、重庆在推进户籍管理制度改革的过程中，都着重强调要让新进城农民和城里人在医疗、教育、社会保障等方面享受"同城待遇"，实现"老有所养、少有所教、壮有所业、居有所房、病有所医"。

三、成渝经济区户籍制度一体化改革探索

（一）成渝经济区户籍制度一体化改革的基本原则和总体思路

成渝经济区户籍制度改革一体化模式要坚持立足于成渝经济区发展规划，着力为实现区域一体化格局服务；避免人口的无序流动，促进城乡社会经济可持续发展。坚持因地制宜、循序渐进、综合改革、与其他制度创新衔接配套的基本原则。坚持依法建立由户口登记、身份证管理等制度构成的城乡一体的科学的人口管理系统，实现静态管理向动态管理的转变，建立个人信用系统，使户口管理向人口管理过渡，人口管理手段向证件化过渡的总体思路，打破长久以来附着在户籍上的城乡身份差别，实现城乡发展成果的共创共享，开启社会管理模式创新

探索。

（二）成渝经济区户籍制度一体化的框架设计

（1）建立成渝经济区城乡统一的户籍管理制度。将成渝经济区的户籍人口统一登记为居民户口，剥离附加在户籍制度上不合理的社会管理功能；在成渝经济区内实行一元化户籍制度，消除农民转变为城市居民的制度障碍，保障其合法的经济政治权利。

（2）构建区域人口信息资源共享、交换机制。主要是充分利用区域人口与计划生育部门、公安等部门现有的信息技术网络系统，打造区域城市联网的人口信息交换平台，建立人口信息交换机制，实行人口信息资源共享。

（3）建立城乡均衡的社会事业发展机制。建立起城乡一体的劳动力市场、就业培训、就业优惠政策、就业援助、就业工作责任等体系；经济区教育统一改革，促进城乡教育均衡发展；构建区域人力资源市场配置机制，最终形成统一的公共人事服务体系。

（4）建立城乡均等化的公共服务保障机制。实现城乡社会保险制度全覆盖，建立覆盖成渝经济区城乡的就业和社会保障体制，促进成渝经济区城乡劳动力就业平等、机会均等；建立成渝经济区农村养老、最低生活保障和更加规范的社会救济制度；实现城市与农村社会保障制度的衔接，把进城务工农民和失地农民纳入城市社会保障范围，并统一发放标准。

（5）建立促进公共资源向农村延伸的机制。推动区内公共资源向农民直接受益的方面倾斜配置，建立区内城乡统一、市民与农民公平享受、城市与农村软硬件均衡的义务教育、公共文化、公共卫生和基本医疗等，实现成渝经济区城乡居民权利基本平等化，生活条件基本同质化，公共服务基本均等化。

（杜丽红，四川省委党校区域经济教研部副教授、经济学博士后。）

成渝经济区生产力布局研究

傅铭

摘要：成渝经济区是中国布局现代生产力，强化国家经济社会安全的理想区域，设立成渝经济区是合理布局中国生产力的客观需要，也是深入落实西部大发的客观需要。四川省在未来5~10年的发展中应当穷尽地利之势，合理布局生产力，积极开展区域内合作与竞争。为此，四川在成渝经济区生产力合理布局中的对策应当适当调整"一极、一轴、一区块"政策，积极扶持川南区块和川中北区块的发展，促进攀西地区的开发，从而改变中国经济战略布局和战略生态。

关键词：成渝经济区　生产力布局　西部大发　区域合作与竞争

从国家发展与改革委官方网站全文发布《成渝经济区区域规划》（以下简称《规划》）起，成渝经济区正式登上历史舞台。《规划》从指导思想、战略定位、发展目标、总体布局、统筹城乡发展、构建现代产业体系、加强重大基础设施建设、加快社会事业发展、加强生态环境保护和资源利用、深化改革开放等方面，对成渝经济区未来5~10年发展进行了详细而明确的规划，体现了成渝经济区生产力布局的总体需要，为推进西部大开发战略的深入实施，促进成渝经济区科学合理地利用自然资源和社会资源，实现经济又快又好发展创造了条件。

在成渝经济区未来若干年的发展中，遵从生产力布局的基本规律，促进资源的合理利用，对于实现成渝经济区的发展目标，具有重大意义。

一、成渝经济区是中国布局现代生产力，强化国家经济社会安全的理想区域

（一）成渝经济区地理区位优势有利于强化国家经济安全

成渝经济区地处中国腹地四川盆地及其东南边缘，北有秦岭与黄土高原相连，南与云贵高原接壤，西为横断山脉与青藏高原相衔，东隔大巴山、巫山山脉与中原相望，向东、向北、向南交通逐渐便利。向东，随着长江水道的整治和沿江港口设施的兴建，襄渝、万宜铁路及郑万、隆黄铁路干线的建成和成都至上海、万州至利州等高速公路干线一道，使进入中原之地道路坦途；向北，宝成铁路及成兰、兰渝、西（宁）成、西（安）成铁路干线的建成和川陕高速公路及

绵阳至西宁、万州至达州至西安公路干线的建成，蜀道成通途，西北相守望；向南，成昆、内昆、渝黔铁路及成贵、渝昆铁路的建成和成都至自贡至赤水、宜宾至攀枝花、重庆至宜宾至昆明等交通干线将云贵高原连成一体。自然的阻隔与现代化的交通网络，构成特殊的区地优势，使成渝经济区在中国经济版图中具有特殊的意义，有利于强化国家经济安全。

事实上，自从两千多年前都江堰灌溉工程建成以来，成渝经济区所在的四川盆地就被称之为天府之国。人民勤劳，物产丰富，使其在中华民族的发展史中具有了特别的意义。正如现代大文学家余秋雨所说：每当我们的民族有了重大灾难，天府之国总是沉着地提供庇护和濡养。一个强大的成渝经济区，实力强劲的四川盆地，对中华民族来讲实为幸事。建设高度发达的成渝经济区，使之成为西部重要的经济中心，全国重要的现代产业基地，深化内陆开放的试验区，统筹城乡发展的示范区及长江上游生态安全的保障区，是历史和时代赋予我们的责任。

（二）成渝经济区的发展空间和发展潜能，足以承担起强化国家经济社会安全的重任

规划中的成渝经济区，包括重庆市的 31 个区县和四川省的 15 个地级市，区域面积 20.6 万平方千米，人口约 1 亿，劳动力资源总数达到 6900 万人，专业技术人员超过 210 万，拥有大量的高等院校和科研院所；物产丰富、资源富集，是全国粮食、畜禽、水产、果蔬、茶叶、蚕桑、地道药材、经济林竹等重要农产品的主要生产区之一，是装备制造、汽车摩托车、电子信息、生物医药、能源化工、冶金建材、轻纺食品、航空航天业的重要基地，是重要的物流、商贸、金融中心和全国重要的旅游目的地；城镇化率达到 43.8%，拥有以重庆、成都为核心的全国第八大城市群，城市密度达到每万平方千米 1.76 座，比西部平均多 1.49 座，比全国平均多 1.03 座；每平方千米产出 350 万元，比西部高出 310 万元，比全国平均高出 227 万元；经济密度是西部平均经济密度的 1.4 倍，是西部最发达地区；交通体系完整，铁路、公路、内河、民航、管道运输相互衔接，安全可靠，发展空间巨大。

但是，与长三角、珠三角、京津冀、大西安、大武汉等经济区相比，成渝经济区农业特色明显。四川目前还是农业大省，重庆市与其他直辖市相比，农业地区的比重也是最大的，经济区人均 GDP（国内生产总值）等经济指标靠后，综合竞争力有待进一步提升。投资环境，特别是金融软硬环境与五大经济区均存在一定的差距。成渝经济区区域内的产业，以内向型经济为主，对外资的吸引力不够，企业投资效率和盈利能力有待提升。所有这些，又为成渝经济区的发展蕴藏了巨大的潜能。在国家的扶持和四川省的参与下，成渝经济区在成渝双核的相互竞争与合作中不断发挥区域优势，扬长避短，弥补不足，必将迅速建立起有自己特色竞争力的生产力布局，将成渝经济区建设成为中国经济发展的新的增长极。

二、设立成渝经济区是合理布局中国生产力的客观需要，也是深入落实西部大发的客观需要

改革开放以来，我国强调沿海发展战略，强调以先富带动后富的方式发展中国社会生产力，客观上对我国经济的发展起到了很好的效果。我国的经济实力和综合国力，在短短的二三十年时间内得到了空前的发展。沿海发展战略和先富带动后富政策的实施，之所以能够在短短的二三十年内取得如此巨大的成效，是因为他们本身内在地包含了生产力集中发展原理和生产力布局的客观规律，反映了生产力发展的现实需要。

深入研究世界各主要发达国家生产力布局状况，发现现代世界各国成功的生产力布局，都必须遵循如下基本原则，即积极参与国际经济大循环原则、地区发展潜能和发展空间原则、生产力布局不平衡原则、生产力集中布局发展原则和国家安全战略原则。当然，生产力布局的这些原则，并不是每个国家或地区生产力布局都必须严格遵守的，但却是每个国家或地区布局生产力发展时都必须认真思考的问题。我国沿海发展战略和先富带动后富政策，至少集中体现了生产力布局的前四个原则。众所周知，邓小平在设计我国沿海发展战略时，也是有主有次的，发展也是有侧重点的。之所以如此，是因为对于我国延绵数千千米的海岸线及其毗邻地区，我国没有实力同时加以开发。开发的起点是从经济社会与技术条件较好的地区入手，设立经济特区，逐步开放发展，这是生产力布局基本原则更加灵活与务实的运用。

20世纪末，在沿海开放开发战略取得显著成效，沿海地区经济飞速发展、经济社会取得巨大进步之际，我国开始把经济社会发展的战略目光，投向了广漠的西部地区，提出了西部大开发这一新的发展战略。我国的西部地区，地域辽阔、发展水平比较低，发展潜力巨大。实施西部大开发，既是沿海发展战略的延伸，为沿海发展战略提供更加良好的环境和厚重的经济社会支援。同时，西部大开发战略更是国家安全战略的具体体现，使我国的国家安全具有了巨大的战略纵深。成渝地区地处中国西部的四川盆地，土地肥沃、物产丰富、资源富集。在中国历史上，每当国家危难，四川盆地均以其丰富的资源和物产，给予国家安全以巨大的人力财力的支撑。同时，四川盆地也是历史上南方丝绸之路的起点区域。开发成渝地区，促进其经济社会快速发展，无疑对国家安全和整个西部地区人民的福祉意义深远。

西部大开发战略实施十多年来，国家为西部开发进行了大量投资，依托亚欧大陆桥、长江水道、西南出海通道交通干线，发挥中心城市作用，以线串点，以点带面，逐步形成我国西部有特色的西陇海兰新线、长江上游、南（宁）贵、成昆等跨行政区域的经济带，带动其他地区发展，有步骤、有重点地推进西部大开发。《西部大开发"十一五"规划》，把实现西部地区经济又好又快发展，人

民生活水平持续提高，基础设施和生态环境建设取得新突破，重点区域和重点产业的发展达到新水平，教育、卫生等基本公共服务均等化取得成效，构建社会主义和谐社会迈出扎实步伐作为发展目标，建设经济繁荣，社会进步、生活安定、民族团结、山川秀美、人民富裕的新西部。在此过程中，不断探索我国西部生产力布局的重点地区和重要地带，完善西部大开发战略生产力布局的历史任务，在西部形成了两个重点发展区域即咸西新区和以成渝经济区为框架的两江新区及天府新区，最终确定了中国西部生产力布局的总体格局。

三、穷尽地利之势合理布局生产力，积极开展区域内合作与竞争

《规划》对成渝经济区的产业布局做了详细的规划，对成渝两市来讲，可谓是全面而具体。但是产业布局不等于生产力布局，只是生产力布局的物的方面。生产力布局除了产业布局外，还包括以人口状况为基础的人力资源布局，强调产业布局与人口资源布局相适应，人口资源布局推动产业布局发展。单纯强调产业布局而忽视人口资源布局，只会走入地区经济现代化的陷阱，失去经济发展的强力后劲。上海与日本的东京相比，在中国成不了经济老大，经济高度现代化的上海有可能被挤出前十位，原因就在于此。因此，成渝经济区要获得长足发展，并推动中国城镇化进程，在注重产业布局的同时，应当精心谋划区域内的人口布局，在不断消化吸收本地人力资源的同时，有计划地吸收四川盆地盆周山区的人口，改变人口对盆周山区土地承载的压力。此外，在匹配成渝经济区人口布局时，还应积极吸引西部及全国的高层次人才到经济区就业与发展，积蓄区域经济发展后劲。

在成渝经济区内部，就区域经济合作与竞争来讲，无论从政治因素或是从自然因素看，成都市都无法与重庆市竞争。从政治因素看，重庆是直辖市，成都只是副省级城市；从自然因素看，重庆有长江水道同我国的中原地区及发达的沿海地区，特别是长三角相连接，便利的水路运输可以使重庆的各类产业在与中原、长三角地区及我国发达的沿海地区的交换中获得巨大的利益。因此，在区域内的合作与竞争中，虽然成都市与重庆市是区域内的双核城市，但重庆市占尽天时、地利之优势，单纯的成渝竞争，成都市无疑将处于下风。

在区域竞争中，成都的出路在于依托四川省的优势进行发展。从区域的整体看，重庆所占面积比四川省小得多；就长江水道的自然资源而言，虽然重庆拥有的长江水道因三峡库区的存在对工业生产的支撑更具价值，但四川省拥有从乐山经宜宾到重庆的川江水道和已经部分渠化了的嘉陵江水道，并且两岸资源更丰富，腹地更广阔，具有更大的发展潜能。因此区域内成渝双核的合作与竞争，加上四川省的因素，必然好戏连连，风生水起。

在成渝经济区的发展中，如何发挥中央政府和四川省的作用，促进区域内生产力布局更加合理呢？笔者认为，除了重视《规划》明确的成渝之间沿路工业

带外，更应重视两大经济区块的发展。其一是以宜宾、泸州、乐山及自贡、内江为主体的川南区块的发展。此区块拥有漫长的川江水道和岷江下游水道，极易与重庆的发展相连接，在未来的发展中，如果能得到中央政府和四川省的强力支持，获得较快发展，将成为区域内经济发展的第三核。同时，随着未来渝昆铁路和公路的贯通，金沙江水道航电开发利用，宜宾至攀西大通道的开辟，以及中缅铁路的建成与其港口的开发利用，川南区块将成为经济区向中南半岛、印度洋沿岸和非洲、欧洲发生密切联系的重要支撑点。大批经济区物资从宜宾集结向西南通向印度洋，不仅将大大缩短在途时间，而且也会因运输费用的降低而增强产品的竞争力。其二是以南充、广安、遂宁为主体的川中北区块的发展。此区块拥有良好的嘉陵江水道，并且广安与重庆已经形成了较为紧密的联系，他们联合起来围绕嘉陵江做文章，在嘉陵江沿岸放开手脚发展现代生产力，使区块内人力资源和各类自然资源得到充分利用，写好在此区块内布局生产力的文章。如此，一个鲜明的成渝经济区生产力布局跃然纸上，实现适度集中发展，又快又好发展的战略目的。

从区域生产力布局的态势看，四川在落实《规划》的过程中，应努力促使以成都为首的成绵乐经济带和以宜宾为首的川南经济区块以及以南充为首的川中北经济区块的形成和发展，以品字形布局开展同重庆的经济合作与竞争。中央政府在考量对成渝经济区的发展时，不仅应重视考量成渝双核的发展问题，而且应更加重视以宜宾为首的川南区块的发展，研究其如何能够将两江新区和天府新区的相关的金融财政税收政策运用于川南区块的发展，促使该区块成为区域经济发展的第三核，并成为成渝经济区西出印度洋的前进阵地。同时，重视以南充为首的川中北经济区块的发展，通过金融财政税收政策，充分利用区块内的人力资源和自然资源，在嘉陵江沿岸形成"一头"或"两头"在外的加工贸易区。如此，成渝经济区的生产力布局才能尽善尽美、科学合理，防止成渝双核过强过大、川南与川中北区块"大树底下不长草"的困境出现。

四、四川在成渝经济区生产力合理布局中的对策

总体而言，目前四川矿产资源主要集中在川南区块和与川南区块相连接的区域外的攀西地区，水能资源集中于西部，现代工业发展较好的地区为成绵乐区块（该区块由于缺乏为数众多的发达的现代工业镇等因素而尚未形成经济带）以及宜宾、泸州、自贡、南充、遂宁等点，消费市场也主要集中于上述地区以及重庆。随着川南区块的发展，未来将密切同云贵两省的联系，并将进一步影响中南半岛及印度洋地区。中国西北地区及中亚也将受其影响和带动。

但是，就目前而言，自然资源丰富的攀西地区和金沙江水道开发不足，乐山宜宾自贡至重庆水道，嘉陵江水道，由于两岸缺乏密集的现代产业集聚而未能充分利用。现代工业发展较好的成绵乐地区，工业也多集中于大中城市，对于镇

级城镇工业发展的指引不足。针对以上情况，建议四川在成渝经济区的合作与竞争中采取如下对策。

一是适当调整"一极、一轴、一区块"政策。对于"一极"、"一轴"地区应当充分发挥他们的优势，放手让其发展。对于"一区块"地区则继续鼓励他们与重庆合作，密切与重庆的经济联系，使其在支援重庆的建设中不断地使自身也获得长足的发展。四川省则重点扶持川南区块和川中北区块的发展，给予四川省的最大权限支持，并力争中央政府给予特殊的金融财政税收政策。在此基础上，积极引导川南区块和川中北区块内部在政策机制上走向一致，互相协调、共同发展。

二是攀西地区资源开发利用不足，金沙江航电资源尚未开发，应在扶持川南区块的发展中，加快以西昌和攀枝花市为两极的安宁河谷开发和金沙江开发。其开发的意义不仅在于能够促进成渝经济区的发展，而且更为重要的是，随着中缅铁路建成和水运的开发，此区域是中国内陆经济走向印度洋的前进基地，降低中国经济对马六甲海峡的依存度，对中国经济战略布局和战略生态将发生重大影响。

三是认真贯彻执行《规划》建议"一圈四带"生态网络构想。阿坝州地震频繁，甘孜州及盆周山区交通不便，因此在建设成渝经济区，促进城市化发展的进程中，不宜在该区域建设大中城市。这些地方的城市化进程，可以考虑在川南区块和川中北区块的沿江地区以用地指标对换等形式借地建镇、借地建城，积极引导阿坝、甘孜及盆周山区市县的资金、技术和劳动力向区块内转移，满足其城市化发展的需要，让川南区块和川中北区块获得人气和资本资源的集聚效应。在财政体制上，四川省应促进川南区块和川中北区块的相应地方财政，建立平行划拨机制，将盆周山区相应县市的投资和新建或迁入企业生产产生的地方税费划拨给相应县市财政，使阿坝、甘孜及盆周山区市县政府能够实现异地组织生产，异地解决本县市的就业压力、实现农村劳动力向工业和第三产业转移，异地增加本级财政收入。通过相关配套措施，提高他们参与川南区块和川中北区块建设的积极性，壮大和发展四川经济，壮大和发展成渝经济区的生产力。

（傅铭，四川省级机关党校哲学社会科学教研部副教授。）

制约成渝经济区成长的非经济因素分析

高远　杨芸芸

内容提要： 区域经济关系主要体现为合作和冲突两个方面，成渝经济区整体实力的提升和参与国际竞争的必然性要求区域内打破壁垒，形成统一大市场，进行区域协作和分工，实现经济紧密联系和合作。本文分析了制约成渝经济区成长的非经济因素，并探讨了如何摒除非经济因素，实现区域良性发展的途径。

关键词： 成渝经济区　城市意识　双核结构模式　行政区与经济区　制度

成渝两地同处西部，地域相邻、经济相融、人缘相亲、文化相通，经济有很强的互补性，交通可以互为通道，天然气、水电资源可以共同开发，两地优势互补，可以形成强大合力。一直以来成渝两地的民间和官方交流不断。2004 年成都重庆双方签署"1+6"协议，《加强川渝经济社会领域合作，共谋长江上游经济区发展的框架协议》。2007 年两地签订《川渝合作共建成渝经济区协议》，2010 年《成渝经济区区域规划》获得批准通过，两地多层次、多主体、多形式的开展合作，共谋发展。但是，通过成渝两地合作的实际情况来看，由于城市意识、城市双核结构模式、行政区与经济区矛盾等非经济因素在制约着成渝的合作和发展。

一、制约成渝经济区成长的非经济因素

（一）成渝两市迥异的意识

城市意识是一个历史的、时间性的综合概念。它随城市的产生而产生，随城市的发展而逐步丰富内涵。城市的个性与特色，具体体现是城市的精神文化、景观、建筑风格、城市风貌等，具有唯一性、排他性和可识别性。

1. 成都的城市意识

成都有 2500 年的建城史，一直是中国西南重镇。不管在文化、政治、商贸方面，它的基础都相当深厚。成都是文明的休闲之城，人们生活节奏缓慢而有序，尽情享受着文化商业古都里浓郁的儒商氛围。成都是许多人心目中的"乐土之邦"。每一个成都人都在全力打造中国的休闲之都。所谓"休闲"二字听起来没有一点城市经营的味道，实际上，它是采用亲切自然的语言让你产生对城市生

活质量的认同感。在"休闲"背后，更凸现了在文化、旅游、餐饮、科技、贸易等方面的经营手段。成都的城市广告语是"成都，一个来了就不想离开的城市"。从历史文化与科学人文精神这个角度来讲，成都较之重庆最突出的优势也就在于它浓厚的文化背景。成都地势平坦，气候温和，因此其独特的历史人文、气候环境因素也造就了成都人独特的性格特征：平和儒雅、恬淡内敛，成都人凭的是老练和成熟。

2. 重庆的城市意识

重庆是一个"大城市带大农村"的特殊直辖市，尽管有55%的农业人口，但重庆从来就不是农耕文化的代表。工业26个大类重庆都有，重庆历来也是全国重要的生产基地。在经济建设方面，重庆喊出"一城两翼，建设三大经济区"的口号：主城9区建成"都市发达经济圈"，西部建立"渝西经济走廊"，东部建设"三峡库区为核心的生态经济区"。三个经济区域实行分类指导，分类推行，发挥各自的比较优势，形成优势互补。重庆是我国西部唯一具有铁路、公路、水路、航空和管道五大运输方式的城市。直辖后，重庆以交通为重点，依附"山城"、"两江交汇"的独特地理优势，投入了大量资金，开工建设了一批重大项目。从优势讲，重庆的发展腹地是广阔的，它可以利用8.24万平方千米的地域扩大城市规模。正因为如此，它的发展优势变得尤其显眼———中国最年轻的直辖市。"开放、奋斗、活力、创新"的重庆必定会成为中国地图上光亮的一点，与成都相比也因为直辖变得更为显眼。重庆气候闷热难耐，常年不见天空的模样。从性格而言，重庆人雷厉风行，爽直率真。在生活节奏上重庆人显得忙碌快捷，工作风格干脆爽直，讲究效率，重庆人拼的是年轻和创新。

成都和重庆，它们这种独特的城市意识和各自的优势都足以使两城相比成为两座城市市民经常的谈资。竞争与挑剔，都在有意无意的不断对比中产生。

(二)"双核结构模式"壁垒

双核结构模式是一种特殊而又典型的空间结构形式，它是指在某一区域中，由区域中心城市和港口城市及其连线所组成的空间结构现象。随着经济的发展，交通线的不断完善，处于核心之一的港口城市，已拓展到沿江城市、边界城市。区域中心城市在我国通常是集政治、经济、文化于一身的行政中心城市，而与区外的联系主要是通过港口城市、沿江城市、沿边城市发挥其边缘效应。正是由于区域中心和港口城市（沿江城市、沿边城市）在利益与功能上的互补，再加上便捷的交通连接，使这两个城市具备了别的城市不具备的东西，它们的结合便产生一种新的空间结构模式：双核结构模式。其基本内涵是以两核为中心，以强有力的集聚，通过交通轴线进行扩散来带动相关经济带的发展。

处在西部地区的重庆和成都构成了一个典型的双核结构。双核结构的特征使两个城市的规模足够大，经济实力相当，且两个城市地区相邻，存在共同的腹地，城市间的竞争与合作并存。这些特征在成渝两地体现明显：重庆和成都两地相距300多千米，通过成渝高速公路和成渝铁路线连接，成为成渝两地经济联系的大动脉，与此相关的公路网、铁路网也在不断完善，使得两地的经济来往更加便利、密切。重庆地处长江和嘉陵江交汇处，具有明显的交通优势，使得重庆在历史上就成为重要的商品集散输送地，在川渝未分家前，一度是西南地区的经济、政治中心，这为重庆的发展奠定了雄厚的经济基础。重庆直辖后经济得到了快速发展，经济实力不断加强，成为长江上游的区域中心；成都作为省会城市，是四川的政治、经济、文化中心，具有良好的经济发展基础，是西部地区的中心城市之一，两市的经济实力不相上下，规模相当。重庆没有直辖以前，成都和重庆的经济来往就非常频繁，两地存在共同的经济腹地，川渝分家后，虽说行政上分离了，但两地间的经济联系仍没有割断，只是两地把重心放在各自城市的发展上，以获取相应的区域利益而导致竞争加剧。

成渝两市这种双核结构模式有利于提升成渝经济区的整体实力，有助于解决单一城市带动力不足的问题，也可以防止单个城市过度扩张带来的"城市病"。同时，城镇之间又是相对集中，可以避免分散型城市化带来的土地浪费和物流的成本上升。但是争当中心和龙头的博弈和竞争大大削弱了整体实力，分散了资源，使得增长极达不到应有的效果。正是这种双极点，使得成都和重庆在不同程度上相互钳制，一定程度上阻碍了成渝经济区的发展。

（三）行政区与经济区的矛盾

行政区与经济区是两种不同性质的区域类型。行政区是指为实现国家的行政管理、治理与建设国家，对领土进行合理的分级划分而形成的区域或地方，行政区是行政区划的结果，从最本质或主导的特征而言，它带有明显的政治色彩，是一种有意识的国家行为。经济区是指具有全国意义的专业化的地域生产综合体，是在商品经济发展到资本主义阶段以后，生产日益社会化、区域化的条件下，社会生产地域分工的表现形式。随着市场经济的发展，跨行政区的经济区，已成为一种大趋势。这样，就出现了行政区与经济区的非整体重合现象，也就是说，行政区与经济区不是"一对一"的关系，而是在一个经济区内存在着多个相对独立的行政区利益主体。各行政区域利益主体受各自不同的利益驱使，出于追求自身收益最大化的强烈内在动机，在一些全局性问题上难以达成共识，并产生种种不良经济行为，最后对经济区经济的健康发展产生了较大影响。

在成渝经济区中，成都和重庆是该区域中两个最大的中心城市，由于其行政体制不一样，形成了行政区和经济区非整体重合，产生了诸多矛盾，由此，给成渝经济区的发展构成极大制约。主要表现在以下几个方面：

一是成渝经济区中，成都和重庆两个行政区对经济区合理生产布局的制约。根据经济地理学原理，在经济区范围内，发挥各自优势，按比较利益和劳动地域分工原则合理布局生产力，是优化经济区资源配置，推动经济区健康发展的重要途径。然而成都和重庆受体制分割尤其是价格关系不合理的影响，往往追求自成体系的布局行为，从而不可避免地对经济区合理布局产生了制约。

二是两地的地区封锁对经济区生产要素合理流动的制约。生产要素的合理流动是经济区具有活力的保证，而成都和重庆自成体系布局行为与产业同构偏好，就使各行政区在各自的利益动机驱使下，往往不惜采取种种行政手段筑起经济篱墙，尤其是对短缺要素的封锁，不利于成渝经济区的发展。

三是成都和重庆两个行政区的地方保护主义对成渝经济区共同市场发展的制约。在市场经济条件下，组建经济区区域共同市场，也就是商品在经济区范围内自由流通、公平合理交易，是经济区经济繁荣的保证。但是，出于对各自利益的保护，两地采取保护主义政策，保护本地产品的生产与销售，限制外来商品的流通。例如，成都的蓝剑啤酒在重庆餐馆推销，不止一次地和重庆山城啤酒的推销员打架，酿成流血事件；两个城市的烟摊卖烟，很少互相卖对方城市产的香烟；等等。

（四）两地合作缺乏制度保障

目前，成渝两地合作的共识达成很多还是靠领导人作出的承诺来践行，缺乏法律保障。就我国现有的法律来看，关于区域政府合作的具体规定和条例几乎是空白。由此可见，成渝经济区政府间的合作制度化程度相当低。这严重影响了经济区内各项活动的开展，从而进一步影响了经济区内各项目长期合作的进行。

二、破除成渝经济区成长的非经济因素的建议

（1）成都和重庆，它们具有独特的城市意识，而两种不同的城市意识不应该成为盲目竞争、排斥甚至抨击的理由。双城的城市意识异同应科学、理智地定位在"求同存异"的正确方向。两地人民应该更好地利用这种求同存异的意识和文化，把城市意识作为合作点，在社会文化活动和经济活动上相互融合、共生互补，形成互融的要素市场，促进双方在各方领域的积极合作，不应由于历史留下的文化、意识不同而丢失互助互荣的机会，这既不符合城市化进程的需要，也不顺应时代的潮流。相反要善于把城市意识的"不同"可能带来的"合作壁垒"转化为"合作动力"，把城市意识的"相同"形成的基础化为"合作基础"，以点带面，再整体推动大西部的各项领域发展，做大属于不同于沿海或东部发展地区的产业特色，将"城市意识"与城市化、增强区域整理实力真正地紧密联系起来。

（2）成都、重庆这种双核结构的特征表明其二者的竞争不会停止，只讲竞争是不行的，容易造成零和博弈，但是空谈合作也是不行的。成渝两地应摒除双核结构的弊端，从自身的特点和优势出发，合理分工，各有侧重，扬长避短，实现双核城市的功能互补。成都经济区应重点鼓励和引导现代服务业集聚，积极推进文化产业和绿色休闲产业，形成中央商务区、休闲商务区、科技商务区、文化旅游休闲中心、会展中心、商贸中心和信息服务基地。而重庆经济区应建立新型工业重点发展区，重点发展高新技术产业、现代制造业和重化工业，增强资金、技术、产业和人口集聚能力，形成重要的城市功能增长极。成渝的中间地区将建

立特色产业发展区，将因地制宜增大区域中心镇的规模，加强生态环境保护建设，形成优势互补的格局。

（3）行政区与经济区冲突的协调。

①政府转变职能，优化行为。政府转变职能，优化行为对于协调行政区与经济区的冲突有着直接的作用。首先，政府要"退位"。要按照市场经济规律办事，把权力交还给企业，以间接管理为主，不直接干预企业的生产经济活动。其次，政府要"补位"。政府应以宏观调控、规范市场秩序、为企业的发展和资源的自由流动创造良好的市场环境，强化社会管理，提高公共服务水平。

②明确行政区与经济区的功能定位，使各自的功能协调发挥。行政区和经济区的功能定位不明确也是行政区与经济区发生冲突的原因之一。因此要处理好两者的关系就是要强化经济区的区域经济，淡化行政区经济，充分发挥行政区和经济区的各自功能，合理分工与定位，促进区域的协调发展。对于行政区来说就是要提供公共服务，完善政府职能，理顺各层级政府间的关系，构建服务型的政府，打破地区封锁，消除影响生产要素流动的行政壁垒。对于经济区来说，重点加强经济区内部各行政区间的合作，促进区域的融合发展，按照经济区功能构建合理的生产力布局构架，完善行政区之间的经济联系和基础设施框架，有效解决区域公共问题，使经济区能够健康快速发展。

③合理规划产业布局，完善和规范产业政策并与区域政策相结合。行政区对经济区的发育发展造成冲突与产业政策和区域政策的不完善、不规范密切相关，这就使得行政区内的产业同构严重，布局不合理，生产要素不能得到最优化的配置，制约了经济区的发展。产业政策区域化就是要在制定产业政策时必须充分发挥各区域的资源优势，做到区域合理分工，使资源得到最优化的配置。区域政策产业化就是要在制定区域政策时必须充分考虑产业的专业化合理布局，避免重复建设和地区壁垒。

（4）发挥政府作用，进一步打破行政区划藩篱。由于行政区域关系的制约，使得同处西部和长江上游经济带的两大城市客观上存在着对资金、技术和人才等资源的激烈竞争关系，因此高层政府的行政约束力在区域协调中具有不可忽视的作用，其区域宏观调控政策是区域协调合作的保障，特别是跨省级行政区的区域合作，更需要高层政府统一的行政约束力。两城市要在思想上大解放，要破除行政区划带来的人为设置的藩篱，从西部发展的战略高度来充分认识经济区合作的重要性，认真分析各自的竞争力优势，研讨分工合作的领域、范围及模式，促进以两城市分工合作为基础的成渝经济一体化的发展。

（5）建构一体化法制协调制度。统一的法制是统一市场体系得以形成和有效的协作的根本保障，这也是国外市场经济国家通行的做法。英国区域政策的开端就来自于1934年的《特别地区发展》，以后区域政策的法制基本上就是通过一系列有关立法来实现的。成渝经济区的合作与法制，也需要统一的法制保障。因此，要构建成渝经济区立法协调、执法协调、司法协调机制，形成成渝经济区统一的依法行政制度框架和操作程序。通过合作联系，创建同一领域职能管理机制、政策、决策管理监督协调机制。在不涉及现行行政管理框架的情况下，实现成渝经济区在立法、执法、司法、行政决策、规范性文件管理监督职能管理方面的一体化。

参考文献：

［1］杜立柱. 现代城市意识［M］. 哈尔滨：黑龙江人民出版社，2011.

［2］王康伟，宋广盛. 以沈阳—大连双核心组合模式推动辽宁经济协调发展［J］. 经济观察，2008.

［3］豆建民. 中国区域经济合作中政府干预的原因、问题与建议［J］. 改革与战略，2003（11）.

［4］戴宾. 成渝经济区与成渝城市集群、成内渝经济带［N］. 重庆工商大学学报（西部论坛），2005.12.

［5］何忠平. 川渝合作十年：背靠背还是脸对脸［OL］. 金融界，http：//news. jrj. con. cn/news/2006 - 11 - 16.

［6］高永峰. 成渝经济要做"第四极"暗中少使"双城计"［OL］. 四川在线，http：//www. scol. com. cn，2007 - 04 - 11.

［7］郝寿义. 安虎森 区域经济学［M］. 北京：经济科学出版社，1995.

（高远，中共巴中市委党校副校长、讲师；杨芸芸，中共巴中市委党校综合教研室、讲师。）

打好"文化牌" 融入成渝经济区

——自贡推进建设川南区域文化高地的对策研究

黄丽

摘要：文化产业逐渐成为地方经济发展新亮点，在加快经济发展方式转变中的作用日益突出。加快文化产业发展，是自贡转变经济发展方式的有效途径，也是自贡城市特色的具体体现。自贡文化产业在基础设施建设、文化对外影响力等方面取得良好效果，同时，也存在众多挑战。狠抓项目，加快推进文化主体工程建设；做强特色文化，拓宽文化产业发展渠道；着眼未来，加强川南区域文化产业合作是自贡建设川南区域文化高地，更好地融入成渝经济区的重要举措。

关键词：文化 成渝经济区 区域中心城市

文化产业逐渐成为地方经济发展新亮点，在加快经济发展方式转变中的作用日益突出。为此，中央"十二五"规划建议中明确提出"推动文化产业成为国民经济支柱性产业[①]"。自贡面临国家新一轮西部大开发，加快推进成渝经济区建设的重大机遇，如何更好地发挥文化对经济的助推作用，建设川南区域文化高地、融入成渝经济区，是当前一个重大课题。

一、自贡发展文化产业的意义

文化产业已经成为转变经济发展方式，整合、拉动国民经济和争夺海外市场的主要驱动力。自贡市拥有厚重的文化底蕴和独具特色的文化资源，深入挖掘其文化经济效益，加快文化产业发展，不仅是城市特色的具体体现，更是自贡加快转变经济发展方式的有效途径。

（一）加快文化产业发展，是转变经济发展方式的有效途径

文化产业作为高科技、高品位文化相结合的知识经济中的新型产业形态，已经成为提供就业机会的重要行业、产业结构优化的朝阳行业和经济增长的支柱产业，为促进当地经济增长、加快经济发展方式转变的有效途径。目前，不少地方

---

① 积极推动文化产业成为国民经济支柱性产业，http：//house. focus. cn/news/2011 - 05 - 06/ 1290719. html. 2011 年 05 月 06 日。

文化产业的增长速度高于国民经济的整体增长速度，成为地方经济发展新亮点，如深圳市文化产业增加值以年均约 20% 的速度增长，占全市国内生产总值比重达 7%[①]。而素以"千年盐都"、"恐龙之乡"、"南国灯城"、"江姐故里"等美誉的自贡，拥有"盐、龙、灯、戏、食、佛、儒"等极具开发潜力的特色优势文化旅游资源，拥有恐龙博物馆、彩灯博物馆、自流井——贡井老街、仙市古镇、江姐故里等一批景区（点），文化艺术生产水准名列全省前茅，但文化产业对全市国民经济的贡献率仅为 2.08%[②]，离"文化产业成为国民经济支柱性产业"5% 的发展目标差距较大，因此深入开发其文化经济资源，是自贡转变经济发展方式、缩小地区差距的有效途径。

（二）加快文化产业发展，是自贡城市特色的具体体现

自贡地处川南，位于成内渝区"双核五带"空间布局中的核心位置，属于《成渝经济区区域规划》（以下简称《规划》）提出大力发展的经济区南部城市群中的重要城市。《规划》将自贡定位为"盐卤化工、机械制造、新材料、物流配送基地，现代工业城市"，这符合自贡因盐设市、工业强市的特点，但在一定程度上也说明，自贡尚未完全开发其厚重的文化底蕴和独具特色的文化资源。自贡不仅仅有工业，还有晋升为国家一级博物馆的"恐龙博物馆"、晋升为国家二级博物馆的"井盐博物馆"和选入国家非物质文化遗产名录的井盐汲制技艺、灯会、扎染、龚扇，以及选入四川省非物质文化遗产名录的手工剪纸、富顺手工微刻等 9 个项目。这些文化资源构成了自贡的文化资源比较优势，也凸显了其城市特色，文化的独特性为发展文化产业提供了较好的基础条件。

二、自贡文化产业发展的现状

"十一五"时期，自贡市在深入挖掘厚重的文化底蕴和独具特色的文化资源的基础之上，努力把厚重历史、现代文明结合好、传承好、保护好、发展好，全市文化建设取得了较大成就。

（一）基础设施建设成效突出

加大对全市公共文化基础设施投入力度，2011 年 1 ~ 7 月全市文化建设项目完成固定资产投资 3930 万元[③]。投入 2546 万元，建成乡镇综合文化站 70 个，面积达 2.1 万平方米；62 个城市社区文化中心（室）设施配置；建设农家书屋 1041 个，行政村农家书屋覆盖率已达 90% 以上，2011 年将实现全覆盖；新建 13 个村级服务店，完成 522 个村级服务点升级；投入 162 万元，对市川剧艺术中

---

① 蔡武. 我国文化产业已进入快速发展新时期. http：//www. npc. gov. cn/npc/xinwen/2010 - 04/29/content __ 1571044. htm. 2010 - 04 - 09。

② 资料来源：中共自贡市委中心组文化与发展专题报告会，2011 - 08。

③ 资料来源：自贡市文化新闻出版局，2011 - 08 - 22。

心、市杂技团、市图书馆、市艺校进行了维修①。

（二）文化产业发展态势良好

自贡风貌有限公司被评为国家文化出口重点企业和全省首个文化产业研发基地，自贡龚扇等一批名优产品成功申报四川省扶持文化产业品牌资金。截至 2010 年年底，全市文化产业经营单位达到 2500 余家，从业人员 8 万余人。文化产业经营收入从 2006 年的 19.59 亿元增加到 2010 年的 33.52 亿元，文化产业增加值从 2006 年的 7 亿元增加到 2010 年的 1 亿元，保持了每年增速达 15% 以上②。

（三）文化对外影响力增强

一方面，开拓国内文化市场。恐龙出展十余个省份，川剧展演江苏、浙江，杂技出演云南，彩灯点亮上海、重庆、南京等省市；另一方面，拓展国外文化市场。自贡与 36 个国家和地区建立了文化贸易关系，文化交流遍及五洲。连续几年，自贡对外文化出口贸易项目数和贸易额均居全省各市州第一位，文化出口贸易额约占全省的 50%，如自贡杂技出演非洲、日本，盐史馆首赴香港展出；自贡恐龙、彩灯出展韩国、美国旧金山，逐步增强了自贡文化产业对外影响力，特别是彩灯展览贸易被文化部、商务部等部委评定为国家文化出口重点项目。

当然，取得成就的同时，还应看到自贡建立川南区域文化高地、融入成渝经济区、构建区域中心城市面临的挑战。突出表现在以下三方面：一是文化产业对国民经济的贡献率偏低，助推自贡经济结构转型的作用发挥还不明显。文化产业开发力度还不够，离"文化产业成为国民经济支柱性产业"5% 的奋斗目标还不到一半，深感时间紧、任务重。二是文化产品发展单一，文化创新力弱。目前，自贡的文化产品主要以"大三绝"即：恐龙、井盐和灯会；"小三绝"即：龚扇、扎染和剪纸等文化产品为主导，而以数字、网络等新技术为主导的动漫、网络游戏、电子出版物等文化新兴产品尚待开发。传统文化产业升级改造缓、新兴产业培育慢、文化创新力弱等，在一定程度上制约了自贡市文化产业的规模化、集约化、专业化、品牌化发展。三是文化产业走出去力度不够。胡锦涛在建党 90 周年大会上讲话中提到"我们必须以高度的文化自觉和文化自信……让人民共享文化发展成果"，"要一手抓繁荣、一手抓管理，牢牢把握文化发展主动权"，体现了文化的影响力、竞争力和共享性。然而人民日益增长的物质文化需要，同现实落后社会生产力发展之间的矛盾，在文化产业发展缓慢的过程中日渐凸显。自贡文化产业发展，应"着力解决人民群众最关心、最直接、最现实的基本文化权益问题③"，不仅仅要"以灯为媒""走出去"，更要搭建平台、拓展对外交流合作的领域"引进来"。

---

① 资料来源：中共自贡市委中心组文化与发展专题报告会，2011-08。
② 资料来源：中共自贡市委中心组文化与发展专题报告会，2011-08。
③ 资料来源：中共中央办公厅国务院办公厅《关于加强公共文化服务体系建设的若干意见》。

三、自贡发展文化产业的对策

自贡文化工作要紧紧围绕打造川南文化高地的目标，狠抓项目、做强特色文化、加强区域合作，深入挖掘其深厚的文化资源，提升"盐、龙、灯"主体文化产业的影响力，在扩大交流、共享资源、优势互补、合作共赢中共同支撑川南文化高地建设。

（一）狠抓项目，加快推进文化主体工程建设

项目是关键，项目是支撑。以"规划为指导，项目为核心"展开各项工作，充分发挥自贡井盐、恐龙、彩灯资源优势，围绕建设"南国灯城"和申报世界地质公园为突破口，整体提升城市形象的总体思路，着力打造"灯城建设工程"、以恐龙博物馆园区为主体的"世界地质公园的建设工程"、"盐疗养生休闲度假基地工程"、"盐史文化旅游开发改造建设工程"四大主体工程。即以"南国灯城"建设和创建世界地质公园和建设盐疗养生休闲度假基地为抓手，将彩灯、恐龙、盐史等特色文化建设、旅游产业经济、城市建设管理、经贸招商活动整体打造，提升传统主体文化产业对自贡社会经济的全面发展，实现自贡市文化旅游资源大市向文化旅游强市的跨越。

（二）做强特色文化，拓宽文化产业发展渠道

一方面，继续实施精品工程，做强做大特色文化产业。精心打磨大型杂技舞蹈剧《天上街市》，新创作曲艺音乐剧《龙都情》，创作排演一批优秀的川剧、歌舞、杂技、曲艺节目。启动建设中国彩灯文化发展园区（国家文化产业发展基地），形成彩灯研发、教学、生产、销售和展示的基地，扶持一批优势出版印刷企业做强做大，把自贡建成川南重要的印刷发行基地。另一方面，拓展新兴产业。"推进传统文化产业结构调整，推进传统文化产业提升，积极培育发展新兴文化产业，鼓励有实力的文化企业跨地域、跨行业经营和重组，提高文化规模化、集约化、专业化水平①"。重点发展网络文化业、电影及音像业、演出展览业、新闻出版印刷业、文化娱乐业、对外文化贸易业。

（三）着眼未来，加强川南区域文化产业合作

《规划》明确提出打造"以成都—资阳—内江—自贡—永川—江津—万盛—南川为主的自然风光旅游带②"，凸显了区域合作发展精神。同样刘奇葆在四川省贯彻实施《成渝经济区区域规划》暨规划建设天府新区工作动员大会上，也强调"只有加强川渝合作，'一家亲、一盘棋'，才能完成国家赋予的重大任务，实现《规划》美好蓝图"。那么，自贡在打造川南文化高地的过程中，也应坚持

---

① 资料来源：胡锦涛同志在十七届中央政治局第二十二次集体学习是的讲话。
② 资料来源：成渝经济区区域规划。

"扩大交流、共享资源、优势互补、合作共赢①"原则，推进对外文化交流，加强文化遗产研究与传承和合作，努力形成文化合作与发展核心区域，打造川南区域文明的历史文化基地。

总之，自贡要打好"文化牌"，建设好川南区域文化高地，形成新的经济增长点，助力经济结构调整，实现老工业城市振兴，才能更好地融入成渝经济区，最终建设成为区域中心城市。

（黄丽，中共自贡市委党校。）

---

① http：//sichuan. scol. com. cn/lsxw/content/2011 - 01/25/content __ 1850150. htm？ node% 3D956。南五市自贡"结盟"合作打造"文化高地"，2011 - 01 - 25。

成渝经济区建设背景下
四川民营经济发展的机制创新研究

李慧

摘要： 四川民间投资吸引力不足及外资进入量较少的现状使得四川省的民营经济与发达地区相比有较大的发展差距，在成渝经济区建设背景下，如何激活四川省的民间投资显得非常重要。本文在分析四川民营经济现状及存在问题的基础上，提出了从利益导向、法制保障到政策、社会服务体系等方面的机制创新。

关键词： 成渝经济区　民营经济　机制创新

2011 年 3 月 1 日，国务院常务会议原则通过《成渝经济区区域规划》。历经"十五"、"十一五"期间的论证和调研，成渝经济区终于在"十二五"开局之年瓜熟蒂落。成渝经济区的规划建设无疑会给四川的民营经济带来新的机遇，但同时也可能使其面临更大的挑战和艰难的局面。四川如何抓住成渝经济区规划建设的历史机遇，把握成渝经济区建设的基本态势，分析成渝经济区建设对四川省的影响，明确四川省民营经济的发展现状，提出四川吸引民间投资的创新机制、实现四川民营经济的快速发展，具有重大的现实意义。

一、四川省民营经济发展的现状及成渝经济区建设背景下面临的问题

（一）四川省民营经济发展现状分析

在过去的"十一五"期间，四川全省高度重视民营经济发展工作，按照"巩固回升、加快发展"的基调，努力转变民营经济发展方式，积极营造民营经济和谐宽松的发展环境；进一步鼓励和引导民间投资，民营经济保持了平稳快速增长。

（1）"十一五"时期民营经济总量增长多、增速由高速发展向平稳快速发展过度

从总量上看，"十一五"期间四川民营经济增加值从 2005 年的 3207.49 亿元，经过 2006 年、2007 年、2008 年、2009 年相继跃过 4000 亿元，5000 亿元、

6000 亿元和 7000 亿元大关，到 2010 年突破 9000 亿元大关。

从增速上看，"十一五"时期四川民营经济经历了加快发展、止滑回升、高位运行的发展过程，呈阶段性浅"V"型走势。2005 年、2006 年、2007 年这三年四川民营经济高速发展，增速逐年加快，分别达到 19.8%、20.7%、20.9%。2008 年受百年难遇的汶川大地震和国际金融危机的严重影响，民营增速大幅度回落至 16.0%，在中央和全国人民的支持下，四川省委、省政府领导全省人民抓住灾后恢复重建机遇，鼓励民间投资，扩大内需，内引外援，着力保障和改善企业生产要素配置，生产生活秩序迅速得到恢复。2009 年民营经济发展止滑提速，增速回升到 18.2%，2010 年继续巩固回升，增速达到 18.8%。

（2）民营经济占 GDP（国民生产总值）的比重逐年提高，对经济增长的贡献日益凸显

民营经济在国民经济中的地位逐年提高，对四川经济增长的贡献日益突出。"十一五"时期，民营经济占 GDP 比重从 46.9% 提高到 56.0%，5 年提高了 9.1 个百分点，详见表 1。民营经济快速增长对全省 GDP 增长的总体贡献率达到 66.4%，另外，民营经济对四川新增劳动力就业问题，改善民生维护社会稳定也做出了积极贡献。2010 年，全省个体工商户、私营企业从业人员达 765.02 万人，比 2005 年增长 56.6%，5 年新增就业人数 276.4 万人。

表 1 "十一五"时期四川省民营经济增加值占 GDP 的比重（按当年价格计算）

年份	增加值（亿元）			占 GDP 的比重（%）	
	GDP	公有制经济	民营经济	公有制经济	民营经济
2006	8690.24	4618.44	4071.8	53.1	46.9
2007	10562.39	5256.67	5305.72	49.8	50.2
2008	12601.23	6037.95	6563.28	47.9	52.1
2009	14151.28	6488.12	7663.16	45.8	54.2
2010	16 898.59	7443.62	9454.97	44.0	56.0

数据来源："十一五"四川民营经济实现快速增长，http://www.scaic.gov.cn/fgfz/myjjdt/201103/t20110324＿88714.html。

（3）民营经济的结构不断优化

2010 年四川民营经济不仅总量规模创了新高，而且产业结构不断优化，呈现出三大亮点。一是第一产业民营比重稳中有升。四川民营第一产业增加值从 2005 年的 552.16 亿元增加到 2010 年的 1027.49 亿元，占第一产业增加值的比重从 2005 年的 37.3% 上升到 2010 年的 41.4%。二是工业产业集群化发展逐渐凸现。工业强省战略的实施，加快了工业化发展的进程，民营企业进入工业园区形成规模化集约化发展效应，促使工业发展上、中、下游联动配套，各行业产业链不断延伸。三是第三产业涉足领域不断拓展。民营经济过去主要集中在运输、商贸和传统服务等领域，但近年来这一局面已有所改变，部分民企正在向信息传输

业、金融保险业、租赁和商务服务业、教育、卫生、文化体育和娱乐业等领域拓展。

（4）民营企业规模不断扩大，实力不断增强

"十一五"期间，民营企业从小变大，由弱到强，规模实力进一步增强。"十一五"末的2010年，全省工商登记民营企业254.87万户，比2005年增长48.5%，增加83.25万户。其中，个体工商户218.16万户，比2005年增长42.5%，增加65.06万户；私营企业36.14万户，比2005年增长102.2%，增加18.27万户；外商企业3277户，比2005年下降19.6%，减少798户；港澳台企业2448户，比2005年增长0.7%，增加17户。民营企业户均注册资金从2005年的21.95万元增长到2010年31.90万元，增长45.3%。

（二）成渝经济区建设背景下四川民营经济发展面临的问题

1. 成渝经济区规划建设对四川民营投资的影响

（1）民间资本的比重将上升

《成渝经济区区域规划》（以下简称《规划》）提出，到2015年，成渝经济区非公有制经济比重将达到70%左右，逼近当前沿海发达地区的平均水平；除国家明令禁止投资的项目外，交通、水利、电力、医疗、国防等领域，都允许民营资本进入创业。四川省工商联副主席谢光大认为："民营企业的春天真的来了。"

最新数据统计显示，2010年，四川民营经济占GDP的比重达到了56%，但重庆民营经济所占的比例更高，已超过了60%。可以说，民营经济撑起了川渝经济发展的半壁江山。"这说明成渝经济区投资大战中，民间资本的比重将上升，民营企业将唱主角，也将更加活跃，发挥越来越大的作用。"

（2）民营资本投资空间拓宽

《规划》还指出，成渝经济区民营资本的投资领域将大大拓宽，除国家禁止投资的项目外，交通运输、水利工程、电力等基础设施建设领域，医疗、教育、社会培训、金融服务等领域以及国防领域等，都允许民营资本进入创业。此外，为实现这个目标，川渝两省市政府及国务院有关部门将根据《规划》，制定更为详细的实施方案和相关配套政策，为民营经济发展营造更加公平、合理、宽广的发展环境。这对四川的民营投资来说无疑是巨大的机遇。

（3）实现《规划》的可能性大但有难度

"要实现非公有经济比重2015年达到70%左右的目标，就目前四川和重庆的民营经济发展情况来看，应该是可以实现的。"不过，实现起来依然有难度。"如果说，四川省要实现到2015年非公有经济占GDP比重达70%左右，那每年都要在原有的基础上增长3%，才有可能达到这一目标。"这是有相当难度的。但是，有难度才会有动力，如果四川的民间投资能抓住成渝经济区这一重大历史机遇，是能有一番作为的。

（4）四川民间投资可能面临更高层次的挑战

目前，四川在成渝经济区框架下进行的民营投资还面临一系列难题，如思想观念有待进一步更新；行政壁垒有待进一步消除；区域内一体化大市场短时期难以形成，区域内产业同构现象比较严重的事实在短期内也无法完全解决；竞争合作关系有待进一步协调；融入平台有待进一步健全等。经过 30 多年改革开放的洗礼，四川广大干部群众的思想观念虽然有很大改变，但与区域大协作、大开放、大融入的客观要求相比仍有较大差距。因此，在今后的发展中，无论是政府层面还是民间层面，都还需要更加包容的心态来对待民间投资。就民营经济的发展来讲，川渝两地还有更广阔的合作共赢空间没有打开。比如，重庆的民营企业在蓉投资的敏感度更高，像龙湖地产、金科地产等房产企业，小天鹅、陶然居等餐饮企业以及其他领域，成都随处都可以见到重庆品牌。但成都乃至四川的企业在重庆的发展，相对而言还没有施展开拳脚。企业自身当然有原因，但也需要两地在对待民营经济发展时能够更加包容、敞开胸怀，让资本实现价值的最大化。

2. 四川民营经济发展面临的难题

（1）与东部发达地区相比，四川的软、硬件基础设施都还存在比较突出的差距

从基础设施的硬件方面来看，四川的路网密度、通达水平都还低；出海条件也比较差。这也是四川对外贸易、吸引外资不足的根本原因之一。从基础设施的软件方面看，文化、教育、卫生方面的建设都滞后，详见表2。

表2　　　　2010 年四川基础设施软件情况与全国平均水平的比较

地区	高等院校（所）	大专以上教育/十万人（人）	电视节目综合人口覆盖率（%）	卫生机构人员（万人）	卫生机构数（个）	人口（万人）
四川	92	5320	97.23	43.77	5671	8041.8
重庆	60	8719	96.46	9.72	2425	2859.0
江苏	122	11 013	99.88	30.6456	13 402	7724.5
全国	1910	8729	97.6	584	939 000	137 053.7

资料来源：根据国家统计局统计公报有关数据计算整理而得.

从表2可以看出，四川省文化、教育、卫生等基础设施软件建设方面与发达地区和全国平均水平相比都还存在差距。

（2）国家不断调整的货币政策对民营经济的发展会有影响

民营企业需要一个稳定的成长环境。2010 年国家连续五次调高存款准备金率，同时多次上调存贷款利率，宏观调控政策由原来的量化宽松的货币政策和积极的财政政策转为现在稳健的货币政策和积极的财政政策，对于缓解流动性过剩和抑制通胀是有帮助的。但是，大量流动性回收的时候，对于这些传统制造业正常经营是一种打击，面临这种投资经营环境，特别是劳动力密集型、产品出口型

企业的净利润率开始下降，流动资金大量回到银行，资本的短视和逐利性令正常行业的民营企业家把原本投资于复杂制造业的资金拿出来，投入到其他行业，结果热的行业过热，正常的行业变冷，产业结构调整难度进一步加大。

（3）民营经济自身存在的缺陷导致其发展缓慢

民营经济结构单一，设备陈旧，技术落后，工艺粗糙资金有限而分散，自我积累、自我发展能力差，环境污染和资源浪费比较严重，普遍有行为短期化、管理不规范、经营较粗放，竞争能力弱、文化层次低的倾向，发展后劲明显不足。

民营企业研发能力弱、品牌建设不足。不少民营企业并不注重在技术研发上的投入和品牌建设，而只是专注于简单的价格战，甚至积极为国际品牌做代工，这种做法在整个行业产业链中只能创造低端价值，降低企业自身的实力。此外，富有中国特色的产品又缺乏统一的行业制造标准，鱼龙混杂，这导致本土民营企业的生存空间更显狭小，从而影响了民营企业品牌的整体竞争力。

（4）民营经济发展不均衡

一是民营各经济类型发展不均衡。2010年，四川省工商登记个体私营企业254.3万户，占全部民营企业的99.8%，外商企业及港澳台企业5725户，占全部民营企业的0.2%；外商及港澳台投资非常不足。二是各地民营经济发展不平衡。与成都保持一小时经济圈内的各地区民营经济总量明显高过外圈层地区，总量不均衡可见一斑。四川民营经济发展不均衡是区域经济发展不平衡规律作用的必然结果，但发展差距过大，最终导致民营经济发达的地区越来越发达，民营经济不发达的地区与发达地区的发展水平差距越拉越大。以各地民营经济增加值的分布情况为例。2010年，成都、德阳、绵阳三市民营经济增加值占全省民营经济增加值的43.1%，而经济欠发达的巴中、阿坝、甘孜三地只占全省的2.7%。丘陵山区和高原民族地区民营经济发展滞后现状，给四川全面实现小康生活水平增加了一定的难度。在成渝经济区建设背景下，由于区域极化效应的影响，四川民营经济发展不均衡的态势可能会进一步恶化。

（5）中央政府对成都经济区投资的双重效应，即"拉动"与"挤出"并存

近年来，由于中央政府为帮助四川灾后恢复重建，加大了对四川的投资力度，在成渝经济区建设背景下，国家势必在区域内采用更多的优惠政策及资金支持，但政府投资的作用毕竟是有限（或总量是有限）的，依靠大量政府支出来刺激四川经济的发展也绝非长久之策，这不仅因为政府投资活动的效率低于民间投资，更由于大量财政支出会对民间投资产生"挤出效应"。因此，四川发展民营经济可能要面临比东部发达地区更多的障碍和问题。

另外，四川省在人力资源、产业结构、投资环境等方面与发达地区相比也存在差距，这些同样对四川的民间投资构成影响。

三、四川民营经济发展的机制创新

（一）做好吸引民间投资的利益导向的创新

在已经过去的改革开放 30 多年间，四川一直没能很好地吸引外来投资，而且还存在着人才外流的困局。既然民间资本的本性是趋利的，那么只有利益和环境才能把这些投资吸引过来。如何做好利益导向的创新就显得尤为重要。

利益导向的含义是：按照市场经济原则，充分挖掘四川的投资利益，以四川特有的投资利益去吸引国外国内的民间投资。用利益来吸引投资，其实质就是用利益来换取投资。利益越多，换取的投资就越多，可是利益本身不会说话，不会主动向投资者招手，但利益又必须让投资者了解和相信，这就要靠四川各级政府部门善于"包装"和"推销"利益。

第一，利益发掘。利益发掘在于四川人要十分重视、不断发现并深化认识其资源优势、发展机会及创业者的事业成就感等。政府有关部门要做好各项资源的勘察工作，将利用这些资源投资办企业与发达地区相比可节约的成本和获取的利润进行尽可能详细的可行性研究，然后运用适当的信息载体包装起来，广泛地推销出去，以此吸引民间投资。

第二，利益包装和利益推销。利益包装就是要给原始的利益穿上华丽的外衣，对其形象进行细致的设计和艺术加工。在深刻发掘和理解利益的基础上，可以通过各种体裁的文字、图形、图片、动画、摄影、录像甚至于演说等各种形式包装四川所独有的优势资源、旅游景观、商业机遇、民俗风情、历史文化等各种利益内容。利益经过包装之后就是一种利益产品，每个具有前述优势利益的地区都应该要"生产"出自己的利益产品品牌。要想做出杰出的包装工作，就必须要有一个包括记者、作家、摄影师、广告师、网络主页制作者等在内的具有浓厚市场意识和商业敏感性的利益包装"工程师"队伍。利益经过包装后应具有能打动投资者视觉的美感和心灵的内涵，使投资者心动并产生投资的欲望。

（二）四川民营经济持续发展的政策创新

1. 政策环境的创新

第一，政府行政管理体制的创新，以转变政府职能为关键，创新民间投资的服务环境。进一步深化机构改革，变革现行审批方式，减少审批事项，简化办事程序，提高行政效率，降低管理成本，真正塑造起"小政府，大社会，大服务"的行政管理模式，使政府服务高效廉洁。第二，市场经济体制的创新，以培育和发展统一、开放、竞争、公平、有序的市场为目标，创新市场环境。重点是整顿和规范市场经济秩序，消除行业壁垒，清除市场障碍，提高市场化水平，推进市场化进程，促进生产要素的合理流动，为民营经济发展营造公平、公正、开放的市场经济环境。第三，区域经济政策实践的创新。为增强四川民营经济的发展能力，可实施区域差别政策。按照区别对待、积极推进的原则，在资金安排、地方配套资金比例、市场准入、环保标准、土地审批、金融信贷等方面，对贫困地区、少数民族地区给予更优惠的倾斜政策，扶持这些地区加快发展。

2. 大力发展创业型投资和农村民间投资

鼓励城市下岗失业职工和其他投资者兴办各类社区服务业和中小企业，还可以去农村投资农业，或者从事流通和服务，以主动创业来推动就业和启动民间投资。在创业活动中，政府应加强指导，负责收集和发布市场信息，简化各项手续，制定优惠政策加以扶持，相关部门还应对创业者进行免费的技能培训和服务，尽量减轻企业在创业阶段的负担，使这些新创办的小企业不断发展壮大。

另外，有关新闻媒体和各种形式的论坛、博览会、洽谈会等应发挥导向作用，有的放矢地开辟"创业板"，为投资者献计献策。如可借鉴东中部地区的一些有益经验，推进创业型民间投资。诸如像江西卫视"生活一线——小殷开店"和浙江卫视"小家创业"栏目等类似的节目，都可以帮助民间资金实现向民间资本的转化。再比如："西洽会"（东西部合作与投资贸易洽谈会的简称），在2007年就成功举办了"创业投资与西部发展论坛"，其方式是介绍成功的、正确的、适用的、本地化的投融资方式给所有参与者，这对激活投融资双方的需求与合作的对应点，引爆资本的原有动能，促进投资者与潜在的受益者之间的同步双向转化起了很重要的作用；"中国西部国际博览会"，目前也已经发展为西部地区规模最大的经贸活动和西部地区对内对外开放的共同平台，四川可以充分利用和挖掘这些平台的作用，扩大自身的国际经贸合作与交流。

3. 民营企业融资制度的创新

第一，开辟民营企业直接融资渠道。即使在发达国家，中小企业的资金筹措迅速转向直接融资也是有困难的，其中最主要的原因还是中小企业规模小，其股票难以满足一般的股票交易市场的上市条件。为此，政府应该积极创造条件，开辟新的"场所"，促使民营企业股票上市交易。具体而言，四川民营企业的直接融资渠道可以从以下几个方面开辟：一是培育有条件的企业尽快到创业板上市。二是开辟民营企业债券市场。三是鼓励民营企业到海外创业板上市。

第二，开发新的投资通道，促进民间资金直接或间接投资。从总体上看，民间投资通道可分为直接通道和间接通道。要增强四川民营经济的发展能力，最主要的是需要探索在新背景和形势下创新民间间接投资渠道的有效途径。金融创新拓宽间接通道的有效途径主要包括：产业基金、私募基金、信托（如个人委托贷款）以及相关金融工具。

产业基金。目前我们通常界定的产业投资基金，主要是指直接投资于产业，特别是主要对未上市企业进行股权投资和提供经营管理服务的利益共享、风险共担的集合投资制度。西部地区还可以考虑引入地产基金，这实际上也可以说是产业基金的一种类型，也就是所谓房地产产业投资基金。

私募基金。由于私募一般局限在一个较窄的地域、人群范围内，资金供求方存在着较为密切的人缘、地缘关系，投资方可以通过多种有效途径了解对方的个人信用及企业生产经营情况，可在很大程度上缓解需求双方的信息不对称问题，有效地对需求方进行监控。同时，这种民间投资都是投向实力较强的民营企业，这也与民间投资的高风险高收益的特点相适应。

银行牵线做项目。南京曾经有过类似的成功经验，在 2003 年的元月，南京绕城公路高速化改造工程总造价 7.5 亿元的资金是通过新闻媒体向全南京市民募集的。当然，这种募集是通过委托民生银行南京分行和浦发银行南京分行贷给南京市交通集团公司的，期限 3 年，年利率为 4%。这种贷款方式被称为"多对一"的个人委托贷款。四川有资质的民营企业在国家银行紧缩银根、贷款及上市融资有限的情况下可以充分借鉴这一做法，把融资视线投向民间。

第三，健全民营企业信用管理制度体系。民营企业进入资本市场要有一定的信用作为保障，方能消除融资各方的风险顾虑。为此，四川必须建立一套完善的以信用为立法基点的包括相关法律、法规的民营企业信用地方性法律制度和相关配套措施，包括对民营企业的注册、资产监管、财务信息管理、信用纪录收集与管理等。

第四，建立四川民营企业发展基金。为解决民营企业融资难的问题，可建立民营企业发展基金，其渠道有三种：中央和各级地方政府的财政专项资金；通过证券市场发行债券，向社会直接筹资；建立集中为民营企业服务的互助基金；同时应该建立相应的法律法规来规范企业发展基金的运作，为基金的发展创造好的环境。

第五，培育和促使民营金融机构发展。发达国家都有大量的中小银行，它们的主要客户就是当地的中小企业，极大地促进了中小企业的发展，取得双赢的效果。随着四川民营企业的长足发展，发展地方性民营金融机构，使其成为民营企业融资的主要来源是一种有效的制度安排。因此，当前可在中小城市推行开办民营银行的试点和推广，对一些中小城市的城市信用社，试行在民营化方面的先行突破；积极完善农村地方性金融机构的改造，让农民和农村经济组织通过参股成为农村信用社真正的股东，促使农信社的重组、规范，使其成为真正意义上的农村民间商业银行。

（三）四川民营经济发展的社会服务体系创新

1. 建立民营企业社会化服务体系

民营企业社会服务体系是一个以民营企业为特定服务对象，以多层次、多渠道、多形态、多方位为特征的社会总体概念。它既包括政府和民间的各种专门组织机构，也包括国家制定的各种特定的法律、政策以及相关的条例、规定等。

四川由于市场经济基础薄弱，第三产业及中介服务机构相对不发达，更要强调政府的作用，但并不认为政府可以沿用计划经济的模式来直接管理民营企业，更不能干预企业的生产经营活动，或者打着为企业服务的旗号，搞新的权力寻租。具体兑现政府各类援助政策，实施对民营企业的各种引导、指导服务，应该由起着桥梁和纽带作用的企业协会之类的一个专门机构来完成。各区县级的协会是整个社会服务体系中的基础，它负责吸纳企业会员，直接听取会员的要求、建议，进行投资决策、经营管理、会计、法律、申请财政补助、融资、担保、科技等方面的指导，提供各类信息、人员培训，为各种交流作中介。只有从多层次、多方位着手才能构筑起一个社会化服务体系基本框架。

2. 加强和改进政府对民间投资的服务工作

健全保护投资者利益的各项制度。一是严格规范政府行为，切实维护企业正当权益。如湖北应城市推行的企业"安静日"制度，对该市企业实行挂牌保护。二是阳光行政，接受社会各方的监督。政府在涉及重大问题时，不仅在决策过程中要引入科学民主监督机制，而且要做到信息完全无条件免费公开，杜绝暗箱操作，将政府的权力置于法律、制度和群众的监督之下，真正做到执政为民。要做到阳光行政，还应建立有公信力的纠纷仲裁机制。另外，要应尽快将企业和个人信用管理提上议事日程，建立区域内统一的企业和个人信用信息系统。

（李慧，中共四川省委党校。）

以交通为枢纽
把乐山建成川渝经济区的重要增长极

刘国春　谢利萍　马亚学

【论文提要】乐山作为成都经济区内唯一集公、铁、水、空于一体的交通次级枢纽，围绕建设"四川经济发展的重要增长极、西部综合交通次级枢纽、成都平原城市群南部中心城市、国内外一流文旅目的地"发展定位，加快融入成都1小时经济圈，扩大与重庆的经济交流，推进区域综合交通一体化，更好地融入成渝经济区，服务和推进成都都市圈增长极和成渝通道发展轴建设，在助推"一极一轴一区块"发展战略中发挥积极作用。把乐山建设成为西部经济发展高地的重要增长极，将更好地发挥成渝经济区的交通优势，提升成渝经济区区域辐射能力。

主题词：乐山交通枢纽 川渝经济区 经济增长极

2011年3月，《成渝经济区区域规划》（以下简称《规划》）正式出台。随着《规划》的逐步实施，我国将形成以成渝经济区为着力点，与环渤海地区、长三角地区、珠三角地区共建张弓搭箭之势，使成渝经济区成为中国经济增长第四级，带动西部地区发展，促进全国区域协调发展。区域的发展和竞争，核心是枢纽之争。成渝经济区要建设贯通南北、连接东西、通江达海的综合交通枢纽，域内各城市之间多种交通运输方式的互联互通是基础，乐山交通枢纽建设在成渝经济区中有着优越的地理优势和独特的经济辐射效应，有利于打造成为成渝经济区的"通道经济"，形成成渝经济区的重要增长极。

一、建设乐山综合交通次枢纽，扩大成渝经济区辐射效应

乐山市位于四川省中南部，是岷江上游的中心城市，是川西、川南地区重要的入江口岸，是建设长江上游生态屏障的重要节点。在成渝经济区"双核五带"中，乐山同时处于沿长江发展带和成绵乐发展带；从成渝经济区四大城市群看，乐山同时被纳入成都城市群和经济区南部城市群，位于全国T字形国家级经济发展轴底部，是成渝经济社会发展的重要地带，对接收和进一步发挥成渝经济区

"双核"辐射作用有不可替代的作用，也是成渝经济区打开南大门的重要通道。

（一）构建"乐山—宜宾—泸州—重庆"港口群，积极发挥成渝经济区水运优势

成渝经济区地处长江上游，是长江上游重要的生态屏障，承担着保护整个长江流域特别是三峡库区生态环境的重要职责，对于更好地推进长江上游地区经济发展和生态文明协调进步，保障长江上游生态安全，增强区域可持续发展能力具有重要意义。但是当前成渝经济区交通基础总体较差，与周边省市联通不畅，致使成渝经济区处于全国路网格局的边缘和末端，物流成本较高，严重影响成渝经济区在西部和全国大格局中的地位，制约了成渝经济区的发展。尤其是成都作为成渝经济区"双核"之一，境内拥有发达的公路、铁路、航空等运输方式，最大的短板就是没有水运，成都为取得更大的竞争优势迫切需要发展成本较低的水运。成都向东、向南方向输入和输出宜水运，但由于不具备便利的水运交通条件，一般都由高速公路运抵重庆港、泸州港或宜宾港，再转口运输。而乐山距成都仅 128 千米，比成都到泸州港近 200 千米，比成都到宜宾港近 150 千米，运输成本大大低于其他运输线路（见下表）。

成都至重庆的水运运价比较表

起点	运输方式及运价	中转点	运输方式及运价	终点	合计运价	成本变化
成都	高速 136 千米×0.6 元=81.6 元/吨	乐山	水运 534 千米×0.1 元=53.4 元/吨	重庆	135 元/吨	
	高速 290 千米×0.6 元=174 元/吨	泸洲	水运 249 千米×0.1 元=24.9 元/吨		198.9 元/吨	+63 元/吨
	高速 280 千米×0.6 元=168 元/吨	宜宾	水运 372 千米×0.1 元=37.2 元/吨		205.2 元/吨	+70 元/吨
	高速 360 千米×0.6 元/吨				216 元/吨	+81 元/吨

通过综合开发岷江、建设乐山港、发展岷江航运，加强成渝经济区域内港口城市的合作，共建"乐山—宜宾—泸州—重庆"港口群，发展能耗小、成本低的航运，必将为成渝经济区的发展搭建起新的平台，形成成渝集装箱进出的经济通道、长江上游重要的集装箱枢纽港、货物运输集散地，使成都经济区获得"港口地区"的优势，提升成渝经济区的内部整合力，带动长江上游流域发展，赢得区域经济的竞争优势。

（二）建设乐山综合交通次枢纽，构建成渝"大旅游"

当前，全民旅游正以强劲的势头扑面而来，乐山作为四川省旅游基地和全国旅游城市，在 2010 年上半年，峨眉山—乐山大佛景区接待游客 221.66 万人次，实现门票收入 18 167.49 万元，同比分别增长 8.45% 和 34.20%，在全省旅游景

区接待人数和实现门票收入中排第一位。但是受交通线路限制，绝大部分游客仅有两条线路选择：成都—峨眉乐山—成都、成都—峨眉乐山—昆明，这种"一头进、一头出"的单线旅游是造成乐山旅游业长期以来没有大突破的主要原因之一。通过乐山综合交通次级枢纽建设，运用"慢城"理念引领旅游转型升级，加快建设以峨眉山—乐山大佛景区为核心的休闲度假区，以峨眉河田园风光、环城市休闲系统为重点的休闲度假带，以峨秀湖、嘉州国际生态水乡为重点的休闲度假地以及相关的旅游配套产业，增强乐山旅游业核心竞争力，积极地形成成渝经济区三层旅游环线和旅游辐射线。三层旅游环线，即铁路、公路、水路跨省市大环线：昆明—西昌—乐山—宜宾—泸州—重庆—广安—南充—广元—绵阳—九寨沟—都江堰—成都；铁路、公路的区域中环线：雅安—乐山—自贡—内江—成都；外环高速的市级环线：乐山市中区—峨眉—沙湾—五通—犍为—井研—夹江—乐山。三类旅游辐射线：绵德成眉乐城际铁路线、乐山—重庆—长江三峡—宜昌旅游航线、辐射全国主要景点的航空线。乐山既成为国际旅游目的地，又成为转往周边市州、区县、景区的集散地。同时，可恢复乐山至重庆、上海的客轮，形成乐山—宜宾—重庆—上海水上旅游黄金通道，促进成渝旅游由观光型向休闲度假型转变，使乐山成为成渝经济区独具神奇魅力的旅游"后花园"。

（三）建设乐山综合交通次枢纽，加快构建"成渝工业经济圈"

当前，成渝经济区总体还处在工业化中期，工业占GDP（国民生产总值）比重较大，面对全国已进入产业转型期的巨大压力，成渝经济区必须思考区域内未来产业结构的调整，酝酿产业转型，抓住发展机遇。通过成渝综合交通枢纽的建设，可以打造区域内无障碍交通，使经济区域内的每个地方都可以在成渝辐射的巨大产业链上找到定位，通过产业协调发展、人才互通交流，形成强劲的工业经济圈，推动区域联动发展。新能源、新材料、电子信息等产业，是乐山具有竞争力和发展潜力的优势产业，通过对接全省"7＋3"优势产业发展规划，着眼于抓住乐山高新区、峨眉山工业集中区、五通桥盐磷化工产业园区列为省"1525"工程重点培育园区的机遇，全面提速园区建设，着力打造"百亿园区"；强化龙头带动，在政策支持、资源配置和要素保障等方面加大倾斜力度，尽快将西南不锈钢、德胜集团、和邦集团等大企业培育成本土主营业务收入"百亿企业"，在做大做强本土企业的同时助推成渝经济区经济的快速可持续发展。

（四）发展"双百"城市，积极发挥成渝经济区核心层的次中心城市作用

交通建设深刻影响城市发展历程、城市空间形态和现代城市规划。四川的经济增长一直主要依靠北翼，即成都、德阳、绵阳这一翼，制约了四川经济的进一步发展，必须建立另一翼即乐山、宜宾、泸州这一翼，可称为南翼，乐山应发挥四川经济增长南翼排头兵作用，共同促进四川经济的协调可持续发展。乐山按照北接、东连、西拓的方针，逐渐成为成都、攀西、康藏三大经济区的经济中心和增长极。同时作为成渝经济区核心层的次中心城市，以产业大发展带动城市化脚步，以建设"双百"城市为目标，按照"组团连线扩城、改造提升旧城、规划

再造新城"的思路，坚持"两化"联动、依港兴城，构建"三区联动、沿江组团、功能优化、产业高端"大城市框架，拓展城市空间，逐步建立以成渝为核心的区域共同市场，推动城市经济的发展，努力推进中等城市向大城市跨越，在2020年实现"双百"城市的重大跨越。

北接。借鉴上海洋山港建设发展经验，以乐山港独特的地理优势，积极融入成都平原城市群，承接来自成都、德阳、绵阳、雅安、眉山等地的大宗物资，为乐山港建成后提供充足的货源，有效提高乐山港的运营效益。东连，连接川南经济区，利用交通平台，积极发展与自贡、内江、宜宾、泸州等地的经济交往，促进互动发展。西拓，拓展攀西、康藏城市群交通联系，吸引攀枝花、凉山、雅安、甘孜、阿坝等区域的矿产资源和产品，经乐山交通枢纽中转出川（特别是改变攀钢每年600万吨钢铁经铁路到江阴港的传统运输线路）。充分发挥乐山枢纽优势，推动枢纽经济发展，把四大城市群扩展为自己的经济腹地，让乐山交通影响力辐射四大经济区。

二、乐山建设"两航五铁八高速一枢纽"，融入成渝综合交通枢纽

乐山通过建设西部综合交通次级枢纽，境内将基本实现县县通高速公路，同时可实现与成都、川南、攀西及康藏地区区域交通一体化，并实现两小时通达重庆市和周边市州的高速时空圈。构建起乐山经济流向向北、向南、向东和向西的经济服务圈和经济发展板块，凸显乐山在成渝经济区核心圈层内的次枢纽地位、西部经济发展前沿阵地地位，从而促进城市间的经济联系和优势互补，促进区域经济协调发展。

（一）岷江航道综合开发，提升成渝港口群货运能力

岷江作为长江上游最主要的支流，自乐山中心城区至宜宾的162千米四级航道，是当前四川省管理的唯一可常年通航、等级最高的内河航道，也是四川省重大装备产业进出的唯一水运通道，是四川重型机械制造业进出川的大动脉和生命线。乐山是成都经济区内最便捷的出海通道，是四川大件运输的唯一水上通道，具有得天独厚的临港经济建设优势。乐山综合交通次级枢纽以岷江航电开发为核心，计划"十二五"期间完成四个梯级通航建设，同时启动下段航道整治工作，使全段航道达到Ⅲ级标准、常年通行1000吨级船舶，丰水期通行3000吨级船舶要求，彻底解决大件运输难问题，把岷江打造成成都、攀西、康藏三大经济区通江达海的水上运输大通道，使乐山港货物水运可常年直达上海，实现岷江航道由季节性通航向常年通航跨越。在"十二五"期间，建成乐山港综合交通枢纽Ⅰ期工程，形成50万标箱、500万吨货物吞吐能力；健全港口集疏运网络，实现与公路、铁路、航空的有效链接；推动临港产业园区和物流园区建设，为发展港口经济奠定坚实基础。乐山将加强与宜宾、泸州港口群的联系，面对内外激烈的竞争发展态势，积极与重庆"一干两支六线"规划航道联系发展，打造新的经济增

长极，加快乐山经济发展方式转变，提高成渝经济区区域竞争力，实现成渝经济区经济社会更好更快发展具有重要现实意义和长远战略意义。

(二) 积极筹建乐山机场，提升乐山区位优势

目前，乐山由于缺少连接周边乃至全国旅游景区"点对点"的便捷空中走廊，在旅游线路中被列为"顺访地"，不能实现旅客"快旅漫游"的需要，降低了乐山大佛和峨眉山世界双遗产的价值。按照旅游的一般规律，有旅客达到一定量就可新建机场。乐山旅游资源密度大、品位高，2001年乐山游客达到500万人次，已经充分具备了筹建机场的条件，但受各种因素的影响，至今尚未正式开始建设。建设乐山旅游机场，可以使其与双流机场互为始发港和到达港，不仅充分发挥双流机场的枢纽功能，也可以发挥乐山机场的旅游功能，二者既分工又相得益彰，进而有利于四川丰富旅游资源的有机组合，有利于乐山市从区域性旅游城市向全国性和世界性旅游城市发展，使乐山旅游跳出本省，在更大范围内实现旅游资源的整合，把乐山市建成国际文旅目的地城市。

规划乐山机场为4D级军民共用机场、旅游干线机场和双流机场的备用机场。满足军用多种机型和B757等所有民用机型起降。将规划开通至北京、上海、广州等国内12条航线和东南亚等国际航线，对四川航空网络的形成具有重要作用，力争在"十二五"期间建成投入运营。

(三) "五铁八高速"建设，使干线交通由普通路网向高速路网跨越

干线交通建设是县域交通优化网络、提高等级的内在要求，顺应陆路交通高速化发展趋势，完善路网结构，大力发展高速公路和高速铁路，完善陆路交通。"五铁"建设以快速扩充运输能力、提升技术装备水平为主线，有效地加强中心城市成都与绵阳、德阳、眉山、乐山等次中心城市和众多中小城镇的联系，增强中心城市的辐射带动作用，促进区域城市化进程，加快区域经济协调和健康发展；整合连接城市的旅游资源，形成新的环线旅游经济带。"八高速"以"提高等级、改善路面、优化线形、完善路网"为重点，围绕"三区联动，拥江发展"战略，形成"两翼展开，拥江发展"的城市干道主骨架和公路外环线；新建峨眉山市绕城货运通道、沙湾绕城线、五通桥绕城线，实现过境交通与城市交通有效分离；着力构建"三纵、三横、一环、八射线、三通道"干线公路网，全面提高干线公路网整体服务水平和抗灾能力。

(四) "一枢纽"建设，实现公路、铁路、航空有效衔接

乐山港综合交通次枢纽地区，紧靠乐宜高速、乐自高速、岷江航道、成昆铁路成燕复线延伸段和成贵铁路客运专线，汇集公、铁、水、空多种运输方式，处于乐山市综合交通规划的核心区域，能够方便、快捷地实现"旅客零换乘"和"货运无缝衔接"，有利于乐山依托岸线资源和港口资源，促进原材料和产品大进大出的企业沿江发展。重点发展装备制造、港口物流、能源等临港产业，吸引大型企业投资兴业，建设起大型装备制造与能源中转供应基地，形成临港工业和资源型加工业两大产业集群；实施质量兴市和名牌带动战略，加快高新区建设，

吸引高新技术企业进驻；培育一批高新技术产业的知名品牌和龙头企业，发挥品牌对区域资源的系统性优化配置作用，提高产业综合竞争力和可持续发展能力；加大科技投入，完善科技创新服务体系，加快科技创新公共服务平台建设，增强产业集群的核心竞争力，从而优化乐山工业结构。

三、乐山积极做好配套措施，发挥成渝综合交通枢纽作用

为了更好地发挥成渝经济区综合交通枢纽的辐射功能，区域内各节点城市都必须立足本地，按照区域发展的总体规划，积极做好相关配套措施，提升区域竞争力，使成渝经济区能够真正与环渤海地区、长三角地区、珠三角地区并驾齐驱，促进我国区域协调发展。

（一）培育三大"千亿产业"，增强融入成渝经济区的产业联系

产业是经济社会发展的脊梁和依托。在产业发展思路上，乐山要坚持走新型工业化道路，重点发展硅材料及太阳能光伏、冶金建材和盐磷化工三大"千亿产业"，突出产业高端和产品高端"两条路径"。

一是把乐山建成全国硅材料生产和科技创新基地。乐山作为中国多晶硅研究开发和产业化的发祥地，是全国唯一国家级硅产业基地，已形成包括工业硅、多晶硅、单晶硅、抛光硅片在内的微电子工业体系，力争到2020年时实现硅材料及太阳能光伏产业销售收入超过1100亿元，硅材料及综合利用相关产业实现销售收入2300亿元。

二是以四川西南不锈钢有限责任公司和其亚集团为依托，以建设沙湾、夹江、峨眉山、乐山市中区4大冶金建材工业园区为重点，把乐山建设成为西部重要的冶金建材基地。到2020年，将把乐山打造成为西部最大的水泥、不锈钢、建筑陶瓷等建筑材料产业基地，实现冶金建材销售收入2000亿元。

三是依托乐山丰富的盐、磷资源和现有的产业基础，以五通桥盐磷化工循环经济园区为核心，通过资源整合和技术升级，形成包括黄磷、磷酸、磷酸盐和有机磷产品的高技术含量、高附加值的磷化工产品体系，把乐山打造成为四川重要的盐磷化工产业基地和最大的循环经济示范园区，力争在2020年实现销售收入1000亿元，打造成川渝一流的盐磷化工基地和循环经济示范园区。

（二）抓旅游休闲城市建设，发挥融入成渝经济区的独特功能

乐山将文旅经济与临港经济、商务区经济、科教新区经济实行统筹规划，形成了着力把文旅经济培育成"战略性支柱产业"的发展思路，以旅游产业结构战略性调整为主线，着重发展"一区两线"休闲旅游产品，努力推进乐山旅游从量的扩张向质的提高转变，促进乐山由观光旅游向休闲体验的复合型旅游形态转变，把乐山打造成为国际旅游最佳目的地。一是建立旅游宣传营销机构，充分挖掘和整合"名山、名佛、名人、名城"旅游资源，同时密切与成都、重庆、西安等国内重点旅游城市点对点合作和线路联动，实现旅游客源市场的共享，把

乐山旅游更多地融入成渝乃至全国的大旅游环线，进一步提高乐山旅游影响力；二是加大旅游市场主体培育力度，按照"政府引导、企业为主、行业促进、社会推动"新模式，延长旅游服务产业链，打造竞争力强的现代旅游企业，努力使企业成为乐山市旅游产业发展的主要投、融资平台和旅游景区项目开发经营实体，增强乐山旅游发展后劲；三是加强与国际国内一流科研机构、高等院校的合作，吸引国内外旅游人才参与乐山的旅游开发建设和管理，吸引高端专业技术人才和管理人才，实现旅游人才的战略储备，实现乐山旅游业高质量的发展。

（三）抓生态环境建设，增强融入成渝经济区的生态保障

立足乐山，树立"大环保"的发展理念，紧紧围绕建设生态城市和资源节约型、环境友好型社会，大力推进生态建设。以改善民生为根本出发点，以控制污染物排放总量、建设和保护生态环境为主线，突出节能减排、重点区域和重点流域污染治理和农村生态保护。在巩固工业污染防治和城市污染治理的基础上，逐步将环保的重点转移到生态治理和农业污染防治上。要确保城乡饮用水安全，使全市单位面积农田的化肥、农药施用强度到 2015 年比 2010 年下降 20%，无公害、绿色和有机食品基地面积占全市耕地面积的 30% 以上，国家级自然保护区规范化建设比例达到 50% 以上，65% 的天然湿地得到保护。积极推进环境监测能力建设，促进经济增长方式的转变。力争在 2015 年实现主要污染物排放得到基本控制，常规（传统）因子环境质量得到基本改善，环境安全得到基本保障，为成渝经济区的生态建设奠定良好的环境基础。

（刘国春，中共乐山市委党校副校长，经济学教授；谢利萍，中共乐山市委党校经济学讲师；马亚学，中共乐山市委党校科研科科长。）

区域新格局下成渝经济区
川内产业选择与发展

刘军

内容提要：本文简要分析了目前区域经济新格局的特点和形成背景，并结合产业实例，从"内陆型经济区"这一基本点出发，以创新发展为主题，重点分析了特色资源产业、现代农业、先进制造及现代服务业的发展问题。

关键词：成渝经济区　产业选择　发展

一、我国规划现状：2009 区域经济规划"中国年"

2009 年底的中央经济工作会议对 2010 年的要求是"推进基本公共服务均等化和引导产业有序转移，促进区域协调发展"。仅 2009 至 2010 年间，我国相继出台了海峡西岸经济区、江苏沿海地区发展规划、横琴总体发展规划、关中—天水经济区发展规划、皖江城市带承接产业转移示范区等 13 个国家级经济区划。

成渝经济区规划就是在这一背景下获批的。因此构建成渝经济区就必须从我国区域发展战略出发，读懂系列规划出台的时代背景，要从中思考目前国内国际经济形势对于成渝区域规划的客观约束，思考国家对区域规划的基本要求。

（一）系列区域规划的特点和现实背景

1. 系列区域规划的特点

（1）"自下而上"的区域开发战略

以往经济区的设立通常是一种"自上而下"的区域开发战略。而这一系列区域开发规划更多的是由地方政府主导，上报中央政府批复，是一种"自下而上"的区域开发战略，更有利于发挥地方政府的积极性、主动性和创造性。

（2）区域经济规划旨在加快产业转型升级

纵观已出台的区域规划，均以产业结构调整与布局为主线，重视发掘各自地区经济发展的特色。

（3）区域规划旨在明确区域功能定位和发展方向

各区域规划对定位、方向、目标各不相同，体现了对不同区域的针对性和指导性，但都体现了对全国及本区域所能发挥的重要功能与作用。

（4）区域规划把生态环境保护作为重中之重

纵观已经出台的区域规划，都用了很大篇幅具体阐述生态环境保护问题，把生态环境保护、防治污染、发展循环经济以及生态环境保护工程列举得很详细。

（5）区域规划弱化了政策优惠，突出了体制创新和区域合作

从已批准的区域规划来看，规划中给予的优惠政策并不多，而突出了体制创新和区域合作。

此次系列区域规划的出台，全国范围多点开花，我国区域新格局也由此逐渐成型。那么究竟是什么原因使得区域规划的密集出台？

2. 系列区域规划的现实背景

2009年，在全国依旧高速实施城镇化国家战略的同时，国际金融危机不期而至，我国沿海发达地区也由此面临前所未有的产业升级压力，这也为我国经济发展提出了很多问题。

（1）拉动国内消费市场

国际金融危机突袭中国，使以外向型经济为主的沿海地区遭到了严重冲击，扩大内需成为化解金融危机的重要途径。

经济全球化和国际产业转移加速带来的贸易转移，使得外贸依存度在全球范围内都处于迅速提高阶段。从1980年到2001年，美国、日本外贸依存度大体稳定在14%~20%之间。而2008年浙江、广东、山东外贸依存度则分别为78%、53%和41%，出口依存度为57%、88%和24%。这种对国际市场的高度依赖，一旦国际市场消费疲软，我国经济增长就会受到较大抑制。我国经济在出口萎缩的形势下，如何保持经济的持续增长成为当前面临的重大课题。

而这次国家及时出台区域经济规划，就是旨在通过构建新的经济布局，实现区域经济的"点""面"结合，从而进一步夯实扩大内需的基础，壮大推动中国经济发展的能量，并希望通过发展中西部地区和欠发达地区来拉动国内消费市场。

（2）目前城市化发展不平衡

据农业部预测，（2006起）未来10年，中国农民还将以每年850万的速度向城镇转移，这种速度自然会导致一些新问题的出现。

中国社科院最近发布的第四部《中国城市发展报告》报告指出，中国城市贫困问题日益突出，城市人居环境面临重大挑战。

报告指出了当前城市发展存在农民工市民化进展缓慢；大城市交通拥堵现象严重；城市养老准备不足；城市贫困问题日益突出；城市社区医疗服务发展滞后；城市人居环境面临重大挑战等多方面的问题。

事实上概括地讲，也就是两个方面的问题：

一是城市合理规模的问题（城市容纳问题）。人口增长过快超过了城市经济规模，就会形成人口空间聚集的"泡沫现象"，造成城市拥挤、环境恶化、社会

问题增多等一系列问题。

二是产业容纳问题。目前我国沿海地区面临产业升级的压力,给农业剩余劳动力转移提出了新的问题。而金融危机的不期而至使得矛盾更加突出。

而从发达国家城镇化历程看,无一例外都是产业拉动的城镇化。这次在全国范围内广泛培育区域增长点,就是为了充分调动地方积极性,实现农村剩余劳动力就近转移的目的,缓解城镇化速度与产业发展速度之间不平衡的现实问题。

新一轮区域规划正是为了实现"移民就业"向"移业就民"转换,是城市结构和空间布局的战略调整。

(3)为先进地区在前进道路上的摸索赢得宝贵时间

沿海经济全面面临产业升级的压力,现有的区域经济框架必然面临重构。沿海产业转移的同时产业升级不可能马上完成,更不用说目前无论是产业转移还是升级都遇到了不少的困难。因此我国主要的经济增长动力会出现一定时期的疲软,而在"保增长"(就业压力)诉求下,如何激发并利用好后进地区的"增长斗志",将为先进地区在前进道路上的摸索赢得宝贵时间,这个时候显得非常重要。

如果我们仔细分析这次密集出台的一系列区域规划,可以看出国家在制定区域经济发展战略方面非常关注这几个方面:功能定位明确——各具特色;强调区域合作;优化生态环境。

因此,成渝经济区发展必须结合自身特点打造特色区域,努力成为我国经济的第四增长极。一方面,非但不能完全摒弃劳动密集型企业,而需要思考如何让劳动密集型企业能在"内陆型"区域一定时期内持续健康发展,承担起吸纳城镇化所释放劳动力的重任;另一方面,我们必须依靠大力发展高附加值产业以克服区位劣势,在获得区域竞争优势的同时避免区域间由于产业同构带来的恶性竞争。

二、成渝经济区产业选择与发展

(一)创新是发展主题

迈克尔·波特的钻石理论中特别强调,当今的竞争已经处于一种动态多变的状态中,在基础科技可以迅速扩散、交通和传播成本降低的情形下,单纯将生产活动迁移到生产成本廉价的地区已经不能保持长期的竞争优势。一个国家或区域维持竞争优势的唯一方式就是不断地持续升级和创新。

早在罗斯托的主导产业理论中,就提出了创新是产业兴衰的主要动力,是产业内生能力的集中体现,是主导产业形成与发展的必要条件之一。创新通过多方面的作用来影响主导产业的发展方向。首先,创新氛围可以培养劳动者对产业发展相关知识的敏感,尤其是对创造性要求高的产业;其次,不断创新可以通过完善现有生产要素供给状态、改善生产要素供给结构,合理配置资源;再次,创新可以不断带来新的投资领域、提升人们的消费水平，进而影响需求结构；最后，对于产出需求弹性较大的产业，创新可以通过创造新的市场需求而吸引生产要素的流入，从而提高产出的数量并有可能获取较高的收益；而对于产出需求弹性较小的产业，创新通过需求的相对缩小而引起生产要素的流出。

区域经济发展最忌讳的就是合作各方不从区域整体发展角度，寻找各自的比较优势，错位发展，而是各自为政互为对手，导致项目的重复建设和资源的不合理利用。

而产业创新发展可创造差异化，形成区域独特优势，避免区际恶性竞争，有利于成渝经济发展形成合力。

就成渝经济区而言，无论是从国内还是从世界范围看，与长三角、京津冀、珠三角不同，区域最大的特点是"典型的内陆经济区"，这也是我们探讨成渝经济区主导产业选择的一个基本出发点。

远离海洋、运输与物流成本高，是内陆型区域经济发展的薄弱点。成渝经济区不靠海、不沿边，四周又被巨山大川围堵，与周边区域难以形成广泛的接触和信息沟通。香港工业总会的一项调查表明，90%的受访企业不愿离开珠三角迁往内地。他们认为，产业转移后的最大问题是运输成本上升，其次是技术工人短缺，再者是内地缺乏珠三角那样完整的产业配套。

那么怎么样才能使得我们的产品克服区位劣势，确立竞争优势呢？那就是运用创新思维开发特色产品创造差异化和加强科技创新发展高附加值产业。

（二）产业的选择与发展

1. 特色资源的创新开发

四川得天独厚，拥有矿藏、电力、风景文化、农产品等丰富资源，但拥有资源的量绝不能等同于相应的竞争优势。这些资源成为区域竞争优势的关键在于区域是否具有将其转换成特殊优势的能力。如高度的专业技巧与应用科技。

下面以矿藏资源和自然文化资源为例来说明这个问题。

（1）矿藏资源——钒钛产业

钒铁是钢铁工业重要的合金添加剂，该合金是用于制造飞机和火箭的优良高温结构材料，在美国极受重视，产量占钛基钒合金的一半以上。金属钒还可用于磁性材料、铸铁、硬质合金、超导材料及核反应堆材料等领域。

攀枝花被称为世界钒钛之都。但需要注意的是，发展钒钛产业，要把关注的重心放在产业链延伸及产业集群的培育上，把产业重心放在一个产业链的最前端。必须利用好这个特色资源，在如何让更多的企业围绕钒钛深加工方面下苦工夫。围绕钒钛系列产品培育区域产业集群，在培育这些产业集群的同时，培育处于钒钛产业链下游的拳头产品。德国鲁尔工业区的发展路径就是个很好的例子。

德国鲁尔区有着丰富的煤炭资源。煤炭地质储量为2190亿吨，占德国总储量的3/4，其中经济可采储量约220亿吨，占全国的90%。利用丰富的煤资源，鲁尔大力发展炼焦、电力、煤化学等工业；并在大量钢铁、化学产品和充足电力供应的基础上，建立发展了机械制造业，特别是重型机械制造、氮肥工业、建材工业等；同时，为大量产业工人服务的轻工业，如服装、纺织、啤酒工业等也有了很大发展。但正因为围绕资源鲁尔大力开发了关联产业和实现了产业的深度延伸，使鲁尔区从"世界炼钢中心"逐步变成了一个炼钢等传统产业与服务业、信息技术、生物技术等产业相结合、多种行业协调发展的新经济区，产业结构调整成效明显。

（2）自然与文化资源——旅游产业

自然与文化的融合才能打造真正的特色，正所谓山水曾相识，文化各不同。

仅有自然风光，没有文化内涵的旅游产业是做不强的。正如张家界市市长赵小明所说："旅游只是一种形式，而对于地方文化的一种感受和认知以及情感上的认同才是旅游的核心……"

张家界有丰富多彩的民族文化资源：全市162万人，有125万人是土家族、白族、苗族等少数民族，有多达15类70多项的非物质文化遗产，这为自然景色和地域文化融合提供了基础条件。

"阿诗玛"形象，"印象刘三姐"同样是自然与文化的成功融合。据来自权威部门的统计和媒体的报道，"阿诗玛"形象累计给云南带来直接经济效益1000亿元。"印象刘三姐"每年的门票收入上亿元，拉动阳朔GDP（国内生产总值）增长1个百分点。

"融合"的成功是因为文化远比自然更丰富，更鲜活，更加广泛而深远，所以赋予了文化内涵的旅游资源才具有超越国度，超出人们视觉感官的恒久价值。

而特色文化的民俗化、市场化是发展趋势。四川是一个文化资源非常丰富的地区，有神秘的巴蜀文化、妇孺皆知的三国文化、民族民俗特色文化、佛教道教宗教文化以及酒文化、茶文化、饮食文化等，可谓品格多样，琳琅满目。因此我们可以结合市场需求挖掘这些宝藏。比如青城山道教养生文化，应把握人们对于健康关注度日益增强的形势；峨眉山佛教思辨，参禅悟理，人生哲学殿堂，可以释放当代人快节奏生活模式下的心理压力。

当服务产品趋于同质化的时候，服务内涵丰富化和品质的提升则成为创造差异化的重要途径。

2. 高附加值农产品——现代农业与先进制造

（1）现代农业——以四川泡菜和茶为例

四川泡菜是全国知名度最高的泡菜，2010年四川省全省泡菜产值120亿元，居全国第一。但是出口额只有几百万美元，出口地区和国家仅20个。

韩国泡菜是在1988年首尔奥运会上一炮打红的。而就这一小小的泡菜，年出口额就高达24亿美元（850多倍），出口110多个国家。

韩国泡菜的成功主要得益于：产品创新开发，品种丰富，突出健康营养元素；产品创新生产，打破传统作坊加工，标准化生产；创新营销打造国际品牌。

韩国泡菜曾被美国《健康》杂志评为了世界五大健康食品（其他是酸奶、

橄榄油、小扁豆和大豆）。该杂志评价说，泡菜富含维生素 A、B、C 等重要的维生素，还有很多有利于健康的乳酸菌，帮助消化。

此外，韩国泡菜还通过出口影视剧等文化策略建立品牌（大长今），推广的力度和范围都很大，因此在国际上的知名度也较高。随着韩国影视剧在中国的热播，中国的观众们已经对韩国泡菜非常熟悉，无疑为韩国泡菜在中国的普及做了良好的铺垫。

川茶至今已有 4000 多年的历史。

据新华社报道，中国每年产茶 120 万吨，仅有 30 万吨出口，虽然产茶面积世界第一，但国际市场的影响力却较弱。2010 年川茶产业产值约为 21 亿元人民币，而立顿公司茶品年产值约 230 亿元人民币。

在茶叶深加工方面我们缺乏开发新产品创新动力。

在中国台湾和日本，茶叶被广泛应用到食品、医药和日用生活品中，极大促进了茶叶消费的增加。

台资天福茗茶目前总共推出了 100 多种茶叶零食，从产品定位来说，茶叶零食价格要比同类产品高 10% 左右。没有喝茶嗜好的年轻消费者成为这类食品的消费对象。茶瓜子、茶味口香糖逐渐被人们所接受，茶面条、茶糕点也走入了人们的视野。

台湾目前人均消费茶叶 1.6 千克，但是真正按照传统方式饮用的不到一半。在发展茶产品深加工方面，我国内地可以借鉴日本和我国台湾的做法。

日本的茶叶深加工产品开发延伸到生活的各个领域。用乌龙茶、绿茶、花茶等为原料加工制成的茶饮料，已超过矿泉水成为日本最常见的饮料。日本商店中的茶食品也琳琅满目，而应用茶叶提取物茶素等制作的抗菌、除臭产品更是多达数百种，茶叶有效成分还被广泛应用于化妆品、洗涤剂、茶染服装等。

（2）先进制造——航天、汽车及药业

先进制造业中的"先进"二字，我们需要从下述三个方面来认识：①产业的先进性，即在全球生产体系中处于高端，具有较高的附加值和技术含量，通常指高技术产业或新兴产业。②技术的先进性。"只有夕阳技术，没有夕阳产业"。从这个观点看，先进制造业基地不是非高新技术产业莫属，传统产业只要通过运用高新技术或先进适用技术改造，在制造技术和研发方面保持先进水平，同样可以成为先进制造业基地。③管理的先进性。无论哪种类型的制造业基地，要冠以"先进"两字，在管理水平方面必须是先进的。不能想象，落后的管理能够发展先进的产业和先进的技术。

3. 现代服务业：21 世纪的朝阳

英国经济学家杜宁所言：世界已经进入服务经济的时代，谁拥有了优质的服务，谁就是竞争的胜利者。

工业规模发展到一定程度，经济、社会都会对服务业需求变得日益强烈，而服务业对于劳动力的吸纳作用非常强，正如美国《华盛顿邮报》专栏作家乔治威尔所说的那样：麦当劳拥有的员工比美国钢铁公司还要多；美国经济的标志，是那两道金色的拱门，而不是烈焰熊熊的火炉。

而与此同时，物资流通、科技创新会成为工业发展的助推剂；完善的金融服务是企业成长的摇篮；优质的公共服务基础有助于吸纳人才，吸引投资，可以说现代服务业将成为经济社会发展过程中的沃土和润滑剂。

就台湾 IT 产业而言，从事制造业的人口比例已经由 1986 年的 40% 下降到 2006 年的 26.5%，尤其是服务业已经占到 GDP 的 70% 以上，"岛内接单，岛外生产"的台湾已经步入了"后工业化"时代。这种模式非常适合内陆型经济区，因此成渝经济区未来产业结构的重心必定是服务业。

参考文献：

［1］肖金成．区域规划：促进区域经济科学发展［J］．中国发展观察，2010（3）．

［2］任晓彬．人均 GDP 突破 3000 美元酒泉未来经济社会发展趋势分析［OL］．甘肃统计信息网，2009－10－21.

［3］王春光．中国未来 20 年的变革：3 亿农民非农化之路［N］．中国青年报（北京），2005－11－22.

［4］姜琳琳．七万茶厂不敌一个立顿 中国茶为何"有名无姓"？［N］．北京商报，2009－03－10.

［5］冯禹丁．台湾高科技起飞之鉴［J］．商务周刊，2009（20）．

（刘军，中共四川省委省直机关党校经济学教研部讲师。）

四川经济空间布局与
成渝经济区的发展研究

刘艳

  四川经济空间布局与成渝地区经济结构的演进基本一致。新中国成立以来，四川经济空间结构演进经历了相当长的过程，空间布局也经历了 6 个阶段，逐渐趋向合理。改革开放前，四川的经济空间立足于建立独立的工业体系，布局了一批基础工业和军事工业，点状分布于群山之中；改革开放后，立足于省情，在不同时期提出了不同的区域空间布局。①"两点式"空间布局。重庆未直辖前的大四川，重点发展重庆、成都两个大城市，带动四川经济的发展，可称为"两点式"布局。"两点式"空间布局，集聚效应特别明显，促进了省域内人口、产业、资本和技术向成渝两市的集中，成渝两市的经济实力也迅速提升，成为四川国民经济的增长极，主导了四川省域经济社会的发展，也为四川以及成渝地区的发展奠定了"双核"型空间结构的基本构架，但扩散效应未能显示出来，周边及外围地区，经济状况没有明显的变化。在此期间也曾思考过"依靠盆地，开发两翼"的空间布局。依托四川盆地，重点开发以宝成铁路、成昆铁路以西和襄渝铁路、川黔铁路以东的两个区域。两翼之间的四川盆地是全省经济相对发达的地区，壮大盆地经济实力，支援两翼的开发。②"一线、两翼"空间布局。经济总是沿交通密集轴线率先发展起来，交通线在经济发展中的作用迅速增大，经济活动明显向交通线聚集。随着一批公路干线的建成通车，沿交通线出现了为数众多的中小型企业。随着改革开放的逐步深入，市场机制对资源配置的基础作用开始显示出来，立足于四川的经济基础和技术条件，构思了"一线、两翼"空间布局。一线指江油—成都—峨眉山，两翼指攀西、川南地区。沿江油以南的宝成线，峨眉山以北的成昆线及公路沿线布局经济增长点，吸引经济向沿线城镇集聚，带动沿线的发展。但江油经成都至峨眉山铁路沿线的城镇多数规模小、等级相近、经济实力弱，空间距离延伸长，轴线等级不高，导致空间和时间成本不能有效缩短，城镇之间空间相互作用力弱，经济活动难以沿线延伸形成地理空间上的集聚，产业也未能沿交通轴线形成较大规模的产业带，也难以形成具有一定规模和强度的人才、物资、信息的线状流动。攀西、川南有丰富的资源，资源的开发是在一个地理域面上展开的，但资源的加工利用又要以城镇节点和交通轴线为

208

依托，"两翼"的域面太宽，攀西约 6.7 万平方千米，川南约 4.7 万平方千米，在空间要素的配合上难以紧密结合在一起，空间指向不够明确，空间载体不够强大，成效也不明显。③"依托两市，发展两线，开发两翼，带动全省协调发展"的空间布局。即依托成都、重庆两个中心城市；发展"江油—峨眉山"，即宝成线江油以南，成昆线峨眉山市以北沿线经济、"成都—重庆"，即成渝铁路沿线经济；开发攀西、川南两区，带动全省经济协调发展。两市、两线、两翼的空间布局，开始向点轴开发模式推进，点指成都、重庆两个特大中心城市，轴指成昆线、宝成线、成渝线形成的两条开发轴，生产力集中布局在两个城市圈和两条开发轴线上，呈现出成渝经济区原初框架。但由于成渝两市尚处于空间集聚阶段，集聚远大于辐射，对周边腹地的带动作用不大；"江油—峨眉山"、"成都—重庆"两线空间距离过长、节点规模不大、轴线等级不高，难以形成大规模的集聚；川南、攀西资源开发空间指向没有载体支撑，集聚和扩散作用也未能呈现出最佳的状态。④"一点、一圈、两片、三区"的空间布局。1997 年 3 月重庆直辖，成都成为四川唯一的超大中心城市，四川经济空间布局调整为"依托一点，构建一圈，开发两片，扶持三区"。即依托成都，加快成都平原经济圈建设，推动全省经济的快速增长；加快攀西、川南资源开发，使其成为四川重要的农产品生产基地和工业基地，增强全省发展后劲；扶持、加快丘陵地区、盆周山区和民族地区经济发展。20 世纪以来，城市带动经济发展的作用日益增大，建设都市经济圈引起各界的高度关注。成都具有的区位、经济、交通、人才、信息、资本优势，用成都平原经济圈带动四川经济社会的发展。⑤"一点、一圈、一环线"的空间布局。"一点"即成都市，即以通过培育成都市这个特大城市形成的增长极的发展来带动周边经济的发展；"一圈"即成都一小时经济圈，通过成都一小时经济圈的空间布局，形成对周边城市和地区的辐射效应，有效促进四川经济的发展；"一环线"即通过成都、川南、攀西、川东北、川西北 5 大经济区形成的空间结构带动整个地区以及"一环线"周边地区经济的发展。⑥"一极一轴一区块"空间布局。2007 年 6 月 7 日国家批准设立"重庆市和成都市全国统筹城乡综合配套改革试验区"后，四川及时调整区域空间布局，设计出与重庆经济圈融为一体的"一极一轴一区块"的空间格局。"一极"指成都都市圈增长极，主要包括成都、德阳、绵阳、眉山、雅安市，以及资阳、遂宁、乐山的部分县。"一轴"指成渝通道发展轴，主要包括自贡、宜宾、南充全市，以及泸州、内江、乐山、遂宁、广安的部分县。"一区块"指环渝腹地区块，主要包括达州，以及广安、泸州、资阳、内江、遂宁的部分县。四川在成渝经济区中集中力量发展成都都市圈和成渝通道发展轴，支持环渝腹地区块融入重庆经济圈，与重庆经济圈共生共荣。

一、成渝经济区四川空间布局有利于推动全国省际区域合作的展开

环渝腹地远离成渝"两极",整体工业基础相对薄弱,但两省市经济活动联系极其频繁。成都到重庆之间没有一个较强的经济中心,导致成渝经济区内的人口、产业、资本、技术、信息与人才向成渝两地核心区高度集中,极化效应明显。四川环渝腹地经济区块的工业产值 2008 年占地区生产总值比重仅为 29.6%,总体上处于向工业化中期过渡的阶段,且城市化水平不高,城乡差距较大。达州距成都约 500 千米,成都的经济辐射能量到达州已衰减为零;达州距重庆只有 200 千米,可以利用自身的资源优势,有所为有所不为,积极创造条件,承接由重庆转移出来的产业。环渝腹地的县与重庆的距离在 100~150 千米左右,距离成都却在 200 千米以上,主动融入重庆,既有利于重庆经济的发展,也能带动四川经济的发展(见下图)。从下表中可以看出,环渝腹地面积不小,人口不少,经济规模不大,城市化水平不高,GDP(国内生产总值)总量占四川的 10.73%,占重庆的 26.33%(见下表)。重庆作为直辖市,国家配置的政策比四川优惠,经济的增长速度比四川快,辐射的范围会不断增大,主动融入重庆经济圈,有利于环渝腹地经济的发展和城乡二元结构的转换。

环渝腹地图①

四川环渝腹地主动融入重庆,四川还必须创造条件。在轴线开发上,积极完

---

① 此图选自四川在线。

善交通运输网络，畅通连接重庆通道，加快达州、广安等省际交界的次级枢纽建设，加快达万铁路电气化改造和巴中—达州铁路建设，新建巴中—达州、达州—万州高速公路，形成便捷高效的铁路、高速公路通道，环线相连；在产业的培育上，建设成渝合作示范区，积极进行产业对接，形成承接重庆都市圈辐射的配套产业集群。四川以广安、达州经济开发区等产业园区为重点，搭建好招商引资平台，主动承接重庆的产业转移，尤其要重点围绕优势资源开发，积极培育壮大天然气、石油等化学工业、机械制造业、纺织业、新型建材产业，共同建设成渝合作示范区，引导配套产业向环渝腹地聚集。

表　　　　　　　2008 年成渝经济区四川环渝腹地基本情况

市区县	面积（万平方千米）	人口（万）	GDP 人民币（亿元）	人均 GDP（元）	城市化率（%）
四川省	48.40	8138	12506.3	15378	37.4
重庆市	8.23	2839	5096.66	18025	49.99
达 州	16591	572.5	603.99	10580	31
广安区	1356	125.6	119.67	11302	20
武胜县	966	84.4	76.98	11160	12.8
邻水县	1919	102	76.34	9084	14.1
华蓥市	466	35.7	56.21	18354	27.7
合江县	2422	88.3	66.81	9154	13.1
泸县	1532	107	97.06	11279	8.9
安岳县	2690	158	109.5	8250	25.1
隆昌县	794	77.7	84.74	12258	22.4
安居区	1258	81.2	50.43	6767	16.4
合 计	2.99	1432.4	1341.73	9367	
占四川比重（%）	6.1	17.50	10.73		
占重庆比重（%）	36.33	50.45	26.33		

　　四川重庆共建成渝经济区，四川着眼于未来的发展，着眼于转换城乡二元结构，不计较眼前的得失，主动将环渝腹地划出融入重庆，并不是一件容易的事。在四川行政区内，划出一大区块融入重庆市，需彻底打破严格的行政区划，让一个地理区域融入到另一个行政区的经济行为，这在国内是一个创举，具有极其典型的指导意义。长三角、珠三角一体化，长期以来仍然在省级行政区域内运作，并没有突破行规区域的一体化，只是形式上的一体化，成渝经济区既有省域的一体化也有省际的一体化，赋予一体化具体的内涵，这无疑是四川对全国省际重点经济区一体化发展的一大贡献。成渝经济区是西部省际经济区，关中—天水经济区也是省际经济区，但因其甘肃部分只有 14 992 平方千米，2009 年常住人口

343.07 万，地区生产总值 260 亿元，面积、人口、经济规模太小而失去意义。北三角经济区，如果将河套平原上的内蒙古、宁夏部分划进去，涉及区际的共同开发，成渝的合作可以提供示范指导，推动北三角经济区协调发展。而西部生态经济区几乎都是省际连片，涉及一省或几省，黄土高原生态经济区涉及 6 个省区，西南喀斯特生态经济区涉及 8 个省市区，青藏高原生态经济区涉及 5 个省区，成渝经济区的合作开发模式可以为西部生态经济区建设提供指导和借鉴，有利于推动西部生态经济区的发展。

二、成渝经济区四川空间布局有利于推动重庆经济的发展

重庆在国家的整体布局中地位极其重要。2007 年 3 月 8 日胡锦涛在参加十届全国人大五次会议重庆代表团的审议，谋划重庆未来发展时，作出"314"总体部署。"3"即三大定位：努力把重庆加快建设成为西部地区重要增长极、长江上游地区的经济中心和城乡统筹发展的直辖市。"1"即一大目标：重庆要在西部地区，率先实现全面建设小康社会目标。"4"即 4 件大事：加大以工促农、以城带乡力度，扎实推进社会主义新农村建设；切实转变经济增长方式，加快老工业基地调整改革步伐；着力解决好民生问题，积极构建社会主义和谐社会；全面加强城市建设，提高城市管理水平。2009 年 3 月 24 日，国务院颁发文件确定"重庆市是中西部地区唯一的直辖市，是全国统筹城乡综合配套改革试验区，在促进区域协调发展和推进改革开放大局中具有重要的战略地位。"重庆作为西部地区重要增长极、长江上游地区的经济中心和城乡统筹发展的直辖市，发展空间显然不能局限在 8 万平方千米，必须突破行政区划界限，在更大的空间中谋划未来的发展。重庆的人口、面积、经济总量与一个小省差不多，不突破行政区域的限制，重庆在西部地区在国家中的地位难以显示出来。重庆必须把四川作为发展的腹地，才有可能成为西南地区的经济中心，重庆也必须在成渝经济区中起更加重要的作用，才能引领西南地区经济的发展。没有成渝合作，西三角难以成形，也不可能成为西部地区重要增长极。四川、陕西、重庆三地合作的前提是成渝必须共同努力把成渝经济区建设成为西部地区的经济中心，才可能以重庆经济圈 + 成都经济圈 + 以西安为中心的关中城市群联合，大西南与大西北联手，共同打造中国第四个增长极。西部地区虽然已经开始培育成渝经济区，环北部湾，关中—天水三个重点经济区，但和东部地区的长三角、珠三角、环渤海经济区相比只能算是经济增长点。四川、陕西、重庆三地联手，共同努力构建西三角经济圈，好好干几年，就可以继长三角、珠三角、环渤海湾之后，打造出一个辐射力和成长性很强的新的增长极。由成渝经济区 20.61 万平方千米，关中—天水经济区 7.98 万平方千米构成的西三角面积 28.58 万平方千米，相当于沿海江苏和广东的面积（28.65 万平方千米）或相当于浙江和广东的面积（28.66 万平方千米），如果西三角的经济水平达到 2008 年江苏和广东的水平，人均 GDP 可能达到 6 万元，约

1万美元。2008年西三角人口12 682万人，2008年江苏和广东的GDP为66 009亿元。重庆也只有立足于成渝经济区的共同发展才能走出重庆一隅谋划更大的空间，形成"重庆一圈、西南一片、长江一线、沿海一带"的区域新格局，重庆才能建设成为西部地区的重要增长极。成为增长极必须要有经济规模，有一定的量，没有一定的量就没有一定的质，就实现不了你的增长极。重庆做大经济规模，必须充分利用各种区域合作平台，加强同周边省市、长江沿线、沿海地区全方位、多层次、宽领域合作。深化周边合作，促进基础设施互联互通、资源共同开发、产业分工协作。尽快完成成渝经济区规划编制，推进成渝经济区产业协作，加强渝黔、渝陕资源开发合作。推动沿江合作，建立沿江省市产业协作联动机制，打造沿江产业带。强化东西合作，引导西部企业利用重庆内陆开放型经济平台，承接沿海发达地区产业转移，打造东西部合作示范基地。重庆北有西安，西有成都，南有昆明、贵阳，东有武汉，这些地区经济都发展起来，达到相当规模，并与重庆经济融为一体，重庆才称得上长江上游地区的经济中心。

（刘艳，中共眉山市委党校校务委员。）

共建城市经济圈的政府角色

刘玉辉　凌红雨

内容提要：以共建城市经济圈为载体的区域合作，离不开中央及相关地方政府的主导作用。政府角色定位是否准确得当并运行强力，直接关系到整个区域合作发展的兴衰成败。本文从发展规划、体制改革、分工协作、良好环境、利益纷争、违约责任六个层面对此进行了深入探讨。

关键词：经济圈　政府角色

在当代中国，政府掌握着庞大的社会资源。共建城市经济圈，促进区域合作发展，政府充当了重要的角色，起着关键性的主导作用。各地实践证明，政府角色定位准确得当并运行强力，以城市经济圈为载体的区域合作就取得长足发展，反之就会裹足不前。加强这一方面的专题研究，无疑有着重大的现实指导意义。本文认为，依据城市经济圈合作发展的事权要求，中央及相关地方政府所扮演的角色理应主要体现在以下六个方面：

一、合作发展的规划者

统一规划是践行区域合作和科学发展的首要前提。共建城市经济圈的根本目的，在于以此作为贯彻落实科学发展观的载体，通过中心城市的牵引形成各大中小城市之间以及城乡之间的统筹互动，促进行政区经济向经济区经济转变，最终实现整个区域经济社会又好又快地发展。这就客观要求，各级政府必须首先担当起战略决策者的责任，充分发挥自身的职能作用，坚持以科学发展观为指导，认真搞好整个经济圈的科学发展规划。

共建城市经济圈，其分工合作因空间地域差别而呈现不同规格和层次，各级政府对科学发展规划的主导、参与作用程度也有着明显不同。对于跨国自由贸易区的合作发展规划，各国中央政府都只能是共同的、平等的参与者和协商者；对于内地与港澳台合作发展的经济圈，中央政府应通过牵线搭桥和引导各方平等协商而发挥其主导作用；对于内地跨省、市的经济圈，已经建立的应放手由相关省、市政府平等地共同策划，尚在酝酿的则应由中央政府牵头和指导各方平等协商而发挥相关省市政府的主导作用；对于同一省内的城市经济圈，已经建立的应放手由相关城市的政府平等地共同策划，尚在酝酿的则应由省政府牵头和指导各方平等协商而发挥相关城市政府的主导作用。

共建城市经济圈，推行一体化区域合作发展，既要在指导思想、战略定位、发展目标、产业布局、区域市场、基础设施、城乡建设、环境保护、社会建设等方面作出整体规划，同时也必须有合作城市自身经济社会发展的个体规划。各级政府在经济圈内，都理应充当整体规划者和个体规划者的双重角色。只有整体规划而没有个体规划与之相配套，整体规划就会变得空洞和苍白、甚至蜕化为中心城市鲸吞其他城市资源的凭据。假若只有整体规划才由各合作方政府共同参与决策，而个体规划则只能是各个城市政府自己的事，那就难以避免和克服地方保护主义。因此，无论整体规划还是个体规划，各级政府都必须有权过问和参与。而区别只在于：前者由各方和共同策划；后者则应由各自城市政府提出并递交合作城市政府联席会议共同审议，经确认并无有悖整体规划精神后予以通过方能实行。

二、体制改革的推动者

改革创新是促成区域合作和科学发展的强大动力。从行政区经济向经济区经济转变，是实现从计划经济向市场经济转变的内在要求，也是应对经济全球化发展大潮的战略举措，因而是一场深刻的革命。由于当代中国的改革是由政府主导和自上而下地进行的，这就决定了各级政府在经济圈内理应充当体制改革推动者的角色。

一方面，政府必须是行政区经济体制改革的推动者。所谓行政区经济，包括省区经济、市域经济、县域经济等地方经济在内，乃是我国在计划经济向市场经济转轨过程中出现的，与区域经济一体化相悖的一种特殊的、过渡性质的区域经济。其显著特征：一是社会经济活动各自为政，具有强烈的地方利益倾向；二是地方行政壁垒高筑，生产要素难以跨区域（行政区域）自由流动；三是政府作为领导经济社会发展的责任人，处于运行主体地位。显然，行政区经济的发展具有两面性：其正面效应，在于充分调动了地方政府发展经济积极性，从而有力地推进了中国经济的高速发展；其负面效应，则在于因行政区自身利益驱动而对经济的刚性约束越来越强，造成市场分割、地方封锁、重复建设等诸多消极影响。前者成为行政区经济运行将长期存在的决定因素，后者必须但是可以通过改革加以逐步削弱而走向具有正面性的新的行政区经济。而推进这一改革进程的核心力量，依然是政府自身。

另一方面，政府也必须是经济区经济体制创新的探索者。所谓经济区经济，乃是一种在一个自然区域内，不同行政区域以相同或互补禀赋要素为基础，以共同发展目标为纽带的区域经济共同体。其显著特征：一是经济社会一体化发展，各合作城市共同繁荣；二是区域统一市场生成，生产要素自由流动；三是企业处于主体地位，政府退出微观经济活动领域。显然，共建城市经济圈，发展经济区经济的根本途径有三条：其一是调整行政区划，以顺应区域经济发展态势。其二是转变政府职能，建设以人为本、权力有限、运行透明、责任到位、民主法治、绩效公认的服务型政府。其三是加强经济圈内各地方政府之间的合作，并形成长效机制。因此，这种新经济体制的探索者角色，也同样需要政府去担当。

三、分工协作的执行者

分工协作是实现区域合作和科学发展的内在要求。由于经济圈内各合作方的经济社会发展极不平衡，重复建设、产业雷同现象十分突出，但是又各有自身的相对优势，因而只有实行专业分工和协作方能把整体做大做强。这就客观要求各级政府必须认清这一历史必然性和当前全球性的发展大趋势，严格按照总体规划的统一要求进行经济结构调整和转变经济增长方式，忠实履行职责并如期完成各自承担的各项任务，成为名副其实的分工协作执行者。

城市定位及其内在优势决定着经济圈的不同分工。其中：中心城市作为经济圈的龙头，应重点发展服务业和核心技术产业，真正成为能与其他中心城市相媲美并在本经济圈内的广大城乡具有强大辐射作用的政治、经济、文化、金融、物流、信息、人才中心。次中心城市作为经济圈的大城市，应在二、三产业并举的同时重点发展第三产业，在传统产业、新兴产业同时并举的同时重点发展高新技术产业，对本经济圈相邻近的普通城市和乡村发展具有与中心城市相类似的较大辐射作用。普通城市作为经济圈的合作者，应在继续发展传统优势产业的同时，积极创造条件承接中心城市及其他发达地区和城市的产业转移，基础较好的还可以发展某些高新产业，对附近乡镇具有一定的统筹发展效应。

严格执行经济社会一体化合作发展的总体规划和框架协议，是共建城市经济圈的核心内容和内在要求。诚然，区域合作应当涵盖经济、政治、文化、社会、生态建设各个领域。但是，由于不同经济圈乃至同一经济圈内不同地域的经济社会发展程度及其所面临的实际情况和客观需求都存在着很大差别，因而在谋求基础设施、产业布局、市场体系、生态保护、关键产业、金融服务、旅游、科教文化和人力资源、卫生防疫、信息网络、城乡规划、制度建设、维护社会稳定等方面的合作，也就必然会有不同的选择。掌握着庞大信息资源的各地政府，对此最有发言权。但是，经过充分协商所形成的一体化分工合作发展规划或战略框架协议，无疑更加切合本区域实际和各合作城市的利益需求。拥有行政权力并负有经济社会发展责任的各地政府，都应当无条件地贯彻和落实。

四、良好环境的营造者

区域环境是影响区域合作和科学发展的重要条件。环境良好，区域合作各方就互具吸引力、聚集力和持久力，反之就会失去合作基础，即使搓合起来了也毫无质量和可持续可言；经济圈内及各合作城市的经济社会全面、协调和可持续发展才有实现之可能，反之就会无从谈起。因此，所有参与合作的政府，都必须肩负起营造良好环境的责任。

首先，各合作政府都理应是自然环境的保护者。诚然，对于各级政府来说，发展无疑是硬道理也是第一要务，但是"硬道理"并不等于硬发展，"第一要务"也并不等于唯一任务。因为众所周知，人类生活其中的包括生态环境、生物环境和地下资源环境在内的自然环境，其容量有限且易于遭受自然界和人类破坏；自然环境中能为人类所利用的自然资源，其数量也是有限且多属不可再生。所谓"自然"、"天然"并无绝对意义。因此，保护自然环境正是实现区域合作和科学发展的必然要求，环保与发展一样都是硬道理。在区域合作主体中，无论哪一级政府，都必须正确认识和处理好二者之间的相互关系。政府环保部门监督的目光不仅要盯住企业，同时更要盯紧政府自身；否则，就会造成自然环境的严重破坏和生态失衡，从而导致区域合作的崩溃和外资的出逃。

其次，各合作政府也都理应是优化人工环境的创造者。人工环境有广义和狭义之分。广义上的人工环境包括工程环境和社会环境，而狭义上则专指工程环境。所谓工程环境意指由人为设置边界面围合成的空间环境，包括民用建筑环境、生产环境和交通运输环境。所谓社会环境意指由人与人之间的各种社会关系所形成的环境，包括政治制度、经济体制、文化传统、社会治安、邻里关系等。显然，无论工程环境还是社会环境都是人为制造的，但反过来它们又成了影响自然环境和人类活动的重要因素和约束条件。共建城市经济圈，实行一体化合作，自然环境恶劣固然不行，包括工程环境和社会环境在内的人工环境假若缺乏优质的提升也同样不行。加强交通、设施、市场、信用、服务、政策、执法、治安等方面建设，积极营造良好投资环境和合作环境，各级政府不仅义不容辞，而且也应当大有作为。

五、利益纷争的协调者

利益关系是推进区域合作和科学发展的核心问题。在市场经济条件下，共建经济圈的所有合作主体都各有自己的利益追求，并以实现利益最大化为终极目标。其相互之间，乃是一种既有合作又有竞争的利益博弈与权力互动关系。这就决定了彼此之间的合作有真诚与虚假之分，竞争也有良性与恶性之别。真诚合作和良性竞争有利于推进区域合作并获得各方互利共赢，虚假合作和恶性竞争则只能最终导致区域合作失败而造成各方利益受损。但是，要促成真诚合作和良性竞争、避免虚假合作和恶性竞争，市场经济这只无形之手显然失灵，唯有依靠政府这只有形之手才有可能做到。

首先，各合作政府都理应是企业利益纷争的调控者。在对外开放和经济全球化大背景下，我国各地企业的数量和规模不断扩张，商务、科技交往活动日趋频繁，利益纠纷也因此而迅速增多，单纯依靠自身力量往往难以解决，这就迫切要求政府出面加以干预和处理。企业利益纷争有正当与不正当之分。对于其正当的合法权益，各级政府都应一方面通过构筑公平竞争平台和建立优胜劣汰机制而予以激励，另一方面也要支持和引导企业通过仲裁、调解、诉讼等法律手段解决利益纠纷而予以维护。而对其不正当的利益纷争，各级政府则必须严格履行《反不正当竞争法》所规定的相关职责，进行监督检查，并采取果断措施予以制止，不得因为是本地企业而予以支持和包庇。

其次，各合作政府也理应是城市利益纷争的协调者。在市场经济条件下，城市利益包括企业利益、居民利益和政府利益。实行区域合作的各级政府，不仅要关注本地企业的切身利益，同时也要关注本地居民的利益和政府自身的切身利益。企业利益纷争有的可通过市场的无形之手来解决，有的则要依靠政府的有形之手去解决。而居民利益和政府自身利益却只能通过政府的有形之手进行协调方能获得解决。合作城市之间的居民利益纷争和政府利益纷争也有正当和不正当之分。但其解决办法，在目前尚无法律可依的情势下，都往往需要通过政府间的谈判协商或寻求相关的上级政府协商或更上一级政府裁决才有可能获得解决。政府的协调者角色不可或缺。

六、违约责任的承担者

违约担责是维护区域合作和科学发展的根本保证。共建城市经济圈，统一规划、框架协议固然重要，但是行为规范、约束机制也必不可少。前者缺失或欠实，后者就会无的放矢；后者缺失或乏力，前者就只能是废纸一张。应当看到，在当前"政府搭台、企业演戏"的城市主要合作主体中，"企业演戏"讲合作有《合同法》规范、讲竞争有《反不正当竞争法》约束，而"政府搭台"则既无"搭台"的法律规范可遵循，也无反"拆台"法律惩戒条款可约束。这正是各地敢于我行我素、各自为政、恶性竞争、搞地方保护主义的症结所在。因此，政府在城市合作中不能只充当决策者、管理者、协调者、监督者等角色，同时还应置身于违约担责者的角色。

规范政府行为的当务之急是从国家层面出台"区域合作法"。在依法治国的大背景下，这是实现我国区域合作法治化和良性发展的重要保证。该法应当对区域合作的目的宗旨、指导思想、基本原则、合作主体的权利义务、政府行为规范、协调组织的权力定位及其运行机制、争端解决办法、违规违约问责等重大问题，作出明确而又具有可操作性的规定。当然，这样一部规范政府行为的法律应由全国人大来制定、通过和生效实行。各级地方政府都必须依法行政，认真履行相应的权利和义务，严格规范自己既是裁判员又是可被裁判的运动员双重角色行为。

　　同时，各合作城市必须依据"区域合作法"共同制定具体的"区域合作章程"。该章程既要确认合作的发展目标、城市功能定位、重点合作领域和措施、合作主体权利义务及其行为准则，也要有明确而具体的违规违约行为惩戒条款，包括违反区域合作关系规则中应承担的具体责任，以及由此所造成的经济和其他方面损失应做的经济赔偿；同时还要建立必要的仲裁机构负责对区域合作中的矛盾冲突和违规违约行为责任进行裁定。党的纪检部门及政府监察部门，也应当适时将区域合作中的违规违约行为纳入党纪政纪视野，而对其党委和政府的主要领导人进行必要的问责和惩戒。在当今中国大地城市经济圈风起云涌的情势下，只有依靠法律、章程和党纪、政纪的震慑力量，才能从根本上消除合作政府自行其是的乱象。

　　综上所述可见：在区域合作和科学发展已经上升到国家战略层面、城市经济圈（区）在当代中国大地风起云涌的新形势下，参与其中的各级政府作为主要的合作主体，充当了既是裁判员又是运动员，既是决策者、管理者、协调者、监督者又是担责者的多重角色。政府行为必须纳入依法行政的轨道加以严格规范，在共建城市经济圈中发生不作为（不履行规划、决议规定的相关职责义务或依然只是光说不练的坐而论道）和乱作为（违规违约而危害区域合作和科学发展或严重损害其他合作方利益），其党政责任人特别主要领导人都必须受到党纪、国法和合作章程的惩罚。只有这样，才能确保区域合作沿着科学、法治、永续的方向健康而有效地发展。

　　（刘玉辉、凌红雨，中共自贡市委党校。）

对绵阳融入成渝经济区发展的战略思考

罗力

【内容提要】作为成渝经济区的重要组成部分，绵阳在《成渝经济区区域规划》正式实施的历史机遇面前，必然而且必须主动融入成渝经济区，以求实现更好更快的发展。要在充分认识和把握融入的有利条件和制约因素的基础上，按照规划内容的要求，结合自身的比较优势，在融入成渝经济区发展的战略选择上实现创新和突破。要明确战略定位，提升绵阳的影响和位势；科学制定发展规划，加强融入的规划引领；加快基础设施建设，创造融入接轨条件；合作开发优势资源，互利互惠开拓市场；加快城市化进程，构建融入的城市形态；搭建开放合作平台，拓展产业发展空间。

【关键词】成渝经济区　融入发展　战略思考

2011 年 5 月，国务院正式批准实施《成渝经济区区域规划》（以下简称《规划》），这对于深入推进西部大开发，促进全国区域协调发展，增强国家综合实力具有重要意义。绵阳是四川省第二大城市，是成渝经济区的重要组成部分。成渝经济区规划的正式实施，为绵阳加快发展提供了难得的历史机遇。因此，绵阳如何加快融入成渝经济区，主动接受成渝辐射，积极开展区域合作，将绵阳建设打造为成渝经济区的重要增长极，是值得深入思考的一个重大战略课题。

一、融入成渝经济区是加快绵阳发展的战略选择

(一) 绵阳融入成渝经济区是市场经济的客观要求

成渝经济区位于长江上游，地处四川盆地，北接陕甘，南连云贵，西通青藏，东邻湘鄂，区域面积 20.6 万平方千米、人口 9840.7 万、GDP（国内生产总值）总量 1.58 万亿元，约占全国 4%，是西部经济总量最大、经济水平最高的区域，也是全国重要的人口、城镇、产业聚集区，在我国经济社会发展中具有重要的战略地位。

从成渝经济区现状看，该区域自然禀赋优良，交通体系完整，人力资源丰富，经济发达、人口稠密、城市密集、市场空间广阔，区域内成都和重庆两个特大城市长期以来就是西部的贸易集散地和交通枢纽，加之现代通信业和物流业的

兴起，其市场辐射能力可延伸到周边各省市，甚至可以通江达海；经过近年来的积累和聚合，成渝地区的辐射功能又进一步被强化。绵阳融入成渝经济区，参与成渝地区的经济协作，将有利于消除市场壁垒，融入到成都和重庆甚至更广阔的市场。一方面，可在这个广阔的市场中进行资源优化配置，为资源突破行政区划阻隔，在更大范围和空间进行优化配置提供了可能，有利于降低生产经营成本，提高经济效益；另一方面，将绵阳制造的产品销售到成渝这个大市场中，也可以扩大产品的市场空间，促进产品在成渝地区自由流动，提高绵阳造产品的知名度。

（二）绵阳融入成渝经济区是区域合作的必然趋势

按照《成渝经济区区域规划》，成渝经济区包括重庆市31个区县和四川省经济水平较高、发展基础较好的15个市。在加快成渝经济区建设的背景下，经济区内各城市纷纷打破"行政壁垒"，启动"融入接轨"战略，开展全方位的区域合作。如广安在渝广"1＋10"合作协议框架下启动建设"川渝合作先行区"；资阳与重庆签署了区域合作、重点产业战略合作、旅游产业合作等协议，合力打造"川渝合作示范区"；遂宁大力建设成渝经济区次级物流中心，建设成遂渝现代物流示范发展带；泸州依托在建的江津—合江高速公路，培育和建设川渝临港工业园；成都分别与资阳、眉山等地签署合作协议，合作共建交通、通信等基础设施和工业园区，眉山、资阳本地电话网已并入成都。绵阳的经济基础较好，主动融入成渝经济区，有利于对接成都、重庆的产业发展，承接成渝产业转移，接受成都和重庆两个特大城市的辐射和带动；有利于绵阳以更大的范围、更广的领域、更强的竞争力参与区域经济一体化；有利于促进资源要素优化整合，使绵阳与成渝及其他城市间形成合理的产业、产品地域分工和协作配套，实现错位发展、优势互补、互惠互利、合作共赢。

（三）绵阳融入成渝经济区有利于加快科技城建设

绵阳科技资源富集，是国务院批准建设的唯一国家科技城。在《成渝经济区区域规划》中，也明确了绵阳国家科技城的定位。但仅仅依靠绵阳自身的力量，要实现科技城建设的战略突破是远远不够的。成都与重庆，其高等院校、科研院所和高新技术产业在西部地区最为密集。绵阳毗邻成渝，主动融入成渝经济区，有利于充分发挥自身的科技优势和人才优势，把绵阳的科技成果推广出去，扩大绵阳科技城的影响力；有利于引进国内外专家、优秀拔尖人才、学科带头人、高新技术专业人才、产业界的经营管理人才等各类人才，为科技城建设集聚人才资源；同时也利于绵阳与成渝地区的科研院所、高等院校和高新技术企业开展产学研合作，从而为科技城建设提供强有力的科技与智力支撑。

二、绵阳融入成渝经济区的有利条件

绵阳地处川西北，与成渝山水相连、文化相同、人群相亲、经济相融，交流与合作历史源远流长。在推动成渝加强合作、发展区域经济方面，绵阳具有得天独厚的优势。

（一）绵阳资源众多，物产丰饶

一是自然资源丰富。绵阳市辖区面积2万多平方千米，总耕地面积33万公顷，森林覆盖率38%。绵阳土地肥沃，物产丰饶，盛产粮、油、猪、蚕以及中药材等多种农副产品，是四川重要的粮、油、猪基地；辖区水能蕴藏量超过300万千瓦，天然气储量10万亿立方米；有煤、铁、锰等矿产资源57种；境内原始森林有大熊猫、金丝猴、黑颈鹤、小熊猫等国家级珍稀保护动物55种。

二是旅游资源独具特色。绵阳旅游集自然生态、人文史迹、民族风情、工业科技于一体，形成了以王朗自然保护区、西羌九黄山、窦圌山、千佛山、小寨子沟为代表的自然生态游；以富乐山、七曲山为代表的三国历史文化游；以白马藏族、羌族锅庄为代表的藏羌风情游；以仙海水利风景区、罗浮山温泉为代表的运动休闲游等各具特色的主题旅游。其中尤其以中物院科技展览馆、亚洲最大风洞群为代表的工业科技游独步全国，引人入胜。

（二）绵阳科技实力雄厚，是中国唯一的国家科技城

绵阳有着"西部硅谷"的美誉，是中国唯一的国家科技城。拥有中国工程物理研究院、中国空气动力研究与发展中心、中国燃气涡轮研究院、中国西南应用磁学研究所等为代表的国防科研院所18家；拥有国家重点实验室7个、国家级工程技术中心4个、国家级企业技术中心5家。绵阳高端人才荟萃，拥有两院院士26名，各类专业技术人才18.2万，享受国务院政府津贴的有突出贡献的专家800人。还拥有西南科技大学、绵阳师范学院、民航飞行学院绵阳分院等高等院校12所，高等教育规模居西部地级市前列，为绵阳和成渝地区培养了大批专业技术人才和实用人才。

（三）绵阳经济发展，城市繁荣，是四川省第二大城市

绵阳是川西北区域性中心城市和新兴工业城市，城市规模和地区生产总值、固定资产投资总额、社会消费品零售总额等多项经济指标长期居四川省第二位；城区图书馆、博物馆、大剧院、体育中心等文化体育设施齐全，多次成功举办国际国内大型文化体育盛会；先后获得全国创建文明城市工作先进城市、园林绿化先进城市、联合国改善人居环境示范城市、中国优秀旅游城市、国家卫生城市、国家环保模范城市等多项殊荣，经受了5·12特大地震的严峻考验，城市知名度和美誉度不断提高。

（四）绵阳交通便捷，设施完善，投资环境良好

绵阳位于成都、重庆、西安西部三大城市构成的大三角区域之内，南接成渝，北连陕甘，交通枢纽地位突出。市区距省会成都98千米，宝成铁路和成绵广高速公路、108国道纵贯全境，绵阳机场开通直达全国主要城市的12条航线（通航城市30个）。在建的成绵乐城际铁路等4条快速铁路和绵遂高速公路等5条高速公路建成后，绵阳陆路到成都只需半小时，到重庆、西安只需2小时。同

时绵阳还拥有完备的海关、检验检疫机构，建有二类铁路口岸、公共保税仓库和集装箱货栈，拥有 1 个国家级高新区、5 个省级经济开发区和西部地区地级市中唯一的出口加工区。总额达 90 亿元的绵阳科技城产业投资基金是国家在西部唯一批准设立的产业投资基金。绵阳在四川最早建立政务服务中心，实行了"一章对外"审批制度。此外，绵阳劳动力资源丰富，水、电、气、土地等基本生产要素成本都明显低于沿海和成渝地区。

（五）绵阳与成渝两地经济的互补性强，合作前景广阔

绵阳与成渝两地的经济交流历来就比较频繁。在交流与合作的进程中，绵阳逐步形成了以电子信息、汽车及零部件为主导，以冶金机械、材料及新能源、化工环保、食品及生物制药为支柱的"2＋4"优势产业。而成都、重庆的支柱产业分别为电子信息、医药、食品、机械、建材冶金和汽车、摩托车、装备制造、材料、石油天然气化工、轻纺等。由此可见，绵阳与成渝等地的经济具有明显的互补性，具有广泛的合作空间。随着成渝两大城市产业的调整升级和产业发展资源约束力的增强，一些传统的资源密集型产业，必然会向绵阳等周边地区转移，绵阳可在符合产业发展规划的前提下，主动做好承接转移工作。与此同时，川渝合作的广泛深入推进，也为绵阳融入成渝经济区以及经济区内成员之间开展合作搭建了平台，创造了诸多有利条件。特别是两地高速公路、快速铁路等基础设施逐步接轨，大大缩短了绵阳与重庆、成都的时空距离，为在更大的范围内进行资源要素配置、在更广领域的合作提供了可能。

三、绵阳融入成渝经济区的制约因素

（一）规划方面的制约

绵阳融入成渝经济区，必须要以科学合理的规划来引领。为此，绵阳应抓住国家出台《规划》的历史机遇，充分利用有利的政策条件和环境，统筹制定自己的规划，使之既体现自身经济发展的特点，又符合成渝经济区建设的要求。目前，绵阳在这方面已经做了大量基础性工作，但要科学制定好融入成渝经济区加快绵阳发展的具体政策和行动方案，特别是要在产业发展、基础设施、市场体系等方面与成渝及相邻区市县做好规划对接，任务还十分艰巨，还需开展深入细致的工作。

（二）投资体制的制约

受传统计划经济体制的影响，政府指导的投资驱动型经济增长，在当前经济发展阶段中仍占较重要地位。而区域经济一体化最终是使生产要素与产品打破行政区划制约，跨地区自由流动，形成统一开放的市场。目前，经济区内各地虽不存在关税壁垒，但地方保护主义现象仍然存在。部门之间、地区之间的行政性壁垒，也会使企业跨地区联合遇到一些障碍；投融资管理体制的限制，使得资金在行政切块的基础上高度分散；经济一体化后，不可避免资源异地配置，从而减少

资源输出方的财政收入，在"分灶吃饭"的财政体制下，将可能会遭到资源输出方政府的反对与抵制。

（三）对外开放的制约

绵阳多年来招商引资实效不明显，在承接产业转移、产业配套招商及产业链招商方面工作滞后，尤其在招大引强方面没有取得实质性的突破，缺乏投资规模大、带动性强的产业项目，缺乏高技术、高附加值的科技项目，没有形成大的工业增量，经济的外向度偏低。绵阳民营经济的发展也不充分，民营企业在产业集聚和配套方面的作用发挥不明显，企业合作多数停留在产品配套和技术服务上，没有形成以产权为主的利益联结纽带。一些企业既没有参与区域竞争的强烈愿望，也缺乏在区域合作中发展壮大的能力。

（四）人才资源的制约

人才资源是一切资源中最重要的资源。随着成渝经济区建设的推进，绵阳创新人才缺乏、人才结构与产业发展不相匹配的矛盾已日益突出。目前，绵阳的人才多数是在产业发展之外的教科文卫系统和党政部门，经济建设主战场上的人才所占总量小；而科技人才又大量聚集在国防科研院所和事业单位，从事工业和应用技术研究的人才十分有限，特别是高学历、高职称人才在企业的比较少，又主要集中在几家国家级技术中心，科研与产业发展"两张皮"的现象比较突出。相对成都、重庆甚至德阳等城市，绵阳还缺少对人才的特殊激励措施，在引进人才和稳住人才方面面临挑战。

（五）区位条件的制约

（1）从交通区位来看。绵阳地处西部内陆，目前已经建成的过境铁路仅1条、高速公路也只有1条。根据《四川省建设西部综合交通枢纽规划》，绵阳只是南接成渝，北连陕甘交通通道上的节点城市，而遂宁、南充、乐山等地市则是区域性次级交通枢纽城市，绵阳原本作为川西北交通枢纽的地位受到严峻的挑战。

（2）从区域规划来看。尽管成渝经济区、"西三角"经济区、成德绵高新技术产业带等三个区域发展规划和构想都将绵阳纳入其范围，密切了绵阳与相关地方的联系，提供了绵阳新的发展条件和机遇。但另一方面，绵阳在三个区域规划中，都处于边缘地带，这种位置，又很可能给绵阳的经济发展造成不利的影响。

四、绵阳融入成渝经济区的对策思考

（一）明确战略定位，提升绵阳影响和位势

根据《成渝经济区区域规划》的要求和自身的比较优势，绵阳在成渝经济区建设中，要按照"坚持错位发展、优势互补、互惠互利、合作共赢"的思路，以产业要素融入为重点，以体制机制接轨为保障，主动接受成渝辐射，积极开展交流合作，着力打造"一枢纽、四中心、六基地"。"一枢纽"：把绵阳建成高速

公路、铁路、航空"三位一体"的区域性综合交通枢纽;"四中心":建设西部区域性科教中心、物流中心、商贸中心和金融中心;"六基地":建设科技创新研发和产业化基地、电子信息产业基地、冶金机械产业基地、汽车及零部件产业基地、材料化工产业基地、食品及医药产业基地,巩固和提升在成渝经济区的位势和影响力,将绵阳建设成为成渝经济区的重要增长极。

将绵阳定位为成渝经济区的重要增长极,主要有两个方面的理由:一是从城市规模上看,自20世纪80年代以来,绵阳就是我国西部重要的电子工业城,重庆市直辖以后,绵阳就成为四川省第二大城市。二是从经济发展上看,绵阳的地区生产总值曾排在成都、重庆、西安、昆明之后,居西部城市第五、西部地级市第一。特别是国务院作出建设绵阳科技城的战略决策以来,绵阳的影响力日益扩大;而随着"一枢纽四中心六基地"建设的大力实施,绵阳对周边地区的辐射和带动作用将会不断增强。

(二)科学制定发展规划,加强融入的规划引领

融入成渝经济区,规划必须先行。特别是基础设施建设和产业布局,科学的规划可以有效地避免重复建设。在成渝经济区建设中,区域经济发展最重要的就是要尽快研究制定自身的战略思路和发展规划,加强融入成渝经济区发展的规划引领。当前,要按照成渝经济区规划的内容和国家产业政策的要求,结合绵阳发展优势和战略目标,加快编制绵阳融入成渝经济区区域发展的总体实施规划以及各专项实施规划,尤其是基础设施专项实施规划和产业发展专项实施规划,将区域合作互动规划转化为行动计划。要注重绵阳"十二五"规划和绵阳科技城建设规划与《成渝经济区区域规划》相结合,进行全面的对接落实,并对原有的相关规划进行调整和优化,实现各规划间的有效衔接。要围绕《成渝经济区区域规划》,将规划内容细化到对应的权责实施部门,确保规划内容和目标落实,以促进成渝经济区区域合作有序地顺利推进。

(三)加快基础设施建设,创造融入接轨条件

基础设施对接既是区域合作的基础,也是加快经济发展的基础。绵阳融入成渝经济区,首先应结合打造"一枢纽、四中心、六基地",建设成渝经济区重要增长极的战略定位,加快推进重大基础设施建设一体化,积极创造融入接轨条件。当前要重点加快绵遂高速、成绵高速复线、绵九高速、成南巴陕高速及成绵乐、成西、绵遂内自宜城际客专和成兰、绵遂铁路建设,提升联结成渝的道路交通网络;要扩建绵阳机场跑道,把绵阳机场建设成区域性枢纽次干线综合性机场,形成完善的立体交通格局,缩短时间和空间距离,加快物流、资金流和信息流的速度,努力使绵阳成为成渝两大城市经济能量的交换区域;要主动加强与成渝经济区内城市尤其是成、渝、遂的联系,共谋区域内交通、通讯、网络、电力等重大基础设施建设。与此同时,要加快电信网、广播电视网和互联网"三网融合"的数字城市建设步伐,努力把绵阳建成国家"三网融合"示范城市。

（四）抢抓产业分工先机，加快国家科技城建设

推进产业融合是融入成渝经济区的重点，也是加快绵阳科技城建设的关键。绵阳应抓住成、渝产业规划和产业布局调整的契机，扬长避短、发挥优势，找准经济发展的方向和切入点，调整配置好自身产业链，以产业集群模式发展自己的优势产业。

一是大力发展特色优势产业，积极培育产业集群。提升发展电子信息产业，发展壮大数字视听产业，突破发展平板显示产业，积极发展电子元器件产业，有序发展军工电子产业；做大做强汽车及零部件产业，重点发展重型车、专用车、新能源汽车和发动机、自动变速箱等优势零部件，扩大整车生产能力，提升零部件制造水平；改造提升冶金机械产业，重点发展新型合金钢棒材、特殊钢锻件、精密无缝钢管、新型钛合金等七大产业链；培育发展材料及新能源产业，重点发展节能环保材料、新型建筑材料、磁性材料、高分子材料和新能源动力电池，积极开发地热能、风能、生物质能等可再生性能源；做大做优食品及生物医药产业，积极发展化工及环保产业，打造相关产业链和产业集群。

二是培育发展战略性新兴产业。发挥科技城优势，结合特色优势产业转型发展，有序发展电子信息、生物、节能环保、新材料、新能源等战略性新兴产业。培育壮大非动力核技术应用产业，加快推进核成像技术、放射性诊断和诊疗设备、辐射治理"三废"、环保核技术等研发及产业化建设，打造国内领先的核技术应用产业集群；推进发展"三网融合"与物联网产业，建成国内一流的"三网融合"与物联网产业化基地，构建跨越电信网、广电网和互联网的"4C"产业体系。

（五）合作开发优势资源，互利互惠开拓市场

一是加强农副产品资源开发。依托成渝两个特大城市的巨大消费市场和消费潜力，发展优质特色农产品加工业，建立与成渝地区稳定的购销关系；开辟成渝农产品"绿色通道"，建立农产品市场准入的"互检互认"制度；加强农业科技开发、特色农业开发以及农产品（畜产品）生产、加工、销售合作。此外，成都、重庆现代物流业发展迅速，绵阳应大力发展现代物流产业，加强与成渝两地在商贸、物流体系建设中的对接，建设一批有规模的大型专业批发市场；延伸以成都、重庆为中心的商贸物流体系，引导成都、重庆的大型百货、连锁经营、物流配送企业到绵阳发展。

二是合作开发旅游资源。共同制定成渝经济区旅游业发展规划，在整合旅游资源、形成旅游环线上达成共识，将绵阳的旅游精品融入川渝旅游大品牌中，将川渝精品旅游线路与全国旅游线路连接起来。在互用共享旅游基础设施建设上进行深入合作，如互通的公路、水运、航空、铁路、通讯等网络建设；共同向上争取政策、资金、项目的支持；在对外宣传、市场信息共享上互相支持，在境外游客落地签证上相互认可，共同推荐对方的旅游产品，共同维护对方的旅游信誉。

（六）加快城市化进程，构建融入的城市形态

绵阳要想更好地融入成渝经济区，必须继续加快推进城市化进程，进一步巩固百万人口大城市和四川省第二大城市地位。要在成渝交互辐射带动作用下，不断强化绵阳区域性科教中心、商贸中心、物流中心、金融中心功能，增强中心城市的辐射力、吸引力和凝聚力，努力建成成渝经济区重要的电子信息、国防科研生产基地、国家科技城、经济区西北部的中心城市和交通枢纽。要按照"一心十组团"空间布局，加快城市交通设施建设，改造提升一环路，建设二环路，规划连接三环路（绕城高速），连接区间组团交通，建设快速、智能公共交通系统，适时启动城市轨道交通建设；加快城市供水、供电、供气和排污管网建设与改造，逐步发展智能电网，实现城区交通畅通化、植被森林化、环境清洁化、品质宜居化，努力把绵阳建成宜居、宜商、宜业的城市。

（七）抓好生产要素对接，强化区域合作要素支撑

一是人才对接。当前，各地都在大力实施人才战略，用各种优厚的待遇招揽人才。如何吸引人才、培养人才、凝聚人才并使人尽其才，对于绵阳发展至关重要。为此，绵阳要充分利用成都、重庆的科教优势，加强与成渝在人力资源开发上的合作，通过联合办学、异地培养、学术指导等形式，加强技术研发人才、企业经营管理人才以及各领域专业人才的培养和引进。

二是技术对接。建设国家科技城，不仅需要有效发挥绵阳现有的科技资源优势，而且还需要在更大更广的范围聚集科研力量。为此，绵阳可以依托在绵企业、高等院校和科研院所，充分利用成都、重庆等地雄厚的科技资源，深度开展技术合作，并引进一批关键性技术，不断提升科技城自主创新能力和产业发展水平；引导绵阳企业与成渝经济区科研机构及相关企业开展技术合作，联合建立科研基地和成果转化基地，有针对性地开展科技交流与合作；鼓励在绵科研院所、高等院校与成渝地区的企业联办科研机构，合作开发项目，组建生产联合体，建立企业技术研究中心，加速科技成果孵化、转化和产业化，不断释放科技潜能。

三是资金对接。打破传统地域融资观念和方式，大胆借鉴成渝经济区内其他城市，特别是成都、重庆等大城市先进的融资手段，利用成渝在西部地区的金融地位，建立全新的融资和招商网络，促进企业与成渝经济区内的金融机构开展融资业务往来，组织多种形式的银企洽谈会，加大与证券机构及上市公司联系，使绵阳成为成渝经济区"资金流"中的重要环节。

四是市场对接。鼓励、支持成渝经济区中的企业在绵阳拓展市场，建立产业加工基地、商业设施及大型配送中心；采用各种政策措施，引进成渝经济区先进的流通业和经营模式，改造提升专业市场；吸引成渝经济区各类中介组织，包括金融机构、市场咨询、建设监督、招投标、会计、法律、保险代理服务等机构到绵阳设立分支机构。

（八）搭建开放合作平台，拓展产业发展空间

工业园区是绵阳经济发展的载体，也是绵阳融入成渝经济区，参与区域合作

的重要平台。要高度重视区域产业分工，确定产业发展的主攻方向，根据自身的资源、生态、产业环境等综合因素合理定位，做到优势互补、错位发展，避免恶性竞争。要积极开展跨区域合作，特别要抓好工业园区产业培育，努力承接产业转移。同时，要充分利用全球新一轮产业结构调整的契机，大力实施产业转型升级，引导企业延伸产业链，吸引和带动成渝一批配套项目来绵阳工业园区落户，拓展产业集聚的空间。

此外，绵阳应大胆创新产业合作模式。目前，"飞地经济"模式在区域合作中被广泛采用。在深度融入成渝经济区的过程中，绵阳应发挥资源、产业、科技等优势，构建合理的利益分配机制，与成渝经济区内有合作空间的城市，在互利共赢基础上，大胆探索发展"飞地经济"模式，为承接成渝经济区及国内外产业转移搭建平台，进一步促进绵阳优势资源辐射扩散。

（罗力，中共绵阳市委党校科研处处长、副教授。）

推进成渝经济区建设
打造国家重要经济增长极

——基于成渝两地金融发展差异与经济增长差异关系的研究

孙超英　　刘博

[内容提要] 本文尝试以成渝经济区这一特定区域探讨区域金融发展差异与区域经济增长差异的关系，以寻求适度的区域金融发展与合理的区域经济增长，据此提出相关政策建议。行政方面：竭力自制、打破区域内行政壁垒；经济方面：努力赶超、实现城市群后发优势；金融方面：抓机遇迎挑战、加快区域金融发展。①明确功能定位、打造长江上游区域金融中心；②结合统筹城乡改革、走农村金融创新之路；③完善区域金融体系、加强金融生态环境建设。

[关键词] 成渝经济区　区域金融　区域经济　向量自回归

2008 年国际金融危机爆发，使得人们已经开始反思危机的由来，再次将目光投向金融与经济的关系上。另一方面，随着经济全球化的不断深入，以及金融自由化呼声的高涨，似乎区域发展越来越离不开区域金融发展。那么，随着"后金融危机"时期的到来，区域金融与区域经济的关系又将发生如何的变化？这是一个当前迫切需要研究的问题，该问题的破解将为区域经济发展提供新的思路和方法。

成渝经济区，这个已被人们所熟知的区域，早在重庆直辖之前就引起了广大学者的注意。《成渝经济区区域规划》（以下简称《规划》）的批复，标志着成渝经济区建设正式上升为国家战略，将成为继珠三角、长三角、环渤海经济区之后的第四大经济增长极。《规划》中明确指出要"提升重庆、成都区域性金融中心功能，构建辐射西南地区金融服务网络，形成统筹城乡的金融产业体系"。这也间接揭示了金融发展对于成渝经济区发展而言的重大意义。

一、国内外研究现状综述

（一）国外研究现状

区域金融与区域经济的关系是金融与经济的关系在中观领域的延伸，国外学界在这一方面的研究通常以金融发展和经济增长的关系涵盖，且对其认识和研究经历了较长的过程。

一方面，一部分经济学家认为金融与经济无关或是金融在经济增长中的作用十分有限。从 17 世纪中叶开始，古典学派便一直声称货币数量对生产供给、实际产出和就业不会产生实质性的影响，因此货币是中性的。进入 20 世纪末期，虽然大量实证研究表明这一论断的不可靠，金融与经济存在正关系，但仍不乏质疑者继承了古典学派的衣钵。如纳加拉（Nagaraj，1996）通过对 80 年代印度资本市场的研究表明，股市的膨胀导致了企业的固定资产投资额的下降。站在理性预期的角度，卢卡斯（Robert Lucas，1998）认为，金融对经济增长的促进作用相当有限，甚至是可以忽略的。

另一方面，国外众多经济学家坚信金融能够促进经济增长，且是影响经济增长的重要因素。这一点早在 1921 年熊彼特（Joseph A. Schumpeter）任私营皮达曼银行经理时便被提出，他认为金融是经济增长的重要推动力。经过几十年的探索与发展，雷蒙德·W·戈德史密斯（Raymond W. Goldsmith，1969）提出了金融结构理论（Financial Structure Theory），对金融发展的过程及规律进行了描述和分析。随后，罗纳德·麦金农（Ronald I. Mckinnon，1973）和爱德华·肖（Edward S. Shaw，1973）创新性地提出了"金融深化理论"和"金融压抑理论"，系统地阐述了金融发展和经济增长的关系，并认为"金融自由化政策"可以促进不发达国家经济发展。随后在对其实践失败的基础上，赫尔曼、穆尔多克、斯蒂格利茨（Hellmann，Murdock and Stiglitz，1996）提出了金融约束的理论分析框架。到了 20 世纪 90 年代以后，随着金融数学和计量经济学的发展，国外经济学家对金融与经济的关系的实证分析已经较为成熟。如世界银行的列维和泽尔沃斯（Ross Levine，Sara. Zervos，1998）对 47 个国家在 1976—1993 年的金融发展与经济增长关系进行实证研究，验证了银行发展水平、股票市场流动性与经济增长率、资本积累和生产率的提高之间存在很强的相关关系。

（二）国内研究综述

国内对于区域金融发展与区域经济增长的关系，多是结合我国实际，进行相关性度量研究。目前基本认可区域金融和区域经济间存在相互促进或者相互制约的关系，也有学者认为关系并不显著。

首先，区域金融发展促进区域经济增长。周立、王子明（2002）通过对我国各地区 1978—2000 年金融发展与经济增长关系的实证研究指出，各地区金融发展与经济增长之间是密切相关的，落后地区金融发展水平将对长期经济增长有利；吴拥政、陆峰（2009）则针对地级市区的金融发展与经济增长的关系，说明了金融发展对经济增长影响的差异和波动是统计显著的。其次，区域金融发展与区域经济增长呈负相关关系。艾洪德（2004）按东、中、西部地区分区域研究，研究结论是东中西部地区金融发展与经济增长的相关关系存在差异，全国以及东部地区的金融发展与经济增长之间是正相关关系，中西部地区两者之间是负相关关系，存在明显滞后效应；与艾洪德等人结论相似的有王景武（2005）。最后，区域金融发展对区域经济增长贡献作用不明显。沈坤荣、张成（2004）对 29 个省区从 1978—1998 年的数据进行了聚合回归分析得出了相反的结论，金融发展水平对经济增长的作用有待商榷。华晓龙，王立平，康晓娟（2004）的研究结果显示：中国各地区经济发展与金融发展基本不相关，各地区的金融发展对经济增长的贡献很小。陈茹淳（2007），陈正凯、马丹（2007）等通过研究同样得出区域金融发展对区域经济增长作用不明显的结论。

（三）国内外研究述评

分析目前国内外有关区域金融发展与区域经济增长的研究可以发现，国外在这方面的研究理论与实证均较为丰富，基本形成了体系。尽管国内文献较多，但仍存在些许不足：

一是缺乏针对我国国情的模型。目前对我国的研究大多数是从改革开放时期开始的，西方国家近几十年来经济发展相对平稳，而我国渐进式的改革中，经济不断面临着改革带来的冲击，这使得在对区域经济增长影响的研究中，应针对我国的现实情况，考虑金融改革和金融制度变迁等因素。二是缺乏针对区域差异的模型。目前我国研究金融发展对区域经济增长的文献中，虽然都会指出我国幅员辽阔，区域发展差异是研究区域金融的原因所在。但是大部分文献对这些差异的原因没有进行深入分析，而是直接按照一种传统的方式来表示这种差异：按照东部、中部和西部的模式来划分，或者按照省份划分。事实上两种划分方式各有弊端，都会掩盖其内部差异。

二、成渝两地金融发展差异与经济增长差异的关系测度

（一）成渝两地金融发展现状描述

一方面，成都市依托四川省省会的地位，近年来金融运行平稳，充分抓住国际金融危机、灾后重建、统筹城乡综合配套改革等机遇，稳步推进西部金融中心建设，初步形成了银行、证券、保险、期货、信托及其他金融组织并存、功能日渐完备、运行比较稳健的金融体系；金融市场规模不断扩大；金融改革创新和对外开放不断推进；金融基础设施不断完善；金融监管不断加强；金融发展环境不断优化。2009 年，四川省年末金融机构各项存款余额 24 976.5 亿元，比年初增加 6298.4 亿元，增长 33.8%；全年金融机构现金收入 34 793.0 亿元，现金支出 34815.2 亿元，累计净投放现金 22.2 亿元。截至 2009 年年底，四川省共有境内外上市公司 79 家，其中 H 股公司 10 家、A 股 71 家，居全国第 8 位、中西部第 1 位；全年累计实现融资 229.3 亿元，其中 6 家上市公司实现再融资、融资金额 167.6 亿元。

另一方面，重庆亦是中国西部重要的离岸金融中心和国际金融结算中心。重庆市金融业占 GDP（国内生产总值）比重达到 6.1%，居全国各城市第四位；不

良资产率仅1%左右，位居全国前三。拥有银行、证券、保险和各类金融中介服务等功能互补的金融组织体系，金融机构数量为西部各地之首。2010年末全市存款余额13 454.98亿元，同比增长23.1%，贷款余额为10 888.15亿元，同比增长24.2%，贷款与GDP的比率为1.4∶1。再者，重庆市抓住机遇，积极探寻金融创新。汇丰银行全资子公司——重庆大足汇丰村镇银行有限责任公司于2008年8月14日获批开业，成为中国西部唯一的一家外资村镇银行。2009年，随着惠普（HP）落户重庆，其在两江新区保税港建立了"亚太结算中心"，每年有超过1000亿美元的资金在重庆流动结算。2010年，重庆力争年内再引进2~3家跨国企业的结算中心，新增500亿~1000亿元结算规模，在2012年形成3000亿元的年度结算量，从而效仿新加坡，倾力打造国内首个内陆离岸金融结算中心。2010年12月29日，重庆金融资产交易所（下称"重庆金交所"）挂牌成立。这是继天津、上海、北京之后的第四个金融资产交易所。

综上所述，经过长期的经济发展，四川和重庆在金融领域都形成了一定规模的发展，而且可以看出四川较为重视区域性银行的建设、金融体系的完善以及金融监管的强化，而重庆因为地理优势较青睐于开放金融领域的发展，即积极引入外资金融机构、加强金融创新、重视金融市场的建设。

（二）金融发展差异与经济增长差异关系的实证分析

1. 指标选取与数据处理

泰尔指数也被称为泰尔熵标准（Theil's entropy measure），是由泰尔（Theil, 1967）利用信息理论中的熵概念来计算收入不平等而得名。其现已被引申发展到多个领域，用来测度各领域的不平等程度，即差异。因此，本文亦选择泰尔指数分别度量成渝两地的经济差异和金融差异。具体计算公式分别为：

（1）经济差异

$$Ti = \sum_{i=1}^{2} p_i/p \times \ln \left(\frac{p_i/p}{y_i/y}\right)$$

（2）金融差异

$$Tif = \sum_{i=1}^{2} f_i/f \times \ln \left(\frac{f_i/f}{y_i/y}\right)$$

2. 向量自回归模型的建立及结论解释

传统的向量自回归（VAR）理论要求模型中每一个变量都是平稳的，对于非平稳时间序列需要经过差分，得到平稳序列再建立VAR模型，这样通常会损失水平序列所包含的信息。而随着协整理论的发展，对于非平稳时间序列，只要各变量之间存在协整关系也可以直接建立模型。

因此，对Ti和Tif的单位根进行ADF检验，在水平值上不平稳，故知不能直接建立VAR模型，随后进一步对两者进行协整检验，表明的线性组合是平稳的，即区域金融发展差异和区域经济增长差异之间具有协整关系。

在用EView6.0软件确定Ti、Tif的滞后长度为1-2期，因此，建立VAR模型如下：

$$Ti_t = 0.547677Ti_{ti}, + 0.398701TI_{ti}, - 4.028531Tif_{tif} + 7.699343Tif_{tif} - 0.004341$$

s. e. = （0.27130）　　　（0.25591）　　　（4.64398）　　　（4.69255）

（0.01255）

t = ［2.01869］　　　［1.55800］　　　［-0.86747］　　　［1.64076］

［0.34595］

$R^2 = 0.836291$　　　$F = 15.32522$　　　$AIC = -5.473879$　　　$SC = -5.228816$

$$Tif_t = -0.012073Ti_{t-1} - 0.019675Ti_{t-2} + 0.363615Tif_{t-1} - 0.678852Tif_{t-2} + 0.002672$$

s. e. = （0.01387）　　　（0.01308）　　　（0.23737）　　　（0.23985）

（0.00064）

t = ［-0.87064］　　　［-1.50418］　　　［1.53187］　　　［-2.83032］

［4.16693］

$R^2 = 0.691180$　　　$F = 6.714385$　　　$AIC = -11.42132$　　　$SC = -11.17625$

根据上述输出结果，两个方程中所估计的系数基本在统计上都是显著的。通过 VAR 第一方程可知，成都和重庆当前的经济发展的差距 Ti_t 主要受两地前两期的金融发展差距制约，其中两项的系数分别为 -4.028 531 和 7.699 343，远大于经济差异自身的前两期制约项。而系数为负说明金融差异滞后一期 Tif_{t-1} 对当期的经济差异呈负相关，但由于金融差异之后二期的系数大于其滞后一期 Tif_{t-1}，总的金融差异与经济差异是正相关的，并且贡献度非常大。其次，考察第二方程可知，成都和重庆间金融发展的差异并非靠长期以来的经济差异推动，而主要取决于金融发展差异自身前两期的数值。其中，受其自身滞后二期的影响较滞后一期的影响大。当期区域金融发展差异基本不受到来自前期经济差异的影响。

最后，对以上 VAR 模型进行 Granger 因果检验，可知：在经济增长差异方程中，不能拒绝金融差异的波动不是经济差异波动的 Granger 原因的原假设，这表明虽然 Tif 对 Ti 贡献度大，但却不是 Ti 形成的真正原因；而在 Tif 的方程中，可以合理地拒绝原假设，即经济增长差异是区域金融发展差异的 Granger 原因。

这样，似乎出现了与 VAR 模型结论相悖的局面，但是并非如此。综合两种结果而言，Granger 因果检验告诉我们，经济差异导致了区域金融差异，而 VAR 模型告诉我们区域金融差异推动了区域经济差异的扩大，但同时它并不是区域经济差异的原因。对于区域金融差异，经济差异不是对其贡献最大的变量，但却是他波动的原因。因此，构造成为经济差异波动——金融差异波动螺旋上升，但其中并不完全涵盖两者的原因关系，即金融差异推动经济差异是间接实现的。

三、促进成渝经济区发展的政策建议

本文前期进行了成渝经济区区域金融发展与区域经济关系的实证分析，得到了与前人相同的研究结果，即在现阶段的成渝经济区，经济增长是区域金融发展的原因，而且区域金融发展对经济增长的反向推动作用有限。因此，成渝经济区应加快经济增长，同时带动区域金融发展，使区域金融发展进一步推动区域经济发展。而实证研究的结果告诉我们，区域金融差异虽较小但对区域经济差异有较大的贡献度，而区域经济差异是区域金融差异产生的原因，遂呈现出螺旋式的发展。可以分层次差异化发展成渝经济区中两大核心城市的金融业，使其呈现出差异化，推动经济的差异化，以实现区域内的功能分工和互补。

综上，可以分行政、经济、金融三方面着手加快成渝经济区区域发展。由于成都、重庆两大核心城市长期以来的恶性竞争，导致成都、重庆间的行政壁垒高筑，不利于成渝经济区区域发展。如果能够有效弱化行政，形成真正意义上的区域整体概念，将有利于区域内的经济发展。而统一整体的形成，将以先进城市群的模式演进，即从松散分离的单个城市组团成为按功能分工的城市群，也将推动区域内的经济发展。经过两次助推，区域经济的不断增长，必将带动区域金融的繁荣。在现阶段，根据差异化的发展战略，应着手成都、重庆间金融业的差异化发展，从而有利于区域内经济的差异化，形成合理的区域内分工机制，使成渝经济区获得区域协调发展。

（一）行政方面：竭力自制、打破区域内行政壁垒

为了打破成渝经济区内部的行政壁垒，需要成都、重庆两大核心城市的模范作用，带头克制单方面的发展需求，推进以区域整体为基础的发展。具体看来，应从以下几个方面入手：第一，提升法制水平，为破除壁垒扫清行政障碍。在西方发达国家，法律对于反垄断、促进自由市场的形成与发展起到了极其重要的作用。因此，在破除行政壁垒的问题上，必须明确法制作用并进一步提升法制水平，使行政远离于市场经济之外。第二，推进制度创新，为加强合作奠定夯实基础。行政壁垒说到底是由制度因素决定的，因此，良好的制度环境，无论是来自地方政府还是中央政府，都将成为成渝经济区打破行政壁垒、建立合作机制的基础保障。第三，强调文化认同，为推动经济区发展添动力。成都与重庆虽然在文化上有着一定的区别，但正是这两种看似不相称的文化交织在一起形成了巴蜀文化，不仅通过语言、饮食等表现出来，而且涵盖了地缘关系。因此，需要把文化认同提到新的高度，即像在两兄弟间谈血缘关系一样，以共同的巴蜀文化构建具有较强凝聚力的成渝经济区，从而使行政壁垒不攻自破。

（二）经济方面：努力赶超、实现城市群后发优势

行政壁垒的破除以及行政观念的弱化，是城市群形成并发展的首要因素。而成渝经济区相对于世界5大城市群以及国内发达城市群，均属于相对落后的城市群，具有后发优势。成渝经济区发展可以利用这种后发优势，从而驱动自身的加速发展和强大，较先进者而言缩短它们的发展时间，最终在迈进城市群的过程中形成追随或赶超的态势。

综上，成渝经济区必须加速城市群形态的发展，大致经过以下几个阶段进入

赶超者行列：首先，利用落后城市群的后发优势，实现紧跟的追随战略。实现追随战略的必要条件主要有两个方面：一是找准"领头羊"，可以是珠三角也可以是长三角，但必须对自身而言有借鉴性；二是不断的模仿，即要紧跟性的不停对先进者进行技术、政策、空间结构上的模仿，至少使这种紧跟的差距不至于扩大。其次，技术创新推动形成稳定的自有特色城市群形态。当落后与先进之间的差距不断缩小，并最终维持在一个稳定水平时，落后城市群区域内技术水平已达到了一定高度，并拥有了丰裕的资金支持，从而可以大量开展自主科研，带来技术创新。

（三）金融方面：抓机遇迎挑战、加快区域金融发展

成渝经济区区域规划晋升为国家战略规划，不仅意味着全国第四经济增长极的即将成形，而且为西部地区下一轮大开发找到了引擎。然而，随着后金融危机时期的到来，"十二五"规划的开局，使当下成渝经济区的发展既面临机遇又充满挑战。挑战主要有：一是科学发展观的贯彻执行要求成渝经济区加快经济发展方式的转变；二是金融市场发展制约着区域经济进一步发展；三是后金融危机时期产业承接需要更加谨慎。同时，机遇也是无所不在的：一是"5·12"汶川特大地震灾后重建给成都地区发展带来了有利的政策支持；二是各层面战略规划的重叠交叉为成渝经济区的经济发展指明了方向；三是新一轮的西部大开发为成渝经济区发展提供了难得的机遇。

综上，我们应当抓住机遇、迎接挑战，在打破区域内行政壁垒后实现城市群后进发展的基础上，加快区域金融发展，促进成渝经济区区域发展。

1. 明确功能定位、打造长江上游区域金融中心

成渝经济区金融业的发展势必将建成西部金融中心作为整体目标，以成渝经济区为主体的，从而弱化具体行政区划的中心概念。成都和重庆在这个金融中心中，各自承担不同的角色和职能，共同为成渝经济区的发展服务，并充当吸引西部周边资源的集聚器。

第一，功能准确定位不能忽视政府发挥的作用。各地不同的发展环境将对金融业发展产生直接影响，而发展环境与政府的干预是不能分开的。另一方面，功能的准确定位也不能忽视政府在区域金融中心建设中的作用。第二，区域金融政策和金融发展目标需要协商制订。除开成渝经济区区域规划，两地还应当签署多个有关具体做法的协议，并坚决给予执行。第三，加大金融人才资源的培养、引进和流动。要采取相应的政策和措施，吸引和聚集金融人才，并充分流动于区域内。同时，要致力于现有金融机构人员素质的培养和提升，打造属于西部金融中心特有的金融人才队伍。

2. 结合统筹城乡改革、走农村金融创新之路

成渝经济区，毫无疑问涵盖了农村人口大市重庆和农业大省四川的大部分地区。而且恰恰其中两大核心城市又是统筹城乡综合配套改革试验区，因此，成渝两地在创新和改进农村金融服务助推农村经济发展方面不断探索和实践，取得了

明显成效。然而在一些具体的政策法规方面的欠缺，致使仍有很多问题有待解决：

第一，当前农民和微小企业贷款难仍未有效缓解。我国农民和微小企业贷款难是多数人的共识。金融机构覆盖率低、竞争不足，农村金融机构和人员质量偏差，风险偏高。第二，扶贫贷款等政策性金融有所改进，但改革仍需深化，效果仍有待改善。当前农村金融带有明显的"扶强"特性，对中低收入农户和欠发达地区支持不足。第三，农业保险仍处于初级阶段，成效不显著。近年来，农业保险得到一定发展，但总体来看，农业保险还没有纳入试验区现阶段改革的重点，发展滞后。

3. 完善区域金融体系、加强金融生态环境建设

金融生态是指对金融的生态特征和规律的系统性抽象，本质反映金融内外部各因素之间相互依存、相互制约的有机的价值关系。国内最早提出金融生态理论的是中国人民银行行长周小川（2004），他是在深刻认识到中国金融改革的艰巨性和复杂性的前提下将生态学概念应用到中国金融领域，并以此考察中国的金融发展问题，提出改善金融生态的思想的。成渝经济区，也应积极推进金融生态建设，打造西部金融中心。

加强金融生态环境建设，应进一步发挥金融业对统筹城乡改革的支持作用，加快改革进程。第一，建立开放、自由的金融市场，吸引更多的金融机构扎根成渝经济区，如各类银行、证券投资、保险、基金、期货、财务公司等；同时，发挥后发优势，加大区域性金融机构和多层次金融市场的建设，提高金融业增加值和直接融资比。第二，加强统筹规划，形成多种类且功能互补的金融机构的竞争性金融服务体系，不断健全和完善融资方式和融资渠道，联通城市金融与农村金融，促进城乡金融协调发展。第三，区域内各城市间形成分工合作的金融体系格局。如成都负责全区农村金融，而重庆负责全区市场融资等，从而形成优势互补的发展趋势，避免同构化导致金融生态环境的不安全。

[参考文献]

[1] 李健. 当代西方货币金融学说 [M]. 北京：高等教育出版社，2006.
[2] 约瑟夫·熊彼特. 经济发展理论 [M]. 北京：商务印书馆，1990.
[3] Hugh T. Patrick. Financial Development and Economic Growth in Underdeveloped Countries [J]. Economic Development and Culture Change, 1966, 14 (2): 174–189.
[4] 雷蒙德·W·戈德史密斯. 金融结构与金融发展 [M]. 上海三联书店，1994.
[5] 爱德华·肖. 经济发展中的金融深化 [M]. 北京：中国社会科学出版社，1989.

[6] 罗纳德·麦金农. 经济发展中的货币与资本 [M]. 上海：上海三联书店，1988.

[7] Ross Levine, Sara Zervos. Stock Markets, Banks, and economic growth [J]. American Economic Review, June 1998, 88 (3)：537 - 558.

[8] 张军洲. 中国区域金融分析 [M]. 北京：中国经济出版社，1995.

[9] 支大林. 区域经济发展中的金融贡献 [M]. 长春：东北师范大学出版社，2004.

[10] 郑长德. 区域金融学刍议 [N]. 西南民族大学学报（人文社科版），2005 (9)：42 - 48.

[11] 王景武. 中国区域金融发展与政府行为：理论与实证 [M]. 北京：中国金融出版社，2007.

[12] 吴拥政，陆峰. 区域金融发展与经济增长的实证分析——基于中国地级市区数据与分位数回归方法 [J]. 区域金融研究，2009 (3)：25 - 28.

[13] 艾洪德，徐明圣，郭凯. 我国区域金融发展与区域经济增长关系的实证分析 [J]. 财经问题研究，2004 (7)：26 - 32.

[14] 王景武. 金融发展与经济增长：基于中国区域金融发展的实证分析 [J]. 财贸经济，2005 (10)：23 - 26.

[15] 沈坤荣，张成. 金融发展与中国经济增长——基于跨地区动态数据的实证研究 [J]. 管理世界，2004 (7)：15 - 21.

[16] 华晓龙，王立平，康晓娟. 区域金融发展与经济增长关系的实证分析 [N]. 内蒙古财经学院学报，2004 (1)：53 - 56.

[17] 曾康霖. 二元金融与区域金融 [M]. 北京：中国金融出版社，2008.

[18] 刘博，孙超英. 区划调整视角下的行政壁垒问题研究——以跨省区的成渝经济区为例 [N]. 四川行政学院学报，2010 (1)：75 - 78.

[19] 李廉水，Roger R. Stough，等. 都市圈发展——理论演化、国际经验、中国特色 [M]. 北京：科学出版社，2006.

[20] 孙超英，陶磊，刘博. 论国际金融危机对成都经济影响的差异性 [J]. 西南金融，2009 (11)：21 - 23.

[21] 孙超英，刘博，陶磊. "后金融危机时期" 成都区域发展的挑战与机遇研究 [J]. 西南金融，2010 (12)：37 - 40.

[22] 李海涛，农村金融改革未来五年还需迈大步——访中国社科院农村发展研究所副所长杜晓山 [N]. 农民日报，2010 - 12 - 31.

[23] 田霖. 区域金融成长差异——金融地理视角 [M]. 北京：经济科学出版社，2006.

[24] 高连和. 区域金融和谐发展研究 [M]. 北京：中国经济出版社，2008

[25] 郑长德. 中国区域金融问题研究 [M]. 北京：中国财政经济出版

社，2007

[26] 王广谦. 经济发展中金融的贡献与效率 [M]. 北京：中国人民大学出版社，1997.

（孙超英，中共四川省委党校教授；刘博，西南财经大学中国金融研究中心在读博士。）

巴中融入成渝经济区的思考

孙珲　何亭

内容提要：成渝经济区必将成为我省经济建设的新的驱动力，使我省社会经济发展迈上新台阶，但巴中因诸多原因未能进入成渝经济区。笔者认为巴中应当融入成渝经济区。尽管存在交通闭塞，城市基础设施落后等一系列的不利因素，但作为革命老区，深受党中央重视，深处"秦巴经济扶贫开发区"和"西三角经济圈"腹地，具有一定的后发优势，巴中融入成渝经济区具有一定的可行性。巴中应补齐经济发展短板，合理谋划产业布局，加强与周边地市对话，争取政策支持，有计划的逐步融入成渝经济区。

关键词：成渝经济区　巴中　融入

成渝经济区是引领西部地区加快发展、提升内陆开放水平、增强国家综合实力的重要支撑，在我国经济社会发展中具有重要的战略地位。然而，巴中毗邻重庆、达州等成渝经济区内城市，但却因一系列因素的考量未被划入成渝经济区内。未来巴中的发展是弃成渝经济区的整体资源优势另辟蹊径，还是想方设法积极融入成渝经济区，关乎巴中追赶跨越，加快发展战略的实现，殊值研究。

一、成渝经济区概况

（一）成渝经济区范围

根据国家发改委通知印发的《成渝经济区区域规划》，成渝经济区的范围包括重庆市的万州、涪陵、渝中等 31 个区县，四川省的成都、德阳、绵阳等 15 个市，区域面积 20.6 万平方千米。

（二）成渝经济区范围界定标准

成渝经济区空间范围的界定目前尚未统一的标准，但学界通行的标准大致有以下两个：物流配送规则和经济联系强度规则。

物流配送规则是指，以物流配送半径和商务作息时间原则对其进行界定。经济区的范围通常为一个工作日自由往来办事所能到达的区域，或者"物流配送能当日送达"的范围，通常指以区域经济中心为圆心的 3 小时活动范围区域，亦即以高速公路向外延伸 300 千米左右的范围。

经济联系强度准则划分规则是指，按照经济联系程度的强度来划分区域范围。经济联系强度，即空间相互作用量，是用来衡量区域间经济联系强度大小的指标。它既能反映经济中心城市对周围地区的辐射能力，也能反映周围地区对经济中心的接受程度。

（三）成渝经济区应当是一个开放的区间

按照成渝经济区空间范围的两种界分标准，成渝经济区的空间区域应该是一个开放的区域。因为物流的配送半径以及商业的作息时间必将随着公路、铁路、航运、空运等交通基础设施发展而进一步缩短，而城市之间的经济联系强度也会伴随区域之间物资劳动力的流通以及产业布局的相互补充而进一步加强。现在看来不具备条件划入成渝经济区的个别城市，诸如巴中、雅安、广元、攀枝花等，在将来条件具备之时应当划入成渝经济区，共享区域经济的资源优势、政策优势、区位优势。

二、巴中应当融入成渝经济区

首先，巴中融入成渝经济区是顺势而为。经济全球化和区域经济一体化深入发展，是不可逆转的历史潮流。成渝经济区的建立，符合区域经济一体化的要求，将极力打破区域要素市场的行政分割，避免会造成区域要素市场的行政分割，避免区域内资源的浪费和内耗的加剧，促进地理相近，文化相似，市场结构互补的城市和地区，在交易中降低成本，抵御风险，共谋发展。巴中目前处于改革发展的非常时期，需要融入成渝经济区，享受政策带来的便捷，加快自身发展。

其次，巴中与成渝经济区内诸多城市有着紧密的地缘关系和历史人文关系。巴中自古以来就是巴蜀文化不可或缺的一部分。巴蜀文化源远流长已有5000余年发展历程，是川渝两地人民共同创造的，早已融为一体。地缘相亲，民俗相同，文化相融，血浓于水的兄弟情谊让巴中与成渝经济区内的诸多城市有着千丝万缕的联系。在新的历史时期，巴蜀文化以成渝经济区这种新的形式，新的内容延续，巴中应当融入，传承文明，谱写辉煌。

最后，融入成渝经济区是巴中实现追赶跨越，加快发展的绝佳历史机遇。虽然西部大开发宏伟战略实施多年，作为川陕革命首府的巴中却从未得到过专门的政策倾斜；"秦巴扶贫开发区"和"西三角经济圈"也尚未进入国家的正式规划。要想改变积贫积弱的社会经济现状就必须抓住成渝经济区成立后享有政策优势，加速发展；否则，巴中的社会经济发展将进一步存在被边缘化的风险。

三、巴中融入成渝经济区的有利与不利因素

巴中有计划有步骤地融入成渝经济区，存在一系列的有利与不利条件，机会

与挑战并存。

（一）巴中融入成渝经济区的有利因素

1. 巴中作为川陕革命根据地的首府，受到党中央高度重视，脱贫致富步伐明显加快

近年来，巴中开展了大规模的扶贫开发，尤其实施西部大开发以来，经济社会发展取得了重大进展，基础设施得到明显加强，生态建设和环境保护取得可喜成效，城镇建设和优势产业发展呈现良好势头，社会事业薄弱环节得到加强，使得巴中融入成渝经济区将不会成为一个遥不可及的梦想。

2. 巴中深处两大经济发展区的腹地，后发优势显著

两大经济发展区是指秦巴经济扶贫开发区和西三角经济区。目前两大经济区尚无中央文件的明文支持，但是综观中国经济发展的整体脉络，以及社会主义社会的根本目的——共同富裕，两大经济区的构建是历史的必然。党的十七大确立了"在2020年前实现全面小康"的奋斗目标，十七届三、四中全会提出要加大革命老区、民族地区、边疆地区和贫困地区的扶持力度。现在，在国家又掀起了新一轮的深入推进西部大开发战略的新形势下，上述两大经济发展区是深入贯彻落实科学发展观统筹区域协调发展、努力推进新农村建设和全面建设小康社会不可缺少的地区。

"秦巴山区扶贫开发示范区"范围包括重庆、陕西、湖北和四川四省市地处秦巴山区的连片贫困区，包括城口、巫溪、宁强、镇坪、郧县、竹山、万源、通江等23个区县级行政单位。"西三角经济圈"包括重庆经济圈、成都经济圈、以西安为中心的关中城市群，总面积22万平方千米，人口1.18亿，包含47座城市，GDP总额1.5万亿元，占全国的6.3%，整个西部的33%。

深处上述两大经济发展区的腹地，巴中虽然自身工业化基础薄弱，城市基础设施建设滞后，但其具有独具特色的山区资源优势，例如，石油、天然气、煤炭、中药材以及山水风光，红色旅游文化资源等，可在享受上述经济发展区的宏观政策优势的基础上，建设、完善城市基础设施设备，招商引资，与经济发展区内其他城市，互通有无，优势互补，整合资源，形成产业链条，构成规模协同效益。在交通畅达与经济实力集聚的基础上，巴中融入成渝经济区便是水到渠成。

3. 巴中与重庆签订多项合作协议，两市经济联系日益加强

重庆市人民政府与巴中人民政府于2010年8月26日签署了《支持老区巴中发展加强渝巴合作协议》推动交通建设合作，加快商贸、旅游、金融等领域合作，促进产业合作，加强社会事业及人才合作，构建长效合作机制等七个方面展开深度合作。协议的签署标志着重庆、巴中两市的区域性交流合作进入了实质性阶段，必将带动巴中革命老区加快资源的开发利用、加快基础产业的发展、加快对外开放的步伐，促进老区民生的积极改善。

不仅如此两地政府于2010年10月28日，签署了《渝巴农业区域合作协议》加强合作、优势互补、市场主导、企业主体、充分开放、共同发展、互利共赢。

重庆作为成渝经济区的两大经济中心之一，两地之间多项合作协议的签署，巴中享受的不再是重庆高度发达的经济产生的外围辐射效益，而是与重庆多个项目，多个方面的直接合作，两地之间的空间相互作用量必定趋大，按照经济联系强度的划分准则，巴中融入成渝经济区，指日可待。

（二）巴中融入成渝经济区的不利因素

1. 贫困人口多，贫困程度深

2009年，巴中农民人均纯收入3243元，占全国平均水平的63%；农村人均纯收入低于1196元的贫困人口约85万人，占农业人口的26%。

2. 要素吸附能力弱，自我发展能力差

巴中近几年年均货物和服务净流入达100亿元以上，2009年巴中银行存贷款差达150亿元，大学生毕业返乡率仅28%。农业依旧占主体地位，工业企业规模小、效益差，国民经济运行的整体质量不高，自我发展的财力普遍薄弱，经济发展仍处于工业化初期的准备阶段，基础薄弱，加快发展的"造血"功能严重不足。

3. 地理位置远，发展差距大

巴中地处大巴山，远离成都、重庆、西安等大中城市，现有公路通行能力低，自然条件较差等影响，经济发展受中心城市经济圈辐射带动作用较小，经济运行成本高，招商引资艰难。2009年，巴中人均GDP 7548元，仅相当于全国平均水平的30%；人均财政收入139元，仅相当于全国平均水平的2.5%。

四、巴中应采取有效措施，积极融入成渝经济区

穷则思变，在落后的现状面前，巴中只有以积极主动的姿态想方设法融入成渝经济区，接受区域内优先发展城市的直接或次级经济辐射效益，共享政策法规资源优势，才能追赶跨越，加快发展，摆脱贫困。

（一）深入分析市情，补齐经济发展短板

1. 举全市之力构建大交通

交通闭塞，运输方式单一，物流成本过高是制约巴中经济发展的重要原因之一，也是巴中多年来被排除在国家重点发展区域之外的主要原因。融入成渝经济区，务必要着力构建大交通。因此，应加速推进以巴南、巴达、巴陕高速公路建设为重点的对外快速通道建设；以国省干线改造升级为重点，构建交通骨架网络；以全面实施农村公路建设为重点，完善市域路网配套的新一轮交通建设大会战；加快铁路通车计划，有计划的规划机场建设。

2. 合理规划城市建设，完善城市基础设施

城市规划起点低，规划沿用"老黄历"，加之城市管理低水平，严重制约着巴中的城市建设与发展。要坚持高起点、高标准，合理规划城市建设。未来新巴中，应当是"一城两翼"的总体格局，巴中城向东，穿越黄家山隧道，进入兴

文镇境内，是将来的巴中城东区，建成区预期面积 25 平方千米，容纳人口 20 余万；巴中城向西 10 余千米，进入恩阳镇，是未来的巴中城西区，预期建成面积 20 平方千米以上，容纳人口 20 余万；功能布局要清晰，恩阳与兴文新区以工业为主，主城区以商住为主。完善城市交通、通讯、服务等基础设施。

3. 科学规划工业园区，做好对接

工业园区的配套基础设施建设滞后，金融服务、物流服务、信息服务以及技术协作、人力资源及其培训等方面不配套，综合配套能力差，上下游产业链建设远未完成，使得一些潜在的投资者望而却步。因此要科学规划工业园区，合理布局，做好几个对接。首先要对接好成渝经济区内的产业分工体系，力争使园区规划站在成渝经济区产业分工链条上的一个重要节点上，既不超前，也不落后，正好对接，使经济区融入成渝经济区产业分工体系；其次是对接好科技创新开发项目，使国际国内研发机构、金融实体、企业投资主体和市场开发在经济区园区中找到最佳的结合点；再次要对接好我国东部产业转移的项目布局和项目安排；最后要对接本地资源优势的特色产业开发项目，有效地改造并提升经济区原有的传统产业，同时开发优势特色产业。

4. 引进中小金融机构，解决企业融资难

目前巴中中小金融机构不发达，对企业筹资融资支持不够用。渝巴两地政府签订的《支持老区巴中发展加强渝巴合作协议》中第五项合作内容是，加强金融合作，鼓励重庆地方金融机构在巴中设立分支机构或合作开展相关业务。应当深入推进上述协议的实施，引进中小金融机构，破解中小企业融资难的问题。

5. 更新用人机制，加大人才储备

巴中缺乏现代产业需要的各类实用人才，不仅高精尖科研人才、高级开发型人才、高级管理人才和高级技术人员缺乏，而且一线产业工人也缺乏。要打破唯资历、唯学历、唯人情的桎梏，坚持以能力、以工作实效为检验标准，创新选人用人机制，选调精干人才充实产业发展部门，解决经济部门干部专业性不强、结构不合理问题，为工业和企业发展提供人才保障。出台产业人才管理使用办法，从制度层面对高层次产业人才的工资福利、知识产权、科技成果、兼职收入等合法权益给予充分保障。争取成渝两地高校及科研机构在巴中设立分支机构，为巴中经济社会发展做智力积累和人才储备。

（二）合理谋划产业布局

1. 放眼整个成渝经济区，合理谋划产业布局

巴中产业布局的谋划应当放眼整个成渝经济区，合理布置，优缺互补，克服因行政分割而出现行政区经济的弊端。抱残守缺，固守成规，关起门来搞行政区经济的最终结局只能是故步自封，加剧自身的积贫积弱。例如，重庆直辖以后，四川的汽车工业几近消失。但是汽车制造工业基础薄弱的四川并不是着眼于培育汽车配套企业，而是独立搞川汽，花大力气引进丰田，试图重振四川汽车工业。另一方面，重庆汽摩产业链中却缺少川企的影子。这种追求行政区经济的发展模

式的必然结果是恶性竞争造成的两败俱伤。要做好与成渝经济区产业分工的对接，占据区内产业分布链条上重要的一环。

2. 结合巴中自身的资源特色，合理谋划产业布局

巴中应当重点扶持特色产业发展，建设优势特色农产品基地。依托山地资源，加强农田改造和基本口粮田建设，提升农业综合生产能力，发展特色种植业、特色畜牧业、特色林业等现代农业，加快农业发展的规模化、集约化和产业化发展水平，加快秦巴山区传统农业向现代农业的转变，建立秦巴山区优质商品粮和特色农产品基地。

巴中应当加快特色优势资源开发。发展天然气化工产业，比照延安开发石油资源的做法，尽快建立资源生态保护补偿机制，给予天然气资源特殊的税收优惠政策。规划布局一批以资源开发为主的矿业经济区、特色农副产品加工转化基地和劳动密集型的轻工等基地，促进区域间资源保护和优化利用。

巴中应当加快发展特色旅游产业。依托秦巴地区优越的生态环境和红军文化、历史文化，重点将旅游业作为秦巴地区促进第一、二产业互融、发展的主导产业来扶持和培育，创新发展模式，建设"生态和红色旅游基地"，大力培育国际国内知名的旅游品牌，推进西三角跨区域旅游整合和无障碍旅游，打造知名生态休闲旅游目的地，构建特色旅游经济区。

（三）加强与周边地市对话，共同争取政策支持

目前，巴渝两地签署了多项合作协议，在工业、农业、旅游、金融等多个领域开展了深度合作。巴中应当积极主动，加强与周边地市如达州、汉中、广元、南充等的对话，寻求更多的合作伙伴，学习借鉴其他城市社会管理与发展经济的先进经验，取得更多的合作项目，充分利用其经济辐射带动作用，结合自身资源禀赋，发展巴城经济。

与此同时，巴中还应与周边地市协力争取，使"秦巴扶贫经济开发区"和"西三角经济区"进入全国统筹发展的范畴。按照与全国同步实现小康目标的要求，将秦巴山区连片扶贫开发与推进区域跨越式发展提升到深入推进西部大开发的国家战略规划，将重大基础设施及生态环境建设项目、产业发展项目、保障和改善民生项目列入国家"十二五"、"十三五"等国民经济和社会发展中长期规划给予重点扶持；规划建设以成都、重庆、西安三大城市为核心的西三角经济圈，推进西部"西三角"经济圈和成渝、关中—天水、北部湾等西部经济区重点经济区的战略发展高地，以促进包括秦巴山区在内的"西三角"地区率先发展，培育形成国家重要增长极，带动和促进秦巴山区突破性发展。

参考文献：

[1] 李颖. 试论区域经济一体化和经济全球化的关系 [J]. 时代金融，2011（442）.

［2］李迅. 论成渝经济区形成及发展的基础［OL］. http：//www. chinaacc. com/new/287/296/2008/7/hu00757182780020 – 0. htm/2008 – 07 –28.

［3］杜远. 代表建议设立"秦巴山区扶贫开发示范区"［OL］. http：//www. china. com. cn/2011/2011 –03/13/content ＿22127284. htm/2011 –03 –13.

［4］王全明. 创新思维创新举措，突出发展工业经济［J］. 市情研究，2011（2）.

［5］杨明洪，孙继琼等. "成渝经济区"中国经济增长第五级［M］. 成都：四川大学出版社，2008.

［6］郭红梅. 关于融入西三角加快秦巴山区发展的思考与建议［OL］. http：//www. bztz. gov. cn/Article/tzll/201106/1527. html/2011 –06 –21.

（孙珲，中共巴中市委党校办公室主任、高级讲师；何亭，中共巴中市委党校讲师。）

大力推进成渝城市群的快速发展

王明强

内容提要： 成渝城市群是西部密度最高的城镇密集区，是全国少有的双核城市群。《成渝经济区区域规划》提出，"十二五"期间要加快形成辐射作用大的城市群。依托重庆、成都"双核"和区域性中心城市，加强与周边城市之间的联系，形成若干辐射带动能力强、经济联系紧密、体系结构合理的城市群。着力打造重庆城市群，加快发展成都城市群，大力发展成渝南部城市群，积极培育成渝东北部城市群。大力推进成渝城市群的快速发展，必须加快编制成渝城镇群规划、完善城市基础设施网络、构建城市化发展的强大产业支撑、加强各城市间联系及提高对外开放水平和建立跨区划城市协商机制和协调机构。

关键词： 成渝 城市群 措施

成渝经济区，是指重庆、成都两座城市及其辐射地区。目前区域内有 2 个特大城市、6 个大城市、众多中小城市和小城镇，城市密度达到每万平方千米 1.76 座，高于西部 0.24 座和全国 0.7 座的平均水平，是西部密度最高的城镇密集区，是全国少有的双核城市群。

一、成渝城市群的总体状况

（一）成渝经济区的总体状况

成渝经济区包括重庆市的万州、涪陵、渝中、大渡口、江北、沙坪坝、九龙坡、南岸、北碚、万盛、渝北、巴南、长寿、江津、合川、永川、南川、双桥、綦江、潼南、铜梁、大足、荣昌、璧山、梁平、丰都、垫江、忠县、开县、云阳、石柱 31 个区县，四川省的成都、德阳、绵阳、眉山、资阳、遂宁、乐山、雅安、自贡、泸州、内江、南充、宜宾、达州、广安 15 个市的 115 个区县市，区域面积 20.6 万平方千米，常住人口 9267 万人。2008 年 GDP（国民生产总值）为 1.58 万亿元。城镇分布密集，拥有 2 个特大城市、6 个大城市、众多中小城市和小城镇，城镇人口 4046 万，城镇化率 43.8%，城市密度达到每万平方千米 1.76 个，是西部地区城镇分布最密集的区域，已经形成了以重庆、成都为核心的城市群。

成渝经济区范围。最初的成渝经济区涵盖了重庆市的 23 个区县和四川省的 14 个市，其中半数是 2001 年成渝经济区经济合作组织成立时加入，另外一些是 2005 年新加入，见表 1。

表 1

	加入时间	加入城市														
重庆市	2001年	渝中区	大渡口区	江北区	沙坪坝区	九龙坡区	南岸区	北碚区	渝北区	巴南区	璧山县	万盛区	双桥区	涪陵区	长寿区	江津区
		合川区	永川区	大足县	荣昌县											
	2005年	南川区	綦江县	潼南县	铜梁县											
四川省	2001年	成都市	绵阳市	德阳市	眉山市	乐山市	资阳市	内江市	自贡市	遂宁市	广安市					
	2005年	宜宾市	泸州市	南充市	达州市											

在成渝经济区区域规划编制中，国家发改委将成渝经济区的范围在上述基础范围之上扩容，又纳入了比原成渝经济区相对落后，但依然具有较快发展潜力的重庆市的 8 个区县和四川省的 1 个市，使成渝经济区的范围扩大到重庆市的 31 个区县和四川省的 15 个市。

新增的区县市见表 2。

表 2

	城市							
重庆市	万州区	梁平县	丰都县	开县	云阳县	忠县	垫江县	石柱土家族自治县
四川省	雅安市							

（二）成渝城市群的空间布局

成渝经济区初步形成四大城市群。与城市的区域集聚相适应，成渝经济区的人口与产业也呈现出明显的空间集聚特征。人口、产业与城市的空间集中化在以重庆为中心的周边地区、成都及成德绵地区、成渝带状区域以及川南、川东北地区显得尤为突出，并逐渐形成四大城市群形态。

1. 重庆城市群

重庆是西部地区三个区域性中心城市之一，是西南地区和长江上游最大的经济中心城市和科技、文化、教育事业中心。重庆城市群以重庆为中心，包括周边的涪陵、万盛、长寿、江津、合川、永川、南川、双桥、綦江、潼南、铜梁、大足、荣昌、璧山和四川的广安等城镇组成了一个高密度的城镇密集区。随着重庆城市空间地域的进一步扩张、城镇体系的逐步完善以及快速通道的形成，重庆城镇密集区的空间聚合形态将进一步完善成熟，进而辐射到更为广阔的空间地域，形成以重庆中心城为核心结合周边若干中小城市，产业与人口高度聚集的城市群。

2. 成都城市群

成都城市群的范围相当于成都平原经济圈，包括以成都为中心、以绵阳—乐山为轴线的成都平原地区及毗邻的丘陵地区。以成都市为中心的 150 千米半径内，聚集着 1 座副省级城市，7 座地级市（绵阳市、德阳市、眉山市、资阳市、遂宁市、乐山市、雅安市），10 座县级市（简阳市、都江堰市、彭州市、邛崃市、崇州市、广汉市、什邡市、绵竹市、江油市、峨眉山市）共 18 个城市，是四川城市分布最为集中的区域。特别是成德绵地区以宝成铁路、成绵高速公路为轴线，三个城市相距仅 90 多千米，随着成都市空间地域的扩张以及城际快速通道的形成和成德绵三个城市的市区地域空间不断向外扩张，空间可达性进一步提高，环绕成都周边的城镇经济飞速发展，加速了成都平原城市群内城市间经济的一体化进程。

3. 成渝南部城市群

南部城市群即川南城市群，是以宜宾、泸州、自贡、内江四个中等城市为中心组成的多中心块状形地域。从空间上看这四个中等城市之间相距约 40～80 千米，以内昆铁路、长江干流以及高等级公路为连线，形成一个群聚性相当高的中等城市群落。该地区能源化工资源丰富，是西部大开发中不可或缺的能源、原材料基地，建成了各具特色的专业化生产部门，自贡以盐化工、机械工业为主；泸州以天然气化工、工程机械为主；宜宾以造纸、化工和酒类为主；内江以物流、轻纺食品为主。该城镇群是仅次于成都平原城镇群的经济发达地区。

4. 成渝东北部城市群

包括万州、南充、达州、开县、云阳、忠县、梁平、垫江、石柱、丰都等市县，是成都、重庆重要的经济腹地。该地区经济不很发达，但与重庆的联系较为紧密。达成铁路、成南高速公路、南渝高速公路、广渝高速公路、达渝高速公路相继通车，有效地改善了成渝东北地区中小城市与成都、重庆的经济社会联系，大大促进了万州、南充、广安、达州等城市的经济联系和发展。各中心城市都相距在一个小时的路程内，已经初步形成了城镇群雏形。

二、成渝核心城市和中心城市的发展目标

（一）成渝核心城市的发展目标

1. 重庆发展核心

重庆的发展目标是建设宜居、畅通、森林、健康、平安重庆，打造经济繁荣、社会和谐、环境优美的国际大都市。

重庆包括渝中、大渡口、江北、沙坪坝、九龙坡、南岸、北碚、渝北、巴南主城九区。充分发挥直辖市体制优势和辐射集聚作用，推进国家统筹城乡综合配

套改革试验，全面提速建设国家中心城市。同步推进主城特大城市功能完善和空间拓展，全面提升城市综合竞争力和国际化、现代化水平。全面实施二环区域发展规划，加快建设千平方千米、千万人口的巨型城市。内环以内优化提升，大力发展总部经济、服务外包和现代服务业，调整升级城市功能，发展高端服务业，疏解城区人口，改善人居环境。内环与二环之间重点开发，实施大规模工业化、城镇化开发建设，重点发展先进制造业、生产性服务业以及大型综合性生活服务中心，加快建设两江新区、西部片区、东部片区和南部片区，加速人口和产业集聚，建设一批工业园、大型聚居区、城市公共服务中心，加快形成一批新的城市组团。二环以外适度开发，强化生态保障，统筹规划建设小城镇和农村居民点，统筹城乡基础设施、公共服务设施建设。强化主城交通枢纽、金融、商贸、物流等城市综合服务功能，推进创新型城市建设，建设中央商务区和中央文化休闲区，建设宜居、畅通、森林、健康、平安重庆，打造经济繁荣、社会和谐、环境优美的国际大都市。

2. 成都发展核心

成都的发展目标是建设城乡一体化、全面现代化、充分国际化的大都市。

成都包括锦江、青羊、武侯、金牛、成华五城区和龙泉驿、青白江、新都、温江、双流、郫县、都江堰、彭州、邛崃、崇州、金堂、大邑、蒲江、新津县（市、区）。继续推进国家统筹城乡综合配套改革试验，重点发展现代服务业、高技术产业、先进制造业及特色农业，提升交通、通信、金融、商贸物流等城市综合服务功能，加快发展总部经济，推进创新型城市建设，优化人居环境，建设城乡一体化、全面现代化、充分国际化的大都市。

优化市域空间布局。以市域生态本底及现实条件为依据，在充分保护和尊重生态本底的基础上，将市域划分为提升型发展区、优化型发展区、扩展型发展区、两带生态及旅游发展区四大总体功能区。

提升型发展区：包括中心城区的锦江区、青羊区、金牛区、武侯区、成华区，以现代服务业为主导，优化调整产业结构，提高城市承载能力，提升城市功能和品质，改善人居环境。

优化型发展区：包括市域西部的彭州、都江堰、郫县、温江、崇州、大邑、邛崃和蒲江以平原为主的地区，以现代农业为基础，促进现代服务业与先进制造业协调发展，城镇布局要注重显山露水。

扩展型发展区：包括市域东部的新都、青白江、金堂、龙泉驿、双流和新津以丘陵为主的地区，以先进制造业为主导，促进现代服务业与现代农业协调发展，城镇布局要保护生态本底。

两带生态及旅游发展区：包括彭州、都江堰、崇州、大邑、邛崃、蒲江、双流、龙泉驿、青白江、金堂的山区，是成都市的生态屏障，也是旅游产业的重点发展区。

（二）成渝区域中心城市的发展目标

1. 成渝区域中心城市的发展目标

《成渝经济区区域规划》提出，做强区域性中心城市。大力发展重庆的万州、涪陵、长寿、江津、合川、永川和四川的德阳、绵阳、眉山、资阳、遂宁、乐山、雅安、自贡、泸州、内江、南充、宜宾、达州、广安等区域性中心城市，引导工业向园区集中发展，加大城市基础设施和配套公共服务设施建设力度，优化城市环境，适当扩大城市规模，提高城市承载能力。

建设一批特大城市。支持万州、涪陵、江津、合川、永川、长寿、绵阳、德阳、乐山、自贡、泸州、内江、南充、宜宾、达州发展成为100万人口以上的城市（区），带动周边地区加快发展。

2. 区域内各中心城市发展定位和目标

（1）万州。能源化工、新型建材、轻纺食品、机械电子、商贸物流基地，经济区东北部的中心城市、综合交通枢纽和重要的港口城市。支持加快建成重庆第二大城市，建成全市城乡统筹发展的特大城市和加快发展的重要增长极、渝东北地区及三峡库区的经济中心和对外开放的重要门户、和谐稳定新库区的示范区和库区生态安全的重要屏障。到2015年，城区人口达到100万人以上，城区面积达到100平方千米。

（2）涪陵。天然气精细化工、生物制药、机械制造、轻纺食品、商贸物流基地，经济区东部的中心城市。涪陵是重庆中部的经济、文化、科技、教育和信息中心，三峡移民重要的承接地。涪陵是长江上游重要交通枢纽，乌江流域的物资集散地。涪陵应重点发展食品、医药、机械、建材和化工产业，积极发展高科技产业、商贸业、文化和旅游第三产业。加强对饮用水水源的保护，充分治理长江沿岸污染源，重点整治次级河流流域，保护三峡库区环境。

（3）长寿。石油天然气化工、冶金建材、合成材料基地，区域性专用物流节点城市。长寿应强化工业经济优势，大力发展轻工、化工、建材产业，充分发挥天然气化工的独特优势，力争建成长江上游最大的综合化工城市和具有国际领先技术的天然气化工基地。大力发展城郊型农业，形成新的经济增长点。

（4）江津。先进制造、能源建材、食品加工、商贸物流、休闲旅游基地，重要的港口城市。积极融入主城，建设国家中心城市重要拓展区、辐射川南黔北重要门户，全市重要的先进制造业基地和现代物流基地。到2015年，城区人口达到60万人左右，城区面积达到60平方千米。

（5）合川。能源建材、机械制造、电子信息、轻纺食品基地，重要的物流节点和旅游城市。加快建成重庆全市的北部中心城市，中国知名旅游城市，全市重要的装备制造、轻纺、能矿产业基地和物流节点。到2015年，城区人口达到60万人左右，城区面积达到60平方千米。

（6）永川。装备制造、电子信息、商贸物流、休闲旅游基地，西部职业教育城。加快建成全市西部中心城市，重要的工业基地、商贸物流中心和职业教育基地。到 2015 年，城区人口达到 60 万人，城区面积达到 60 平方千米。

（7）德阳。全国重要的重型装备制造业基地，重要的新材料、精细化工、食品加工基地，现代工业城市。德阳是成都一小时经济圈北翼重要的经济中心，应与成都经济圈城市形成优势互补，建立新型城市协作发展关系，成为成都一小时经济圈内的重要城市和产业基地。

（8）绵阳。电子信息、科研生产基地，经济区西北部的中心城市和国家科技城。绵阳应重点发展绵江安地区，推进成德绵产业带向北拓展。加快传统产业改造，重点发展电子信息、新材料产业、生物及精细化工产业、先进制造业和环保产业等高新技术产业。大力发展职业教育和科技研发，成为区域性科研教育基地和人才储备中心。绵阳位于成德绵走廊上，是成渝地区对外交通运输的中转节点，应强化枢纽功能，同时进一步加强与成都的交通联络。

（9）眉山。机车制造、冶金建材、精细化工、特色农产品加工基地和国家粮食储备基地，重要的交通节点城市。眉山是成都一小时经济圈南翼重要的经济中心，境内旅游以三苏文化为特色，应继续以建设宜居风景城市为目标，积极发展商贸业和为成都服务的都市休闲服务业。第二产业发展以高新技术产业为主，重点发展铝业、机械、电子、食品工业等。

（10）资阳。全国重要的机车制造及出口基地，汽车与零部件制造、节能产品生产、食品生产配送、会展基地和旅游休闲度假目的地，新兴工业城市。资阳是成都一小时经济圈东翼重要的经济中心，应强化与成都都市区的联系，建设成为都市区服务的产业基地。大力发展商业贸易、旅游服务、金融保险服务等行业，带动区域社会经济整体提升。

（11）遂宁。精细化工、电子信息、食品饮料、商贸物流基地，重要的交通节点城市。遂宁位于四川盆地中部，是成渝发展北轴的重要节点城市。遂宁应集中建设涪江沿岸产业带。重点发展化工、纺织、饮料和食品加工、机械、电子电力等现代制造业集群，培育发展旅游休闲、商贸物流、文化、职教等现代服务业集群。

（12）乐山。清洁能源、新材料、冶金建材产业基地，生态和文化旅游胜地，重要的交通节点和港口城市。乐山是绵成乐发展轴南部节点，川西南工商重镇。乐山应以高新技术为主导，重点发展食品加工、机械制造等产业。乐山境内有世界级文化与自然遗产，是国家级历史文化名城，应继续大力发展旅游服务业。规划建设乐山旅游机场，预留发展用地。

（13）雅安。农产品加工、清洁能源产业基地，交通节点和生态旅游城市。雅安是成都城市经济区的地区中心城市，四川省水电经济强市。应重点发展轻工、机械和生物产业。加强与成都市区的交通联络，以生态旅游为特色大力发展休闲旅游服务业。雅安应严格控制污染，加强环境综合整治，建设生态城市。

（14）泸州。饮料食品、天然气和煤化工、能源、装备制造基地和商贸物流中心，重要的交通节点和港口城市。泸州是国家级历史文化名城，川、滇、黔、渝毗邻地域的中心城市，区域性的物流、商贸中心，应积极发展现代服务业。第二产业以化工、机械、能源开发、饮料制造、食品加工等为主导产业，继续巩固作为四川省重要工业基地的地位。泸州是四川省重要的港口城市，应积极强化依托长江航运的交通物流业，强化与贵州的交通联系，辐射赤水、遵义地区。

（15）自贡。盐卤化工、机械制造、新材料、物流配送基地，现代工业城市。自贡市是国家级历史文化名城。应充分利用科研优势，实现产学研一体化发展模式。重点发展盐化工、机械成套设备研发制造、以差别化纤维为特色的化纤纺织和具有特色的新材料产业。积极整合产业优势，建立工业园区。全力打造以盐、龙、灯为精品的旅游业。积极推进物流市场建设，打造成川南重要的商品集散地。

（16）宜宾。饮料食品、能源轻纺、机械制造和商贸物流基地，重要的交通节点和港口城市。宜宾是以水电为主的国家综合能源基地，应继续以化工产业为发展重点，推进传统产业改造和产业升级。同时大力发展食品饮料业、电力产业和基础材料业、机械制造业，积极发展物流、商贸等现代服务业，提升区域带动能力。

（17）内江。农产品加工、冶金建材、汽车零部件生产、再生资源综合利用基地，重要的商贸物流节点城市。内江是成内渝区域经济发展轴的中继点和川南各城市与成渝城镇群区域核心地区的连接点。内江应逐步培育并构建新兴主导产业，在与成都互补融合中寻找产业契机。重点发展冶金、建材、电子机械、化工、医药、食品和轻纺等产业，带动能源电力和相关辅助产业发展，加快发展现代服务业。

（18）南充。石油天然气精细化工、汽车及零部件、轻纺服装、有机农产品加工、能源基地和商贸物流中心，经济区北部的中心城市、重要交通节点和港口城市。南充市位于四川盆地东北部，川东北地区中心地带。南充是川东北经济强市及交通信息枢纽和商贸科教文化中心，应进一步提升地区性文教科研与商贸中心的职能。优化产业结构，大力发展轻污染行业，引进高科技产业。重点发展纺织服装工业、石油化工工业、汽车汽配工业、食品工业、医药工业、建材工业、日用轻工业。

（19）广安。精细化工、新能源、新材料、有色金属加工、汽车及汽摩零部件制造、特色农产品加工和供应、红色旅游基地，重要的交通物流节点和港口城市。广安位于重庆一小时经济圈的北侧，处于四川盆地东缘平行岭谷地区。广安应继续强化与重庆中心城区的联系，优化城市环境，发展旅游服务业，建设为重庆都市休闲基地。

（20）达州。天然气和磷硫化工、冶金建材、农产品加工基地，重要的商贸物流节点城市。作为中国西部天然气能源化工基地，达州应重点发展天然气化工、建材、轻工和商贸物流业，积极发展机械、煤炭和特色农产品加工业。规划加强万州与达州的交通联系，以渝达高速、湘渝铁路等为依托，作为辐射陕甘、连接湘鄂的重要通道，扩大成渝地区的区域影响力。

三、成渝城市群的发展措施

（一）加快编制成渝城市群规划

加快编制成渝城镇群规划。规划应包括：战略定位和发展目标；新型城镇化发展模式和有特色的城乡统筹发展道路及整体空间结构和重点协调地区空间布局；区域产业协调发展和产业结构升级策略；区域综合交通设施建设、水资源综合利用、能源、城市安全等重大基础设施；确定重要风景名胜区、历史文化名城、水源保护地、生态区等需严格保护的地区，划定重点开发区域、限制和禁止开发区域；研究规划实施联合机制，确定规划实施步骤和分阶段任务。

规划应研究区内的城市布局，提出对现有城市体系和布局进行调整的意见，引导城市的发展方向，督促各地政府按照统一规划调整城市结构、功能和布局；在成渝经济区沿交通干线和城市枢纽地区，可考虑规划发展一批区域性中心城市，形成新的经济增长极。依据各区域性中城市的功能定位和发展方向，充分发挥国家级统筹城乡发展试验区政策优势，融合各种优势资源，统筹城乡发展，引导产业、人口向城市合理集聚，带动地区经济快速发展；充分考虑如何促进成渝城市群走廊的成都—资阳—内江—重庆一线加快发展；考虑对部分行政区划进行调整，如根据内江市和自贡市空间距离短、经济联系紧密、资源条件互补的特点，将两市合并，更合理地配置和布局生产力；进一步明确规划范围内城镇职能体系分工，进一步健全统筹区域协调发展的机制，使现有产业、建设、环境等各方面的诸多问题得到解决。

（二）完善城市基础设施网络

按照城乡统一的政策和制度安排，推进经济区城乡交通、通信、水利、能源、环保等基础设施与医疗、卫生等公共服务设施建设，构建城乡一体的基础设施网络。就交通设施而言，交通模式必须适应城市化发展的需要。城市间良好的空间可达性是城市经济带形成的必要条件，因此，成渝经济区应加快区域内外立体交通网络建设，提高城市间的可通达性，通过积极推进城市间和城市内部轨道交通为主的交通模式，来促进城市群的形成和城市信息化。以加快成都和重庆两个核心城市间快速通道建设为重点，完善区域内公路、铁路、内河航运、民航、管道综合交通运输网络。发展城际及客运专线，建立成都、重庆两市间的快速轨道交通，加快成渝两市间及其与重要城市间的城际铁路建设，以成都、重庆为中心，形成城郊快速交通体系。加快城市群内部网状交通体系的建设，促进城市群的成长发育，形成主要中小城市之间点对点的交通通道。通过中心城市与中心城市之间、中心城市与外围城市之间快速干道的建设和完善，来强化城市之间的交流和互动，进而促进区域整合由基础设施领域的合作溢出到产业部门的合作。加快城市之间的路网建设，在区域内尽快形成网络化，提高通达性，缩短时空距

253

离，增强城市辐射能力，促进城市间的产业分工协作和人流、物流的迅速通达。积极推进成渝两市与周边省会城市间的客运专线建设。

（三）构建城市化发展的强大产业支撑

城市化的发展需要强大的产业支撑，产业发展是城市化的核心。只有构建强大的产业支撑，才能促进城市化快速发展，使城市真正成为吸纳农村剩余劳动力转移的"蓄水池"，才能增强城市发展活力和后劲，带动整个经济社会发展。要以工业化作为推动城市群发展的根本动力，强化城市群发展的产业支撑。

重庆城市群：大力发展新兴工业，重点发展新兴工业集群和支柱产业。具体来说，应该重点发展九大工业集群和五大支柱产业。九大工业集群分别是天然气化工集群、石油化工集群、煤化工集群、新兴汽车工业集群、新兴装备工业集群、新兴材料工业集群、电子芯片工业集群、新兴软件及外包工业集群、信息家电工业集群。五大支柱产业指的是电子信息产业、汽车摩托车、材料产业、装备制造业、石油天然气化工。新型工业化道路要坚持以信息化带动工业化，重庆走新型工业化道路应重点发展电子信息产业及生物工程、新材料、机电一体化等高新技术产业。

成都城市群：立足已有基础，发挥比较优势，构建起以重大装备制造业为代表的现代工业基地，以电子信息产业为代表的高新技术产业基地，以食品饮料业为代表的优势农产品加工基地，以现代物流、现代金融、商贸服务为代表的现代服务业基地。

成渝南部城市群：依托丰富的能源资源和化工基础，充分发挥内河水运优势，构建国家级能源及化工基地，成为全省重要的食品饮料及机械装备产业基地，建设机械装备产业基地，积极发展新兴产业，加快发展旅游、物流等现代服务业。

成渝东北部城市群：立足天然气、农副产品比较优势，依托毗邻成渝的区位条件，构建全国重要的天然气化工基地，建设西部重要的农产品深加工基地，大力发展观光旅游，积极发展新型建材、轻纺食品、机械电子产业，构建区域性物流中心。

（四）加强各城市间联系及提高对外开放水平

加强成渝经济区内各城市间的联系与合作，树立统一对外开放的整体形象，将成渝地区建设成为中西部开放度最高的地区。打破地区分割与封锁，从组织上发展和协调城市体系各城市之间的经济联系，促进分工与协作，发挥成渝经济区各城市资源互补优势，形成结构合理的城市体系，增强城市的辐射力、吸引力和综合服务能力。应统一规划产业分工与协作，根据成渝地区的产业基础和发展方向，确定产业引进的重点。整合口岸资源和对外交通通道，构建扩大开放的基础设施条件。整合航空港、集装箱码头、大型火车站和汽车站资源，打造先进配套的对外通道和物资集散中心，构建内陆开放型经济平台。完善成渝地区实施开放的体系，建立起推进各区域扩大开放的组织机构，搭建对外开放的战略组织平台，建立统筹、协调、指导、策划等工作机制。

（五）建立跨区划城市协商机制和协调机构

成渝经济区应在遵循平等性、开放性、整体性、特殊性原则的基础上建立跨区划城市协调机制。一是建立专门的成渝经济区城市群规划领导协调机构。机构由成都和重庆及各地级市政府负责规划的领导组成，也可吸纳有关专家加入成渝经济区城市群规划建设协调小组，加强对成渝经济区城市群规划建设工作的领导和统筹协调工作。二是建立川渝大中城市市长定期联席会议制度，每年召开一次联席会议，交流加快产业发展、城市建设、新农村建设和环境保护等方面的经验体会，共商加强相互经济社会合作的途径、方法和项目。三是建立"都市联盟"统一行使跨界职能，协调政府间的利益，解决政府之间的公共服务问题。四是建立成渝经济区协作办公联系制度，定期相互交流信息，为领导联席会议做好筹备工作，为企业跨地区经济合作做好服务工作。

参考文献：

[1] 国务院发展研究中心课题组．中国城市化：前景、战略与政策［M］．北京：中国发展出版社，2010.

[2]《成渝经济区研究报告》编委会．打造中国新的增长极——成渝经济区研究报告［M］．成都：四川人民出版社，2011.

[3] 林凌，刘世庆．共建成渝经济区　培育中国经济新的增长极［M］．北京：经济科学出版社，2009.

[4] 白志礼．重庆市城镇化发展的理论与实践［M］．北京：科学出版社，2011.

[5] 丁晓宇．大棋局——中国城市化发展大战略［M］．北京：国家行政学院出版社，2011.

[6] 苏伟．重庆模式［M］．北京：中国经济出版社，2011.

[7] 重庆社会科学院．重庆蓝皮书2010年中国重庆发展报告［M］．重庆：重庆出版社，2010.

（王明强，中共南充市委党校副教授。）

成渝经济区经济合作保障机制探析

魏建明

【内容提要】成渝经济区建立以后，区域内的经济合作要向更深层次、更广领域发展，建立和完善经济合作保障机制至关重要，它直接决定着成渝经济区内的合作水平和经济社会发展。成渝经济区经济合作的保障机制包括制度保障，经济合作信息交互、经济合作利益补偿、经济合作评价激励、经济合作行为约束等动力保障，经济合作机构和经济合作载体等组织保障。其中，制度保障是前提，动力保障是基础，组织保障是关键，三个方面互相联系、互相作用，共同推进成渝经济区经济合作健康有序地不断深化。

【关键词】成渝经济区　经济合作　保障机制

成渝经济区已经正式从国家层面予以明确，中央政府还推出了促进成渝经济区一体化发展的相关政策措施，这充分说明国家对成渝经济区的高度重视。构建完善的经济合作保障机制，以推动成渝经济区的合作向更深层次、更广领域发展，至为重要。本文拟就对成渝经济区经济合作保障机制作点初步的探讨。

一、成渝经济区经济合作的制度保障机制

过去，我国的区域合作政策的局限性是显而易见的，主要原因在于：一是行政性要求多，制度性安排少；二是道义约束多，利益机制激励少；三是形式规定多，实质约束少；四是区域合作的相关配套政策供给不够，使地区间的竞争关系和协作关系出现严重的不对称；五是区域政策未能根据区域经济发展的新情况及时予以调整，应对措施不够；六是区域合作政策目标的重点问题、重点区域、重点领域不够明确。因此，要在高起点上实现成渝经济区的经济合作，就必然要求作为制度目标实施主体的各方政府为市场运作提供更恰当的制度基础，作为合作机制顺利运作的规范依据和主要准则，以此来拆除由于行政区划、市场割据而导致的各种障碍，建立区域一体化的市场，并努力为区域合作营造一个公平、开放、竞争、透明的市场环境，消除区域合作的"藩篱"，在合作的过程中不断进行经济体制改革，完善市场经济制度。同时，当市场失灵时，各方政府还应实施调控、维护良好的市场秩序，确保市场统一。

我国目前既没有关于区域发展的主体法律，也没有区域规划的相关立法。要在成渝经济区构建经济合作的制度保障机制，首先必须结合我国区域发展的实际，结合区域协调发展的整体战略的实施，结合推进主体功能区建设，加快立法进程，把区域的协调发展建立在政策、体制、规划和法律有机统一、全方位推动与约束的基础之上。其次，要在成渝经济区层面统一地方性法规，健全完善各项法规和政策，制定出一系列有利于成渝经济区经济合作的法规与政策体系。比如"成渝经济区关系法"、"成渝经济区一体化管理条例"、"成渝经济区金融一体化管理条例"、"成渝经济区交通、运输、物流一体化管理条例"、"成渝经济区知识产权保护及管理条例"等有区域法律法规效力的制度及条例。最后，还应尽快制定出一些诸如合作章程、合作框架协议等制度。通过这些政策法规和章程协议，将那些不利于双方合作、以各自利益为中心的政策、战略全部进行协调和整合，以利于区域内贸易、要素流动、基础设施建设、产业调整、环境保护等领域在区域内进行交流和合作。

成渝经济区经济合作的制度保障水平，直接决定着区域内的合作水平和经济社会发展。因此，我们不仅必须认真贯彻执行《成渝经济区区域规划》中所指定的政策精神，还必须在此基础上加快成渝经济区经济合作的制度建设和制度创新，通过这些法律、政策、章程以及合作框架协议的创新，合力推进成渝经济区经济、社会、生态等各个领域功能层面上的政策整合，在彻底清除市场壁垒、打破行政分割方面着力营造一种区域发展的无差异政策环境，以此来保障成渝经济区经济合作健康有序地推进。

二、成渝经济区经济合作的动力保障机制

经济区内经济合作效益，受四个方面因素影响：一是信息的对称，二是利益的双赢，三是合作的动力，四是对非合作行为的约束。这四个方面构成了经济合作保障机制动力保障机制。

（一）经济合作信息交互机制

区域经济主体的行为决策是否能够使区域间的资源配置达到最优状态、是否有利于双方或多方合作的开展，依赖于信息的对称性。所以，成渝经济区各方的经济合作关系的形成和巩固，首先需要建立区域内合作各方在信息上的互动关系，以提高信息的透明度和便捷性。其中最主要的是政策或决策信息互动。它包括：区域内各合作方在协商基础上形成的一系列相互支持的政策；各方的经济政策避开对合作方不利的内容；各方经济政策内容及其变化的透明度提升。

因此，成渝经济区合作各方要建立信息交互机制，首先就应该构筑信息交互平台，通过网络、媒体和各种信息渠道定期地、规范地、无保留地将本地区的经济政策信息发布出来，接受公众的监督、查询、了解、分析、评价；其次要制定区域内的信息公开制度，以此来消除区域合作中的信息不对称。这样，既可以增

加经济合作的可预测性，最大限度地减少由于信息封锁而带来的合作风险，又可以监督具有地方保护主义色彩的"土政策"，还可以鼓励促进经济合作优质政策的创新。

（二）经济合作利益补偿机制

共同利益是区域合作的推动力，而利益冲突则会阻碍区域合作的有效展开。如何分配因合作带来的总体收益，如何补偿成渝经济区内少数地方因合作带来的局部利益的阶段性受损，如何避免发生利益冲突，仅靠合作中的诚信和所谓的风格是不能维持长期合作局面的，因此必须建立起促进合作的利益补偿机制。

笔者认为，在成渝经济区建立经济合作补偿机制，目前应该主要从资源利用和生态环境这两个方面考虑。一方面，成渝经济区资源分布不均衡，各地在资源禀赋、经济发展水平等方面存在较大差异。一般而言，资源富足地区往往是经济欠发达地区，而资源的使用又往往多集中在经济发达地区，同时又存在资源价格扭曲现象，因此应该建立资源补偿机制，使资源所在地在经济合作中获得必要的补偿。另一方面，成渝经济区要建成长江上游生态安全的保障区，应该建立生态补偿机制。长期以来，由于缺乏必要的生态补偿措施，我国的生态环境保护与建设形成了"少数人负担、多数人受益，上游地区负担、下游地区受益，贫困地区负担、富裕地区受益"的不合理局面。应该看到，成渝经济区环境差异大，生态治理和补偿不成比例，通过建立生态补偿机制，可以调动一些地方生态保护的积极性，实现利益补偿结构与需求结构相适应，从而充分发挥生态功能和生态效益，最终达到保护成渝经济区的生态环境的目的。因此，在成渝经济区的经济合作中，应该把经济合作建立在中央对地方、一方（多方）对另一方（多方）进行补偿的基础之上。凡是中央或者上级组织要求建立的合作关系，中央或者上级组织就应该有相应利益补偿的政策供给；凡一方与另一方建立的合作关系，双方就应该本着互利互惠的原则共同商讨利益补偿问题。

（三）经济合作评价激励机制

为了从根本上打破成渝经济区的地区封锁格局，中央政府首先应该用政策手段对成渝经济区经济合作给予鼓励和支持。比如，对合作项目的投资给予工具性政策倾斜，对跨省市的产业给予目标性政策扶持，对跨省市的企业给予工具性政策的优惠，对跨省市的合作开发给予制度性政策的肯定。这一切都将成为成渝经济区合作各方进行经济合作的原动力。

同时，区域内的地方政府应彻底改变现有的政府政绩评价指标体系，确立包括地区及整个成渝经济区在内的绿色 GDP（国内生产总值）和构建和谐社会的政绩评价指标体系，以引导并不断优化地方政府和区域一体化合作组织的政策或行为取向；对确有区域合作发展红利的地区或区域合作组织，应给予一定的激励，以鼓励、保护、推进区域合作。

（四）经济合作行为约束机制

为了防止成渝经济区各方在经济合作中的机会主义和地方保护主义的行为与

倾向，保障经济合作健康有序地发展，需要建立一种经济合作的行为约束机制。目前我们需要做的是，借鉴长三角、珠三角和环渤海经济区等各类经济合作组织的运行模式，制定出经济合作应该遵循的规则、违反合作条款后应承担的责任、对违反合作规则所造成的经济和其他方面损失应作经济补偿等规定。建立一种区域合作冲突的协调组织，负责区域合作中的矛盾和冲突的裁定；中央政府通过相关的政策和法规对区域合作关系进行规范，对区域合作中的非规范行为作出惩罚性的制度安排。

三、成渝经济区经济合作的组织保障机制

有了制度保障和动力保障以后，还得通过组织保障来冲破区域内的行政壁垒，来具体整合成渝经济区的各种资源，来具体协调合作各方的经济利益，推动区域内经济合作朝着健康有序的方向整体推进和不断深化。

（一）组织保障机构

中央政府是区域合作关系的倡导者、区域合作政策的制定者、区域经济利益的协调者，没有中央政府宏观区域政策的规范和经济关系的协调，区域合作是不可能持续、有效推进的。成渝经济区发展的关键，在于打破行政边界，建立利益均分机制，统一财政政策，对重大产业项目进行调整。要对这诸多问题进行协调，需要中央政府通过行政权威强力介入。因此，应建立一个由国务院直接领导的跨行政区协调管理机构，目前可以在国务院西部开发办公室内设立一个成渝经济区领导小组。其主要职能包括组织实施成渝经济区的重大基础设施建设、生态环境保护以及跨区域生产要素的流动问题；制定区域发展规则，并监督其执行；协调区域内的各种经济关系。

以合作各方发改委为主体，会同有关政府规划管理部门，共同成立"成渝经济区规划与协调发展委员会"，其主要职能是重点商讨成渝经济区整体规划建设和整合、协调各地综合规划，并在区域产业规划、城镇规划、国土规划、环境规划等领域全面展开交流、磋商与共同发展。

地方政府是区域合作的推动者、区域合作政策的执行者，没有地方政府的协调，成渝经济区经济合作与协调将举步维艰。在目前成渝两地已经成立成渝经济区区域合作领导小组的基础上，有必要在成渝经济区的地级市和县级区（县）成立成渝经济区合作推进领导小组。其主要职能包括宣传贯彻落实有关成渝经济区经济合作的法律、法规、规章和政策，提出成渝经济区经济合作的政策性意见和建议，建立健全经济合作运行和利益联结机制，协调各种经济合作关系。同时，在成渝经济区的地级市和县级区（县）地方政府还应设立经济合作日常办公室和成立专业工作组。日常工作办公室的工作职责主要是加强与本地区有关部门的沟通和联系，掌握本地区推进区域合作进展情况，为加快推进区域合作发展提供相关的政策建议。专业工作组的职责主要是加强区域各方主管部门之间的协

商与衔接落实，对具体合作项目和相关事项提出工作措施，制定详细的合作协议，落实区域签订的相关协议提出的合作事项等。充分发挥经济合作日常办公室和成立专业工作组在对口支援、区域合作、城际经济和政策信息等方面采集与交流、制定与发布城市对国内各地开放政策等方面的职能作用，并进一步巩固、落实与完善各地政府职能部门在工商、金融、信息、交通、旅游、会展、科教、文卫、人才、人力资源等众多管理领域开展的对口合作交流和达成的协议与默契，努力构筑区域统一的政策平台与投资发展环境。目前应积极借鉴长江三角洲地区、珠江三角洲地区和环渤海地区经济合作区的专业工作组运行机制，成立贸易工作组、投资工作组、能源工作组、交通运输工作组、旅游工作组，实施各个专业部门的衔接落实制度。

这些组织机构的设立，既符合我国行政体制的现状和成渝经济区经济合作发展的趋势，又能直面合作"深水区"的各种难题并层层有效传递、化解，从而有利于直奔合作各方的利益主题、及时拍板、顺利推进、真正落实、互利共赢。

（二）组织保障形式

在《成渝经济区区域规划》被国务院正式批准以前，川渝之间就进行过多次双方考察团的互访，举行过多次高层论坛、高层联席会议和市县长联席会议，这些形式在以往两地的经济合作与协调、建立成渝经济区的争取等方面发挥了非常重要的作用。今后，这些载体依然十分重要，只不过它们的重心应该放在成渝经济区设立以后区域内政策目标、政策内容、政策过程、政策手段、政策能力诸方面的创新，引导区域合作向纵深发展，并致力于区域合作关系的规范化、有序化、制度化。

高层论坛主要探讨成渝经济区发展中的重大战略问题，研讨统筹城乡综合配套改革思路和重点突破的领域，商讨川渝合作及成渝经济区经济合作的发展方向、重点和趋势，推动解决有碍成渝经济区建设的相关问题，有效推进成渝经济区的合作发展。

高层联席会议主要是研究区域合作发展规划；对区域合作中遇到的重要问题进行协商；审议、决定区域合作的重要文件；研究决定论坛和洽谈会的承办方；负责部署和推动本方参与区域合作的各方面有关工作；研究决定区域合作的战略、规划以及重大合作项目。

市县区长联席会议主要是研究决定区域合作重大事宜，提交协调管理机构组织实施；开展市县区合作共建试点；负责对发展规划、合作项目及需要共同争取的国家政策等重大问题进行研究论证。

结语

成渝经济区经济合作保障机制是由三个部分组成的，其中，制度保障是前提，动力保障是基础，组织保障是关键，这三个方面互相联系、互相作用。这里需要特别说明的是，在经济学领域，有关政府干预的思想一直存在争论。时至今日，新古典学派和新凯恩斯学派对这个问题依然论战不休。本文主要从政府主导的角度对成渝经济区经济合作保障机制进行探讨，是基于我国的现实、国家出台《成渝经济区区域规划》后成渝经济区内的经济合作尚处于起始阶段的具体实际。因为在笔者看来，区域内经济合作是有阶段性的，在起始阶段内政府的主导和推动作用是不可替代的。在我国，任何区域经济关系的发展和嬗变、经济合作的推进和深化，首先是政府内部和相互之间的合作与协调；如果没有政府的强势介入和协调，区域经济的合作发展最终会导致无序发展和恶性竞争。同时，笔者也认为，任何一个区域内的经济合作，它的主体最终都只是、也只能是企业和经济合作组织，通过经济和市场力量的推动，加快区域内产业生产要素的流动，推动区域产业共同提高、共同发展，共同增强区域实力和国际竞争力。笔者坚信，随着成渝经济区市场化程度的不断提高、经济合作的不断拓展和深化，政府和企业间的直接联系将进一步弱化，政府的服务功能将进一步完善，企业和经济合作组织的主体作用将不断凸显，市场化机制和手段将不断地被导入，通过市场化和产业化来优化区域内的分工与合作将成为发展趋势，经济合作的保障机制也将会随之发生很大的变化。

参考文献：

［1］郝寿义，安虎森．区域经济学［M］．北京：经济科学出版社，1999.

［2］崔功豪，魏清泉，陈宗兴．区域分析与规划［M］．北京：高等教育出版社，1999.

［3］吕拉昌．区域整合与发展［M］．北京：科学出版社，2003.

［4］陈瑞莲，刘亚平．泛珠三角区域政府的合作与创新［J］．学术研究，2007（1）．

［5］高新才．论区域经济合作与区域政策创新［J］．学习论坛，2004（7）．

［6］孙弘，李刚．东北区域经济合作机制问题研究［J］．经济纵横，2009（7）．

［7］唐勇．长三角地方政府合作模式与机制［N］．中共浙江省委党校学报，2007（2）．

（魏建明，中共内江市委党校科研处长、副教授。）

融入成渝经济区
推动民族地区科学发展

吴财明

内容提要： 在新形势下加快成渝经济区发展，对深入推进西部大开发，促进全国区域协调发展，推动实现四川藏区富民小康和长治久安，构建和谐、文明、富裕、稳定的甘孜藏区，增强国家综合实力，具有重要意义。甘孜藏区要深化改革，扩大开放，优化空间布局，推动区域一体化发展，推进统筹城乡改革，提升发展保障能力，构建长江上游生态安全屏障，加强基础设施建设力度，发展教育、旅游，促进资源有效开发，加强社会建设和社会管理。

关键词： 融入成渝 转变观念 科学发展

2011 年，国务院正式批复了《成渝经济区区域规划》（以下简称《规划》）。依据《规划》，成渝经济区的战略定位是：建成西部地区重要的经济中心、全国重要的现代产业基地、深化内陆开放的试验区、统筹城乡发展的示范区和长江上游生态安全的保障区。在"十二五"规划开局和推进新一轮西部大开发的重要时刻，成渝经济区上升为国家战略，意味着成渝经济区不仅要通过科学发展、加快转变经济发展方式实现自身成"增长极"的目标，而且也要担起带动西部大开发进程、促进区域协调发展的重任。该规划的通过，也给四川甘孜藏区带来了新的发展机遇。探讨甘孜州的发展就需要对当前的经济发展状况进行整体把握，只有知晓了发展优势和制约短板，才能有针对性地提出今后的发展方向、发展策略和发展重点，才能从根本上融入成渝经济区经济发展、社会发展的熔炉。

刚刚过去的"十一五"是我州发展速度最快、发展质量最好、民生改善最大、城乡居民得实惠最多的时期，为推动跨越式发展奠定了坚实基础。2010 年，全州地区生产总值 122.83 亿元，与"十五"比较（下同），增长 1.45 倍，年均增长 12.9%；全社会固定资产投资 211.11 亿元，增长 2.66 倍，年均增长 29.64%；地方财政一般预算收入 16.30 亿元，增长 5.13 倍，年均增长 43.71%；城镇居民人均可支配收入 14 880 元，增长 1.13 倍，年均增长 16.28%；农牧民人均纯收入 2744 元，增长 1.09 倍，年均增长 15.94%。经济总量、综合实力、人民生活水平和生态环境保护上了一个大台阶，是自治州历史上经济社会发展最好的时期。主要体现在：

一是政府投资明显加大。仅 2008 年年底至 2010 年，中央、省扩大内需政府投资计划就达 74 亿元，安排建设项目 2599 个，带动社会固定资产投资达 500 亿元，充分发挥了政府投资"四两拨千斤"的作用，为全州经济社会发展起到了积极的促进作用。

二是基础设施明显改善。新建与改造国省干道和农村公路 15 725 千米，新增 60 个乡通油路、1824 个村通公路，在建公路里程 1913 千米；建成了康定机场，开辟了成都、重庆航线；建成了康东路、机场环线；建成了康定新城；乡城玛依河水利工程主体完工；"水渠恢复计划"初见成效，新增水利灌溉工程 430 处；解决了 43.90 万农村人口饮水安全问题；2/3 以上城乡居民用上了清洁能源；移动信号无缝覆盖乡村，固定电话和电信宽带覆盖 90% 以上的乡镇。

三是产业发展明显加快。狠抓"三农"，农业基础更加稳固，农村经济快速发展，第一产业增加值 28.77 亿元，较"十五"末增长 1.67 倍。加快工业发展与承接产业转移，工业对经济的拉动作用日趋明显。已经建成 277 万千瓦水电装机，核准在建 580 万千瓦；呷村银多金属矿、夏塞银矿、呷基卡锂辉矿建成投产，原矿生产能力达到 350 万吨，以生态能源、优势矿业为支撑，多门类、多产业相互补充、共同发展的工业体系逐步形成，第二产业增加值 44.92 亿元，较"十五"末增长 1.69 倍。文化、旅游和服务业蓬勃发展，2010 年，旅游接待 358.68 万人次，实现收入 23.56 亿元，社会消费品零售总额 37.42 亿元，第三产业增加值 49.14 亿元，较"十五"末增长 1.12 倍。

四是社会事业明显进步。圆满完成教育发展十年行动计划，实现"两基"攻坚目标，实施"9＋3"免费中职教育，实施贫困家庭教育救助。加强公共卫生和医疗服务体系建设，村卫生室建设和马背药袋等惠民措施深受农牧民欢迎。食品药品安全保障能力不断增强，文化事业长足发展。

五是民生状况明显好转。2010 年，农村牧区进村入户到人头的各项补助和惠民资金 14.30 亿元，人均 1786 元，村以下基础设施建设投入 21.60 亿元，人均 2700 元。新增城镇就业 24 649 人。新型农村养老保险全面推开，城镇基本医疗保险全部覆盖。"五险"参保人数 31 万人，城乡"低保"26 万人。通过实施安心工程、廉租房建设、租赁住房补贴、城市棚户区改造、农村危房改造和住房解困工程，城乡居民受益家庭 63 173 户。完成 398 个牧民定居点及配套设施建设，30 073 户牧民搬进新居，帐篷新生活行动全面完成。扶贫开发累计投入 12 亿元，15 万贫困人口越温脱贫。

六是改革开放更加深入。完成了集体林权制度、水务管理体制、农村信用社体制、事业单位分类、义务教育经费保障机制等一系列重大改革；稳妥推进农村综合体制、公路养护体制、医疗卫生体制改革；促成省电力公司设立甘孜分公司，康泸电网和九龙电网与省网并联，缓解了电力外输矛盾；建立资源开发利益共享、水电移民后扶与惠民补助机制，启动了水电资源有偿使用和补偿机制试点；创新管理机制，搭建融资平台，组建州交投公司、交通监理咨询公司，采用代建制和委托管理模式，强力推进公路建设；建立中小企业和农业信用担保体系。一批国内 500 强企业落户我州，完成国内外招商项目 695 个，到位资金 419 亿元，年均增长 107%。

以上是甘孜州这几年的发展成绩，也是今后工作的起点。纵向来看，应当说成绩很突出，发展速度快；但是我们在发展的同时，其他地区同样在发展，而且比我们更快。横向比，我们与内地的差距很大而且有逐渐拉大的趋势，发展形势不容乐观。

制约我州经济社会发展的短板主要是：自然条件约束性强，交通瓶颈制约突出；经济发展水平低、总量小，与全国全省同步进入全面小康社会差距大、压力大；城乡、区域发展差距大，城镇化水平低，基本公共服务能力弱；贫困面大、贫困程度深，农牧民脱贫致富难度大；改革开放程度不深，思想观念仍显陈旧；普遍矛盾和特殊矛盾并存，各种问题较为纷繁复杂。

在掌握了发展基础和制约短板之后，我们还应准确把握发展机遇，充分加以利用，才能促进甘孜经济社会快速发展。

"十二五"期间，是我州发展的重点机遇期。综合分析各方面因素，无论从宏观形势还是政策支持和发展动力，我们都面临众多千载难逢的战略机遇。一是中央第五次西藏工作座谈会、省委藏区工作座谈会，对加快藏区发展作出了重大部署，制定了加快藏区发展的一系列政策措施和重大项目，不断加大投资力度，实施更加倾斜的产业政策。二是新一轮西部大开发，国家将加大对西部民族地区、革命老区和贫困地区基础设施、优势资源开发、民生和社会事业等支持力度。三是国家将实施民族地区和贫困地区集中连片扶贫开发，推进民族地区和贫困地区同步实现全面小康社会。四是省委、省政府支持我州"打一场交通建设翻身仗"，我州将迎来基础设施和重大项目开工建设的新高潮。五是国务院正式批复了《成渝经济区区域规划》，甘孜藏区虽处于成渝经济区的边缘，但仍旧受到该区域经济发展形势、发展状况的影响和辐射；同时，甘孜州丰富的水利、矿产、旅游、中藏药材等优势资源对成渝经济区区域发展，将起着十分重要的基础作用。六是州委西部大开发战略工作会、九届十次全会和十届人大四次会议通过的"十二五"规划纲要，绘制出了我州未来 5～10 年的宏伟蓝图，全州思发展、谋发展、奔富裕、求和谐的愿望强烈。

"十二五"时期，全州地区生产总值年均增长 14% 左右，地方财政一般预算收入年均增长 20% 以上，城镇居民人均可支配收入年均增长 12% 左右，农牧民人均纯收入年均增长 20% 以上。基础设施显著改善，优势产业发展壮大，公共服务全面提升，人民生活大幅提高，生态环境更加良好，社会更加和谐稳定。

要实现上述目标，必须把握住以下重点：

一是改善基础设施，强化交通建设。在交通建设方面，及时调整完善全州干线公路布局规划，绘制了"四纵四横五联三枢纽"综合交通规划蓝图，力争全面完成省政府《甘孜州 2009—2012 年公路建设推进方案》确定的所有项目。完成国道 318 线东海路、国道 317 线俄岗路、省道 217 线理君路、省道 303 线八小路的全面改造。建成雀儿山隧道。开工建设雅康铁路、雅康高速公路、理亚路、甘君路、马石路、营九路、岗白路、甘白路、亚三路、九石路大卡子山隧道、猫石路、榆磨路、猫磨路等项目。稻城亚丁机场建成营运，甘孜机场力争开工。协助推进川藏高速公路和川藏铁路、川青铁路甘孜州境内路段前期工作。形成以机场为点、铁路为线、公路为网的立体交通网络，实现航空、铁路、公路联运，增强交通的集散和辐射能力，促进人流、物流、资金流和信息流的大流通。与此同时，要大力发展城市和农村客运交通，高度重视国省干道和农村公路的管护。

在电网建设方面，完成泸定甘谷地 500 千伏开关站和康定新都桥、九龙溪古、丹巴、乡城 500 千伏变电站建设，实现省州联网，完善 220 千伏及以下电网，加快电网向北延伸，解决好农牧民用电问题。

在水利建设方面，完成白松茨巫、洛须、打火沟引水工程，开工顺河堰、力邱河等水利工程，建设渠系配套和小型节水灌溉工程，初步形成防洪抗旱减灾体系，解决好农牧民饮水问题。

在城镇建设方面，完善城镇道路、供水、供电、供热、环卫、防洪等市政基础设施，健全流通体系，改善人居环境，完善城镇功能。

在信息化建设方面，完成通乡高速宽带信息网络和农村移动通信基站建设，加快乡镇广播电视台站建设，推进"三网"融合，开通电子政务，发展电子商务。

在基础设施建设过程中，应当多渠道招商引资，解决建设资金不足，特别注重吸纳成渝经济发展区的闲游资金，提供优惠政策环境，树立"你发财，我发展"理念，借助外力，以提高全州基础设施建设速度。

二是加快资源开发，做大优势产业。坚持科技兴农，发展现代农业，实施新村建设。到 2015 年，农业增加值超过 40 亿元。加快金沙江、大渡河、雅砻江干流和支流水电开发，发展风、光、地热等新能源，到 2015 年，水电装机规模超过 1000 万千瓦，在建规模超过 1500 万千瓦。强力推进重大矿山建设，实施深加工，延伸产业链，提高附加值是矿业开发的重点，到 2015 年，原矿采选能力达到 700 万吨，矿产品冶炼能力达到 25 万吨。集中力量打造重点旅游景区和精品旅游特区，到 2015 年，接待国内外游客 1000 万人次，实现旅游收入 80 亿元。打造康东多元文化、康北格萨尔文化和康南香格里拉文化产业区，培育演艺和影视等骨干文化企业。建设中藏药业原料生产、产品加工、商贸服务、科技支撑体系，建立南派藏医药研发中心，到 2015 年，中藏药业产值达到 15 亿元。多途径、多渠道引进项目，走项目兴州之路，特别引进成渝经济区内的开发贤士，到州内办企业、开矿山，开发旅游景区，兴建水利水电工程，可以走联合开发之路，如对矿产资源的开发，原矿开采、初加工可以放在州内，对产品深加工以及产品升级等，可以异地冶炼，实现共同合作，共同发展，从而实现双赢，达到藏区人民与全国其他地区人民一道同步实现小康的奋斗目标。

三是优先发展教育，提升公共服务。实施新一轮教育发展十年行动计划，普及学前教育，发展中职教育，提高义务教育和高中教育质量水平。实施卫生发展十年行动计划，推进医药卫生体制改革，提高医疗卫生服务水平。坚持科技兴州，促进科技进步。完善文化、广电、体育等公益设施和服务体系。统筹解决人口问题，促进人的全面发展和人与自然的和谐相处。加大与成渝地区品牌学校、高等学校、科研院所合作的力度和强度，引进科技人才和管理人才，委托两地区优秀学校培养人才，继续办好"9+3"中等职业教育，普遍提高少数民族文化教育素质，培养少数民族人才，多渠道解决就业，让少数民族青年学到技能，到经济发展地区就业，让他们在就业中学管理、学技能、学开发，达到最终服务本地区，建设本地区的目的，进而实现整个少数民人民转变观念，树立改革开放意识、商品意识，推动发展，加快发展的愿望。

四是着力改善民生，提高生活水平。加快牧民定居点建设、新农村建设、农牧区危房改造和地质灾害避险搬迁，逐步引导农牧民适度规模集中定居。加强扶贫开发，改变农牧区面貌，增加农牧民收入。不断促进城乡就业，城镇登记失业率控制在4.5%以内。完善城乡社会保障体系，积极发展社会福利和慈善救助事业。要千方百计增加城乡居民收入，最大限度地改善其生产生活条件，让老百姓生活得更加体面、更有尊严。引进两地区老百姓优良的现代生活习惯，促进交流，形成现代人生活观。

五是加强环境保护，建设生态甘孜。力争把《青藏高原东南缘—川西北地区生态环境保护与建设规划》纳入国家规划，认真实施《甘孜州生态建设发展规划》，发展低碳经济和循环经济。进一步巩固天然林保护、退耕还林、退牧还草成果。沙化草地治理、水土流失治理、矿山植被恢复取得重大成果。全面落实建设项目"三同时"制度。生态环境保护和长江上游生态屏障建设取得重大突破。

（吴财明，甘孜州委党校科研处长、高级讲师。）

强化加快成渝经济区发展的战略支撑

吴宏放

内容提要： 成渝经济区是我国重要经济增长极，实现成渝经济区与周边地区和城市的良性互动发展，才能为加快成渝经济区发展提供战略支撑。因此，应高度重视攀西城市群建设在加快成渝经济区发展中的地位和作用。

关键词： 成渝经济区　战略支撑　攀西城市群

21 世纪是全球合作与竞争的世纪，以各大城市间的强强联合为主导的经济圈或城市群的崛起，有力地促进区域经济社会发展，成渝经济区的形成和发展正是这一历史大趋势的必然产物。在未来十年，成渝经济区将成为引领西部大开发的重要增长极和西部经济发展高地。成渝经济区建设离不开成渝周边城市的推动和支撑，尤其是以成都、重庆为核心的周边城市群的兴起和发展，是成渝经济区发展的重要力量和战略支撑。因此，研究和探讨攀西城市群在成渝经济区发展中的战略意义，建设功能齐全、分工合理、设施完善，具有较强聚集和扩散能力的攀西城市群，对于加快成渝经济区建设，实现西部经济的科学发展和迅速崛起，具有重要的理论和现实意义。

攀西城市群是四川省委九届四次全会为把我省建设成为辐射西部、面向全国、融入世界的西部经济发展高地而提出的要重点打造的"四大城市群"之一，主要包括攀枝花、凉山州和雅安市及其区域内的 31 个县市区。该区域地处四川西南边陲，以成昆铁路和雅攀高速公路为纽带，东北与四川盆地相连，西南与云南的宁蒗、华坪、永仁等县交界，总面积约 8.3 万多平方米，人口 712.58 万，2009 年 GDP（国内生产总值）总量 1290.8 亿元。攀西地区是我国具有世界影响力的资源富集区和我国优势资源开发的重点地区。区域内有大量钒、钛、稀土等资源，以及丰富的水能、光热资源和旅游资源，被誉为"钒钛之都"、"太阳城"。2010 年 2 月，国家工信部把攀枝花列入首批国家级新型工业化产业示范基地，这标志着围绕钒钛磁铁矿开发利用，以自主创新、综合利用和国家战略金属开发为主线的钢铁钒钛产业的发展正式纳入国家新型工业化发展战略。

从区域位置看，目前成渝经济区虽然不完全包括攀西地区（只含雅安），但它与成渝经济区的联系是客观存在的。成渝经济区由若干城市群构成，这些城市群又由若干中心城市组成，其中也包括了攀西城市群。攀西城市群作为成渝经区建设的一个亚区域中心，可以凭借其特殊的地理区位、丰富资源禀赋以及工业发展基础，成为成渝经济区发展的一个重要战略支撑点。如果把攀西城市群放到西部大开发战略来审视，攀西被称之为"西四角"，是连接成渝与昆明等地的节点城市，是成渝经济区向西南发展的重要辐射区域和连接东南亚的门户城市。从发展的态势看，随着成渝经济区的进一步发展和辐射能力的增强，其区域范围将不断扩大，整个攀西地区有可能成为成渝经济区扩容的前沿，成为成渝经济区的重要组成部分。攀西城市群建设在加速成渝经济区城镇化工业化进程、增强成渝经济区发展能力、形成成渝经济区不同城市体的整合效应、促进成渝经济区全面协调可持续发展等方面，将发挥不可替代的重要作用。

攀西城市群的建设与崛起是成渝经济区城镇化工业化的客观要求。从城镇化来看，攀西城市群的建设与崛起，能够加快城乡统筹发展步伐，使分散的农村人口和非农经济活动不断进行空间聚集，并转化为城镇的经济要素，促进农村人口向城市人口转移，农业产业向工业部门和服务部门转移，实现城乡空间布局一体化、产业一体化、市场一体化、交通一体化、制度一体化、公共服务一体化、生态环境一体化，从而缓解成渝经济区建设中工业化与城镇化的矛盾。从工业化来看，攀西地区有着雄厚的工业基础和技术力量，工业经济的集群发展和新型工业化步伐的加快，能够壮大特色优势产业，增强攀西地区的经济实力，为加速成渝经济区城镇化工业化进程奠定坚实的物质基础。

攀西城市群的建设与崛起为成渝经济区发展提供新的动力。攀西地区的攀枝花作为国家重要的战略资源开发基地，经过40多年的建设，已初步形成了钢铁、钒钛、能源、化工、矿业、机械制造和生物、太阳能为主导的"6＋2"产业格局，走上了将资源优势转变为经济发展优势和战略优势，从钢铁一枝独秀转向支柱产业多元发展的道路，成为国内第一、世界第二的钒制品生产基地，中国最大、世界具有重要影响力的钛原料和钛制品生产基地。依托攀西地区的资源优势、技术力量和产业基础，坚定不移地走中国特色新型工业化道路，大力培育和发展优势工业产业集群，把攀西打造成为四川经济发展重要增长极，将为成渝经济区建设提供战略支撑和发展动力。

从发展层面看，攀西城市群的崛起能不断增强成渝经济区的发展能力。攀西地区已初步形成的钒钛产业集群，成为国内外重要的钒钛原料基地和钒钛钢生产基地。攀西城市群的崛起，能为成渝经济区建设提供工业发展所需要的新材料和精品钢材等工业产品，推动成渝经济区工业经济的发展。其次，攀西城市群的崛起能为成渝经济区建设提供丰富的清洁能源。攀西地区有丰富的水能资源，水能资源理论蕴藏量9389万千瓦，可开发量6873万千瓦，是国家"西电东送"的重要基地和骨干电源点，已建成的装机330万千瓦的二滩水电站和总装机容量360万千瓦的瀑布沟水电站是攀西地区最大的水电站，区域内还有装机100万千瓦以上的电站11座，梯度开发的水电站正积极跟进。同时，"阳光"是攀西地区共有的优势资源，攀枝花和凉山州平均年日照约在2300～2700个小时，是仅次于拉萨的太阳光热最丰富的地区，开发利用太阳能资源，培育和壮大太阳能产业已成为该地区的产业重点。大力发展水电和太阳能产业，能为成渝经济区发展提供低碳、环保、清洁、可持续利用的新型能源，促进成渝经济区建设走可持续发展道路。再次，攀西城市群的崛起能为成渝经济区建设提供大量特色农产品和特色旅游资源。攀西地区优越的光热资源推动着现代生态农业及旅游产业的快速发展。凉山是国家重要的优质烟草基地，攀枝花是国家指定的南菜北调生产基地，攀西地区的早熟蔬菜、亚热带水果、花卉和中药材为代表的特色农产品，以及阳光旅游、民族风情、山水风光、生态旅游为代表的旅游业，能够为成渝经济区发展提供更多的无公害、高品质的农副产品，以及丰富多彩的旅游产品和服务。最后，攀西城市群是成渝经济区的生态屏障。攀西地处长江上游，分别属于金沙江、雅砻江、安宁河、大渡河流域，其生态环境以及开发状况会影响到下游地区的生态环境和生态平衡。在建设攀西城市群的过程中，把资源开发与资源节约和综合利用、经济发展与生态环境保护统一起来，以发展循环经济、低碳经济和生态经济、建设资源节约型、环境友好型社会为切入点，转变经济发展方式，走新型工业化道路，能够保护好长江上游的水体和生态环境，从源头上为成渝经济区建设提供强有力的生态保障。

一、突出攀西城市群建设的特色和重点，努力打造成渝经济区战略支撑点

攀西城市群建设应从攀枝花、凉山州、雅安市等城市的资源优势和产业优势出发，充分发挥城市对区域社会经济发展要素进行高效、有序、合理聚集与扩散功能，优化区域布局，突出"国家战略资源开发基地"、"国家新型工业产业化示范基地"、"新能源产业基地"、"特色文化旅游目的地"四大特色和产业重点，以及基础设施和文化软实力重点，努力把攀西城市群培育打造成成渝经济区战略支撑点。

其一，突出产业特色和重点。一是国家战略资源开发基地。抓住"国家级新型工业化产业示范基地"的建立和目前正在积极争取的"国家级战略资源创新开发示范区"，以及攀钢钒钛资源综合利用项目建设在西昌有序推进的大好机遇，整合攀西地区钒钛磁铁矿资源，创新资源开发模式，提高攀西钒钛资源整体利用水平，实现战略资源集约开发，形成规模效应。二是国家新型工业产业化示范基地。积极推进钒钛、钢铁、能源、化工、矿业、机械加工制造等支柱产业的集约发展、精品发展，着力做大做强钒钛、水电、稀土、铜镍、铅锌、钢铁、水泥、磷化工等优势产业，形成核心竞争力强的钢铁钒钛产业集群。培育壮大产业园区，建设"百亿园区"，把攀西建成规模效益好、世界一流和综合技术水平业内领先、产业模式集约、高效，社会经济环境协调、可持续发展的钒钛资源综合利用型工业化产业示范基地，建成全球最大、国际领先的钒产业研发制造基地和具

有世界影响力的全流程钛工业基地，以及国内一流的新材料生产基地。三是新能源产业基地。充分利用攀西地区丰富的水能资源和太阳能资源，为攀西城市群和成渝经济区建设提供清洁、安全、低碳、可持续利用的新型能源。要加速推进溪洛渡、锦屏一二级、官地等一批主导型水电项目及西溪河、木里河、美姑河等中小河流水电开发项目建设，加快观音岩水电站、金沙和银江水电站、安宁河梯级开发，确保瀑布沟水电站2011年竣工。要充分利用攀枝花和凉山州充足的光热资源，大力开发和普及利用太阳能资源，力争将攀西地区建成国家级新能源应用示范基地和世界知名、国内一流、西部最大的新能源基地。四是"特色文化旅游目的地"。要开发和整合攀西地区的现代大工业文化、大三线文化、移民文化、少数民族文化、宗教文化、旅游文化、茶文化、饮食文化等多元文化，打造体现攀西地区民族风貌和地方特色的地域文化，塑造凝聚人心、积聚力量的攀西人文精神，创造多样性文化产品和文化服务，为攀西城市群建设提供精神动力和智力支撑。要加强攀西地区旅游线路建设，打造畅通、便捷、开放的文化旅游经济带，形成连接攀枝花、凉山、雅安三市州的精品旅游线路。要着力打造攀枝花红格温泉、岩神山、米易城南、格萨拉等，凉山州的邛海—泸山、螺髻山、泸沽湖等，雅安市的碧锋峡、蒙顶山、大熊猫基地、海螺沟等精品景区景点，完善提升景区功能。要办好彝族火把节、国际长漂节、特色水果节、索玛花节、熊猫电影周、蒙顶山国际茶文化旅游节等节庆活动，突出民族和地方文化旅游特色，扩大知名度，增强吸引力，使攀西地区成为大香格里拉旅游环线的重要节点和特色文化旅游的目的地。

其二，突出基础设施重点。完善的交通基础设施是城市群形成和发展的命脉。攀西城市群建设缓慢的一个致命的原因，就是交通瓶颈。应围绕攀西城市群建设，强力推进重大交通项目建设，着力构建以公路、铁路、航空为主体的立体交通。要加快雅攀、雅乐高速公路建设，实现攀枝花到成都高速公路全线通车；加快攀枝花—丽江高速公路、成昆铁路复线建设，力争攀枝花—宜宾高速公路和丽江—攀枝花—昭通铁路上马，力争开工建设成康铁路、雅康高速公路，打通攀西地区向外扩展和合作的大通道。同时，着力完善区域内部交通体系，实施城乡畅通工程，形成连通内外、覆盖城乡的交通运输网络，实现攀西城市群内外交通设施的全面对接。同时，也要高度重视完善城市功能的配套基础设施建设。

其三，突出文化软实力重点。攀西城市群建设不仅要依靠"硬实力"拉动，而且也要依靠"软实力"拉动。应统筹规划，加强文化软实力建设，努力建设与攀西城市群地位作用相适应的、与攀西地区经济社会发展的总体格局相匹配的、与人民群众日益增长的精神文化需求相适应的公共文化服务体系和文化产业体系。要实施重大文化产业项目带动战略，打造集影视、剧院、文博、会展、特色文化、休闲等于一体的大型文化设施；要加快推进旅游文化、娱乐文化、文艺表演、文化创意、工艺美术品制造、会展、影视等文化产业项目的发展，加快文化产业基地和区域性特色文化产业群建设，培育大型文化骨干企业，增强攀西地区城市文化竞争力。

二、推进核心城市与城市群双向互动，不断提升攀西城市群的发展能力

其一，切实加强核心城市与城市群的合作与互动。在区域经济合作中，核心城市是一个经济区发展的中心，城市群是核心城市成长的基础，两者是相互补充、相互促进、不可分割的有机整体。因此，成渝经济区区域中的攀西城市群建设，必须充分重视加强与核心城市的合作与互动。笔者认为，作为成渝经济区的核心城市成都和重庆，应发挥大城市的聚集和辐射功能，强化对整个经济区域的影响度，与周边城市和区域保持更为紧密的分工协作关系，带动中小城市的发展。作为成渝经济区域中的各城市群，应以其自身的优势和经济实力，主动加强同核心城市的联系与合作，主动参与到成渝经济区建设中来，通过理论研究对接、建设规划对接、合作机制对接、重点项目对接等形式，加强与核心城市的深度交流与合作，缩短与核心城市的距离。通过核心城市与城市群的合作与互动，形成分工合理、优势互补、协调发展的产业分工体系。

其二，不断增强攀西城市群发展的内生动力。马克思主义哲学的基本原理告诉我们，外因是事物变化发展的条件，内因是事物变化发展的根据。攀西城市群的发展，离不开外力的作用和政策的扶持，但要能够得到持续稳定的发展，必须靠内生增长能力。因此，攀西地区要抓住成渝经济区建设的新的战略发展机遇，练好内功，壮大实力，增强发展能力。一是加快转变经济发展方式。攀西城市群建设要坚持科学发展观。在经济发展中，不仅注重数量的增长，更要注重通过科技进步、科学管理提高生产要素的质量和使用效率；不仅注重经济总量的扩张，更要注重经济结构及其运行质量；不仅注重经济领域的发展，更要注重经济、政治、文化、社会和资源环境的协调发展。当前，尤其要加快推进经济结构调整，加快产业转型和城市转型，加快发展战略性新兴产业，在做大做强钒钛等支柱产业的同时，重视发展优质、高效和特色农业、农产品加工及与之配套的蔬果物流业，重视发展第三产业，尤其是旅游文化、现代服务业，促进经济发展模式从资源依赖型向科技创新驱动型的发展模式转变，由单一工业经济向以工业经济为主导的多元化产业发展格局转变。二是提高发展素质和能力。首先，要进一步深化改革，扩大开放。要继续解放思想，推动新一轮的改革发展，着力从体制机制上解决制约攀西地区发展的深层次矛盾和问题，增强攀西城市群的发展活力和发展动力。要进一步强化开放意识和合作意识，不断拓展区域开放的广度和深度，加强与成渝经济区的对接和与周边城市的交流合作，形成全方位、多层次、宽领域的开放格局，努力在利用国内外两种资源、两个市场方面取得新的突破。其次，要努力提高自主创新能力，建设创新型城市。这是提高攀西城市群综合实力的核心。必须坚持"自主创新、重点跨越、支撑发展、引领未来"的指导方针，深

入开展"国家技术转移促进行动",建设和形成强大的原始科学创新能力、关键核心技术创新能力、系统集成创新和引进吸收再创新能力,支持攀西城市群建设和发展;要建设形成高效通畅的技术转移机制、科学知识传播机制,加快科技成果向现实生产力转化;要深入贯彻落实《国家中长期人才发展规划纲要(2010—2020年)》,实施人才强市战略,培养创新型人才。应从攀西地区人才状况的实际出发,采取有力措施,统筹推进各类人才队伍建设,着眼于建设一支高质素的党政人才队伍和企业经营管理人才队伍、专业技术人才队伍、高技能人才队伍、农村实用人才队伍、社会工作人才队伍六支队伍,为攀西城市群建设源源不断地输送各类高层次人才。三是聚集发展力量。建设攀西城市群,是攀西地区各族人民的共同事业,也是一个由广大攀西人民自觉创造自己幸福生活的过程,必须把各民族、各阶层的智慧和力量高度凝聚起来,发挥出来,同心同德地为之不懈奋斗。因此,要以改善民生为重点,坚持以人为本,富民优先,把改善城乡居民生活放在第一位,深化收入分配制度改革,优先发展教育,实施扩大就业的发展战略,加快建立覆盖城乡居民的社会保障体系,完善社会管理,改善和提高人民群众的生活质量,增强人们的归属感、认同感、自豪感和建设好攀西城市群的责任感。要努力营造鼓励人们干事业、支持人们干成事业的社会氛围,鼓励社会各阶层为攀西城市群建设建言献策,激发他们的创新精神,支持他们的创新实践,广泛地调动一切积极因素,把全社会的智慧和力量凝聚到建设攀西城市群上来,为攀西城市群建设提供最广泛而强大的力量支持。

参考文献:

[1] 肖金成,袁朱.中国十大城市群 [M].北京:经济科学出版社,2009.

[2] 孙继琼,徐鹏.成渝经济区城市化特征及影响因素分析 [J].经济纵横,2010(1).

[3] 吴宏放.论成渝经济区发展战略格局中的区域性中心城市建设 [N].成都行政学院学报,2009(6).

[4] 李后强,韩毅.成渝经济区建设的"椭圆理论" [N].西南石油大学学报(社会科学版),2009(5).

(吴宏放,中共攀枝花市委党校教授,四川省有突出贡献专家,四川省宣传文化系统"四个一批"人才,攀枝花市学术和技术带头人。)

广安川渝合作示范区城镇群建设之我见

吴利民　朱显林

内容提要： 根据"着力打造以重庆主城区为中心的重庆城市群"等《成渝经济区区域规划》对广安川渝合作示范区城镇群建设的基本要求，文章从"深化广安川渝合作示范区城镇群建设必须纳入重庆城市群协调发展的认识、广安川渝合作示范区城镇群融入重庆城市群协调发展的基本要求、构建具有综合承载能力的广安川渝合作示范区城镇群体系"等三个方面，对广安川渝合作示范区城镇群建设进行了较为全面系统的探索阐述。

关键词： 广安川渝合作示范区　城镇群　建设　研究

"着力打造以重庆主城区为中心的重庆城市群"、大力发展"广安等区域性中心城市"、"加快区县政府所在城镇和中心镇发展"、"努力打造一批特色鲜明的重点旅游镇、工业镇和商贸镇"、"鼓励引导农村居民进入中心镇居住和创业"等，是《成渝经济区区域规划》对广安川渝合作示范区城镇群建设的基本要求。

一、深化广安川渝合作示范区城镇群建设必须纳入重庆城市群协调发展的认识

"着力打造以重庆主城区为中心的重庆城市群，加强……四川的广安与重庆主城区的基础设施和产业对接，加快以轨道交通为主的高效便捷交通网络建设，在产业布局上实现错位发展，形成优势互补、协调互动的发展格局"，是《成渝经济区区域规划》对广安及所辖五县市区城镇群建设的基本要求。因此，广安川渝合作示范区的城镇群建设，应着眼于成为以重庆主城区为中心的重庆城市群的重要组成部分和城市互动合作的示范区的战略定位来进行。

（一）广安川渝合作示范区城镇群只有纳入重庆城市群协调发展才能实现共同发展

广渝城镇群的密切合作与协调发展，不但有利于重庆城市群建设的科学推进和城市群间互动合作，而且有利于双方经济超常规跨越发展，有利于渝广达发展带建设的推进，有利于四川和重庆共建并成为西部的经济战略高地。因为重庆建设长江上游经济中心，必须以四川为其腹地，而四川的川东北广安的五县市区等

和长江沿岸地区历史上就是重庆的经济辐射地区；四川建设西部经济强省，其东部、东北部、长江沿江城市和地区必须以重庆这个特大中心城市为依托。这种相互依存的关系，过去存在，将来不仅存在而且还将进一步加强。

（二）广安川渝合作示范区城镇群只有纳入重庆城市群协调发展才能实现优势互补

广安川渝合作示范区城镇群在资源、产业以及其他生产要素方面与重庆城市群存在相当强的优势互补性：①资源优势互补。广安城镇群涉及的区域，是我国矿产资源、能源资源和生物资源多样性富集地区，如人力资源、水资源、旅游资源、天然气资源等均得天独厚，可为重庆的发展提供诸多的资源和发展空间。②产业优势互补。广安和重庆的产业结构各有优势和特色，在基本面上互补性强，如机械工业方面，汽车、摩托车产业的整车生产在重庆，相当多的零部件可由广安与之配套生产。③生态建设优势互补。广安川渝合作示范区的三山（华蓥山、铜锣山、明月山）两江（嘉陵江、渠江）两河（御临河、大洪河）在推进长江流域经济可持续发展中具有重要的地位，直接影响到位于下游的重庆，尤其是在三峡大坝建成后，重庆库区对长江上游环境保护的依赖性极大地增加，广渝两地的生态效益在一定范围内共享已成必然。④基础设施互连共享。水上有长江、嘉陵江、渠江水道等；陆上有襄渝铁路、成达万铁路等；公路有成南广邻渝、达邻渝、渝武高速公路等；空中有与重庆江北国际机场在广安设立的候机室和各县市直到机场的专车；管网通道有川（广）渝间输气（油）管道、川（广）渝输变电网、川（广）渝间邮电通信网络等。这种全方位、立体性、方便快捷的基础设施，是广渝城镇群经济社会联系的神经，是广渝城镇群可以共享的资源。

二、广安川渝合作示范区城镇群融入重庆城市群协调发展的基本要求

"依托重庆、成都'双核'和区域中心城市，加强与周边城市之间的联系，形成若干个带动能力强、经济联系紧密、体系结构合理的城市群。着力打造以重庆主城区为中心的城市群，加强……长寿、合川、潼南……和四川的广安与重庆主城区的基础设施和产业对接，加快以轨道交通为主的高效便捷交通网络建设，在产业布局上实现错位发展，形成优势互补、协调互动的发展格局"，是《成渝经济区区域规划》"加快形成辐射作用大的城市群"的基本要求。因此，广安川渝合作示范区城镇群建设应遵循以下五个方面的基本要求，加快成为重庆城市群重要组成部分的进程。

（一）切实做好广安川渝合作示范区城镇群成为重庆城市群重要组成部分的发展规划和规划的约束作用

一是要组织专家做好符合融入重庆城市群发展要求的广安川渝合作示范区城

镇群协调发展的总体规划。广渝两地政府互派专家组成"规划制定小组"，在充分调研和进行可行性论证的基础上，对各城镇的现实状况、区位条件、功能特点、地位作用、发展潜力等进行科学评估，并结合原有的合作协议、规划，修订或重新制定广渝城镇群科学发展的总体规划。同时，在制定总体规划时，一定要注意克服我国目前城镇空间规划中国土主管土地利用规划、发改委主管区域发展规划、建委主管城市规划之间缺乏协调、内容重复、空间重叠以及各规划之间相互矛盾、冲突情况时有发生的弊端，尽力实现广渝城镇群规划的"三规"合一。

二是规划要体现出文化传承和发展的不可或缺性。城镇是一种以人为主体的复合生态系统，其中的文化变量是城镇生态的有机组成部分，即一个城镇状况的优劣，既包含物质系统如建筑、道路、人居、交通、广场、商贸等物质结构的合理程度，更包含精神、心理、情感如文化氛围、人文精神、历史文化内容、艺术熏陶等文化意义上对人的关怀程度。因此，广安川渝合作示范区城镇群建设在规划上一定要与特定区域的地理生态环境和历史文化传承等紧密结合起来，体现出当地社会成员所共享的生存发展方式、区域现实人文状况和未来发展趋势。

三是要将规划重点放在公共产品和公共服务上。摒弃传统的规划理念，适应以人为本的和谐社会建设需要和社会主义市场经济发展要求等，将规划重点放在满足民生需要的公共产品和公共服务上，放在需要跨区域解决的重大问题上，即通过规划明确广渝城镇群发展目标、各城镇的功能定位和分工、城镇群的空间结构和开发方向，统一规划公路、快速轨道、港口和信息网络等基础设施，避免不必要的重复建设。

四是要发挥总规划的约束作用。以总规划对广渝城镇群发展空间进行规范约束，并将其具体用于指导广渝城镇群的建设布局，协调城镇群个体与群体、眼前利益与长远利益，破除行政分割和地方保护，以区域经济社会发展的历史、现实、未来趋势等为切入点，以及跨行政区和区域的广安川渝合作示范区城镇群空间布局体制框架体系的形成，加快推进广安川渝合作示范区城镇群融入重庆城市群经济社会一体化发展的进程。

（二）建立广渝城镇群发展合作协调机制

一是建立广渝城镇群发展专门的协调机构。广渝城镇群发展的合作与协调包括：同级政府的协调问题，多级行政管理协调问题，跨区域企业合作问题等；产业发展、基础设施、统筹、财政、金融等协调问题；经济发展、社会发展、环境保护等协调发展问题。这些问题必须要有一个专门机构来做，即必须建立一个跨行政区域的具有高于各城镇等级的四川、重庆两级政府授权，具备规划、组织和协调职能，实行科学、民主管理，专门就广渝城镇群发展的有关问题进行协调管理的机构，如负责日常组织协调工作，处理解决单方无力解决的难点问题，处理解决合作中牵涉到的税收、资源外流等各种利益分配关系，处理解决不同部门、不同行业之间的竞争关系，以及处理解决环境保护、重要基础设施等问题。

二是建立广渝城镇群政府以及各类专业的协作组织。如"广渝城镇群联盟"、"市（县）长会议"、"产业联席会议"、"行业协会"等，以推动政府和各行业间的交流与合作。定期或不定期举行各成员之间的对话，协商制定统一的发展规划，协调解决有关城镇群发展和互动合作等问题。同时，各城镇政府应转变政府行政方式，充分利用广渝经济区实际存在的推动广安川渝合作示范区经济社会一体化发展的天然人缘、业缘，建立利益协调机制，使各方的利益得到充分保障，以实现广渝城镇群合作发展的共赢。

（三）构建广渝城镇群产业分工与协作体系

一是构建广渝城镇群产业职能分工发展体系。广渝两地产业要错位发展，不重复发展，广渝政府必须打破行政分割，强化广渝发展的差异，形成优势互补的城镇职能组合结构，实行产业分工协作。广渝城镇群的区域地域相邻、文化相通、集聚发展的互补性很强。为此，应在明确各城镇产业定位的前提下，构建特色鲜明、分工协作、布局合理的区域产业结构，确定不同产业支撑下广渝城镇群的产业集群发展重点，如在广安及各县市区城镇重点打造精细化工、新能源、有色金属加工、汽车及汽摩零部件制造、特色农产品加工和供应、红色旅游基地，重要的交通物流节点和港口城市等产业群。同时，要按照平等互利、合作共建的原则，在进行产业分工时要充分估计中小城镇的利益，不断增强其承传大城市经济、技术、科学、文化的功能，使广渝城镇群具有更强的凝聚力和整体协调性。

二是构建加快广渝城镇群产业集聚发展培育体系。广渝城镇群面临着城市化高潮和人口迁移，其建设发展必须具有产业集聚支撑才能承载大规模的迁移人口。为此，充分发挥政府的推动作用，调动一切积极因素，推进科技与产业的整合和跨行政区的整合，促成生产要素在重点城镇、行业、产业集聚，逐步形成一批特色鲜明、辐射力大、竞争力强的产业集群城镇；要重点打造以重庆和成都城市群大企业和企业集团等为龙头的产业集聚园区和产业核心带，使之成为广安川渝合作示范区的龙头老大，带动广安五县市区的超常规跨越发展。

三是构建城镇群产业区域发展互补体系。无论是产业职能分工发展体系还是产业集聚发展培育体系的构建，都不能忘了产业区域发展互补体系的构建。即在推进产业职能分工和集聚发展的同时，要注意新品种的研发和区域内的互补，商贸、物流、金融、旅游产业等的发展要更多地研究和考虑打通广渝两市之间的障碍和瓶颈，实现互通、互用、互利的互融互补发展。在这个过程中特别要重视学习借鉴江苏昆山等地的经验，将广安川渝合作示范区城镇群的现代服务业做大、做强，为重庆城市群的发展提供强大的服务支撑。

（四）联手共建广渝城镇群产业一体化发展的市场体系

广渝城镇群合作互动要求消除区域壁垒，形成区域性一体化的统一市场，加快区域内外商品、劳务、技术和资本等生产要素的自由流动，加强各城镇间在经济社会上的相互依赖程度，为区域内外资源的合理利用和配置提供尽可能多的环境和条件。为此，广渝政府要联手共建重庆城市群特别是广安川渝合作示范区城镇群的区域性商品市场和要素市场体系，制定统一的市场准入条件，充分发挥市场在区域利益调节中的主导作用，依靠政策调整和运用市场机制打破地方保护的壁垒，弱化区域利益调节中的行政干预手段，构建广渝城镇群交易共同市场规则；通过资产纽带联系，实现企业之间和城镇之间的资产重组和利益整合，逐步打破地方利益主体、经济主体和管理主体"三位一体"的传统格局，规范地方政府的宏观调控行为；在制定政策时综合考虑广安川渝合作示范区的综合因素，加强政策的整体性，注意政策的纵向协调和横向协调；等等。

（五）加快建立广渝城镇群的社会保障和公共服务协调机制

随着广安城镇群融入重庆城市群发展进程的加快和劳动人口流动性的加快，社会保障方面的问题将更加突出，如医保、社保异地无法流转等。为此，广渝两地应共同建立社会保障和公共服务协调机制，推进医疗保险、养老保险、教育、文化、体育、通信、公交、政府公共服务等方面的互惠制度建设。为了建立有利于人口合理流动的劳动力市场，可取消广渝两地的就业户籍限制，建立流动人口"便参保、易转移"的社会保障体系。两地可通过同等的市民待遇、市场准入、企业扶持等政策，鼓励和支持两地劳务人员互转，实行两地劳务人员社保能流转，特别是农民工的社保问题，如农民工在重庆办了社保，到广安打工时他的社保也能够顺利地转移过去。广渝两地还应探索建立技能培训、资质互认、民工及子女进城入户、民工跨省市社会救助和法律援助机制，以及公共服务、福利待遇等方面的同等化机制。

三、构建具有综合承载能力的广安川渝合作示范区城镇群体系

"大力发展……广安等区域性中心城市，引导工业向园区集中发展，加快城市基础设施和配套公共服务设施建设力度，优化城市环境，适当扩大城市规模，提高城市承载能力"。"加快区县政府所在城镇和中心镇发展，加大交通、电力、电信、供气、供水、防洪、污水垃圾处理等设施建设力度，加强医疗卫生、文化体育、就业和社会保障等公共服务设施建设。优化区县所在城镇产业布局，扶持发展特色农业，积极承接产业转移，为县域经济发展提供支撑。改善中心镇人居环境，建设富有地方特色的居住小区，发展特色经济，鼓励引导农村居民进入中心镇居住和创业。实施重点中心镇建设示范工程，支持条件较好的中心镇加快发展，努力打造一批特色鲜明的重点旅游镇、工业镇和商贸镇"，是《成渝经济区区域规划》对广安等"做强区域性中心城市"和"壮大重点城镇"的基本要求。为此，广安川渝合作示范区城镇群建设应在城镇群综合承载能力体系建设上下足工夫。

（一）坚持大中小城市和小城镇协调发展的城镇群发展战略

大中小城市和小城镇协调发展是川渝经济社会一体化发展的实际需要和城镇化建设发展的客观要求。川渝人口众多、国土面积广阔、经济自然条件各不相同，在这种情况下，无论是仅靠大城市，还是仅靠小城市都不可能容纳如此多的

城镇人口。即不发展大城市川渝就没有发展先进经济文化的"航空母舰",在国际上就没有竞争力;不发展中小城市和小城镇,众多参差不齐素质的自由职业者和从农村转移出来的众多人口就很难在大中城镇找到安居立业之地。所以,广安川渝合作示范区城镇群建设要坚持大中小城市和小城镇建设并举协调发展,而不能有所偏废,更不能畸形发展某一类城镇。协调发展的根本要求是各类城镇的区域布局和规模结构要科学合理,形成健全完善科学的城镇群体系,即在一定的区域范围内既要有大中城市也要有小城市和小城镇,各类城镇要依其在城市体系中的不同的功能定位,扮演相应角色,发挥相应作用,才符合科学发展观的要求。

(二)坚持百平方千米、百万人口的川东渝北中心城市体系建设目标

一是要坚持以广安组团、前锋—代市组团、华蓥组团和岳池组团为空间载体的大城市发展规划。即以广安主城区为中心、渠江西片区、渠江东片区、枣山片区、前进片区、协兴片区和奎阁片区,逐步构建广安行政管理中心和公共服务中心,承担行政管理、公共服务、居住、交通枢纽、文化教育、商贸、旅游集散地与旅游目的地等功能;建设连接前锋—代市组团,包括前锋镇、代市镇等以生产制造为主的城市组团,承担组团式大城市的生产制造功能,同时分担部分居住功能以及与居住配套的服务功能,统筹经开区的城市规划、基础设施建设、行政事务和公共服务管理;华蓥组团包括华蓥双河街道、古桥街道、华龙街道和城区向广安拓展,以旅游、交通运输、居住功能为主的综合性城市组团;岳池组团包括岳池九龙镇、花园镇和城区向广安拓展,以商贸流通、休闲娱乐、生态旅游、文化教育为主的综合性城市组团,主要承担休闲商业区、居住区、文化旅游等城市功能,同时承担部分食品加工、轻纺服装、医药等生产制造功能的快速通道。利用农田、湿地、林地等保持组团式城市间必要的生态隔离和开敞空间,推动各城区互动对接,形成同城化、一体化、组团式的大城市架构;统一四地城市建设规划,合理划分城市功能区,强化城市综合服务功能,培育城市产业支撑,构建分工明确、相互联系、合理交叉的城市功能体系,整体融入重庆城市群,发挥城市规模效应,提升广安城市竞争力。

二是要坚持构建以广安中心城市为依托,以中等城市为骨干,以小城镇为基础,城市功能互补、产业合理分工、人口合理分布的广安川渝合作示范区城镇群体系,形成优势互补、良性互动的城镇协调发展机制。即要在加快推进邻水、武胜到2015年建成城区面积25平方千米、人口25万中等城市融入重庆城市群建设,以及强力发展广安区的花桥、恒升、悦来、观阁、肖溪,华蓥市的高兴、庆华、天池、永兴、溪口,岳池县的罗渡、伏龙、石垭、顾县、坪滩,武胜县的万善、街子、中心、飞龙、烈面,邻水县的子中、丰禾、九龙、御临、柑子等重点中心城镇的同时,坚持重点城镇带动一般建制镇,特别是高度重视邻水、华蓥、岳池、武胜等县市与重庆接壤的20个乡镇和人气集聚性强、特色突出村的发展建设,全力将其打造成广安川渝合作示范区桥头堡区域的富有特色的经济社会居住就业小区,提升其服务地方经济社会特别是服务重庆、配套重庆发展的能力和

水平。

（三）切实做好提升广安川渝合作示范区城镇群综合承载能力的两项基础性
工作

1. 加快公共住房保障体系和制度建设，推动广安川渝合作示范区城镇群宜
居不同人群承载能力的提升

公共住房是由政府直接投资建设或由政府以一定方式对建房机构提供补助，
由建房机构建设，并以较低价格或租金向中低收入家庭进行出售或出租的住房。
公共住房保障体系和制度，是整个社会保障制度的重要组成部分，对于增强城镇
体系综合承载能力、解决中低收入阶层居民的住房和人们的就业问题发挥着至关
重要的作用。因此，广安川渝合作示范区要进一步加大在这方面的探索投入
力度。

（1）值得广安川渝合作示范区参考借鉴的国外公共住房保障体系和制度的
五种模式。纵观世界各国政府公共住房保障体系和制度，主要有：①以住房抵押
贷款、住房抵押贷款证券、针对不同人群实行分类供应的财政补助政策等住房抵
押贷款为核心的多元模式；②以储蓄资金贷款即通过先由储户根据自己住房需要
及储蓄能力，与住房储蓄银行签订储蓄合同，储户每月按照合同约定存钱，当存
满储贷资金的一定比例后，即可取得贷款权为来源的互助模式；③以政府资金控
制即所有就业人员均按本人月薪的一定比例缴交公积金，由政府公积金部门负责
公积金的归集和管理，主要用于购房等为目的计划模式；④以互助合作援助即建
立公共住房合作社，社员通过参加合作社间接拥有与住房面积相对应的住房产
权，收取的房价不含利润但包含一定的合作社发展费用等为主的公共住房保障模
式；⑤以多元有机混合即在住房建设与经营方面由政府计划调节向市场调节转
变，充分利用民间资金和发放无偿住房券、公共住房补助金、住房建设债券等方
式为中低收入者提供住房保障为特征的转轨模式。

（2）广安川渝合作示范区城镇经适房、限价房、拆迁安置房等公共保障房
的建设。根据广安的实际，参考和借鉴国外公共住房保障体系和制度建设的经
验，我们认为，广安川渝合作示范区的经适房、限价房、拆迁安置房等公共住房
保障体系和制度建设，一是进一步坚持和完善好当前实际运行的"政府低价供地
——开发商开发——符合条件的居民购买——政府不动用财政资金"的成熟模
式，用以满足纳入政府确定的中低收入者购房需要；二是充分利用民间资金，对
现有的"城中村"进行合理合法的改良建设，提高其居住质量和公共服务水平，
用以满足未纳入政府确定的一般中低收入者的购房需求；三是对自愿到乡镇村驻
地经商或居住者，允许其以原宅基地及附属地域退还集体或国家为充要条件，在
乡镇村规划区建设占地户不超过 150 平方米、人均不超过 30 平方米的营业用房
及住房，用以满足城镇化进程中离土不离乡村民的生存发展需要。

（3）广安川渝合作示范区公租房、廉租房等公共住房保障体系和制度的建
设。对于这类公共住房保障体系和制度建设，我们认为，要着眼于不能将其作为

商品推向市场，只能用于满足无房户的工作、生活需要的政策理念，即这类公共住房保障体系和制度的建设，一是坚持中央财政拨款、地方政府每年从土地净收益中拿出的至少10%的资金、发改委授权地方融资平台公司年内发行用于保障房建设资金等全部足额用于政府的公租房、廉租房建设，以满足无固定单位和收入来源的无房户租用；二是鼓励企事业单位、学校、医院、科研院所等人员较多的社会单位，利用单位自有的国有土地建设公租房，以满足本单位、本部门、本行业无房户租用居住；三是鼓励产业园区建设公租房向园区内企业无房户职工出租；四是鼓励农村集体经济组织用存量建设用地建设公租房对外出租，以满足城镇流动人口和不愿购房者的租房需求。

2. 实施以城镇村居民为主的城乡统筹就业战略，推动广安川渝合作示范区城镇群宜业不同人群承载能力的提升

这方面工作要具体从以下四个方面进行探索完善：

（1）实施"就业＋纳税＝新市民"的户口政策。自由流动权和平等居民权，是公民的基本权利，但却是我国农村居民进城、务工梦寐难求的事情。世界各国基本是"居住地＋纳税地"原则，即公民只要在一个城市居住并纳税，他就是这个城市的市民，享有全部的、平等的居民权。我国正在试点的部分城市虽然确立了"产权住房＋稳定工作＝新市民"的原则，但这个政策设计的门槛超过了多数转移村居民的承受能力，是另一种形式的"关门"。因此，我们认为，在广安川渝合作示范区居住或就业的村居民，只要有稳定住所或职业，无论工作还是居住、消费，都会产生税收（工作通过单位创造税收，买房子直接产生税收，租赁产生出售者的间接税收，消费产生消费税——在我国体现的是增值税的转移），就都应该获得平等居民权，享有纳税人的权利，接受公共机构的服务。

（2）坚持新老居民同权政策。如坚持社会保障、合法生育随迁子女教育权、就业和薪酬权等平等享受，因为存在歧视政策的城镇不会和谐，没有同权政策特别是没有平等就业和薪酬权、社会保障权政策的城镇，必然会随着大迁移出现贫民窟，造成严重的社会问题；坚持利用转移村居民进城置业并自愿退还原占用耕地的，原占用耕地指标可作为承接城镇建设用地占补平衡指标，承接城镇按照农业用地转建设用地征用补偿标准在其买房或租房时予以补助，或鼓励村居民利用土地指标来联合建房，以此来盘活土地资源，解决进城村居民的安居所需的土地难题；坚持农村住宅回收政策，即城镇政府设立村居民农村住房经营公司，回购或者提供给其他村居民居住以推动村庄合并，或者抵押融资用于建设城镇公租房。

（3）建立支持家庭主要成员进城就业扶持政策。如选择本辖区村居民家庭成员中素质较好的一名主要成员并为其出台一系列政策支持该成员进城就业安居，以此鼓励推动配偶、子女、父母进城投靠并享有市民权利，带动村居民向城镇转移；鼓励进城村居民创业或自谋职业政策，即在财政、税收、工商、融资、技术与信息服务方面出台政策，激励转移村居民及随迁者创业或自谋职业；出台

就业能力提升政策，即由各级财政联合打造就业技能培训平台。比如在各城镇设立财政支持的村居民转移就业培训部，对进城村居民进行有针对性的培训；设立转移村居民融资支持政策，即设立村居民转移政策银行，类似鼓励进出口、农业发展的政策银行，为进城就业或创业、参加培训、城镇置业者提供优惠贷款等。

（4）建立有利于劳动力转移的统一的就业服务体制。如建立城乡劳动者平等就业凭证管理制度，城乡居民享受统一自主创业优惠政策制度，返乡创业人员投资新办企业享受 3 年内免征所得税优惠政策制度；建立城乡统一的劳动力市场和就业服务体系，形成市、区市县、乡镇街道、村居委会四级贯通，面向所有用人单位和劳动者，就业信息到村居委会、户的覆盖城乡的就业管理服务体系和完善的城乡就业援助制度；建立城乡统一的全员培训制度，进行一、二、三产业技能培训；按照培训与就业相结合、培训与市场相结合的原则，大力实施"素质就业"战略，推行职业资格证和职业准入制度，以此推进城乡劳动力转移的统一的就业服务制度的建立。

将经济发展集中到具有某个方面的生产要素比较优势、产业基础较好，又有一定的公用设施的城镇或工业区的极点来进行，将它们培育成区域经济的增长极，通过在这些极点上相应配置有创新能力的产业，并发挥其集聚作用和扩散作用，从而带动邻近腹地的发展，已成为推动当今经济社会发展的一种潮流和规律，即当代城镇已成为整个社会的经济、政治、文化中心，历史发展的火车头。因此，广安川渝合作示范区的城镇群建设一定要站在这个高度来谋划、来建设、来发展、来完善。

（吴利民，中共广安市委党校、广安市行政学院、广安市社会主义学院常务副校（院）长，经济专业研究生；朱显林，邻水县社科联副主席、中共邻水县委党校高级讲师、四川省科学社会主义学会理事、四川省人民政协理论与实践研究会理事。）

乐山加快临港经济建设
探寻融入成渝经济区发展的新空间

许晓华　马亚学　贺麦　赵勇

【论文提要】随着岷江航电工程的开发建设，港口及其交通运输网络体系的形成，乐山临港经济建设与成渝经济区的紧密联系必将对乐山的经济定位、港区经济布局、临港经济发展及其乐山产业结构的调整优化产生重大影响。乐山临港经济建设围绕港口、港区经济特点，必须理清发展思路，积极融入成渝经济区建设，培育新兴产业，扩大城市功能，不断拓宽发展新空间、增添发展新路径、强化发展新动力，尽快实现乐山成为成渝经济区发展的重要增长级。

主题词：临港经济　融入成渝经济区　发展空间

乐山临港经济加强与成都、宜宾、泸州、重庆的经济联动是推动区域创新繁荣的经济模式。临港经济是以港口资源的开发利用和管理为核心，以港口及临近区域为中心，港口城市为载体，综合运输体系为动脉，港口相关产业为支撑，沿陆腹地为依托展开生产力布局。确立乐山临港经济发展战略，研究临港生产力布局，发挥临港经济的独特优势，发展与港口密切相关的特色经济，培育新的经济增长点，是乐山融入成渝经济区发展的新空间和新路径。

一、乐山临港经济建设的战略意义

近年来，四川已初步形成"三江六港"与重庆港联动开发的格局。面对沿江城市激烈竞争的发展态势，以发挥乐山港的独特区域优势和作用为契机，积极融入成渝经济区，打造新的经济增长极，在新一轮机遇面前掌握主动权，对加快乐山经济发展方式转变，实现区域合作，提高区域竞争力，具有重要现实意义和长远战略意义。

（一）临港经济建设是乐山经济社会发展的新路径

1. 临港经济是提升乐山区域竞争力的新引擎

区域经济的竞争首先是增长极的竞争。乐山是我国沿海南北地带和长江黄金水道构成的"T"字形国家一级经济发展轴线的南端。而四川的经济增长极一直主要依靠成都、德阳、绵阳这一翼，这种单靠一翼的增长方式是不能起飞的，只有靠两翼才能腾飞，那么乐山正处在两翼的节点，应当挑起四川经济增长平衡发展的重任。乐山作为四川省优先发展的 9 个大城市之一，背靠攀西地区丰富的矿产资源，面向成都、重庆这两个繁荣的西部经济平台，是成渝经济区的重要组成部分，发展临港经济将是提升乐山区域竞争力的新引擎，是积极融入成渝经济区，快速形成增长极的平台。

2. 临港经济是加快乐山产业结构大调整的新动力

推动临港经济建设是乐山经济发展的新路径，也是调整优化乐山现有产业结构的新动力，是解决产业结构矛盾，优化产业布局，推进产业集群发展的新机遇。临港经济建设能够发挥港区资源优势，集聚新兴产业，在成渝经济要素的推动刺激下，使现有产业得到调整和提升，从而实现产业结构调整优化。同时，乐山临港经济建设将成为承接成渝地区、沿海产业转移和境外产业向乐山转移的平台，对推动乐山经济发展方式转变提供有力支撑。

3. 临港经济是建设百万人口大城市的新机遇

把加速临港经济区域的联动发展作为实现城镇群快速发展的空间依托，可以吸引大量工业企业入驻临港产业园区，吸引大量人才和劳动力的聚集。预计乐山四大港区分别可以新增 5 万~10 万常住人口，届时将推进以乐山主城区为中心，包括五通桥区、沙湾区、夹江县、峨眉山市城镇群的形成，为乐山建成百万人口大城市创造条件。

（二）临港经济建设是乐山经济社会发展的新优势

1. 乐山发展临港经济条件独特

乐山拥有独特的航道资源，与重庆、宜宾、泸州等地共建临港经济，"钱景"看好。丰富的岸线资源，方便快捷的物流通道，低廉的物流成本，必将吸引生产要素向沿江聚集。可以预期，重化工、能源、建材、机械等运量大、运距远的工业项目以及物流、旅游等现代服务业在沿江落地，将为乐山经济发展增添新动力。

2. 乐山发展临港经济的资源和产业支撑强劲

乐山临港经济发展所需的资源蕴藏相对富集。

（1）矿产资源。乐山地质构造复杂，成矿条件有利，矿产资源丰富，矿产种类比较齐全，已探明的矿产资源达 30 多种，占全省已探明地下矿藏 132 种的约 1/4，其中有 5 种矿产保有储量居全国全省前列。

（2）水能资源。乐山境内的岷江、大渡河、青衣江、马边河等流域水能资源丰富，水能理论储量 790 万千瓦，水能密度 220 千瓦/千米，经济可开发量约 640 万千瓦，占全省的 6.3%，目前开发量仅 40%。

（3）植物资源。乐山地处亚热带，地貌和气候多样，植物种类极为丰富，有许多珍贵树种，森林覆盖率 54.32%，其中峨边、沐川森林覆盖率分别高达 75%、66.1%。

（4）文旅资源。乐山是国务院公布的第三批国家级历史文化名城，有国家重点文物保护单位 10 处。以世界文化与自然遗产峨眉山—乐山大佛为中心，有国家级风景名胜区 2 处，国家 A 级旅游景区 12 处，国家自然保护区 1 处，省级风景名胜区 2 处，省级森林公园 4 处，景区景点旅游资源在四川乃至全国独具优势。

（5）乐山的自然资源在分布上相对集中，各具特色。乐山矿产资源主要分布有磷矿资源富集区，硅质原料富集区，石灰岩富集区，石膏资源富集区，锰铅锌矿资源富集区；东南有岩盐典型矿床，钾盐资源富集区以及煤炭、钾长石、天然气等资源；水能资源主要分布在西南部的大渡河、马边河和东南部的岷江下游。

3. 乐山临港经济建设比较优势明显

乐山位于四川省中南部，向东可承接长江流域的重庆、泸州、宜宾等港口经济区，向南连通珠江三角洲地区，向西衔接攀西云贵康藏地区，建立功能齐全、设施完善、辐射能力强的临港经济区优势明显。

（1）乐山是四川省"成绵乐"、"泸宜乐""攀西乐"三个重要经济带的交汇处，乐山临港经济建设最大的优势，可以依托岷江—大渡河航道，集矿产资源、大型企业、卫星城镇、科技园区、现代物流中心和铁路、水运、公路、航空等多种运输方式，围绕"成绵乐"、"泸宜乐""攀西乐"经济腹地打造具有乐山特色的临港经济体系。

（2）规划中的乐山港及新大件码头水深、水流条件良好，基本条件优于许多沿江城市。乐山岸线优势明显，长十余千米的岸线及大面积、大纵深的岸线陆域，具有建设长江上游和岷江流域天然良港的基础条件，货物运输年吞吐量规划建设 5000 万吨、集装箱 140 万标箱、重件 50 万吨。

乐山港因为距离成都公路里程仅 120 千米、铁路里程仅 113 千米，比泸州港和重庆港可节约 50% 以上的陆路运输成本，是距离成都经济区最近、最快捷的水运港口。乐山港是成都经济区内最便捷的一个港口，可以弥补成都平原城市群交通上的先天不足。

（3）乐山临港经济建设结合岷江航电开发，有利于将以高新技术产业、先进制造业为特征的"成绵乐"和以食品饮料、化工、建材、机械等产业为特征的"泸宜乐"两条经济带的整合，从而形成一条贯穿川南北、集聚四川主要人口和经济、加快四川工业化城镇化进程、提升四川对外开放水平的经济主动脉。到 2015 年，这条主动脉的工业聚集能力可望达到全省的 70% 左右，人口聚集能力可望达到全省的 50% 以上。

二、乐山临港经济建设的初步构想

（一）乐山临港经济建设的总体思路

乐山临港经济建设的总体思路：以打造西部综合交通枢纽次级枢纽为契机，科学合理进行产业布局，港口、城市、园区互动，加速产业集聚；以"线"连

"片"，以"线"带"面"，集中打造"一线、二点、三区、四港、五片、六园"，形成港口群、城镇群以及产业群，增强区域竞争力。

（1）1线：即大渡河—岷江沿线为乐山临港经济发展的主线。以车子镇、冠英镇和老木孔为圆心形成中心枢纽，上溯大渡河沿岸的沙湾区，下延岷江沿岸的五通—犍为等地形成沿江经济走廊。

（2）2点：即科学规划乐山主城区西北部城市商驻点和临港西南部产业点。沿江西南部产业点建设分为港区、物流区、产业区、科技城、生活区；乐山主城区的生产型企业外迁，净化商驻点的居住环境、工作环境、商业环境和休闲环境。

（3）3区：即乐山临港经济建设要与3个区域建立共生、互动、合作关系。一是与北部的成都平原城市群建立共生关系，发展以高新技术产业、机械制造业、医药、食品、外包业为特点的经济区；二是与西部的攀西城市群建立互动关系，借攀西每年外运1000万吨黑色金属成品、半成品及原矿途经乐山的机会，壮大乐山临港经济的矿产资源性产业；三是与南部的宜宾、泸州、重庆城市群建立合作关系，链接港区经济、引进转移产业、合作开发沿江经济带。

（4）4港：即临港经济建设重点要打造嘉州港区、沙湾港区、五通港区和犍为港区。利用好地理环境优势，着力于港区与港区相接、港区与产业区相连、城区与港区互动的临港经济建设新模式。

（5）5片：沿大渡河—岷江形成和壮大五个临港产业片区。即市中区聚集电子信息产业、现代物流业、生物工程和新医药业、新材料及应用、新能源开发、环境保护新技术产业等形成高新技术产业片区；沙湾—峨眉形成钢铁、不锈钢、水泥、铝材、水电产业片区；峨边—金口河形成水电、冶金、化工、矿产加工产业片区；五通形成盐磷化工产业、机电制造业、硅材料产业片区；犍为形成硅材料及太阳能光伏产业、林浆纸产业、现代农业、煤炭产业片区。

（6）6园：在嘉州港区主要培育电子、精密仪器、医药等高新技术产业园区和现代物流园区；沙湾港区主要承载冶金建材产业园区；五通港区和犍为港区重点打造硅材料及太阳能光伏产业园区、盐磷化工产业园区、先进制造业产业园区、高载能产业园区。

（二）乐山临港经济建设的战略定位

根据我市临港经济区的发展基础、比较优势、发展机遇和制约因素，按照经济发展的总体战略要求，临港经济区总体战略定位为：具有集优创新、高端特色的生态化、现代化的临港经济区。

1. 沿江临港经济建设的示范园区

抓住建设"泸宜乐"港口群的机遇，推进生态建设和环境保护，发展循环经济和低碳经济，强化节能减排，实现经济建设和生态建设协调发展，成为沿江临港经济建设的示范园区。

2. 三大城市群的重要交通枢纽港

根据我市地处成都、川南、攀西三大城市群结合部的区位特点,依托"千亿交通工程",加快交通枢纽建设,发挥枢纽优势,推动临港经济发展,把三大城市群扩展为自己的经济腹地,让乐山成为三大城市群的重要交通枢纽港。

3. 承接高新技术产业转移的重要平台

抓住泸—宜—乐沿江产业集群列入全省承接产业转移重要组成部分的机遇,依托岷江黄金水道,加强与成都、重庆经济区的产业协作,促进要素流动,全方位拓展开放空间,以独特的区位优势、富集配套的资源和便利的集疏运条件成为承接高新技术产业转移的重要平台。

4. 成—渝水陆联运的商贸物流中心

发挥乐山与成都经济区和重庆经济区相互融入、水陆交通便利和岷江黄金水道优势,以大件运输为特色,培育现代物流企业集团,加强与成都、重庆物流企业合作,大力发展第三方物流,推进物流综合信息服务平台建设,形成成—渝水陆联运的乐山物流中心。

5. 川南临港加工业的重要聚集地

依托我市丰富的农产品资源和现有的产业基础,加快农业产业化步伐,紧紧围绕产业发展提速、产业规模壮大、产业层次提升、产品质量提高,着力做大产业、做强企业、做优主打产品,大力发展特色效益农业。积极培育壮大林竹、畜牧、茶叶、蔬菜和中药材等农产品加工产业,让乐山成为川南农产品加工业的重要聚集地。

(三)乐山临港经济建设的发展目标

1. 总体目标

坚持整体规划、分步实施的原则,把长远规划和近期开发有机结合起来,走经济、社会、环境协调发展的科学之路。坚持资源利用与节约并重、节约优先,注重生态环境保护,以环境保护优化经济发展,促进经济与社会、人与自然的和谐发展,将乐山临港经济产业园区建设成为经济发达、社会进步、环境友好、高度开放的现代化循环经济、低碳经济示范区。

2. 近期目标

以乐山港综合交通枢纽建设作为沿江经济带建设的重点,实现率先突破,集中力量建设好起步区,尽快形成集聚效应。充分发挥市场配置资源的基础性作用,发挥政府规划和政策的导向作用,创新发展模式,形成临港产业集聚带。

到2015年,临港经济产业园区经济总量、工业产值、货物吞吐量将分别达到全市的20%、30%、75%,建成3个百亿产业园区;人口规模达到5万人,城镇化率达到60%左右。

3. 长期目标

充分发挥地处"三江"的区位、资源、产业等综合优势,利用腹地雄厚的配套能力拓展服务功能,实现乐山临港经济与三大城市群经济腹地协调发展。

到 2020 年，临港经济区的经济总量、工业产值、货物吞吐量将分别达到全市的 40%、50% 和 85% 以上；临港经济区人口规模达到 10 万人，城镇化率达到 65% 左右。

三、乐山临港经济建设的发展布局

（一）整合岸线资源，促进有序开发

沿江开发首先是沿岷江—长江上游的空间开发利用。乐山临港经济建设要依托岷江、大渡河岸线的自然禀赋，实施有序开发、纵深开发和整体开发，实现港口、产业、城镇和生态四大空间的统筹发展。

1. 加快航运与水资源综合利用，提高运力电力

岷江乐山至宜宾航道里程 162 千米，按照"以航为主、航电结合"，兼顾防洪、供水、旅游、环保原则和近期"渠化上段、整治下段"思路，渠化乐山境内航道 81 千米，淹没重点滩险（群）18 处。规划建设老木孔、东风岩、犍为、龙溪口 4 个梯级枢纽，总装机 156 万千瓦。推进安谷电站建设，增强水资源的综合利用，提高发电能力。

扩大沙湾火车站规模，打造沙湾货运港。大渡河乐山主城区至沙湾段约 30 千米，有步骤实施大渡河沙湾—乐山主城区段河道整治，综合开发沿江航道，提高港区间的航运能力，增强来自攀西地区货物的卸载能力。通过火车站与沙湾港区的连接，构成承接攀西地区 100 万~300 万吨外运货物最便捷的水陆通道。

2. 加快沿江经济带构筑，引导沿江产业合理布局

（1）硅材料产业重点布局在五通、犍为、高新区；重点发展电子信息、新能源、新材料等新兴产业。

（2）重大装备园区（重装、汽车制造）重点布局在五通桥区，发展先进制造业。

（3）冶金建材产业重点布局在沙湾—峨眉。依托德胜集团、西南不锈钢、峨胜水泥、金顶水泥、川投峨铁、其亚铝材等企业，形成沙湾港区的产业特色。

（4）高新技术产业和现代物流重点布局在乐山港区和高新区。发展以电子、机械电气、精密仪器、新能源、医药和农产品精深加工为主的产业。规划功能齐备的仓储、装卸、运输代理、配送、信息服务的现代物联网和综合物流体系。

（5）精细盐磷化工重点布局在五通桥区。盐磷化工是我市传统优势产业，五通盐磷化工园区属省"1525"重点产业园区，应重点培育。

（6）生态产业园区重点布局在犍为县，发展农副产品深加工。

3. 加快沿江城镇化开发建设，拓展卫星城镇功能

一是以加速沿江临港区域卫星城镇的联动发展作为实现城镇群共赢的空间依托。

二是以推动沿江临港区域卫星城镇产业联动发展作为实现区域共赢的物质

基础。

三是以强化卫星城镇市场联动发展作为实现区域共赢的有效载体。

4. 加快腹地经济资源开发，拓宽腹地产业空间

从经济腹地位置来看，我们必须深化三个方面的关系：

北接——借鉴上海洋山港建设发展经验，通过加强与成都和周边地区的合作，与成都、德阳、绵阳、雅安、眉山等地的工业基础和经济资源对接，将乐山港作为"成都港"打造，既能有效弥补成都主枢纽的水运短板，实现共建共享，又能拓展经济腹地，为乐山港建成后提供充足的货源，有效提高乐山港的运营效益。

东连——连接重庆和川南经济区，利用交通运输平台，积极发展与重庆、自贡、内江、宜宾、泸州等地的经济交往，形成资源共享格局。

西拓——拓展攀西城市群交通联系，吸引攀枝花、凉山的矿产资源在乐山深精加工，对其成品力争经乐山交通枢纽中转出川，改变攀钢每年 600 万吨钢铁经铁路到江阴港的传统运输线路。

（二）优化产业空间布局，引领纵深发展

1. 科学构思货物装卸，打造新港口区

以优化港口布局、提高码头通过能力、调整泊位结构为主线，加快推进乐山港综合交通枢纽的建设，科学定位嘉州港区、五通港区、犍为港区和沙湾港区的功能，重点建设大件码头、集装箱码头、杂货码头，形成集公路、铁路、水路为一体的全方位集疏运交通网络，促进港口与城市，港口与经济腹地之间人流、物流、资金流、信息流等生产要素的充分沟通和交流，推动形成四川交通大动脉。

2. 合理理顺商贸关系，打造新商务区

大力发展临港经济，重点是发展工业、商贸、服务业。发展临港经济的运输、装卸、仓储物流业和制造、机修等依存产业以及金融、保险、饮食、商业等服务业。依托乐山港嘉州港区，规划建设布局合理、功能齐备，集装卸、仓储、运输代理、配送、信息服务于一体的集疏运基地；加快建设物流公共信息平台，发展现代物流业，构建高效的现代综合物流体系，为港区和腹地产业集聚发展提供便捷高效的服务，形成一个区域性港口物流商贸集聚区。统筹港口物流业与 CBD（中央商务区）现代服务业的互动发展，突出口岸服务、口岸贸易、商务展示、生活服务四大功能，集金融、保险、船代、商务、商住、商业等服务性产业为一体。

3. 科学定位园区功能，打造新兴产业区

（1）加快发展硅材料及光伏产业，实现由短到长的转变

硅材料及光伏产业园区，应充分发挥新光硅业、东汽峨半、乐电天威等龙头企业的作用，整合多晶硅上、下游产品生产企业，延伸电子硅材料产业链、太阳能光伏硅材料产业链、硅化工循环利用产业链，把乐山建设成"国家硅材料开发与副产物利用产业化基地"。

（2）加快发展盐磷化工产业，实现由粗到细的转变

盐磷化工产业园区，应以和邦、巨星、永祥、福华等企业为龙头，重点发展盐磷化工产业，加强科研攻关，引进新技术，开发新产品，延伸产业链条，提高产品附加值，推进粗化工产品向精细化工产品转变。

（3）加快发展冶金建材产业，实现由大到强的转变

冶金建材产业园区，应依托德胜钢铁、西南不锈钢等企业，发展冶金建材产业，加快形成钢铁冶炼、钢铁深加工、不锈钢、水泥生产及配套。

（三）港城一体规划，推动整体建设

目前乐山应以港兴市，加快推进港城经济发展。具体为：促进市以港兴、港为市用，建成以港口为中心，运输体系为动脉，城市为载体，腹地为依托，产业为支撑，综合服务为配套的开放型港城一体经济。港城一体化发展思路是：

（1）港城互动，港城一体。以港口建设为龙头，以培育临港产业为主导，以加快乐山港、高新区与腹地间高效、快捷的交通网络建设为基础，依托乐山高新区，逐步形成港区、高新区与城市互动组合的富有现代化特色的港口新城。

（2）乐山城市要主动承接港口的辐射，对接沿江临港经济的发展。要积极利用港口资本、技术、人口集聚能力较强的优势，形成功能明确的、促进临港经济发展的重要保障。港口则要适应区域经济发展的要求，加快建设，发挥港口与所在区域经济发展之间的互动作用，提升港口服务功能，改善港口及周边地区的投资环境，服务于地方经济的发展，从而实现市港良性联动，相得益彰，相辅相成。

（3）加快建设综合交通网络。按照乐山市综合交通枢纽建设规划，乐山机场、成绵乐城际铁路客运专线、成昆铁路新线、成贵铁路、乐隆铁路、乐宜高速、乐自高速、乐雅高速、乐汉高速等重大交通项目的建成和实施将为港城一体化发展建立起直通成都、昆明、贵阳的铁路干线，同时高速公路网络让乐山港辐射成都平原、岷江、长江沿线和攀西地区。

（4）建设临港工业园区。港城一体化建设的核心之一就是要形成推动成渝区域经济发展的新增长极，临港工业园有着产业集聚程度高、经济拉动能力强等独特优势，因此，临港工业园区的建设要充分利用港口资源，发展与港口资源密切相关优势产业，促进产业结构调整升级，形成区域经济发展新的增长极。

（5）以港口经济发展推进乐山城市化进程。依托港口发展起来的临港经济带，依托省级高新区平台并向南延伸区域，必将成为产业、物流、人口和消费聚集的重点区域，必将成为乐山城市发展新的增长点。

（许晓华，中共乐山市委党校研究生办公室主任、教授；马亚学，中共乐山市委党校科研科科长；何麦，乐山市农机干部培训学校校长；赵勇，乐山市农业局农业经济管理科科长。）

在成渝经济区和天府新区双重机遇下
资阳市加快发展路径探索

易俊　田翔

内容提要： 成渝经济区和天府新区的规划建设给资阳带来了极为难得的双重发展机遇。如何利用机遇、加快发展，资阳市确立了"充分开放、融入成渝"的发展思路，编制了资阳市《打造"一区两带四基地"融入成渝加快发展规划》。从资阳自身优势和特色出发，确立了"做牢基础、做强产业、做大城市、做出特色、做优环境"五个重点发展路径。

关键词： 成渝经济区　天府新区　双重机遇　资阳发展路径

建设成渝经济区和规划建设天府新区的重大战略决策，为资阳市转化区位优势、拓展发展空间、加强区域合作带来了两个重大历史机遇。作为成渝经济区和天府新区的重要组成部分，如何抓住两个重大机遇，服务区域发展大局，在建设成渝经济区、天府新区的发展实践中，探索资阳市的科学发展、加快发展和跨越发展的实现路径，是资阳市面临的重大课题。

一、资阳市抓住成渝经济区和天府新区建设机遇，融入成渝加快发展的基本态势

资阳市北接成都、德阳，南连内江，东接重庆、遂宁，西邻眉山，位于成都以东、重庆以西的成渝直线轴上，是四川省唯一同时连接成渝经济区"双核"的区域性中心纽带城市，既处于成渝经济区腹心地带，其西北简阳又属于四川天府新区的有机组成部分。

近年来，围绕资阳市加快发展和跨越发展，资阳紧紧抓住国家规划建设成渝经济区和天府新区带来的历史发展双机遇，不断探索充分开放、融入成渝，加快经济社会又好又快发展的路径。

（一）服务国家区域发展大局，跨区域全面开放合作，实施融入成渝的"双桥头堡"战略

资阳依据发展优势和产业特色，主动开放合作，实施双桥头堡战略，带动资

阳全面融入成渝加快发展，与国家成渝经济区规划与天府新区的打造紧密配合。①在资阳市西北，在接壤成都市龙泉驿区和双流县的简阳市，实施"以简阳为桥头堡融入成都"的战略，加快融入成都都市圈的步伐；②在东部，在与重庆市铜梁、潼南、大足接壤的安岳县，实施"以安岳为桥头堡融入重庆"的发展战略。

（二）跨区域合作，率先融入成都都市圈

在实施以简阳为"桥头堡"率先融入成都发展战略中，资阳强调与成都市在城乡规划、产业发展、重大基础设施建设等方面的对接，服务成都"世界现代田园城市"建设。近年来，开发建设服务成都的"两湖一山"旅游会展风景区，投资共建"成资工业园集中发展区"，动工建设成都第二绕城高速公路，开工建设成（都）—简（阳）快速通道和成（都）—资（阳）等快速通道，为资阳奠定了融入成都都市圈的坚实基础。

（三）实施六大对接，全面融入天府新区建设

2011年9月，随着四川省天府新区的规划建设，天府新区的资阳境内191平方千米分区规划编制已经启动，正在完善优化"两湖一山"国际旅游文化功能区规划和编制三岔旅游中等城市规划。

目前，资阳市提出了实施全面融入天府新区的六大对接：①实施规划对接。做好规划跟踪，掌握规划编制最新进展，加强与成都、眉山城市总体规划、交通规划、产业规划等方面的衔接，做好城市总体规划和相关专项规划的编制和完善工作。②实施项目对接。③实施产业对接。做好与龙泉汽车产业功能区（发展整车装备）的衔接，依托成都资阳工业发展区，大力发展汽车零部件配套产业。依托"两湖一山"等旅游资源，大力发展国际性休闲度假旅游和都市旅游，加快会展基地建设。重点发展现代都市农业。积极培育电子信息、新材料等战略新兴产业。④实施基础设施对接。争取省相关部门和成都市的支持，加快推进天府新区（资阳范围内）的交通、电力、供排水、垃圾污水处理等基础设施建设。争取成都第二机场选址简阳；进一步完善简阳与天府新区核心区之间的公路网规划和铁路网规划。⑤实施要素保障对接。引导信贷资金投向重点建设项目，做好用地、电、水、气、道路等项目要素保障。⑥实施政策对接。研究天府新区发展的重大战略问题，提出政策建议。

目前，资阳市立足更深程度的融入天府新区，组建机构、统筹规划建设，开展基础设施建设。希望在天府新区启动建设第一阶段，实施一批有影响的重大基础设施和重大产业项目。

二、结合自身特色与优势，确立"十二五"发展的基本指导思想，编制资阳市《打造"一区两带四基地"融入成渝加快发展规划》

在成渝经济区的规划建设大格局中，资阳作为区内成渝直线的纽带城市，居成渝经济区腹心地带，有非常明显的区位优势。2010年，资阳市确定了"十二

五"资阳市经济社会发展的基本指导思想,编制通过了《打造"一区两带四基地"融入成渝加快发展规划》。

(一)"十二五"资阳市经济社会发展的指导思想

"十二五"资阳市发展的指导思想是:高举中国特色社会主义伟大旗帜,以邓小平理论和"三个代表"重要思想为指导,深入贯彻落实科学发展观,紧紧抓住国家实施新一轮西部大开发战略、建设成渝经济区和西部综合交通枢纽建设、打造"一枢纽、三中心、四基地"与规划新建天府新区的战略机遇,以科学发展为主题,以加快经济发展方式转变为主线,以改革开放和科技创新为动力,以全面改善民生、提高人民生活质量和幸福水平为根本目的,坚持"全党抓经济,重点抓工业,关键在项目"的总体要求,继续深入实施"工业强市"、"项目带动"和"环境兴市"三大战略,突出"充分开放、融入成渝,工业主导、三化联动,大抓项目、抓大项目"的发展路径,发扬"卧薪尝胆、艰苦奋斗"的八字精神,加快打造"一区两带四基地",创响"西部车城、节能之都、绿色资阳"品牌,着力建设成渝经济区新兴工业城市,着力建设开放和谐,政治清明新资阳,为2020年实现全面建成小康社会的奋斗目标奠定坚实基础,努力建设物质财富更加丰富、人民生活更加富裕、生存环境更加美好、社会更加和谐进步的幸福资阳。

(二)彰显特色与优势,编制资阳市《打造"一区两带四基地"融入成渝加快发展规划》

在资阳市"十二五"基本发展路径探索中,坚持规划先行,根据国家建设成渝经济区规划提出的建设西部地区经济增长极、我国内陆开放示范区、全国统筹城乡发展先行区、国家生态安全保障区、国家重要的现代产业基地五大战略定位,充分考虑到资阳的发展优势和产业特色,通过了资阳市《打造"一区两带四基地"融入成渝加快发展规划》,其主要内容是:

(1)所谓"一区",是指建设现代立体综合交通网络,优化投资环境,努力使资阳成为成渝经济区内综合实力较强、交通方便快捷、城市功能完善、产业特色鲜明、会展旅游发达、开放合作充分、社会环境优良的优势发展区。

(2)所谓两带,是指打造雁江简阳三岔、简阳乐至安岳两条特色经济带,实现资源、要素与产业在空间上的合理布局和优化配置。雁江简阳三岔特色经济带,主要建设以造车产业为主的融入成都都市圈和连接川南城市群的"资三角"核心发展区域;简阳乐至安岳特色经济带,主要建设以绿色农产品加工配送为主的融入成渝及连接川东北和川南城市群的加快发展区域。

(3)所谓"四基地"是指着眼成渝产业分工,立足资阳产业基础,打造国家机车制造及出口基地、西部汽车与零部件制造基地、绿色食品加工配送基地、国际旅游休闲度假目的地,进一步形成产业聚集发展效应。

该规划的主要思路是,通过打造"一区",以凸显资阳区位等优势,通过构建"两带"来优化资阳经济布局,通过建设"四基地"来做强资阳产业支撑。

随着形势和任务的发展,资阳市正完善《打造"一区两带四基地"融入成渝加快发展规划》和综合交通建设、五大产业发展、城市建设等专项规划。

三、资阳市抢抓机遇加快发展的基本路径

（一）做牢基础

加强以综合交通、水利为重点的基础设施建设，破解瓶颈制约，致力改善成渝经济区腹心地区发展综合基础条件。

（1）强化交通综合优势，按照"水陆空并举，大中小配套，多线联成渝，市域大畅通"的思路，着力打造"三纵六横"高速公路网和"三纵三横两环"铁路网，推动成安渝高速公路、成渝城际铁路、成都第二绕城高速公路、遂资眉高速公路建设顺利完工，构建起"县县双高速、县县有铁路"的交通格局，形成市内"一小时交通圈"，融入成都"半小时"、重庆"一小时"经济圈，加快快速通道和乡村路网建设，实现发展条件根本改善。力争做好成都第二机场选址简阳市的各项基础工作。

（2）推进以毗河供水为重点的水利工程及其配套建设。规划和建设市内重大水利工程项目，加快毗河供水工程及其配套项目建设进程，新增 100 万亩有效灌溉面积，解决 100 万农村人口饮水安全。加快水网建设，根本改变资阳部分地区生产生活缺水的现状。在成渝经济区腹心丘陵地带再造一个成都平原。

通过 5 年的努力，基础设施现状比较完善，区位优势得以体现。

（二）做强产业

资阳认为，"工业主导、三化联动、抓大项目、大抓项目"是丘陵地区加快发展的根本路径。要培育发展壮大现代产业体系，推动产业发展上台阶，构建以工业为主导的现代产业格局，配套国家的成渝经济区发展，提供现代产业基地，为资阳市"十二五"发展奠定产业支撑。

（1）优化产业布局，创响"西部车城、节能产业之都、绿色资阳"三块资阳品牌，建设四大产业基地：加快建设国家机车和汽车制造及出口基地、绿色食品加工配送基地、节能产品生产基地、国际会展基地及休闲度假旅游目的地。

（2）坚持优先发展工业主导产业，扩大产业园区，建设工业新城。重点发展现代造车、节能、食品和医药、纺织、建材等产业。依托侯（家坪）石（盘）工业带、资阳市经济技术开发区、城南工业集中发展区，以南车集团、南骏汽车、四川现代为重点打造全国重要的机车制造和出口基地，汽车制造和零部件生产基地，节能产业基地。

（三）做大城市

突出"两化互动"发展，把城市（镇）化作为资阳市"十二五"发展的重要动力，高起点规划，高质量建设，高水平管理，拓展城市空间，完善城市功能，提高城镇综合承载能力，为成渝经济区提供宜居城市生产生活基地。

（1）充分运用天府新区建设的机遇，构建以资阳、简阳城区为双核的大城

市核心，规划建设三岔、养马等重点特色城市，规划建设多条突破龙泉山阻隔，与成都市区连接的交通要道，加速融入成都平原城市群。

（2）建设以简阳、雁江（东城区）、乐至、安岳等县市区城区为重点的、成渝直线经济带城市群骨架，打造成渝直线新兴宜居城市。融入成都平原城市群和重庆城市群，为成渝市民提供更多宜居城市生活选择。

（3）加快以"一城三区"为载体的资阳中心城市建设，到十二五时期末，将资阳市打造成城区规模面积达到 50 平方千米，人口达 50 万人的宜居宜业区域中心大城市。

同时，加快城乡统筹，以建设现代田园城市为指导，深化户籍制度改革，发展城镇体系，提高城镇产业、要素集聚能力和就业吸纳能力。

（四）做出特色

巩固和发展具有丘陵特色的资阳现代农业，积极发展具有鲜明特色的会展、旅游等游服务业，

（1）资阳是具有传统的丘陵自然禀赋优势的地区，生态良好，有"绿色资阳"的美誉。自古以来，资阳是重要的特色鲜明的粮油、生猪果蔬基地，是成渝经济区不可或缺重要的农牧业基地，交通区位优越，出产丰富。原有的龙泉山东山灌区和新开工的毗河引水工程，将源源不断地提供优质的生产生活用水，优化生态环境，造就四季丰茂的丘陵农牧业。基于服务成渝经济区和天府新区的需要，资阳市要坚持巩固传统优势，发展特色高效现代农业和现代畜牧业，推进资阳现代农业和新农村建设，发展建设都市圈生态效益农业，巩固国家粮油生猪基地县建设成果，开发传统优势产品资源。

（2）培育发展现代会展、精品特色旅游、物流等为重点的现代服务业，建设区域性物流中心和会展旅游基地。

资阳为川渝丘陵自然风光旅游发展区，需发展特色精品旅游、丘陵生态农业观光旅游。打响"会议会展、湖泊风光、石刻文化，名人故里"四大品牌，将"两湖一山"打造成世界知名、国内一流的国际性山地湖泊型休闲旅游目的地和中国西部国际会展中心，把安岳打造成石刻文化、佛教文化的国际旅游区和红色经典旅游区，把乐至打造成全国红色经典旅游区。

现代物流业发展，主要布局在重要交通干线、产业聚集地。重点发展雁江城东物流配送中心、城南侯家坪物流中心、简阳养马物流中心、成都第二机场航空物流中心、安岳物流配送园、乐至物流配送中心等物流中心建设，建设成渝经济区重要的区域性物流中心。

（五）做优环境

发挥党委政府总揽全局、协调各方的有力推动作用，切实加强干部队伍建设，引导干部群众参与发展的积极性和主力军作用，优化发展环境，配套发展要素，为资阳经济社会发展创造一个有利于的政治、经济和社会环境。

（1）做优科教。增强科技和人才的支撑引领作用，为推动持续发展提供坚

实的科技和人才支撑。

大力加强企业自主创新，实施人才强市战略，健全人才工作体制机制，以高层次人才、高技能人才为重点统筹推进各类人才队伍建设。推进教育改革与发展，普及学前教育，巩固义务教育，发展职业教育，择机发展高等职业教育和特色高等教育。

（2）做实民生。坚持以人为本，让全体人民分享发展成果。"十二五"期间，加强以改善民生为重点的社会建设和管理创新；提高财政对社会事业的投入；解决好就医、就学、就业、住房等民生问题，建立完善就业、医疗、养老、救助等覆盖城乡的社会保障体系，加强生态建设和环境保护。

（3）发挥比较优势，激活县域经济。县域经济是资阳经济发展格局的主体和重要特点。资阳市内各县（市、区）要抓住运用综合交通建设带来的重大机遇，坚持走"工业主导、三化联动"的路子，不断提高县域经济发展水平。①要坚持优势优先，充分发挥和放大比较优势，培育特色产业，支撑县域经济加快发展；要有工业化城镇化"两化互动"的理念；②加大各县市区 集中发展区开发建设力度，打造县域经济新增长极；③用好扩权强县机遇，做强县域经济。

（4）加大投资力度，推动全民创业，壮大民营经济。投资拉动与项目建设是资阳市经济社会加快发展的必要条件，投资是前件，项目是载体，落地投产是关键。加大招商引资，通过延伸产业链、二次创业、培育企业集团、承接产业转移等方式，培植项目资源。要坚持项目建设计划与要素保障规划同步推进，全力抓好要素保障工作。强化"全面放开、全民创业、全民致富"的理念，创新政策、搭建平台、营造环境，加快中小企业发展，推动全民创业。

（5）加强党的建设，构筑加快发展的政治和组织保障。

加快发展，关键在党，关键在人。实现资阳市"十二五"时期经济社会发展的各项目标任务，必须以党的建设和干部队伍建设为组织保障。

资阳市委在抓发展的实践中，明确提出了"全党抓经济，重点抓工业，关键抓项目"的发展总体要求，和"大抓项目，抓大项目"的工作思路，已经取得显著成绩。

按照"建和谐班子、带过硬队伍、兴务实作风"的基本思路，加强各级领导班子建设，以党的思想、组织、作风和制度建设的成果，推动党建工作深度介入加快发展，为发展提供坚强组织保障。

综上所述，只要资阳市充分运用国家建设成渝经济区和四川建设天府新区的两个重大机遇，坚持正确发展路径，发挥优势、充分开放、融入成渝，推进"一区两带四基地"发展规划实施。可以预计，在不久的将来，资阳市可能成为成渝经济区成渝直线经济带上发展新星。

（易俊，中共资阳市委党校副校长、副教授；田翔，中共资阳市委党校科研科科长、高级讲师。）

成渝经济区发展现代服务业的对策研究

尹宏祯

[摘要]《成渝经济区区域规划》提出要构建现代产业体系、大力发展现代服务业，通过分析成渝经济区发展现代服务业的意义、基础条件，结合国家和四川省、重庆市的"十二五"规划以及各级政府发展服务业的专项规划提出成渝经济区发展现代服务业的对策。

[关键词] 成渝经济区　现代服务业

发展现代服务业是我国顺应世界经济发展趋势应对国际经济动荡的重要手段，是推动我国经济可持续发展的重要动力。在新一轮西部大开发过程中，成渝经济区发展现代服务业是转变经济增长方式、优化产业结构、巩固扩大优势、走在西部前列的重大战略举措。

在《中华人民共和国国民经济和社会发展第十二个五年规划纲要》、国家《"十二五"现代服务业发展规划》、《四川省服务业"十二五"发展规划》、《重庆市人民政府关于加快发展现代服务业的意见》、四川省和重庆市"十二五"规划纲要和《成渝经济区区域规划》中多次提出要发展现代服务业，成都和重庆作为成渝经济区的两核已经分别获批"国家服务业综合改革试点城市"。现代服务业作为现代经济发展的先导，对一个地区经济结构是否合理、产业结构是否协调和城市现代化程度高低具有重要意义。在当前国际金融危机和国内经济转型、新一轮西部大开发的背景下，成渝经济区大力发展现代服务业正当其时，具有重要战略意义。

一、成渝经济区发展现代服务业的意义

随着世界知识经济和经济全球化的深入发展，科技创新孕育新突破，为现代服务业发展提供契机。当前国际经济形势复杂多变，和平、发展、合作仍是时代潮流，同时，受国际金融危机影响深远，经济发展的外部环境更趋复杂。在这种变幻莫测的国际经济形势下，如何使得经济可持续发展，如何培育新的经济增长点，大力发展现代服务业提供了答案。另一方面，国内经济体制改革向纵深发展，进入新的阶段。在"十一五"期间，工业化、信息化、城镇化、市场化、

国际化深入发展，为进一步改革开放奠定扎实基础。同时，传统经济增长模式的弊端逐步暴露，社会矛盾明显增多，制约科学发展的体制机制障碍依然较多。因此，在国家"十二五"规划建议中指出"加快转变经济发展方式是我国经济社会领域的一场深刻变革，必须贯穿经济社会发展全过程和各领域，坚持把经济结构战略性调整作为加快转变经济发展方式的主攻方向"。其中，"要把服务业大发展作为产业结构优化升级的战略重点"。而现代服务业包含服务业新领域、新业态、新热点，在国内这种背景下迎来了新的发展机遇。

第一，发展现代服务业可以促进成渝经济区经济增长方式的转变。现代服务业具有"三高，即人力资本含量高、技术含量高、附加价值高"的特征。由于现代服务业对资源的依赖程度较低、环境污染少，因此发展现代服务业是转变经济增长方式，实现可持续发展的有效途径。具体来讲，现代服务业能够完善经济社会功能，增强对内聚合力和对外辐射力，提高经济综合竞争力；能够优化经济结构，加速产业结构调整，提高人们的生活品位和质量，能够推动城乡统筹发展，促进农业社会化服务体系的建立和完善，有利于经济社会的科学、协调发展，实现经济增长方式的转变。

第二，发展现代服务业可以促进成渝经济区技术进步。现代服务业发展水平的提高对技术进步的促进作用主要有三方面：一是由于技术进步往往首先发生在服务领域，这样就可以通过技术引进、咨询、培训及其他信息交流推动技术进步，因此现代服务业本身可以成为技术转让的渠道。二是现代服务业通常是一个地区服务贸易的主要组成部分，发展现代服务业可以大大提高服务业开放度，这有利于吸引外国服务业的直接投资，促使国外先进技术流入。三是现代服务业在发展过程中的技术进步不但可以提高本行业竞争力，而且还可以带动其他部门的技术进步。

第三，发展现代服务业可以增加劳动就业。根据中国社科院人口所所长蔡昉研究结论，政府每投资 100 万元可提供的就业岗位，重工业是 400 个，轻工业是 700 个，第三产业是 1000 个，说明以服务业为主的第三产业的就业吸纳能力极大。现代服务业可以吸收大量高层次人才，推动人才结构升级。由此可见，发展现代服务业能够增加成渝经济区高端人才就业，缓解日益尖锐的就业矛盾，畅通就业渠道，促进和谐发展。

二、成渝经济区发展现代服务业的基础条件

"十二五"时期，国家把实施新一轮西部大开发战略放在区域发展总体战略的优先位置，把扩大内需作为经济发展的长期战略方针，同时进一步支持地震灾区发展振兴，大力推动民族地区跨越发展和贫困地区加快发展，这些为成渝经济区发展提供了重大机遇，为其进一步加快发展提供良好基础和有利条件。

1. 成渝经济区现代服务业的发展基础

第一，成渝经济区在国内外经济环境不断变化的情况下，不断巩固经济社会发展基础，经过"十一五"时期的发展，发展的内生动力和活力不断增强，进入推进更好更快更大发展的新阶段。如图1所示，成渝经济区区域生产总值在"十一五"翻了一番，在规模上有了重大突破。

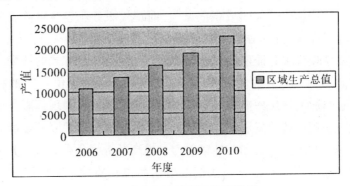

图1 成渝经济区区域生产总值

数据来源：四川省和重庆市各年统计年鉴。

第二，第三产业增长快速。成渝经济区随着GDP（国内生产总值）规模的不断增长，三次产业也不断增长，其中以第二产业和第三产业的增长速度最快，同时第三产业从经济规模上看和工业逼近，产值从2006年的4274亿元增长到2010年的8644亿元，翻了一倍。第三产业增长速度和工业的增长速度并驾齐驱。第三产业成为经济增长的重要力量。

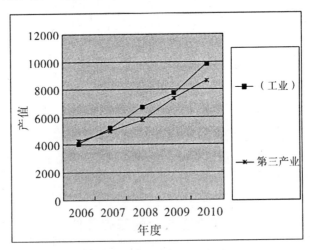

图2 成渝经济区第三产业和工业值（亿元）

数据来源：四川省和重庆市各年统计年鉴。

第三，第三产业对经济社会的贡献不断提高。如图3，从成渝经济区各产业比重看，第一产业所占比重在"十一五"期间逐年下降，第二产业和第三产业比重都稳中有升，2010年第一产业比重为11.65%，第二产业比重为50.3%，第三产业比重为38.05%。这是成渝经济区工业化程度不断加深，产业结构不断调节的结果。

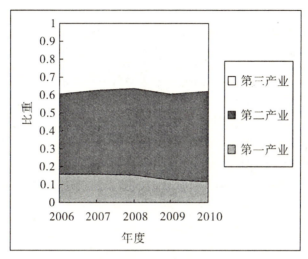

图3　成渝经济区各产业比重

数据来源：四川省和重庆市各年统计年鉴。

第四，服务业结构不断优化。随着现代服务业的快速发展，成渝经济区服务业内部结构层次不断提升，其中现代服务业发展较快，所占比重不断提升。2009年四川省现代服务业实现增加值3403.65亿元，按可比价格计算增长14.1%，比传统服务业增速快4.7个百分点，占服务业的比重为65.5%，比上年所占比重提高了1.1个百分点。重庆市生产性服务业占服务业增加值的比重由2001年的37.3%提高到2008年的42.3%，成为推动服务业发展的重要力量。如2009年重庆市金融业实现增加值389.98亿元，占服务业增加值的比重为15.8%，其中银行、证券、保险等金融资源加速集聚，担保、租赁、股权投资基金等发展快速。

2. 成渝经济区现代服务业发展面临的瓶颈

成渝经济区虽然在改革开放以来经济迅速增长，但是在全国范围看其经济发展不足、发展水平不高，城乡二元结构、工业化初级阶段是成渝经济区的显著特征。成渝经济区正处于整体迈进工业化中期、区域经济高速增长的关键阶段，经济结构呈现出区域工业兴起并成为区域经济增长的主导力量，产业结构呈现出以重化工业为支柱、以机械工业和电子工业为先导，同时发展服务于生活水平不断提高的居民的轻工业、耐用消费品工业以及第三产业的总体特征。随着区域发展竞争加剧，成渝经济区发展过程中资源环境约束不断增强，科技创新能力不强成为其发展瓶颈，经济体制面临多种压力和挑战。这成为当前成渝经济区发展现代服务业、转变经济增长方式和产业结构升级的制约因素。

第一，现代服务业发展的产业基础薄弱。成渝经济区正处于工业化中期发展阶段，工业产值比重仍然很大，2010年为GDP的43.37%，而且工业处于迅速增长时期，"十一五"时期工业占GDP比重增长6%。按照各国和地区服务业发展规律看，服务业都是在现代化工业发展到一定程度后才迅速发展，成渝经济区当前工业化水平决定了其为工业发展服务的服务业的发展水平。

第二，现代服务业人才缺乏。成渝经济区在发展服务业中没有把吸引高素质的专业人才摆在突出位置，同时缺乏对发展现代服务业高素质人才的培育机制和规划，这使得从事服务业的高端人才匮乏。而从事现代服务业的人员以高端人才为主，由于高素质人才不足，现代服务业发展受到严重制约。以"信息传输、计算机服务和软件业"的从业人员为例，2010年四川共计5.2万人，重庆是2.68万人，而北京是33.4万人，广东是16.2万人。人才不足已经成为成渝经济区现代服务业发展的瓶颈。

第三，服务的层次和技术含量偏低。首先，成渝经济区服务企业的专业化程度不高，成渝经济区服务业中的很多企业是规模较小的中小企业，服务的层次和技术含量偏低，很难拿到跨国公司的服务外包订单。例如专业服务机构所提供的专业中介服务集中于中低端市场，缺乏高端服务、个性化服务、复合型服务，使得社会经济发展产生的很多新兴服务需求难以得到有效满足。其次，服务企业的市场规模有限，成渝经济区劳动密集型产业和产品在制造业中占主导地位，很多企业是两头在外、以贴牌生产为主业的加工贸易型企业，处于国际分工体系中价值链的低端，与产品制造相关的研发服务、市场销售、人力资源、信息技术等方面的支出很小，服务外包需求不旺，因此这些服务企业的市场严重依赖国际和国内其他省市市场，受到外部经济环境影响较大，市场规模也很难掌控。再次，服务业品牌和标准化建设比较滞后。成渝经济区和沿海发达地区相比较，服务业缺乏本土龙头企业，服务业品牌发展相对滞后，相应的服务业标准化建设也相对落后，这严重制约了现代服务业的发展。

第四，现行税收政策抑制了现代服务业发展积极性。首先，增值税和营业税并存的税收政策抑制了现代服务业的发展。两税并存使得生产性服务业从制造企业母体中分离出来面临着较高的税务成本，而服务经济高度专业协作化加重了营业税的重复征税程度，影响了企业通过发展生产性服务业实现制造业转型的积极性。其次，知识密集型服务业的税赋较重。生产性服务业企业知识密集程度较高，资本化成本较低，其所得税工资扣除标准远低于实际发生额，人员培训经费税前列支的比例较低，使其所得税负担较重。再次，对现代服务业的税收优惠欠公平。服务出口贸易与工业产品的出口贸易税收优惠政策不对等，使现代服务业的国际竞争力被削弱，不利于现代服务出口贸易发展，从而影响其形成规模经济，例如工业设计等技术密集型现代服务业在发展高新技术产业方面的作用远大于单个高新技术企业，但却不能享受高新技术企业的优惠政策。

三、成渝经济区现代服务业发展的对策

大力发展成渝经济区的现代服务业要有效利用当前国内外有利经济条件，打

破制约现代服务业发展的瓶颈，立足成渝经济区的具体经济发展实际，利用成渝经济区机制体制改革的契机，充分发展现代服务业。

第一，优化成渝经济区现代服务业的空间布局。成渝经济区现代服务业主要集中在相对发达城市，因此促进现代服务业优化升级的空间布局应该围绕发达城市。首先，要以成都重庆双核为中心重点集聚发展现代服务业。充分发挥其引领区域发展的核心作用，加强重庆、成都城市之间的资源整合，优化城市功能，把其作为成渝经济区发展现代服务业的引擎。其次，在双核心的辐射带动下，一方面充分发挥直辖市和服务业试点城市的体制优势和辐射集聚作用，强化交通、金融、商贸、物流等城市综合服务功能，发展现代服务业，另一方面，加快规划建设战略功能区，建成布局合理的服务业区域中心。科学规划城市群内各城市功能定位和产业布局，因地制宜的促进各地现代服务的特色化和差异化发展，逐步构筑行业特色各异、优势互补、错位发展的一体化发展空间。

第二，发展高端现代服务业。首先，拓展服务业新领域，发展新业态，培育新热点。培育以专业市场、会展物流、休闲旅游、现代商贸、文化创意、金融保险、中介服务等新型业态为支撑的新兴服务业体系。其次，推进服务业规模化和品牌化。加快形成成渝经济区龙头服务企业集聚发展的态势，发展一批新兴服务产业，进一步深化企业改革，积极引进战略合作伙伴，广泛吸纳民间资本，加速向省外和国外拓展，在通过体制机制创新做大做强上发挥带动作用。培育一批具有核心竞争力的大企业大集团，创建一批具有国际知名企业作为行业主导企业。主导企业要作为行业龙头企业带领整个行业的发展。要发挥主导企业在科技创新的带动作用，在抢占未来发展制高点方面发挥引领作用。

第三，推动科技创新，结合先进制造业等传统产业发展现代服务业。首先，根据科技进步新趋势，培育成渝经济区现代服务业的竞争优势，改造和提升传统产业，抢占未来经济发展制高点。再次，增强对现代服务业自主创新的资金支持。对科技项目的扶持资金补贴或奖励应突出重点，改进目前的甄选方法和评判标准，把钱用在刀刃上，最大限度发挥资金的扶持作用，提高自主创新的效率。将现代服务业孕育的市场潜在需求及时转化为新的经济增长点，形成成渝经济区经济发展新的增长点。

第四，提高现代服务业就业人员的素质。首先，建立人才培训平台。创新政府提供人才公共服务的方式，建立政府购买公共服务制度；完善以企业为主体、职业院校为基础，学校教育与企业培养紧密联系、政府推动与社会支持相结合的服务业人才培养培训体系。其次，建立不同层级、不同服务类型的专家智库，建立健全专家智库的定期会商机制和现代服务业发展的区域性论坛制度，以充分发挥专家智库的引领作用，同时通过专家智库的带动效应，培养和储备一批高端的服务业人才。再次，要制定有竞争力人才引进政策，制定促进人才投资优先保证的财税金融政策，制定产学研合作培养政策。最后，大力发展人才服务业。以多种方式加大力度培养扶持一批具有国际竞争力的人才服务机构，为加快服务业发展提供高素质的劳动力队伍。

第五，完善成渝经济区内部协调机制。现代服务业的发展要实现更大的突破，首先要解放思想、改革创新。要坚持社会主义市场经济改革方向，努力在重要领域和关键环节实现改革的新突破，建立有利于科学发展的体制机制。四川省和重庆市应该以成渝经济区为载体深入实施西部大开发战略，加强和完善跨区域合作机制，消除市场壁垒，破除地方保护和地区封锁，突破行政区限制和体制障碍，完善统一的市场体系，促进要素流动，引导现代服务业发展。

第六，完善服务业统计制度，以便对现代服务业发展进行更好的引导和监督。首先，建立现代服务业统计季报制度，增加服务业各个行业的专项统计，推动服务业统计季报、年报制度制度化。建立现代服务业统计指标体系，定期发布相关指标和标准。其次，建立现代服务业统计调查制度。建立政府统计与行业管理部门分工负责的现代服务业统计制度，完善现代服务业统计调查方法和指标体系，实行规模以上现代服务业企业定期报表统计和规模以下现代服务业企业抽样调查相结合的统计制度。再次，统一统计口径，严格按照现代服务业的行业分类，加强对服务业发展的经常性调查、统计，建立健全服务业发展监测、预警、预测和信息发布制度。加强对现代服务业规划项目的跟踪监测工作，建立健全的跟踪监测制度。

（尹宏祯，四川省委党校经济学教研部副教授。）

关于《成渝经济区区域规划》
若干问题的思考

王骏

《成渝经济区区域规划》（以下简称《规划》）已于 2011 年 5 月经国务院审核通过并发布。这对于国家西部大开发战略的深入实施和主体功能分区战略来说，具有十分重要的意义。对于固化四川省和重庆市前期发展成果和已经形成的产业布局，推动四川省和重庆市两个省市按照既定目标发展也具有重要的意义。然而，作为一个国家制定的跨行政区划的经济区区域规划，所站的高度是不够的，规划的科学性和合理性是存在疑问的。可以说，无论是从哪一方面来看，内容都显得勉强、保守和妥协，感觉对"成渝经济区区域发展"的作用十分有限，有失区内民众的热切期待和寄予的厚望。下面，笔者就《规划》涉及的若干问题，做一简略的分析。

一、关于《规划》对区域内各地区的约束和激励问题

在对此进行分析前，首先需要明确的是，本《规划》是四川和重庆部分地区规划的"简单相加"，还是在此基础上的"整合"与"再规划"？如果是前者，自然地，《规划》本身就失去了存在的意义（成了多余的东西），本文自然也没有存在的价值。如果是后者，那么，我们就要将其作为《规划》之所以存在的必要条件，即《规划》是在四川省和重庆市部分地区制定出来的经济发展规划的基础上，为了适应深入实施西部大开发战略需要，在更大平台上充分发挥其整合、叠加效应而进行的再规划。因此，《规划》在主客观上一定要对区域内各地区的产业布局和经济发展具有明显的约束和激励作用，同时规避区内各自为政的发展行为，刺激、鼓励区内按照科学合理的《规划》有序发展。按照这样一种思路，似从三个方面对此进行考察和分析。

1. 国内生产总值总比及人均国内生产总值

《规划》对成渝经济区的战略定位是"一中心（西部地区重要的经济中心）、一基地（全国重要的现代产业基地）、三个区（深化内陆开放的试验区、统筹城乡发展的示范区、长江上游生态安全的保障区）"，目标的量化指标要求是：2015

年，地区生产总值占全国的比重达到 7%，人均地区生产总值达到39 000元，城镇化率达到 52%；2020 年，人均地区生产总值达到65 000元，城镇化率达到 60%。

对此，我们采用四川省和重庆市"十二五"规划纲要的数据进行对比研究。

（1）战略定位。《四川省国民经济和社会发展第十二个五年规划纲要》（以下简称四川"十二五"纲要）确定，到2015 年，西部经济发展高地基本形成，内陆开放型经济高地初步建成。《重庆市国民经济和社会发展第十二个五年规划纲要》（以下简称重庆"十二五"纲要）确定，到2015 年，要把重庆建设成为西部地区的重要增长极、长江上游地区的经济中心和城乡统筹发展的直辖市基本建成，建成西部地区现代产业高地，基本建成长江上游地区的金融中心、商贸物流中心和科教文化信息中心，内陆开放高地建成。从四川省和重庆市"十二五"规划的目标定位来看，完全可以覆盖《规划》的战略定位。其也即意味着《规划》在战略定位上，大致是同意和认可四川省和重庆市在全国和西部地区的定位的。

（2）成渝经济区 GDP（国内生产总值）占全国比重。关于 GDP 总比，《规划》提出要在 2015 年，成渝经济区 GDP 总量要达到全国 GDP 总量的7%。2010 年，成渝经济区的 GDP 合计是22 437.99亿元，全国的 GDP 是397 983亿元。如果计算现在的 GDP 占比，结果是 5.64%。那么到2015 年，成渝经济区能否由现在的 5.64%达到7%呢？我们可以通过两种方式来计算一下：第一种计算叫做名义计算，或是叫做理论计算，即通过国家、四川省和重庆市在"十二五"规划中确定的增长率来计算：国家确定的年增长率为7%，四川省确定的年增长率为12%，重庆市确定的年增长率12.5%。到2015 年，国家的 GDP 总量是 55.8 万亿。而成渝经济区的四川省的 15 个市均是四川省经济发展最好的地区，这些地区的年增长率平均下来绝对不会低于12%，因此，可以按照 12%来计算四川这一部分地区的总值，即 2015 年四川 15 个市的 GDP = 15 275.99 $(1 + 0.12)^5$ = 26 921.51 （亿元）；同理，重庆市的 31 个区县 2015 年的 GDP = 7162 $(1 + 0.125)^5$ = 12 906.16 （亿元）。因此，单纯用四川省和重庆市规划目标值 26 921.51 + 12 906.16 = 39 827.67 （亿元），然后用 39 827.67 ÷ 558 000 = 7.1%。再用另一种算法来计算，就是用近几年的实际增长做一预测计算：在"十一五"期间，国家制定的"十一五"年增长率为7.5%，而实际上为11.2%，实际比计划值高了3.7 个百分点；四川省"十一五"确定的是9%，而实际上达到的是13.7%，实际比计划值高了4.7 个百分点；重庆市"十一五"确定的是10%，而实际上完成的是14.96%，实际比计划值高了4.96 个百分点。也就是说，按照实际发展来看，四川省和重庆市的发展速度都比全国的要高出 1 个多百分点。如果从以往的发展轨迹推断，到2015 年，成渝经济区的实际 GDP 占国家 GDP 的比重必然会超过7.1%。

（3）关于人均 GDP。四川省"十二五"规划确定，到2015 年，人均 GDP 将达到 3.5 万元。显然，从这一点来看，似乎四川省这个指标达不到要求。但是正如上面所述，成渝经济区的四川省 15 个市，均是四川省经济发展最发达的地区，这些地区在 2015 年确定的人均 GDP，可以说，全部都超过了 39 000 元的指标。例如，成都市人均 GDP 预期将达到 60 000 元以上；雅安市 40 000 元；广安市 39 000元；自贡市 46 400 元；资阳市 25 600 元；宜宾市 35 000 元；泸州市34 180 元。从收到的资料分析，这些市大部分在 2015 年人均 GDP 都可以达到 39 000 元的目标。再来看一看重庆市。按照重庆市"十二五"规划，到 2015 年，重庆市人均 GDP 将达到 50 000 元的目标。

从以上三个方面分析了《规划》的目标体系后，得到的结论是：《规划》既没有对成渝经济区构成约束性条件，也没有对成渝经济区的发展提供激励因素，可以认为仅仅是将成渝经济区范围内的指标体系进行了简单相加。换句话说，成渝经济区内的各个地区只要按照各自的规划纲要去实施，只要完成了本地区的规划目标，也就自然地完成了《规划》的目标。毫无疑问，至少从目标要求来说，这个《规划》对各个行政区没有任何约束和激励作用，纯粹成了一种看起来有用，实际上没有价值的摆设。

2. 对现存布局和发展规划的认可

从规划的本质来看，意义最大、价值最高的应该是科学合理的产业布局。它可以保证经济区有效地避免低水平重复投资和重复建设，实现产业结构的高级化，最大限度地发挥经济区内各个行政区的比较优势，促进资源在区内有效整合和合理流动和市场化配置，充分发挥经济区的聚集效应。我们看到，《规划》在"第三章总体布局第一节优化空间结构"中，把成渝经济区布局为"重庆成都双核"和"五带"，即：沿长江发展带、成绵乐发展带、成内渝发展带、成南（遂）渝发展带和渝广达发展带。

重庆这个"核"是指重庆构成主城的渝中、大渡口、江北、沙坪坝、九龙坡、南岸、北碚、渝北、巴南九个区，"重点发展先进制造业、高技术产业、现代服务业"；而成都市也是"重点发展现代服务业、高技术产业、先进制造业及特色农业"。这里面有几个问题值得探讨：一是两个"核心"的产业重合度高。虽然成都市较重庆市主城区要多一个特色农业，并且其他相同的产业摆放的前后顺序不一样，但是并不影响二者产业重合度高的事实。二是这个"双核"的布局，依然是以两地的现状及今后一个时期发展规划为基础的（这只要我们去考察重庆市与成都市的现状和未来五年发展规划就可以十分明确地得到这个结论）。也就是说，重庆、成都的产业布局并没有因为具有"双核"的"成渝经济区"的存在而创新和改变。

关于"五带"，从概念上来说，应该是有一定的创新，至少将四川省的部分地区与重庆市的部分地区联系起来构成为一个整体。现在需要我们对"五带"做一考查。

例如：沿长江发展带。《规划》要求"集聚冶金化工、装备制造、新材料、清洁能源、轻纺食品、商贸物流等产业"。重庆市的长寿区，拥有重庆市发展冶金化工的国家级产业开发区；江北区要在 2015 年，基本建成重庆新兴金融中心、重庆新兴商贸中心、重庆最大的物流中心，重庆集约发展的现代制造业基地和总部企业的区域基地"三中心、两基地"；江津区要发展壮大装备制造、汽车摩托车、材料工业、食品加工；万州区拥有包括盐气化工、新材料新能源、机械电子、纺织服装、食品药品等五大特色产业集群的国家级经济技术开发区。四川省乐山市规划发展多晶硅及太阳能光伏、电子信息、冶金建材、盐磷化工等产业集群；泸州市要在"十二五"期间着力打造白酒、现代化工、能源和装备制造业；宜宾市着力打造白酒食品、综合能源、化工轻纺产业、机械装备制造业。这说明，各个地区在产业发展上是与《规划》保持一致的，反过来说，《规划》只是概括地反映和认同了成渝经济区涉及"沿长江发展带"的各个地区的发展要求。

其他几个"带"，也几乎与此相同。

3. 要求软性，未对追求区域共同利益这一合作原则提出任何要求

《规划》对成渝经济区区域发展做了比较详尽的规划，但是在如何实施规划、确保把规划变为未来的现实，却缺乏硬性约束，并且没有对追求区域共同利益这一合作原则提出任何要求。

我们可以看到，在《规划》第十章 保障措施中，提出了一些相对具体的保障措施。主要包括三个方面的内容：一是经济区内部协调措施；二是国务院各部门与《规划》项目的对接与支持；三是国家发改委对规划实施情况的跟踪分析和监督检查。认真分析这三方面的内容，涉及经济区自身协调发展的措施就只有第一项，即"建立两省市人民政府主要负责同志参加的联席会议制度，协调解决规划实施过程中的重大问题。加强与国务院有关部门的沟通衔接，落实规划明确的政策措施和项目"。显然，作为一个跨行政区划的成渝经济区，仅就这么一条措施来保障其正常发展和规划的实现，是远远不够的。因为跨行政区划的经济区的运行和管理是极其复杂的，其中涉及区内各方利益的博弈、部分与整体的冲突、政府主导经济发展模式与跨行政区划政府虚置的矛盾等。如果这些问题不重视、不提供解决的思路，要想达到预期的目的是完全不可能的。

事实已经证明，对于一个跨行政区的区域经济发展规划来说，如果不有效地解决好保持经济区正常运行和经济区内部的管理与协调，经济区始终都是发展不好的。我国目前存在的跨行政区划的经济区，除了广东省辖区内的（小）珠三角经济区发展相对较好以外，包括长三角经济区和环渤海经济区在内的跨省级行政区划的大的经济区，还没有一个是在高效、正常地运行，经济区的融合优势和整体优势并没有发挥出来。

另外，在《规划》第一章第三节面临挑战中，虽然提到了"区域内合作机制不够完善，一体化发展任务艰巨"这个问题，但是并没有更多地在其他章节提供解决的途径和办法。仅仅是在《规划》"第九章 深化改革开放"中，提出了要"建立健全区域一体化发展机制"的要求，内容包括建立统一的商品市场、形成

统一的要素市场等，提出要推动区域内交通、通信、水利等基础设施共建共享，实行高速公路交费"一卡通"。问题的根源在于：很多事情都是"应该"做的，但是如何来坚持"追求区域共同利益这一合作原则"呢？

以上这些问题不解决，成渝经济区的发展只能是"有名无实"。

二、关于经济区"1＋1"大于、等于或是小于 2 的效应问题

设立一个跨行政区划的经济区，目的应该是非常明确的，那就是一定要让经济区的经济结构科学合理、经济区的经济发展优于未成为经济区的各个地区发展之和，也就是"1＋1"一定要大于 2。

1. 从定性和定量上无法得出"1＋1"大于 2 的结论

首先，从定性来说，《规划》给出了成渝经济区的战略定位，"一中心（西部地区重要的经济中心）、一基地（全国重要的现代产业基地）、三个区（深化内陆开放的试验区、统筹城乡发展的示范区、长江上游生态安全的保障区）"。这个定位与重庆市和成都市的定位相比较，可以发现，还是有不同，例如《规划》的"中心"是指"西部地区重要的经济中心"，而重庆市确定的是"长江上游地区经济中心"，成都市确定的是"中西部地区创业环境最优、人居环境最佳、综合竞争力最强的现代特大中心城市"。显然，《规划》定位要高于重庆市和成都市的定位。但是，将重庆市和成都市二者合一的话，算不算是"西部地区重要的经济中心"？笔者认为，基于 2010 年两市 1.3 万亿和 2015 年至少 2.5 万亿的经济总量，在西部地区绝对可以称得上是"西部地区重要的经济中心"。

至于一基地、三个试验、示范和保障区，基本上都是成渝经济区各个行政区功能的叠加。

其次，从定量来说，正如本文前述，《规划》确定的指标，在总量上，没有超过成渝经济区各个行政区的总量之和，而在人均上，低于重庆市确定的指标，与成渝经济区四川省部分大致持平。从这个意义上说，得到的是"1＋1"小于 2 的结论。

2. "双核心"的认定可能存在 $0^0 < X < 180^0$ 的夹角，导致"1＋1"<2 的可能

笔者认为，一个经济区"双核心"的存在，不是一件值得肯定的事情。从理论上讲，由于"双核心"的影响，必定存在 $0^0 < X < 180^0$ 的夹角，导致"1＋1"<2 的可能性。这个观点，可以参见笔者文章《川渝经济区的特殊性、复杂性及其构建思路》（《探索》2008 年 6 期）。

事实上，可以发现，《规划》中，对成渝经济区这两个特大城市的布局和发展，存在太多的妥协、迁就和平衡；并没有做到所谓的科学、合理的布局。从对两个城市大的发展格局，到具体产业的设置和安排，重复性、同一性的内容太多，以致很难实现资源的有效配置和合理使用。实在难以想象，在这样一种条件下，成渝经济区真的能够发展壮大，到 2020 年完全能够实现经济一体化的目标。

3.《规划》与"简单相加"的相似度非常高

根据本节1与2的分析，基本结论就是成渝经济区未来五年间，至少在有效发挥作用方面，与"简单相加"的相似度非常高。

三、关于"建立健全区域一体化发展机制"的问题

《规划》提到了"建立健全区域一体化发展机制"的问题，笔者认为，这应该是促进成渝经济区实现又好又快发展的根本。但是绝对不是《规划》所说的，就是建立统一市场，实现"一卡通"那么简单，重要的是，需要建立起相应的"统一的市场"机制、区域政府合作机制和多边利益共享机制等。这是经济区发展壮大的根本保证。

1."统一的市场"机制

"统一的市场"机制是成渝经济区构建统一市场体系的重要基础、条件和保障。"统一的市场"机制包括统一的市场准入体系、统一的市场运行机制、统一协调的市场竞争规则、统一的市场监管体制、统一的市场管理协调机制、统一的市场利益分享机制、统一的市场退出机制等。"统一的市场"机制主要解决经济区构建统一市场的条件、平台建设、运行、管理、利益分享等方面的问题，使经济区市场体系合理、健康、完整、有效。

2. 区域政府合作机制

区域政府合作机制，就是在中央政府良好的政策引导下，依靠区域内地方政府间对区域整体利益所达成的共识，运用组织和制度资源去推动区域经济一体化，从而塑造区域整体优势的相互联系和作用的关系及其功能。具体来说，区域政府合作机制是为了解决跨行政区划经济区地方政府之间共管、共治经济区的构架、体系、政策、制度和规则等，包括成渝经济区层级管理体系、具有约束力的共同政策和制度规范、统一的跨行政区区域协调管理机构、统一的区域产业政策、区域内交通、港口、通讯等基础设施的统筹与管理、地方政府官员的绩效评价体系、区域内各行政主体的经济双向职能架构、成渝经济区运行发展的制度体系、"以产业为基础、项目为龙头、协作为纽带"的经济区发展模式等。

3. 多边共建共享机制

一个经济区，不管它是区域内各方自愿形成，还是区域内各地方政府共同的上一级政府出于需要通过行政手段建立，都必须要尽可能地照顾和满足区域内各方的利益，特别是要照顾和满足区域内处于弱势的地方的利益。如果做不到这一点，经济区就不可能得到又好又快的发展。因此，必须构建多边共建共享机制，确保区域内各方都能够因为经济区的发展获得利益和好处。目前我国其他一些经济区之所以难以进行整合，作用得不到有效发挥，其根源就在于多边共建共享机制没有很好地建立起来。大家都不想出力，却想获得建设的成果。正所谓"前车之鉴，后车之覆"，成渝经济区必须构建起多边共建共享机制。构建多边共建共

享机制应该坚持以下几个原则：一是投入与产出相一致的原则；二是资源共用利益共享的原则；三是区域内转移考评原则；四是政绩考评指标体系改革原则。

通过以上对《规划》所做的初步分析，可以加深对《规划》的认识，也可以更深层次地解读我国经济区的发展为什么如此举步维艰的缘由。

参考文献：

［1］国务院.成渝经济区区域规划［R］.2011-05.

［2］王骏.川渝经济区的特殊性、复杂性及其构建思路［J］.探索，2008，(6).

［3］王骏.论我国经济区发展的困境及川渝经济区的借鉴［J］.探索，2010，(6).

［4］王骏.我国经济区发展面临的困境及其根源探析［M］//周放，周治滨.川渝合作与经济区建设研究.北京：光明日报出版社，2011.

（王骏，中共重庆市委党校《探索》杂志副主编、教授。）

成渝经济区合作治理探讨

谭兴中

摘要： 区域合作治理是治理理论在区域层次上的运用。成渝经济区合作治理面临着"集体行动"、"囚徒博弈"和"公地悲剧"等困境。破解区域合作治理困境，必须培育区域治理理念，确认多元主体平等共治的权利与地位，完善多元主体合作治理结构和互动合作治理体制机制，发挥政府治理的主导作用。

关键词： 成渝经济区 公共治理 区域治理

我国地域广阔，各区域的资源禀赋差异较大，如何通过区域合作来发挥区域比较优势，实现协调共赢发展，是我国面临的一个重要而艰巨的任务。成渝经济区区域合作，有利于深化内陆开放、加快西部大开发和构建长江流域生态安全。实现成渝经济区区域协调发展离不开良好的公共治理。可见，从公共治理的视角来探析成渝经济区区域合作，具有重要的理论价值和实践价值。

一、区域合作治理的内涵

区域合作治理是治理理论在区域层次上的运用。不同的学科对区域有不同的界定，但无论怎样界定，它的一个基本属性是不会改变的，这就是美国著名区域经济学家埃德加·M·胡佛所说的：区域是基于描述、分析、管理、计划或制定政策等目的而作为应用性整体加以考虑的一片地区。正是区域内在的整体性，要求我们应考虑区域内各部分之间的关系协调。因此，区域公共治理中的区域可以理解为基于一定的自然、经济、政治、文化等因素而联系在一起的地域。

治理理论的实质是多元治理主体互动协商合作。治理的定义纷繁复杂，但所有的治理理论都主张治理主体多元化，通过共同协商、互动合作来增进公共利益。俞可平教授认为：治理是一个上下互动的管理过程，它主要通过合作、协商和伙伴关系、确立认同和共同的目标等方式实施对公共事务的管理。治理的实质是建立于市场原则、公共利益和认同之上的合作。这既包括有权迫使人们服从的正式制度和规则，还包括各种人们同意或以为符合其利益的非正式的制度安排。

可以说，区域公共治理是区域内的多元治理主体，为有效实现公共利益，通过上下互动、共同协商、合作和伙伴关系、确立认同和共同的目标等方式，对区域内的公共事务所进行的管理活动。基于此，区域公共治理具有三个基本要素：一是对多元治理主体平等共治权利的确认；二是多元主体权力与权利结构和互动合作治理体制机制；三是治理主体之间上下互动。第一个要素是解决各个治理主体在区域治理中的正当角色和作用范围，以发挥各个治理主体的功能。第二个要素要解决的是区域中各个治理主体采取什么治理工具来互动协商合作，以提高多元主体互动合作治理的整体功能。第三个要素要解决的是治理主体之间不仅要平行协调，同时治理主体之间要注重纵向协调，即多层治理。

二、成渝经济区合作治理面临的主要困境

成渝经济区区域合作治理具有良好的基础条件。成渝经济区的自然禀赋优良，产业基础较好，人力资源丰富，为合作治理提供了良好的发展基础。经济全球化和区域经济一体化深入发展，国家深入实施西部大开发战略，国家在重庆、成都设立统筹城乡综合配套改革试验区，使成渝经济区发展面临着前所未有的机遇。成渝地域相邻、历史同脉、文化同源，血浓于水的情谊让两地有着千丝万缕的联系，巴蜀文化割不断，川渝亲情割不断。《成渝经济区区域规划》的出台，把两地更加紧密联系在一起，相互融入成一个共同体，使成渝经济区合作治理具有良好的条件。我国长三角、珠三角和环渤海的合作治理实践，为构建"成渝经济区"发展新格局提供了现实经验。

目前我国的区域合作治理面临着许多困境，离真正意义上的合作还存在着较大的差距。构建"成渝经济区"发展新格局，必须破解这些区域合作治理困境。市场经济的本质要求开放统一的市场和公平竞争的规则，区域经济的发展要求加强横向经济联系。目前存在的"行政区经济"，使区域之间形成了相对封闭、自成体系的纵向经济运行体系，地方保护主义和地方本位主义比较盛行，过度竞争、重复建设现象严重。区域经济发展的自然规律和我国传统的经济运行体系的矛盾日益突出，解决这种矛盾客观上要求我们打破行政界限的束缚，实施区域协调合作。

在构建"成渝经济区"发展新格局中，区域合作治理可以弥补政府和市场在调控和协调过程中的某些不足，但它也不可能是万能的，也存在着许多局限。区域合作治理中，存在着"集体行动"困境、"囚徒博弈"困境和"公地悲剧"困境。也就是说，在区域的集体行动中，尽管成员的行为目标具有一致性，但他们之间的利益冲突带给合作的破坏力往往会大于利益一致带给合作的凝聚力；区域成员的个体理性选择会发生类似"囚徒困境"的情况，导致集体的结果并不是经济的；如果区域某成员自觉地限制对特定的自然资源的使用量而受到损失时，不仅无法得到合理的补偿，相反，该成员还会给那些不限制使用资源的其他成员带来额外的收益，这就会导致区域合作中"公地悲剧"的发生。导致区域合作困境的原因是多方面的，从我国的长三角、珠三角和环渤海的发展经验来

看，缺乏良好的区域合作治理是导致我国区域合作困境的主要原因。必须实现良好的区域合作治理才能推进区域内的优势互补和全面协调发展。可见，在区域治理中关键是如何实现合作治理。

从现实来看，成渝经济区合作治理方面存在的主要问题：一是区域内城乡二元结构矛盾突出，统筹城乡改革发展任务繁重。二是区域内合作机制不够完善，一体化发展任务艰巨。历史原因而形成的产业同构问题，造成地区间的对抗性竞争，使得市场被条块分割、运转不畅。三是区域内各个不同利益实体往往不愿意出让自己的既得利益，经常会形成零和博弈和负和博弈。四是区域内所需处理的公共事务和需提供的公共产品愈来愈复杂化和多样化，涉及社会的各个主体、各个层次、各个方面，区域治理的难度大。五是区域合作治理中缺乏一个对成员单位有约束力的管理决策体制，也缺乏一个区域治理的合作机制。

从欧洲联盟——多层治理的一个成功范例来看，他们通过决策过程的多层次性来兼顾各方的利益，有效地破解了区域合作中存在的"集体行动"困境；通过完善而严密的多层协商制度来保证信息的通达，有效地破解了区域合作中存在的"囚徒博弈"困境；通过完善的法律制度框架来约束成员行为的随意性，有效地破解了区域合作中存在的"公地悲剧"困境。可见，强化区域合作治理，是破解"成渝经济区"合作治理困境的必然选择。

三、加强成渝经济区合作治理的基本路径

首先要不断强化公民的主体意识，大力发展非政府公共组织，培育区域治理理念。必须树立多元治理主体互动协商合作的治理理念，以尊重、平等、协商、信任、合作的态度，通过区域内成员之间的沟通协调方式来解决公共治理问题，善于将公共治理理论运用到区域治理的实践中去。

对多元主体平等共治权利与地位的确认是区域合作治理的前提。区域治理的实践基础是各个治理主体具有平等的政治经济权益，以及公平正义的社会权利。只有各主体享有平等的共治权利，当他们在共同面对公共问题皆无绝对权威，多元主体的相互协商合作才有基本的制度条件。在区域合作中居民和企业的利益仅仅通过政府是无法得以充分表达的。实际上，居民和企业不仅仅和政府一样是区域合作的重要的参与者，在某种意义上说，居民和企业才是区域合作逻辑起点和微观基础，政府只是他们公共利益的代表。

多元主体合作治理结构和互动合作治理体制机制是区域多元合作治理的主题。多元主体合作治理结构关涉利害相关者的公民资格、各主体权利与义务的分配、互动合作的有效性。在统治型和管理型的社会治理中，政治统治和社会管理由职业公务人员和政治领导垄断。在多元主体协商合作的区域公共治理中，政府不再是唯一的也不再具有绝对的权威，但政府仍然必须发挥"元治理"的作用；政府不再是传统的管制型政府形象，而是转换升级为服务型政府的公民代表形

象。区域多元合作治理的多元主体，包括政府、企业、非政府公共组织和公民等。他们面对着与全体公民利益相关的公共事务，各自发挥着不同的功能：公民实行伦理治理，公民自治组织提供公共服务，非营利组织进行伦理治理和科学治理，营利组织和政府公司推行科学治理，政府提供公共服务、行政服务和统筹协调。同时，他们之间建立起互动合作的伙伴关系，发挥着互动合作治理的整体功能。治理结构实际上是一种对权力的约束机制，是终极权力对实际运用权力的制度安排。"在这种治理结构中，'亲民'、'惠民'政策受到来自普通群众的响应和监督，才不会异化。"可以说，区域合作治理必须按照党的十七大提出的"党委领导、政府负责、社会协同、公众参与"的社会管理格局，充分发挥出党的前瞻性领导者、政府的负责任行动者、公民社会的自主志愿活动者和公民的积极参与实践者的治理结构功能。

区域合作治理中公共权力和公民权利之间的关系适度平衡，至关重要，这关键在于完善多元合作的治理机制，用科学合理的制度来加以保障。区域治理中的多元治理主体之间是一种互动协商的合作伙伴关系，而公民的参与则是不可或缺的，只有公民的主体地位得到足够的尊重，才能达到善治。因此，区域治理中的多元主体平等共治权利和正当角色要有法制化作保障，同时多元主体互动合作治理也必须以制度为保障。必须完善各个治理主体行为及其相互之间协调过程的制度安排，比如健全信息沟通机制、互动协商机制和信任合作机制，才能在发挥各主体不同作用的同时，形成是一种稳定的互动协商的合作伙伴关系。只有完善的合作治理机制，才能有效持续地激活和调动区域各个治理主体的积极性，并发挥各个治理主体互动协商合作的系统功效。

加强区域合作治理，必须发挥政府治理的主导作用。政府、企业和非政府公共组织是区域合作治理的三大主体，政府承担着指导社会组织行为主体的作用方向和建立组织行为准则的重任，特别是在提供公共物品的"基础性"工作中，政府仍然是公共治理中最重要的行为主体。政府必须理顺与企业、社会的关系，切实把职能转变到经济调控、市场监管、社会管理和公共服务上来，提高行政水平和效率，努力营造良好的区域合作环境。

参考文献：

[1] 马海龙．区域治理：一个概念性框架［J］．理论月刊，2007（11）：73-76.

[2] 俞可平．全球治理引论［J］．马克思主义与现实，2002（1）：20-30.

[3] 王再文，李刚．区域合作的协调机制：多层治理理论与欧盟经验［J］．当代经济管理，2009（9）：48-53.

[4] 黄显中，何音．公共治理的基本结构：模型的建构与应用［N］．上海行政学院学报，2010（3）：41-50.

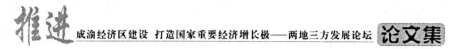

[5] 程漱兰，李爽. 大陆新农村建设的历史逻辑和前景 [M] //郝志东，廖坤. 两岸乡村治理比较. 北京：社会科学文献出版社，2008.

（谭兴中，重庆行政学院公共管理教研部教授。）

成渝地票交易制度及其运行机制比较

谢来位

[**内容提要**] 重庆、成都的地票交易制度在交易基本宗旨、交易总量控制、交易价格保护、地票基本用途等方面存在共同性，但在地票产生方式、地票使用方式、地票交易方式、收益分配方式上存在一些差异。建议以重庆地票交易制度为蓝本，吸收成都地票交易制度的合理成分，完善地票交易制度，并探索建立成渝经济区统一的地票交易市场，逐步建立全国统一的地票交易市场。

[**关键词**] 统筹城乡综合配套改革试验区　地票交易　运行机制　比较

全国统筹城乡综合配套改革试验区的设立赋予了重庆市和成都市开展土地制度改革先行先试的权利，两地先后制定并实施了地票交易的相关政策，现对各自的主要做法及其运行机制做一简要梳理和比较。

一、成渝两地开展地票交易的主要做法

重庆、成都分别于 2008 年、2010 年制定并实施了地票交易的相关政策，成都于 2011 年 4 月做了进一步的调整和修改。各自的主要做法如下：

（一）重庆的主要做法

根据重庆市人民政府《重庆农村土地交易所管理暂行办法》、《重庆市农村建设用地复垦项目管理规定（试行）》等的相关规定，重庆市农村土地交易所交易品种包括实物交易和指标交易：实物交易指农村集体土地使用权或承包经营权交易；指标交易指建设用地挂钩指标交易。建设用地挂钩指标，特指农村宅基地及其附属设施用地、乡镇企业用地、农村公共设施和公益事业建设用地等农村集体建设用地复垦为耕地后，可用于建设的用地指标。重庆市地票交易主要包括以下环节和内容：

（1）建设用地挂钩指标通过复垦产生。在指标产生环节，主要包括编制城乡建设用地挂钩专项规划、土地权利人提出土地复垦立项申请、复垦所立项的土地、提出农村土地复垦质量验收申请、区县（自治县）国土资源行政主管部门按规定组织验收、向市国土资源行政主管部门申请确认并核发城乡建设用地挂钩指标凭证等主要内容。

（2）建设用地挂钩指标公开交易。凡城乡建设用地挂钩指标交易，必须在农村土地交易所内进行。申让方向农村土地交易所提出交易申请，农村土地交易所对申让方进行资格条件审查，将审查合格的待交易土地指标纳入信息库，并及时向社会公布；一切农村集体经济组织、法人或其他组织以及具有独立民事能力的自然人，均可在农村土地交易所公开竞购指标。

（3）建设用地挂钩指标交易价格指导。市人民政府在综合考虑耕地开垦费、新增建设用地土地有偿使用费等因素的基础上，制定全市统一的城乡建设用地挂钩指标基准交易价格。

（4）建设用地挂钩指标交易调控管理。市人民政府对城乡建设用地挂钩指标交易总量实行计划调控，每年度交易指标量要根据年度用地计划、挂钩周转指标规模和经营性用地需求情况，合理确定。

（5）建设用地挂钩指标购买用途。增加等量城镇建设用地；指标落地时，冲抵新增建设用地有偿使用费和耕地开垦费。城乡建设用地挂钩指标交易之前，优先满足本地农村集体建设用地。

（二）成都的主要做法

根据成都市人民政府《成都市人民政府关于完善土地交易制度促进农村土地综合整治的意见（试行）》的相关规定，地票交易由如下主要环节和内容构成：

（1）建设用地票通过实施农村综合整治项目产生。符合整治项目立项要求的村，并经国土资源管理部门依法审批，农民集体和农户可以申报（或代理申报）并实施整治项目。整治项目立项批准后，项目申报主体可持立项批复到成都农村产权交易所挂牌寻找投资者或自行寻找投资者。农村集体建设用地在整理并复垦为耕地后，经验收合格，对节余建设用地面积核发建设用地票，实行实名登记制。建设用地票归农民集体和农户所有或依据农民集体、农户和投资者签订的合同确定。

（2）建设用地票的交易。农民集体和农户、其他各类投资者通过实施整理项目取得的建设用地票，需要交易的，应当在农交所公开挂牌交易；自然人、法人和其他组织（法律法规另有规定的除外），均可到农交所参与建设用地票竞买，取得建设用地票。政府收取初始供给方成交价 10% 的基础设施配套费由，返还给整治项目所在地区（市）县政府，统筹用于农村基础设施建设；由买方按成交价款的 0.5% 缴纳交易服务费。交易完成后，凭《成交确认书》办理变更手续。

（3）建设用地票的使用。2010 年相关办法规定实行建设用地出让"持票"准进制度，国有经营性建设用地（暂不含工业用地）使用权出让的竞买者，必须持有同面积的建设用地票，方可参与竞买。成都市行政区域内规划的有条件建设用地区农用地转为建设用地，必须持有同等面积的建设用地票。鼓励非公益性项目在符合规划的区域，使用集体建设用地，确需征收为国有土地的，依法实施征收。2011 年 4 月出台的《关于完善建设用地指标交易制度促进农村土地综合整治的实施意见》将建设用地出让"持票"准进制度调整为建设用地指标作为国有经营性建设用地首次出让的"准用"条件。

（4）建设用地票的收益分配。农民集体和农户出让集体建设用地票的收益，扣除应缴纳的基础设施配套费后，其余收益的分配由农民集体和参与整治项目的农户自主决定具体分配方案。整治项目的必要费用以及公共服务设施建设等费用的分担，由农民集体和农户与投资者约定。对符合条件放弃住宅地，同时不在农民集中居住区建房的农户，经农民集体同意，按照其实际复垦的宅基地面积和建设用地票出让价格给予补偿。

（5）监管和服务。各区（市）县科学编制农村土地综合整治专项规划、村规划、现代农业发展规划，切实加强整治项目立项审核、规划审批、风貌改造、林盘整治、资金使用、土地复垦、工程验收、政策执行情况的监管，维护农民和投资者的土地和房屋权益。市国土资源管理部门负责做好建设用地票交易市场的监测、调控和管理。

二、成渝两地地票交易运行机制比较

成渝两地有关地票交易的相关政策上的差异导致了地票交易运行机制上的差异，这对充分发挥地票交易市场的作用、保障其健康发展和风险防范将产生重要影响。

（一）基本相同之处

1. 交易基本宗旨

成渝两地都是为了在不改变土地集体所有性质、不改变土地用途、不损害农民土地承包权益的基础上，严格保护耕地，促进节约集约用地，优化城乡土地资源配置，解放和发展农村生产力，探索推行全市范围的耕地占补平衡制度，建立促进城乡要素相互流动的新机制，统筹城乡经济社会全面协调可持续发展。重庆"地票"须符合两个前提：第一，凡农村集体经济组织申请耕地复垦，必须经三分之二以上成员或者三分之二以上成员代表同意，防止农村集体经济组织的利益受到损害；第二，凡农户申请宅基地复垦，必须有其他稳定居所、有稳定工作或生活来源，并且有所在集体经济组织同意复垦的书面材料，避免宅基地复垦整理交易后出现农民生活困难、游离失所的问题。成都特别强调农村土地综合整治项目的资金筹集方式以及农民集中居住区点位选址、建房方式、房屋户型、收益分配、权属调整、节余的建设用地指标归属等重大事项都由农民集体和农户自主决定或约定。此外，"地票"产生都须经过严格的审核、验收等程序。

2. 交易总量控制

重庆市人民政府对城乡建设用地挂钩指标交易总量实行计划调控，每年度交易指标量要根据年度用地计划、挂钩周转指标规模和经营性用地需求情况，合理确定，原则上不超过当年国家下达给重庆新增建设用地计划的10%；2010年7

月，国土资源部到重庆调研期间，重庆争取到突破10%的限制政策。为满足建设用地票的初始需求，成都市人民政府以国家批准的规划建设用地规模为保证，预先发行建设用地地票，发行总量控制在2万亩以内；要求各区（市）县应根据土地利用总体规划、城乡总体规划，科学编制农村土地综合整治专项规划、村规划、现代农业发展规划，严格按照规划实施整治项目。

3. 交易价格保护

重庆市人民政府在综合考虑耕地开垦费、新增建设用地土地有偿使用费等因素的基础上，制定全市统一的城乡建设用地挂钩指标基准交易价格；农村土地交易价格低于基准价格时，土地所有者有优先回购权。成都建设用地指标的价格以最低保护价为基础，按市场规则由交易双方决定；建设用地指标的最低保护价在考虑实施农村土地综合整治项目的成本，包括农村基础设施建设、公共服务配套、农房建设的"四性"要求（多样性、相融性、共享性和发展性）等基础上，由成都市人民政府每年1月1日确定并公布；建设用地指标的最低保护价2010年为15万元/亩、2011年为18万元/亩。

4. 地票基本用途

成渝两地都将地票主要用于解决一定的城市区域的新增经营性建设用地指标。重庆规定主城区经营性用地，不再下达国家计划指标，国家下达指标只用于工业、公共设施、教育卫生等事业性用地及扩大内需项目，经营性用地，只能使用地票；但远郊区县仍然实行原计划下达形式。成都规定建设用地指标作为国有经营性建设用地首次出让的"准用"条件，成都市中心城区、二圈层区县（含青白江区）的国有经营性建设用地（不含工业用地）使用权首次出让，竞得人须持有相应面积的建设用地指标。

（二）主要不同之处

1. 地票产生方式的差异

重庆地票以农民城市化减少农村建设用地占用为主要来源。指标产生严格按照城乡建设用地挂钩专项规划、土地权利人（包括农村集体经济组织、农民家庭及拥有土地权属的其他组织）向区县（自治县）国土资源行政主管部门提出土地复垦立项申请、批准、复垦、质量验收申请、验收、申请确认并核发城乡建设用地挂钩指标凭证等程序展开。

成都的地票即建设用地指标是农村土地综合整治项目实施完成后节余的建设用地指标，开发商获得建设用地指标既可以直接参与农村土地综合整治项目（其核心内容是农民住宅的拆迁与重建），也可以在成都农村产权交易所购买。开发商或投资者可通过投资农村土地综合整治项目直接获得地票，这在一定程度上会鼓励为了农村建设用地指标节余而在农村开展拆了再建的重复建设的短期行为，既推高地票价格从而间接推高城市国有经营性建设用地的成本，进而推高房价，又在重复建设中浪费农民的自有资金。

2. 地票使用方式的差异

重庆是"先造地后用地"的增减挂钩模式，以地票供给决定新增城市（主城）经营性用地量。重庆市规定在主城区，国家计划指标只能用于工业、公共设施等项目，经营性用地必须通过"地票"取得。"地票"购买者可在符合城乡总体规划和土地利用总体规划前提下，按自己意愿寻找地块，并向土地所在地政府提出征转用申请，最后报市政府批准。经批准后，政府按程序对该地块进行征用，并作为经营性用地进行招拍挂，此时拿到"地票"的开发商和其他企业成为平等的竞争者。如果"地票"购买者拍得该地块，"地票"的价格计入到招拍挂价格之中，冲抵新增建设用地土地有偿使用费和耕地开垦费；如果别的开发商以更高的报价拍得该地块，政府从拍卖价中扣除"地票"价格，将这部分价款返还给"地票"拥有者，且只返还本金，利息损失作为投资风险由地票购买者自负。可见，重庆的建设用地挂钩指标购买后的用途是增加等量城镇建设用地，要求严格的城（主城）乡建设用地增减等量挂钩，能形成较为稳定的地票供求机制。

成都是"先占后补"的增减挂钩模式，以地票需求推动地票供给。2010年11月16日成都市国土资源局发布的《关于进一步完善国有经营性建设用地使用权出让"持证准入"制度的公告》规定自2011年1月1日起，取消通过缴纳建设用地指标保证金报名参与土地竞买的方式，凡参加公告的国有经营性建设用地使用权竞买的申请人，必须持相应面积（大于或等于）的《建设用地指标证书》方可报名。这就要求农村建设用地指标节余数量数倍于竞拍中的新增国有经营性建设用地的面积，因为在国有经营性建设用地（不含工业用地）使用权首次出让的竞标中，参与竞标者必然数倍于最后的竞得人。这必然造成农村建设用地指标节余的闲置和浪费，从而产生对农村建设用地指标节余的需求泡沫。这就不难理解2010年12月17日举行的起拍价只有15万元/亩的成都建设用地指标拍卖中，最低价高达46.5万元/亩，最高达到92万元/亩，均价为72.8万元/亩，溢价率高达惊人的385.9%的火爆场面。有鉴于此，2011年4月出台的《关于完善建设用地指标交易制度促进农村土地综合整治的实施意见》将建设用地出让"持票"准进制度调整为建设用地指标作为国有经营性建设用地首次出让的"准用"条件：地票不再拍卖，而在农村产权交易所里"常态挂牌"；开发商要拍地，无须先有地票，只要拍地后有足够的建设用地指标相匹配即可。这意味着开发商可以在拍地之后再在农村产权交易所买地票或者通过与村民或村集体组织直接谈土地整理从而获得指标。新规则还给不同区域不同属性的土地安排了不同的地票取得方式：想要二圈内（主城区以及靠近主城区的5个区市县）的建设用地，要对挂牌地票进行报价，价高者得；想要三圈内土地的，直接缴纳固定的建设用地指标费即可，2011年的新价格为18万元/亩。可见，农村建设用地指标节余与城市新增国有经营性建设用地指标并非严格挂钩，因此难以形成有力的增减制约和稳定的地票供求机制。

与成都"先占后补"的挂钩模式相比，重庆"先造地后用地"的模式对耕地的保护力度更大。

3. 地票交易方式的差异

重庆地票交易方式体现规范化和统一性。重庆规定凡城乡建设用地挂钩指标交易，必须在农村土地交易所内进行；申让方持土地指标凭证，向农村土地交易所提出交易申请，也可以委托代理机构代理申请；代理机构代理申让指标时，在出具土地指标凭证的同时，必须提交委托书；农村土地交易所对申让方进行资格条件审查后，将审查合格的待交易土地指标纳入信息库，并及时向社会公布；一切农村集体经济组织、法人或其他组织以及具有独立民事能力的自然人，均可在农村土地交易所公开竞购指标。

成都地票交易方式体现多样化和灵活性。成都建设用地指标可采取挂牌、拍卖等多种方式，在成都市土地（矿权）交易中心、成都农村产权交易所进行交易，经登记生效。建设用地指标交易后，不得再次转让，但可以分割、合并使用。根据指标市场供需情况，适时进行交易，实现指标交易常态化。

4. 收益分配方式的差异

重庆只有农村集体经济组织和农民家庭参与收益分配。重庆市规定农村宅基地使用权交易收益，原则上大部分归农民家庭所有，小部分归农村集体经济组织所有，具体分配比例由农民家庭和农村集体经济组织协商确定；乡镇企业用地、农村公共设施和公益事业建设用地等集体建设用地使用权交易收益，归农村集体经济组织所有；农村土地交易所按农村土地实物和指标交易额1%的比例收取交易服务费；农村集体经济组织获得的土地交易收益，纳入农村集体财产统一管理，用于本集体经济组织成员分配和社会保障、新农村建设等公益事业。"地票"产生的收益分配主要有三块：首先支付复垦成本，对农民的宅基地上的房屋，比照征地的标准，给予补偿，并对其新购房给予补贴；其次由于农村集体组织是土地所有权人，要付给它类似于土地出让金的价款；第三，上述分配完成后，如果还有结余，就由区县政府建立耕地保护基金，使农民成为地票交易机制的真正受益者。重庆提出确保"地票"净收益的85%给农户。

成都允许投资者和政府土地整治专业机构按合同约定直接参与收益分配。成都农民集体和农户自行实施农村土地综合整治项目，收益归农民集体和农户所有；农民集体和农户委托投资者、政府土地整治专业机构实施农村土地综合整治项目的，节余建设用地指标的收益由双方按合同约定分享。建设用地指标交易后，由指标供给方按成交价款的10%缴纳基础设施配套费，最终返还给指标来源地做农村基础设施配套建设，交易所收取购买方0.5%的交易服务费，剩下高于项目整理成本的收益全部返还农村。

三、完善并推广地票交易制度的对策建议

重庆、成都先后开展有关农村土地交易的相关制度创新，是统筹城乡综合配

套改革的一个标志性事件，开辟了一条既保护耕地、减少农村建设用地浪费，又可让农民增收致富、城市反哺农村的新路子，为统筹城乡协调发展提供了制度保障。上述比较不难发现，尽管各有优缺点，但重庆的做法显得更成熟并更具推广价值。有鉴于此，笔者提出如下建议：

（一）以重庆地票交易制度为蓝本，吸收成都地票交易制度的合理成分，完善地票交易制度

重庆地票交易通过交易所平台和证券化手段改变了完全以政府利益为轴心的土地市场逻辑，"地票"交易超越了传统的"挂钩"试验的行政区界限，把远郊区纳入"挂钩"试验的范畴；"地票"将不同区域的挂钩指标打包进行拍卖，然后按照面积分配拍卖收益。"地票"价格的高低与项目区无关，与级差地租无关，仅与拍卖价格有关，实现指标价格的统一化；"地票"模式把挂钩指标票据化，土地从空间上不可转移的实物形态资产转化为可交换的票据，使固化的土地资源转化为可流动的资产；先复垦后占地，减少了"挂钩"风险，对于解决进城农民的宅基地处置、助推户籍制度改革具有十分重要的意义。重庆地票制度可以吸收成都地票制度的合理成分，加以进一步完善。

在地票产生环节，一是搭建并完善农民复垦项目的融资平台，为农民开展复垦项目退出建设用地提供资金支持；二是推进土地整治专业机构社会化、市场化，形成土地整治专业机构间的竞争机制，提高土地复垦质量，降低复垦成本；三是鉴于农民的弱势地位，无论是融资机构还是土地整治机构，都应定位为第三方中介服务机构，而避免投资者参与复垦项目而直接参与收益分配，侵犯农民的利益和耕地保护。

在地票交易环节，一是可借鉴成都的做法，采取挂牌、拍卖等多种方式，根据指标市场供需情况，适时进行交易，实现指标交易常态化；二是推进地票度量、收益分配的标准化、规范化，开发地票二级市场，使地票真正实现可流通，成为名副其实的有价证券，出台地票管理、地票质押登记管理、地票交易中耕地数量质量按登记折算等规范性文件，使地票交易更加灵活，为企业分散风险、降低成本。

（二）探索建立成渝经济区统一的地票交易市场

《国务院关于成渝经济区区域规划的批复》要求努力把成渝经济区建设成为统筹城乡发展的示范区，在带动西部地区发展和促进全国区域协调发展中发挥更重要的作用。当前，城市征地矛盾愈演愈烈，而广大农村的集体建设用地却大量闲置；城市建设用地未批先占、只占不补、多占少补、占优补劣的现象层出不穷，长此以往必然造成耕地总量减少和生产能力的下降。改革完善城乡建设用地管理制度，建立成渝经济区统一的城乡建设用地指标置换市场，是统筹城乡经济社会发展的大事。因此，可以探索推出农村集体建设用地和城市建设用地指标在成渝经济区内远距离、大范围置换的"地票"交易，大中城市和偏远农村的土地价差可带来大量的资金，投入到农民收益、农业生产、农村基础设施改善和农

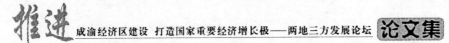

村社会保障体系建设中，是缩小城乡财产性收入差距、城市反辅农村、工业反辅农业的重要渠道和载体，是提升城市容纳能力的重要方式，是推进农民城市化的有力工具。

（三）逐步建立全国统一的地票交易市场

在重庆和成渝经济区统一的地票交易市场稳定运行一段时间后，可以针对其存在的问题进一步加以完善的基础上，逐步建立全国性的统一的地票交易市场，从而实现全国范围内的远距离的地票置换，在全国范围内实现城乡建设用地的合理配置，将有力地推动城市对农村、二三产业对农业的反辅作用，推动城乡协调发展。

（谢来位，重庆行政学院经济社会发展研究所副所长、副教授。）

成渝"双核"产业结构优化
效果的实证分析

刘娟

内容提要：伴随西部大开发不断推进，成渝两地经济社会联系更加紧密，成渝融合发展的"成渝同城化"特征日趋明显，作为支撑地区经济增长的产业发展备受关注，其中，产业结构优化又是产业协调发展的关键。因此，本文采用1997年至2009年的样本序列数据，引入协调指数，实证分析了成渝"双核"产业结构优化效果。结果显示：成渝两地融合发展程度较低，还缺乏深层次、实质性的交流与合作，进而同城化发展还没有达到产业结构优化的效果，两市产业未同步调整与对接，需要抓住《成渝经济区区域规划》实施的机遇，适时推进同城化以实现产业结构优化。

关键词：产业结构　协调指数　优化效果

一、引言

在传统经济增长理论中，经济增长偏重于因素的数量规模，但经济增长或经济发展过程，既包含数量规模扩张，也有产业结构的变化。重庆直辖以来，一直探索内陆地区开发开放问题，经济总量从1997年的1509.75亿元增加到2009年的6530.01亿元，"两江新区"的成立则为重庆产业转型升级带来前所未有的机遇，经济发展速度强劲；同样的，作为西部又一区域性中心城市的成都，经济一直保持较好发展势头，不断寻求新的产业增长点。同时，由于天然的历史渊源、地域特点以及发展的需求，成渝两地之间的经济交流与合作日益增多，两市融合发展的"成渝同城化"特征日趋明显，而同城化过程又可看作产业结构调整的一个手段。因此，考虑到成渝"双核"的重要地位，其产业结构优化效果将影响整个成渝经济区乃至西部地区产业发展及经济增长能力，有必要选取重庆与成都为研究对象，分析二者产业结构优化状况。

二、文献回顾

在相关文献中，学者们大多侧重分析成渝整体区域内产业结构发展情况。方一平（2000）利用数据方差、相关系数和相似系数指标对成渝经济区进行了产业结构特征分析，指出重庆与整个产业带地区，自贡与整个产业带地区，成都与全产业带地区的产业结构相关系数相对较高，即这些区域对整个产业带产业结构影响程度较高；岳书敬、王学等（2005）将成渝第三产业的总体水平与京津沪以及其他副省级城市进行比较，定量得出成渝第三产业发展水平，并提出两市第三产业发展重点；任艳、杨明洪（2006）运用产业集群理论及定量分析方法对成渝经济区制造业布局的现状及未来规划构想作出分析；刘朝明、董晖等（2006）从产业、资源和城市化的角度论证了成渝经济区作为西部增长极的条件，认为成渝经济区的产业发展面临的主要问题是按照一体化的分工协作原则来进行产业的"同轨"整合，打破行政区域的界限来发展产业集群；吴江、毕正操等（2007）就成渝经济区产业结构和就业结构进行实证分析，提出对就业结构变动的影响程度从大到小依次是第一产业、第三产业及第二产业，各产业吸纳劳动力的程度各不相同，但产业结构正向促进就业发展；熊理然、蒋梅英等（2009）基于产业支撑机制，探讨中国西部城市群落发展的产业支撑路径；杨姝（2010）认为成渝经济区以重庆和成都为"极核"带动促进成渝地区产业与人口的空间集聚及产业链和产业群体形成，同时为兼业农业发展创造了条件；何雄浪、朱旭光（2010）利用1991—2008年的统计数据对成渝经济区形成前后的产业结构对川渝经济的影响进行分析，表明第二产业影响较大，第一产业的影响呈下降趋势，第三产业的影响有上升趋势，川渝经济正向工业型经济转型。

综上可知，不同的学者运用不同的研究方法和角度对成渝整体区域的各产业进行分析，而少有研究关注区域内地区产业结构优化问题。由此，本文拟引入产业结构协调指数评价成渝"双核"产业结构优化效果，进而为分析成渝"双核"及成渝经济区区域产业经济发展提供可探讨的方法。

三、模型构建与指标选择

产业结构优化效果的测度需要建立在理论分析之上，才能选择合适的模型，并提出对应的测度指标。根据龚唯平、赵金朝（2010）的产业结构优化层次性分析，产业结构优化主要包含产业结构高度化和合理化两个方面。一般而言，首先出现产业高度化，即在单个产业或行业内部通过技术等高级生产要素创新变革，改变该产业生产方式，进而通过产业关联作用影响其他产业，此时的高度化打破原有产业间的相对均衡状态，由此各个产业或行业发生结构调整，又导致产业的合理化。经过一系列的调整，新的产业结构呈现，达到更高层次上的产业结构相对均衡状态，促进国民经济更好更快发展。在已有研究中，大多侧重对产业结构高度化效果进行测度，很少对于产业结构合理化的优化效果进行测度，并把两者的优化效果统一用总的产出增长来表达。因此，本文在借鉴刘伟、李绍荣（2002）及宋锦剑（2000）关于产业结构与经济增长关系模型的基础上，引入龚唯平、赵金朝（2010）提出的协调指数来测度产业结构优化效果。

（一）模型构建

1. 基础模型

产出的产业结构影响函数：

$$Y = F(X_1, X_2, X_3, A) \tag{1}$$

其中 Y 表示总产出，X_i，i = 1，2，3，表示第 i 产业产出量；A 表示经济制度和技术进步。对上式求全微分可得：

$$dY = \frac{\partial Y}{\partial X_1}dX_1 + \frac{\partial Y}{\partial X_2}dX_2 + \frac{\partial Y}{\partial X_3}dX_3 + \frac{\partial Y}{\partial A}dA \tag{2}$$

上式两端同时除以 Y，从而使相互独立的产业之间取得联系，即：

$$\frac{dY}{Y} = \frac{X_1}{Y}\frac{\partial Y}{\partial X_1}\frac{dX_1}{X_1} + \frac{X_2}{Y}\frac{\partial Y}{\partial X_2}\frac{dX_2}{X_2} + \frac{X_3}{Y}\frac{\partial Y}{\partial X_3}\frac{dX_3}{X_3} + \frac{A}{Y}\frac{\partial Y}{\partial A}\frac{dA}{A} \tag{3}$$

其中 $\beta_i = \frac{X_i}{Y}\frac{\partial Y}{\partial X_i}$，表示第 i 产业的总产出弹性，用 $\beta_0 = \frac{A}{Y}\frac{\partial Y}{\partial A}\frac{dA}{A}$ 表示技术进步对总产出的贡献，（3）式改写为：

$$\frac{dY}{Y} = \beta_1\frac{dX_1}{X_1} + \beta_2\frac{dX_2}{X_2} + \beta_3\frac{dX_3}{X_3} + \beta_0 \tag{4}$$

上式国民经济生产函数隐含产业间的相互联系，更具协调性的意义。β_1：β_2：β_3 可用以表示产业结构比例关系，同时也是三次产业对于经济增长的相对贡献水平。

2. 调整后的模型

在以上推导的基础上，为了更好利用计量模型进行实证检验而引入调整后的经济增长模型：

$$\log Y = \beta_0 + \beta_1\log X_1 + \beta_2\log X_2 + \beta_3\log X_3 + \varepsilon \tag{5}$$

其中 Y、X_1、X_2、X_3 分别为国民生产总值、第一产业产值、第二产业产值、第三产业产值，再根据假定 β_0 在短期内不变而为常数项，ε 为随机扰动项。

（二）指标选择

关于产业结构优化效果测度指标，将运用龚唯平、赵金朝（2010）在对产业结构优化的高度化与合理化深入分析基础上提出的协调指数。基本方法是将本经济体三次产业产值放到另一个经济体内进行运作，可得出一个新的产出，然后与自己的实际产出进行比较即可得到协调指数。

1. 假定条件

（1）假定短期内某个生产领域技术进步是一个常数。总体来看，技术进步是一个动态过程，任何过程或快或慢都存在技术进步，只是各行业技术进步的程度不一致。但从我国的实现情况看，某些时候、某个领域的技术还滞后于发达国家。此假定条件具有一定合理性，同时，排除了技术进步对产业结构高度化的影响。

（2）假定三次产业已经包含了所有的产业门类。

（3）假定总投入以及三次产业的总产值不发生变化。这样就排除其他因素对总产出的影响，针对性地分析产业结构协调程度的因素如何引起总产值变化。

2. 指标说明

文中将考察对象称为 C_1，参照对象称为 C_2。对 C_2 进行回归分析，得到一个经济增长函数，代表参照对象的产业结构。然后，将考察对象 C_1 的三次产业产值带入此经济增长模型中，得到一个 Y^*，不同于 C_1 实际的 Y，称为结构优化后的产出。所以，协调指数 E 表示为：

$$E = \frac{Y^*}{Y}$$

若 $E > 1$，说明对于考察对象 C_1 而言，向着参考对象 C_2 的产业结构方向发展，可以优化产业结构，提高产业结构的协调程度；

若 $E < 1$，说明对于考察对象 C_1 而言，向着参考对象 C_2 的产业结构方向发展，会降低现有的产业结构协调程度，此时，应对影响考察对象 C1 经济增长的其他因素（如产业结构不够高级化）进行分析，再提出优化方案；

若 $E = 1$，说明产业结构未发生改变。

四、实证分析

成渝两地经济交流与合作带来的"成渝同城化"特征越发明显，两地融合发展或同城化过程也可看做产业结构调整的一个手段。因此，本文将"成渝同城化"作为参照对象 C_2，称为"成渝城市"，三次产业产值为成都市与重庆市三次产业产值加总的水平（见表1）。利用上述经济增长模型，得到"成渝城市"的经济增长函数，然后把成都市与重庆市历年产值代入"成渝城市"生产函数中就可得到新的产出 Y^*（成都市）、Y^*（重庆市）。最后根据 E 值测度"成渝同城化"趋势下成渝"双核"产业结构优化与否。

表1 　　　　　　　　"成渝城市"三次产业产值表 　　　　　　　单位：亿元

年份	生产总值	第一产业	第二产业	第三产业
1997	2516.75	427.81	1106.8	982.14
1998	2704.98	424.39	1172.9	1107.65
1999	2853.23	409.90	1230.2	1213.13
2000	3103.99	410.43	1347.0	1346.53

表1(续)

年份	生产总值	第一产业	第二产业	第三产业
2001	3468.90	426.64	1518.1	1524.16
2002	3899.96	461.37	1717.7	1720.94
2003	4426.52	492.24	1994.4	1939.90
2004	5220.31	596.06	2398.9	2225.35
2005	5838.48	645.45	2570.5	2622.53
2006	6657.71	581.51	3083.3	2992.94
2007	8000.30	717.49	3872.6	3410.26
2008	9694.64	845.55	4874.4	3974.65
2009	11032.61	874.57	5450.6	4707.47

注：由于假定短期内技术进步是一常数，在此13年间，成都市与重庆市产业技术进步有限，不足改变其生产函数。所以，将成都市与重庆市三次产业产值及总产值加总得到"成渝城市"三次产业产值及总产值。

（一）数据说明

本文实证部分采用年度时间序列数据，选用4个变量，分别是Y、X_1、X_2、X_3，代表地区总产值、第一产业产值、第二产业产值、第三产业产值。样本区间从1997年到2009年，共13个样本，数据主要来源于《2010年成都市统计年鉴》、《2010年重庆市统计年鉴》以及各年度统计公报。

（二）实证检验

在模型（5）的基础上，得到计量经济模型为：

$$\log Y_t = \beta_0 + \beta_1 \log X_1' + \beta_2 \log X_2' + \beta_3 \log X_3' + \varepsilon$$

将表1中的数据代入上式，用Eviews3.1进行回归分析，得到以下计量结果：

$$\log Y = 0.9801 + 0.1212 \log X_1 + 0.4989 \log X_2 + 0.3799 \log X_3 \tag{6}$$

（22.8315）（8.3260）（25.4231）　　　（23.5640）

$R^2 = 0.999$　　　$F = 134352$　　　$DW = 1.56$

以上结果均可通过相关回归检验，且模型对数据的拟合程度很好。由此，可得出"成渝城市"的产业结构比例关系为0.1212：0.4989：0.3799，可知第二产业的贡献率最高，接近50%，第三产业贡献率接近第二产业，而第一产业贡献率很低。以上是"成渝同城化"特征下"成渝城市"新的产业结构，对于成都市和重庆市而言，这样的产业结构对各自产业的优化与否则由协调指数进行衡量。

接下来，将成都市和重庆市各自三次产业产值代入（6）式中，得到成都市和重庆市经过产业结构调整后各自 Y *，再与各自历年实际 Y 对比，即可得各自协调指数（见表2）。

表2　　　　　　　1997—2009年"成渝同城化"前后Y与E

年份	成都市（E）	同城化后Y	同城化前Y	重庆市（E）	同城化后Y	同城化前Y
1997	1.004 29	1011.32	1007.00	0.984 401	1486.2	1509.75
1998	1.002 485	1105.34	1102.60	0.988 873	1584.55	1602.38
1999	0.999 437	1189.36	1190.03	0.992 707	1651.07	1663.20
2000	0.996 207	1308.01	1312.99	0.996 387	1784.53	1791.00
2001	0.994 323	1483.57	1492.04	0.997 941	1972.79	1976.86
2002	0.993 606	1656.44	1667.10	0.999 306	2231.31	2232.86
2003	0.992 084	1855.99	1870.80	1.003 095	2563.63	2555.72
2004	0.990 648	2165.29	2185.73	1.004 66	3048.72	3034.58
2005	0.976 936	2316.08	2370.76	1.004 49	3483.29	3467.72
2006	0.977 931	2689.78	2750.48	1.004 162	3923.49	3907.23
2007	0.981 58	3262.94	3324.17	1.007 406	4710.76	4676.13
2008	0.983 871	3838.06	3900.98	1.005 944	5828.1	5793.66
2009	0.967 121	4354.56	4502.60	1.004 3	6558.09	6530.01

由表2可知，成都市除了1997年、1998年E大于1外，其余年份从1999年到2009年间E小于1且有减小的趋势；而重庆市在1997年到2002年之间E是小于1，从2003年开始到2009年E大于1。此对比数据说明，在1997—2009年间成渝两地融合发展的"成渝同城化"趋势下，对重庆而言，照此方向发展，可提高产业结构的协调程度；对成都而言，照此方向发展，会降低现有的产业结构协调程度。由此可知，成渝两地融合发展程度较低，两市产业未同步调整与对接，同城化没有达到产业结构优化的效果，同城的推进还需等待时机。

五、结论及启示

本文采用1997年至2009年的样本序列数据，引入协调指数，并运用调整后的经济增长模型，实证分析了成渝融合发展中成渝同城化趋势下成渝"双核"产业结构优化效果。结果表明：成渝两地融合发展程度较低，还缺乏深层次、实质性的交流与合作，进而同城化发展还没有达到产业结构优化的效果，两市产业未同步调整与对接，仍需等待时机推进同城化。

因此，现阶段需要抓住《成渝经济区区域规划》实施的机遇期，改善成渝两地发展关系，加大两市深度交流，推进成渝同城化发展新局面，发挥同城化的产业结构优化效应。对此，基于实证结果，在《成渝经济区区域规划》的指导下，为实现成渝"双核"高度融合发展，产业结构优化升级，提出以下启示。

1. 统筹兼顾，重视成渝"双核"互促发展规划

在西部大开发向纵深发展以及成渝经济区推进的战略机遇期，成都和重庆作为西部中心城市和成渝经济区经济核心体，两者融合发展不应仅仅停留于简单的生产要素流动，还需结合地区要素资源禀赋条件作好相应互补互促发展规划。对此，需要把握好三个方面的内容：一是注重发展整体性，既强调成都或重庆内部区县发展规划，实现地区内经济互动；又结合成渝经济区发展目标，重视成渝两地整体经济布局的差异性和互补性，尤其避免产业同构引起的地区间竞争内耗、资源浪费。二是注重发展可持续性，在西部独特的自然生态环境下，经济发展必须与成渝两地特定生态资源与生态环境相协调，合理、充分地开发、利用、共享自然资源，促进成渝两地包容性增长。三是注重发展配套性，成渝两地要实现发展互促互补，需要相应的基础设施、政策措施等配套规划来打破地区分割，形成物流、人流、经济流畅通的循环体，实现发展要素优化配置与功能互补。

2. 合理布局，促进成渝"双核"产业结构优化调整

把握区位优势，创新产业空间布局，构建产业互补、产业分工协作的发展格局是成渝"双核"产业结构优化调整的必然要求。这不仅需要布局产业，也需要布局城市。一方面目前成渝同城化发展并未突显地区间产业协调，成渝两地产业布局趋同是一大阻碍，成都与重庆应强化协作、合理分工，整合产业合力，在先进制造业、高技术产业、现代服务业等共同产业目标方面培育功能明晰、定位准确的产业集群；并且在空间结构上，应该兼顾内江、遂宁、资阳等二级城市的产业空间布局，形成畅通的产业网络，从而依靠成渝"双核"产业互动和重点产业项目在沿江、沿线"五带"的布局来实现成渝经济区新的经济增长点。另一方面规划城市布局，增强城市群的聚合力也为成渝两地产业结构优化调整创造良好条件。充分发挥成都、重庆两个特大城市的辐射带动作用，形成辐射带动力强、经济联系紧密、体系结构合理的城市群，激活成渝两地发展轴线，影响成渝"轴线"上产业集聚与整合，促进经济要素沿成渝"轴线"流动与置换，增强成渝两地的产业优化调整能力，实现错位发展、优势互补、协调互动的产业格局。

3. 健全机制，发挥成渝"双核"政府间统筹协调作用

行政区域与经济区域界限不一致势必影响区域经济交流与合作。因此，成渝"双核"协调互动发展离不开两地区政府间的统筹作用。一是建立政府参与共建的成渝一体化发展机制。着力突破行政限制和体制障碍，促进成渝两地畅通发展。通过建立统一商品、要素市场，促进商品、技术、信息交流；通过交通、通讯等基础设施共建共享，以及教育、医疗等公共服务良好对接，减少成渝两地互促发展成本。从而为成渝同城化及产业协调发展奠定市场与社会基础。二是建立成渝政府合作的长效机制。首先从西部大开发与成渝经济区发展的战略高度来认识两地经济合作的重要性，加强对产业分工合作的范围、领域及方式等方面的交流。其次建立良好沟通机制。通过构建两市领导会议制度、建立商界联盟、开展学界论坛等途径进行定期不定期交流，共同商讨并及时解决成渝两地发展中的问

题，促进两市不仅在产业发展的经济领域，而且在人文社会领域实现更广更深的密切联系。

参考文献：

[1] 方一平. 成渝产业带产业结构及其优化研究 [J]. 中国人口资源与环境，2001，（11）.

[2] 岳书敬，王学，柯丽菲. 成渝第三产业分工协作的研究分析 [J]. 统计与决策，2005，（10）.

[3] 任艳，杨明洪. 成渝经济区制造业集群布局战略构想 [J]. 特区经济，2006，（6）.

[4] 刘明朝，董晖，韩斌. 西部增长极与成渝经济区战略目标定位研究 [J]. 经济学家，2006，（2）.

[5] 吴江，毕正操. 成渝经济区产业结构与就业结构的实证分析 [J]. 社会科学研究，2007，（4）.

[6] 熊理然，蒋梅英，李灿松，等. 多中心-外围城市群落：新时期中国西部城市发展的路径选择及其产业支撑 [J]. 经济问题探索，2009，（10）.

[7] 杨姝. 成渝经济区建设与兼业农业的发展 [J]. 探索，2010，（3）.

[8] 何熊浪，朱旭光. 成渝经济区产业结构调整与经济发展研究 [J]. 软科学，2010，（6）.

[9] 龚唯平，赵今朝. 协调指数：产业结构优化效果的测度 [J]. 暨南学报，2010，（2）.

[10] 刘伟，李绍荣. 产业结构与经济增长 [J]. 中国工业经济，2002，（5）.

[11] 宋锦剑. 论产业结构优化升级的测度问题 [J]. 当代经济科学，2000，（3）.

[12] 王文举，范合君. 我国地区产业结构趋同的原因及其对经济影响的分析 [J]. 当代财经，2008，（1）.

[13] 戴宾. 成渝经济区：成都、重庆共同发展的历史契机 [J]. 学术动态，2004，（1）.

（刘娟，中共重庆市委党校经济社会发展研究所助教）。

欠发达地区有序推进农村
土地管理制度改革的思路
——基于成渝改革试验区的考察

李颖

摘要：统筹城乡的关键是解决好"三农"问题，而土地问题又是解决"三农"问题的核心。为了真正实现"以城带乡、以工促农、城乡互动、协调发展"的战略目标，欠发达地区必须有序推进农村土地管理制度改革，充分盘活农村土地资源和资产；使农村土地由潜在的社会财富升华为统筹城乡发展。成渝改革试验区已成为我国先行先试的前沿阵地。

关键词：欠发达地区　成渝为例　统筹城乡发展　土地管理制度改革

《中共中央国务院关于加大统筹城乡发展力度　进一步夯实农业农村发展基础的若干意见》指出：有序推进农村土地管理制度改革，坚决守住耕地保护红线。成渝改革试验区在推进城乡统筹，深化农村土地管理制度改革过程中，土地整治、产权制度改革、耕地保护经济补偿等方面进行了可贵探索。本文仅对成渝改革试验区进行分析研究，提出欠发达地区推进农村土地管理制度改革思路。

一、欠发达地区农村土地问题的原因及寻求解决的途径

当前，与中国将近一半人口的农民利益息息相关的农村土地制度问题尚未完全解决，农民的土地，宅基地资产无法变成可以流动的资本，这既使继续务农的农村居民的利益受到损害，也使转向务工、务商的新城市居民安家立业遇到困难。

原因之一，农村单户经营规模小，经营所得少。虽然一些农民成为城市居民，但他们让出的土地再次被集体经济组织成员均分，土地规模经营依然小。土地零碎，流转价值低。可寻求的解决途径：通过稳定土地产权关系，消除产权的模糊性和不确定性，积极促进土地流转，使土地资源适当集中在具有生产优势的农民手中。

原因之二，土地经营模式呈现较强的封闭型。农民、土地、经济福利、政治

331

权利被紧紧捆绑一起，集体外部人很难进入其中。土地资源配置效益低。可寻求的解决途径：开放土地经营模式，松缓特殊福利、政治权利和身份对土地的依附，使土地作为生产资源的市场最优配置、作为生活保障。

原因之三，农业技术水平低，农产品质低价低。青壮年农民普遍外出打工，留守的劳动力难以承担生产技术的任务。可寻求的解决途径：培养现代农业经营人才，加强农业技术服务，对农业生产者设立技术准入"门槛"。

原因之四，政府对农村基础设施、公共事业投入不足。农民人均产值低、拥有城市居民所没有的土地和宅基地作为生活保障。可寻求的解决途径：加大政府投入，完善小城镇基础设施，鼓励农民集中居住在小城镇，加快发展二三产业。

二、成渝试验区土地管理制度改革的运作

2009 年 2 月 26 日，国务院出台《国务院关于推进重庆市统筹城乡改革和发展的若干意见》（以下简称《意见》）要求"建立统筹城乡的土地利用制度"，加快重庆土地利用总体规划修编，按照"前期适当集中，后期相应调减"的原则，在近期新增建设用地总规模不变的前提下，试行两年增加土地利用年度指标、后几年相应减少年度指标的管理方式。积极推进征地制度改革。这是我国在新的历史时期探索统筹城乡、推动区域整体协调发展的重大战略部署。就农村集体建设用地流转而言，成都重庆改革试验区已成为我国先行先试的前沿阵地。

（一）成都市在土地管理制度改革方面的举措

成都市被确定为统筹城乡综合配套改革试验区后，中共成都市委、成都市人民政府制定的《关于推进统筹城乡综合配套改革试验区建设的意见》提出的具体指标要求，到 2017 年土地规模经营率要达到 75%；在土地管理制度改革方面，该《意见》围绕土地向规模经营集中的问题，基于推进市场化改革、增强统筹城乡发展的可持续动力的设想，提出："促进城乡生产要素自由流动。推进土地管理制度创新，积极推动农村集体土地资本化，进一步探索集体建设用地使用权流转办法和健全农村房屋所有权登记流转制度。"这项改革，就是让农村土地使用权和农民房屋所有权进入市场流动，真正赋予农民具有自己救自己、自己解放自己的条件。明晰产权→确权→流转→使农民成为有产阶级，改变我市农村一家一户、自给自足小生产方式，为更广泛地引导社会资本进入农业农村领域创造条件。要在农村土地和房屋产权制度改革上有所突破，重点是针对农村土地、房屋产权所有者"虚置"，生产要素不能自由流动的问题，着力建立健全归属清晰、权责明确、保护严格、流转顺畅的制度和机制，按照有关法律、法规明确农村产权主体，推动土地承包经营权、农村集体建设用地使用权和农村房屋产权流转，发挥市场配置资源的基础性作用，促进土地、资本、劳动力等生产要素价值的最大化。为了给农村生产要素的流转搭建平台，对土地所有权、集体建设用地使用权、土地承包经营权确权、林权确权、农村房屋确权等五项登记。2008 年 11 月

全国第一家农村产权交易所在成都挂牌并开始了第一起拍卖，每亩集体用地使用权 80 万元，这是同地同价的第一步，但与国有土地的数百万元还有差距。

（二）重庆市在土地管理制度改革方面的举措

2008 年，重庆市人民政府办公厅颁布的《关于加快农村土地流转促进规模经营发展的意见（试行）》是重庆市农村集体建设用地流转的政策依据，该文件指出："积极运用建设用地指标置换与周转政策，支持农村集体建设用地使用权及指标跨区域有偿合理流转与转让"。2008 年，重庆市政府又颁布了《重庆农村土地交易所管理暂行办法》。2009 年，重庆市人民政府为贯彻落实《国务院关于推进重庆市统筹城乡改革和发展的若干意见》的通知，规定：本届政府任期内，要全力推进 18 项攻坚任务，其中包括"设立运作土地交易所"。2008 年 12 月 4 日，重庆在全国首家农村土地交易所正式挂牌成立，国土资源部副部长鹿心社在成立仪式上表示，希望其建设成为立足西南、辐射西部、面向全国的农村土地交易大市场，为重庆和全国统筹城乡发展做出积极贡献。

迄今，重庆在土地制度改革方面取得的成效主要包括以下两个方面：第一，关于土地流转。目前重庆市 39 个区县（不含渝中区，下同）农村集体所有土地共 12 223.57 万亩，包括 3363 万亩耕地、4937.25 万亩林地和 356.1 万亩牧草地等；农村建设用地 749.47 万亩，其中宅基地 207.9 万亩，宅基地建房用地 171.2 万亩；未利用地 1061.85 万亩。平均每个农村人口拥有常用耕地 1.51 亩。据统计，全市家庭承包经营耕地 1996.63 万亩，涉及承包农户 680.49 万户，占全市农户总数的 97.91%，家庭承包合同 669.19 万份，颁发土地承包经营权证 644.34 万份。据农业部统计，2006 年，全国农村土地流转总面积 5551.22 万亩，重庆市排全国第 14 位；全国流转比例平均为 4.57%，重庆市排第 10 位。与西部省市土地流转相比，重庆市在西部 11 省市（不含西藏，下同）中流转面积排第 3 位，低于四川和广西；从流转比例看，重庆市排第 2 位，仅低于四川，比西部平均水平高 1.79 个百分点，处于相对领先地位。与浙江、江苏、广东、上海等东部发达省市比，重庆市流转比例低 5 个百分点以上，其中比广东低 15 个百分点。第二，关于土地交易所。土地交易所的基本功能，是集合农村建设用地转让的买方卖方，通过公开竞价发现价格，完成土地转让，配置建设用地资源。土地交易所由政府负责筹办，主要是审查交易所可行方案，准备交易所章程，确立监管机构的权限和责任，建立交易所的治理结构，纳入试验区改革试验方案。重庆是我国西部的中心城市，在实现国家西部大开发战略中具有重要地位。率先在重庆成立土地交易所，可以为加快西部新农村建设筹措更多资本，也有利于增强西部中心城市的带动和辐射作用。

重庆市农村土地流转的形式较多，归纳起来主要有转包、出租、转让、互换和入股等五种基本形式，其中转包形式比例最高，超过土地流转总量的 1/2，其次是出租和转让，分别占 20.31% 和 17.18%。

（三）成渝试验区土地管理制度改革尚待解决的问题

当前，成渝农村土地流转呈现出流转进程趋于加快、主体趋于多元、形式趋于多样、行为趋于规范、目的趋于市场、效果趋于彰显和纠纷趋于增加等特点。当然，成渝农村土地流转也存在一些不容忽视的问题，主要表现在以下几个方面：

一是土地流转总体规模偏小。目前，重庆市土地流转面积仅占承包地面积的10.89%，流转面积最小的区县仅250亩，流转比例最小的仅为1.05%。

二是规模化经营程度不高。土地流转大多是以农户间的转包、转让和互换方式为主，以农户的自发和自愿为主，通过村社集体或其他中介组织流转的比例较低，能有效推进土地规模经营的出租、入股方式占比仅为20.31%和1.18%。三是土地流转行为不规范。土地流转合同化程度不高、合同条款不全、流转程序不当、项目审批不严和擅自改变土地用途等问题，容易引发较多矛盾和纠纷。

四是耕地撂荒现象不容忽视。承包耕地撂荒呈现覆盖范围较广、地区差异较大、占比上升等趋势，分布上表现为农村劳动力外出多的地方撂荒多、自然条件差的地方撂荒多、城郊及交通便利的地方撂荒多。

三、欠发达地区统筹城乡土地管理制度改革的思路

借鉴成渝实证，欠发达地区农村土地管理制度改革的目标是：从根本上解决城乡分割及发展不平衡问题，为打破城乡界限、实现城乡共繁荣发展提供基础性保障。改革的总体思路是：做实产权主体，稳定、巩固、完善农村土地承包经营制度，放开、搞活、规范农村集体建设用地。

（一）做实农村集体产权主体

既然从我国的《宪法》到《土地管理法》都给出了农村土地集体所有权主体的多样性表达，实践中就可以在既有的宪政框架下选择具体的实现方式。考虑到村委会、村民小组更多地体现了村民自治的本质特征，几乎不能以委托——代理形式来集合村民的福利最大化，体现以家庭承包经营权（以及其他形式的集体农地使用权）为主要内容的土地物权权益构成的财产关系；而且，农民与村委会、村民小组之间缺乏以委托——代理关系来联结的治理结构，那么，以法律形式虚拟后者为前者的财产关系主体，一则缺乏新中国成立之后土地制度改革历史的依据，二则从基层民主制度的根基上"预设"了所谓产权主体代理人的逆向选择、败德行为乃至权力寻租的巨大空间，在没有监察机制的情况下，这种虚拟主体及其人格化代表不会自动地集合全体社区居民的福利最大化。因此，做实集体土地所有权主体，完全可以在法律给定的另一个概念——集体经济组织上来展开和创新思路。具体的实现形式应该可以是因地制宜的，多样性的。

（二）稳定和完善农村基本经营制度

加快制定具体办法，确保农村现有土地承包关系保持稳定并长久不变。继续做好土地承包管理工作，全面落实承包地块、面积、合同、证书"四到户"；探

索在"三放弃（土地承包经营权、宅基地及其他土地使用权、农村集体经济组织成员资格）、三保障（就业、住房、社保）"，且不增加集体经济组织成员总数的前提下，允许进行政府管制下有限度的集体土地市场交易，而且集体经济成员有优先购买权；严格执行农村土地承包经营纠纷调解仲裁法，加快构建农村土地承包经营纠纷调解仲裁体系；要大力改善农村生产、生活条件，重点是通过实施"金土地工程"，推动土地整理规划更加注重与经济社会发展规划相结合，与水利建设、现代畜牧业发展、农业产业化、新农村建设等专项规划相结合，引进业主和龙头企业，推进土地规模经营，加快推进传统农业向现代农业跨越。

（三）加强农村集体建设用地管理

将集体建设用地纳入土地市场，参照国有建设用地市场流转的相关制度，集体建设用地在土地有形市场中自主交易、流转，实现同地同价、同权，与国有土地共同遵循相同的流转和管理规则，实现"两种所有权、同一市场"。依法通过划拨方式确定给用地者使用的集体建设用地使用权，不得入市进行转让、出租、抵押等。如需开发或参与市场活动，需向集体经济组织补交出让金方可转为出让或出租土地使用权入市流转。集体建设用地用于工业、商业、旅游、娱乐等经营性用地的，应当采用招标、拍卖或挂牌方式，通过市场公开确定用地者和地价、租金。集体建设用地用于入股、基础设施及非招拍挂用途可以协议，但不得低于协议出让最低价，并需公开、公示。集体建设用地使用、流转和抵押，应当签订合同，依法办理土地登记。土地使用者应当按批准的用途使用和流转集体建设用地。确需改变土地用途的，报国土资源行政主管部门依法批准。

（四）积极推进征地制度改革

要改革集体建设用地的所有权实现方式，创新集体建设用地使用权取得和流转制度。要按照土地利用总体规划和明确产权的要求，逐一明晰各集体经济组织在规划期内的集体建设用地最终规模、统一比例，界定集体建设用地范围，从规划上明确集体经济组织的土地权益。

要明晰、整合、规范现行集体土地所有权、使用权的各种潜在权益，形成新型的集体土地产权制度。在集体土地所有权下，设立集体出让土地使用权、集体划拨土地使用权、集体出租土地使用权等，构建与国有土地产权外在形式相一致，内在权益相同的完整土地产权制度。

在集体建设用地使用权的取得和流转上，对宅基地、公共设施、公益事业等用地由集体经济组织实行划拨，对于商服经营用地由集体经济组织实行出租、入股，不得出让、转让、抵押，保证集体经济组织长期、稳定的收益，对于住宅及其他经营用地可以出让、出租、抵押、转让。同时，要建立征地补偿及征地农民安置新机制。建立征地补偿争议协调裁决机制，成立征地补偿争议协调机制，受理被征地农民投诉，实施征地法律裁决和援助。依托土地价格评估，确保土地征收中的同地同价。

在改革集体建设用地使用权取得和流转制度的基础上，通过规划，明确界定需要征收和不需要征收的集体土地范围，对被征地农民的安置，在不需要征收的集体建设用地范围内，可以开展留地安置、土地入股等多种模式试点；对矿产资源开发用地，在不需要征收集体建设用地的情况下，可以开展土地入股等多种模式试点；对采矿期间的粮食产能造成的损失，可考虑适当补偿。

（五）推进节约集约利用土地

认真落实土地调控政策，加强计划结构和计划运行管理，严把土地"闸门"。坚持"区别对待、有保有压"的原则，严格执行禁止和限制供地目录，优化供地结构，将计划指标向基础设施、重点项目、重大产业和民生项目倾斜，增强土地调控的针对性和有效性。对重大项目，积极主动做好项目用地预审、土地报征和审批工作，努力提高建设用地保障能力。稳步推进城镇建设用地增加与农村建设用地减少挂钩试点，开辟加快城镇化、工业化和新农村建设新的用地空间。严格用地定额管理，提高项目用地投资强度和产出效益，提高工业用地集约高效利用水平。加大闲置土地处置力度，努力盘活存量土地。开展开发区节约集约用地情况评估，实行建设用地供应全程管理。严格禁止城镇居民购置农民宅基地和小产权房，积极盘活农村闲置宅基地。充分发挥市场配置资源的基础性作用，严格规范政府土地出让收益管理。

参考文献：

[1] 丁新正．"农村集体建设用地流转的重点、难点和对策" [N] ．重庆交通大学学报（社科版），2009（4）．

[2] 孙恪廉．从成都实践看党的十七届三中全会决定——以市场化为动力实现土地集中规模经营 [N] ．成都行政学院学报，2009（5）．

[3] 杨顺湘．欠发达地区城乡经济社会发展一体化的实践道路 [J] ．科学社会主义 [J] ．2009（6）．

[4] 周其仁．"试办'土地交易所'的构想——对成都重庆城乡综合配套改革试验区的建议"．中国科技投资 [J] ．2008（8）．

[5] 中共重庆市委党校统筹城乡发展研究中心．重庆市统筹城乡综合配套改革试验区的探索与思考 [J] ．探索，2007（5）．

[6] 陈家泽．政府治理结构与服务型政府建设 [J] ．经济学家，2006（5）．

[7] 王燕，王秀芝，刘邦凡．"我国农村土地征收补偿制度的若干建议"．调研世界 [J] ．2009（12）．

（李颖，中共重庆市委党校。）

大力推进成渝经济区建设
积极构建成渝大都市连绵带

赵仁勇 吴太泉

内容摘要： 城市群已成为区域财富集聚的重要战略平台，城镇群的崛起和加快发展，将成为未来要素聚散的主导力量。成渝地区人口众多，城镇密集，经济社会相对发达，具有发展成为大都市连绵带的现实基础。《成渝经济区区域规划》的出台，使成渝大都市连绵带建设加快成为现实。因此本文针对目前成渝经济区建设存在的突出问题，提出加强成渝两大都市间的合作、加强与周边城镇群的联系和合作、积极推进企业间的交流与合作、进一步创新区域合作机制等对策建议。

关键词： 成渝经济区 大都市连绵带 区域经济

2011 年 5 月，国务院批复《成渝经济区区域规划》，正式开启了巴蜀经济建设的新纪元。在新形势下加快成渝经济区发展，对于深入推进西部大开发，促进全国区域协调发展，增强国家综合实力，具有重要意义。《成渝经济区区域规划》提出，"到 2015 年，经济实力显著增强，建成西部地区重要的经济中心；到 2020 年，经济社会发展水平进一步提高，成为我国综合实力最强的区域之一"。要实现这一目标，成渝两地应发挥各自优势，加强合作，携手共进，合力打造成渝大都市连绵带。

一、成渝经济区建设必须走大都市连绵带之路

都市连绵带，又称都市连绵区或都市密集区，由法国著名地理学家戈特曼 1957 年首次提出。其主要描述的是城镇化过程中，若干城市区域的空间组合以多极化形式出现的城市布局现象，一般指两个以上大都市圈相互作用，将其间的城镇群串接起来连成一片的地带。都市连绵带的形成，是科技进步、规模经济效益促使产业与人口在空间上集聚与扩散运动的结果，是区域城镇化进入高级阶段的标志。

随着经济的快速发展，区域经济发展格局已发生深刻变化，经济增长靠单个

中心城市点状拉动模式正逐步向城市群带动模式转变。目前，美国纽约、芝加哥、洛杉矶三大城市群 GDP 占到全国的 67%，日本东京、名古屋、大阪三大城市群 GDP 占到全国的 70%。我国长三角、珠三角和环渤海三大城市群生产总值已占全国 GDP 的 40% 左右。城镇群的崛起和加快发展，将成为未来要素聚散的主导力量，推动国际国内财富配置格局的重构。党的十七大已明确提出，将以增强综合承载能力为重点，以特大城市为依托，形成辐射作用大的城市群，培育新的经济增长极。

大都市连绵带之所以将成为新一轮区域竞争的主导力量，核心动力在于，通过一个或多个中心城市的带动，强化了城市之间的功能整合和网络化联系，促进了经济活动和生产要素的集聚，形成规模、结构、质量和效益相统一的良性循环。其形成机理，既有历史的积淀和区位的支撑，也有现代交通通信条件的推动。特别是在市场机制更加完善的大背景下，现代交通通信手段在技术上的突破，让城市跨越原有城市界限向外围区域延展，客观上缩短了城市之间的时空距离，对传统思维方式、生产方式、生活方式均产生了巨大冲击。

成渝地区发展已有 2000 多年的文明史，人口众多，城镇密集，经济社会相对发达，具有发展成为大都市连绵带的现实基础。如果以重庆、成都两大都市圈为两极，以各主要交通线为轴线，以川南、川中两大城镇群为支撑，联点成轴，以轴带面，就可能在未来 20 年内形成面积广阔、人口众多、经济发达的都市密集区，打造成渝都市连绵带已成为加快推进西部大开发的必然趋势。

二、国内外主要都市连绵带的发展特点

目前，已取得世界公认的都市连绵带主要有五个：一是包括纽约、费城、巴尔的摩等 40 个城市在内的波士顿—华盛顿都市连绵带；二是包括美国芝加哥、底特律、匹兹堡以及加拿大的多伦多、蒙特利尔在内的北美五大湖区都市连绵带；三是由东京、横滨、名古屋、大阪、神户和长崎构成的日本东海道都市连绵带；四是由法国巴黎、荷兰阿姆斯特丹、鹿特丹、比利时布鲁塞尔以及德国科隆共同构成的西欧巴黎—科隆都市连绵带；五是以英国伦敦—利物浦为轴线，包括大伦敦地区、伯明翰、谢菲尔德、利物浦、曼彻斯特等大城市以及众多小城镇的英国伦敦-利物浦都市连绵带。

国内基本具备都市连绵带特征的都市区域主要有三个：一是以上海为中心，包括江苏的南京、镇江、扬州、泰州、南通、苏州、无锡、常州及浙江的杭州、嘉兴、湖州、宁波、绍兴、舟山等 15 个地级以上城市构成的长江三角洲都市连绵带。二是包括广州、深圳、珠海、湛江、东莞、中山、佛山、肇庆、江门、惠州、汕头及其下属 20 多个县级市构成的珠江三角洲都市连绵带。三是以北京、天津"双核"为主轴，以唐山、保定为两翼，由 2 个直辖市、3 个地级市和 5 个县级市共同构成的京津冀都市连绵带。这三个都市连绵带中，长江三角洲都市连

绵带已基本发展起来并得到了国际社会的认可。

以上都市连绵带的形成，主要受到空间地理结构和交通条件两方面的影响。一方面，地理空间特点决定了都市连绵带的城镇布局结构。例如地处美国东北部大西洋沿岸平原的波士顿—华盛顿都市连绵带，实际上就是沿着海岸线形成的一条 600 多千米长、100 多千米宽的由 5 个大都市和 40 多个中小城市组成的超大型都市走廊。我国的长三角都市连绵带也基本上是沿着长江下游航道和东海海岸线形成的，以上海、南京和杭州三大城镇群为极点，集聚其他 12 个次级城市而形成的一个近 10 万平方千米，人口 7500 万人，地区生产总值达 2.4 万亿元的倒"7"字形区域。珠三角都市连绵带也是一个沿着海岸线分布的"人字形"布局结构。

另一方面，现代化的交通网络对都市连绵带的形成进程起到加速作用。从历史上看，交通工具在技术上的突破让城市跨越原有城市界限向外围区域拓展，不断改变城市的空间结构。例如，在美国，1920 年以前，城市主要沿铁路或围绕港口布局；小汽车出现后，城市居民纷纷迁往城市边缘地区，致使都市规模不断扩张；小汽车的普及，就业岗位和居住不断外迁，促成了多中心的城市布局结构的形成；高速公路的建设，尤其是在 20 世纪六七十年代，成为都市连绵带发展最重要的催化剂。日本东海道都市连绵带的形成，就与东京到大阪等东海道新干线的建设有着直接的关联。虽然在之前，这些地区城镇化已经达到了较高水平，但各条东海道新干线先后开通后，成为日本经济"起飞的脊梁"。以东北新干线为例，自 1982 年开通后，沿线地区企业增加了 45%，人口增加 30%，相当于其他地区的 3 倍。现在每年约有 2 亿人次利用了新干线，由此产生了餐饮、旅游、零售等约 5 万亿日元的消费及带来了约 50 万人的就业，沿线的企业及商业发展速度也大大高于其他地区，对日本东海道现代化都市连绵带的发展起到了巨大的推动促进作用。

三、成渝大都市连绵带建设存在的主要问题

虽然近年来成渝地区城镇化进程明显加快，各个城市也都得到了较快发展，但城镇化建设还存在以下四个方面的问题。

（一）城市等级规模不够完善

成渝地区城镇规模结构最突出的问题是规模断层，中心城市首位度过高，而一部分具有一定优势的中等城市，由于种种原因还未发展起来。目前城镇规模结构中，2 个特大城市之下，主要就是一大群中小城市，中间缺乏一个城镇常住人口 50 到 100 万的大城市的过渡。特大城市过大，中等城市过多，一方面使特大城市的部分功能难以得到有效分离优化，人口规模得不到合理控制，城市基础设施承载能力成为发展中的瓶颈；另一方面，中小城市由于要素聚散能力有限，同一层次城市激烈竞争甚至恶性竞争，使得城市功能得不到充分发挥而制约了自身

的发展。

（二）城市职能分工不够明晰

由于缺乏某种系统的规划指导，虽然近年来各城市均得到较快发展，但在积极寻求自身发展的同时，城市往往自成体系，忽略了城市之间合理的分工合作和协调发展，定位不明确，分工欠协调，特色不突出，尤其是产业结构出现趋同化，众多的中小城市间仍然处于较低层次的分工协作状态。据统计，成渝之间的大中城市中，有21个城市选择机械工业为主要产业，有17个城市选择建材工业为主要产业，以煤炭、机械为主的城市也达到16个，以电子、轻工业为主的城市有6个，而且各城市在这些产业部门的增加值和就业人员也比较接近。

（三）区域内基础设施网络化程度不高

虽然改革开放以来，成渝地区基础设施条件得到较大改善，但交通、通讯等基础设施建设仍然滞后，道路等级低下，密度明显不够，致使区域内的人流、物流、信息流不够通畅，对地区经济发展的支撑能力不强。重庆直辖后，双方省际公路建设明显滞后，断头路不少，这在客观上弱化了城市之间联系和相互作用，影响了区域经济发展步伐。

（四）地区行政壁垒仍然存在

资金、人才、技术等生产要素在区域内的流动仍受到一些行政壁垒和人为因素等方面的限制，跨区划的企业资产重组仍受到某些非市场因素的干扰，区域一体化的市场体系发育程度不高，致使区域资源配置效率较低。

四、加快成渝大都市连绵带建设的对策建议

（一）大力推进以企业为主体的民间交流与合作

企业之间的自发合作，是促进要素流动，优化资源配置，推进区域发展的主要推动力量。川渝分治十余年的实践证明，行政区之间的合作，更多流于形式，在现有体制下不敢寄予更多奢望。就经济层面探讨区域的发展，还得更多依托以企业为主体的民间合作，以利益关系为纽带，推动资源配置、要素流动及利益协调，建立促进区域合作与发展的民间协调机制。

一是建立以市场机制为基础的企业合作与发展机制。立足于优势互补和资源整合，促进企业间的资本、技术、人才等资源要素合理流动，形成优势互补、协作配套、共同发展的产业格局。积极鼓励民营企业和社会资金参与区域合作。优化企业发展环境，培育立足于区域资源优势，面向区域市场，布局合理的中小型企业生态网络，形成大中小企业集群化发展态势。尤其是培育以大企业为龙头，专业性突出、技术水平高、配套协作能力强的产业群落，打造成渝地区有竞争能力的现代产业体系。

二是建立促进企业合作的功能性平台。加快区域信息化进程，积极推动企业信息网络建设，建立川渝企业信息共享平台，组建区域性的物流联盟、技术联

盟、企业信用联盟、人才信用联盟。

三是充分发挥半官方或民间组织作用。加强工商联、商会、行业协会等社会团体或中介组织的交流和合作，积极组建企业合作促进会等民间协调或中介机构，通过民间力量推动企业合作。

（二）加强成渝两大都市间的合作

虽然重庆是西部地区唯一的直辖市，长江上游地区最大的中心城市，四川省是西部地区人口最多，经济总量最大的省区，但与发达地区比较起来，两者的区域竞争优势都不太突出，集聚和承接国际产业和资本转移的能力都不强。同时，两地产业结构同质化、低水平竞争，区域资源配置效率低。川渝尤其是成渝之间，争则双输，合作双赢。

一是加强基础设施建设领域合作。共同推进交通、水利、通讯、能源、信息网络等硬件基础设施建设，提高能源、水利配置效率，全力打造长江上游快速大通道和信息港，为微观企业层面的合作创造有利的外围条件。加快能源建设项目的合作开发，鼓励省际间煤炭、天然气等能源的产销合作，实现区域内资源优势与市场需求的结合。加快构建适应区域合作发展要求的综合交通网络，搞好重大交通项目建设，逐步实现区域内交通运输一体化。加强省际高速公路、国省道建设规划的衔接，加快跨省通道规划建设，构筑和完善区域公路交通运输网络。

二是加强产业领域合作。要立足于优势互补和产业配套，加强产业分工协作，避免恶性竞争和不必要的重复建设。本着相互尊重、互为补充的原则，加强信息技术人才的培训和交流，整合成渝两地电子工业研发和生产资源，促进成渝地区电子信息产业的发展。加强交通设备制造业、化工医药、装备制造、仪器仪表、模具、玻璃陶瓷等产业领域的合作，强化产业配套和产业链的延伸，形成完善的区域产业配套体系。加强中医药资源综合开发利用，积极推进制药技术信息交流，有效整合成渝地区医药产业，促进天然制药和化工制药协调发展。加强协调，营造公平、开放和富有吸引力的投资环境，建立透明、便利、规范的投资促进机制。

三是加强科技领域合作。充分发挥成渝地区科教资源富集的优势，推动两地高校和科研院所围绕重大项目、攻关课题研究开展合作，共同克服发展中存在的难题；加快推进科技文献、科技信息、专家库、水文资源等基础性科技教育资源的联网共享；积极推进区域科技创新体系建设，逐步建立区域科技项目合作机制和成果转化平台，推进区域产业协作和战略合作联盟建设，提高科技创新能力和科研成果转化能力。

四是加强市场体系建设合作。联手培育和完善区域商品市场与要素市场，进一步健全市场网络，形成和完善批发与零售相结合，专业与综合相配套的区域市场体系；要发挥市场对区域资源配置的基础性作用，破除市场壁垒和地区封锁，消除限制商品流通的地区障碍，促进产业在区域内合理布局和要素在区域内合理流动，加快区域市场一体化进程；加强市场秩序整顿，推进区域信用体系建设，建立健康规范、竞争有序的市场秩序。

（三）加强接壤地带城镇群的联系和合作

泸州、宜宾、遂宁、南充等城市自古以来就是成渝地区发展的重要腹地。这些城市之间，更多的是职能垂直分工，而不是竞争关系。要站在整个盆地经济发展的战略高度，按照"自愿参与、市场主导、优势互补、互利共赢"的原则，加强与这些城市之间开展多层次、全方位的合作，完善区域协调发展机制，巩固和发展现有经贸关系。

一是加强区域发展规划协调。立足于优势互补、系统协调和错位发展，统筹规划发展战略，避免盲目攀比、低水平扩张，推动相应片区协调发展。在推进合作的过程中，重庆、成都等特大城市必须发挥核心城市在区域规划中的主导带动作用，结合国内外发展态势和区域发展潜力，正确定位和科学规划，并以此引导这些周边城市制定自身的发展战略，逐渐实现区域城镇、产业、市场以及基础设施一体化。

二是加快培育城镇群落。要依托已经形成或正在加快建设的交通物流和信息网络，加快交通干线沿线城镇建设步伐，密切经济联系，充分发挥中心城市向周边城市的辐射带动作用和过渡地带城镇群落的中继传承作用。

三是加强产业领域协作。要结合比较优势，加强分工协作，推进区域产业结构调整和优化。要着眼于产业集群的培养和产业链条的延伸，通过互补型分工，加强在机械、化工、电子、环保、食品、旅游等领域的配套协作。在具体的产业布局上，要突出有进有退，优化结构的思路，着眼于发挥比较优势，推动区域内产业梯度转移和配套体系建设。

四是加强基础设施建设领域合作。以公路建设为重点，共同推进铁路和内河航运建设，完善综合交通运输网络。尤其要加快成渝城际铁路、成渝第三高速公路以及省际断头公路建设，提高路网密度。推进长江、嘉陵江航道整治，提高航道通航能力。以内部联网为重点，培育以光缆为主，数字通信为辅的现代信息网络体系，提高区域信息化水平。

（四）进一步创新区域合作机制

成渝都市连绵带的形成既是川渝经济区发展不可避免、行将到来的必然趋势，也是成渝地区实现新的跨越的大好机遇。重庆既要注重制度和体制创新，更要主动谋划，及时出击，充分把握新一轮区域竞争中的主动权。

一是创新工作机制。在业已形成的工作机制基础上，加快建立各市县长联席会议制度和部门衔接落实制度，定期共同研究决定区域合作重大事宜，协同推进成渝地区合作。

二是建立信息沟通机制。设立跨行政区的协调管理机构及各自办事机构，尽快搭建信息沟通平台和区域公用信息网络，推动信息及时传递，实现各地政务、商务及公共信息的公开交流与共享。

三是建立区域统一市场开发机制。两省市要立足于建立区域性大市场，进一步扩大相互开放，创造外来企业与本地企业平等竞争的环境，为国内外资本进入创造良好的市场环境。

四是建立政策协调机制。正视两省市之间政策差异，加强政策对接和政策执行过程中的协调，尽量避免优惠政策"恶性"竞争问题，为区域发展共同营造良好的政策环境。

（赵仁勇，重庆市人民政府研究室经济处副处长；吴太泉，重庆市人民政府研究室机关党委。）

建构成渝经济区"善治式"
政府合作模式的思考

颜如春

内容提要： 区域政府合作模式是不同层级的政府或其他组织基于共同的发展目标以及协商一致的行动，围绕合作主体、合作组织形式、合作运作方式等方面内容而构建的有机统一体。其核心是合作组织形式及其运作方式。在新的历史阶段，加快成渝经济区政府合作，切实推进区域经济的融合与发展，已逐渐成为政府高层与民间社会的较为自觉的选择，成渝经济区政府合作开始初现区域"善治式"合作模式的端倪。本文从主体构成、组织形式选择、运作方式选择三大方面对推进新形势下成渝经济区"善治式"政府合作模式的路径进行前瞻性研究。

关键词： 成渝经济区　政府合作模式　区域善治

国家高度重视成渝经济区发展，专门出台《成渝经济区区域规划》，是着眼全国发展大局和西部地区发展需要作出的一项重大决策。成渝经济区由于其独特的区位优势、雄厚的经济实力、日臻成熟的市场体系、已具规模的对外开放态势，而具备了作为西部发展增长极所应有的集聚力、扩散力、传递力和牵引力功能。但要把成渝经济区建设为全国继长三角、珠三角、环渤海三大经济区之后经济发展第四极，必须强化两地区域合作，取长补短，整合优势资源，充分调动各方面的力量，实现整体效益的乘数效应。区域政府合作是区域经济形态发展到一定阶段后的必然产物，当前，成渝经济区内各地政府间合作模式的优化和创新迫在眉睫。

区域政府合作模式是不同层级的政府或其他组织基于共同的发展目标以及协商一致的行动，围绕合作主体、合作组织形式、合作运作方式等方面内容而构建的有机统一体，其核心是合作组织形式及其运作方式。在新的历史阶段，加快成渝经济区政府合作，切实推进区域经济的融合与发展，已逐渐成为政府高层与民间社会的较为自觉的选择。成渝经济区政府合作开始初现区域善治式合作模式的一些基本特征，如多元合作主体的涌现、合作组织形式的多样化、合作方式的项目化与市场化、合作机制的协商化。成渝经济政府合作模式的构建逐步呈现一种新的发展面貌——"善治式"政府合作模式。区域善治是区域治理的一种理想形态，主要指包括区域内部各层级政府和中央政府及其有关部门、企业、非政府组织、公民在内的多元治理主体为区域内部公共事务的治理而建构的多元合作与伙伴关系模式，其基本要素包括治理主体的多元性、治理机制的非对抗性（协商与合作）、利益取向的可调和性和最大化性、民众需求的可回应性，其核心内容表现在主体构成、组织形式选择、运作方式选择三大方面。本文试图从主体构成、组织形式选择、运作方式选择三大方面对推进新形势下成渝经济区善治式政府合作模式的路径进行前瞻性研究。

一、成渝经济区"善治式"政府合作模式的主体构成

从传统意义上讲，对区域政府合作的主体，人们更多的是看好和依赖各级政府部门，其原因在于人们对政府作用的认识存在某些问题。一方面，对于市场失灵的恐惧促成了政府干预的理由，尤其是政府干预带来的各种福利的增加又会进一步加剧人们对政府干预作用的依赖和迷恋，而不会去关注政府干预给公民的自由和社会整体福利所带来的各种损害；另一方面，长期计划经济体制下形成的依赖高度集中、统一的行政权力来解决跨地区利益冲突之惯性思维，会自觉不自觉地反映到人们的思想与行为习惯中，希望通过政府的高效、快速、有力的行政干预来解决现实中面临的各种矛盾和冲突。实际上，无数经验已经证明了以下几点：一是政府干预可能给经济的发展带来负面影响，因为政府的干预可能出错。二是政府干预往往只能暂时解决问题，而不能从根本上解决问题，甚至只是一种权宜之计。三是政府也有可能是追求自身利益的政府，其原因在于政府同样也是由一群自利的人组成，如果缺乏必要的宪政约束，很可能变成一种"恶"的化身，其行政干预往往带来更加负面的效果；四是由于存在着无法解决的信息不对称问题，政府干预不仅成本很高，可能带来不经济的效果，而且往往偏离大众最初的本意，其结果只能是使事情变得更糟。从此意义上讲，我们可以得知，即没有任何逻辑可以证明政府干预是当然的或必需的。

如果从此角度来考察成渝经济区善治式政府合作模式的主体构成，则意味着应该充分发挥包括政府（中央政府和各级地方政府）、企业、非政府组织、公民等多元主体共同参与公共事务的作用，不能将眼光仅局限于政府一家，而应形成一个包括上述多元主体在内的多中心的治理模式。这种区域善治式政府合作模式的主体构成可从三个层面来进行设计：一是从纵向层面，包括中央政府及其各组成部门、省（市）级区域政府、地（市）级区域政府、县（区）级区域政府；二是从横向层面，包括地方政府主体、企业主体、非政府组织主体、行政区内公民主体；三是从个体行为特征层面，包括官员、学者、企业主、公民。三大层面的主体共同构成成渝经济区善治式政府合作模式的主体体系。

二、成渝经济区域善治式政府合作模式的组织形式选择

通过考察其他经济区域政府合作模式的变迁历程，如长江三角洲区域政府合作模式的变迁历程，我们发现，它经历了一个从通过中央政府建构跨区域的政府行政组织到长江三角洲各区域政府作为合作主体主动介入政府合作历程，并建构如长江三角洲城市经济协调会等政府间合作组织，再到长江三角洲两省一市之间建立制度化的政府间与民间合作组织体系之曲折过程。在这一曲折过程中，长江三角洲区域政府合作模式的组织形式之转换并不是一个简单的名称变化，而是意味着一种质的提升。这一质的提升过程反映在长江三角洲区域政府合作模式的组织形式选择上，实现了两大飞跃：一是从最初的迷恋用行政干预，尤其是迷恋用中央政府的权威来进行行政干预，转向了长江三角洲各区域政府的自发联合与合作，且这种自发联合与合作的组织形式借助于非政府组织形式——长江三角洲城市经济协调会；二是从各区域政府的自发联合与合作，转向了在长江三角洲两省一市之间建立制度化的合作组织体系，即在不同层面的政府之间建立制度化的合作联系，在民间组织或行业协会之间建立制度化的合作联系，且这种制度化的组织体系常常是以多元主体协作的形式出现。

长江三角洲区域善治式政府合作模式的组织形式选择最终定位在多元主体协作的形式，其根本原因在于三个方面。一是由分权化改革和市场化改革双重力量而推进的市场化进程在长江三角洲地区呈现了一种不可逆转的发展趋势，且这种市场化程度越来越高。在市场化程度相对于中国的其他地区更高的长江三角洲地区，再依赖于用行政手段来解决由区域经济一体化而带来的各种问题，不仅违背了市场经济发展的基本规律，而且对问题的最终解决并不能达到预期的效果。这也是三十年的改革开放历程以及十余年的社会主义市场经济体制的发展经验，给中国的高层决策者的最深刻启示。二是随着市场化程度日益加深，在长江三角洲地区如果像以往那样继续采取"以邻为壑"、"各自为政"、"零和博弈"的地区发展思维和政策，不仅难以奏效和获得成功，而且成本和代价极高。正是在这种长期利益博弈过程中所得到的各种经验和教训中，长江三角洲各区域政府的决策者逐渐认识到加强地区政府之间的合作既是推进各行政区经济与社会发展的必然选择，又是推进区域经济一体化的必然选择，最终从恶意的竞争和被动的合作走向了全面、主动、自觉的合作。加之，随着中央提出的科学发展观和科学政绩观逐渐深入人心，由区域合作带来的各种利益和好处使得长江三角洲各区域政府不再将眼光仅仅局限于各行政区经济绩效的片面增长之上，而更加注重通过区域合作来提升经济增长和社会发展的内在质量。三是对区域善治式政府合作模式的组织形式选择之所以最终走向了多元主体协作的形式，即通过不同层次的、不同性质的"座谈会"、"协调会"、"论坛会"、"行业协会"来实现彼此之间的有效合作，其根本原因还在于长期的制度试验过程让长江三角洲各区域政府的决策者认

识到，只有通过平等交流、磋商和讨论，定期开展活动，就彼此关注的跨地区性事务作出战略规划和有约束力的决策，才能达到预期的效果，而这一切有赖于通过多元主体协作的组织形式才能实现。

长江三角洲区域政府合作变迁历程的经验和教训对成渝经济区政府合作模式的构建有重要的启示：选择适合成渝经济区区域经济一体化发展的最佳组织形式，建构区域善治式政府合作模式的组织形式，其根本路径在于在不同层级的政府之间、不同地区的行业协会与民间组织之间建构多元主体协作的组织形式，通过"座谈会"、"协调会"、"论坛会"、"行业协会"等途径，并建立各种制度化机制，如定期磋商与交流机制、专题合作机制、项目带动机制、政策联动机制，将成渝经济区经济一体化真正落到实处。

三、成渝经济区善治式政府合作模式的运作方式选择

在成渝经济区，针对区域政府共同关心的跨地区性事务，政府合作模式的运作方式经由了一个从由中央政府用行政手段直接干预，制定统一发展规划和政策，实施有关区域经济一体化项目，到各区域政府自觉联合，制定有利于区域经济一体化的地区性法规与政策，再到中央政府运用经济、法律与行政手段制定统一发展规划，设立重大财政拨款或援助项目，加大对事关区域经济一体化进程的若干重大项目的财政转移支付力度，与成渝区域政府之间、各行业协会与民间组织之间签订有约束力的项目合作协议，制定一体化的政策和行业标准与规范并举之转换过程。

从推进成渝经济区经济一体化的发展进程来看，建构成渝经济区善治式政府合作模式的运作方式应考虑采取以下思路：一是从中央政府层面，加大对事关区域经济一体化进程的若干重大项目的规划、财政支持与监督力度，即对涉及成渝区域政府共同事务的重大项目，如交通一体化问题、能源建设的一体化问题、生态环境建设与保护问题等，可先由中央政府及有关部门与成渝地区政府及有关部门以及各区域政府共同协商，精心制定统一的发展规划，设立重大财政拨款或援助项目，商定各自出资比例与融资方式，再由中央政府及有关部门负责检查、监督这些重大项目的资金到位与使用情况以及项目建设情况，并按照阶段性目标的完成情况决定是否再追加财政拨款或援助。二是从成渝地区各治理主体层面，就成渝地区高层政府、区域各级政府、各行业协会与民间组织共同关注的地区性合作事务签订有约束力的双方或多方项目合作协议，制定一体化的政策和行业标准与规范等。如各省市之间可以就政府信息高速公路、创新能力建设、区域国际竞争力等重大问题签订合作协议，各区域政府之间可以就土地利用、城镇空间布局、产业发展等重大问题签订合作协议，各行业协会与民间组织之间可以就人才资源开发、信息资源共享、旅游服务业发展、行业资格认证与质量检测等重大问题制定统一标准。成渝地区各治理主体可以通过项目合作这一纽带来全面推进成

渝经济区经济一体化的发展进程。

此外，关于成渝经济区善治式政府合作模式的运作方式，还有一个重大问题值得我们关注，即不论是由中央政府及有关部门确定的旨在推进区域经济一体化的重大财政支持合作项目，还是成渝区域政府之间自行选定的旨在推进共同发展的双方与多方合作项目，其建设与运营模式都必须走市场化道路，将市场机制引入到公共产品与公共服务的提供过程之中，以竞争来促进合作与发展；与此同时，通过政府间服务合同、联合服务协定、政府间服务转移等形式，以及合同承包、特许经营、委托、补助、出售、放松规制等方式，大力推进政府职能转变，充分发挥各种非政府组织、企业、公民等各类市场主体的作用，在政府、市场、社会组织与公民之间建立亲密的合作与伙伴关系，并确立以效率、效能、回应性和责任性为导向的价值准则，由此不断推进成渝经济区经济一体化的发展进程，从而实现"区域善治"之目标。

参考文献：

[1] 国家发展改革委. 国家发展改革委关于印发成渝经济区区域规划的通知 [EB]. 发展改革委网站, 2011 - 06 - 30.

[2] 杨开忠. 中国经济区划转型与前沿课题 [J]. 中国行政管理, 2010 (5).

[3] 徐承红. 成渝经济区的因由及其面临的现实问题 [J]. 改革, 2010 (3).

[4] 韩清华. 成渝经济区需体制破冰 [N]. 中国经济时报, 2011 - 01 - 05.

[5] 林凌. 川渝合作领域和合作模式研究 [EB]. 新华网重庆频道, 2007 - 08 - 31.

（颜如春，中共重庆市委党校公共管理教研部教授。）

统筹城乡中创新政府社会
管理机制的路径解析

周学馨

[提要]：我国当前政府社会管理出现权威真空，使其管理权威下降、社会管理中出现部分失序现象，使社会管理出现一定程度的危机、社会自治性质的社会管理的不充分，使社会管理出现盲点等问题。统筹城乡中创新政府社会管理机制包括：构建科学的社会决策机制、构建全面的社会控制机制、构建灵敏的社会预警机制、构建完善的减灾救灾机制、完善社会管理评价机制五大机制。

[关键词] 统筹城乡 政府社会管理 机制

一、我国当前社会管理中存在的主要问题

第一，政府社会管理出现权威真空，使其管理权威下降。在改革前，我国社会管理的主体以政府为核心，具有无上权威。这种传统和魅力型的权威，是建立在传统的政治经济基础之上的权威，是来自于自上而下的高度集中的权力体系的权威。随着我国由传统社会向现代社会的转型，传统、魅力型权威也正在向法律与理性的权威转换。伴随着民主与法制不断发展和完善，传统的、魅力型的权威基础不断受到削弱，日益失去了存在的基础与条件。但是，真正的法律的权威并未完全建立起来，这样就可能形成权威真空。权威真空在宏观和微观层面都程度不同地存在着，在基层表现得更为突出。

以基层社会管理为例，由于社会管理主体权威下降，主体的号召力就减弱，由此就出现社会管理主体对基层社会实施人、财、物管理能力的减弱，造成乡（镇）指挥不动村，村指挥不动组，组指挥不动户的局面。同时，由于各级社会管理主体权威下降，组成农村群体的个体自我约束力减少，自由度增大，这就导致新的组织、指挥的协调障碍，继而发生恶性循环，最终出现社会管理功能衰退。另一方面，基层社会管理主体权力的大量流失，使村民委员会也失去了支撑权威，其中包括准行政组织所拥有的社会管理权力和对生产活动的组织管理权。再加上村民自治的时间不长，及村民委员会本身的结构涣散和功能退化。基层社

会管理主体权威下降使得于党和政府的路线、方针、政策、政令等难以通过基层社会管理体制得以贯彻执行。

第二，社会管理中出现部分失序现象，使社会管理出现一定程度的危机。在目前社会转型的过程中，由于社会结构的耦合度较低，脆性较大，社会管理的运行机制不健全，并处在不断转换的过程中。另外社会结构的频繁转换，社会政治与行政价值观与社会行为方式也随之发生变化，产生许多新的价值观和行为方式，这些新的价值观和行为方式超出了原有社会管理规范的约束范围。因而，出现了没有相应社会管理规范约束的状况。在现实社会中，多方面的社会活动秩序正陷入不同程度的混乱之中，原有秩序的合法性和有效性开始弱化，至少受到怀疑，而新的规则由于多种原因尚未建立或完善，因而导致大量"场外交易"、"潜规则"性质的无规则行为产生。一方面，人们对以政府为主体的社会管理体制的控制力和强制力信心下降；另一方面，人们大量采用特殊标准来协调相互关系。这种状况我们谓之制度真空，这种真空或失灵对社会秩序起着扰乱和破坏作用。

第三，社会自治性质的社会管理的不充分，使社会管理出现盲点。改革开放以前，社会中所有组织或单位都从属于一定的党政系统，或有相应的行政级别，或隶属于某一行政机关。在这一社会管理格局和机制下，政府通过对组织的管理将社会所有成员和组织纳入体制轨道。改革开放后，随着社会结构的变化，户籍制度开始松动，旧的劳动用工制度被打破，社会流动速度明显加快，农村大量的人员逐渐游离于原有组织系统成为"体制外人员"，这些人员的主要活动大都在现有社会管理体制的调控范围之外，形成了蔚为壮观的"民工潮"。大量从农村涌入城市的"农民工"大多成为没有组织系统、没有户口、没有合法住宿地、没有固定工作的"体制外人员"；在城市，由于单位制发生变化和没有相应管理机构的新单位不断出现，大量"单位人"向"社会人"转变，一定数量的人开始游离于组织之外。同时，随着改革的深化，下岗的职工人数也在不断增加，这些人员离开原来的工作岗位后，大部分都将成为没有单位的"体制外人员"。面对众多的"社会人"和"体制外人员"，政府不能再用过去高度集中的权力体制管理社会事务和控制社会组织与社会成员，对于应由社会管理的事务要逐步回归社会，由社会自我管理。但是现阶段，我国社会组织却发育不成熟，难以承担中介和管理的职能，这又使得这些流动人员多处于"两不管"的真空状态，脱离现有社会管理体制的控制轨道，成为管理的盲点。

二、统筹城乡中创新政府社会管理机制的内容

在任何国家，一个稳定、和谐与发展的社会都离不开有效的社会管理。社会管理机制是社会管理有效实施的制度保障，是社会管理所遵循的一整套规范和模式。社会管理机制创新主要包括：建立和完善科学的社会决策机制、全面的社会

控制机制、有力的社会监督机制和有效的社会制约机制四个方面。

一是科学的社会决策机制。科学的社会决策机制遵循"合法、合理、合序、合利"这四个原则。一是要合法决策。社会管理者在实施社会决策时，必须按照法律、法规和规章的规定进行。没有法律、法规、规章的规定，社会管理部门不得作出影响公民合法权益或者增加公民义务的决定。二是要合理决策。社会管理部门实施社会决策，必须遵循公平、公正的原则。三是要合序决策。在一般情况下，任何决策都必须按照一定的程序进行。四是合利决策。社会决策由于主客体的特定性，它一般是不讲"互赢""双赢"的，必须以社会公共利益和人民群众的利益作为决策的出发点和落脚点，甚至是唯一点，尤其要注意不能忽视了社会边缘群体和弱势群体的利益。

而创新社会决策机制主要包括改革社会决策的评价监督机制、完善社会决策的民意吸收机制、健全领导集体议事和决策机制、建立社会决策责任追究机制以及健全科学有效的社会决策信息系统。

二是构建全面的社会控制机制。社会控制机制，就是社会对其成员思想和行为的规定，影响并通过社会力量使人们遵从社会规范，以达到维护社会秩序的方式。在社会主义现代化建设和改革中，除了运用好社会的经济控制外，还须通过政治法律、思想文化、道德习俗、社会舆论等控制方式实现社会的扶正去邪。国家政权、法律、法规、纪律、军队、警察、政策和策略等控制方式，是上层建筑的核心部分，我们称之为硬性控制。这些控制方式是维护一定社会的经济基础正常运行的重要手段。思想文化、道德习俗、社会舆论，在剥削阶级占统治地位的国家中还包括宗教等，则主要通过灌输、教育、潜移默化、宣传鼓动等方式内化为人们的自觉言行，以实现社会控制的目的，可称之为软性控制。社会控制系统中的硬性控制和软性控制是彼此关联、互相补充、不可或缺的。

三是构建灵敏的社会预警机制。社会系统的运行过程中会出现种种不安定的因素或对目标值的偏离、不协调乃至矛盾冲突等状况。及时发现这些问题，发出预警信号并采取应急的保障措施，是提高社会管理质量的重要保证。社会预警是指依据对社会发展稳定状况的判断，按照社会系统整合关系的模型分析，对社会系统运行的质量和后果进行评价、预测和报警，将不稳定事件化解于未然。社会预警机制是全方位的，不仅仅指利益方面的冲突的预警，也应有公共卫生、公共教育、社会治安、社会问题、政治危机、自然灾害等方面的内容。

四是构建完善的减灾救灾机制。社会在飞速发展进步的同时会呈现出问题多和灾变多的特点，"多灾变"是我国未来 10～30 年社会发育和变迁进程的特征之一。《中国 21 世纪初可持续发展行动纲要》强调，要加强灾害综合管理，提出了进一步完善灾害管理法律法规，制定防灾减灾规划和应急方案，建立和完善主要自然灾害以及重大事故的监测、预报预警系统等各项具体措施和要求。那么，在此基础上要建立完善的减灾救灾机制，还必须加强建立救灾社会保险制度、设立减灾救灾专项基金，通过慈善机构、红十字会等常设机构募集社会各方面的捐助等方面的建设。

五是完善社会管理评价机制。社会管理评价机制，指的是在社会变迁的过程中，由社会上相关专家组成的权威性机构对社会管理及由此指导的各种社会成员及其从事的社会活动进行的评价。通过评价，揭示社会存在的问题，提出改进措施。我国的社会管理评价机制创新应在以下几个方面予以注意：一是要认识我国当前社会矛盾的特殊性。只有分析社会矛盾的特殊性，对具体情况作具体分析，才能科学地认识社会管理，找到解决其中存在的问题的正确方法。二是要适用效率普遍优化原则，对社会管理工作进行认真严肃的科学评价。社会管理要力争在我国社会的各个领域都取得良好的成效。不仅要注意经济工作领域，而且要注意整个社会领域。不仅要注意重点建设领域，而且要注意一般建设领域，要注意物质文明、政治文明和精神文明的协调发展。三是要注意评价不是社会管理的目的，而是重要手段。只有不断创新社会管理评价手段，才能准确地找到社会管理方面存在的问题，提出正确的改进措施。四是要建立和完善正常稳定的社会管理评价机制。要形成一种制度，经常组织各方面的专家对我国社会管理进行定性和定量分析，提出权威性评价报告和具有针对性的改进措施，还要对这些措施的落实作出制度性规定。

三、统筹城乡发展中创新政府社会管理机制的路径

社会管理是政府的基本职能。社会管理的经常性工作由政府及其职能部门按照职责权限进行决策和管理，因此，相对于党委而言，政府在社会管理中负有更具体、更直接的职责。为此，政府在统筹城乡发展中要做好以下工作：

一是转变职能。政府要尽快实现从行政管制向公共治理转变。政府负责的基础是实现政府转型，即由经济建设型政府向经济建设与社会管理并重的公共服务型政府转变，强化政府的社会管理与公共服务职能。

二是在向社会提供公共服务的过程中，要树立效率和质量意识，用有限的资源和低廉的成本创造更多、优质、高效的公共产品。政府要善于吸收现代企业经营理念，以公民满意为公共服务的首要目标。

三是政府要调整社会管理的行为边界，做到有所为、有所不为。总体上，各级政府应改变在社会管理和公共服务领域包揽一切的制度安排，建设一个有限责任的政府，既要避免"责任总揽"，又要避免"责任退让"。实践中，政府与市场、社会组织的职能定位不明确现象比较普遍，大都表现在政府"越位"。同时，政府公共服务标准制定等方面又存在"缺位"。目前在统筹城乡过程中提出公共服务均等化，即无论地方自有财力如何，政府都必须为全体社会成员提供最低标准的公共服务；同时，政府必须强化规则的制定和监管，通过加快健全市场体系，促进社会组织发展，鼓励公众参与社会管理。

四是政府要善于通过法律和政策手段对社会进行宏观管理，尽快改变社会管

理法制化严重滞后的局面。主要包括：加快政府转型与政府社会管理职能的法制化进程、增强政府议程与公共政策备选方案的民主化程度、进一步明确社会组织参与社会管理的法律地位、进一步加强基层自治组织法律制度建设以及进一步完善公民监督社会管理行为的法律程序。

（周学馨，中共重庆市委党校。）

成渝经济区建设 打造国家重要经济增长极——两地三方发展论坛 论文集

欠发达地区坚定不移
走共同富裕道路的实证研究

杨顺湘

内容提要：共同富裕反映社会主义本质要求和党的基本属性。城乡二元结构明显的欠发达地区，应通过民生导向发展缩小三个差距，并以此作为落实科学发展观、转变发展方式的核心内容，实现全面、协调和可持续发展。重庆的共富探路触及发展理念、模式及路径，是为欠发达地区坚定不移地走共同富裕道路的一个例证。

关键词：欠发达地区　走共同富裕道路　重庆实证

共同富裕是人类一个古老的话题。建设中国特色社会主义，就是要把这个话题变为现实。胡锦涛总书记在庆祝建党九十周年大会上的讲话指出，要坚持发展为了人民、发展依靠人民、发展成果由人民共享，完善保障和改善民生的制度安排，坚定不移地走共同富裕道路。

缩小三个差距势在必行。放眼全球，无论是欠发达国家还是发达国家，贫富两极分化仍然十分突出。我国的贫富、城乡、区域三个差距比发达国家更严重。例如，集大城市、大农村、大库区、大山区及少数民族地区于一体，东、中、西部三个区域的阶段性矛盾汇聚一身的重庆市，是欠发达地区城乡二元结构的缩影。近年来，重庆虽大有发展，但贫富、城乡、区域三个差距仍然很大，并呈扩大趋势。重庆贫富差距明显，还有城乡低保人口170多万，是北京的9倍、天津的8倍、上海的16倍；重庆城乡差距从1997年的2：1扩大到2010年的3.3：1，远远超出国际公认的2：1的合理范围，全市还有农村贫困人口150万，有200多万60岁以上空巢老人和110多万留守儿童；在区域上，"两翼"还有14个国贫县，1600多个贫困村，区域间人均GDP差距近10倍。差距拉大会给社会造成很大危害，群体性事件的产生，多数涉及经济利益，不少与贫富差距有关。如果搞好民生，缩小差距，就能防患于未然。而如果贫富分化，富人有钱无处花，百姓有急用却无钱花，这样矛盾的消费状态会使发展大受影响。可见，解决差距问题、走共同富裕道路，欠发达地区不能等到经济实力做大才为之，如果拖到那时，真正出现了"两极分化"，有了20%的既得利益者，加之其属下的"精英"，你与谁去讨论问题的解决。所以，解决共同富裕不能等不能拖，宜早不宜迟。其实，小平同志早在1982年就谈到了共同富裕问题。他说，可以设想，本世纪末达到小康水平的时候，就要突出地提出和解决这个问题。现在是到了应该下决心解决这个问题的时候了。

走共同富裕道路彰显社会主义制度优越性。中国发展到今天，经济总量已居世界第二，如果我们能成功地跨越许多拉美国家经历过的"中等收入陷阱"，真正实现共同富裕，那将是人类历史上的巨大进步。再者，欧美搞市场经济已经几百年了，两极分化仍然严重。从几个典型的资本主义大国看，德国70%最贫困的人口只拥有财富总额的9%，英国10%最富有的家庭占据私人财富的44%，美国20%的富人占有50%的财富，而1‰的顶尖收入者则掌握了美国10%以上的财富。所以邓小平曾强调，"如果我们达到人均国民生产总值4000美元，而且是共同富裕的，到那时就能够更好地显示社会主义制度优于资本主义制度，就为世界四分之三的人口指明了奋斗方向。"在这里，小平同志是把共同富裕看做人类社会的发展方向。欠发达地区走共同富裕道路不是"均贫富"，更不是"劫富济贫"，其中一个重要的思路就是深化收入分配改革。降低基尼系数，重点就是缩小个人收入差距，使低收入人群收入明显增加，中等收入人群持续扩大，最终实现共同富裕。例如，重庆就提出了基尼系数缩小到0.35的目标。按国家统计局提供的基尼系数简易计算模式，主要涉及城镇化率、城乡居民收入差距和城乡两个板块内部的基尼系数三个因子。据此测算，2010年重庆市的基尼系数为0.43，今后5年下降到0.35，需要降低0.08，差不多下降20%，难度确实很大，但只要落实好共富举措，其目标是可行的。一是城乡差距从现在的3.3：1缩小到2.5：1，将使基尼系数下降0.03；二是城镇化率从现在的53%提高到63%，农村居民占比从现在的47%下降至37%，将使基尼系数减少0.02；三是城市、农村人群本身有贫富差别，但各自的基尼系数都在0.31左右，二者叠加超过0.04。今后5年，通过增加居民财产性收入，给予困难群体保障，促进基本公共服务均等化等措施，将有效提高城乡低收入群体收入，可使基尼系数再下降0.03。

欠发达地区当下和未来需要探寻的走共富路的重要途径。欠发达地区走共同富裕道路，如何整体理解、如何实现社会成员心齐气顺的公平发展和让全体人民过上幸福生活的和谐发展，重庆对此进行了可贵探索。地处西南内陆财力并不厚实的重庆，不纠结于做"蛋糕"和分"蛋糕"孰先孰后，把做"蛋糕"与分"蛋糕"统一起来，将保障和改善民生作为扩内需、转方式、调结构的持久动力，近四年谱写了走向共同富裕的"五个重庆"建设、"民生十条"和"共富十二条"三华章，经济保持了高速发展，百姓幸福指数位居全国前列。重庆正着力缩小三大差距。其一，大规模推行户籍制度改革以加快缩小城乡差距。作为全国统筹城乡综合改革试点城市的重庆市，树立"减少农民，才能富裕农民"的施政理念，从2010年8月，就大规模推行户籍制度改革，以消除农民向城镇转移的体制性障碍。目前已经转户220多万人，年底可超过300万人。未来5年，将建立科学有序的转户常态机制，每年常态转移 50 万人，到 2015 年可转户进城 500 万人，户籍城镇化率达到 50%。其二，振兴区县经济以加快缩小区域差距。重在加快区县城发展，促进区县的内生发展机制，引导人口、资源要素在更大范围充分流动和开发利用，把 31 个远郊区县城打造成区域经济中心，建设 500 个现代化小城镇；加快整村脱贫与连片开发，实行动态扶贫开发机制，率先在全国消灭绝对贫困：2 年消除绝对贫困，3 年实现 2000 个贫困村整村脱贫。其三，加强收入分配调节以加快缩小贫富差距。重庆市决定：未来 5 年内，将居民收入占 GDP 的比例，由目前的 43% 提高到 50% 以上。即建立职工工资正常增长和支付保障机制，确保职工工资与劳动生产率、企业利润、高管薪酬同步提高，每年动态调整最低工资标准；进一步发挥公共财政对调节分配格局的杠杆作用。坚持把市级财政一般预算 50% 以上用于民生，75% 用于区县和基层；实行最低生活保障标准与经济发展水平和价格上涨"双联动"，使全市 220 万困难群众生活水平随经济发展而提高，不因物价上涨而下降；5 年投入 3000 亿元，促进公共服务均等化，实现人人享有基本社会保障。到 2015 年，全市经济总量与居民收入同步倍增，城乡居民收入差距缩小到 2.5∶1 左右，"两翼"发展差距缩小到 2∶1 左右，基尼系数缩小到 0.35 左右。重庆走共富路不是乌托邦。初步测算，落实好新近出台的"共富十二条"举措，今后 5 年直接惠及民生的"真金白银"可达 1 万多亿元。其中，新增 330 万就业岗位和 200 万个市场主体，会让老百姓增加几千亿元收入，但主要是老百姓自己努力，不计入政府直接投入。通过政府保障及其调控运作，投入上万亿元。比如，户籍制度改革需 3000 亿元，其中政府直接投入 1000 亿、"三权"抵押 1000 亿元、"地票"交易产生 1000 亿元；留守儿童、空巢老人补助救助需 200 多亿元；国有资本收益上缴 30% 给财政近 1000 亿元；建公租房，政府投入 1000 多亿元；居民收入占 GDP 的比重每年提高 2 个百分点总额在 3000 亿元以上；教科文卫等公共服务投入已有 3000 亿以上。一旦这 1 万多亿元真正落实到老百姓手中，再加上老百姓在营造的良好市场机制中勤奋努力，他们的总体收入就会定向增长，缩小三个差距就会变成现实。

估价重庆共富探路，欠发达地区从实际出发共建共享共富，坚定不移地走共同富裕道路。保障民众的生存权、发展权，维护社会公平公正的理念贯穿整个重庆的共富探索，其现实价值可以保护百姓的基本社会权利，避免转型期的社会问题演化为社会危机；其未来预期可促进社会结构的健康发育，构建人人共建共享改革发展成果的新格局。作为基础设施落后、生态比较脆弱、经济发展水平不高、广大人民收入低的欠发达地区，努力缩小三个差距促进共同富裕，应从实际出发，牢牢把握主动权，前途和命运在我们自己，敢不敢"新"、会不会"新"，关键在于敢不敢"创"、会不会"创"，如果只是两眼向上要政策、要项目、要资金，"新"就无从谈起。欠发达地区坚定不移走共同富裕道路，不仅解决的应是现实中最"棘手"的问题，而且所追求的目标也应达到"最大化"的效果。其路径选择：既要有大量就业岗位的设计，又要有调整收入分配体系的考量；既要有促进城乡之间基础设施、公共设施、要素流通的政策，又要有加快完善基本型、普惠性、可持续的基本公共服务体系的举措；还要有拓宽中低收入群体财产性收入渠道的规划。其缩小三个差距的整体谋划，不仅要顾及当下又要着眼长远，立足于标本兼治，系统安排。比如为实现群众看病方便、治病便宜这一目标，既要有建设乡镇卫生院、社区卫生服务中心、区县医院等硬件投入，也要有鼓励医疗卫生人才扎根基层的激励政策，还要有抑制医药价虚高的系列设计，以及提高城镇职工和城乡居民医保报销比例、实施基本公共卫生免费服务等相关举措。在选准路径的基础上，欠发达地区还应从多个角度实现共同富裕。比如：制定优惠政策，向全社会、向中低层收入群众转移，平横的实现共同富裕（诸如建设廉租房、公租房、医疗制度改革、教育问题向基层倾斜等）；工作重心由广大城市向广大农村转移，促使城乡协调发展，还应给予政策优势，发挥农村优势，扭转只注重工业化和城镇化，而忽视对农业劳动力的吸纳和转移的倾向，让更多人看到农村的前景和希望；建设内容由注重经济建设向注重社会发展转移，使经济、社会共同发展。

注　释：

［1］胡锦涛．在庆祝中国共产党成立 90 周年大会上的讲话［M］．北京：人民出版社，2011：25.

［2］杨顺湘．欠发达地区统筹城乡综合配套改革研究 ——以成渝全国统筹城乡综合配套改革试验区为例［M］．郑州：河南人民出版社，2011：83.

（杨顺湘，中共重庆市委党校经济社会发展研究所教授。）

对荣昌、内江、遂宁合作建设
"现代畜牧业示范区"的试验性思考

胡德锌

内容提要：现代畜牧业示范区建设对推进我国农业现代化、保证我国畜产品安全和供给、改善民生具有重要的现实意义。在荣昌、内江、遂宁建设现代畜牧业示范区，是《成渝经济区区域规划》的明确要求。以三地现有建设为基础，整合三地畜牧科技资源，携手建设现代畜牧业示范区，可以使技术、人才、资金等相关要素产生聚集效应。要实现有效、务实合作，必须确立相应的合作理念、合作机制、合作重点和合作举措。

关键词：畜牧业　示范区　建设　合作

国务院正式批复的《成渝经济区区域规划》第五章第一节提出：充分利用现有基础，积极发展现代畜牧业。在荣昌、内江、遂宁建设现代畜牧业示范区。这是国家积极发展现代农业的一项重大举措，也是改善民生的重要措施。探讨荣昌、内江、遂宁合作建设现代畜牧业示范区，是将川渝合作从理论探讨推进到实践运行、从务虚合作发展到务实合作，有利于川渝合作从"全面开花"到"重点突破"的转变。

一、建设现代畜牧业示范区的现实动因

现代畜牧业示范区，是以现代产业发展理念为指导，以现代科学技术和物质装备为支撑，采用现代经营管理方式的可持续发展的现代畜牧业示范区域。当前，我国畜牧业正处在由传统向现代转变的重要历史阶段。在这一阶段，解决畜禽养殖环境污染大、畜产品质量安全水平差、中小规模养殖户市场竞争力弱、畜产品价格大起大落等现实难题，对于推进现代畜牧业建设具有重要战略意义。而要在地理条件各异、要素分布不均的 31 个省区市，全面推进解决这些难题显然不现实。最可行的办法是集中有限的人财物，设立示范区，走"探索—示范—推广"的路子。

（一）建设现代畜牧业示范区是推进农业现代化的需要

没有中国农业的现代化，就没有中国的现代化；没有中国畜牧业的现代化，

就没有中国农业的现代化。畜牧业前连种植业，后连加工业，是农村经济的重要支柱，现代畜牧业是农业现代化的重要标志。发达国家畜牧业产值占农业总产值的比重普遍超过50%，有的国家甚至达到70%，而我国仅为34%。借鉴世界发达国家经验，建设现代畜牧业示范区，探索适合我国国情的现代畜牧业发展模式，对于加快我国现代农业发展具有重大推动作用。

（二）建设现代畜牧业示范区是探索我国现代畜牧业发展模式的需要

当前，我国畜牧业发展面临着市场风险、疫病风险和生态环境等多重压力，特别是生猪产业，存在着畜牧科技创新能力弱，疫病防控体系不健全，规模化养殖程度低，环境污染问题突出，食品安全问题突出，市场波动大等诸多问题。要解决这些问题就必须着力改变传统的畜牧业生产方式而发展现代畜牧业，然而，发展现代畜牧业是一项系统工程，规模化养殖如何推进，畜牧业产业链如何架构，环境污染如何解决等，在国外没有适合中国国情的成功经验可以借鉴，在国内也没有一个成熟的模式可以套用。为此，建立现代畜牧业示范区，对于探索适合中国国情的现代畜牧业发展模式具有重要的现实意义。

（三）建设现代畜牧业示范区是保证我国畜产品供给的需要

近年来，我国以生猪为代表的畜禽产品出现了历史上少有的供小于求、价格大幅上涨的情况，充分暴露出我国畜牧业抗风险能力弱、市场供给保障能力差等问题。由于畜产品，尤其是猪肉涉及13亿中国人的"菜篮子"问题，如不引起高度重视，势必影响人民群众物质需求，影响社会稳定。通过建设现代畜牧业示范区，可以建立一套有效的抗风险机制与市场预警机制，辐射带动各地持续健康发展现代畜牧业，对于保障畜产品的市场供给能力，增强畜产品市场竞争力具有重要的现实意义。

二、荣昌、内江、遂宁现代畜牧业示范区建设现状

（一）荣昌县

2008年8月，农业部与重庆市政府签订《共建统筹城乡现代农业示范区合作备忘录》，提出建设"重庆国家现代畜牧业示范区"，确定荣昌为示范区核心区。2009年1月，国务院《关于推进重庆市统筹城乡改革和发展的若干意见》明确支持重庆建设现代畜牧业示范区；2月，以荣昌为核心区的示范区建设全面启动。

一是组建了工作机构。在重庆市政府成立重庆国家现代畜牧业示范区建设领导小组框架下，成立了由荣昌县委、县政府、重庆市畜牧科学院和西南大学荣昌校区组成的重庆国家现代畜牧业示范核心区建设管理委员会。

二是编制了建设规划。编制了《重庆国家现代畜牧业示范核心区建设总体规划》。同时，启动了现代畜牧业示范基地建设等专业规划编制工作，编制完成了《重庆国家现代畜牧业示范核心区建设方案》。

三是建设了一批基地。围绕现有产业基础，加强产业布局和结构调整，狠抓肉牛、奶牛、肉兔等草食牲畜和肉鸭、蛋鸡、水禽等特色养殖业发展，建成了一批规模较大、效益较高、形象较好的畜禽养殖基地。

四是开展了全方位合作。与全国 38 所畜牧科研院所、中国农行重庆分行、重庆农垦集团、四川新希望集团等签订了战略合作协议。与加拿大就动物健康推广服务项目签订了国际合作协议；与西藏、青海、云南等九个省区的有关县市签订"荣昌猪资源共享"战略合作协议……

五是成功举办了中国畜牧科技论坛。该论坛是经农业部批准的全国唯一的畜牧科技论坛。2004 年 9 月以来，在荣昌已举办了四届畜科论坛和六届"三新"博览会。全国政协副主席王志珍，国家农业部、科技部的领导，10 位两院院士，国内 500 余家科研院所的 6000 余名畜牧兽医界学者、专家、企业界人士，国外 12 个研发机构的 23 名专家，先后参会。与畜科论坛同步举行的中国最高级别的"三新"博览会，集聚了全国最新的畜牧科研项目、新技术和新产品。

（二）内江市

内江市从 2008 年开始启动现代畜牧业示范园区建设，通过 3 年努力，目前 5 个现代畜牧业示范园区（市中区永安园区、东兴区东马园区、资中县多多园区、威远县任源园区、隆昌县周兴园区）建设基本完成。

一是大力推行适度规模化标准化养殖。推行以农户标准化养殖为基础的养殖模式，实施规模化、专业化、集约化、工厂化、标准化生产，组织和引导养殖户实行规范化饲养和标准化生产，发展适度规模养殖。2011 年，全市出栏生猪 50 头以上的规模养猪出栏生猪占总量的 48% 以上，新增出栏家禽 1 万只以上的规模户 60 户。

二是强化畜产品质量安全监管。加大兽药和饲料市场整治力度，严厉打击制假贩假行为，规范兽药饲料市场秩序。严格按国家有关规定组织生产，为养殖户提供优质、安全、有效的饲料、兽药等。严格饲料、兽药、畜产品生产企业及其产品质量安全抽检和监测，确保畜产品"瘦肉精"检出率为零，确保生鲜牛奶"三聚氰胺"检测达标。

三是创新畜牧业机制。创新投入机制，实行财政投入为导向，农民、业主投入为主体，信贷、外资和社会资金投资为补充的多渠道、多层次、多元化的投入机制。创新风险防范机制，通过业主自主参加商业保险，用市场经济的办法防范自然风险；制定风险共担机制，形成合理的分摊机制，减少或降低每个环节的市场风险。创新利益分享机制，引导龙头企业通过合同订单、"寄养"等形式，与农户建立紧密的利益联结机制。

四是积极抓好重大项目建设。首先是用好生猪良种繁育体系和生猪标准化规模养殖场（小区）建设项目、奶牛良种补贴、蛋鸡规模饲养补贴、省级现代畜牧业试点等项目资金，依靠项目来支撑和推动现代畜牧业上新台阶。其次是抓好现代畜牧业重点培育县建设。资中县、威远县、隆昌县按照高产、高效、生态、安全要求，认真落实现代畜牧业发展规划和工作方案，全力推进现代畜牧业重点县项目建设，确保2012年建成四川省现代畜牧业重点县。三是做好畜牧项目储备工作。

（三）遂宁市

遂宁市是四川省政府确定的发展现代畜牧业的三个重点市之一。自2007年被列为现代畜牧业重点培育试点市以来，全市形成了以生猪为重点，肉牛、家禽为特色的现代畜牧产业体系。

一是组建领导小组，确立发展战略。建立了由市长任组长、分管副市长任副组长、有关部门为成员的领导小组，负责全市现代畜牧业发展。把现代畜牧业作为遂宁市传统农业向现代农业跨越的突破口，提出了建设"一个中心、三个基地"和以生猪为重点、肉牛为特色、家禽为补充的现代畜牧业发展战略。

二是制定发展规划。规划坚持食品安全、人民健康、生态效益、社会效益、经济效益相统一，合理布局养殖基地、加工、饲料、兽药生产企业，确立养殖生产体系、加工生产体系、市场营销体系、安全环保体系科学，为现代畜牧业科学有序发展做准备。

三是创新投入机制。市财政出资500万元和相关龙头企业、养殖大户共同组建了遂宁市丰发现代农业投资公司。首期注册资本2500万元，已为8家生猪产业化龙头企业作了担保，发挥了财政资金增效的作用。

四是扶持龙头企业。对龙头企业立项申报、能源供给、用地、贷款、担保等给予重点支持和服务；对符合条件的畜产品出口企业，在开拓国际市场、产品质量和出口信用保险等方面的项目优先给予安排；市财政每年安排200万元对养殖户补贴，安排100万元以上的资金对肉食品加工企业给予贷款贴息。

五是加大基地建设力度。市县财政投入3000万元，用于传统养殖向现代养殖转变。2010年全市出栏50头以上的生猪可控养殖大户达1.2万户，50头以上的祖代猪场12个，新增种猪700头，新增二杂种猪场70个，出栏肉牛10头以上的农户达635户；出栏家禽500只以上的农户3570户。

六是加大科技合作。目前，遂宁与国务院发展研究中心、中国农业大学、四川农业大学、四川省畜牧科学院、美国康奈尔大学、日本鹿尔富大学等建立了合作关系。每年都有专家学者到遂宁讲学、指导、培训。

（四）三地现代畜牧业示范区建设简析

从发展现状看，三地在建设示范区过程中，有着许多共同之处：都有丰富的畜牧资源，良好的养殖基础，都有明确的发展目标、重点，有相应的建设规划和政策措施，但也存在明显的差异：

一是示范层次不一。尽管《成渝经济区区域规划》提的都是建设现代畜牧业示范区，但荣昌县是"国家现代畜牧业示范区荣昌核心区"，而内江市和遂宁市从现有资料上还看不出是国家级示范区。

二是建设进程不一。从时间上看，三地都是近3~4年开始正式建设，但荣昌县已处于国家实验室、国家畜牧产品交易市场、大型畜牧加工集团建设和大批研发成果产出阶段，而内江市和遂宁市还仅处于标准化建设、适度规模养殖阶段。

三是技术人才差异较大。荣昌县境内有西南大学荣昌校区、重庆市畜牧科学院等教学科研单位，畜牧科技力量有得天独厚优势。

因此，整合三地畜牧科技资源，携手建设现代畜牧业示范区，可以使技术、人才、资金等相关要素产生聚集效应，进一步完善畜牧科技发展基础设施，提高技术水平和科技含量，增强科技支撑能力，从而促进现代畜牧业发展，推进现代畜牧业示范区建设。

三、三地合作建设现代畜牧业示范区的措施

（一）创新观念，引领合作

突破思想"瓶颈"，牢固树立合作共赢的观念。当前，三地在合作建设上尚无接触，加上三地为了实现自己的建设目标，已经形成了各自为政、自我发展的模式。因此，三地要在成渝经济区建设框架下，找到建设的共同点、利益的平衡点、工作的结合点，尝试建立三地合作的协调机制，积极主动推进协作向纵深和实质性方向发展，努力提高示范效应。

（二）打造机制，保障合作

一是重大事项协调机制。加强三地决策层的沟通协调，对资源开发利用、人才培养、重大畜科项目招投标等问题，及时沟通。二是定期交流协商机制。重点加强三地业务部门、研发机构、加工企业的交往，在各个层面形成稳固的交往机制。三是信息技术共享机制。不断完善信息技术沟通平台，实现三地政务、商务及公共技术的公开、交流与共享。四是政策协调机制。建立三地在环境保护、土地利用、税收、补贴标准等方面的政策协调机制。

（三）明确重点，稳定合作

1. 科技合作

通过合作建设"五大平台"实施科技合作。

一是科技人才服务平台。①组建专家库。收集三地域内、国内外畜牧兽医、畜产品加工高级专家基本情况，按畜牧、饲料、兽医、兽药、畜产品加工五大类成立相关产业学科组，聘请相应首席专家组成科技顾问团，承担相应科研、产业开发咨询服务。②组建备选人才库。收集有关动物育种、动物营养、环境保护、预防兽医学与生物制品、化学合成、中兽医药、畜产品加工等学科博士点，征集博士生毕业生就业意向，向院校及企业推荐人才。③人才政策研究及服务。研究现行人才管理体制和各级放活科技人员的政策，帮助引进人才落实优惠政策。

二是科技创业服务平台。①研究企业转移转型动态。收集东部养殖、兽药、畜产品加工企业转移及其他企业转产、转型动态和国外兽药、畜产品加工等企业

到中国内地投资动态，为招商引资提供参考。②收集高新技术成果情况。收集国内外有关饲料、兽药、畜产品加工高新技术成果，尤其安全无毒、无残留生物源性饲料食品添加剂新产品及生物工程新产品。研究其成熟度及转化情况，为招商引资提供参考。③提供服务帮助。对高新技术企业，代办行政审批手续，帮助落实建设用地或标准厂房，帮助争取上级项目支持。

三是成果转化服务平台。①收集研究转化成果。及时收集适合三地养殖、饲料、兽药、畜产品加工企业转化的国内外成果及专利公告信息，研究其先进性、实用性、成熟性及市场，向相关企业推荐，并做好协调工作。②协调"产学研"关系。按照职责与利益相一致、互利互惠的原则协调各方关系帮助建立"产学研"联盟，积极促进科研成果或专利申报及转化。③帮助落实成果转化政策。帮助申报科技成果转化扶持项目，帮助落实分项科技成果产品优惠税费政策。

四是行业信息服务平台。①建立三地综合服务网站。整合国内相关信息资源，建成功能完备、信息适时更新的行业综合服务网站，建立政策法规、技术标准、科技动态、人才资源、建筑工程、生产设备、优良品种、科技企业、饲料兽药、畜产品、畜产食品等栏目，实行畜牧产业产前、产中、产后全程服务。②健全网站管理。加强信息采集，建立大型数据库，实行分类管理，自动分类建档，方便用户查询，及时更新信息，做好网站维护，确保网站安全。

五是动物疫病诊断防控服务平台。通过互派科技特派员，建立专家服务团队等形式，为养殖企业和农户引种、动物检疫、免疫、临床诊疗提供咨询中介服务。

2. 基地合作

整合三地已有的畜牧试验示范基地，共享实验成果，加快畜牧科技资源的利用率，促进科研上档、企业升级、农户增收。具体包括畜禽养殖试验及示范基地、饲料兽药试验示范基地以及畜产品加工试验及示范基地等。

3. 教育合作

一是充分利用荣昌聘请的6位两院院士顾问，到三地进行讲学，及时掌握现代畜牧科技发展的前沿技术。二是利用荣昌同西南大学荣昌校区、重庆市畜牧科学研究院以及遂宁同中国农业大学、四川大学、四川农业大学建立的校地共建机制，加强对基层畜牧兽医人员、畜牧业实用人才、产业界人员的培训。三是依托上述科研院校的实验平台和科研设施，提高畜牧技术人员、养殖人员的技术水平。

（四）先行举措，推进合作

1. 建立机构

建议三地成立相应的合作共建现代畜牧业示范区的机构，围绕现代畜牧示范区的建设标准、建设重点、建设措施等问题，共同分享经验、探讨问题、制定措施。

2. 摸清底数

一方面，要摸清各自现代畜牧业示范区建设的情况，包括畜牧资源、地区分布、建设进展、投资规模等，为拓展合作提供重要信息情报和决策依据。另一方面，要加强相互情况的了解，深入了解各方畜牧业发展历史、现状，示范区建设的政策措施，有针对性地确定合作项目，挖掘双方合作共建的潜力。

3. 对接学习

组织相关领导、科技人员、养殖人员和加工企业带课题、带项目，到三地有关地区、部门专题对口学习，加深了解，增强互信，为三地创业创新、高位突破不断注入新理念，增添新助力。

4. 制定规划

认真研读《成渝经济区区域规划》，按照发挥比较优势、加强薄弱环节、促进协调发展的要求，制定好符合实际、操作性强、科学合理的三地合作建设现代畜牧业示范区发展规划和专项规划。

（胡德锌，重庆市荣昌县委党校高级讲师，西南大学育才学院、重庆财经职业学院兼职教授。）

刍议非成渝经济区成员的
三峡库区县如何融入区内

——以重庆三峡库区的巫山为例

孔云峰

【摘要】"成渝经济"终为国家战略部署,利好两省市,但地处三峡库区腹心的巫山却远离经济区。旅游是成渝经济区的重要产业,"五带"之省的沿长江发展带,核心产业是长江三峡黄金旅游。巫山是长江三峡黄金旅游带的核心区,旅游资源得天独厚。经济区旅游发展不可没有巫山,也给巫山旅游带来了极好机遇和广阔市场,区外花开香区内。巫山完全有理由有能力抓住经济区建立的机遇,把旅游做得更大更强,以旅游融入成渝经济区,让成渝经济区的旅游更完善,让巫山的旅游更具魅力。

【关键词】成渝经济区 沿长江发展带 三峡库区 黄金旅游

成渝经济区的建立无疑会给区内成员带来极大利好,沿长江发展带是成渝经济区的"五带之首",其支柱产业是长江三峡黄金旅游,虽三峡库区的几个县远离经济区,但长江三峡黄金旅游是抛离不了它们的。本文以巫山为例,刍议非成渝区成员的三峡库区县如何融入经济区。

一、新型经济区域内外的欢乐忧虑

"成渝经济"的概念由来已久,经两地积极实践竭力推动,终将"成渝经济区"升为国家战略,利好两省市,重庆"一圈"23个区县全部和"两翼"8个区县列入区内,"两翼"另外9区县名出经济区,地处三峡库区的奉节、巫山、巫溪等县远离经济区。

（一）期盼已久的国家战略

"成渝经济"的概念提出由来已久。自1997年重庆直辖、川渝省市分治伊始,成渝经济社会协调发展便进入两地高端视野,历经十多年不懈探索和升华,逐步得到中央认可。尽管如此,作为国家战略,则最早见诸国务院2009年1月《关于推进重庆市统筹城乡改革和发展的若干意见》。该文提出:"尽快完成成渝经济区规划编制，推进成渝经济区产业协作"，2009 年 7 月，国家发改委成都会议启动规划编制，2011 年 3 月 1 日，国务院常务会议审议通过《成渝经济区区域规划》，5 月 5 日，国务院批复《成渝经济区区域规划》，这意味着我国继长三角、京津豫、珠三角之后的第四经济区正式确定。

（二）行政区隔的重大突破

成渝经济区是我国西部最大范围突破省市界限优化配置资源的地区，它以成都，重庆两市为中心，囊括重庆市"一圈" 23 个区县全部和"两翼" 8 个区县共 31 个区县，占重庆行政区县的 77.5%，四川省 15 个市，区域面积 20.6 万平方千米，占全国总面积的 2.1%，人口近 1 亿，占全国总人口的 6.8%，2009 年区域内 GDP 达 1.24 万亿元，占全国 GDP 的 5%。重庆部分面积 5.13 万平方千米，占经济区的 24.6%、重庆的 62.6%；2009 年 GDP 6153 亿元，占经济区的 32.8%、重庆的 94.2%。它必将成为加速跨行政区域经济一体化、优势互补错位发展的一个典范

（三）逐步推进的奋斗目标

成渝经济区近十年的发展目标，到 2015 年，经济实力显著增强，建成西部地区重要经济中心，初步形成以先进制造业为主的产业结构，基础设施明显改善，城镇化水平大幅提高，对外开放水平显著提升，初步建成内陆开放型经济高地，基本公共服务能力显著增强，人民生活明显提高，单位地区生产总值能耗显著下降，主要污染物排放总量得到有效控制，森林覆盖率明显提高。地区生产总值占全国比重达到 7%，人均地区生产总值达到 39 000 元，城镇化率 52%，城乡居民收入差距由目前的 3.3：1 缩小到 2.8：1。到 2020 年，经济社会发展水平进一步提高，成为我国综合经济实力最强区域之一。区域一体化格局基本形成，科技进步对经济增长的贡献率大幅提升，基本公共服务初步实现均等化，人民生活更加富裕，人均地区生产总值达到 65 000 元，城镇化率 60%。

（四）远离区域的渝东门户

从行政区划看，成渝之成范围扩大了，除成都市外，还有四川的 14 个市进入，而成渝之渝范围缩小了，重庆"两翼" 9 个区县名出区外，地处三峡库区的奉节、巫山、巫溪等县远离经济区，素有渝东门户之称的巫山县是重庆东部最远一县，离重庆主城区 500 余千米，离规划区最东的云阳县 130 千米。

二、黄金经济不可截离的黄金地段

旅游是成渝经济区的重要产业，长江三峡旅游是成渝经济区的黄金旅游带，巫山地处三峡核心区域，资源得天独厚，产业发展成熟，经济区的旅游不可没有巫山，巫山旅游也需要在经济区建立中寻找极大的机遇和广阔的市场。

（一）成渝合作的重要内容

《成渝经济区区域规划》空间布局，是"依托中心城市和长江黄金水道、主

要陆路交通干线,形成以重庆、成都为核心,沿江、沿线为发展带的'双核五带'"。无论5带布局,还是5大战略和8大综合定位,及其重大产业和特色定位,无不强调旅游,无一舍弃长江三峡黄金旅游。规划提出2015年前,以重庆、成都为核心,打造区域性旅游集散中心,开发5条旅游带、构建4大度假区,建设国际知名、全国重要的旅游目的地,而长江三峡旅游以"国际黄金旅游带"的终极目标列旅游产业之首。据统计,目前重庆每年约2000万人入川旅游,四川每年约3500万人入渝旅游,其中不下1000万人游三峡。"四川好玩、重庆好耍——玩耍川渝"的动人广告,乃川渝旅游界的合作共识和辉煌目标。

(二)黄金旅游的权威界定

2007年5月,重庆市第三次党代会提出"促进渝东北地区'提速提档',努力建成长江上游特色经济走廊、长江三峡国际黄金旅游带、长江流域重要生态屏障"。这是根据胡锦涛同志关于重庆工作"314总体部署"对三峡库区的科学定位。《渝东北地区经济社会发展规划》长江三峡国际黄金旅游带界定的范围,是巫山、巫溪、奉节、云阳、万州、忠县、丰都和涪陵等8个区县沿江带的旅游景区,8区县旅游经典之核在巫山。规划提出构建"一主轴、两支撑、两片区、三次轴"水陆并进、网络开发的开放式旅游空间体系。"一主轴"即长江三峡旅游,它以长江主航道及沿线公路、铁路等为骨架,以重庆和宜昌为两支撑,囊括传统三峡旅游线路的沿江区域;"两支撑"为一级旅游中心地重庆都市区和万州;"两片区"分别是重庆都市区至万州的三峡文化古迹旅游和万州至巫山的三峡高峡平湖生态文化旅游片区。规划提出到2020年,实现接待入境游客300万人次,接待国内游客3亿人次,旅游总收入达到2000亿元,建成世界级旅游目的地,旅游业成为三峡库区脱贫致富奔小康的支柱产业。规划要求要妥善处理三峡旅游开发与生态环境保护的关系,三峡沿岸绿化要突出原生态、自然的特点,尽可能避免人工痕迹,建造物种协调、山水自然的库区旅游生态景观,加强三峡旅游历史文化的开发,积极挖掘、宣传三峡地区的远古文化、巴楚文化、峡江文化等文化资源,提升旅游文化品位,增强吸引力。

"长江三峡国际黄金旅游带"远非一个理念,而是一个新的国家战略和可望实现的客观存在。从旅游经济和区域经济来分析,"长江三峡国际黄金旅游带"的含义至少有三层:其一,它指从重庆主城到三峡工程大坝的长江沿岸带状区域;其二,这个带状区域的核心是三峡,它具有富集、独特、优秀的原生景观和新生景观,珍贵堪如黄金,具有国际重要影响力;其三,在这个核心区域里,旅游是个纲,纲举目张,因而必须坚持以旅游为纲,其余都是目,按国际一流标准来打造、提升为具有国际市场核心竞争力的知名旅游品牌。

(三)系统工程的价值意蕴

长江三峡旅游是一个宏大的系统工程,不仅具有坚实发展基础和远大发展前景的产业,还具有政治性、战略性、国际性、高端性、整体性、可塑性。一是从政治性看,三峡工程建设,重点是移民,难点也是移民。长江三峡国际黄金旅游带范围内的 8 个区县，都是库区移民区县，除巫溪县外，其余 7 个区县还是库区移民重点区县。在移民搬迁中，库区大部分企业关停并转工矿企业几乎全在移民搬迁中销号解体，由此导致库区产业空虚，与"1 小时经济圈"的发展差距较大。旅游产业不仅关联带动性大，而且就业包容性强，应成为库区移民安稳致富的首选产业。世界旅游组织资料显示，旅游业直接、间接关联的部门达 100 多个，旅游业每直接收入 1 元钱，相关行业的收入就能增加 4.3 元；旅游业每增加 1 个直接就业机会，社会就能增加 5~7 个间接就业岗位。旅游业因涉及吃、住、行、游、购、娱等领域，人才需求也多样，既需要高学历、高能力的规划、管理等人才，也需要提供简单技能的普通劳动力，因而不同层次的劳动力都可以在旅游业中找到合适的就业岗位。因此，打造长江三峡国际黄金旅游带，大力发展旅游业，有利于促进移民安稳致富。党中央、国务院及重庆市的领导同志明确指出，库区移民中，有相当大的比例甚至是一半人要吃旅游饭。通过旅游业，让移民安居乐业，这是很高的政治要求。二是从战略性看，三峡地区具有生态敏感性和环境脆弱性双重特征，而且土地容量有限，三峡水库不仅是三峡工程的生命线，而且是长江中下游的生态屏障，全国的水资源战略储备库。旅游业是无烟工业、环保型产业，只有发展旅游业，才能把解决库坝区产业空心化与保护生态环境有效结合起来，确保三峡水库水质安全意义重大。长江三峡国际黄金旅游带区县，正好处于三峡水库腹心，其支柱产业的确立，必须站在整个长江流域，甚至全国的高度，做到科学发展，以保护环境为先为重。大力发展旅游业，打造长江三峡国际黄金旅游带，能实现青山绿水的良好环境与观光休闲的旅游产业的互动协调发展，避免因土地过度开垦，水土流失故事的重演，杜绝因工矿企业排污，太湖蓝藻事件的复制。三是从国际性看，国内外都关注着三峡工程对生态环境、历史文化的影响，三峡工程本身也是具有国际影响的大型水电工程。四是从高端性看，长江三峡是世界上最典型的高山峡谷景观，三峡大坝是全球独一无二的旅游吸引物，它同"高峡出平湖"的壮丽景观一起，为全世界所瞩目。三峡已是一条享誉中外的国际精品线路，但三峡旅游由过去的一条大河变成了以一条大河为主、近三十有一定规模的高深峡谷小溪为辅的格局后，更利于人们登高望远、沿溪探秘。三峡旅游产品更加神奇多姿、更加丰富生动。五是从整体性看，三峡旅游是一个完整的旅游产品，但客观上，原来就存在着重庆和湖北的行政区划分割，现在又有个成渝经济区的区域阻隔，产品结构、经营管理的多元，规划难度大。湖北率先做出了湖北段的规划，重庆也做出了重庆段的规划，现在的成渝经济区又提出了三峡旅游，这就需要把三个规划有效衔接起来，就可以形成一个完整的体系，打造完整的旅游目的地。六是从有可塑性看。三峡工程的兴建，让高峡平湖发生了变化，给重塑三峡旅游目的地带来了机遇。成渝经济区的规划，也正赶上我国旅游业全面转型升级，过去的三峡是一个典型的观光产品，现在的三个规划，可以开发出若干适于休闲度假的产品。

（四）黄金旅游的黄金地段

巫山县位于重庆最东端，地处中国经济带中、西部的结合点和长江中、上游结合点上，居库区腹心，跨长江两岸，东邻湖北省巴东县，南毗湖北省建始县，西接奉节县，北依巫溪县和神农架林区，素称"渝东门户"。大巴山山脉东西走向绵延于县北，与巫溪县和神农架林区毗连；巫山山脉呈南北走向纵贯于东，是渝鄂两省市的分界线；七曜山脉亘于中部，穿插其间；三大山脉在此交汇碰撞。世界第三大河流长江从这里横贯东西，因为六千万年的造山运动，形成了世界上最为密集、最为漂亮的 200 多千米长的山水峡谷景观——长江三峡即瞿塘峡、巫峡、西陵峡。其中瞿塘峡的一半和巫峡在巫山境内。大宁河由西北向东南穿山绕岭，在巫峡西口汇入长江，形成了雄奇幽深的小三峡；马渡河自东北向西南由神农架流向大宁河，形成了宁静幽深的小小三峡；神女溪由南向北在神女峰对岸注入长江，形成了奇特迷人的神女溪风光，是世界峡谷景观荟萃之地。秀丽的神女峰，是东方美神与爱神的象征。小三峡位列"中国旅游胜地四十佳"、国家首批"AAAAA"级旅游景区和国家级生态示范区。此外，梨子坪森林公园、五里坡林场、朝阳坪草场以及巫峡十二洞等自然风景区也极具开发潜力。蓄水后巫山景区发生了变化，主要是由过去的峡谷风光变成了峡湖风光。以前的高峡基本未变，以神女峰为核心的巫峡十二峰、巫山小三峡、小小三峡等依然秀丽如初，而且还增加了 12 个可以游览的新峡谷景观，比如神女峰对面的神女溪，非常漂亮，现在可以开船进去。水位抬高后，小三峡景区形成了 60 多千米长的河道平湖，其中大的主要有巫山湖、琵琶湖、双龙湖、大昌湖等，真正展现了"截断巫山云雨、高峡出平湖"的壮美景色。大昌湖水域面积达 18 平方千米，是库区内最大的湖泊。平湖的形成为开展水上娱乐活动、打造休闲度假游提供了很好的平台。

巫山还是一个有着悠久历史的神圣之地，有蜚声中外的 204 万年前龙骨坡"巫山人"、5000 多年前大溪新石器文化遗址，是亚洲古人类的发源地，是大溪文化、巴楚文化、神女文化和巫文化的起源地。全县共有古迹 40 多处、珍稀文物 1000 多种，居三峡库区之屈原、宋玉、李白、杜甫、白居易、陆游、苏轼三父子、郭沫若、舒婷等古今文人骚客，毛泽东、陈毅、李鹏、日本前首相中曾根康弘等中外政要，咏叹巫山、留墨巫山，歌赋和散文灿若繁星，赋予巫山深厚的文化底蕴。

巫山旅游发展历经从无到有，至今已具国际影响。1982 年 10 月，经国务院、中央军委批准正式对外开放，1983 年正式对外接待游客。1997 年一跃成为全国第一旅游大县。"十一五"时期，巫山出台《中共巫山县委关于加快以旅游为龙头的第三产业发展的决定》等纲领性文件，提出把绿色产业旅游发展作为区域发展战略，旅游产业成为巫山第三产业发展的龙头产业，与第一产业的烤烟、第二产业的煤炭并驾齐驱，构成巫山经济社会发展的三驾马车之一。2007 年以来，巫山紧密结合市场，成功举办四届红叶节，带动长江三峡旅游"暖冬"的效果更加明显，为巫山旅游乃至三峡旅游由淡季变旺季，促进旅游增长方式的转变产生了强大的推动力。2010年年9月下旬，渝宜高速公路云巫段通车。重庆至巫山由过去的8个小时缩短至4个多小时。9月26日，重庆400余市民驾100台车提前自驾游巫山。10月1日，成都400余市民驾100台车自驾游巫山。

三、自强、自信、健行不息的奋力追求

尽管巫山不在成渝经济区内，但巫山也完全有理由有能力抓住经济区建立的机遇，把旅游做得更大更强，以旅游融入成渝经济区，让成渝经济区的旅游更完善，让巫山的旅游更具魅力。

（一）大思维，充分认识

首先，要高度认识巫山旅游。巫山的风景不仅有内在美，还有深厚的历史韵味和文化内涵，发展旅游很有优势。巫山天然的旅游元素很多，小三峡、小小三峡等景观很漂亮，非常不错，这是老天爷对巫山的厚爱。景区的魅力是内在的、强烈的，而且是大景观，大气磅礴，还有很深的文化内涵，悬棺是怎么放上去的，古栈道是如何开凿的，越传越神奇，漂亮的自然景观，再加上浓厚的文化内涵，就很有优势了。

所以，无论是成渝经济区的旅游规划，还是巫山自身发展战略，都必须高度认识巫山旅游的品质和影响力。长江三峡是我国最主要的旅游目的地之一，是我国参与国际旅游市场竞争的拳头产品。经过改革开放30多年的发展，地处三峡腹心的巫山旅游业取得了巨大成就，为推动本地经济社会发展发挥了重要作用，在三峡旅游中占有举足轻重的地位。

但是，长期以来，巫山县经济社会发展水平低，基础设施建设滞后，贫困人口比重高，产业发展基础弱，发展任务艰巨。随着三峡工程建设的竣工和西部大开发战略的深入，成渝经济区的建立，巫山旅游业发展面临着前所未有的机遇。要在差异化发展中打造世界级旅游品牌。从国内旅游市场看，中国人均GDP超过1000美元后，按照世界旅游业发展的规律，旅游消费将从过境观光消费转向休闲度假消费。从国外旅游市场看，2005年开始，欧美游客以70%的市场份额超过东南亚游客，成为中国国外游客主流，而欧美游客是以休闲为主。目前，长江三峡国际黄金旅游带景区，还以提供观光游为主，因而难以满足游客需求，导致吸引力下降。

长江三峡旅游作为重庆旅游的重中之重，其内涵就是大小三峡。事实上，巫山在旅游定位上是有相当的高度的。巫山提出了立足中国，面向世界，打造世界级休闲胜地的目标，把巫山小三峡建成巫山旅游的代表作、长江三峡旅游的龙头、长江三峡最具影响力的核心区。

（二）大手笔，科学规划

一是要精益求精完善规划。巫山旅游资源是三峡地区最具比较优势、最具开发前景的资源，也是本地最能形成支柱产业的资源。发展旅游业，符合国家对三

峡的发展战略和长远规划。国家旅游局等部门、湖北省三峡旅游规划、重庆市都分别制作了三峡旅游规划，成渝经济区也把旅游作为重点，因此巫山旅游一定要把这四个规划研究透，从中寻找自己发展的机遇，做好自己的定位。体现新三峡旅游总体形象，即"永恒的遗产·巨变的景观"。永恒的三峡遗产内涵可包括：自然奇观宝库·峡江文化长河·民俗风情沃野；巨变的三峡景观内涵可包括：世界水电明珠·人间第一峡湖·全球移民奇迹。在这些规划中既要让巫山的旅游有突出的位置，也促使巫山以旅游为突破口，融入城渝经济区。

二是要严格管理实施规划。四个规划都从不同角度勾画了三峡旅游发展的广阔前景，展示了三峡旅游的丰富内涵，体现了以人为本的科学发展观和构建繁荣和谐三峡库区的时代要求，巫山也要与四个规划紧密衔接，并在扎实地实施中，加速本地及三峡库区的经济和社会结构转型，促进移民稳定致富，推进库区生态环境的改善，真正把巫山的旅游建成中国及至世界的"观光旅游经典、休闲度假亮点、专项旅游重点"

（三）大投入，招商引资

旅游业是吸引国内外人士来巫山投资的主渠道，也是吸引外商从事经贸活动的重要媒介和"先导产业"。要积极推进市场化运作，拓展旅游投资和引资渠道，吸引更多的市外、境外优势企业到巫山投资开发旅游业。要通过兼并、参股、收购、参与管理、特许经营、租赁承包、BOT、TOT等方式引入国际知名旅行社参与旅游资源开发和旅游经营，设立独资、合资旅游企业。鼓励以民营经济为主的各种经济成分、社会力量，兴办旅游经济实体，投资开发旅游项目。依法对旅游景区（点）经营项目实行公开招标和有偿出让，吸引和鼓励民营企业以及个体私营企业开发旅游资源，培育和壮大旅游产业市场主体。

在"十二五"开局之年，重庆市打造"六大旅游精品"的旅游发展战略，巫山计划在2015年前将小三峡、小小三峡打造成重庆"六大精品景区"之首。全县接待海内外游客达到1000万人次，旅游总收入突破35亿元。

在旅游招商引资合作方面，巫山已经取得了突出成绩，近年来，巫山县与重庆市旅投集团合作，推动了旅游事业战略性跨越式发展。2011年7月，巫山县与旅投集团正式签约：市旅投集团将投资42亿元，在3.52平方千米的面积上打造江东旅游新区。同月，巫山与重庆隆鑫地产集团成功"联姻"，将在今后4年内为巫山旅游注入资金30亿元，共同打造巫山旅游景区精品。

（四）大整合，顺应潮流

资源整合是大势所趋，顺之则兴，逆之则衰。这包括本区域内景区资源的整合、小区域景区资源的整合和大区域景区资源的整合。重庆市、湖北省、成渝经济区通力合作，建设一个完整的、真正意义上的长江三峡势在必然，巫山要在这三个层面的整合中主动出击，在整合中发展，在大规模、大产业、大品牌的长江三峡中赢得更大的影响力和吸引力。

（五）大建设，软硬兼施

当务之急，巫山旅游要硬件完善，软件提升。景区景点建设、基础设施建设、接待设施建设、生态屏障建设，必须同步推进。正如重庆市副市长谭栖伟说，如果景区是三峡旅游的"体"，那么三峡豪华邮轮就是三峡旅游的"魂"。重庆市政府规划未来3年将新投放五星级豪华邮轮18艘、小三峡特色游船15艘，这无疑将是巫山旅游的重要增长极。2011年，巫山将新打造各类游船42艘；开通梦幻小三峡夜游；建设大宁湖神女港湾游艇俱乐部；三年内建成小三峡·小小三峡数字化景区；打造"超百万精品景区"，使小三峡成为"5A级景区之精品、星级服务之窗口、生态景区之首选"。同时，巫山还面临着交通基础设施建设的大发展，长江黄金水道得到更大发展，巫山机场已经国务院和中央军委审批，渝宜高速已经通到巫山，两年之内能通宜昌，郑渝昆铁路穿过巫山也已列入国家规划，从西安到张家界的高速公路也获批准，水陆空立体交通将在旅游发展中建立，并给旅游带来更大的发展。

（六）大营销，五管齐下

巫山提出了实施精品景区营销"五个一"工程：一是建立巫山旅游营销中心；二是安排8000万元资金，由交旅集团三峡公司实施长江三峡捆绑大营销；三是抓住成都、武汉、南京等一级市场，重庆、万州、宜昌等二级市场，针对市场变化出台促销措施；四是抓住高速公路开通机遇，扩大三峡陆路深度游；五是加强与周边区域的合作。

（七）大解放，创新机制

目前，巫山的旅游正面临着产业发展超前与管理体制滞后之间的矛盾，政府与民间的博弈，下级与上级的博弈，处于不对等状态，极大地影响了巫山旅游的健康发展。必须深化旅游体制改革，逐步建立"政府为主导、管营分离；企业为主体，联合扩张"的旅游管理体制和运行机制，使旅游产业各要素得到合理流动和有效整合。要探索建立新形势下的旅游管理体制。成渝经济区、重庆市政府、湖北市政府要加强协调，建立一个能够打破行政区域界限、实行统一领导和综合协调的行政管理机构，不仅对旅游资源进行大规模、深层次的整合和组织开发，而且要推动跨地区、跨部门、跨行业、跨所有制大企业集团的形成。要彻底改变库区旅游产业素质不高，旅游企业规模小，经营分散，产品和市场开发能力弱的现状，必须搞好企业整合，走集约化经营、联合扩张的道路。景区（点）、宾馆、饭店、旅行社、旅游运输公司等旅游企业，要深化产权制度改革，完善公司法人治理结构，推动组建跨地区、跨行业、跨所有制的旅游龙头企业，培育大型旅游集团。坚持以骨干企业为"龙头"，以资本为纽带，鼓励优势企业兼并劣势企业，进行低成本扩张，组建大型旅游企业集团。在条件成熟时对重点企业或重点景区进行包装上市，铸造跨行业、跨所有制、跨地区的旅游业"航空母舰"，壮大旅游产业规模，带动三峡旅游业的跨越式发展。

（八）大治理，强化管理

从旅游发展经济学来分析，三峡库区及巫山的旅游资源开发都只能算处于初级阶段，旅游资源利用不够平衡、保护力度欠缺。成渝经济区要制定资源开发、建设经营、环境保护、市场秩序的标准和规章，切实有效地维护好旅游市场秩序和旅游者、旅游经营者的合法权益，确保旅游业健康、有序发展。要参照国际惯例制定和完善旅游管理地方法规，健全旅游法制体系，强化日常市场监管和诚信建设措施，严厉查处各种违法违规行为。严格执行三峡旅游的旅游准入条件，建立旅游市场联合执法机制，依法严厉查处旅游开发、旅游经营、旅游服务等旅游市场环节中的违法违规行为。对经营者和从业人员大力倡导诚信经营和诚信服务，加强旅游企业和从业人员信用监督，建立诚信激励机制和失信惩戒制度。此外，还要充分发挥行业协会在规范市场经济秩序中的自律作用，大力推进旅游标准化建设，指导和督促旅游企业全面推行国际标准，分类制定旅行社、导游、景区（点）、度假村、工农业旅游、"农家乐"、旅游车船和旅游接待单位等服务规范和质量标准。

（九）大文化 滋润旅游

巫山旅游还要开发具有高度垄断性的人文旅游资源，打造人文旅游品牌。国家六部委曾把新三峡旅游总体形象定为"永恒的遗产巨变的景观"。巫山最有资格在旅游文化上做好文章。要搞好旅游产品主题概念设计，充分利用巫山人、大溪文化、巫峡两岸各种文物古迹、巫山博物馆等建设文化旅游基地，打造文化旅游精品，深度挖掘巫山的非物质文化遗产旅游资源，如以龙骨坡"巫山人"和大溪新石器文化遗址为代表的远古科考游、以神女峰（溪）为代表的历史文化风光游。要注重巫山非物质文化旅游资源的挖掘开发，为巫山旅游塑精造魂，并将其发展为巫山县有别于三峡沿线区县的标志性旅游产品。

巫山旅游发展，必须采取多种渠道加强旅游人才培养，不断提高旅游行政管理人员的行政能力、旅游企业管理者的经营水平和旅游从业人员的整体素质，以适应旅游业发展需要，发挥市场在旅游人才配置中的基础性作用，建立选拔任用人才的激励机制和发展环境，促进旅游人才的合理流动。

成渝经济区发展的热烈讨论将持续着，但冷静思考也是必要的，特别是不属区内者，自然更应当寻找机遇，这将给它们带来成果的喜悦，基于此，本文的探讨，应当是有一定意义的。

（孔云峰，重庆市巫山县委党校高级讲师。）

关于加快涪江流域生态经济带发展的思考

何洪华

摘要： 涪江经济带是成渝经济区区域经济发展的重要板块和未来发展规划的重点开发区域之一。涪江流域生态经济带发展的功能定位：城市群落集聚地，湿地公园集聚地，休闲旅游集聚地，生态产业集聚地，绿色农业集聚地，环境优美集聚地。加快涪江流域生态经济带发展必须统筹区域发展规划，增强开发建设动力；加强统筹协调，推进区域经济一体化；充分开放合作，积极承接国内外产业转移；加强涪江流域生态建设，创新生态环保新机制；建立涪江流域生态经济带开发机制，统筹推进沿江开发。

关键词： 涪江 经济带 发展

涪江流域的经济社会发展和生态环境的相关性非常紧密，流域覆盖区是成渝经济区区域的中心地带。上中下游产业布局已列入国家 2010 年《成渝经济区区域规划》（以下简称《规划》）。涪江经济带是成渝经济区区域经济发展的重要板块和未来发展规划的重点开发区域之一。因此，加快涪江流域经济发展，处理好涪江流域开发和保护的主要矛盾，做到开发中保护，在保护中开发，走出一条经济发展开发和保护发展与生态建设相互促进的发展生态经济之路，对成渝经济区发展具有广泛的示范性和现实性。

一、涪江流域生态经济带发展的基础条件

（一）发展优势

1. 地理区位优势凸显

涪江发源于四川省松潘县九寨沟县之间的岷山主峰雪宝顶。涪江南流经平武县、江油市西南部、绵阳市、三台县、射洪县、遂宁市等区域，经重庆市潼南县、合川区汇入嘉陵江。全长 700 千米，流域面积 3.64 万平方千米。区域内交通便捷，区位优势突出。绵阳市位于四川盆地西北部，距成都 90 千米，有 4E 级大型民用支线机场——绵阳南郊机场；有宝成铁路、成西高铁（江油至陕西段）、成兰铁路；有成绵高速、绵广高速、绵遂高速、成德南高速（三台段）。遂宁市是四川的第二大交通枢纽城市，已经通车的铁路有：达成铁路和遂渝铁

路，已经规划的铁路有绵遂内自宜城际铁路客运专线；已经通车的高速公路有成都—遂宁—南充—广安，遂宁—重庆，遂宁—绵阳，已在建设和规划的有遂内高速，遂资眉高速，遂宁—巴中高速等，"一环八线"的高速公路网和"七向二十一线"的铁路大通道奠定了遂宁次级综合交通枢纽地位。合川拥三江通航之利，有渝武高速公路及遂渝快速铁路之便，正在修建的兰渝铁路穿境而过。另外，《规划》中成南（遂）渝经济发展带，成绵经济发展带覆盖了涪江流域。

2. 经济发展条件较好

涪江流域中的绵阳、遂宁、潼南、合川2010年地区国内生产总值为1812.73亿元，财政收入为197亿元（具体情况详见下表）。其中绵阳是国家重要的电子信息科研生产基地，西部重要的汽车及零部件中产业集聚区，现有长虹、九州、攀长钢、新华等大中型骨干企业50家。2010年规模以上工业主营业务收入1356亿元。遂宁市是国家生态示范区，全国现代物流示范城市，现有盛马化工、沱牌集团、化润锦华等大中型骨干企业37家，2010年规模以工业主营业务收入507.7亿元。合川是重庆资金技术集约发展的延伸带，现有温州成功集团，香港昌兴矿业控股公司等大中型骨干企业16家，2010年规模以工业主营业务收入180亿元。

表　　　　　　2010年涪江流域市（区）县经济发展情况

市县	面积（平方千米）	人口（万人）	GDP（亿元）	财政收入（亿元）
平武	5974	19.6	19.07	2.24
江油	2719	92.28	156.79	11.78
绵阳	20249.45	544.7	960.2	119.4
三台	2661	147	128.9	7.89
射洪	1497	104	166.45	12.1
遂宁	5326	384.6	495.23	35.6
潼南	1594	95	113	11.3
合川	2356.2	154.45	244.5	40.7

3. 生态资源储备充裕

涪江上游龙门山摩天岭的原始森林连绵无际；平武一带乔木、灌木从山脚延伸到山腰，森林茂密，植被较好。这一地区有大熊猫、苏门羚等珍稀动物。1965年9月经四川省人民政府批准，建立了总面积330平方千米的王朗国家级自然保护区。其矿产资源也较丰富，有煤、铁、铜、锰、金等矿藏。涪江水量丰沛，每年平均径流量180.4亿立方米；水能蕴藏量372万千瓦，污染指标稳定优于国家二级标准，水质达标率保持91%，空气环境质量优良率达94.99%。

4. 生态经济起步较早

涪江流域水资源开发，可以追溯到1000多年前：唐代是一个水利建设的高潮期。唐太宗贞观元年（627），涪江支流凯江上游安县茶坪河上，修筑了折脚堰。同年，安昌河上游右岸黄土镇建成了云门堰。现此堰犹存，总灌溉面积达到4200余亩。唐贞观六年（632），梓潼江上游现绵阳境内柏林乡的扎土堰建成，后来淤废，清嘉庆二年（1797）重建，新中国成立后后又经改建，灌田近千亩。新中国成立后60多年来，涪江流域已有大型水库一座，中型水库20座，小型水库1764座，跨流域输水渠道两条，各种引水、提水工程5000余处，众多的塘、堰工程更如天上群星，熠熠生辉。流域内各种水利工程年供水能力达30亿立方米，有效灌溉面积达600多万亩。涪江干、支流沿线兴建、改建了各类防洪工程数千处，各式防洪堤总长近千千米，仅中下游重点地段堤防就有156.28千米，在上自绵阳下至潼南的100多个河心洲坝上，还修建了防洪救生台102座。众多的防洪救生工程在汛期对沿江数十个城镇、上百万亩农田及众多的厂矿企业提供了极大的保护。

（二）存在的问题

1. 水污染问题突出

2011年7月21日，涪江上游普降暴雨，四川省阿坝州松潘县境内一电解锰厂尾矿渣流入涪江。水务部门监测发现，涪江水质异常，金属含量呈上升趋势。这一突发事件污染直接影响到绵阳、遂宁等县市上百万人口吃水问题。据潼南环保局监测，多年以来涪江主要超标污染物是高锰盐，酸盐指数和大肠菌群其超标率为5%，水质综合污染指数为0.58，属轻污染级。同时，涪江沿线小城镇生活垃圾、生活污水污染严重，绝大部分未经处理直接倒入或流入涪江。

2. 工业污染风险增大

涪江流域正在步入工业化中期阶段，涪江上游主要以冶金、水泥、建材为代表的原材料工业；涪江中游主要以电子、纺织、食品、制革为代表等工业；涪江下游主要以机械、化工、造纸及纸制品业，在未来10年，这些行业仍是水环境和大气污染的主要扩散源，其工业污染的防治任重道远。

3. 河道采砂取石泛滥

随着城市化进程的快速推进，以及涪江流域乡村公路和城镇建设的快速发展，涪江流域近30年来采砂取石现象十分突出，流域内90%的建筑砂石来源于涪江，不仅严重破坏了河道景观，而机械作业及砂石洗选废水的直接排放，使整个流域水体出现浑浊现象。据潼南县环保局监测，在枯水期部分时段，城区取水点水体透明度明显降低，悬浮物、浊度超标现象十分突出。

4. 生态系统功能退化

由于涪江上游生态功能退化，导致涪江水容量在每年的10月份到第二年的5月份，水流量大幅减少。特别是冬春之交属最严重的枯水期，涪江水流量骤减，河水自净能力减弱，涪江流域水体富营养化引发水生态失衡。据潼南环保局监测，目前的水流量与1950年相比，流量减少了大约三分之二。由于水资源减少和捕鱼、钓鱼的泛滥，导致涪江鱼类总量减少了90%。年流入涪江的泥沙总量达到0.86亿吨，每年坡耕地流失表土0.47亿吨。涪江下游土地开垦率高、森林覆盖率低，水土流失较严重。

二、涪江流域生态经济带发展的功能定位

（一）总体思路

以科学发展观为指导，认真贯彻落实《成渝经济区区域规划》，把沿江作为区域经济的增长极、成渝经济主板块、跨越发展的突破口；把绵阳建成涪江流域经济带发展的龙头，遂宁建成涪江流域经济带发展龙心，潼南建成涪江流域经济带发展龙腹，合川建成涪江流域经济带发展的龙尾；遵循市场规律、突破区划界限，调整空间布局、强化功能分区，完善基础设施、改善生态环境，创新体制机制、扩大对外开放，联动推进新型工业化、新型城镇化、农业现代化和生态文明化；把涪江经济带建设成为环境优良的生态湿地走廊，要素聚集的成渝活力之心，特色突出的现代产业高地。

（二）发展目标

坚持科学开发、绿色开发、生态开发、和谐开发，以优化产业结构和转变发展方式为重点，经济发展速度和人均GDP明显高于成渝经济区平均水平，在成渝经济区率先走出一条加快发展、科学发展、又好又快发展的路子，率先实现全面建设小康社会的目标。

经济发展年均增长12%以上。到2015年，区域GDP达到4800亿元以上，人均地区生产总值达到39 000元，规模以上工业增加值超过1500亿元，城镇化率达到52%，万元GDP能耗降低18%，城乡居民收入差距由目前的3.3∶1缩小到2.8∶1。森林覆盖率达到40%以上，空气质量稳定在Ⅱ级，集中饮用水源地表水质全面达标。到2020年，区域GDP达到7800亿元以上，人均地区生产总值达到65 000元，规模以上工业增加值超过3500亿元，森林覆盖率达到50%以上。

（三）空间布局

1. 城市群落集聚地

城市的扩张很大程度上依靠水资源。涪江流域相对长江、沱江、嘉陵江流域而言，地势较平坦，水资源丰富，适应城市的发展。目前分布在涪江及其支流附近的城镇上百个。《规划》支持绵阳、合川发展为100万人口以上的城市，遂宁为区域中心城市。实际上遂宁也可向100万人口以上的城市发展，其他城市包括江油、三台、射洪、潼南也可发展成50万人口以上的重点城市，带动周边地区加快发展。

2. 湿地公园集聚地

《规划》明确了要推进国家级自然保护、地质公园、森林公园、湿地公园建设。涪江流域由于河道较宽，周围地势平坦，流量逐年减少，河道运输功能丧失，比较适合建设湿地公园。绵阳市在城区规划了11座闸坝，拦截形成水面14平方千米；遂宁市利用涪江建成了有3个西湖面积大的湿地公园，形成了城在水中，水在城中的景观。成渝经济区水资源相对匮乏，影响和制约了经济社会发展，建立湿地公园一方面保证农业灌溉和城市用水，另一方面可以打造青山绿水，碧波荡漾的涪江水库或湖泊，增强湿地功能，还可以与发电相结合，发挥起重要的经济效益。为此，《规划》对涪江流域规划了在建五都水库大型水库1个，新规划了开茂水库、张家沟水库、鸳鸯溪水库、玄天湖水库等4个中型骨干水库。为了有效利用水资源，涪江流域还应建20～30个左右的湖泊，打造"千里滨江水岸"。

3. 休闲旅游集聚地

涪江流域有众多的风光景物、名胜古迹，它们把这条江点缀得更加多姿多彩。涪江流域源头有被人们赞誉为"世界上最美的天然公园"——黄龙寺自然保护区，那一带上有莽莽雪岭，下有清泉淙淙，尤以重重叠叠、美如璞玉、明净无瑕、流红荡绿的湖沼蔚为奇观，号称人间瑶池。平武有报恩寺，江油有李白的太白祠、窦圌山，绵阳有西蜀子云亭，遂宁有广德寺、灵泉寺、"中国死海"，潼南有杨尚昆故居、大佛寺，合川有钓鱼城等等。涪江流域的这些风光瑰宝，千百年来吸引着无数观光旅游者，给流域内各地带来了不少的经济效益和社会效益。涪江流域旅游带发展一方面可以借助现有的旅游资源，另一方面结合湿地公园建设，打造几个像"周庄"古镇那样的集古代历史知识与现代人休闲一体的新的景区，并发展游艇休闲产业。

4. 生态产业集聚地

《规划》对涪江流域的区域中心城市发展明确了产业发展定位。其中锦阳是电子信息、科研生产基地，经济区西北部的中心城市和国家科技城。遂宁是精细化工、电子信息、食品饮料、商贸畅流基地，重要的交通节点城市。潼南是川渝合作的示范区，重要发展绿色蔬菜、机械加工、旅游等产业。合川是装备制造、电子信息、商贸物流、休闲旅游基地，西部职业教育城。涪江流域在以上的产业布局上，还应重点发展白酒产业，应把遂宁、潼南、射洪、三台发展为白酒产业基地。

5. 绿色农业集聚地

涪江流域是成渝经济区粮食主产地。《规划》明确要求要积极发展现代农业，在成南（遂）渝发展带建设优质稻、玉米、小麦、马铃薯、大豆、油菜、花生生产基地；在合川、潼南发展蔬菜标准化生产基地；在遂宁发展优质商品猪生产基地；在绵阳、遂宁建立优质生猪良种繁育供应基地；在遂宁建立现代畜牧业示范区；在合川、潼南、绵阳建立池塘优质高产养鱼示范基地；在合川、绵阳建设特种鱼养殖基地。

6. 环境优美集聚地

《规划》在嘉陵江生态带建设中提出，包括涪江沿岸地区，要加强水土流失和小流域综合治理，加快滩涂湿地整治恢复，严格控制污染物排放量，建成重要的生态廊道。同时，要建设王朗国家级自然保护区，建设江油、龙门山国家地质公园，建设绵阳危险废弃物处置中心，妥善处置危险废物和医疗废物。到2015年，城镇生活垃圾无害化处理率达到80%以上。

三、加快涪江流域生态经济带发展的对策与建议

（一）统筹区域发展规划，增强开发建设动力

加快涪江流域生态经济带建设必须规划先行，需要按科学发展观的要求，搞好产业规划、城市规划、生态建设规划。一要制定"涪江流域生态经济带建设总体规划"。在成渝经济区区域规划的基础上，争取四川省和重庆市政府联合制定涪江流域综合开发规划。建议由四川省发改委和重庆市发改委牵头，绵阳、遂宁、合川、潼南、铜梁等地方政府参加，制定出与国家"十二五"规划和成渝经济区区域规划相衔接的"涪江流域生态经济带建设总体规划"，明确近期、中期、远期发展目标。二要搞好主导产业的专项目规划。结合涪江流域经济发展实际，编制区域内工业、农业、商贸、旅游等产业发展专项规划，城镇、水利、交通、能源、生态、环保等基础设施建设专项规划，教育、文化、卫生等社会事业发展的专项规划；精心编制项目，明确实施步骤，划分实施阶段，建立严格的规划落实机制，共同形成涪江经济带的综合发展战略。三要搞好地方政府发展规划。沿江市（区）县政府要结合《成渝经济区区域规划》和"涪江流域生态经济带建设总体规划"，制定出本地发展规划。

（二）加强统筹协调，推进区域经济一体化

按照"发挥比较优势，整合带内资源，坚持错位发展，争创新的优势"的要求，加强区域内协调，打破行政区划界限，建立既分工明确又相互依存的区域市场体系，运用市场机制，促进各种生产要素和优势资源合理流动，大力推进区域经济一体化。一是基础设施一体化，坚持统一规划，全面对接，做到互联互通，共享共用。二是环境保护一体化，坚持流域内环保标准统一，治理河道措施统一，污染治理共同推进，两岸植树造林景观建设统一。三是旅游开发一体化，整个流域内旅游资源，做好景点、线路的对接延伸，构建无障碍旅游区。四是信息资源一体化，推动流域内信息网络统一平台建设，实现信息资源的互通共享。五是产业布局一体化，立足各自比较优势，明确分工，错位发展，形成特色突出，整体融合的区域产业发展格局。六是招商引资一体化，避免产业雷同引起的地区间恶性竞争，减少资源浪费。

（三）充分开放合作，积极承接国内外产业转移

把承接产业转移作为推进涪江流域生态经济带建设发展的重大举措，发挥流域内比较优势，找准承接方向，打造承接载体，优化承接环境，努力把涪江生态经济带建成成渝经济区产业转移的重要承接地。一是加强与关中—天水经济区合作，推进绵阳、遂宁、潼南、合川向纵深发展，努力承接高新技术产业的转移。二是加强成绵经济带和成南（遂）渝经济带融合，努力承接成渝产业转移。特别是潼南、合川，要加强与重庆两江新区合作，努力构建电子、计算机等新兴产业。三是加大与南（宁）贵（阳）昆（昆）地区合作力度，大力开拓贵州、昆明、南宁等市场，构建面向西南五省市的物流基地。四是构建成都、绵阳、遂宁三角经济区和遂宁、南充、广安三角经济区，努力促进区域产业对接、市场融入、科技合作、人才交流和项目合作新机制。五是强化合川、潼南融入"重庆1小时经济圈"，促进涪江下游经济进入快车道。

（四）加强涪江流域生态建设，创新生态环保新机制

坚持环境保护和生态培育优先原则，建设资源节约型和环境友好型的生态经济带。一是加强生态工程建设。要实施限制开发，严格管治策略，划定涪江蓝线，外围山体绿线和划定宜建区、适建区、禁建区，坚决限制发展有污水排放的项目。规划建设一批自然保护区、重要生态功能保护区、生态示范区、森林公园和风景名胜区。二是加强涪江沿线环保设施建设。突破行政区域界限，按照区域发展与环境、资源相协调的原则，推动设施建设与营运市场化，加强流域内市政公用设施规划建设；要把区域内污水、垃圾、危险品废弃物等集中处理的设施建设和营运经济列入地方财政预算，给予足额补贴。三是防治水污染。抓好涪江流域污染源的综合治理，严格控制新建增加污染的项目。四是治理大气污染，重点加强遂宁、潼南等精细化工业的污染排放检查力度，减少大气人为污染。五是治理农业面源污染。引导流域内农业合理施肥、用药，积极推广秸秆还田及综合利用，鼓励推广应用降解膜和农膜回收利用，加快规模化畜禽养殖污染治理进度，加强农业面源治理。六是治理河道，加强对河道的河沙和沙石的开采管理力度。

（五）建立涪江流域生态经济带开发机制，统筹推进沿江开发

建立严格的规划落实机制，共同形成涪江经济带的综合发展战略。一是要建立健全高层次的协调组织机构。建议由绵阳市牵头，成立遂宁、合川、潼南、铜梁等市（区）县联席会议制，解决跨区域间的有关重大问题。在此基础上，建立一个涪江流域生态经济带的管理机构，便于对一些重大问题进行研究、协调、规划，有效制定共同发展的区域政策和措施，妥善解决区域内各市、区、县之间出现的矛盾，保证各项规划落到实处。二是要建立利益协调机制。要按照"政府引导、市场推动、沟通衔接、全面推进"的运行机制，以市场为导向，铲除区域合作的各种障碍，打破地区封锁的格局，消除不合理的行政干预和区域内的市场壁垒，统一规划经济带内工业制品，农产品质量标准、检验检测标准和认证标准，互相认同对方的鉴定结果，促进商品自由流通。三是鼓励建立区域性行业组

织，指导本行业协作与配套发展，规范行业自律行为，推动跨地区交流与合作。当前特别是要成立水上交通执法大队，生态林业执法大队，河流资源保护与开发执法大队，加强对全流域水资源、环境的监测与管理。

（何洪华，中共潼南县委党校副校长，高级讲师。）

关于加强成渝直线联盟
旅游整体开发合作的思考

柏才慧

内容提要： 成渝复线（直线）高速公路是成都和重庆之间一条最短的快速通道，沿线的大足县、安岳县、璧山县、简阳市、乐至县、龙泉驿区、双桥区7区（市）县组成的"成渝直线经济联盟"，将会聚集成渝两地之间人流、物流和产业，促进该区域跨越式发展，缩小区域差距，打造成渝经济区的重要增长轴，推进成渝经济区一体化建设。本文分析了成渝直线联盟旅游资源状况，提出了加强成渝直线联盟旅游整体开发合作对策建议：整合资源，统一规划；精制线路打造品牌；整体宣传，捆绑营销；信息互动，加强合作；完善设施，强化服务。

关键词： 成渝直线　旅游资源　整合开发

随着《成渝经济区区域规划》获批，成渝复线（直线）高速公路开工建设，从成都到重庆只需要2个小时。这条直线高速公路，全长约210千米，比现有成渝高速缩短89千米，比成遂渝高速缩短40多千米，成为成渝间最直、最短的高速公路，"几乎在成都与重庆之间画了一条直线"。2011年4月29日上午，由成渝直线高速公路沿线的璧山县、大足县、安岳县、简阳市、乐至县、龙泉驿区、双桥区7区（市）县组成的"成渝直线经济联盟"在重庆大足成立并召开首次联盟大会，共商直线经济走廊融合发展之策。沿这条干线的大部分区县因过去交通发展相对滞后，相比其他成渝通道沿线区县来说，经济发展相对落后，该区域总体上属于经济社会发展欠发达的相对集中区。胡锦涛总书记"七一"讲话提出："要坚定不移走共同富裕道路。"重庆市委三届九次全会提出："要缩小三大差距，促进共同富裕。"就是要缩小区域、城乡、贫富差距，走上共同富裕之路。正在建设中的成渝直线高速走廊，是今后成渝两地之间人流、物流的重要轴线和产业发展的黄金带以及成渝经济区的重要增长轴，沿线的区（市）县将直接受益，经济将会取得长足的发展，该区域和其他地区的差距会逐渐缩小。

一、成渝直线联盟旅游资源的状况

成渝直线联盟中七个区市县旅游资源丰富，类型多样，具有整体开发合作的基础。成渝经济带地形地貌复杂特殊，历史文化悠久，民俗特征鲜明，使得这一带无论是自然景观还是人文景观的旅游资源都独具特色。重庆—璧山—双桥—大足—安岳—乐至—简阳—龙泉驿—成都，一条历史文化游的旅游路线呼之欲出。

巴岳山位于大足、铜梁、双桥区交界处，同时与璧山相连，雄奇壮观，云雾缭绕，茶果飘香，系重庆市十二景点之一；著名的巴岳"八景"天然而成，颇为壮观。它异石绝岩，山峦叠嶂，三十五峰，挺拔高峻。登临绝顶，俯视东西，五彩原野，尽收眼底。

缙云山位于沙坪坝区和璧山县的交界处，是国家级自然保护区，山间古木参天，翠竹成林，环境清幽，景色优美，素有"小峨眉"之称，是观日出、览云海、夏避暑、冬赏雾，饱览自然风光的最佳去处。

地跨大足与双桥区的龙水湖景区，地处山峰层叠、景色秀丽的西山（巴岳山）麓下，延绵约10千米。湖区港汊纵横，有姿态各异的108个岛屿点缀其中，湖光山色、水天一线，西山森林翠绿、风光秀丽、群鹤飞舞、嬉水湖心，岛山苍松翠绿，绿树掩映，还有白鹤、野鸭、鸳鸯等20多种珍禽栖息于岛上，一派野趣盎然的天然风光，被誉为"大足西湖"。龙水湖景区经过多年发展，水利旅游已成规模，形成了集吃、住、行、旅、购、娱、团体会议为一体的自然旅游景区。

大足、安岳石刻资源丰富，从历史区域沿革、人文民俗、宗教信仰、传承路线上，从造像时间、题材、内容上看大足石刻与安岳石刻都是紧密联系的，前后影响，发展创新的关系。两区域积极融入川南渝西旅游路线，已经达成共识共享客源、共同促销和包装旅游精品线，联合打造唐宋石刻艺术国际精品区。

乐至的陈毅故里景区、报国寺景区、蟠龙湖度假休闲旅游区，大大丰富了旅游的内涵与意义，其中陈毅故里为全国重点文物保护单位、全国爱国主义教育基地、全国红色旅游经典景区，目前正倾全县之力打造国家AAAAA级旅游景区。

"两湖一山"旅游区将简阳与龙泉驿区的旅游资源联系到了一起，二者地缘相连，共有龙泉山、共享龙泉湖，共同整合龙泉山、龙泉湖及其周边区域的自然、人文旅游资源。两区县将联手打造交通便利、景观优美、富有特色的龙泉湖区域。景区依托山水生态，川西民居民俗蜀文化、洛带客家文化，龙泉桃花节等成为精品旅游区。景区既有自然旅游资源，又有人文旅游资源、产业旅游资源；既有浓厚的蜀郡文化遗韵，又有鲜明的现代文明气息；既可以观花赏果，也可水上游乐。

只有通过构建"成渝"直线经济带旅游合作区，整体打造旅游，才能充分利用好这些旅游资源，提升成渝直线的影响力，促进区域发展。

二、加强成渝直线经济联盟旅游整体开发合作的思考

联盟旅游资源目前在一定程度上还表现出"小、散、差、弱"状况，存在

成渝两地行政割据的现状，资源没有得到充分的整合，重复建设比较严重，各景区各自为政，旅游宣传单打独斗，缺少协调配合，缺乏成熟的旅游品牌与有效的对外宣传，也没有一个统一的旅游整体形象与品牌，市场竞争力相对不足，区域旅游互动协调不力，"大市场、大格局、大旅游"特征不明显。

加强成渝直线经济联盟旅游整体开发合作，应从以下几个方面考虑：

（一）整合资源，统一规划

联盟旅游资源丰富，类型多样，具有整体开发合作的基础。整体规划联盟旅游发展，策划设计优势互补、互惠互利的区域旅游线路，整合资源，既分散发展，又统一招商，促进联盟策划旅游大项目。在保持各自优势和特色的前提下，联盟建立组织机构和规章制度来协调内部旅游业发展。鼓励有条件的地区在尊重市场经济规律和旅游业发展规律的前提下，大力发展旅游业。积极建立协调机制特别是组织机构，如联盟旅游发展办公室，共同研究制定区域旅游发展战略和市场开发营销策略，建立区域旅游协作网络，共同构建区域旅游大市场。大力加强区域间的文化交流与合作，共同营造浓厚的区域文化氛围，提高区域的文明程度。

联盟旅游以开发建设为契机，生态环境保护和建设为基础，深度挖掘山水文化、花果文化、历史文化、宗教文化、巴蜀民俗文化等旅游资源，打造成西部乃至全国有知名度、美誉度的观光旅游、生态休闲度假旅游、佛教文化旅游、生态农业旅游、车旅游、运动旅游、教育旅游等综合化、深层次、高品位、多样化的旅游精品线，共同研究制定区域旅游发展战略和市场开发营销策略，建立区域旅游协作网络，共同构建区域旅游大市场。

（二）精制线路，打造品牌

目前旅游业的竞争正在由最初的资源竞争过渡到品牌竞争，强势旅游品牌已经成为吸引旅游者的有力武器。因此，联盟旅游在开发时，应在整合优势旅游资源和产品的前提下，加强旅游品牌的策划和运作，把联盟的精品、亮点，根据不同游客的不同需求有机地串起来，安排好旅游线路，做好特色旅游品牌，吸引游客来联盟旅游。联盟中的7个区（市）县有"桃花故里"、"水蜜桃之乡"的龙泉驿，和"两湖一山"的简阳，有"元帅故里"的乐至，有"中国柠檬之都"、"中国佛雕之都"的安岳，有"世界级具有震撼力的文化旅游精品"的大足，"有山水园林城市"的双桥，有"巴渝名区"璧山，有"红色革命圣地"的白公馆和渣滓洞等知名旅游品牌。建议捆绑营销已有的旅游品牌，如安岳可与大足石刻捆绑经营"世界文化遗产"，携手打造国家级、世界级石刻、生态、人文旅游精品环线，共创立足西部面向全国的旅游品牌。

（三）整体宣传，捆绑营销

成渝直线经济联盟理应统一包装宣传，捆绑营销。可在机场、火车站、高速公路、旅游快通道以及主要旅游节点等区域，设置联盟统一旅游形象标识和宣传口号，提升联盟旅游区的知名度和吸引力。我们还可在成渝两个特大城市和各个城市的旅游咨询服务中心增设成渝直线经济联盟七区县旅游窗口，向游客推介宣传成渝直线经济联盟七区县的旅游资源。除此以外，要充分发挥各地新闻媒介的作用，加强成渝直线经济联盟七区县的旅游宣传，打破目前按行政区划对外促销的传统做法，按旅游市场规律、旅游线路组合的要求重新整合资源，统一对外促销，树立整体形象，捆绑营销已有的旅游精品，如安岳可与大足石刻捆绑经营"世界文化遗产"，携手打造国家级、世界级石刻、生态、人文旅游精品环线，共创立足西部面向全国的旅游品牌。

（四）信息互动，加强合作

现代生活离不开信息，有关旅游信息对游客来说显得非常重要。诸如旅游产品介绍，天气情况以及游客需要知道的其他情况，这些是让游客游得舒心，游得安心，游得放心必不可少的信息。因此，成渝直线经济联盟一方面要加快旅游信息化建设步伐，充分利用互联网及时掌握旅游者的各类需求，将散布在各城市的零散信息进行有机整合，以便能更加系统地向广大游客提供各类信息，提供个性化的服务；另一方面要充分利用互联网的强大交互功能，在旅游者和旅游管理部门、旅游企业之间建立更为密切的互动关系，特别是要加强城市之间的合作，如加强城市旅游网站相互链接、开辟周边城市旅游专题、城市之间进行网上相互推介等，以增强地区的整体吸引力。

因此，必须加快联盟信息网络基础设施建设，消除数字鸿沟，建设无障碍信息基本设施。以体制突破为重点，建设联盟一体化信息网络。以有线电视、电信业务和计算机网络业务三网联盟一体为重点，推进区域信息网络基础建设与共享。以相邻区市县融合为突破，通过网络扩散与辐射，实现整体一体化融合。以联盟共建社会经济发展信息、资源信息、就业信息、商贸物流等平台，充分发挥信息化在提升传统产业、增强联盟创新能力、丰富网络文化等方面的作用，建设成渝经济区信息化建设一体化示范区域。

（五）完善设施，强化服务

发展旅游业，基础设施建设是关键。成渝直线联盟要加快交通基础一体化建设，加强旅游交通网络建设。成渝两地交通网络，正日益完善，除了现有的两条高速公路外，正在开建成渝直线高速公路，预计2012年底通车，到时，重庆到成都只要2个多小时。另外，还规划了一条高速客运铁路，建成后，重庆到成都的车程将被缩短至1个小时，助推了成渝两地及沿线各区县旅游经济的发展。基础设施建设合作是地区间实现高效互联互通的有效手段，而交通的畅通是强化区域合作的重要前提。因此，成渝直线经济联盟内各区市县应结合本地区实际情况，重点加强在交通等重大基础设施建设上的合作，实现区域联动、资源共享。在争取重大项目和产业发展上要发挥集聚效应，形成合力，打造优势互补、合作配套、共同发展的产业格局。加快直线与成都、重庆各环线对接，形成一线多接点的成都、重庆直通格局。加强直线内各区市县对接公路建设，形成内部通畅的交通体系。优化布局直线联盟公路场站，形成满足经济发展和人民生活需要的交通接点系统。

在联盟基础设施建设上，各级政府应发挥导向作用，利用政府投资和参股方式，引导基础设施建设，避免过度商业化和无序操作，积极引导联盟内路网、电网、水网、气网、信息网、生态环保网等基础设施的联网建设。联盟内基础设施运营阶段，各级政府应成为运营市场的管理者和监督者，保证基础设施市场化良性运营。从整体上规划区域交通战略设施的布局，加强区域内公路、铁路等各种运输能力之间的协作与分工，尽快形成互联式、一体化交通网络体系。不断完善旅游景点服务设施、调整饭店结构、改善景点卫生状况，强化服务意识，增加服务内容，提供诚信优质的服务，提高旅游综合服务水平。

参考文献：

[1] 洪银兴，刘志彪. 长江三角洲地区经济发展的模式和机制 [M]. 北京：清华大学出版社，2003.

[2] 桑秋，修春亮. 都市圈政策浅析 [J]. 城市发展研究，2003（4）.

（柏才慧，中共大足县委党校副校长、高级讲师。）

对成渝两地所属区、县
进行产业结构调整的几点思考

费良钢

摘要： 经济结构调整是"十二五"规划的主要任务，成渝两地区、县产业结构调整在统筹城乡发展、打造国家重要经济增长极有其重要的意义。通过对成渝两地区、县产业结构现状、问题的分析，提出了理念先行，加快调整区、县产业结构和立足本区、县实际，围绕"特色"做文章等意见，并从市场带动、政府促动、行业协动、公司拉动、农户自动等几个方面着手，进行农业产业结构调整。

关键词： 成渝两地　产业结构　调整　对策

"十二五"规划中提出，我国未来五年的经济建设要以加快转变经济发展方式为主线，以进行经济结构调整为主要任务。重庆目前有 40 个区县，具有大城市带大农村的显著特点，成都也有 17 个区县。而区县经济是成渝经济的基石，产业结构调整是成渝区县经济发展的必由之路，也是实现成渝两地转变经济发展方式，推进成渝经济区建设，实现成渝两地经济互补，打造国家重要经济增长极，实现城乡统筹的基础和必要措施。

一、产业结构调整在统筹城乡发展过程中的重要意义

经济发展的过程实际上就是一个产业结构不断调整的过程，只有在经济发展的过程中有效调控产业结构的发展变化，才能产生适应经济发展规律的产业，才能将经济做大做强，达到工业反哺农业，城市反哺农村的条件，最终实现统筹城乡发展。

首先从增加农民收入角度来看，长期以来，成渝两地农民收入主要依靠农业生产与打工获得。由于成渝两地区、县农业产业化程度不高，二、三产业不够发达，农民工缺乏专业技能的现实问题，造成了农民收入增长困难。因此只有实行有效的产业结构调整措施，才能进一步打破城乡壁垒，加速资源、资金、人才、科技等元素在城乡间的自由流动，使成渝两地区县经济以较快的速度发展壮大起

来，较快地增加农民收入。

其次产业结构调整是转移剩余劳动力，实现城乡一体化与新农村建设的基础。随着成渝两地城镇建设的加快发展和各种园区的开发，失地农民不断增加，因此，增加就业岗位，扩大就业，使失地农民走上新的工作岗位，是保证社会稳定，人民安居乐业的一个重要问题。同时，新农村建设与城乡一体化需要强大的产业作为支撑。目前成渝两地区、县农业基础设施薄弱、农村社会事业发展滞后、城乡居民收入差距较大的问题依然突出，一个重要的原因就是成渝两地许多区、县尚缺乏强大的产业支柱，尤其农村产业素质不高、结构不尽合理的问题突出。只有进一步调整和优化产业结构，使现代农业、工业、第三产业协调、健康发展，才能拓宽农民就业和增收渠道，促进农民持续增收；才能积累资金加强农村基础设施建设，改善新农村建设的物质条件；才能改变农村收入结构、就业结构，推动农村现代化和城乡一体化，改变农村生活方式；才能就近转移农村剩余劳动力，推动农业用地、农村人口居住的适度集中。"仓廪实然后知礼节，衣食足然后知荣辱"，要建设"生活宽裕、乡风文明、村容整洁、管理民主"的社会主义新农村，产业结构调整是基础。

二、成渝两地区、县产业结构现状及问题

（一）产业规模小，龙头企业带动力差

在成渝两地区、县的第一、二产业中，都存在着这一问题。从总体来看存在经营规模不大，企业管理水平不高，产品销售受市场影响大等问题。工业方面工业总量小，企业规模小，龙头企业不"龙"。由于企业规模小，对工业经济起支撑和带动作用的龙头企业少，制约了规模经济和产业集中度的提高，导致企业的市场竞争能力、应变能力、抵御风险的能力低下。

（二）产品科技含量低，缺乏品牌竞争力

成渝两地区、县企业经营管理粗放，企业人才缺乏。多数企业经营观念落后，缺乏应有的市场竞争意识、投入产出意识、现代管理意识和人才意识，缺乏科学的管理机制，在一定程度上增加了企业发展的风险。企业普遍存在经营管理人员、市场营销人员和专业技术人员缺乏问题。大量企业没有设立独立的技术部门，没有专门的技术进步或产品开发计划和科研经费，技术创新意识不强。并且区、县规模企业中仍有不少是原始资源的开发利用，多数产品是对原材料的简单加工，以初级制成品的形式直接面向市场销售，缺乏加工增值能力，产品附加值低。少数工业产品优而不名、强而不大，在市内一定范围内有知名度，但没有在全国市场上叫得响的知名品牌，这就限制了区、县企业难以做大做强。企业整体技术水平低，高新技术产业和高新技术企业少，缺乏核心竞争力。

（三）土地流转难，企业融资难

产业要发展，首先需要获得土地作为基础，提供土地也已成为农民的重要增

收方式，但是区、县目前还没有专业的土地流转中介服务组织，没有形成农村土地流转管理机制，供求都存在困难，不但限制了我区产业发展与农民增收，还造成了企业与农户之间的一些矛盾。

资金短缺，企业融资困难是区、县产业发展的另一个瓶颈。首先是由于目前银行方面逐渐加大防范金融风险的力度，大部分中小企业达不到授信标准，又缺少有效抵押和担保，导致企业从银行这个渠道融资越来越困难；其次是政府缺乏协调银、企之间合作的有力手段，对民间闲置资金的挖掘、利用不够；再次是部分企业经营不善，亏损严重，丧失还贷能力，加之信用缺失，导致银行信贷风险居高不下。三方面的问题造成了企业融资的恶性循环。同时企业在发展过程中，自身积累能力和造血功能差，仅依赖于银行贷款输血维持生产经营，一旦银行停止贷款，企业即面临运转困难，更谈不上进行技术改造和新产品开发。

三、对成渝两地区、县产业结构调整对策的思考

（一）理念先行，加快调整区、县产业结构

产业结构调整和优化，首先是人自身的调整和提升，只有在自身观念、思维方式等方面发生变化的基础上，才能准确地把握经济发展的内在规律，适应市场变化，做出正确决策。因此，成渝两地政府应根据本区、县的实际情况，制定适合本地区产业发展的产业政策，引导本区、县产业向朝阳型产业和能充分解决就业问题的劳动密集型、技术密集型产业发展，并在财政、税收等政策上给予扶持，制定具有实际操作性的政策，降低准入门槛，鼓励全民创业，并为其提供信息、法律、技术、人才等方面的服务。正确发挥政府的调控功能，促进本地区产业结构调整稳定、有序、健康地进行，推动本地区经济良性循环，最终实现经济结构调整的发展目标。

（二）立足本区、县实际，围绕"特色"做文章

首先，从区、县工业看。工业是一个地区经济发展的支撑、基础和保证，没有工业的发展就谈不上反哺农业，实现统筹城乡发展。在转变经济结构发展方式过程中，成渝两地区县应大力发展高新技术产业和环保型产业，淘汰污染型和能源浪费型产业，加大对中小企业及属于劳动密集型的制造业的扶持。因为从成渝两地区、县的实际情况来看，尚有大量的农村劳动力在统筹城乡发展的过程中要转移出来，如重庆在三届九次全委会上提出，到2015年要实现农民工等转户进城500万人，而他们的就业问题需要通过大量的中小企业吸纳农民工来解决，否则必然会造成社会问题，影响经济建设稳定、健康发展。并且成渝两地区、县本身具备发展制造业的空间和优势，即拥有合法用地空间和较低的劳动成本；制造业本身也是我国在国际竞争中的一个竞争力较强的行业。同时区、县应加大出口配套企业扶持力度，改变西部地区出口额占工业总产值份额较小的态势，为扩大出口奠定坚实的基础。

其次，从成渝两地区、县农业发展角度看，各个区、县都有自己的特点，要根据自己的地理条件，农产品特点，优势产业来发展。同时在发展农业产业时，应注意以下几个问题：

1. 市场带动

在社会主义市场经济条件下，市场是社会资源配置的主要方式，我们应尊重市场经济的价值、价格、供求等规律，让市场这只"看不见的手"充分发挥其作用。成渝两地政府应克服计划经济时代遗留下来的思维惯性，找准自己的定位，明确"有所为，有所不为"的原则，将直接管理和微观管理真正地转到服务和宏观调控上来。大力培育相关市场，营造城乡一体化要素市场。以市场为主，带动区、县农业产业结构的调整和优化。

2. 政府促动

在尊重市场的前提下，成渝两地政府应根据区、县的实际情况，制定适合本地区农业产业发展的产业政策，引导本地区农业产业向效益型、科技型、市场化产业发展，并在财政、税收等政策上给予扶持，制定具有实际操作性的政策，鼓励农民向规模化、集约化发展，并为其提供信息、法律、技术、人才等方面的服务。正确发挥政府的调控、导向功能，促进区、县农业产业结构调整稳定、有序、健康地进行。

3. 行业协动

行业协会是沟通市场主体与市场客体、市场主体与政府部门之间的纽带与桥梁。在市场经济条件下，农村行业协会作为中介组织对农村经济的促进和发展有着十分重要的作用。农村行业协会对农户在组织、技术培训、法律咨询、饲料采买、市场联系、产品销售等方面起到了相当大的作用，它可以使农户不但学习到经营知识，而且提高技种植技术，扩大种植规模，还降低了成本，获得了更多的市场收益。

因此成渝两地区、县各级政府应在培育、发展、扶持行业协会方面下大力气，使区、县有关行业协会健康、快速发展，从而有效地协动区、县农业产业发展。

4. 公司拉动

"公司＋农户"的生产经营模式是一种有利于扩大农业产业规模，提高农业生产集约化、专业化程度的成功模式，它对于加快农业产业结构调整，带领和引导农民脱贫致富有十分积极的作用。因此，成渝两地区、县各级政府应加大对农业龙头企业的培育和扶持，在政策、税收、技术等方面予以大力支持，用改革开放初期的劲头和精神来引导龙头企业。针对各地区实际情况，在特色农业上培育和打造龙头企业，使其能较快地做大做强，从而带动和影响周边农业结构调整，加快农民增收致富的步伐，为最终实现统筹城乡发展打下一定的基础。

5. 农户自动

成渝两地是新农村建设和统筹城乡发展的先行区。而在新农村建设和统筹城乡发展过程中既要有外部条件和环境，即工业反哺农业，城市带动农村，同时又要注重内部原因，即农民主观能动性的充分发挥。如果没有农民的积极参与，主动配合，而只是消极地等待和观望，甚至还因某些原因造成阻碍的话，统筹城乡发展与新农村建设是很难实现的。因此成渝两地政府在统筹城乡和新农村建设发展过程中，应切实做到以农民为本，认真考虑农民的现实需要，充分尊重农民意愿，讲究工作方法，把农民的利益放在首位，加大舆论引导，开展多方面的市场培训和技术培训，高度重视区、县专业技术人员，提升他们的地位和待遇，组织专业技术人员队伍，开展"送理下乡"、"送技下乡"活动，帮助区、县农民在头脑中逐步树立起商品观念和市场经济观念，掌握一定的现代农业经济知识和生产技术，主动调整自己的生产经营结构，从传统农业生产向现代农业生产经营转变，从传统农民向现代农民转变。因而可以这样说，只要农民的主观能动性充分发挥，新农村建设和统筹城乡发展的目标就并不遥远。

总之，作者认为，要推动成渝经济发展，打造国家重要经济增长极，实现城乡统筹，就必须从根据"十二五规划"精神，从调整区、县产业结构着手，结合地区特点，创新思维，合理布局，携手共进，互帮互助，从而达到双赢之目的。

（费良钢，中共北碚区委党校高级讲师。）

政府调控与市场调节的
成渝经济区合作模式

王兴庚

[内容提要] 国务院批复的《成渝经济区区域规划》（以下简称《规划》）明确了成渝经济区发展的近期目标和远期目标：到 2015 年，建成西部地区重要的经济中心；到 2020 年，成为我国综合实力最强的区域之一。依据《规划》，成渝经济区的战略定位是：建成西部地区重要的经济中心、全国重要的现代产业基地、深化内陆开放的试验区、统筹城乡发展的示范区和长江上游生态安全的保障区。成渝经济区的合作应该是"政府调控与市场调节"相结合的模式。政府调控的范畴主要包括区域内基础设施的建设等方面，其余应由市场去协调。

[关键词] 成渝 经济区 合作 模式

一、"政府调控与市场调节"的成渝经济区合作模式

成渝经济区包括重庆市 31 个区县和四川省 15 个市，经济区规划人口近一亿，是我国重要的人口、城镇、产业聚集区，自然禀赋优良，交通体系完整，人力资源丰富，在我国经济社会发展中具有重要的战略地位。在新形势下加快成渝经济区发展，对于深入推进西部大开发，促进全国区域协调发展，增强国家综合实力，具有重要意义。要深化改革，扩大开放，优化空间布局，推动区域一体化发展，推进统筹城乡改革，提升发展保障能力，发展内陆开放型经济，构建长江上游生态安全屏障。

然而，要实现这一战略定位，单纯的政府调控模式或完全的市场调节模式都不能实现区域的合作。在市场经济条件下，市场调节取代政府调控上升为主导地位，但仍然需要政府进行调控。政府调控职能就是通过宏观政策的指导，修正市场秩序和资源配置，避免市场可能出现的盲目性及不公平竞争现象，引导市场朝着更有效的方向发展。

成渝经济区域合作模式应该是在形成利益互动协调机制的基础上开创更为规范、更为紧密的长期合作局面，加快成渝经济区社会、经济和环境的整合，通过

基础设施建设等一体化，实现成渝经济区整个区域的一体化。因此，成渝经济区作为成渝两地行政主管部门在合作模式上应该是"政府调控与市场调节"的模式，即通过政府统筹、市场调节来解决这一区域共同关心的问题，协调区际利益关系，促进区域经济持续、快速、协调发展。所谓政府调控，即是中央政府、成渝两地省市级政府及其所辖的地方政府，对市场无法解决的问题通过宏观调控的手段进行统筹解决；所谓市场调节，即是通过市场这个无形的手自行调节区域内经济社会的发展，让市场成为协调的主体。

为充分发挥成渝经济区的整体优势，经过多年的努力，成渝经济区不断拓展合作领域，努力创新合作形式，积极探索合作经验，区域合作机制逐步形成。重庆和四川积极打破行政区划束缚，先后签署了《关于推进川渝合作共建成渝经济区的协议》、《川渝毗邻地区合作互动框架协议》以及《川渝交通合作框架协议》、《推进产业分工、打造川渝工业经济区备忘录》等11个具体合作协议（备忘录），建立了多层次的协调机制，初步形成了比较完整的区域合作机制体系。自2004年开始，两省市分别成立成渝经济区区域合作领导小组，主要负责决策方针政策、发展规划、合作项目等重大问题，每年进行一次高层互访，共同召开合作论坛和区市县长联席会议，推进沿边合作试点，对成渝经济区建设和发展起到了明显的推动作用。

《成渝经济区区域规划》通过后，区域合作已经步入新阶段，政府调控与市场调节的合作模式是协调成渝经济区经济社会发展的总体模式，需要建立和完善更为具体的成渝区际政府协调模式、区域产业协调模式、区域生态环境协调模式、区域公共产品与公共服务协调发展模式等专门模式。

二、成渝经济区"政府调控与市场调节"合作的范畴

（一）政府调控合作的范畴

1. 统筹成渝经济区城镇体系的空间布局

一个城市的性质、规模、功能往往会对周围城市产生持久而深刻的影响，从这个意义上讲，一个城市究竟该如何发展，发展到多大规模，不全是该城市自己的事，而必须与周边区域的城市协调起来，否则各城市都不能得到健康的发展。可以说，协调区域发展首先是要协调城市的空间布局。按照《成渝经济区区域规划》城市的空间布局要求，政府必须统筹好"双核五带"的建设：重庆发展核心，包括重庆主城九区，打造国际大都市；成都发展核心，包括成都五城区等，打造高度国际化的大都市。成渝经济区沿长江发展带：以主城区为中心，长江黄金水道、公路、铁路为纽带，重点推进岸线开发和港口建设，集聚冶金化工、装备制造、新材料、清洁能源、轻纺食品、商贸物流等产业；加快城镇发展，加强环境保护和生态建设，建成长江上游重要的产业和城镇集聚带。成绵乐发展带：以成都为中心建成具有国际竞争力的产业和城市集聚带。成遂渝发展带：以兰

渝、渝遂铁路，成南、渝遂、渝南高速公路，嘉陵江为纽带，重点发展机械制造、轻纺食品、油气和精细化工，大力发展商贸物流，积极发展特色农业，培育连接双核的新兴经济带。渝广达发展带：以襄渝、达万铁路和渝达、渝宜高速公路为纽带，重点发展天然气及盐化工、机械制造、冶金建材、轻纺食品，大力发展商贸物流和特色农业，加强跨区域分工协作，建成东北部重要的经济增长带。成内渝发展带：以成渝铁路和成渝高速公路为纽带，重点发展电子信息、精细化工、新型建材、轻纺食品、装备制造、商贸物流等支柱产业，积极引导产业与人口集聚，建成连接双核的重要经济带。

《规划》还列出区域性中心城市 20 个，其中有四川德阳、绵阳、眉山、资阳、遂宁、乐山、雅安、自贡、泸州、内江、南充、宜宾、达州、广安 14 个区域性中心城市，而重庆则为万州、涪陵、长寿、江津、合川、永川 6 个区域性中心城市。

按照这一空间布局，政府的统筹调控功能就是鼓励城市竞争性合作，错位发展，提升城市的生产和服务功能，支撑核心的核心地位，传递辐射功能，带动区域整体发展。同时，引导人口合理分布。根据区域总体布局各功能区的发展定位，结合生态环境保护的要求，明确各区域的人口增长导向。鼓励人口向沿江、沿路地区集聚和转移；积极鼓励具有重要生态保护价值地区的人口逐步向外迁移。

2. 统筹成渝经济区交通、通信、电网、天然气管网等基础设施建设布局

政府投资主要用于关系国家安全和市场不能有效配置资源的经济和社会领域，包括加强公益性和公共基础设施建设，保护和改善生态环境，促进地区经济和社会发展。因此，对交通、通信、电网、天然气管网等公共基础设施建设布局政府应统筹安排，共同推动铁路、公路、航运、电网、天然气管网等基础设施的对接，促进形成互联互通的基础设施体系。

《规划》中提出，提升重庆江北、成都双流枢纽机场功能，规划建设重庆江北机场第三跑道和东航站楼，研究论证成都第二机场及配套工程规划建设问题；加强万州、绵阳、乐山、泸州、南充、宜宾、达州支线机场建设，提高机场保障能力；加强区域内城际轨道和城市轨道交通的规划建设，重点建设成渝、渝万、成绵乐客运专线，从而形成一个重庆成都时空距离更短的通道。这样，作为"双核"的重庆和成都就可变成一个巨大的增长轴，形成更强大的辐射力和带动力。

统筹铁路大通道建设，构筑以重庆、成都为枢纽，成兰、兰渝、成都—马尔康、成都—康定为主干线的西北向通道，襄渝、郑万和西成铁路为主干线的东北向通道，渝利、万宜铁路为主干线的东向通道，渝怀、渝黔、隆黄、成贵铁路为主干线的东南向通道，成昆、渝昆铁路为主干线的西南向通道的放射状铁路网。还有纳入规划的北京经陕西入川至昆明的高速公路；包头经陕西入川，经重庆至广东茂名的高速公路；兰州经重庆至海口的高速公路；重庆经泸州等地至昆明的高速公路；上海经重庆、广安、遂宁至成都的高速公路；厦门经贵州入川至成都

的高速公路；四川泸州经贵州至广西北海的高速公路。通过这些铁路和高速公路，成渝经济区将进一步加强与长三角、珠三角、京津冀、东北经济区、泛北部湾经济区、海峡西岸经济区的联系，进一步扩大了对外开放度。

千里川江，是川渝货物进出我国中部和东部地区的物流主渠道。成渝两地需要加强区内主要城市、产业带主要港口建设，合作共同开发长江航运。此外，还加快统一的基础地理信息系统建设；改善优化能源结构，保障能源供应安全，重点协调水资源的合作开发利用，加强电力、油气、煤炭、新能源等统筹规划建设；建立高速公用互联传输网，加快信息港建设等区域基础设施建设。

3. 统筹成渝经济区生态环境保护合作机制

长江是中国的母亲河，而四川和重庆地处长江上游，是整个长江流域的生态屏障。四川长江段干流、支流又处在三峡库区上游，对保护和治理三峡库区生态环境负有重要责任。成渝经济区正处在这个区域范围之内，四川和重庆在生态环境领域必须通力合作。建设长江上游生态屏障，一是要在长江上游长期进行天然林保护、退耕还林还草和水土保持等生态建设，减少泥沙流入库区；二是要在干流和支流上建设防治工业污染、生活污染、农村面源污染等环境治理举措，保持长江水质。在三峡库区，重点开展滑坡治理、水土保持和污水处理，遏制长江及其支流水质的富营养化。

4. 统筹社会公共资源与服务配置与管理的合作机制

公共服务是现代文明社会的基础。基础教育、公共卫生、环境保护等社会公共产品与服务直接影响了区域社会经济发展与人的发展。公共服务的最终目标是促进消费的平等化，也就是通过政府干预来切断财富、收入与消费的因果关联，阻止财富和收入的不平等效应继续向消费领域蔓延，以避免或消除贫富不均的现象，实现区域社会经济和谐发展。

《规划》中提出，要建立健全区域一体化发展机制，包括完善统一的市场体系，推动形成统一的要素市场，组建覆盖经济区的联合产权交易中心，建立联网对接、互联互通的技术交易市场。

实行高速公路交费"一卡通"，推进教育、医疗保险等公共服务对接，取消经济区异地上学学生借读费、转学费，实现基本医疗保险定点医疗机构互认和就医医疗费用联网结算。探索建立经济区内人口合理流动的机制，统一城乡户口登记制度，促进城乡居民在就业、就学、就医等方面享受同等待遇。

通过政府统筹调控，弥补成渝经济区部分地区公共资源与服务的不足与另外一些地区的巨大浪费与闲置，建立成渝经济区公共服务平台，实现基础教育、公共卫生、环境保护等公共资源与服务的合理配置。

（二）市场调节的范畴

《规划》中指出，在产业方面，成渝经济区要形成以先进制造业为主的产业结构。重庆成都两地都将发展重心放在现代服务业、先进制造业和高技术产业，重点扶持装备制造业、汽车摩托车制造业、电子信息产业、民用航空航天产业、冶金和材料产业、化学工业、轻纺工业和医药产业等八大产业。重庆主城将合理划分城市功能，改善人居环境，打造金融、商贸、会展之都和国际旅游城市；建立健全城市创新体系，提升两江新区综合功能，打造我国内陆重要的先进制造业和现代服务业基地，建成功能现代、产业高端、总部集聚、生态宜居的内陆新区。

优化能源资源开发。在经济区东部重点发展火电和核电，西部重点发展水电。开展核电项目前期研究，积极稳妥发展核电。

根据成渝经济区的这一产业布局，需要充分发挥市场协调经济关系的基础作用，让市场引导企业，使企业按照市场需要自主决策，自主经营，利用市场的价格机制使产品结构、产业结构适应市场的需求结构，使市场机制引导生产要素自由流动，推动地区布局合理化，调节区域经济协调发展。

（1）优化资源配置，促进生产要素在区域内自由流动。由于市场的利益导向，资金、人才、技术等流动性较强的要素，按照价格信号的传导机制，流向价格高的地区，形成资金和人才的密集区域，达到规模效应。生产要素的跨地区流动，可以深化地区之间的分工，提高分工的水平，促进技术的进步，提高劳动效率，从而实现区域经济增长的目的。同时，生产要素的规模集聚可以降低市场的交易成本，交易成本的高低又决定分工程度。通过生产要素聚集和产业分工，促进成渝经济区的经济社会均衡、协调发展。

（2）优化产业结构，促进产业结构升级。合理有效的产业结构对促进区域经济持续、快速、协调发展十分重要。成渝经济区需要克服和避免产业同构以及由此引发的无序竞争，通过市场调节和合作的方式优胜劣汰，实现既有资本密集型的装备制造业，又有技术密集型的高新技术产业，也有劳动密集型的产业农产品加工、现代服务业等。其在产业空间格局方面进一步优化，呈现高技术产业集群化的特点。另外，通过合作，加速工业化和农业产业化进程，使高科技产业成为新的增长点，使现代服务业快速成长。

成渝经济区合作领域十分宽泛，除上述部之外还包括文化、科技、劳务、对口支援等。成渝经济区在合作模式上政府及其相关组织应该起主导作用，建立健全合作机制和协调机制，做到有所为有所不为，属于政府及其相关组织的范畴应该由政府及其相关组织作为，属于市场调节的范畴交由市场决定，逐步实现成渝经济区市场一体化、产业一体化、交通一体化、信息一体化、制度一体化和生态一体化。通过区域一体化战略实现成渝经济区全面协调发展。

（王兴庚，中共丰都县委党校副校长。）

浅探成渝经济区合作的创新机制

高攀

摘要：成渝经济区是我国第一个由两个独立的行政区划分的地区——重庆和四川组成的经济区，是我国区域发展战略最为重要的经济区之一，被称为我国经济发展的第四极。本文从经济区日常事务合作的实际情况的现状出发，结合2011年5月国务院正式批复的《成渝经济区区域规划》（以下简称《规划》），探讨经济区合作的创新机制，为经济区内深层次合作和协调发展提供机制和制度的支持，以促进经济区经济和社会的又好又快发展。

关键词：成渝经济区　合作　创新机制

成渝经济区涵盖四川的 15 个市和重庆的 31 个区县，属于双核的经济区发展模式，是首个成功跨越行政化划分，在更广泛的范围内实现资源配置与经济协调发展的区域，因此对成渝经济区合作模式的创新之处的研究有利于国家在不同行政区之间实施发展规划和对跨越行政区的经济区的发展有借鉴、参考以及指导的意义。同时通过对成渝经济区合作模式的研究，也有利于经济区内合作模式的创新机制的完善，取得经济区合作模式的帕累托改进，更好地服务于经济区的协调发展和一体化进程的建设。

一、成渝经济区的由来

早在 2002 年，成渝经济区的设想就被提出，并于 2005 年被写入国家"十一五"规划纲要（草案）。2007 年 4 月 2 日，两地政府层面进一步认识到合作的重要性，签订了《川渝合作共建成渝经济区协议》，确立进一步加强川渝联合与协作的总体框架，成渝经济区规划正式纳入国家区域规划编制工作范畴。2009 年初，《成渝经济区区域规划》（初稿）出炉。2010 年 2 月，国家发展改革委员会同国务院 27 个部门和单位组成联合调研组赴成渝地区开展实地调研，并形成了专题研究报告。在此基础上，国家发展改革委组织有关方面研究编制了《规划》并报国务院审批。2011 年 3 月国务院常务会议审议并原则通过《规划》，2011 年 4 月国务院正式批复实施《规划》，2011 年 5 月国家发展改革委印发《规划》。按照初步拟定的成渝经济区规划，以"十二五"末为近期、2020 年为远期，成渝经济区将涵盖四川的 15 个市和重庆的 31 个区县，总面积达 20.61 万平方千米，人口 9840.7 万。

二、成渝经济区合作的现状及问题

（一）成渝经济区合作的现状

川渝两地因地理位置、文化传统等方面的相似，两地的联系源远流长。近期，成渝经济区政府的合作可以追溯到 20 世纪 90 年代。20 世纪 90 年代初，西南六省就组建了西南六省七方经济协调会，为成渝经济区内的合作打下良好的基础。2001 年 12 月 21 日召开了成都和重庆两地的成都—重庆经济合作座谈会，为经济区内两个行政区的合作拉开了序幕。2004 年 2 月 4 日，四川和重庆又举行了"1+6"合作会议，签订的"1+6"协议，为两地的合作做好了铺垫。2004 年 2 月 5 日，四川和重庆构建了《四川、重庆两省市道路运输发展框架协议》，在交通方面进行了初次的合作。2006 年 6 月，在重庆举办《川渝产业合作论坛》，紧接着，10 月又在遂宁举办川渝商会组织的企业家为主体的《泛成渝经济圈商会合作峰会》，川渝合作已经从学者研究、政府主导，向企业主体、民间互动和企业互动不断深化。2007 年 4 月，两地签署了《关于推进川渝合作共建成渝经济区的协议》。2007 年 10 月，两地又签署了《四川省人民政府，重庆市人民政府关于深化川渝经济合作框架协议》和《川渝毗邻地区合作互动框架协议》。截止到目前为止，川渝两地已经初步形成多层次、多主体、多形式的合作方式，并且逐步向政府、学界、民间、企业、媒体等方面推动、拓展和延伸。

（二）目前成渝经济区合作存在的问题

成渝经济区属于典型的双核经济结构，双核的结构虽然有了区域竞争机制的建立，给经济区的经济注入了竞争的活力，但是双核的经济结构在增加竞争的同时也使经济区双核之间产生零和博弈，在双方的竞争和合作的过程也容易产生一些问题。

1. 双核的经济结构容易滋生行政壁垒，制约经济区的一体化进程

行政壁垒相较经济壁垒而言，对市场乃至整个社会的影响范围更广，由其引发的合法权益受侵害问题更严重，并且无法通过市场机制来自我消除。成渝经济区的双核之间的竞争今年有加剧的趋势，据相关数据显示，行政区划调整后，重庆和成都间的行政级别发生了变化，使得行政壁垒也进一步加大。行政壁垒虽然在一定程度上促进了两地的发展，但是随着时间的推移，行政壁垒对跨省的成渝经济区的制约作用已逐渐显现。其表现为：①分割市场，破坏市场的统一。在成渝经济合作中，跨省级行政区域分割自然产生的行政壁垒势必导致成都和重庆的恶性竞争，造成对经济发展的阻隔和干扰问题，极大地遏制经济区内协同效应的发挥，区内城市的联合互动受到影响，重庆单划为直辖市后，在行政级别上是省级，比成都副省级高半个级别，不可避免地出现重庆高于成都之上的思想，无疑加深了行政壁垒，进而导致市场分割和恶性竞争，造成对行政区外的经济封锁和

排斥。②降低区域政策的协调性。成渝之间为了吸引外地企业落户当地，争夺资本、人才等生产要素，分别在税收、土地使用费、待遇等方面竞相开出优惠政策。这将加大政府成本，大到高于给企业所节省的商务成本。可以说，这种竞争的态势及政策的差异化为两地的合作与协调机制造成了障碍，一边提出建设西部经济高地，一边强调西三角的重要性，似乎始终也无法走到一起去发展。③重复建设，造成资源的浪费。行政壁垒使成渝经济区内各种要素和产品无法畅通地转动起来，市场的竞争压力和配置功能没能发挥充分作用，限制了区内经济潜力的释放以及功能节点网络的形成，使产业无法进行垂直分工，形成了对大多数过热产业的趋同。四川和重庆没有分家的时候，两个城市同属于统一的大市场，可以进行城市间的合理分工和区域资源的合理分配。然而，当两者分开后，两者独立的面对整个市场，容易产生重复建设，造成资源的浪费，两个城市产业结构趋同就是其最突出的表现。

2. 跨行政的双核城市的经济发展政策与经济区竞争政策相违背

对于跨行政区的双核城市，由于是站在各自的立场制定经济发展政策，缺乏整体的协调和长远的眼光，使各自有利于自身发展的政策与经济区统一的发展政策相背离。比如目前，成都把经济发展的中心放在其东部的区域，重庆也把经济工作的中心放在东部的区域，这样的结构是使在两者相邻的空间出现空白地带，无法实现区域经济的联动，拉大经济区内不同地区的差距，与经济区的均等的发展机会的初衷相悖离。

3. 经济区处于双核合作的初级阶段，没有制度上的保证

成渝经济区政府间的域合作最终要走向完全打破区域的行政分割，在经济区内建立统一的协调合作机制，建立统一的要素、金融、流通市场，形成产业集群，实现集聚效应。但是经济区目前的合作大多仅仅停留在概念层面而缺乏实质性的合作。两地政府间许多共识的达成是靠领导人做出的承诺来践行，缺乏法律保障。就我国现有的法律来看，关于区域政府合作的具体规定和条例几乎是空白。由此可见，成渝经济区政府间的合作制度化程度相当低，而制度的建设是区域发展中最为重要的部分。经济区缺乏制度的支持会严重影响经济区内各项活动的开展，从而进一步影响经济区内各项目长期合作的进行。

三、成渝经济区合作模式创新机制的构建

鉴于目前成渝经济区合作模式存在的问题，结合《成渝经济区区域规划》中的关于经济区创新合作模式的原则和要求，从实际情况出发本文提出以下五方面来构建以体现机制和制度创新的成渝经济区的合作模式，以支持经济区一体化的建设。

（一）统一市场体系，为合作提供条件

由于受行政壁垒以及区域本位利益至上等多层次原因的影响，成渝在竞争过程中不可避免地加入了由于行政分隔导致的人为强化的因素，造成地方保护主

义，进而形成一种扭曲的竞争关系。目前成渝同批跻身统筹城乡综合配套改革试验区行列，既为成渝打破行政阻碍、顺利实现共生合作提供了很好的机遇，同时又使得成渝共生合作成为必然。因此，尽管从依托行政区发展经济到依托经济区发展经济，需要一个长期的发展变革过程，但两地应该废除阻碍公平、排斥外地产品和服务的各种分割市场的规定，在统筹城乡综合配套改革试验这个新平台、新起点上建立良性的竞争关系，逐步淡化行政区划色彩，由原来的带有行政区的不完全竞争转化为成渝试验区的市场内的竞争，避免在各自城乡改革方案下的恶性竞争，形成统一开放的市场体系，打破地方割据状态，为政府的合作提供重要的外部条件。同时，大力推进成渝经济区区域内经济的市场化，扩大对外开放，加快要素市场的培育和发展，实现要素价格的市场化。

（二）注意跨区域协调机构的建设

世界范围内的区域合作，一个通用的做法就是在相关利益方都具有共同意愿的前提下，分别采取自行设立，但国家有关部门作为观察员身份参加或是由国家有关部门发起设立各地方政府参加的形式，建立起每一个特定经济区的协调机构。成渝经济区作为西部地区唯一具备突破省市界限，在更大范围实现资源优化配置条件的地区，应该在该区建立跨区域城市协调机制和协调机构。也就是说，在遵循平等性、开放性、整体性、特殊性的基础上，构建成渝经济区各城市主要领导联席会议制度，成立"都市联盟"，统一跨界职能。此外，还须统筹制定成渝经济区发展总体规划，建立成渝经济区共同发展论坛，研究成渝经济区经济社会发展的突出矛盾和长远发展，建立协作办公联系制度，并使之常态化和制度化，制定相关的政策制度保障跨地区投资者的利益和协调非法律性利益纠纷等。

（三）建构一体化法制协调制度，完善监督与约束机制

就现有国际经验来看，欧盟是目前区域经济一体化发展最为成熟的地区。它合作的特殊性也在于它的各种制度，正是各种制度确保了欧洲合作能够长期存在并且顺利运行。由此我们可以看出制度的重要性。统一的法制是统一的市场体系得以形成和有效协作的根本保障，这也是国外市场经济国家通行的做法。英国区域政策的开端就来自于1934年的《特别地区法》，以后区域政策的法制基本上就是通过一系列有关立法来实现的。原联邦德国非常强调区域政策的立法化，政府先后颁布了"联邦区域规划法"、"区域经济政策的基本原则"、"改善区域经济结构的共同任务法"、"联邦区域规划纲要"等一系列关于区域经济政策的法律和法规。成渝经济区经济一体化，也需要统一法制保障。因此，建议构建成渝经济区立法协调、执法协调、司法协调机制解决成渝经济区统一的依法行政制度框架和操作程序。通过合作联系，创建同一领域职能管理机制和政策、决策管理监督协调机制。在不涉及现行行政管理框架的情况下，实现成渝经济区在立法、执法、司法、行政决策、规范性文件管理监督等职能管理方面的一体化。在构建一体化法制协调制度时应注意强化和发挥经济区相关职能部门和经济区派驻成渝经济区管理职能部门的作用。

（四）培养民间组织的建设，发挥民间组织的交流和协调作用

民间组织作为经济区内非政府的交流组织，在交流的方式和交流的层次上不同于政府组织，因为民间组织来自民间，是民间利益意愿的体现，是外部问题的直接受害者，因此对问题会更加敏感和具有责任性。它可以直接的降低交流的成本，提高互通的效率。公共选择理论提出，在充分利用市场机制运作提高区域公共服务质量的同时，政府可以"利用私人组织或半私人组织来提供公共服务"。民间组织在促进成渝经济区地方政府间合作过程中可以发挥桥梁和纽带作用，是市场机制中润滑政府和市场矛盾冲突的理性媒介。在现代市场条件下，应当充分重视民间组织在成渝经济区中的建设和推动作用，政府应积极推进体制改革，为民间组织发展提供更好的环境和条件。此外，成渝经济区要继续发挥商会的作用，定期举办好成渝经济圈商会合作峰会，深化共办共赢机制，为成渝经济区各企业互利共赢、合作发展提供平台。

（五）构建利益协调和补偿机制

成渝经济区是多行政区的经济区，在其全局的布局中有可能为了整体的利益，而暂时搁浅某个地方的利益，再加上不同时期经济区的经济政策的侧重区域有所不同，会造成一些暂时搁浅的区域在经济的发展上落后有政策实施的区域，造成区域内差距拉大，呈现区域经济发展不平衡性，由此可能会引起这些区域对经济区政策的不满，甚至是破坏，影响经济区相关经济政策实施的效果，因此经济区内利益和补偿机制的构建在经济的发展中有举足轻重的作用，它的机制的建立和完善有利于区域内不同地区向着相同目标奋进，增强经济区经济的聚集力和合力。

参考文献：

［1］韩忠亮，朱敏．中国区域经济发展战略研究［J］．区域与城市经济（人大复印资料），2009（10）．

［2］张军扩，侯永志．协调区域发展：30年区域政策与发展回顾［M］．北京：中国发展出版社，2008.

［3］侯永志，张军扩，刘锋．推进形成主体功能区战略提出的背景和意义［J］．中国发展评论，2007.

［4］何雄浪，杨继瑞．关于成渝经济区发展的思考［N］．宜宾学院学报，2010（2）：73-75.

［5］钟敦慧，张明举．共建成渝经济区政策措施保障研究［J］．经济体制改革，2008（4）：131-135.

［6］徐承红，刘攀．成渝经济区区域协调发展之路［N］．电子科技大学学报（社科版），2007（5）：14-17.

（高攀，中共重庆市垫江县委党校。）

重组区域联系网络　创造经济新增长带

——关于成立中国川渝三江经济协作区的战略构想

刘兴卫

内容提要：区域经济协作成为了世界经济发展的潮流和动力。本文探索西三角经济圈框架下，川东和渝西北三江流域地区加深合作、重组区域经济联系、成立经济协作区的若干问题，并在国内首次对三江经济协作区提出构想。

关键词：川渝三江经济协作区　经济协作　区域经济　战略构想

在国家西部大开发的背景下，成渝经济区终获国务院批准，《成渝经济区区域规划》上升为国家战略。当前，探索重庆渝西北地区和四川东部地区的经济协作，意义重大、影响深远，既是一个经济发展的重要课题，同时也是关于未来发展的战略考量。建设"中国川渝三江经济协作区"，即构建广元—南充—重庆（合川）嘉陵江经济带、绵阳—遂宁—潼南—重庆（合川）涪江经济带、巴中—达州—广安—重庆（合川）渠江经济带，再造一个中国西南地区经济增长三角带。

一、建设中国川渝三江经济协作区的可行性论证

（一）经济协作区的基本概念、理论及实践

经济协作区基本理论。学术界对经济协作区主流定义普遍认同：打破行政区划界限，以经济发展为纽带，在同一毗邻地域内建立的一种协商为主、相互合作、共同发展的区域性联合组织。

经济协作区实践。经济协作区在世界经济史中有悠久的历史。最早的经济协作区就是1951年由法、德、意、荷、比、卢六国共同建立的欧洲煤钢共同体，这就是欧盟的最初萌芽，现成为一个拥有27个成员，人口超过4.8亿的大型区域一体化组织。国际上知名的经济协作区还有由美国、加拿大、墨西哥于1992年组成的北美自由贸易区；亚太经济合作组织（APEC）等组织。

我国最早的经济协作区于1958年成立，中央根据新中国的战略考虑将全国划分为七个大区相当于基本经济区，1961年华中区与华南区合并成中南区，形

成六大经济协作区，即东北经济协作区、华北经济协作区、华东经济协作区、中南经济协作区、西南经济协作区、西北经济协作区。改革开放以来，不断涌现区域经济协作区形式，省际的联合；毗邻省市际联合；省内毗邻地区际联合等形式方兴未艾。如泛珠三角、长三角、环渤海、北部湾经济区在国内有较大影响。

（二）中国川渝三江经济协作区的提出

为落实国家西部大开发战略，应对金融危机、重组川渝经济，发挥区位优势和开发自然禀赋，实现重庆直辖使命和国家战略，笔者提出了构建川渝三江经济协作区的战略构想。

川渝三江经济协作区，是包括重庆市渝西北地区、四川省东北部，由重庆市合川区、潼南县，四川省广元市、南充市、遂宁市、广安市等为主体，由重庆市合川区沿嘉陵江、涪江、渠江往上游延伸，涉及国土面积达 4 万多平方千米、人口 3000 多万人，GDP 总量约 2000 亿元。沿嘉陵江流域包括广元—苍溪—阆中—南部—仪陇—蓬安—西充—蓬溪—南充—岳池—武胜—合川—重庆等城市群；沿涪江流域包括绵阳—三台—盐亭—射洪—大英—船山—潼南—合川等城市；沿渠江流域包括巴中—平昌—达州—渠县—广安—华蓥等城市。整个区域战略位置重要，处于未开发地带，水利、天然气、石油能源、绿色农产品、天然生物，旅游资源丰富、人力充分，历史上是西部地区重要的城市结点，曾经有繁荣的流域经济；可以预言将是继重庆一小时经济圈、老成渝线、成绵乐一小时经济带后西部地区的重要经济增长带，因此本文提出构建川渝三江经济协作区，增强区域内部协作、打破行政壁垒束缚，优化资源配置、繁荣产业要素聚散，促进经济发展、造福川渝两地人民。

（三）中国川渝三江经济协作区的现实可行

历史进化同步。三江流域开发历史悠久，这些地方大都是建制历史 2000 年以上，早在石器时代都有人类定居，历史上为苴国、蜀国、巴国治地，沿江航运联系紧密，尽管属地不同但山水相连、民族的融合，因朝代更迭，行政区划拆分合并、政治联系进一步紧密，夏代天下分九州的时候，梁州就囊括了苴国的广元、蜀国的遂宁、南充，巴国的巴中、达州、重庆。该地区历史进程相同文化习俗也相似。

地理自然相似。三江流域地处四川盆地东侧与成都平原的过渡地带，在大巴山、华蓥山以西地貌类型俱全，高山、山地、丘陵、平坝，相间分布，河流众多，都属于亚热带季风气候，一年四季分明，气候温和，热量丰富，雨量充沛，土地肥沃，物产富饶，全年平均气温 14～18℃，年平均雨量 900～1300 毫米。境内珍惜植被资源密集，水利资源、土地资源、生物资源和矿产资源储量丰富，农业发达。

产业结构相似。三江流域内，农业产业方面：农业资源丰富、有很强的开发潜力，由于是传统农业区域，现代农业产业化方面还处于初级农产品加工。有色金属、能源、建材产业方面：各城市都有丰富的矿产资源和水利资源，该区域水能、天然气、煤炭、石油储量巨大，工业发展迅速，但新型工业化道路仍处于起步阶段。旅游产业方面：历史文化资源、红色旅游资源、文物古迹资源、民俗风情资源，都是各地支柱产业。产业结构的相似为产业协作创造条件。

政治政策可行。世界经济一体化层度加深、经济区域联系成为一种必然的经济发展方式。国家西部大开发10年的成效显著，今后对西部的扶持会进一步加大力度，相应的优惠政策肯定会及时出台。成渝经济圈进入实质阶段、西三角讨论热烈，四川要求六市主动融入重庆的举措，2010年"西部大开发与新的增长极"重庆开放论坛的举办，都表明川渝地区政治层面推动区域协作意愿明显、态度坚决，构建三江经济协作区时机成熟。

技术工具可行。当前互联网改变世界、信息联系方式的重组，成为一种经济发展的重要推动力，重庆构建亚洲最大笔记本生产基地，将会带动整个区域信息化程度，整个区域的联系会更加紧密。交通方式的改善，兰渝铁路、渝遂铁路、襄渝铁路、G75兰海高速（广元—重庆）、渝遂高速等，将连接成为一个网络。重庆长江上游金融中心的建设，为这个地区金融联系、经济发展提供了巨大的动能。重庆千万人口大都市建设，在教育、商贸、科技方面有巨大的吸引力，联系的加深，促进该区域对重庆心理的认同。三江经济协作区的成立是时代的必然要求。

二、建设中国川渝三江经济协作区的战略举措

（一）加强区域协调沟通联系

健全沟通协调机制：建议国务院、四川省、重庆市政府、三江流域相关市区县政府牵头协调，组建"三江经济协作区协调小组"，进行专题调研，从旅游项目、基础设施建设、生态环境保护等领域入手，逐步深入推进区域经济一体化进程。

（二）举办区域协作高层论坛

举办"川渝三江经济协作区"发展高层论坛，由三江流域相关城市即广元、南充、遂宁、广安、达州、巴中、合川、潼南等政府发改委参加，邀请国家发改委指导，各地市组织企业参与、学界研讨，在思想领域达成共识，并签署备忘录。

（三）重组区域联系网络

加强基础设施建设，改善协作硬环境。一铁路方面：早日建成兰渝铁路，开通广元—南充—合川（重庆）的高速铁路；连接绵阳—遂宁—合川铁路线，开辟绵阳—遂宁—潼南—合川（重庆）的高铁；开通巴中—达州—广安—合川（重庆）的城际快线。二公路方面：完善该区域高速公路网络，形成广元—南充—合川—遂宁—潼南—广安循环网络。三航运方面：利用合川草街航道成库嘉陵江、渠江、涪江水运条件改善，形成三江水路活力。四是完善互联网邮电通讯网

络建设。

（四）按"一体化"要求规划布局产业、发展区域特色经济

由三江流域相关的地市、区县政府和经济部门牵头，以联席会议的形式，以系统的思维，开放的心态，淡化行政意识，充分调研、科学论证，按照"区域经济一体化"的原则，制定区域经济一体化的时间表、路线图；勾勒未来三江流域经济发展战略重点、空间布局、产业规划方案。

发展生态农业，充分挖掘该区域生态资源、生物资源、动植物优势，调整农业产业结构，优化农业区域布局、进行连片开发，进行农产品深加工，充分利用合川、潼南、遂宁、南充的柑橘、生猪、粮食、油菜、及其他水果干果的优势，发展农副产品特色经济。发展新型工业，壮大该流域电力产业。合川的草街、富金坝航电枢纽、双槐火电，南充的嘉陵江沙溪、新政、金溪、金银台、青居等航电；遂宁涪江的华、螺丝池、红江、龙凤等水电；广元的嘉陵江航电，亭子口水利枢纽及规划中的蓬安核电，武胜核电，苍溪火电。能源产业方面，合川的煤炭、天然气，南充的石油、天然气，广元的天然气，达州的煤炭、天然气，在整个西部储量很大，应以此建立国家级能源基地。川渝两地，加强协作，共享市场准入，风险分担、实现共赢。建立国家级化工基地，把该流域的有色金属、盐岩、天然气、非金属矿基地。建立国家级生物安全、药品研发基地。第三产业方面，构建三江流域自由旅游区域，整合丰富的旅游资源互补优势、形成更大影响力。总之开放环境、重组联系，把川渝两地的生产要素聚集起来，开拓巨大市场，实现经济腾飞。

三、前景展望

构建中国川渝三江经济协作区，是一个创新的提法，目前尚无学术界对此关注和研究，笔者现进行超前设想，一旦上升为国家战略，发展前景或将不可估量。

（一）将是一个次动优势明显的经济协作区

一是政策优势。三江流域地处西三角经济圈的重心位置，亚欧大陆桥的经济走廊地带；国家西部大开发 10 年后新一轮产业政策会更加向西部地区倾斜，新的产业结构和空间布局调整中，三江流域的自然资源会得到进一步开发。一些中央转移支付资金、基础设施建设重点工程、国家级能源、生态项目将可能有限落户该区域；一些国际金融组织的信贷、国际合作项目将可能投放在这里；将获得建设内陆经济开放高地的政策支持。

二是资源优势。该区域有色金属、石油、天然气、水能、生物资源、旅游资源、劳动力资源等将成为经济优势。近 3000 万人口是内陆一个巨大的消费市场潜力无法估量。以经济重组的思维来看，这地区有很多国家三线建设时期的基地，如广元的"国家先进电子产品及配套材料产业化基地"、"国家级食品产业发展专业重点园区"，南充的石油、天然气、电力、盐卤化工基地，合川的煤炭、

水泥、电力、盐化工基地等，若对这些国有企业、民营企业进行跨区域、跨行业资产重组和资本运营将会创造内陆地区工业化、经济国际化发展的奇迹，该区域10年内实现生产总值1万亿将成为现实。所以三江经济协作区将是西部地区最具有后发优势的区域经济协作组织。

（二）将是国内首个泛流域巴蜀文化研究的经济协作区

通过泛流域的巴蜀文化研究，来提升重庆巴文化的影响力，助推重庆文化产业的大发展和大繁荣。三江流域历史悠久、人文资源丰富、城市建制历都是两千年以上，其中留下了众多名人的故事、历史古籍、历史遗迹，如在西周时期、三国时期最为突出，由流域而产生的独特的巴蜀文化风格，值得关注，是现代文化产业市场中宝贵的元素。这些地区水文化值得研究，很需要找准市场的结合点，以大众传媒的艺术，赢得世界的关注。一些民间艺术和非物质遗产应该得到保护和发扬，比如合川的龙舟竞渡、三江号子，广元的"女儿节、妇女游河湾"，南充的川北灯戏、川北大木偶、皮影戏，遂宁的"观音文化"，巴中的"巴山背二歌"等，这些含有独特巴蜀文化风格，三江流域的水文化名片该推向全国，走向世界。重庆的巴文化也应该追寻所有历史足迹，推向当今时代舞台，走向世界。

（三）将是国内首个城市上游饮水生态安全的经济协作区

水资源是一种重要的战略资源，整个世界范围内，伴随经济的发展水资源污染严重，一些国家和地区为此付出了沉重的代价。重庆作为嘉陵江末端的一个国家级特大城市，主城区已进入"二环时代"，已拉开1000平方千米、千万人口特大城市的架势。随着重庆主城区高建筑的增多、周边众多工业组团推进，重庆大规模的抽取地下水已无可能，目前重庆饮用水源主要是嘉陵江。2006年重庆干旱的严重性无需多言，一旦嘉陵江上游出现严重水源污染或局部气候变异出现大旱，对重庆而言是十分严重的危机事件。嘉陵江水系，广元、南充，涪江水系绵阳、遂宁等城市的工业进程对该流域水质影响是必然的；全球变暖、厄尔尼诺，对亚热带季风气候影响是有周期性。2020年以后重庆都市的生活、工业用水需求量是巨大的，如果遇到上述两大不幸，后果就是一场严重的危机。

因此成立川渝三江经济协作区，把嘉陵江流域上游水系，特别是渠江作为重庆市生态饮水安全源，渠江水源于大巴山无工业污染，进行跨区域合作，协调产业发展避免流域污染，这在世界上既是生态环保创举也是一种区域经济理论创新，更是重庆的战略眼光。

（四）将是国内首个生物多样性保护研究的经济协作区

生物多样性是可持续发展的基石，是人与自然和谐相处的前提，更是一种战略资源，包括遗传多样性、物种多样性和生态系统多样性三个部分。掌握生物多样性的基因数据，对于保护自然环境、维护人类生存家园很重要，可以应对转基因生物出现后因不可控因素造成的风险和灾害。三江流域多样性生物资源丰富，广元有野生动物400余种，其中大熊猫、金丝猴、牛羚等重点保护野生动物就达76种，野生植物2900多种，仅珍贵野生木本植物832种，其中：珙桐、水青树、连香树、领青木、剑阁柏等国家级重点保护植物 34 种，列入联合国《濒危野生动植物国际贸易公约》红皮书的野生动植物就有 40 余种。巴中有森林植物 100 科，293 属，821 种；野生动物 275 种，其中兽类 51 种，鸟类 123 种，爬行类 14 种，两栖类 11 种，鱼类 76 种；属国家重点濒危、珍稀的野生动物，如梅花鹿、金钱豹等约 20 余种；省重点野生动物如赤狐、青麂、豹猫等约 25 种；木本植物有 91 科、233 属、600 余种。合川有阔叶林、针叶林、竹林和灌丛 4 个群系纲、5 个群系组 13 群系，野生动物兽类有 12 种，禽类 41 种，鱼类 64 种。

生物多样性保护研究，可以成立国内首个泛流域生物多样性基因库；开发生物保健品、药品；发挥重庆生物技术的优势，创造更大的科研、经济价值。

（五）将是国内首个自由旅游畅通协作区

三江流域城市都历史悠久，人文资源丰富、旅游项目多，如合川有世界知名的钓鱼城、睐滩古镇；广元有剑门关、皇泽寺、千佛崖、觉苑寺、唐家河国家级自然保护区等；巴中有南江光雾山等自然旅游资源；南充有古城阆中，白塔古庙等 60 余处景点；广安有邓小平故居，华蓥山等 100 多处景点；遂宁有广德寺、灵泉寺、中国死海等几十处；潼南有"八丈金仙"、"马龙山卧佛"等景点。

建自由旅游畅通协作区，一是要消除行政地域分割，建立统一市场，建立科学的协调沟通机制，利用各自的客源优势，互利互惠，以三江流域为整体形象策划和推荐区域精品旅游线路；二是加强多边对话合作，实现三江流域决策前加强沟通协调，体现整体效应和多赢局面；三是市场分享机制，共建区域旅游品牌，相互推荐客户资源；四是争端解决机制，维护旅游消费者和旅游经营者的合法权益；五是建立开放的旅游营销系统，消除行政干预、加大信息对外宣传力度，加大网站建立力度。三江流域这个庞大的旅游市场将被激活。

（六）将是国内首个发展生态总部经济的经济协作区

总部经济是指某区域由于特有的优势资源吸引企业总部集群布局，形成总部集聚效应，并通过"总部—制造基地"功能链条辐射带动生产制造基地所在区域发展，实现不同区域分工协作、资源优化配置的一种经济形态。由于三江流域生态资源丰富、生态环境良好，空气、水源都未受大较大的污染，最适宜发展生态经济。因此提出发展生态总部经济，整合企业资源和研发力量，形成生态产业"总部—制造基地"的链条。依托该区域生物多样性和原生态的优势，重点打造绿色食品加工产业如南充的柑橘、遂宁红橘、巴中的林副特产；高科技药品、保健品产业如广元、遂宁中药材加工；绿色畜牧农产品产业，如合川生猪、鱼类加工，潼南的绿色蔬菜加工，让更多的生态企业入驻该流域，走出一条生态环保的、经济发展方式转型道路，实现经济转型、发展低碳经济，在全国作出典范。

三江奔腾、汇聚百舸争流；川渝一家、开放分享共赢；区域协作、实现辉煌梦想。一个西南地区经济发展奇迹即将上演，潮流势不可挡。

（刘兴卫，中共重庆市合川区委党校讲师、科研信息科科长。）

加强政府合作的制度化

——成渝经济区区域合作制度创新的理性选择

黄玲

国务院批准的《成渝经济区区域规划》（以下简称《规划》），对于促进成渝区域协调发展、深化内陆开放、加快西部大开发、构建长江生态安全和建设西部经济发展高地具有重大意义，《规划》提出了针对性较强的政策保障措施，把制度创新和政策支持放在重要位置，在深化行政管理体制改革、推进国有企业改革和非公有制经济发展、建立区域一体化发展机制等方面提出了制度创新要求，并在产业发展、资源利用、社会保障和对外开放等方面明确了支持政策。笔者认为，在制度创新和政策支持方面，尤为关键的是深化行政管理体制改革，加强政府合作的制度化协调，川渝两地政府要创造良好的合作氛围，站在打造中国经济新增长极的高度，打破现有的行政封锁和地方保护主义，才能实现真正的区域经济联合。

一、成渝政府合作存在困难的原因分析

（一）某些地方政府缺乏合作意识

这个原因针对的主要是成渝两地规划区域范围内某些地方政府无意识不合作的现象。造成成渝两地地方政府缺乏合作意识的原因主要有以下几点：首先，长期的计划经济体制使得一些地方政府形成了接受上级任务和命令的惯性，而缺乏自主决定和发展的主动性。其次，某些地方政府自利、短视和狭隘的执政思维使得他们缺乏合作意识。很多地方政府只是埋头做自己的事情，自以为只要管好自己辖区内的事就万事大吉，没有必要与外界进行合作。重要的是，他们看不到合作能给他们带来的利益和收获，只是把与外界的合作看做一种可尽可不尽的义务，看不到合作是一种双赢或者多赢的互动。另外，对于区域性的公共问题，普遍存在着事不关己，高高挂起的消极心态，存在"又不是我一家政府的事"的自利心态，存在着"搭便车"的投机心态，因此，在这些地方政府执政者的思维里很少存在以合作的方式来解决问题、共谋发展的理念。

（二）产业同构和重复建设的影响

产业同构与重复建设抹杀了不同区域之间的比较优势，这使得不同区域之间分

工与互补的可能性逐步减少，从而使某些地方政府之间失去了合作的动力基础。理想的区域产业布局是以一个大城市为核心，若干专业小城市（城镇）形成外围和辐射区域，共同构成一种巢状分层结构，这种区域产业布局有利于区域资源按照产业链的结构进行合理配置。行政分割下的"诸侯经济"，造成了各地在制定产业规划时缺乏有力的协调，更缺乏统筹规划的区域内产业转移协调和发展目标，导致区域内产业布局严重重叠的现状。各自为政的产业链造成的产业同构，必然引来激烈的同业竞争，也必然削弱成渝经济区的整体竞争力。产业同构与产业的区域专业化是相对的。区域的专业化可以带动区域在某个生产领域的技术进步，包括生产技术的提高与创新，增加人力资本的积累，促进管理经验的积累和创新；可以实现优势资源的优化利用，提高资源的配置效率，还可以通过前向、后向和旁侧联系，发展以专业化部门为组织中心的产业联系，提高区域经济的结构效率。区域的专业化生产是区域分工的主要形式。区域分工能使一国内各区域在充分利用区内优势的基础上实现区域专门化生产，并通过区际交换实现其专门化部门生产的产品价值与满足自身对本区域不能生产或生产不利的产品的需求，从而扩大区域的生产能力，增进区域利益。由此可见，区域之间如果实现了专业化的分工，就不仅可以带来区域之间的资源和要素流动，而且还使得区域之间在商品和劳务的供需方面形成更深的依赖，区域之间互补性逐渐增强，这样区域之间的经济联系就会随着区域分工的发展而逐步增强。在这种情况下，地方政府为了自身区域经济的增长就会加强彼此在基础设施、政策等方面的合作。尽管在大多数情况下，经济区和行政区并不一致，但是经济区经济的专业化同样具有上述的各种有利影响，更能促使地方政府进行合作，加快经济区经济专业化的发展，从而分享区域专业化带来的利益。然而，产业同构的现实强化了地方政府的地方保护主义倾向，妨碍了区域专业化的形成。

（三）地方之间的经济差距与不平衡发展增加了地方政府之间合作的难度

在研究区域经济非均衡发展时，瑞典著名经济学家冈纳·缪尔达尔（Gunnar Myrdal）在其于1957年出版的《经济理论和不发达地区》一书中首先提出了累积因果理论（Cumulative Circle and Causa - tion）。该理论提出了极化效应（polarized effect）、扩散效应（spread effect）和回流效应（backwash effect）等经典概念。根据累积因果理论，在市场经济条件下，在区域经济发展中上述三个效应在同时起作用，它们共同制约着区域产业分布的集中和分散。在缪尔达尔看来，经济增长点的扩张，以及把外围结合进整个生产体系，是一个普遍的规律。因此，在区域经济发展的过程中，极化效应、扩散效应和回流效应都是在所难免的。区域经济发展的不平衡性在我们国家表现得非常明显，比如2007年我国东、中、西部的GDP总值分别约为150 000亿元、60 000亿元和30 000亿元，不管是东西部、东中部还是中西部都存在发展的巨大差异，这种发展的不均衡性会影响到地方政府合作的积极性。尽管在地方政府官员的认知里，不一定有"极化"、"扩散"和"回流"这些概念，况且极化效应、扩散效应和回流效应也不是分阶段进行或者说各种效应之间有着明显的界线或标志，但是各个地方政府的官员都有着遏制本地资源外流的内在冲动，尤其是稀缺资源。因为这对他们来讲意味着"肥水流入外人田",因此他们有着地方保护和不合作的强力驱动。在极化、扩散和回流的过程中,不合作的主动性来自不同位置的政府。在极化和回流效应的过程中,不合作的主动性来自于经济中心的周边政府,而在扩散效应的过程中,不合作的主动性主要来自于经济发展区域的中心政府。因此,在经济发展的过程中,地方政府的保护资源外流和不合作的行为抑制了极化效应、扩散效应和回流效应作用的发挥,从而影响了经济发展的自然或应然速度。因此,为了适应经济发展的趋势,促进各地区的经济发展,地方政府应当走出地方保护的窠臼,从封闭走向合作。然而,如果各个地方完全放开自己对本地市场的保护,严格按照市场经济的要求让资源按照趋利性的规则自由流动,那么经济发展不平衡的现状会使得经济增长点地区对周边地区的资源形成不自觉的"掠夺",从而进一步扩大经济发展的差距,使得贫困地区的政府由于恐惧落后而再次走上不合作之路。另外,当一个发展不平衡的经济区域内各地方政府试图进行合作时,各自的目标要求有着很大的差距。落后地区的政府首先要求发达地区对本地由于开放而造成的损失或付出的成本作出补偿,而发达地区由于自身条件的吸引力而不愿意这样做,它可以要求落后地区等待着中心地区扩散效应的发挥。况且,它可以以地方保护破坏市场经济的规则为由要求中央政府对地方保护的行为作出制裁,这样地方政府之间就会陷入不合作的恶性循环。

（四）合作结果的难以度量性、不可预期性以及合作利益难以公平分配的特性增加了地方政府之间深层次合作的难度

在区域经济发展的过程中,地方政府之间合作的内容是十分广泛的。地方政府可以就开发某一地区的旅游、经济资源进行合作,可以就共同修建能带来直接经济效益的一些基础设施进行合作等,这些合作有一个特点就是合作的利益及风险大多都是可以预期的和度量的。因此,当地方政府能够直接看到合作所能带来的可观经济利益时便具备了合作的主动性和积极性,然而,可以说这些合作是浅层次的,也是容易做到的,我们更关注的往往是深层次的合作。地方政府之间的深层次合作也主要体现在区域经济一体化的过程中。区域经济一体化要求按照自然地域经济的内在联系、商品流向、民族文化传统以及社会发展需要形成经济联合体。同时,它是建立在区域分工与协作基础上,通过生产要素的区域流动,推动区域经济整体协调发展的过程。区域经济一体化要求地方政府放弃地方保护,开放市场。假设处于一体化区域中的各地方政府在这两个领域中进行合作,深层次的问题便会出现。首先,就调整产业结构而言,合作中的主要问题在于:面对现有基础上的产业布局,哪一个地方政府首先放弃不适合自己发展的产业企业?放弃这些产业企业的成本谁来支付?即使假设对经济区内产业结构的人为调整是有效的,这种结构在什么时候会趋于合理并显示其能给各方带来足以弥补其支付成本的收益?这种合理的产业结构所带来的利益究竟能有多大?这些利益是否能够被平衡或公正分配?最大的受益者是否能够对受损者的损失做出令其满意的补偿?这其中有很多问题都是难以度量和不可预期的。其次,就放弃保护,开放市

场而言，对于一个经济不平衡发展的地区，合作中的主要问题在于：极化效应对落后地区的"掠夺"程度究竟有多大？时间会有多长？扩散效应什么时候能够显现？扩散效应能给落后地区带来多大的收益？是否可以弥补其损失？回流效应什么时候会发生？其影响有多大？面对不可预期、难以度量的收益，地方政府合作的积极性会受到极大的挫伤，一系列的不确定性更是增加了地方政府合作的困难，在这种情况下，不合作往往成为它们的首选。

二、成渝政府合作机制的建构思路

区域政府合作的目的，从根本上说，就是通过行政性力量基于对市场规范的共识，扫除行政壁垒，促进区域内部要素的流动，实现资源的有效配置，最终形成一个统一的地域经济组织，即区域经济共同体。这一合作机制与传统体制下的地区合作与发展不同，它必须是建立在分享共同利益的基础之上的合作行为。在市场经济深入发展和各地方政府利益独立化的制度背景之下，区域内各地方政府之间的合作行为是一种利益驱动下的战略选择，区域政府合作框架必须是基于各地的共同利益之上，并且使区域内的地方政府意识到只有选择合作策略才能增进和分享共同的利益。笔者对于成渝地方政府合作机制有以下构想：

（一）培养和提升成渝政府的合作意识和能力

合作才能共赢。在紧密合作中推进区域经济一体化是当今时代发展的潮流和趋势。合作不仅是微观层面企业间的合作，也是宏观层面公共产品和服务供给的合作。新的时代背景要求各地方政府加强区域经济合作，为企业提供更好的公共产品和公共服务，创造有利的竞争条件和发展环境，从而留住原有资源并吸引新的资源。近年来，长江三角洲、珠江三角洲内部各地区以及与外部一些地区的地方政府在很多方面都进行着卓有成效的合作。但是，由于一些地方政府对合作与共赢的公共管理理念还存在认识上的偏差，缺乏合作的积极性，影响了区域协调发展的进程。因此，应加强对地方政府合作共赢理念的引导及合作成功案例的宣传推广，提高地方政府通过有效合作推动区域协调发展的能力。

（二）增强中央政府深化区域合作管理的职能

局部利益与整体利益未必总是一致的。地方政府处理好局部的现实利益、长远利益和区域发展整体利益的关系，需要中央政府的支持与引导。成渝区域经济发展的加快，也内在地需要中央政府着力加强深化区域合作管理的职能建设，处理好区域合作中的规划、监督、资金分配和利益平衡等问题。通过国家层面的统一的法律制度的建设，使各地区产业错位发展、相互衔接。中央政府既应对成渝区域经济发展规划的落实进行监督，也应对各种形式的地方政府之间的合作协议的实施情况和利益分配补偿情况进行监督。

（三）成渝合作必须构建一个统一协调的市场竞争规则

区域经济一体化的关键是市场竞争规则的一体化。欧共体创建和欧盟运行的

411

实际经验表明，一个统一的协调的市场竞争规则对建立区域经济一体化的发展机制来说是至关重要的。如果没有它的支撑，就无法在区域大市场范围内协调各地方的政府行为，无法限制地方政府主导的盲目重复建设的冲动，无法使区域内市场主体进行充分、有效的和公平的市场竞争，无法防止市场竞争被各地区行政权力和垄断势力扭曲，无法实现区域范围内的资源有效配置。因此，区域内各政府应实行统一的非歧视性原则、市场准入原则、透明度原则、公平贸易原则，清理各类法规文件，逐步取消一切妨碍区域市场一体化的制度与政策规定，取消一切妨碍商品、要素自由流动的区域壁垒和歧视性规定，促进市场的发育与完善。

（四）成渝合作必须要有跨行政区的制度性的组织协调机构

由于成渝经济区区域经济一体化是建立在跨行政区基础之上的，为了消除局部利益对区域共同利益的侵蚀，必须在分立的行政区基础上形成共同的内在机制，并在保证共同利益的基础上制定具有约束力的共同政策和制度规范，实现组织体系内的超行政区的协调与管理。没有统一的跨行政区的区域协调管理机构，区域合作就很难进入到真正的实质性阶段；没有明确的协议或制度，就很难保证地方政府在追求地方利益的同时不会对共同利益产生消极影响。但值得注意的是，这样一种框架性制度结构必须建立在相关地区自愿合作的基础之上，而且是一种对各地具有明确的约束性机制。这种机构应该有明确的职能和权限，并且所做出的决策可以以立法等形式，对各级地方政府的行为构成有效约束。

健全区域性协调机制。目前，地方政府之间达成的协议往往不具备法律约束力，也没有一个组织能够对地方政府达成的协议的执行进行强有力的监督。对于一些重要的跨行政区的区域合作组织，应赋予其一定的行政管理职能，如规划权、监督权、资金分配权等，保证区域合作组织能够真正发挥协调作用。探索建立区域合作发展基金，由区域合作组织成员联合出资，用于引导区域重大基础设施建设补助、生态治理、区域信息平台建设等公共服务领域。探索建立生态保护区与生态受益区、资源产区与资源加工区、粮食主产区与粮食主销区之间的利益分享机制。在现有区域合作组织的基础上，完善区域合作的政策协调机制、利益协调机制、争议解决机制和广泛参与机制。

（五）必须建立有利于成渝区域合作的科学的地方政府官员的绩效评价体系

实现从传统的发展模式过渡到科学的合作发展的轨道，就是要解决如何将经济增长方式，从利益导向过渡到效率导向，最终达到和谐发展。而这其中的关键，就是要解决如何约束政府行为的问题，通过立法的方式，从制度上有效防止川渝两地各级政府产生扭曲市场机制的行为。可以参照外地经验，把政绩考核标准设定以下几个方面：一是是否创造有利于要素区域流动的环境；二是是否造就发达的金融市场、成熟的劳务市场；三是是否拥有完备的质量标准与区域性市场管理、信用区域系统等。

（黄玲，中共重庆市江北区委党校科研科主任科员。）

重庆市"三权"抵押贷款的石柱实践研究

秦泽念

摘要：当前，我国城乡之间的发展差距，在城乡、区域、贫富三大差距中已最为突出。鉴于许多农村经济能人、专业大户发展产业的融资需求较为强烈，但因缺乏担保物无法从银行获得急需的贷款支持而制约了当地农村经济的发展；与此同时，众多农民的住房产权证、土地使用权证、林地使用权证（简称"三权"）却搁置在家中抽屉里睡大觉。重庆市石柱县在推进农户万元增收的过程中，立足当地实际，通过创新农村金融，将农民"三权"的"死资产"变成发展的"活资产"，成功探索出了利用"三权"抵押贷款帮助农民脱贫致富的新路子，显著缩小了城乡之间的差距。就此，本文对石柱县"三权"抵押贷款助农增收实践的缘起、概况、做法和启示进行了全面研究。

关键词：重庆市　缩小三个差距　"三权"抵押贷款　石柱实践

近年来，重庆石柱县立足加快当地山区农民脱贫致富的发展实际，从创新体制机制入手，围绕破解贫困山区农民"缺乏创业资金"老大难题，成功探索出了一条贫困山区以当地农民的住房产权证、土地使用权证、林地使用权证实施抵押，从银行获取商业贷款（简称"三权"抵押贷款）帮助农民脱贫致富的新路子。2011年7月20日下午，在重庆市委三届九次全委会上，石柱县"三权"抵押贷款助农增收新实践成为会议关注的一个焦点，重庆市长黄奇帆明确要求每个区县都要学习借鉴和积极推广"三权"抵押贷款助农增收。这次全委会在借鉴石柱县"三权"抵押贷款助农增收成功实践的基础上，在通过的《中共重庆市委关于缩小三个差距、促进共同富裕的决定》中，要求在全市各区县普遍推行开办"三权"抵押业务，为农民提供便利、高效、实惠的融资服务，并实现农村"三权"抵押融资1000亿元以上的目标。目前，源于石柱县的"三权"抵押贷款助农增收，正在巴渝大地得到大力推广，有力促进了农民财产性收入大幅增加，为重庆缩小三个差距促进共同富裕发挥着积极的作用。

一、石柱县探索"三权"抵押贷款的实践缘起

随着30多年以来的改革开放，我国经济体制深刻变革、社会结构深刻变动、

413

利益格局深刻调整、思想观念深刻变化，如今已进入一个前所未有的矛盾凸显期和矛盾多发期。其中，当前最为突出的一个问题，就是城乡、区域、贫富三大差距过大，已逼近社会所能够容忍的红线。据有关专家的研究统计，目前全国的基尼系数高达 0.48，已经超过国际公认的警戒线；城乡居民收入差距扩大到 3.23 倍，区域差距城镇板块扩大至 2.43 倍、农村板块扩大至 4.2 倍。可见，在城乡、区域、贫富三大差距中，城乡之间的差距最为突出。这样，科学谋划加快重庆全市农村地区的发展，努力缩小横亘在城乡之间的发展差距，对于推动重庆以科学发展为主题、以转变经济发展方式为主线，建设西部地区的重要增长极、长江上游地区的经济中心和城乡统筹发展的直辖市，在西部地区率先实现全面小康，具有重要的战略意义。

为此，2010 年 2 月，重庆市委、市政府高瞻远瞩地提出了"两翼"农户万元增收工程。对于集革命老区、少数民族地区、贫困地区、高寒山区于一身的石柱县而言，切实抓好推进农户万元增收，成为石柱县践行科学发展观以人为本的本质要求的直接体现，成为惠及当地数十万农民的希望工程、德政工程。经过我国 30 多年市场取向的改革发展，如今石柱农村经济的发展，同全国许多地方一样，已经趋于规模化、集约化、市场化。石柱县立足全县农民想要致富也能致富的实际，全力推进农户万元增收工程，努力确保增收工程目标早日实现。在推进工作中，石柱的干部群众干劲大，想法多，工夫足：一是结合三项制度，引导村干部走村入户，帮助农民规划新的增收产业；二是结合三进三同，组织机关干部带技术、带项目下乡。一年下来，2010 年石柱县农民人均比 2009 年增长 25.3%。

在推进万元增收过程中，石柱县虽然取得了一定的实效，但许多农村经济能人、专业大户发展产业的融资需求较为强烈，但由于无法提供担保物从银行那里获得贷款支持而制约了发展的问题也尤为突出。由此，石柱县的干部群众认识到，关键是要解决更大规模发展产业的启动资金，"解决好过河的桥和船"。石柱县是一个农业大县，农民住房产权证、土地使用权证、林地使用权证是农民必不可少却曾经搁置在家中抽屉里睡大觉的三件"宝贝"。从石柱来看，全县有劳动能力的农户约 11 万，以实现万元增收为目标，按 2∶1 投入产出计算需投入 22 亿元，按总户数 30% 的户均贷款 10 万元计，4 万农户则需 40 亿元。2010 年，石柱银行存款总余额 85 亿元，本县贷款仅为 30.3 亿元。显然，农村金融急需要通过创新方能够走出一条新路来。

这样，探索如何通过政府的妙手，让农村居民房产、土地承包权、林权等物项也能够从银行抵押取得贷款，就成为石柱县实现城乡统筹、帮助农户实现万元增收的迫切需要。

二、石柱县探索"三权"抵押贷款的实践概况

自 2010 年 2 月 21 日重庆全市召开"两翼"农村万元增收工程动员会以来，

石柱县就积极谋划在金融领域寻找助力。2010 年 5 月,石柱县率先在全市启动农房抵押贷款。由于得到了农房抵押贷款强大的金融支持,全县万元增收工程的推进可谓突飞猛进。例如,2010 年 6 月,石柱县龙沙镇石岭社区居民陈玉梅在当地政府的支持下,以自己的农房作抵押,从石柱县农商行贷款 16 万元用于规模发展肉兔养殖,半个月后即建成占地 2000 余平方米的肉兔养殖场,引进 500 只优质肉兔种兔。仅过了半年的时间,陈玉梅便实现收入了 2 万多元。在陈玉梅的影响带动下,当地及周边村组的村民也积极效仿。目前,龙沙镇有 1200 多户农民规模发展种养业,同时带动了 1000 余人从事肉兔、蔬菜和牛羊肉的收购经营生意。又如,六塘乡中药材专业合作社马泽安,2010 年利用 20 万元农房抵押贷款收购药材,不仅自己获得 12 万元纯收入,还将药材收购范围扩大到周边乡镇,带动附近 500 多户的农户增收。

2011 年 1 月 11 日,石柱县委书记盛娅农在应邀作客人民网重庆视窗介绍说,石柱县从 2010 年 5 月份开始试点启动农房抵押贷款,短短的半年时间,到 2010 年年底全县共发放农房抵押贷款 2062 万元,涉及 23 个乡镇 193 户,其中单户金额最高达到了 37 万元,有效地拓宽了农业发展融资渠道。随之,2011 年初石柱县在去年进行农房抵押贷款试点的成功基础上,又相继启动实施了农户林权抵押和土地承包权抵押贷款工作。截至目前,全县累计发放"三权"抵押贷款 5.4 亿元(2011 年以来累计发放 50 605 万元)。其中,1 亿多元贷款为 440 个农户提供了增收产业发展资金。全县一大批农户靠"三权"抵押贷款开启了创业发展的起步。随着融资问题的有效解决,使得农民也能自己创业致富,对于石柱县缩小"三大差距"起了显著的推动作用。统计数据表明,2010 年石柱县农民人均纯收入比上年增加 1010 元,31% 以上的农户实现了万元增收,一批专业大户增收了 20 万元以上。

"三权"抵押贷款,这场源起于石柱县的革命性创新,打开了农户解决融资难问题的一条新路,赢得了农民和银行的极力支持,有效激发了在继土地联产承包责任制的农村生产力的第二次释放,在全市乃至全国产生了积极的影响。2011 年 7 月,新华社《瞭望》杂志推出题为《重庆追寻"后来居上"的改革与发展逻辑》的专题报道,详尽介绍重庆几年来"缩小三大差距、促进共同富裕"的探索之路,其中在让"农民成为有产阶层"方面,石柱的农房抵押贷款创举作为经典案例被推介。同月 10 日,《重庆日报》头版以《"死资产"变成"活资产"》为题,在头版显要位置对石柱县"三权"抵押贷款用了近 2000 字的篇幅进行了深入报道。文章称,把农民的"死资产"变为"活资产",这是重庆市在统筹城乡发展中进行的一次释放生产力的改革。7 月 19 日,《重庆日报》头版刊载的《瞭望》新闻周刊记者刘亢、黄豁、汤耀国联合采写的深度报道《重庆逻辑》,在阐述重庆市加快改革与发展的长篇大论中,多处以石柱县"三权"抵押贷款助农增收为实例,充分介绍了该县把"沉睡"的房产等资源转化为"活"资本的成功创举。

三、石柱县探索"三权"抵押贷款的成功做法

"不以规矩，不成方圆。"鉴于前些年沿海一些地方如浙江温州等地"三权"抵押贷款改革中因操作不规范而导致失败的深刻教训，石柱县在探索"三权"抵押贷款工作中，非常注重加强规范有效的严格管理，围绕如何将农户手中"死"的房产、林权和土地承包经营权等资源转化为"活"的资本，既大胆探索又勇于创新，制定、完善、完备必要的相关法规制度和管理办法，采取有力措施确保了贷款资金规范有序使用，从而"三权"抵押贷款得以稳步扎实的推进。

（一）贷前立好规范，出台了完善的抵押贷款管理办法

在借鉴多方经验的基础上，石柱县涉农信贷投放的银行石柱县农商行在当地政府的大力支持下，广泛听取农户意见，几经修改，最终与石柱县农委、县国土房管局联合制定出台了《石柱县农村居民房屋抵押贷款管理办法（试行）》等系列管理规范。例如，如果农民以其住房申请抵押贷款，按照这些管理规范的明确规定，必须是以其富余的农村住房（这样可以有效保障一旦农民贷款发生了呆坏账而被银行查扣拍卖的仅是其多出的住房，不至于影响贷款农民的正常生活，利于农村的社会稳定）作为担保，就可以向农商行申请贷款的管理办法。根据这些管理办法，所有贷款农户须均为贷款所在机构服务辖区内的农户、具有集体土地房屋的场镇居民。贷款拟用与的生产经营项目，则要求符合国家产业政策和环保政策、产品有市场、经营有效益、资金流动性强，主要用于养兔、养鸡、养牛、养猪以及粮食、药材收购、食品批发等生产经营活动。

（二）贷时把稳对象，明确贷款的对象条件与额度用途

在推进农房抵押贷款过程中，石柱县注意把握拟予放贷款的对象必须是有偿还能力、项目好、有经营理念的农户，并且审批复查关卡不但一个也没少，而且更为细致、明确、周延。一是对申请贷款的农户的条件，明确要求有合法的经济来源，具备按期偿还贷款本息的能力，资信良好，遵纪守法，无恶意不良信用记录，借款人年龄与贷款期限之和不超过60周岁，且所抵押的农房具备《房屋所有权证》和《集体土地使用证》或《房地产权证》，房屋状况良好，无权属纠纷，已使用年限未超过15年。二是在贷款的额度，也作了明确的规定。"三权"抵押贷款的额度限定在5万～50万元内，并主要在种植业和养殖业专业大户中先行试点而后再行铺开。三是贷款的用途上，则固定在石柱县的肉兔、土鸡等主导产业上，用于发展壮大能够起引领带动作用的农村支柱产业。

（三）贷后密切跟进，多种措施并举严管理以有效控制风险

开发任何金融产品都有风险，之前温州等地进行的农房抵押贷款正是由于风险太高而无奈喊停。有鉴于此，石柱县开展凭农房、林地、承包地抵押贷款，自始至终注重抓好对于风险的有效防控。据石柱农商行三农部一负责人介绍，不仅放贷前的"审查是很严格的"，而且，更为重要的是，在农民贷款到手后，石柱

农商行不再如常那样的就撒手不管，相反还十分注重密切跟进贷款使用进程，督促信贷员随时和贷款农户保持联系，帮助他们选准发展项目，经常安排时间专门到其产业基地查看发展状况，切实加强对贷款农民的产业帮扶、技术指导和市场指引，避免或减小其贷款风险，让贷款农户既能按期偿还，又能真正致富，实实在在的发挥助推万元增收的作用。用该县农商行负责人的话讲，金融部门推行的不仅是"扶上马"，还得"送一程"，从而确保资金使用到位、产业发展成功。

（四）政府大力支持，主动服务健全两大平台两项制度

在推进农房抵押贷款过程中，政府也高速运转予以了大力支持。一是相关部门对有贷款需求但没有产权证的农户，落实人员主动上门服务，3天内办理完善产权证，帮助满足农户的贷款需要。二是为方便农民抵押贷款专门建立两大平台：其一，流转交易平台。建立了林业要素市场、土地承包经营权流转服务中心，使林权和土地承包经营权的流转有了公开的交易服务平台；其二，农房评估平台。建立专业评估队伍，对农民的房屋进行资产评估，为抵押贷款提供基础依据。三是配套完善了两大制度：贴息制度，是指政府对农民每一笔"三权"抵押贷款，进行基准利率贴息，农民只承担上浮部分利息；风险金制度，则是县里先按贷款总额1%的风险金比例，把风险金存到银行内，为"三权"抵押贷款有效减少和防范信贷风险，调动起了银行发放"三权"抵押贷款的积极性。

这样，通过上述制度化的规范运作，石柱县使"三权"抵押贷款主要由农村中有"房子、林子、票子、'脑子'"的农村能人贷款，有效地防范了风险，贷款也主要用在了发展产业上，既解决了农民发展"缺钱"的问题，也让生产资金、贷款资金的作用得到了有效的发挥，从而开创了深化农村融资机制改革的崭新路子。

四、石柱县探索"三权"抵押贷款的实践启示

石柱县三权抵押贷款推出后，既解决了当地农户"贷款难"问题，也解决了商业银行"难贷款"问题，更极大地推动了农村经济的提速发展，不但利于有效激活农村庞大的消费市场，而且利于实现以先富带后富促进农村的共同富裕，从而形成一个农民、银企、政府均赢的成功模式与可喜局面。我认为，石柱县"三权"抵押贷款实践带来的启示，主要表现在三个方面。

（1）"三权"抵押贷款的推广，有利于丰富农户融资谋发展的有效渠道，将有效解决农民"贷款难"问题。过去农村常用的信贷产品，一是小额担保贷款，对于重庆"两翼"地区而言，最高额度仅为3万元，二是中小企业贷款，最高额度为50万元。而贷款额度3万元到50万元就成为了空白地带，于是，农村专业大户、经济能人在进行再生产时，频频遭遇融资难题。实际上，单个农户申请的贷款往往主要是农户小额信用贷款，受限于最高3万元的授信额度，这样较小的贷款只能满足零星的生产需要。然而，从生产发展的实践来看，一个农业大户如

果能够自筹 10 余万元，同时贷款 10 余万，则一年以后就不但可以实现增收 15 万至 20 万，而且还可以带动 3~5 个农户实现万元增收。仅从目前石柱农村的情形而言，新建农房的比例已经达到 41.7%，农户平均拥有林地 22 亩，可以想象，推广以农民手中持有的农民住房产权证、土地使用权证、林地使用权证"三权"进行抵押贷款，其发展潜力无疑将十分巨大。

（2）"三权"抵押贷款的推广，有利于实现银行与农民之间的发展双赢，将有效解决银行"贷款难"问题。农房抵押贷款推广后，不但将解决了农户"贷款难"问题，也将解决银行"难贷款"问题。长期以来，农户申请的贷款因其授信额度小，只能满足零星的生产需要。可是石柱县"三权"抵押贷款的推出，就破解了农贷抵押难这一瓶颈。仅以农房抵押贷款为例，拥有农村住房所有权的农户均可用农村住房抵押贷款，贷款额度最高可达房屋评估价值的 60%，期限最长 3 年，并且实行利率优惠。因额度为房屋总价的 60%，极大提高了农户贷款额度。同时，银行因有农户的房屋作为抵押，在一定程度上减少了银行发放贷款的风险，提高了放贷的积极性、主动性。据石柱有关部门测算，从目前的贷款规模来看，仅农房抵押贷款一项，就为石柱农商行增加利息收入 150 多万元。于是，不久以前，石柱农商行出台了"3331"支农工程，即计划用 3 年时间，发放贷款 3 亿元，支持和带动 3 万农户实现户均增收 1 万元。

（3）"三权"抵押贷款的推广，有利于先富带后富促进农村的和谐发展，将有效解决内需"启动难"问题。目前，各地农房抵押贷款的农户绝大多数重点是农村专业大户和经济能人，他们都有一颗干事业的决心和信心，"三权"抵押所获取的贷款，必将能够解决了他们因资金周转困难而无力更好发展的难题，在较短时间便能够获得显著效益，并成为万元增收的排头兵和示范户，而有利于实现先富带后富推进农村的共同富裕。例如石柱县肉兔示范户谭其顺，本身就承担着为周边农户提供兔仔、技术培训和市场销售的任务，带动了近 100 户农户实现增收。在他们的带动下，今年石柱县的肉兔、土鸡、中药材等产业加快发展，产业规模迅速扩大，集约化程度大大提高。据统计，目前石柱县仅肉兔、土鸡的出栏量分别达到 270 万只和 160 万只，较 2009 年分别增加 160.5 万只和 20.3 万只，中药材产业基地新增 20 万亩，达到 30 万亩。因此，可以预见，随着"三权"抵押贷款的进一步推广，农村经济必将提速发展，农村商贸流通业也得到快速发展，我国农村庞大的消费市场也将随之得到有效激活。

（秦泽念，中共重庆市九龙坡区委党校讲师。）

成渝经济区经济产业及农业
产业发展合作模式的关键与重点

胡怀应

内容提要： 成渝经济区是以成都、重庆两个特大城市为龙头，以成都、绵阳等 14 个沿高速公路、快速铁路、黄金水道的市和重庆 1 小时经济圈的 23 个区县为载体的经济区。长三角、珠三角、环渤海地区，在过去的 20 多年引领着中国经济高速增长。但在辽阔的西部，谁能承担起"引擎"重任，成为国家新的增长极？成渝经济区是西部唯一具备突破省市界限、在更大范围内优化配置资源的地区。成渝经济区域将成为保证国家经济安全的新的增长极，将对成渝两地并带动西部地区缩小三个差距、走共同富裕之路起着重要的推动作用。

关键词： 成渝经济区　经济产业　农业产业　关键与重点

2009 年 7 月国家发改委初步讨论规划成渝经济区，2011 年 5 月 5 日国务院正式批复《成渝经济区区域规划》。成渝经济区涵盖四川省 15 个市和重庆市 31 个区县，总面积约 20.61 万平方千米，覆盖人口 9840.7 万，GDP（国内生产总值）总量为 1.58 万亿元。具体讲，四川省涵盖成都、德阳、绵阳、眉山、资阳、遂宁、乐山、雅安、自贡、泸州、内江、南充、宜宾、达州、广安等 15 个市。重庆市除了一小时经济圈内的 23 个区县外，还包括渝东北的万州、梁平、丰都、开县、垫江、忠县、云阳和渝东南的石柱。整个成渝经济区涉及重庆总面积的 37.56%，总人口的 62.5%。成渝经济区建设，实际上就是八大支柱产业支撑成渝经济区的发展，同步在服务业方面，建设国际知名、全国重要的旅游目的地，以重庆、成都为核心，打造区域性旅游集散中心。这里，仅就支撑成渝两地经济产业与农业产业发展问题谈点看法。

一、成渝经济区经济产业发展的关键在于观念转变、政策引导和机制保障

成渝经济区在经济建设方面的定位：共同争取成渝经济区列为国家重点开发区、共同争取国家编制成渝经济区发展规划，努力将成渝经济区建成继长三角、

京津豫、珠三角之后的中国第四个经济区域。成渝经济区的经济产业无疑是成渝两地缩小三个差距，走共同富裕之路的"发展之路"。因此，关键要解决以下问题。

（一）成渝经济区实现自身超速腾飞应避免结构内耗

成渝经济区的产业发展要坚决避免结构内耗、发展内耗等问题的再度发生，从而更好地推动两地产业配套发展，形成两地有机联动、参与全国甚至世界分工的产业链条和产业集群，构建分工明确、协作紧密的现代经济产业体系。这里的关键是两地政府和相关部门要转变观念，采取政策引导和机制保障等措施，并持之以恒。成渝经济区必须首先实现自身超速腾飞，才能以"双核高地"带动西部高速发展，成为我国东、中、西部协调发展的强大动力。那么，其核心或重点在哪里呢？交通、通信、水利、能源等基础设施的同城化建设虽然十分重要，也是前提，但是，这些毕竟只是"基础"和"条件"，其本身并不能直接带动成渝经济区发展，而真正能够使成渝经济区超速腾飞的是"经济产业发展"。

（二）成渝经济区谋求共同快速发展应避免无序竞争

竞争是市场经济的基本规律，成渝两地在产业共同发展中的竞争也是难以避免的。这在过去的长期发展中表现得比较突出。例如成渝两地在农产品加工、冶金机械、轻工纺织、医药化工、电子信息、航空航天乃至服务行业等许多方面都存在过同业竞争。其根本原因是两地的资源条件、产业基础、发展阶段等许多方面具有同质性。若不彻底打破这种产业发展格局，两地很可能在抢抓成渝经济区高速发展机遇的过程中，在承接产业转移和自身产业发展等方面，会产生新一轮的无序竞争甚至内耗，从而严重影响成渝经济区产业的整体发展和高质、高效现代产业体系的构建，成渝经济区的超速腾飞就将成为一句空话。因此，我们必须千方百计地推动两地产业配套发展。

（三）成渝经济区实现经济配套发展应明确主导产业

在明确成渝两地特色主导产业的基础上，非"主导"发展的一方，从原有的产业资源整合、产业资源配置到承接外部产业转移等有关方面，都应当积极发展其"配套"产业，而不应与之竞争"同一产业（环节）"的资源，进而构建双方紧密协作的现代产业体系，取得"1＋1＞2"的协作效益，共同促进产业转型和结构优化，共享产业高速发展的丰硕成果，共同带动西部地区的高速发展。成渝经济区必须强化产业分工，突出自身特色，应该把产业园区发展放在更广的范围来考虑。面对成渝经济区规划获批和实施的新机遇，产业园区须加快整体发展，主动对接成渝经济区，突出自身特色：

成都——主打高新技术产业、战略性新兴产业等，周边区域城市更多发展现代制造业、加工制造业等。要从产业链、供应链的角度考虑，进一步加强内部分工，通过分工带来效益。

重庆——侧重建成长江上游地区经济中心和金融中心，内陆出口商品加工基地和扩大对外开放的先行区，中国重要的现代制造业基地，长江上游科研成果产业化基地，长江上游生态文明示范区，中西部地区发展循环经济示范区，国家高技术产业基地，长江上游航运中心，中国政府实行西部大开发的开发地区以及国家统筹城乡综合配套改革试验区。

（四）成渝经济区进行分工协作必须采取三大措施

一是两地政府和有关部门的领导及其他相关人员必须切实转变观念，尽快树立成渝经济区的"区域整体"观念，深刻认识面对西部地区特别是成渝地区大发展的黄金机遇，联手行动，协作发展，坚决避免产业无序竞争和结构内耗，才能真正共建共荣、超速腾飞，带动西部高速发展。二是由国家发改委等有关部门制定相应的产业引导政策。对成渝两地符合"特色主导产业"定位的产业，在原有产业发展和承接外部同类产业转移时，给予其用地指标、能源指标、环境评估、企业发行股票上市、银行贷款、产品（出口）销售退税等方面的倾斜支持。三是要成立由国家发改委牵头，国家商务部、国土资源部、财政部等多个相关部门参与，四川省和重庆市等共同组成的"成渝经济区产业发展协调领导小组"，定期或不定期地专门研究和协调处理成渝经济区产业分工协作发展中遇到的重大问题。

因此，观念转变、政策引导和机制保障，才是成渝经济区发展机遇的真正利用效果的"最佳"，才是示范和带动作用发挥的"最大"。

二、成渝经济区现代农业产业发展的重点在于科学分析成渝两地农业发展走势

成渝经济区的发展目标：力争到 2015 年，使成渝经济区经济实力显著增强，建成西部地区重要的经济中心和全国重要的现代产业基地；基本公共服务水平显著提升，人民群众生活水平明显提高。成渝两地是农业省市，要实现共同富裕社会，应按照从邓小平到胡锦涛等中央领导人的总体部署的有关文件缩小三个差距的精神，把成渝两地农业产业发展放在至关重要的位置，如果成渝两地三农问题不解决好，不发展好，成渝经济区建设是无法真正实现的。因此，成渝两地应共同抓好农业产业发展。

（一）成渝经济区农业物质装备体系应转变资源配置方式

一是提高成渝经济区农业机械化装备水平。加大现代农业机械的装备投入，重点发展微耕机、农用车、水稻插秧机及秧盘播种成套设备、多功能通用性联合收割机及各种专用农机产品，提升农机整体装备水平。二是加大成渝经济区农业综合开发。精心组织实施粮食产能规划田间工程建设、中央财政支持现代农业发展蔬菜产业建设和蔬菜标准园建设、两地农产品质量安全监测站建设、中低产田地改造、退耕还林基本口粮田间建设等一批在建项目，改善和加强农业基础设施，提高农业综合生产能力。三是抓好成渝经济区重大建设项目跟踪问效。重点在两地农业有害生物预警与控制区域站建设、基层农业推广体系建设，农产品质

量安全追溯及管理信息化建设、无公害农产品场地认定整体推进等大项目上下工夫，统筹兼顾新品种、新技术引进、试验示范，优势特色产业基地建设和其他续建项目。

（二）成渝经济区农业产业支撑体系应转变产业发展方式

一是建基地。按照成渝经济区"连片开发、突出特色、发挥优势"的思路，做大做强优质烟草、蔬菜、水果、优质肉牛、生猪等产业基地建设，开展现代农业示范区建设，促进农产品种养基地向最适宜区集中。二是建园区。按照成渝经济区"高起点规划、高标准建设、高效率管理"的要求，建设一批现代农业科技示范园区，通过园区建设，推动科技创新、促进产业开发，为转变农业增长方式，加速现代农业发展进程作出引导和示范。三是强品牌。抓实成渝经济区农产品标准化生产体系建设，推进有机食品、绿色食品、无公害农产品、地理标志产品申报认证和商品认证力度，加快农产品注册商标和地理标志商标建设，支持展洽会、产品推介会等活动，宣传和推介农产品。

（三）成渝经济区农业生产经营体系应转变生产经营方式

一是育龙头。走成渝经济区"龙头企业＋专业合作经济组织＋农户＋基地"产业化经营之路，发展壮大一批起点高、规模大、带动力强的龙头企业，培育一批具有地方特色和优势的中小农产品加工企业，围绕区域内优势主导产业，突出特色农产品加工，抓实果酒果汁加工建设、大蒜精深加工生产线建设、真空冷冻干燥果蔬生产线建设、农副产品精深加工及冷储等项目工程建设。二是强合作。扶持成渝经济区各类农民专业合作经济组织、种植养殖户联合体、专业大户和经纪人队伍，加快推进各类专业合作经济组织的管理体制、经营机制、运行方式创新，完善龙头企业和农户之间的利益联结机制。三是促流通。加快成渝经济区农产品市场流通体系建设，继续实施"万村千乡"、"农产品批发市场升级改造"等工程，规划实施好乡镇市场体系建设、绿色果蔬专业批发市场建设、城边农副产品综合批发市场建设等项目工程，建设覆盖农产品生产全过程的物流系统。

（四）成渝经济区农业社会化服务体系应转变服务保障方式

一是强化成渝经济区科技支撑。逐步构建以政府农业推广机构为主导，农村专业合作经济组织为基础，农业科研、教育机构及涉农企业广泛参与，分工协作、服务到位、充满活力的多元化基层农业技术推广服务体系。二是推进成渝经济区土地流转有序。依法保护农民的土地承包权和生产经营自主权，在稳定家庭承包经营的基础上，按照"明确所有权、稳定承包权、搞活使用权"和"依法、自愿、有偿、规范"的原则进行承包土地经营权流转，建立土地承包经营权登记管理制度，加快培育土地流转服务组织，健全乡镇有中心、村有信息员、社有网络点的土地流转服务体系。三是推进成渝经济区农业综合执法试点。深入开展农业法制宣传教育，加强执法队伍建设，加强农业执法监管，特别是农业投入品的监管。

（胡怀应，中共重庆市万州区委党校教授、万州区人民政府法律顾问。）

成渝经济区面临的问题与对策思考

全华相

2009 年 7 月，国家发改委在成都召开了编制工作会，会议初步讨论成渝经济区区域规划，规划将涵盖四川的 15 个市和重庆的 31 个区县，总面积约 20.61 万平方千米，覆盖人口 9840.7 万，GDP（国内生产总值）总量为 1.58 万亿元。2011 年 3 月 1 日，国务院总理温家宝主持召开国务院常务会议，讨论并原则通过成渝经济区规划。2011 年 5 月 5 日，国务院正式批复《成渝经济区区域规划》（以下简称《规划》）。国家发展改革委于 2011 年 5 月 30 日下发了《关于印发成渝经济区区域规划的通知》。之后，川渝两地也研究制定了相关实施办法和意见。成渝经济区建设正式驶入快车道。但是，要真正完成中央要求的目标任务，需要解决的问题还非常多。对此，笔者就存在的问题谈点看法。

一、面临的问题分析

成渝经济区建设面临问题是客观存在的，回避这些问题是不现实、不科学的。川渝合作提出、探索、研究、实践了近十年，确实取得了非常突出的成绩。但是，面临的问题也是非常多的。特别是国家把成渝经济区区域建设作为国家发展战略考虑，更应该解决好面临的问题。那么，成渝经济区建设到底面临哪些问题呢？我们认为，主要有以下几点：

一是"合"。重庆与四川历史上有合，也有分。合，形成了两地人文、文化、性格、发展等同一性；分，也形成了两地人文、文化、性格、发展等差异性。合，体现的是融合；分，必然产生排斥。之前，在合作方面确实存在不能全面、充分融合的问题，排斥性等地方保护主义时有发生。貌合神离的问题在某些方面还非常突出。现在要共同面对成渝经济区建设这个国家级课题，必须解决相互的排斥性，努力实现全面、充分的融合。国家发改委要求：要认真领会国务院的批复精神，把《规划》实施作为深入推进西部大开发，促进全国区域协调发展的重要举措，努力把成渝经济区建设成为西部地区重要的经济中心、全国重要的现代产业基地、深化内陆开放的试验区、统筹城乡发展的示范区和长江上游生态安全的保障区，在带动西部地区发展和促进全国区域协调发展中发挥更重要的作用。成渝经济区建设的目标是：力争到 2015 年，使成渝经济区经济实力显著增强，建成西部地区重要的经济中心和全国重要的现代产业基地；基本公共服务水平显著提升，人民群众生活水平明显提高。不能全面、充分地融合，是不可能实现上述任务的。合，不是你吃掉我，也不是我吃掉你。而是通过合作实现"共赢"、"共富"。因此，只有合，才能形成1＋1大于2的合力。

二是"带"。成渝经济区列为国家重点开发区、国家编制成渝经济区发展规划，努力将成渝经济区建成继长三角、京津豫、珠三角之后的中国第四个经济区域。《规划》要求建西部最大的城市区域，在充分发挥成、渝两大中心城市的核心带动作用下，在分别构建和完善成、渝两个单核城市群的基础上，加快培育绵阳、德阳、内江、资阳、遂宁、自贡、泸州、宜宾、南充、广安、达州、眉山、乐山、永川、江津、合川、涪陵、长寿、铜梁、荣昌、大足、南川、綦江、璧山、双桥、潼南、万盛、武隆等若干紧密相连的大中小城市，共同构建西部最大的城市连绵带。

但是，如何实现成渝经济区的带头、带动功能，是成渝经济区建设面临的重要课题，更是中央交给四川、重庆的重要任务。所以，作为国家战略的成渝经济区建设的重要任务之一就是"带"，通过"双核"带动四川、重庆两地的发展，通过"五带"带动周边省市，特别是辐射西部地区，促进共同发展。可以肯定地讲，这是国家西部开发战略的重要内容之一。如果只考虑两个地区的发展，就违背了中央的战略考虑。

三是"富"。实现"共富"，是我们党的目标任务决定的，是社会主义的本质所在。

毛泽东同志在新中国成立之初明确指出，"我们建设社会主义的目的，就是要大家有事做，有饭吃，大家共同富裕"。强调，衣食住行是了不起的大事，这些事搞不好共产党就要垮台，搞好了政权就稳定。

邓小平同志反复强调，"社会主义的目的就是要全国人民共同富裕，不是两极分化。""社会主义最大的优越性就是共同富裕，这是体现社会主义本质的一个东西。"社会主义的本质，是解放生产力、发展生产力、消灭剥削、消除两极分化、最终达到共同富裕。改革开放初期，小平同志就指出："在改革中我们始终坚持两条根本原则，一是以社会主义公有制经济为主体，一是共同富裕。鼓励一部分地区、一部分人先富裕起来，也正是为了带动越来越多的人富裕起来，达到共同富裕的目的。"他特别指出："即使百分之五十一的人先富裕起来了，还有百分之四十九，也就是六亿多人仍处于贫困之中，也不会有稳定。中国搞资本主义行不通，只有搞社会主义，实现共同富裕社会，才能稳定，才能发展。"

江泽民同志讲"三个代表"，其实每个"代表"都和共同富裕紧紧相连。"代表先进生产力的发展要求"，而人是生产力中最活跃的因素，促进共同富裕，才能充分调动广大人民群众的积极性，从而推动生产力的发展。"代表先进文化的前进方向"，基础也是共同富裕，因为共同富裕和两极分化是不同的经济基础上产生的对立的文化现象。私人占有、两极分化是奴隶主、封建地主和资本家的落后的文化，而共同富裕是人民大众的、充满朝气和正义的文化，所以是先进的文化。而"代表最广大人民群众的根本利益"，不言自明，当然是共同富裕。

胡锦涛同志在建党90周年大会上宣言的：只有共产党人以彻底唯物主义的勇气和大公无私的精神，把"共同富裕"写在了自己的旗帜上，要坚定不移地走共同富裕之路！我们坚信，迟早有一天，全人类都要走上这条共同富裕之路，强调，推进社会建设，要以保障和改善民生为重点，着力解决好人民最关心最直接最现实的利益问题。要坚持发展为了人民、发展依靠人民、发展成果由人民共享，完善保障和改善民生的制度安排，把促进就业放在经济社会发展优先位置，加快发展教育、社会保障、医药卫生、保障性住房等各项社会事业，推进基本公共服务均等化，加大收入分配调节力度，坚定不移走共同富裕道路，努力使全体人民学有所教、劳有所得、病有所医、老有所养、住有所居。

2007年6月7日，国家发改委下发《国家发展改革委关于批准重庆市和成都市设立全国统筹城乡综合配套改革试验区的通知》，国务院同意批准设立重庆、成都市全国统筹城乡综合配套改革试验区。从此，成都和重庆成为中国新的改革开放的前沿阵地，并率先对中国重大政策先行试点。

《规划》强调，设立重庆、成都市全国统筹城乡综合配套改革试验区，根本目的在于逐步建立较为成熟的社会主义市场经济体制，基本形成强化经济发展动力、缩小城乡区域差距、实现社会公平正义、确保资源环境永续利用以及建设社会主义新农村的理论架构、政策设计、体制改革及经济发展、社会和谐的综合模式，走出一条适合中西部地区的发展道路。

成渝经济区是整个西部大开发最重要的部分，而西部又是我国少数民族聚居地区、欠发达地区、贫困地区。成渝经济区建设，是中央从战略高度考虑如何缩小西部地区城乡区域差距、实现社会公平正义，走共同富裕的道路的重要举措。因此，实现"共富"是中央寄予四川、重庆建设成渝经济区的厚望。不但要两地实现"共富"，而且要实现整个西部的"共富"。

二、对策思考

要按照中央的要求，解决好"合"、"带"、"富"的问题，必须从机制、功能方面做文章。

一是健全机制。要实现全面、充分的合作，促进"共富"的目标与任务，必须建立健全机制，从机制上解决貌合神离的现象，为合作克服困难，排除干扰，解决问题。

首先是要建立常设的工作机构。为了使合作常态化，随时解决合作中遇到的困难和问题，建立常设的工作机构是非常必要的。而且这个机构不是徒有虚名，而是有一定权威和能力，能够实实在在解决问题，处置各种矛盾的。

其次是健全工作机制。比如定期的联席会议、常态化的工作会议等，重点解决常设的工作机构无法解决的困难与问题。比如常态化的研讨会（现在的川、渝经济合作论坛），研究合作中出现的新情况和新问题，为党委和政府决策提供理论帮助。

联席会议和研讨会不能只局限在川渝两地，而应该面向整个西部，把西部相关地区统在一起，充分发挥西部地区政府的作用，共同协调建设与发展问题；调动整个西部地区理论工作者的能动作用，共同研究共赢和共富的问题。

二是发挥功能。作为国家发展战略的成渝经济区建设的重要任务之一就是"带"，通过"双核"带动两地的发展，通过"五带"带动周边以及整个西部发展。

成渝经济区"双核五带"布局：

重庆发展核心：重庆主城九区，打造经济繁荣、社会和谐、环境优美的国际大都市。

成都发展核心：包括成都五城区等，建设城乡一体化、全面现代化、充分国际化的大都市。

沿长江发展带：以主城区为中心，长江黄金水道、公路、铁路为纽带。

成遂渝发展带：培育成为连接双核的新型经济带。

成绵乐发展带：以成都为中心建成具有国际竞争力的产业和城市集聚带。

渝广达发展带：建成东北部重要的经济增长带。

成内渝发展带：以成渝铁路和高速路为纽带，要建成连接双核的重要经济带。

经济区范围：包括四川省 15 个市和重庆市 31 个区县，总面积 20.61 万平方千米，人口 9840.7 万，GDP（国内生产总值）总量约 1.58 万亿元。

重庆的 31 个区县包括：万州、涪陵、渝中、大渡口、江北、沙坪坝、九龙坡、南岸、北碚、万盛、渝北、巴南、长寿、江津、合川、永川、南川、双桥、綦江、潼南、铜梁、大足、荣昌、璧山、梁平、丰都、垫江、忠县、开县、云阳、石柱。

四川省 15 个市包括：成都、德阳、绵阳、眉山、资阳、遂宁、乐山、雅安、自贡、泸州、内江、南充、宜宾、达州、广安。

成渝经济区面积约 16.8 万平方千米，占全国辖区面积 1.8%。成渝经济区是西部唯一具备突破省市界限，在更大范围内优化配置资源的地区。

通过"双核五带"功能作用的发挥，缩小整个西部地区城乡、贫富、区域差距，实现社会公平正义，走共同富裕的道路，完成中央赋予的历史使命。

通过"双核五带"功能的发挥，实现成、渝两地的共同发展，带动两地周边的发展，特别是带动两地以外的西部地区经济社会的共同发展，缩小西部地区的"三个差距"，实现整个西部地区的"共富"、"共赢"。

（全华相，中共重庆市永川区委党校。）

成渝经济区凸显西部
重庆经济区给力西部

王春林

摘要：环顾世界，放眼中国，国家"十二五"规划的新十年西部大开发经济区布局如果是面，那么，成渝经济区就是其中衔接西南与西北的轴，重庆经济区则是带领西部发展雁阵的头雁。重庆经济区在给力西部的同时，助推中部，传力东部，提升整体国力，奔向民族复兴。

关键词：西部大开发　成渝经济区　重庆经济区　关系　作用

一、西部大开发已确定新十年的战略布局

欲发展中国，须发展西部。西部大开发是事关我国改革开放和社会主义现代化建设全局，事关国家长治久安，事关中华民族伟大复兴的大战略。在党中央关心下，经过 10 年不懈努力，西部大开发取得了良好开局、打下了坚实基础，迎来了经济社会发展最快的时期。"站在恰当的地点观察重庆，铺满公寓的山丘会令你想起香港，密集的居住区会令你想起东京，还有那些横跨长江两岸、如同布鲁克林大桥的工程，可能还会让你想起纽约。"美国《纽约时报》曾如此描述。

西部大开发 10 年取得重大成就，但西部地区与东部沿海地区发展水平的差距仍然较大，西部地区仍然是全面建设小康社会的难点和重点。今后 10 年是深入推进西部大开发的关键时期，事关我国改革开放和社会主义现代化建设全局，事关国家长治久安，事关中华民族伟大复兴。

在新的历史起点上，胡锦涛总书记强调，西部大开发第二个 10 年将成为承前启后、深入推进的关键时期。中央将把深入实施西部大开发战略作为具有全局意义的重大方针、作为"十二五"时期经济社会发展的重大任务，进一步完善扶持政策，进一步加大资金投入，进一步体现项目倾斜，以更大的决心、更强的力度、更有效的举措，推动西部地区经济社会又好又快发展，为我国发展开拓新的广阔空间。他要求"要奋力将西部大开发推向深入，为实现全面建设小康社会奋斗目标、为实现中华民族伟大复兴做出新的更大贡献。"为此，胡锦涛主持召

开中共中央政治局会议，专门研究深入实施西部大开发战略的总体思路和政策措施；温家宝总理主持召开国务院常务会议，研究了深入实施西部大开发战略的七大政策措施。

新十年西部大开发的任务清晰明确。国家"十二五"规划纲要坚持把深入实施西部大开发战略放在区域发展总体战略优先位置，提出给予特殊政策支持，"推进新一轮西部大开发"，更加注重优化区域布局。按照主体功能区战略要求，国家"十二五"规划纲要提出了西部大开发的经济区规划：坚持以线串点、以点带面，推进重庆、成都、西安区域战略合作，推动呼包鄂榆、广西北部湾、成渝、黔中、滇中、藏中南、关中—天水、兰州—西宁、宁夏沿黄、天山北坡等经济区加快发展，培育新的经济增长极。

"十二五"期间，西部地区的经济区建设主要是沿铁路线展开，呈现为"一纵四横"："一纵"，即沿包安—安西—襄渝—渝黔—黔桂线的经济区为呼包鄂榆经济区、关中—天水经济区、成渝经济区、黔中经济区、广西北部湾经济区；"四横"，即沿包兰—兰青线的经济区有呼包鄂榆经济区、宁夏沿黄经济区、兰州—西宁经济区，沿陇海—兰新线的经济区是关中－天水经济区、天山北坡经济区，沿成渝—川藏线（已决定在"十二五"修建）的经济区为成渝经济区、藏中南经济区，沿贵昆线的经济区是黔中经济区、滇中经济区。其中，由重庆、成都、西安构成的"西三角"区域性战略合作，是西部大开发的重中之重，架构起新十年西部大开发的基本骨架。

二、成渝经济区的优势在西部凸显

尽管国家"十二五"规划提出要将西部的经济区培育为新的经济增长极，但它们的发展定位还是有层次上的差异。有国家发改委官员曾表示，新一轮西部重点经济区发展方面，大致分为三个层面，第一层面是将成渝、关中—天水和广西北部湾等经济区，打造成具有全国影响的经济增长极；第二层面是将呼包鄂榆、新疆天山北坡、兰州—西宁等经济区培育成西部地区新的经济增长带；第三层面则是将滇中、黔中、宁夏沿黄、藏中南等经济区建成省域经济增长点。在这些分层发展中，成渝经济区因其独特的优势，在西部地区尤为凸显。

（一）全国综合配套改革的先行区，开展城乡统筹综合配套改革试验

步入新世纪，我国处于科学发展的关键期，深化改革的攻坚期，黄金发展期与矛盾凸显期并存，机遇大于挑战的重要战略机遇期，现代化建设日益显现出发展不全面、不协调、不持续三大问题。为此，中央作出了以人为本、科学发展，转变发展方式的战略性决策。2007年6月，重庆和成都承担起开展城乡统筹综合配套改革试验的重任，为根本解决中国"三农"问题探路。成渝地区成为西部地区的改革先锋，成渝地区的发展上升为国家战略。2011年7月，重庆市总结城乡统筹综合配套改革经验，在全国率先作出努力缩小城乡、区域、贫富三个差

距，促进共同富裕的决定，被称为"重庆案例"，标志着城乡统筹综合配套改革试验步入一个新阶段。

（二）全国内陆开放的先行区，开辟有保税港区、两江新区发展新平台

胡锦涛总书记在十七大报告中提出，要扩大开放领域，加快内地开放。薄熙来任重庆市委书记不到一个月，就响亮地提出了"开放"命题。他说，"在经济全球化、贸易国际化的背景下，任何一个国家和地区关起门来搞发展都不会有大出息。""重庆的根本出路在扩大开放，最大动力也在扩大开放，重庆人必须要有勇气把自己置身于开放的前沿。"随后的《政府工作报告》提出，"大力发展内陆开放型经济，提高对外开放水平"，成为"重庆打造内陆开放城市的宣言"。重庆市委专门召开全委会，作出进一步扩大开放的决定，提出要以开放促改革促发展，构建内陆开放型经济发展平台，打造一流口岸，提高内外资利用水平，扩大外贸进出口规模等，分享全球、全国市场，建成我国内陆开放高地。在建设内陆开放高地的"重庆道路"上，改革开放30周年的2008年12月18日，中国第一个内陆保税港区——重庆两路寸滩保税港区挂牌成立；新春伊始的2010年2月26日，全国最大的综合保税区——重庆西永综合保税区在重庆正式挂牌；2010年6月18日，中国第三个副省级新区——重庆两江新区在重庆直辖13周年时诞生；2010年10月18日，国务院批准设立成都高新综合保税区。至此，成渝北地区集保税港区、综合保税区、副省级新区于一体，领先于西部各省区，成为我国内陆开放高地。2010年12月，国务院发布的《全国主体功能区规划》中，明确将成渝经济区中的重庆经济区的功能定位为"内陆开放高地和出口商品加工基地"。

（三）良好的发展基础，领先于西部经济开发区

在《全国主体功能区规划》中，国家"十二五"规划里西部地区的十个经济区列入了重点开发区。目前，从因特网搜索的资料看，黔中经济区的资料比较零散，只有成渝经济区、关中—天水经济区、广西北部湾经济区的资料比较完整。在西部地区的发展中，普遍认为，成渝经济区、关中—天水经济区、广西北部湾经济区的发展水平较高。从三者的对比可以看出，成渝经济区的发展水平有比关中—天水经济区、广西北部湾经济区的发展高出许多，表明成渝经济区的发展基础高于西部其他经济开发区，是西部经济总量最大、经济水平最高的区域。（见表1）

表1　　　　　　　　西部地区经济区发展情况对比表

名称 对比项	成渝经济区	关中—天水 经济区	广西北部湾 经济区	黔中 经济区
面积 （万平方千米）	20.61	7.98	陆地4.25， 海域13	
人口 （万人）	9840.7	2842 （2007年末）	1300 （2008年末）	1395 （2007年末）

表1（续）

名称 对比项	成渝经济区	关中—天水 经济区	广西北部湾 经济区	黔中 经济区
经济规模 （亿元）	15800	3765 （2007年末）	2450 （2009年）	1231 （2007年末）
经济发展水平 （亿元/每万平方千米）	766.6	471.8	576.5 （陆地） 142 （陆海）	
批准时间	2011.5	2009.6	2008.1	2010.7
备注	根据相关资料整理。目前，呼包鄂榆经济区、宁夏沿黄经济区、兰州—西宁经济区、新疆天山北坡经济区、滇中经济区、藏中南经济区在因特网上没有比较详细资料。			

（四）主体功能区规划定位，高位于西部其他经济开发区

《全国主体功能区规划》是我国国土空间开发的战略性、基础性和约束性规划。在西部地区10个重点开发的经济区中，该规划对成渝经济区高看一眼，不仅有整体定位，而且还专门对重庆经济区和成都经济区的发展分别定位，为西部地区经济区发展定位所独有，也为全国经济区发展定位所独有。尤其是在定位内容上，成渝经济区是全国层面的中心、枢纽、基地等，而西部地区的其他经济区定位多有西部地区性或者区域性的发展定位（见表2）。该规划还特别强调，西部地区要重点开发北部湾、成渝、关中—天水等地区，形成若干新的大城市群和区域性的城市群。

表2 　　　　　西部地区经济区发展定位对比表

名称		发展定位
成渝经济区	整体定位	全国统筹城乡发展的示范区，全国重要的高新技术产业、先进制造业和现代服务业基地，科技教育、商贸物流、金融中心和综合交通枢纽，西南地区科技创新基地，西部地区重要的人口和经济密集区。
	重庆经济区	西部地区重要的经济中心，全国重要的金融中心、商贸物流中心和综合交通枢纽以及高新技术产业、汽车摩托车、石油天然气化工和装备制造基地，内陆开放高地和出口商品加工基地。
	成都经济区	西部地区重要的经济中心，全国重要的综合交通枢纽，商贸物流中心和金融中心以及先进制造业基地、科技创新产业化基地和农产品加工基地。
关中—天水经济区		西部地区重要的经济中心，全国重要的先进制造业和高新技术产业基地，科技教育、商贸中心和综合交通枢纽，西北地区重要的科技创新基地，全国重要的历史文化基地。
广西北部湾经济区		我国面向东盟国家对外开放的重要门户，中国—东盟自由贸易区的前沿地带和桥头堡，区域性的物流基地、商贸基地、加工制造基地和信息交流中心。

表2（续）

名称	发展定位
呼包鄂榆经济区	全国重要的能源、煤化工基地、农畜产品加工基地和稀土新材料产业基地，北方地区重要的冶金和装备制造业基地。
宁夏沿黄经济区	全国重要的能源化工、新材料基地，清真食品及穆斯林用品和特色农产品加工基地，区域性商贸物流中心。
兰州—西宁经济区	全国重要的循环经济示范区，新能源和水电、盐化工、石化、有色金属和特色农产品加工产业基地，西北交通枢纽和商贸物流中心，区域性的新材料和生物医药产业基地。
新疆天山北坡经济区	我国面向中亚、西亚地区对外开放的陆路交通枢纽和重要门户，全国重要的能源基地，我国进口资源的国际大通道，西北地区重要的国际商贸中心、物流中心和对外合作加工基地，石油天然气化工、煤电、煤化工、机电工业及纺织工业基地。
藏中南经济区	全国重要的农林畜产品生产加工、藏药产业、旅游、文化和矿产资源基地，水电后备基地。
滇中经济区	我国连接东南亚、南亚国家的陆路交通枢纽，面向东南亚、南亚对外开放的重要门户，全国重要的烟草、旅游、文化、能源和商贸物流基地，以化工、冶金、生物为重点的区域性资源精深加工基地。
黔中经济区	全国重要的能源原材料基地、以航天航空为重点的装备制造基地、烟草工业基地、绿色食品基地和旅游目的地，区域性商贸物流中心。

注：根据《全国主体功能区规划》（2010.12）整理。

三、重庆经济区是新十年西部大开发的"发动机"

重庆经济区是成渝经济区的重要组成部分，其中核心是重庆两江新区。在国家"十二五"规划纲要中，明确提出要"推进重庆两江新区开发开放"。国务院对重庆两江新区开发建设的目标定位，其中之一，就是要深入推进西部省区之间、东中西部之间的大流通和大融通，成为西部大开发纵深推进的"发动机"和内陆开放的重要门户，增强辐射带动能力。为此，2010年7月19日的《学习时报》载文说，重庆两江新区是新时期国家发展战略的"新载体"，是启动新十年西部大开发的新引擎，将力争推进"西三角"（重庆—成都—西安）乃至680万平方千米、4亿多人口的西部地区开发开放。文章说，据初步测算：两江新区将拉动"成渝经济带"的制造业年均增长提高10个百分点，云南和贵州的水电、矿产等能源产业增速提高5个百分点，湖南、湖北、陕西、广西的制造业和交通运输业增速提高5个百分点。两江新区将通过各种要素资源的发酵、增值，在西部地区产生裂变、聚变和几何乘数效应，从而改变西部在中国经济版图上的地位。

（一）规划定位重庆经济区略高于成都经济区

在国际经济格局大调整，国内科学发展大转型之际，重庆经济区的开发建设是中央对国内经济发展布局所作的一次重要的战略调整。2009 年 2 月 5 日，国务院《关于推进重庆市统筹城乡改革和发展的若干意见》文件认为，"在新形势下，党中央、国务院对重庆市改革发展提出更高要求，赋予重庆市新的使命。……要站在全局和战略的高度，充分认识加快重庆市改革开放和经济社会发展的重大意义，努力把重庆市改革发展推向新阶段。"2010 年 12 月出台的《全国主体功能区规划》中，重庆经济区不仅顺序上位于成都经济区之前，而具体定位中，重庆经济区是"三中心—枢纽五基地—高地"，成都经济区则为"三中心—枢纽三基地"，重庆经济区多了全国的"汽车摩托车、石油天然气化工基地，内陆开放高地和出口商品加工基地"的定位要求。由此可见，成渝经济区中的重庆、成都"双核"，重庆的综合成长力将超过成都，成为成渝经济区的"龙头"，担当起带动西部地区发展的"发动机"重任。2009 年 10 月 27 日，四川省人民政府出台《关于加快"一极一轴一区块"建设推进成渝经济区发展的指导意见》，要求处于环渝腹地经济区块的地区，以服务都市、承接转移、形成基地、借力发展为主要任务，全方位加强毗邻地区的通道连接，积极对接产业，发挥配套作用，建设川渝合作示范区，形成承接重庆都市圈辐射的配套产业集群，打造川渝经济合作的桥头堡。

（二）空间布局重庆经济区携南牵北引领西部

西部地区沿铁路线南北向展开的经济区，有呼包鄂榆经济区、关中-天水经济区、成渝经济区、黔中经济区、广西北部湾经济区五个，成渝经济区则恰好居中，又与长江通道交汇。步入新世纪，在全国开放开发的"金弓战略"布局中，重庆是长江之箭与第二级阶梯之玄的结合点，由成渝经济区发力，携南牵北，整合西部力量，贯穿中东部，必将推动长江开发，提升综合国力，实现民族复兴。

（三）重庆经济区是"一江两翼三洋"国际大通道的枢纽

重庆位于中西部地区的结合部，地处全国的地理中心，具有承东启西、接南转北的重要枢纽作用，是新世纪国家现代化建设的重要战略中心。作为国家的综合交通枢纽，重庆将构架起来"一江两翼三洋"国际大通道。向东，大力推进长江流域合作，"一江春水向东流"，直指太平洋；同时，引导东部向西回流，以水路、高速公路、铁路、航空的多式联运，开辟西向国际大通道。向西北，连接第二欧亚大陆桥，构筑欧亚大陆桥新通道，直指大西洋，成为我国东南地区通向西北，进入中亚、欧洲的桥梁；向西南，经云南出缅甸，通向印度洋，成为我国华中、华北地区进入南亚、中东、非洲的必经之地。"一江两翼三洋"国际大通道，把中国传统的"郑和下西洋"、"丝绸之路"、"茶马古道"三条通道完美连接，从而衢通"五洲"、连接世界，重庆变西南一隅为东亚中心。"一江两翼三洋"国际大通道的构建，标志着"金弓战略"布局已经完成，重庆肩负着提升西部，走向世界的历史使命。

（四）重庆经济区有中西部地区唯一的国家中心城市

2010 年 2 月 7 日，《重庆日报》报道，在《全国城镇体系规划》中，重庆继续北京、上海、天津、广州之后，入围国家五大中心城市之列，成为中西部地区唯一的国家中心城市。国家中心城市是国家城镇体系顶端的城市，在政治、经济、文化诸方面对全国具备引领、辐射、集散功能。重庆首次提升为五大国家中心城市之一，要肩负起五项注定使命：具有区域功能，在整个西部区域有重大影响，能够承担国家赋予重要战略性使命；必须是整个西部地区直接对外开放的开放型城市，通过内陆直接参与国际竞争；必须是整个西部地区非常重要的一个交通运输、人流、物流、信息流的国际门户性枢纽；必须承担一些特殊的国家战略性产业职能或经济职能；应该是国家深化改革开放的政策实验区。"这也是继西部大开发、城乡统筹、国发3号文件之后，对重庆的具体部署，更是对重庆发展的信任和支持！"重庆升格为国家中心城市，是站在中国经济社会发展版图上思考和布局的，将来成为邓小平希望的几个"内地香港"之一，不只是引领西部。

参考文献：

[1] 刘铮，郑晓奕，江国成. 开局良好 基础坚实——西部大开发10年成就回顾 [N/OL]，新华社，[2010 - 07 - 05]，中央政府门户网站　www. gov. cn.

[2] 赵承，张旭东，郑晓奕，刘铮，江国成. 开创更加美好的明天—党中央关心西部大开发纪实 [N/OL]，新华社，[2010 - 07 - 04]，中央政府门户网站 www. gov. cn.

[3] 中华人民共和国国民经济和社会发展第十二个五年规划纲要 [N/OL]，新华社，[2010 - 03 - 16]，中央政府门户网站　www. gov. cn.

[4] 王中亮. 内陆开放城市的重庆道路 [N]. 重庆晚报，[2008 - 07 - 20]. http: //cq. house. sina. com. cn.

[5] 成渝经济区 [N/OL]，百度百科，http: //baike. baidu. com.

[6] 国务院关于印发全国主体功能区规划的通知 [N/OL]. 中国网，[2011 - 06 - 09 21：54：07]. http: //www. sina0477. com.

[7] 翁杰明. 新时期国家发展战略的"新载体"——重庆两江新区启动新十年西部大开发的新引擎 [N]. 学习时报，2010 - 07 - 19.

[8] 国务院办公厅. 国务院关于推进重庆市统筹城乡改革和发展的若干意见 [N/OL]，中央政府门户网站 www. gov. cn，2009 - 02 - 05.

[9] 法律图书馆. 四川省人民政府关于加快"一极一轴一区块"建设 推进成渝经济区发展的指导意见。

[10] 刘浪. 重庆肩负五重"使命" [N]. 重庆日报，2010 - 02 - 07.

（王春林，中共重庆市渝北区委党校教研科长副教授。）

任重而道远

——试论成渝经济区当前面临的三大挑战

陈实

摘要：2011年5月，国家正式出台成渝经济区区域规划，这是在实施"十二五"规划的开局之年和推进新一轮西部大开发的重要时刻，国家推动科学发展、加快转变经济发展方式的重要战略部署，也是深入实施西部大开发、促进区域协调发展的又一重大举措。但是，成渝经济区的建成并取得实效，却并非一日之功。对当前而言，务必处理好其中的经济区与行政区的关系、经济区中心——边缘化关系与经济区与非经济区之间的关系等一系列问题，这都构成具体实施规划过程中的一些严峻挑战，急需采取相应措施积极应对。

关键词：成渝经济区　行政区　中心——边缘化　非经济区

根据《成渝经济区区域规划》目标，成渝经济区将建设成为对外开放的门户城市、国际大都市、国家创新型城市、国际旅游城市、统筹城乡综合配套改革试验区、数字城市、国家重要的数据灾备中心、西部地区对外开放高地，成为我国综合经济实力最强的区域之一。成渝经济区将为西部大开发增添新动力，为长江生态安全构筑新屏障，建设成为全国重要的经济增长极，与长三角、珠三角、京津冀三大经济区相呼应，形成一个全方位大开放的格局，在更大层面更广领域聚集发展要素。通过成渝经济区建设，将有力推动成渝和整个西部地区加快发展，促进构建东西部良性互动、承东启西、协调发展的格局，发展绿色经济，把成渝经济区建设成生态文明建设示范区，对整个长江流域的生态安全有重要影响等。由此可见，这将为直接受益的四川、重庆等地未来发展带来前所未有的机遇。当然，这一宏大复杂的系统工程的实施，制约因素也不容小觑，经济区的发展进程的道路并不会十分平坦。就目前而言，横亘于我们面前的主要障碍就有：行政区划对经济区的影响非常巨大，如何协调好川、渝二者及下辖市县之间的关系迫在眉睫；经济区内发展是非均衡的，中心——边缘化问题会变得十分突出，如何摆脱这一困境，也是摆在决策者面前的重大课题；四川、重庆境内仍然有很大一部分市县属于非经济区，在政策、资金等方面的安排上，如何既保证公平公正，又实现全面协调可持续发展，难度不言而喻，等等。因此，综合分析成渝经济区面临的挑战，以及如何应对这些挑战，是我们绕不过去的必经之路。

一、经济区与行政区关系协调的挑战

成渝经济区下辖的四川 15 个市和重庆 31 个区县，总面积约 20.61 万平方千米，覆盖人口 9840.7 万，经济区以重庆、成都为发展核心，"充分发挥引领区域发展的核心作用，加强重庆、成都城市之间的资源整合，优化城市功能，实现错位发展，打造带动成渝经济区发展的双引擎和对外开放的门户城市。"通过重庆、成都的双核带动，促进其他区域的快速发展。成渝经济区从行政层级来看，其中含有三层行政关系：其一是两个省级行政单元的跨越，即四川省和重庆市；其二是四川省的地级市和下辖县之间的关系；其三是四川的市县与重庆的区县的对接。行政区划构成上较为复杂，关系协调上难度大大增加。就目前我国现行的经济体制和行政体制的关系来看，行政区划对经济区的形成和发展壮大的影响是无处不在的，复杂的行政区划对成渝经济区的健康发展带来一些不利因素。

经济区是以市场为基础，通过各级行政区的地方政府的有效组织与指导来实现。行政区从以下几个方面对区域经济产生影响：一是在行政区边界设立的关卡对区际经济联系的阻碍作用；二是以行政区首府所在地为中心的道路系统对辖区的联系作用；三是以行政区首府所在地为中心的财富聚敛作用；四是各行政区有独特的经济政策、税收比率、预算使用方案等。虽然四川与重庆有深厚的历史渊源和良好的合作基础，但由于成渝经济区中的行政主体上的差异，加之过去经济发展模式的惯性作用，自我利益中心主义问题在短时间内难以消除，这就不可避免经济区内的矛盾和冲突的不断上演。

行政区直接领导经济生活，控制经济命脉，在一定程度上行政区本身就成为地区经济统一的有利因素，各级政府机关是各级行政区经济的组织者和领导者，它们负责订立地区经济的发展计划并领导完成预定的任务。因此，任何一级行政区的区界一经划定，就会对经济区域形成过程产生使行政区经济统一的积极作用。但是分属不同行政区域的经济区，则会出现被切割的局面。因为相邻地区之间实力比照，往往以经济数据为基础，相互之间的攀比，地方发展战略往往演化为别人配合自己的"合作"方案。各行政主体将在经济协作区中处于主导地位，这既包含了政府的利益，也包含了政府官员的利益，如果政绩考核指标体系存在较大差异，那么，大家对经济区的合作积极性就会衰减。

成渝经济区要实现预期目标，一方面需要中央政府的强制性按规划实施，确保规划不走样、不变形，而不是单单只起到协调作用，必须配套强有力的刚性约束措施，以消除地方政府的率性而为；另一方面四川和重庆省与省之间要相互搞好对接，对经济区内政策口径保持一致，产业上紧密衔接，对下辖经济区内的考核指标要相对统一，并且要达成多方共识，积极向上争取各项支持。经济的竞争也要逐渐在地方政府间构建一个规范的利益博弈机制，包括对话协商、利益协调机制、利益冲突机制，保证不损害各个地方政府的利益。特别是在水资源保护、基础设施建设、一体化的人力资源、物流、资金流等建设方面，避免"搭便车"现象。最终变行政区划的不利因素为有利因素。

二、经济区中心——边缘化矛盾化解的挑战

成渝经济区内由于发展基础、人文因素、资源条件和后天发展战略等影响，经济水平参差不齐。科学的经济发展规划有助于各地充分发展比较优势，并能得到上级的有力支持，经济效益和质量将呈现良好的势头，但由于历史条件、区位差异、市场容量、投资重点的不同，加之执行的规划偏差，经济区发展也不可能是均衡的，随着时间的推移，中心——边缘化趋势有可能将更为明显。

区域经济发展必然遵循相应经济规律和正视客观的经济条件，资源的空间分布不可能是均质的，"每个经济中心都应有相应的经济区域，作为经济中心赖以发展的基础；而每个经济区域都应有自己的经济中心，作为组织和协调区域发展的核心、枢纽，把区域内的经济活动凝聚成一个整体。"中心——边缘问题是一个客观存在的事实，对于非中心地区而言，处于两难的尴尬境地：一方面，如果要按照规划加以实施，就缺乏相应的自主发展空间，特别是一些市辖县，有可能仍然出现被"抽血"的现象发生，很难实现真正的跨越或赶超，在一定程度上只能继续追随中心城市的步伐；另一方面，如果脱离经济区既定发展路径，就难以促进整体目标的达成，而自身探索的风险难以预见和控制，并且，行政指标的考核上也难得高分，政治风险也应运而生。

因此，成渝经济区在规划中实施，省级政府要牢牢把握领导权，同时也要给下辖行政机构配套相应的自主发展权，特别是要扩大县级行政单元的发展权限，增强其积极性和内生动力，通过规划与自主发展的双重作用，逐步缩小与中心城市的差距。经济区要通过把协作产生的"合作剩余"合理分配到各个区划内，保障每一个城市合作都能够获得超过成本的绩效，有效地助推区域的协调发展，鼓励地方融入到集体的理性发展过程中，并且，落后地区应该通过发展通道经济、走廊经济等形式，主动融入中心城市，逐渐变边缘为副中心或中心。当然，我们在分配利益时，更应该向那些相对落后的地区予以适当倾斜，确保各地的经济协调可持续发展。

三、经济区与非经济区政策安排的挑战

在四川境内，除成都等15个市以外，还有攀枝花、巴中等市和甘孜、阿坝、凉山等州，重庆境内除主城、渝西及渝东北、渝东南等地的31个区县外，其余市、县都被排除在成渝经济区外，如何处理好经济区与非经济区的关系，确保各个地区的平衡协调发展，也是摆在我们面前亟待破解的难题。就目前综合分析，

成渝经济区内的城市相对于四川、重庆的非经济区的地区而言，发展条件更为优越，排除外部条件的影响，非经济区按正常发展速度要赶上经济区的压力都十分巨大，加之国家政策上对经济区的扶持和倾斜，这种差距扩大化趋势就会更加明显。国家出台的相关政策，重点关注大局、宏观方面，但对于四川、重庆而言，不得不考虑经济区与非经济区的共同发展问题。

从经济发展现实来看，非经济区（或落后地区）跨越发展的方式更加取决于动态的创新能力，而这种能力又与特定的创新环境相关。因此，这些地区要抓紧通过地理聚集，更好地促进区域的知识创新，实现人力资源和知识资本的集聚经营。提供充满自然气息与文化氛围的空间，有机布局创业、生活、娱乐各功能区，并通过便捷、安全的系统连为一体，构筑交流空间网络和创新主体赖以交流的空间架构，从而多方面挖掘创新资源，在一定意义上来说，某些未利用的资源持续不断存在，永远不可能完全开发利用。在新一轮发展过程中，非经济区自身主观方面努力来看，只有抓住创新这一根本着力点，才能成为实现崛起和赶超的一个支点。同时，也必须遵循经济发展规律，不能过于图快、图大、图新，要牢牢把握各种有利时机，如根据自身实际，大力发展特色经济；抓住产业梯度转移机遇，主动承接发达地区产业；勇于发展"配角"经济，实现互补共赢等等。

毋庸置疑，外部条件的支持更是不可或缺。四川和重庆应该依据成渝经济区规划，在此基础上再分别划分主体功能区，对下辖市县进行统筹安排和科学部署。因为大多非经济区本来就难以与经济区站在同等平台上竞争，所以应该对非经济区的市县进一步加大支持力度，从省市级层面保障给予不低于国家对经济区的相关优惠条件，这就需要制定和实施科学的经济政策，"区域经济政策就是要纠正市场机制所造成的空间效果，实现经济增长和区域发展均衡两个相互联系的总目标"。如在产业发展上优先照顾，实现经济区与非经济区的有机对接；大幅度提高财政转移支付力度，对非经济区予以适度财力保障；健全生态补偿机制，各地区共同承担发展成本等。总之，我们应该对非经济区实施合理倾斜的发展政策，才有可能实现更大范围内的科学发展。

成渝经济区的明天让人充满期待，与此同时，其未来的道路依然充满荆棘。上述挑战将是我们当前必须直接面对、急需回应的，还有诸多困难有待我们进一步去思考、研究和应对。

参考文献：

［1］高洪深. 区域经济学［M］. 北京：中国人民大学出版社，2010.

［2］陈栋生. 区域经济学［M］. 郑州：河南人民出版社，1993.

（陈实，中共重庆市秀山县委党校教研科长、讲师。）

加强社会管理创新
促进成渝经济区建设

杨彦

社会管理与经济发展是相互影响、互为条件、相互渗透的，社会管理与经济发展的关系处理不好，可能导致恶性循环，而社会管理与经济发展两者处理好了，能够相互促进，相得益彰。加快成渝经济区建设，是推进新一轮西部大开发、促进全国区域协调发展的重大举措，是新时期、新阶段基于国家发展全局做出的战略安排。在当前的经济社会发展中，我们遇到的社会矛盾、问题多而复杂，前所未有。加快成渝经济区建设，应当大胆地、充分地利用政策优势，在社会管理方面先行先试，勇于创新。

一、创新成渝经济区社会管理的社会生态

从世界工业和现代化历史看，各个国家在踏进现代化大门前都有一个艰难的转型期，一些国家甚至因为社会管理未能跟上工业化的步伐而落入了现代化的陷阱。成渝经济区是转型期中国社会的一个典型的样本，成渝经济区社会从多个方面显示出中国社会转型的突出特征。一是从农业社会向工业社会转型。成渝经济区过去总体上是典型的传统农业地区，农业曾是支柱产业，而目前成渝经济区工业化水平在不断上升，虽然成渝经济区面积仅占全国的 1.7%，但聚集了全国 4.7% 的 GDP（国内生产总值）和接近 8% 的人口，且两地基础设施较为完备，一、二、三产业的比重为 19：42：39，产业结构互补性强，这为成渝经济的崛起创造了很好条件和开发潜质。二是从乡村社会向城市社会转型。从农业人口所占比例来看，成渝经济区农业人口比例大。成渝经济区面积为 20 多万平方千米，包括成都平原、盆中丘陵和盆东平行岭谷大部分地区，占四川、重庆两省市总面积的 35% 左右；总人口为 9898.09 万人，占四川、重庆两省市总人口的 85.41%，人口密度为每平方千米 488 人，其中，非农业人口 4112.53 万人，占总人口的 41.54%，农业人口 5785.56 万人，占总人口的 58.45%，城市文明正向农村传播。三是传统文明向现代文明的转型也面临区域内技术创新能力不足、重大基础设施相对薄弱、资源集约利用程度不高、内陆型经济特征明显、城乡二

元结构矛盾突出、社会事业发展滞后等严峻挑战。四是从相对静态的社会向高度流动的社会转型。纵观当今中国社会，恐怕没有哪一个城市同时交织着这样典型的、复杂的社会转型期特征、矛盾和问题，这些特征，呈现了成渝经济区在社会管理方面面临的艰难任务和挑战。有矛盾、有挑战，才有探索和创新的空间。特殊的社会发展生态，为成渝经济区在社会管理方面先行先试提供了最好的试验场，这也是历史赋予成渝经济区创新社会管理模式的重大机遇。

二、创新成渝经济区社会管理必须把握的几问题

一是克服片面追求经济增长，防止经济社会发展失衡。坚持"以经济建设为中心"，强调"发展是硬道理，是第一要务"，这是解决成渝经济区一切问题的前提和根本，但是，成渝经济区建设如果片面奉行 GDP 主义，单纯追求经济指标，不重视社会建设，有效的社会管理就会缺位。也就是说，在做大"蛋糕"的同时，如果没有及时跟进分"蛋糕"的规则和秩序，致使经济与社会发展不协调，一方面是经济保持高增长，另一方面必然是社会持续高风险。目前，社会上大量出现的矛盾纠纷、群体性事件甚至包括一些恶性案件，可以说就是对这种"经济高增长、社会高风险"问题的集中反映和极端表现。在成渝经济区建设中，为加强和创新社会管理为我们提供了总钥匙、总思路。关键是要牢固树立"科学发展"、"以人为本"、"全面协调可持续发展"的主题意识，从战略和全局高度，在抓经济的同时，更加重视其社会效益，同步抓好社会建设、社会管理和社会稳定。

二是缩小收入分配差距，化解利益分化矛盾。改革开放以来，我们打破平均主义的分配方式，建立起以按劳分配为主体的多种分配方式并存的分配格局，极大地调动了人们创造财富的积极性。30 多年来，中国不仅产生了自己的富裕阶层，而且还有越来越多的人过上小康生活，同时贫困人口也大幅减少。但不可否认的是，在一部分人先富起来的同时，城乡、地区、行业和不同群体之间收入差距逐渐拉大，收入分配不公的问题也浮出水面。从分配角度看，国民收入包括居民收入、政府收入、折旧费和企业利润。而居民收入占 GDP 的比重越来越低，已成不争事实，全国已由 20 世纪 80 年代的 60% 下降到目前的 40% 左右，由此导致的社会矛盾日益凸显。成渝经济区建设必须下决心调整收入分配关系，坚持走共同富裕之路。重庆这几年保持一般预算支出 50% 以上用于民生、75% 用于区县及基层，全面落实"民生十条"，不仅解决了大量突出的民生问题，而且激活了内需，拉动了经济增长。全市经济增速连续三年保持全国前三，今年上半年增长 16.5%、居全国第二；地方财政收入五年翻了两番多，城乡居民收入年均分别增长 11.3%、13.1%。这一连串的数据雄辩地证明，发展与共富是能够有机统一的，是可以良性互动的。

三是通畅利益诉求机制，防止群体性事件激增频发。近年来，不少地方的群

体性事件呈现数量高发、规模扩大、对抗性增强的特点。这既与工业化、城镇化进程加速，经济结构调整，社会结构整合，群体利益分化有关，也与个别地方和部门的"不作为"、"乱作为"、与民争利有关。同时，其中的机制性因素也不容忽视。从群体性事件"萌发—酝酿—爆发"的过程来看，在老百姓和政府之间缺乏一个畅通、有效的利益诉求和回应机制，一方面老百姓缺乏理性表达不满的渠道，另一方面政府缺少及时了解情况和提早化解问题的途径，使解决机制中没有必要的"减压阀"、"缓冲器"，导致大事不能化小，而小事易于积累、激化变成大事，最终升级为群体性事件。成渝经济区建设，必须抓紧建立健全畅通、有效、规范、法治的利益诉求解决和回应机制，在引导理性表达利益诉求的同时，规范政府行为，用机制促使依法履责，从源头上防止其因"不作为"、"乱作为"引发或激化矛盾。

四是以创业创造就业岗位，减小社会压力。我们的特殊国情和发展阶段决定，劳动力供求总量矛盾与结构性矛盾并存，城镇就业压力与大量农村剩余劳动力转移就业压力叠加，新成长的劳动力就业问题与下岗失业人员再就业问题交织，就业已成为不少人不得不面对的现实难题。就业系民生之本，大量无业闲散人员游离于城乡的边缘，若有零星、偶发的"燃点"因素，这股力量有可能将直接威胁社会稳定。成渝经济区建设必须鼓励全民创业致富，以创业带动就业，大力构建有利于增加就业的产业体系，有效扩大社会就业，不仅仅靠老百姓奋发图强，更重要的是提供就业、创业的全流程服务，努力打造低物流、低税费、低要素、低融资、低物业成本的发展环境，使成渝经济区成为投资兴业的乐园，千方百计拓宽就业渠道。充分就业和创业富民，是从源头上消除和化解不和谐、不稳定因素的一个有效举措。

五是创新管理理念和方式，加强社会管控能力。改革开放以来，我国社会的结构已发生重大转变，大量的"单位人"变成"社会人"，全国范围内人口的流动性大大增强，新经济组织、新社会组织（"两新"组织）大量涌现，手机用户和网民数量不断上升，互联网等新兴媒体影响力迅速扩大，对社会大众的价值观念和行为方式产生深刻的影响。面对这些新变化带来的新挑战，在成渝经济区建设中，在管理理念、手段、机制上要坚持创新，形成与开放、动态、信息化相适应的社会环境，与维护国家安全和社会和谐稳定的新形势新任务相适应。既要解决好诸如流动人口、"两新"组织、社会治安、虚拟社会等具体领域的服务管理问题，同时也要善于从体制机制上进行探索创新。这方面的一个创新点是，通过完善社区服务管理功能，构建集综合执法、综合服务、综合救助、综合治理、综合信息于一体的社会服务管理运行体制，使社区服务管理更加直接、方便和到位，使社区成为政府有效联系、组织和动员群众的纽带、桥梁和平台，筑牢维护社会和谐稳定的"第一道防线"。

六是构建社会的核心价值体系，营造风清气正的社会环境。在利益格局重建的过程中，社会上各种思潮、意识此起彼伏、相互激荡，这既促进了人们思想观念的更新进步，□引发不少民众出现思想上的困惑与混乱。一些人丢失甚至是主动放弃了精神信仰、道德底线，唯利是图、荣辱不分、是非不辨的怪现象层出不穷，信仰危机、道德危机、信任危机呈蔓延之势，成为导致社会失范、诚信缺失的重要因素。而权钱交易、权力寻租、"潜规则"盛行等腐败消极现象，则进一步侵蚀社会的信任基础。成渝经济区建设亟须抓紧构建社会的核心价值体系，加强对权力的制约监督，营造风清气正、健康向上的社会道德风尚，大力促进社会公平正义。

七是警惕外部势力插手介入，切实增强政治鉴别力。在成渝经济区建设中，不仅要集中精力处理好自己的问题，同时还要警惕来自外部的威胁干扰。国际反华势力和境内外各种敌对势力千方百计利用成渝经济区建设中出现的各种问题，或直接插手，或间接炒作，煽风点火，挑拨离间，把非对抗性矛盾激变为对抗性矛盾，增加问题的处理难度；同时还大肆鼓吹西方价值观，歪曲民意，"绑架"民众，极力促使人民内部矛盾转化异化，将一些原本普通的问题或案（事）件泛政治化，借以攻击我国政治制度、社会制度和法律制度，妄图达到促使中国自社会内部发生重大改变的目的。防范外部势力插手介入，须保持高度警惕，切实增强政治鉴别力。

处理好以上几个问题，目的还在于解决问题、化解矛盾。只要抓住矛盾，下定决心，采取切实可行、行之有效的措施办法，才能为成渝经济区建设注入新动力。

三、统筹推进创新成渝经济区社会管理

创新成渝经济区社会管理，要坚持继承与创新统一，促进服务与管理融合，建立健全政府调控机制与社会协调机制互联、政府行政功能与社会自治功能互补、政府管理力量与社会调节力量互动的社会管理网络。

强化社会管理理念。一是坚持以人为本、服务为先。不断在健全服务体系中丰富社会管理内涵，在完善服务模式中提高社会管理效能，在突出服务重点中破解社会管理难题。二是坚持社会协同、广泛参与。充分发挥社会组织、基层群众的协同参与和自治互律作用。三是坚持统筹兼顾、依法管理。既统筹各方利益诉求、兼顾各方群众关切，又依法回应社会诉求、保障社会权益。四是坚持多管齐下、综合施策。更好运用行政手段、法治手段进行管理的同时，更多运用民主管理、群众路线和技术创新等方式来进行社会管理。五是坚持关口前移、源头治理。

夯实社会管理基础。一是加强组织建设夯实组织基础。始终坚持党的领导，不断加强基层组织建设、政权组织建设、社会组织建设和自治组织建设。二是优化社区服务夯实社区基础。坚持管理、服务、执法"三位一体"，使社区成为创新社会管理的基础、提供公共服务的前沿、构建和谐社会的阵地。三是提高工作

水平夯实工作基础。改革街道社区社会管理体制，建立健全综合管理服务格局。四是做好群众工作夯实群众基础。五是强化要素保障夯实要素基础。进一步加强组织领导，完善工作制度，做到有人管事、有钱办事、有章理事，确保责任落实到位、工作指导到位、督查考核到位。

创新社会管理体系。一是构建法治化的制度体系。坚持科学立法，推进严格执法，保障公正司法。二是创新人本化的保障体系。坚持以社会保险、社会救助和社会福利为重点，不断完善社会保障制度。三是创新社会化的服务体系，实现政府尽责服务、社会志愿服务、市场提供服务相衔接。四是创新立体化的防控体系。推进由治安防控向公共安全的全领域拓展、由重点部位向城乡统筹的全方位覆盖、由关键环节向社会运转的全过程延伸。

健全社会管理机制。一是健全诉求表达机制。创新社情民意表达方式，拓展社情民意表达渠道。二是健全情绪疏导机制。认真研究社会心态，积极回应人们关切；高度重视网络舆情，及时疏导网络民意。三是健全矛盾化解机制。完善矛盾纠纷排查调处工作制度、信访工作制度。四是健全利益协调机制。充分运用教育、对话、协商等利益冲突解决方式，最大限度实现经济发展和社会公平的统一。五是健全应急管理机制。

（杨彦，中共重庆市酉阳县委党校高级讲师。）

重庆发展战略性新兴产业
对成渝经济区区域发展的影响[①]

刘建徽 黄庆华 周志波

摘要： 在后金融危机时代经济转型背景下，经济增长和区域协调发展成为各级政府面临的两大难题。在可持续发展道路背景下，发展战略性新兴产业对于我国优化产业结构，转变经济发展方式具有重要意义。同时，随着区域差距的扩大，区域协调发展已经成为经济发展的一个重要方面，这一点可以从国家陆续出台区域经济规划上得到验证。本文在回顾我国战略性新兴产业政策轨迹和相关文献研究的基础上，分析了重庆市发展战略性新兴产业的政策取向，并结合成渝经济区区域规划探究了重庆市发展战略性新兴产业对成渝经济区区域发展的影响。

关键词： 战略性新兴产业 成渝经济区 区域规划

改革开放之后，我国经济持续高速增长，但这种增长主要是依靠要素投入和环境容量的"外延性增长"而非靠技术进步驱动的"内涵性增长"。面对经济增长的压力、资源环境的约束、科技创新的需求，我国发展战略性新兴产业已经成为一种必然的趋势。继 2010 年 10 月，国务院发布《关于加快培育战略性新兴产业的决定》之后，重庆市分别于 2011 年 5 月和 7 月发布《重庆市人民政府关于加快发展战略性新兴产业的意见》和《重庆市"十二五"科学技术和战略性新兴产业发展规划》，为重庆市战略性新兴产业的发展指明了方向。同时，2011 年 5 月，《成渝经济区区域规划》被国务院批复，标志着成渝经济区域的发展进入一个新的阶段。重庆市发展战略性新兴产业对于成渝经济区区域发展意义重大。

一、战略性新兴产业发展研究文献综述

战略性新兴产业将是我国在"十二五"时期重点发展的产业。但就中央决策层面而言，发展战略性新兴产业经历了较长时间的理论研究和政策论证过程。

① 本文系西南大学中央高校基本科研业务费专项资金重点项目（SWU0909510）、重庆市软科学项目（CSTC, 2009CE9016）和西南大学青年基金（SWU07106）的阶段性成果之一。

（一）我国发展战略性新兴产业的政策轨迹

"战略性新兴产业"是最近两年才提出的一个概念，而这一概念最初在政府文件中的提法是"战略性高新技术产业"。2009 年 2 月，国务院常务会议通过《国务院关于发挥科技支撑作用促进经济平稳较快发展的意见》首次正式提出"战略性高新技术产业"的概念，要求"大力支持新能源、生物、新材料、信息等战略性高新技术产业，培育新的经济增长点"。而"战略性新兴产业"则是在当年 5 月份的财政支持新能源与节能环保等战略性新兴产业发展工作座谈会上由李克强总理提出。

2010 年 10 月 10 日，国务院发布《关于加快培育战略性新兴产业的决定》，标志着我国将发展战略性新兴产业上升为国家产业政策。10 月 18 日，《中共中央关于制定国民经济和社会发展第十二个五年规划的建议》又明确指出"加强农业基础地位，提升制造业核心竞争力，发展战略性新兴产业"，我国发展战略性新兴产业进入了全面启动阶段。由国家发改委牵头、有关部门参与起草的《战略性新兴产业发展"十二五"规划》也即将出台。届时，我国发展战略性新兴产业的政策将更加明确、详细。

（二）战略性新兴产业发展相关学术观点

国内有关战略性新兴产业的研究主要集中于两个方面：一是对战略性新兴产业本身进行研究，二是对如何发展战略性新兴产业进行探讨。

对战略性新兴产业本身的探究，主要集中在战略性新兴产业的特征、战略意义（包括对经济增长和就业的作用）、发展历程和发展模式等方面。朱瑞博、刘芸指出，不确定性是战略性新兴产业形成时期最突出、最典型的本质特征。对于新兴产业的战略意义，主要从微观（企业）、中观（产业）和宏观（国家）三个层面来进行论述。一般认为，发展战略性新兴产业有利于增强企业的竞争能力（戴子刚，2010），有利于实现产业结构调整和升级（赵夫增，2010；刘洪昌、武博，2010），有利于实现经济发展方式的转变和掌握国际竞争主动权（朱瑞博，2010；陈矗，2010）。此外，朱瑞博、刘芸（2011b），郝凤霞（2011）等还对战略性新兴产业的发展历程、发展模式进行了分析。

对如何发展战略性新兴产业的研究，主要从战略性新兴产业领域的选择和战略性新兴产业的发展战略两个方面进行分析。在战略性新兴产业领域的选择方面，一些学者基于温家宝总理提出的三条标准做了深入探讨。刘洪昌（2011）、王新新（2011）等提出了选择战略性新兴产业的总体原则；贺正楚、吴艳（2011）则更进一步，建议湖南省将先进装备制造产业和文化创意产业作为重点战略性新兴产业发展。在战略性新兴产业发展战略方面，一些文献在借鉴国外经验的基础上提出针对我国的政策建议（曾昭宁、魏珍，2011；赵刚，2010；周菲、王宁，2010；柯岚，2011 等）。而一些文献则针对我国或我国某一个省区的实际情况，提出相应的发展政策建议（姚斯杰、谭志雄，2009；周旭，2010等），体现了一种务实的理念。总体上来讲，这些文献特别强调以下三个方面：

一是因时、因地、因事制宜，制定适合本国的战略性新兴产业发展政策；二是重视人才，强调科技创新在发展战略性新兴产业中的核心作用；三是明确划分政府和市场的作用范围，严格限制政府干预的力度。

二、经济转型背景下重庆市战略性新兴产业发展策略

2011年5月，重庆市根据《国务院关于加快培育和发展战略性新兴产业的决定》精神，出台了《重庆市人民政府关于加快发展战略性新兴产业的意见》以及《重庆市"十二五"科学技术和战略性新兴产业发展规划》，为重庆市战略性新兴产业的培育和发展做了原则性的规定。

（一）在产业选择上，整体推进与因地制宜相结合，体现重庆市优势，彰显重庆市特色

重庆市在战略性新兴产业的发展规划方面提出，实施"2+10"产业链集群建设方案，建设两个全球重要基地，培育十个"千百亿级"产业集群。在战略性新兴产业的选择上，体现出了以下几个特征：第一，与国家整体战略协调推进的同时，根据重庆的实际情况作出调整。第二，体现重庆市优势，彰显重庆市特色。第三，促进解决就业问题和实现产业结构升级。

（二）在培育方式上，以传统产业为基础，推动转化，注重引入

重庆市在培育战略性新兴产业的方式上，以传统产业的升级改造为基础，努力促进高新技术转化为生产力，并通过引入新兴产业领域大型企业将现有企业融入新兴产业链中。这体现在以下几个方面：第一，传统产业高新技术化。重庆市培育和发展战略性新兴产业以推动老工业基地发展方式转变为主线，以科技创新为动力，以传统产业的改造和升级为基础，将高新技术应用于传统产业，实现传统产业的转型。第二，高新技术产业化。一是打造两江新区科技创新示范区，二是建设科技创新基地，三是打造科技示范园区。第三，利用各种政策优势，引入新兴产业。综合考虑各方面的优势，重庆市依托各个行业的骨干企业，实施"百千名品"工程，将自主开发与引进消化吸收相结合，培育和发展一批具有很强的竞争力和品牌效应的高新技术企业。

（三）在发展路径上，主要依靠科技创新，重视人才的作用

战略性新兴产业的"新"，不仅体现在产业领域"新"，还体现在技术水平"新"，而技术"新"则是战略性新兴产业有别于传统产业的关键标志。基础研究和原始创新是产业核心技术和关键技术的源泉，没有雄厚的基础研究和原始创新实力，战略性新兴产业的发展就会受制于人。因而，重庆市在战略性新兴产业的发展路径上，强调主要依靠科技创新推动，促进"重庆制造"向"重庆创造"转变。重庆市密切加强与中国工程院和中国科学院的技术合作，推动"两院"在重庆设立分院，并引入国内创新型大企业、跨国公司的技术研发中心和各类国家级产业技术研发机构，为技术创新提供良好的平台。同时，重庆市还实施各种

高端技术人才引进计划，为战略性新兴产业的发展提供人力资源保障。

（四）在战略空间布局上，充分发挥开发区的作用，引导产业集群的形成

重庆市按照"集群发展、功能耦合、集聚增量、调整存量"的思路，引导战略性新兴产业形成"双核带动、一环多点"的空间布局。即强化引领带动，将两江新区、西永微电园打造成为战略性新兴产业核心集聚区；沿主城外环，依托高新区、经开区和特色工业园区打造战略性新兴产业环形发展带，同时在有条件、有优势的6大区域性中心和工业强区，引导发展战略性新兴产业点状发展，形成一环多点的产业布局体系。所谓"两核"是指两江新区和西永微电园，两江新区主要是引导形成各种产业基地核心区，西永微电园主要发展信息产业。一环包括高新区、经开区、西彭、江津、建桥、壁山、花溪、同兴等特色工业园区，由于这些园区主要位于重庆市"外环"经济带，又统称为"一环"。这些园区主要发展新一代信息产业、新能源汽车产业、生物产业、新材料产业、高端装备制造业、新能源产业、节能环保产业。多点主要是万州、涪陵、长寿、合川、永川、荣昌、万盛、大足、綦江等重点区县工业园区，这些园区主要以"专、精、特"为特征，引导形成特色产业集群。

（五）在扶持政策上，形式多样，并协同推进配套制度建设

不确定性是战略性新兴产业形成期最突出、最典型的本质特征。因此，政府必须在战略性新兴产业发展的初期给予大力的扶持。重庆市对于战略性新兴产业的扶持政策，形式多样，呈现"多管齐下"的特征。第一，传统扶持政策与新型扶持政策并重，特别强调金融政策支持。第二，重视供给方面扶持的同时，还注重需求方面的政策支持，培育战略性新兴产业市场。第三，在加大直接扶持力度的同时，更加注重相关配套制度的建设。一是实施知识产权大战略，二是继续推进"五个重庆"建设工程，三是大力推进公租房建设项目，四是落实高层次科技人才和管理人才在个税、医疗、津贴等方面的政策。

三、重庆市发展战略性新兴产业对成渝经济区区域发展的影响

2007年6月9日，国家在重庆、成都设立统筹城乡综合配套改革试验区，允许在重要领域和关键环节改革先行先试，为成渝经济区发展注入了强劲动力。2011年5月，国务院批复《成渝经济区区域规划》，标志着成渝经济区的发展进入一个新的阶段。而重庆市发展战略性新兴产业的政策对成渝经济区区域发展具有重要意义。

（一）做强工业主导产业，有利于构建现代产业体系，有利于成渝经济区发展为全国重要的现代产业基地

重庆市着力打造亚洲最大笔记本电脑基地和国内最大立案数据开发和处理中心并致力于培育通信设备、高性能集成电路产业集群，这与成渝经济区区域规划"重点发展电子信息产业，做强工业主导产业"的指导思想具有一致性。重庆市

将节能与新能源汽车产业作为新兴产业培育，利用现有的汽车产业基础和研发能力，力促节能环保型汽车的产业化发展；同时，重庆市作为"摩托车之都"，拥有比较完整的摩托车产业链和较强的产业基础，在发展摩托车产业方面具有天然的优势。重庆市大力发展新能源汽车产业和摩托车产业必然有利于《成渝经济区区域规划》关于"建设全国重要的汽车摩托车整车及零部件生产研发基地"目标的实现。此外，重庆市将轨道交通装备、环保装备、风电装备及系统、新材料、生物医药等产业作为战略性新兴产业进行大力扶持，必将有利于《成渝经济区区域规划》关于"加快建设全国重要的重大装备制造业基地"、"构建循环经济产业链"和"建立以生物制药为重点、化学原料制药为基础、道地药材为特色的产业体系"等目标的实现。由此可见，重庆市发展战略性新兴产业与促进成渝经济区域发展具有内在的一致性，重庆发展战略性新兴产业有利于将成渝经济区打造成"全国重要的现代产业化基地"。

（二）优化城市功能分区，提升城市功能，加快城乡一体化进程，有利于成渝经济区发展为统筹城乡发展的示范区

第一，重庆市在进行战略性新兴产业规划时，特别注重引导产业集群的空间布局，优化重庆主城区的核心城市功能，突出两江新区和西永微电园区的产业集群核心区地位，注重"一环"区域内各个工业园区在战略性新兴产业集群方面的重要作用，提升长寿、合川、永川、涪陵、万州等重点区县在发展特色产业方面的功能。第二，重庆市在战略性新兴产业发展战略中，还特别注重"推动科技惠及民生"，关注农村、农业和农民的发展，要求围绕"五个重庆"建设等民生科技问题，在人口健康、公共安全、资源环境、城市建设、地震气象等方面开展技术攻关，强化技术成果的推广与应用示范。同时，重庆市还颁布了一系列配套措施，如城乡户籍制度改革、交通物流基础设施建设、金融制度创新等。这些都将有利于进一步推进城乡统筹发展，推动城乡一体化进程，为将成渝经济区建设成为"统筹城乡发展的示范区"做出贡献。

（三）战略性新兴产业科技含量和附加值较高，将成为新的经济增长极，有利于成渝经济区发展成为西部地区的经济中心

战略性新兴产业之所以"新"，主要体现在两个方面。一是技术新。战略性新兴产业的科技含量高，打破资源、劳动力的约束，增长空间很大。二是领域新。战略性新兴产业所涉及的领域大多是传统产业未曾涉足过或者涉足不深的领域，面临着无限的增长空间和发展潜力。战略性新兴产业一方面可以打破要素方面的内在约束，面临着较大的自我发展空间；另一方面则面对巨大的外在市场需求驱动，具有广阔的市场前景，发展潜力巨大。因此，在传统产业发展到一定程度，面临着资源、能源、劳动力等多重约束和来自国内国际双重压力的情况下，战略性新兴产业必将成为未来驱动经济持续增长的动力，为将成渝经济区建设成为"西部地区经济中心"做出重要贡献。

（四）加快生态环境保护和污染防治，提高资源利用效率，有利于成渝经济区发展为长江上游生态安全的保障区

在新能源汽车产业发展方面，重庆市提出要"发挥汽车工业龙头企业的整车及集成技术优势，加大新产品开发力度，以纯电动汽车为主攻方向，以混合动力汽车为转型过渡期的重点，建立新能源汽车推广配套体系"。新能源汽车产业的大力发展，将大大提高资源利用效率，降低能源消耗，减少气体排放，有利于环境质量的改善，为长江上游增添一道生态安全屏障。在环保装备产业发展方面，重庆市以市场亟须的重大环保技术及装备为主攻方向，以重点示范工程为牵引，以龙头企业带动成套装备和企业集群，努力实现产品工业设计、系统集成和应用创新等关键环节的突破，大力培育环保工程总承包及设备成套能力。在生态环境改善方面，重庆市还重点开展城市工业及生活污水治理、集中式饮用水源地水质保障技术研究与集成示范，并实施三峡库区环境保护行动，开展石漠化防治、水土保持、生物多样性保护等关键技术研究与示范。这些项目和措施的实施将大大提高重庆市环境污染预防和治理的能力，极大地降低环境污染水平，明显改善生态环境，促进"资源节约型、环境友好型"经济模式的发展，为将成渝经济区建设成为长江上游的生态安全保障区做出重要贡献。

（五）创新体制机制，扩大开放，加强合作，深化改革开放，有利于成渝经济区发展为深化内陆开放的试验区

第一，重庆市在发展战略性新兴产业的同时，强化金融大支撑平台的建设，通过优化股权投资、创新融资模式和健全多层次资本市场，建立"投、保、贷、补、扶"五位一体的科技投融资体系，为战略性新兴产业的发展提供稳定而强大的金融支持。第二，重庆市要求扩大开放、放大合作，促进战略性新兴产业的发展。一方面，深化国内外科技合作，以中国重庆高交会暨国际军博会、国际知名研发机构重庆行动为对内对外开放重要平台，大力发展科技会展、技术对接和交易服务业。另一方面，深度开展国内外合作和交流，积极拓展产业链垂直整合、"多头在内一头在外"加工贸易等新模式，更高层次利用全球创新及产业资源。放眼全球产业布局调整，瞄准龙头企业，抓住关键环节，引导重大项目和创新团队落户重庆，推动战略性新兴产业的开放式发展。扩大的开放与广泛的合作以及体制机制的创新必将形成"优势互补"的局面，并加快战略性新兴产业的发展，促进成渝经济区发展为深化内陆开放的试验区。

参考文献：

［1］赵刚. 战略性新兴产业的国际经验与我国的对策［J］. 科技成果纵横，2010（1）：4－6.

［2］改革杂志社专题研究部. 战略性新兴产业：政策演进与理论创新［J］. 重庆社会科学，2011（1）：46－51.

［3］凌捷，苏睿．后金融危机时代高新区战略性新兴产业发展研究［J］．改革与战略，2010（6）：152－155.

［4］［9］万钢．把握全球产业调整机遇，培育和发展战略性新兴产业［J］．求是，2010（1）：28－30.

［5］王新新．战略性新兴产业的培育与发展策略选择［J］．前沿，2011（7）：20－23.

［6］贺正楚，吴艳．战略性新兴产业的评价与选择［J］．科学学研究，2011（5）：678－683.

［7］刘洪昌，武博．战略性新兴产业的选择原则及政策取向［J］．现代经济探讨，2010（10）：56－59.

［8］郝凤霞．战略性新兴产业的发展模式与市场驱动效应［J］．重庆社会科学，2011（2）：54－58.

［10］刘洪昌．中国战略性新兴产业的选择原则及培育政策取向研究［J］．科学学与科学技术管理，2011（3）：87－92.

［11］朱瑞博，刘芸．战略性新兴产业的培育及其自主创新［J］．重庆社会科学，2011（2）：45－53.

［12］朱瑞博．中国战略性新兴产业培育及其政策取向［J］．改革，2010（3）：19－28.

［13］朱瑞博，刘芸．我国战略性新兴产业发展的总体特征、制度障碍与机制创新［J］．社会科学，2011（5）：65－72.

（刘建微，西南大学经济管理学院；黄庆华，重庆市国家税务局直属分局；周志波，重庆市国家税务局直属分局。）